Carlo Verri

from JAZZ *to*

MEDIANE libri

JAZZ from A to Z © 2008 MEDIANE srl

Published by MEDIANE srl
Editing and Art direction: Max Serio for MEDIANE srl
Project coordination: Carlo Verri, Marco D'Ubaldo - www.cinedelic.com
English translations: Pat Scalabrino
Design by Spike

Le stampe originali di questo libro sono custodite presso il
Centro Studi "Arrigo Polillo" della Fondazione Siena Jazz.
The original prints of this book can be found at the Centro Studi "Arrigo Polillo"
of the Fondazione Siena Jazz.

Info: carlo_verri@hotmail.com

Acknowledgments:
Every effort has been made to correctly acknowledge and contact the source and copyright holder of each picture.
Mediane srl apologizes for any unintentional errors or omissions which will be corrected in future editions of the book

ISBN 88-89886-24-2

First printing January 2008
Printed in EU

Mediane and Amarkord logos are trademarks of Mediane srl Italy

mediane multimedia entertainment AMARKORD

Mediane - www.mediane.it
Centro Direzionale Milanofiori - Palazzo A5 Strada 4 - 20090 Assago - Milano - ITALY

FONDAZIONE SIENA JAZZ
ACCADEMIA NAZIONALE DEL JAZZ
CENTRO DI ATTIVITÀ E FORMAZIONE MUSICALE

Questo libro è dedicato a mia moglie Letizia.

This book is dedicated to my wife Letizia.

Ho iniziato ad appassionarmi al jazz tra la fine degli anni '60 e i primi '70. Facevo una grande fatica a capire, da autodidatta e senza una guida che mi spiegasse qualcosa su questo tipo di musica. C'era la radio che trasmetteva jazz e io ascoltavo, ascoltavo, sentivo che questa musica mi affascinava. Poi, pian piano ho capito che per godere e magari capire, per esempio Coltrane, bisognava necessariamente ascoltare, studiare e assimilare la storia precedente e non era poca cosa. Così ho cercato di fare qualcosa e, alla fine, ho capito. Sempre a quegli anni risale la mia passione per la fotografia e, sempre da autodidatta, ho cercato di scoprirne i segreti partendo dall'abc. Quindi tanti rullini, provini e stampe buttate, ore e ore passate in una camera oscura di fortuna per riuscire a padroneggiare minimamente la materia. Meno male che la passione era grande e mi ha fatto superare delusioni e difficoltà. Poi, più avanti negli anni le due passioni, il jazz e la fotografia, si sono unite in modo spontaneo e un giorno della primavera del 1978 sono andato, con la mia FIAT 500, insieme ad altri tre giovani appassionati, al festival jazz di Bergamo. Era un giorno particolare quello, era il 17 marzo 1978, il giorno successivo a quello del rapimento di Aldo Moro, tant'è che, come tanti altri, siamo stati fermati dalla polizia e controllati da cima a fondo, giustamente. Avevo con me solo una vecchia 6x6 con mirino a pozzetto, assolutamente inadatta a riprendere dei musicisti su un palco, tant'è che qualche fotografo affermato e attrezzato di tutto punto mi prendeva giustamente in giro, seppur in modo bonario.
Comunque, con un solo rullo da dodici pose a disposizione, sono andato al festival, con il risultato che, una volta sviluppato il rullo, solo una o due foto erano passabili. Ed era tanto per essere all'inizio. Qualche mese dopo sono riuscito a comprare la mia prima reflex con un paio di obiettivi e ho cominciato a darmi da fare un po' più seriamente. Ho avuto la fortuna di conoscere in quel periodo Arrigo Polillo - giornalista, critico, scrittore e organizzatore di concerti di alto livello - riconosciuto come una delle persone più competenti di jazz in Italia e non solo, che mi prese a benvolere. Mi dava consigli e cominciò a pubblicare sulla rivista Musica Jazz, che dirigeva, alcune mie foto. Da lì è cominciata la mia carriera, passatemi il termine, di fotografo autodidatta di jazz. Certo, c'erano stati in passato e c'erano anche a quell'epoca, ma anche oggi, grandi fotografi di jazz, americani, europei e italiani, penso a Giuseppe Pino, solo per fare un nome di un fotografo di cui ho grande stima e che ha lasciato sicuramente un'impronta personale. Però io, caparbiamente, ho cominciato a muovermi a caccia di musicisti. Ho frequentato club, teatri e festival in Italia, dal festival di Milano a quelli di Alassio, Nervi e altri. Ma anche in Europa, da quello di Moers in Germania alla Grande Parade du Jazz di Nizza in Francia, dal Northsea Jazz Festival dell'Aja in

Olanda all'Estival Jazz di Lugano in Svizzera, che ho seguito per quattordici anni di seguito, dal 1985 al 1998. Tutto questo mi ha permesso di avvicinare tanti musicisti, di fotografarli e talvolta di conoscerli, alcuni superficialmente, altri più profondamente e con alcuni si è stabilito un rapporto di amicizia che dura tutt'ora. Ecco, quello che vi propongo è uno spaccato che ritengo esaustivo del mio lavoro nel mondo del jazz, sperando che vi possa piacere.
Grazie.

Ringrazio Arrigo Polillo, Franco Fayenz, Vittorio Franchini, Pino Candini, Andreas Wyden, Jacky Marti, Leo e Patrizia Wachter, Giorgio e Laura Vanni, Giordano Minora, Franco Caroni, Francesco Martinelli e tutti i musicisti per avermi aiutato nella mia attività.

Grazie a Marco D'Ubaldo e a Max Serio per aver creduto nel mio lavoro.

Un ringraziamento particolare a Franco Capuzzoni
che ha stampato da negativo le foto di questo libro.

Carlo Verri

My passion for jazz bloomed between the end of the 60's and beginning of the 70's. Being self-taught, I had a hard time understanding the nuts and bolts of this genre. The more I listened to it on the radio, the more I became engrossed in the whole story of it. So, it was clear to me that the key to better comprehend someone like Coltrane was to study and absorb every inch of his past, which was quite a task, yet it paid off.

My passion for photography was growing all along, and coming from that same self-teaching standpoint. The whole process cost me tons of films and prints, not to mention the many hours spent in a rickety dark room to get a grip on the know-how. I have to say that only my great passion allowed me to overcome disappointment and delusion and that's a fact.

Later on, in the spring of 1978, I was able to have the best of both worlds almost unexpectedly. Together with three friends of mine, I drove my Fiat 500 to a jazz festival in Bergamo. I carried an old 6x6 camera with an older viewfinder, completely useless to take pictures of musicians on stage, which made other fully rigged photographers kind of make fun of me. Anyway, I managed to use up my twelve shot film and had a couple of decent pictures come out of it.

It was to get my feet wet. Before long, I bought myself my first Reflex with a couple of zoom lenses so I got more serious at it. Then I met my lucky star, Arrigo Polillo – journalist, critic, writer and promoter of high-end concerts – renowned for being the most reputable jazz expert in Italy. He liked me for some reason and gave me some great advice. Once he started managing a magazine called Musica Jazz, some of my pictures ended up in it, and that's how my career began. Once again, bear with me; I began the career of a self-taught jazz music photographer.

There have been many other American, European or even Italian jazz photographers in the past to present, that's for sure; like Giuseppe Pino, who really left a mark and for whom I have the utmost respect. But what I'm trying to point out is the fact that I single-handedly went hunting for musicians through clubs, theaters and festivals all over Italy, from Milan down to Alassio, Nervi and so forth. In Europe as well, from Moers in Germany to the Grande Parade du Jazz in Nice, France, or from the North Sea Jazz Festival in Aja, Holland to the Festival Jazz in Lugano, Switzerland, which I attended for fourteen years in a row, from 1985 to 1998.

All of the above got me into the world of jazz musicians, some of them I met and got to know better, some I'm still real friends with, and some others remained skin-deep acquaintances only. This is all I want to show you in this book, I really hope you like it.

Thank You

Thanks to: Arrigo Polillo, Franco Fayenz, Vittorio Franchini, Pino Candini, Andreas Wyden, Jacky Marti, Leo and Patrizia Wachter, Giorgio and Laura Vanni, Giordano Minora, Franco Caroni, Francesco Martinelli and all the musicians for helping me throughout my career.

Thank You to Marco D'Ubaldo and Max Serio for believing.

Special thanks to Franco Capuzzoni who printed the negatives for this book.

Carlo Verri

Quando Carlo mi ha chiesto un contributo per questo suo nuovo lavoro ho accettato con piacere e con una punta di compiacimento, dato che fa sempre bene allo spirito sentirsi considerati. Come scrivere però per una persona con cui siamo amici da anni, per un professionista che stimiamo da anni, senza fare un'intervento mieloso e scontato?
Alla fine l'unica risposta che ho saputo dare prima di iniziare a scrivere è quella di fare come fa lui con la sua macchina fotografica, iniziare a scattare senza troppe domande, con discrezione, naturalezza e senza remore...
Carlo ha un ruolo innegabile di primo piano nel panorama dei fotografi italiani che hanno dato e stanno dando un contributo al mondo del jazz. La sua attività professionale trentennale è riuscita a darci uno spaccato della dinamica jazzistica che ha attraversato il nostro paese in questi anni. Il suo modo di vedere il jazz ha saputo andare al di là della semplice documentazione degli eventi e le sue foto quasi sempre contengono una serie di informazioni sull'artista che riescono ad andare oltre il fermo immagine del momento.
Nei suoi scatti è possibile raccogliere dati sulla personalità, sul modo di voler apparire ed anche sul tipo di sintonia con l'ambiente circostante che il musicista sta vivendo in quel momento. Nel vedere le sue foto a volte mi sembra di poter capire se con quel musicista prima dello scatto si è instaurato il feeling giusto, oppure se non gli è molto simpatico o se lo ammira svisceratamente. Questa sensazione che vivo da non esperto di fotografia è forse viziata dal giudizio che ho di Carlo, una persona sensibile come molti artisti, una persona trasparente e onesta, che vuole vivere con il lato positivo delle persone che incontra. Non è una cosa comune di questi tempi.
Il rapporto umano con il musicista, il feeling con l'uomo che oltretutto suona ottimamente uno strumento, per Carlo rappresentano un valore aggiunto che si esprime subito nel tipo di scatto, nella sua qualità.
Sono convinto che non è soltanto un ottimo fotografo, è anche capace di individuare e valorizzare il bello o il buono che è in una persona, in quello che sta facendo, nel contesto in cui è inserito. Questo è il modo in cui vivo il rapporto con Carlo, un modo in cui la vita è sempre vista in positivo, anche per contrastare con naturalezza, ma anche con la forza della convinzione, le inevitabili asperità. E' una persona trasparente nella sua vita così come nella sua arte.

Franco Caroni
Presidente della Fondazione Siena Jazz

When Carlo asked me to write down a few lines about this book I really liked the idea and was really flattered to have been taken into consideration. How can you write about someone you've known for such a long time without adulating him and being corny? The only answer is to try and do as he naturally does with his camera: simply start shooting without asking why, only with much discretion and without any qualms. Carlo's very important role in the Italian scene is undeniable. His career goes back almost thirty years, spanning over the many dynamics of jazz music in our country.

His personal way of looking at this genre defied categories and went well beyond the mere image for documentary purposes. There's always so much more to any of his portraits. They seem to be telling us the story behind the artist himself, his personality, the surrounding environment in that precise moment and also how it was perceived by the musician. Sometimes, I could even sense whether there was a positive vibe between the two before the shot and also if Carlo was to some extent looking through the eyes of a wholehearted fan.

Not being a photography expert, the feeling I have might be affected by the great deal of respect I have for Carlo, a very sensitive person, as many artists are, very honest and straight who likes to interact with the positive side of the people he comes to know. It's not a common thing these days. Establishing a deeper contact with the man playing an instrument adds up to the actual picture seen through the lenses of Carlo's camera.

Besides being a great photographer, he knew how to enhance the beauty and the good inside the person and all that comes along with that. That's how I lived my friendship with Carlo; just looking at the bright side of things and being positive, which is the only way to deal with the inevitable test this life puts us up to.

Franco Caroni

President of the Siena Jazz Foundation

LE FOTO DI CARLO VERRI: Il coraggio di posare la macchina

Qual'è il legame profondo che ha unito il jazz alla fotografia, dando a quest'ultima un posto così importante in quel complesso di storie, discorsi e immagini che costituisce l'immaginario collettivo degli appassionati di musica afroamericana? Certo, ci sono ragioni storiche: il jazz e la fotografia sono arti nate a cavallo tra il 1800 e il 1900 grazie alla riproducibilità dell'opera, e per molti jazzisti delle origini – data la difficoltà o l'impossibilità di registrare immagini in movimento – l'unico supporto visivo che resta è qualche immagine sbiadita, che generazioni dopo generazioni hanno studiato cercando di coglierne ogni possibile significato: il caso più celebre è certo quello della foto di Buddy Bolden in posa con la sua orchestra nel 1905.

Ma l'avvento delle nuove tecnologie audio e video, ormai diffuse in formato tascabile – e spesso inguardabile – non ha soppiantato la fotografia, come dimostra l'interesse dei giovani verso le immagini del presente ma anche verso quelle del più o meno recente passato. Segno questo che il legame è appunto profondo, che la fotografia e il jazz condividono qualcosa di intimo e unico. La risposta a questa domanda è probabilmente legata alla sensibilità di ciascuno. La mia, per quello che vale, è basata sulla sensazione che il jazz nelle sue espressioni più pregnanti sviluppa il suo interesse drammatico dalla sfida tra il talento creativo e la limitatezza dei mezzi. Non intendo qui solo mezzi economici: il jazz ha sempre sofferto della sua natura ambigua di musica sospesa tra arte e commercio, anche se proprio questo è stato uno dei motivi del suo fascino. Intendo mezzi artistici: estrarre una apparentemente infinita gamma di colori, note e fraseggi dallo stesso strumento, creare sera dopo sera interpretazioni diverse dello stesso brano, sviluppare la musica attraverso dialoghi improvvisati tra gli stessi musicisti che si conoscono bene e tuttavia riescono a sorprendersi. Parallalela a questa sta la sfida del fotografo jazz. Un palco nudo rispetto ad altre forme di musica e allo stesso tempo ingombro di attrezzature, musicisti dal look spesso trascurato o almeno casuale, luce insufficiente che crea ombre pesanti, movimenti rapidi. Eppure molte delle grandi immagini del jazz sono nate proprio in queste condizioni, grazie al talento fotografico unito all'amore per questa musica.

Carlo Verri ha accettato appieno questa sfida, mettendo alla prova le sue qualità tecniche e allo stesso tempo, come ben sa chi lo conosce, mantenendo un atteggiamento di assoluta umiltà che vede la sua attività fotografica come uno dei tasselli di un appassionato lavoro critico e documentario, una militanza jazzistica fatta di centinaia di concerti, di un rapporto diretto e immediato con i musicisti, di una illimitata passione. Perchè alla fine queste fotografie, oltre che preziosi documenti, sono il racconto in immagini della passione di Carlo per il jazz, rispecchiata nella passione con cui questi musicisti calcano il palco, imbracciano lo strumento, si rivolgono al loro pubblico.

Come scrisse Arrigo Polillo in un testo di presentazione rimasto inedito fino alla sua fortunata pubblicazione su un quotidiano, Carlo si è evoluto insieme ai musicisti, acquisendo quello stile personale che alla fine nel jazz – in tutti gli stili – è il dato più importante.
Emergendo quasi sempre su un fondale scuro, i musicisti sono colti in un passaggio significativo della performance, e l'immagine è spesso focalizzata sullo sguardo, diretto al pubblico, agli altri musicisti, allo strumento e anche nel vuoto – o meglio all'interno, in un momento di riflessione, che Verri quasi scherzando ama sottolineare selezionando il gesto di portarsi la mano al mento, un modulo tipico delle sue immagini. Così vediamo come Steve Swallow, Marvin Peterson, Dizzy Gillespie e Freddie Hubbard danno le loro interpretazioni dello stesso movimento – dalla attitudine pugilistica di Hubbard allo scherzo di Swallow. L'amore per il jazz infatti non impedisce infatti a Carlo di inserire una sana dose di umorismo nelle sue foto: il ritratto di un John Lewis sornione e soddisfatto, in smoking di fronte alla targhetta "Maestro Direttore" è un perfetto tributo al leader del Modern Jazz Quartet con la sua concezione cameristica del jazz.
Ci sono, naturalmente, anche gli sguardi, un altro tratto stilistico distintivo delle foto di Verri colto con la consueta sensibilità da Franco Fayenz in un suo articolo: "intensi, ammiccanti, ironici, acuti, arrabbiati, dolorosi, ai quali lo spettatore ricollega subito lo stile musicale ed è portato a ripercorrerlo, riportando quindi l'impressione significativa di intenderlo meglio". Lo sguardo riflessivo, da pescatore, di Muddy Waters, quello malizioso di Gillespie, quello meditativo di Ahmad Jamal e Wayne Shorter, quello interrogativo di Randy Weston, quello mistico di Chick Corea, quello quasi ostile di Chico Freeman simboleggiano la loro musica insieme a altrettanti passaggi della storia del jazz. Molti fotografi che si avvicinano casualmente al jazz ne percepiscono solo la fisicità, che ne è certamente una parte importante, ma l'estetica della faccia sudata e della gola tesa nello sforzo diventa a lungo andare limitativa e povera di significato, se non è completata dalla comprensione per gli altri aspetti, magari altrettanto drammatici ma più nascosti, che rendono il jazz una musica diversa dalle altre, una musica la cui molteplice e contraddittoria natura trova in queste immagini una perfetta rappresentazione. La familiarità con i musicisti permette a Verri di coglierne anche il cambiamento nel tempo, i suoi solisti non sono icone immutabili tenute in vita dalla chirurgia plastica: la loro vitalità viene dalla musica, così Benny Goodman anziano suona seduto ma non ha perso l'inconfondibile rapporto tra busto e strumento, Bud Freeman sembra aggrapparsi al suo tenore mentre Cab Calloway è un ingrigito ma ancora inarrestabile entertainer. La giustamente premiata sequenza di Art e Laurie Pepper è un tributo a una grande vicenda umana prima ancora che musicale.
E Verri stesso ha acutamente percepito questo legame, spiegando: "A volte ci vogliono anni, e in questi anni devi avere il coraggio di fotografare senza la macchina. Insomma devi avere il coraggio di appoggiare la macchina fotografica e stare a guardare il personaggio per capire l'uomo.

Solo dopo il mezzo meccanico non sarà un ostacolo che si frappone tra te e lui". E questo vale per tutta l'attività fotografica di Verri, di cui qui vediamo solo una frazione – con la stessa intensità ha ritratto divi del pop e grandi attori italiani come Bene e De Filippo, personaggi celebri ma anche volti quotidiani incontrati nei suoi viaggi o nelle sue ricerche, in cui gli "umili" assumono la dignità e lo spessore dei "grandi".

Verri ha avuto la fortuna, e la costanza, lavorando intensamente dagli anni '70 ad oggi, di ritrarre esponenti delle forme più antiche della musica afroamericana – bluesman come Jimmy Witherspoon – e arrivare, attraverso la documentazione di musicisti dell'era dello swing – chi altri ci ha dato immagini così pregnanti di Bob Crosby o Trummy Young? - alle forme più moderne e sperimentali di jazz, con Sun Ra e Derek Bailey. Ma non ha trascurato gli artisti europei e soprattutto italiani: Renato Sellani, Oscar Valdambrini, Franco Cerri, Sergio Fanni, Tiziana Ghiglioni, Claudio Fasoli, solo per citarne alcuni, sono colti in atteggiamenti che irrestistibilmente ne richiamano la musica e la personalità, grazie a una lunga familiarità. E' la presenza di musicisti che hanno costituito il tessuto connettivo del jazz in Italia in momenti anche difficili che rende questo libro ancora più prezioso.

E' questo complesso procedimento, questa ricchezza di riferimenti anche extramusicali che ha reso alcune immagini di Carlo memorabili per gli appassionati: oltre a quelle già citate, come non ricordare la dolente figura di Bill Evans drappeggiato sul pianoforte che ha simboleggiato i suoi ultimi anni, o il poderoso, sorridente Elvin Jones?

Ma in ciascuna di queste immagini il lettore accorto, nel nostro caso il lettore/ascoltatore, troverà motivi di riflessione per una più profonda comprensione del jazz. Si diceva una volta per fare un complimento al pittore che aveva dipinto un ritratto "parlante": le foto di Verri non solo parlano, ma anche cantano e suonano, facendoci come lui partecipi delle vibrazioni di questa musica.

Francesco Martinelli

Direttore del Centro Studi 'Arrigo Polillo'
della Fondazione Siena Jazz
e docente di Storia del Jazz
all'Università Bilgi Istanbul.

CARLO VERRI'S PHOTOGRAPHY: The Courage To Put The Camera Down

Why did deep bond between jazz and photography become so important in portraying stories, speeches and images from the African-American music world and its disciples? Reasons are rooted back in history of course: both arts were born straddled on a horseback between 1800 and 1900, and just like with many of the early days' jazzmen, it was quite impossible to record moving images. The one and only surviving visual support still is that blurry picture that has been studied for generations trying to comprehend the very meaning of it: Buddy Bolden posing with his orchestra in 1905 is an example. New audio and video technologies in all possible minute sizes have not yet been able to fully replace photography at all, as seen with the young people's interest toward images from both the present and recent past.

This is a sign that photography and jazz do walk hand in hand sharing something unusually intimate and unique. A possible answer to the original question above definitely has to do with everyone's personal sensibility. As far as I'm concerned, jazz' most pregnant expressions develop a dramatic sense of interest through the challenge between creative talent and limited means, not only in its strictly economic sense. Jazz has always suffered its ambiguous nature of music art and business, and that's been the enticing factor too. Artistic means is also my point: cull from an apparently infinite gamut of colors, notes and phrasings from that specific instrument, create night after night diverse renderings of the same plot, and then develop music through ad-lib dialogues among musicians who know one another so well but are still capable to constantly surprise themselves. Somehow that's the same challenge a jazz photographer has to face. An almost barren stage if compared to other genres, but at the same time riddled with backline, gear and disheveled looking musicians, inadequate lights generating heavy shadows, and rapid movements. Despite these conditions, most of the outstanding pictures were taken in a similar environment thanks to the deep love and amazing talent of the photographer.

Carlo Verri took on that same challenge by testing his technical skills while keeping his down-to-earth attitude. He molded his incredible patchwork of passion for documentary as in little mosaic tiles depicting the life of a jazz militant critic with hundreds of concerts under his belt and straight man-to-man relationship with most musicians. At the end of the day, his pictures are a visual account of Carlo's passion for jazz, not unlike the same passion musicians share on a stage when playing their instruments for the audience. As stated by Arrigo Polillo, Carlo evolved along with musicians, honing a personal style which is the most defining factor in jazz music as well. Set against a dark background, musicians get caught in their more peculiar moments during the performance, the image is focused on their squint, whether looking at the audience, other stage fellows, their instrument or even zoning out – in a moment

of reflection, which is one of Verri's favorite, especially when enhanced by the typical posture of the hand swaying under the chin as to hold it up; almost his trademark shot. So we have different renderings of the same move from Steve Swallow, Marvin Peterson, Dizzy Gillespie and Freddie Hubbard – from Hubbard boxer-like pose to Swallow's prank. Humor is also part of the Carlo's portraits: a smug and self-confident John Lewis in a tuxedo standing before a shingle that read "Maestro Direttore" is the perfect tribute to the Modern Jazz Quartet' leader and his chamber music conception of jazz. The look definitely is another distinctive stylistic trait of his photography. Referring to that, Franco Fayenz wrote in an article of his: "intense charming, ironic, sharp, angry, painful looks through which the viewer is drawn and led to reconnect to the musical style and feel it deeper". Muddy Waters' fisherman-like contemplative look, Gillespie's mischievous one, Ahmad Jamal and Wayne Shorter meditative eyes, Randy Weston's inquiring, Chick Corea's mystic, and the nearly hostile look of Chico Freeman do epitomize their music and many other passages in jazz history. Many photographers get around the jazz world almost by chance and all they can perceive is the mere physicality of it. Undoubtedly, that's an important aspect, even so the sweat dripping face and the stretched out throat has become quite a tedious and empty image unless made somehow complete by the rather more dramatic inner perspectives which unveil the true difference existing in this kind of music. No other genre has such a multi-faceted and controversial nature that can only find its perfect explanation through those images. His established friendship with musicians allowed Verri to perceive their changes along the way, as they were not timeless icons kept alive by plastic surgery: their liveliness leans on music, hence an elderly Benny Goodman could only play seated now, yet his chest and instrument still related the same way; Bud Freeman seemed like he was holding on to his tenor, while a gray haired Cab Calloway was still an unstoppable entertainer. The justly awarded Art and Laurie
Pepper's sequence is a tribute to a great personal story before the music itself.
Verri has been keenly working the levers of this bond: "Sometimes it'd take years, and during these years you've got to have the guts to take pictures without the camera. Basically you have to put your camera down and watch the character to understand the man. Only then, your mechanical means won't stand in the way between yourself and him". This is what Verri's photography is all about, and here we just see a fraction of it. Renowned pop stars and great Italian actors like Bene and De Filippo were portrayed as well as 'humble' every day people who have the same dignity under his lenses. Verri's lucky star and consistency have helped him picture African-American music's best since the 70's. From bluesman Jimmy Witherspoon, to the swing era - who else could describe through images Bob Crosby or Trummy Young? - But also to more modern and experimental artists like Sun Ra and Derek Bailey. Many other memorable shots have described the thriving Italian scene: Renato Sellani, Oscar Valdambrini, Franco Cerri, Sergio Fanni, Tiziana Ghiglioni, Claudio Fasoli among many who

have represented jazz connective tissue through some darker years too, giving this book even more value. This overall complex proceeding enriched by extra-musical fragments did help make some of Carlo's pictures become unforgettable to fans: how can we avoid staring at the sore Bill Evans' figure at the piano which tells us a great deal about his last years, or at the towering and smiling Elvin Jones? The smart reader/listener will find food for thought in such portraits to better comprehend jazz and its vibrations.

Francesco Martinelli

Director of the "Centro Studi Arrigo Polillo" of the Siena Jazz Foundation
and professor of History of Jazz at the Bilgi University in Istanbul.

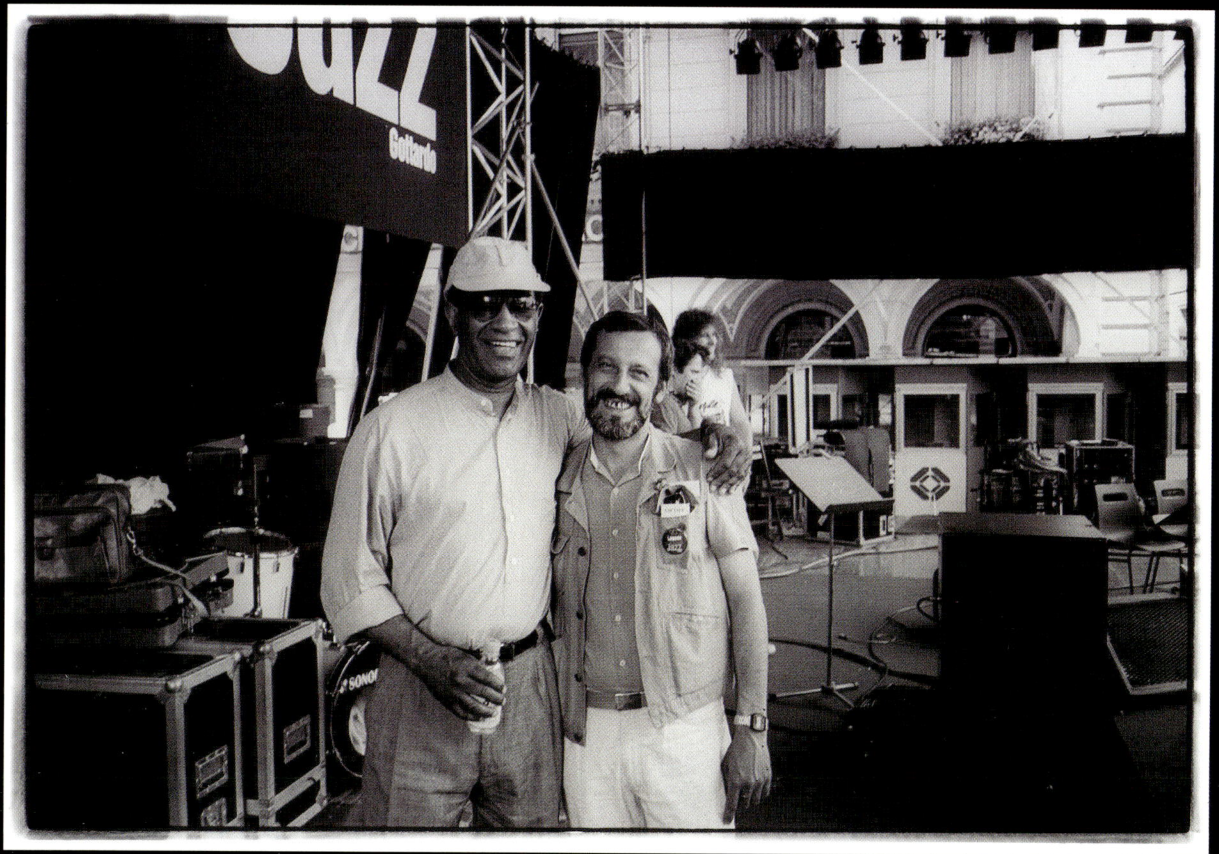

Max Roach & Carlo Verri - Lugano 1990 - Photo Gino Fortunato

from JAZZ *to* Z

A

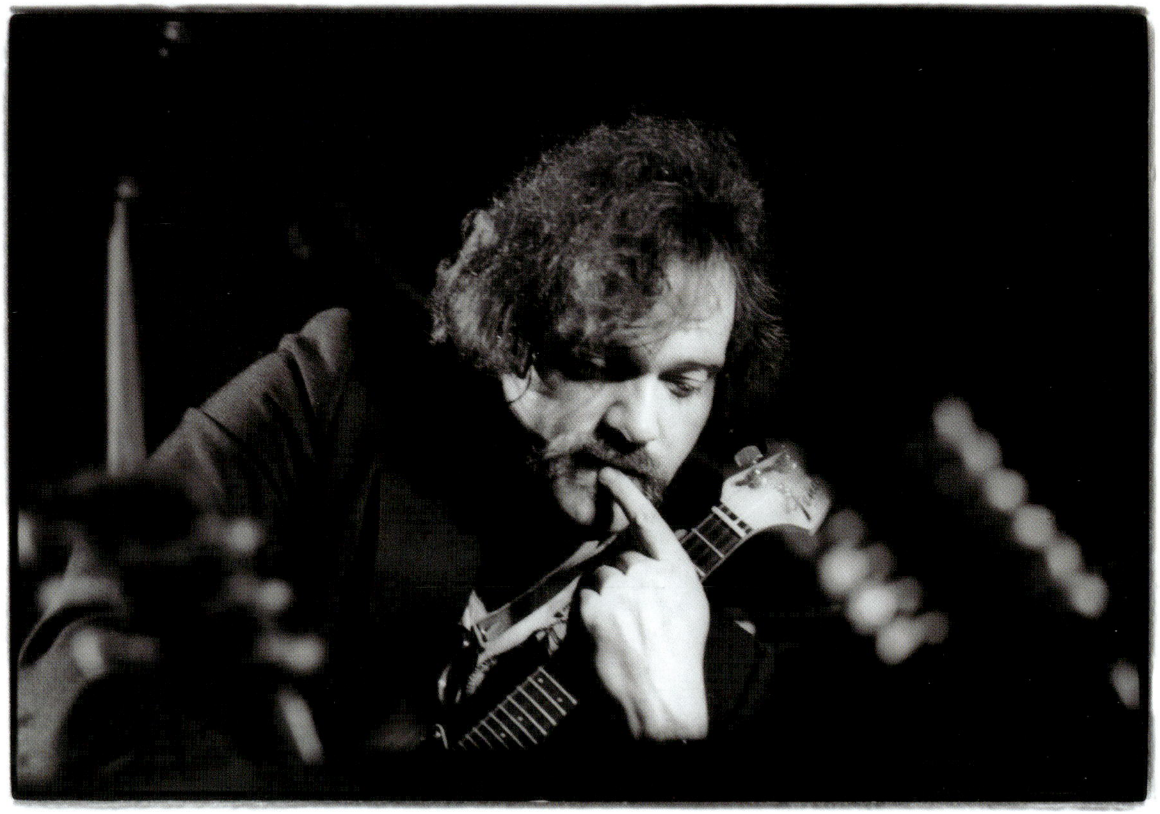

John Abercrombie - Milano 1981

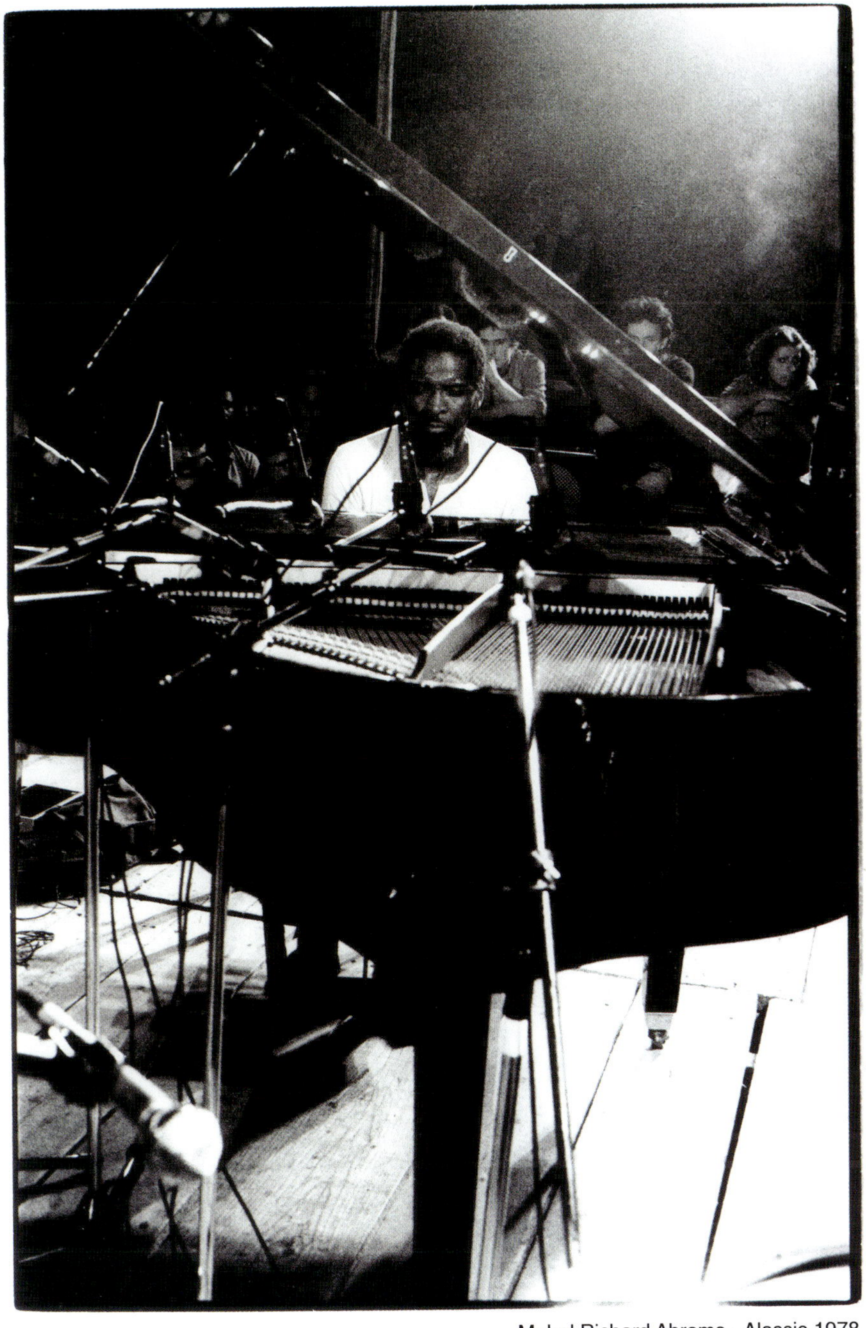

Muhal Richard Abrams - Alassio 1978

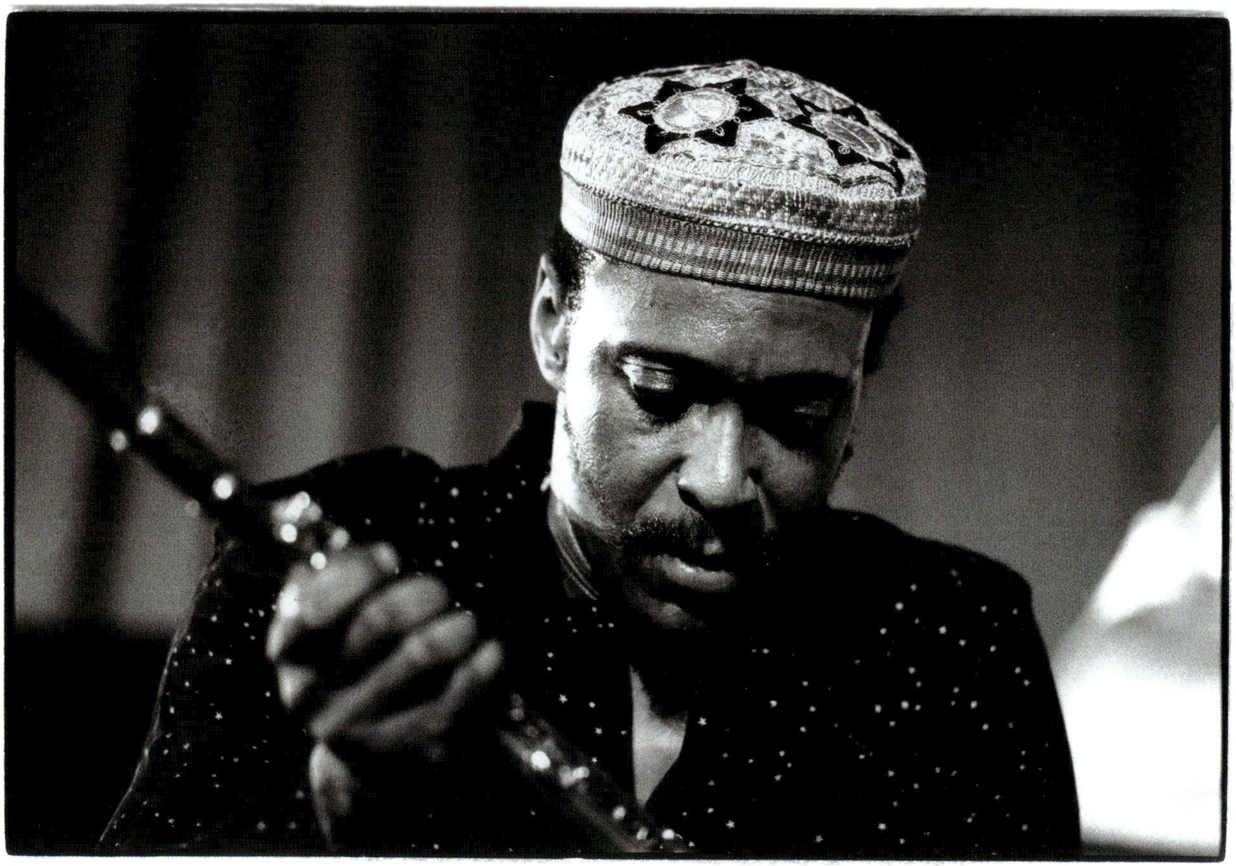

George Adams - Milano 1979

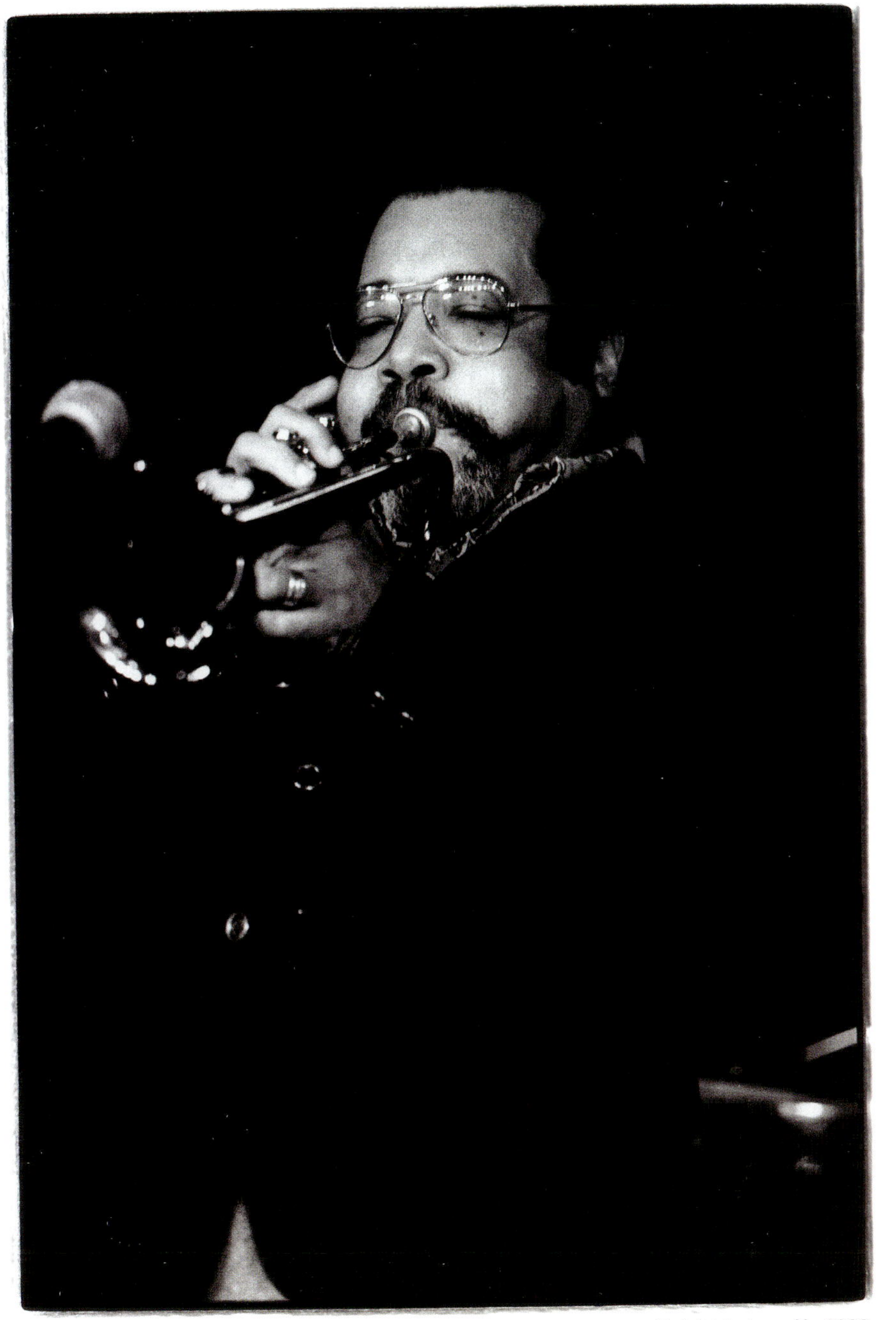

Nat Adderley - Aja 1980

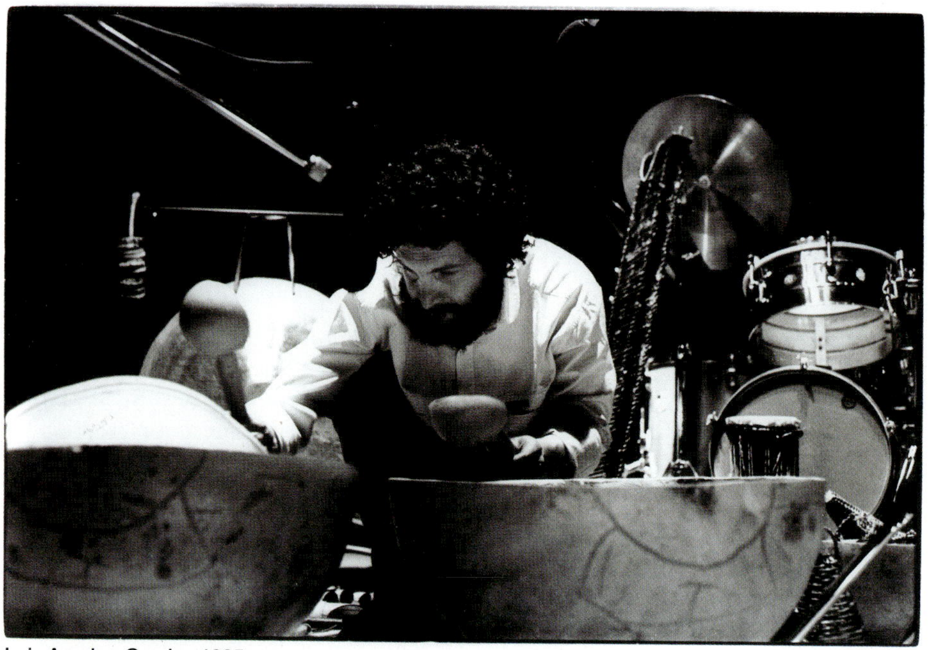

Luis Agudo - Corsico 1985

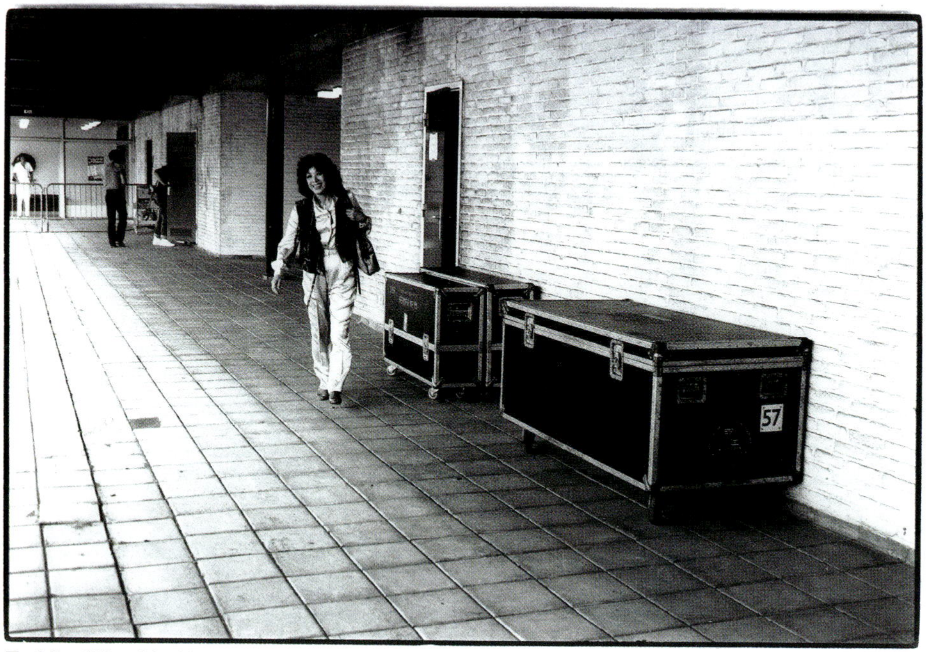

Toshiko Akiyoshi - Aja 1982

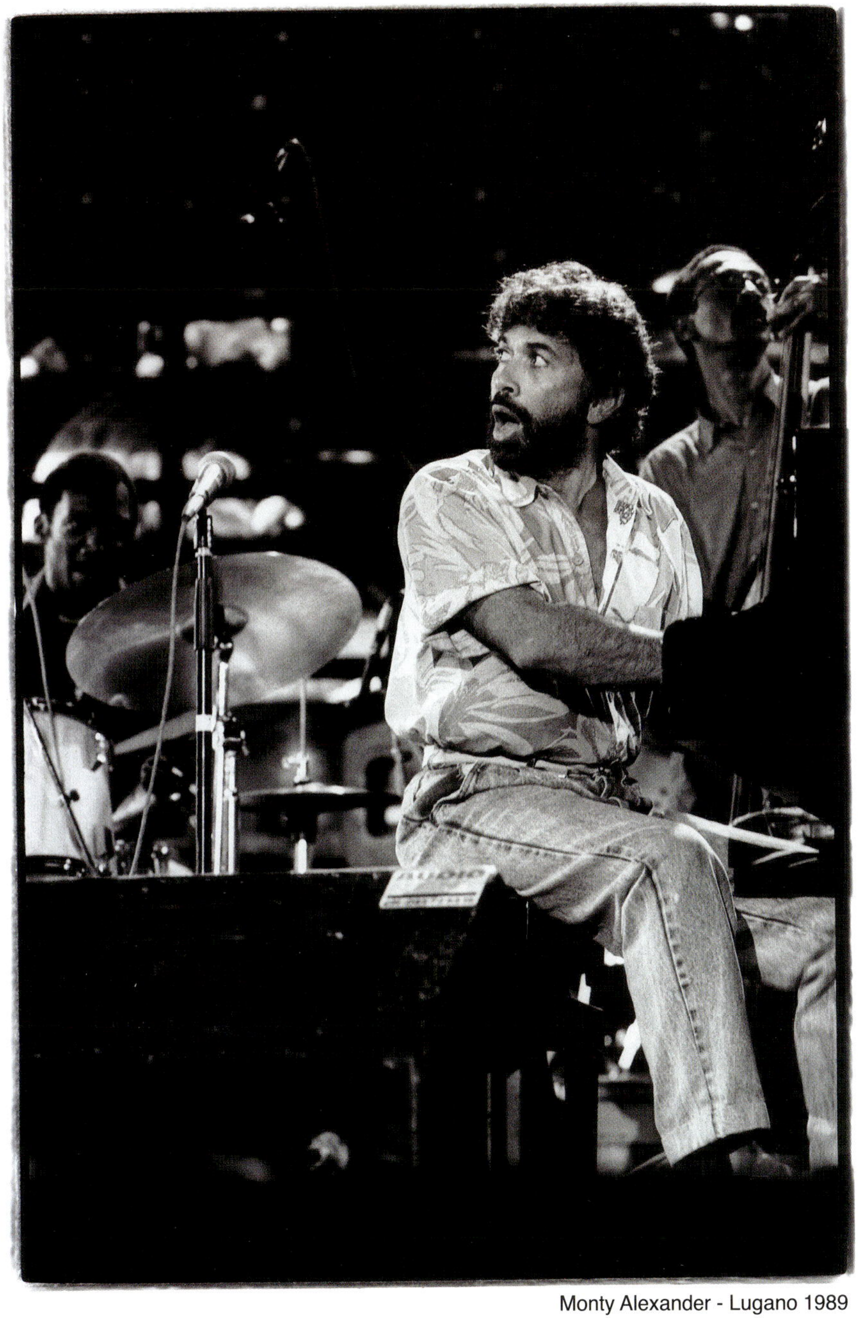

Monty Alexander - Lugano 1989

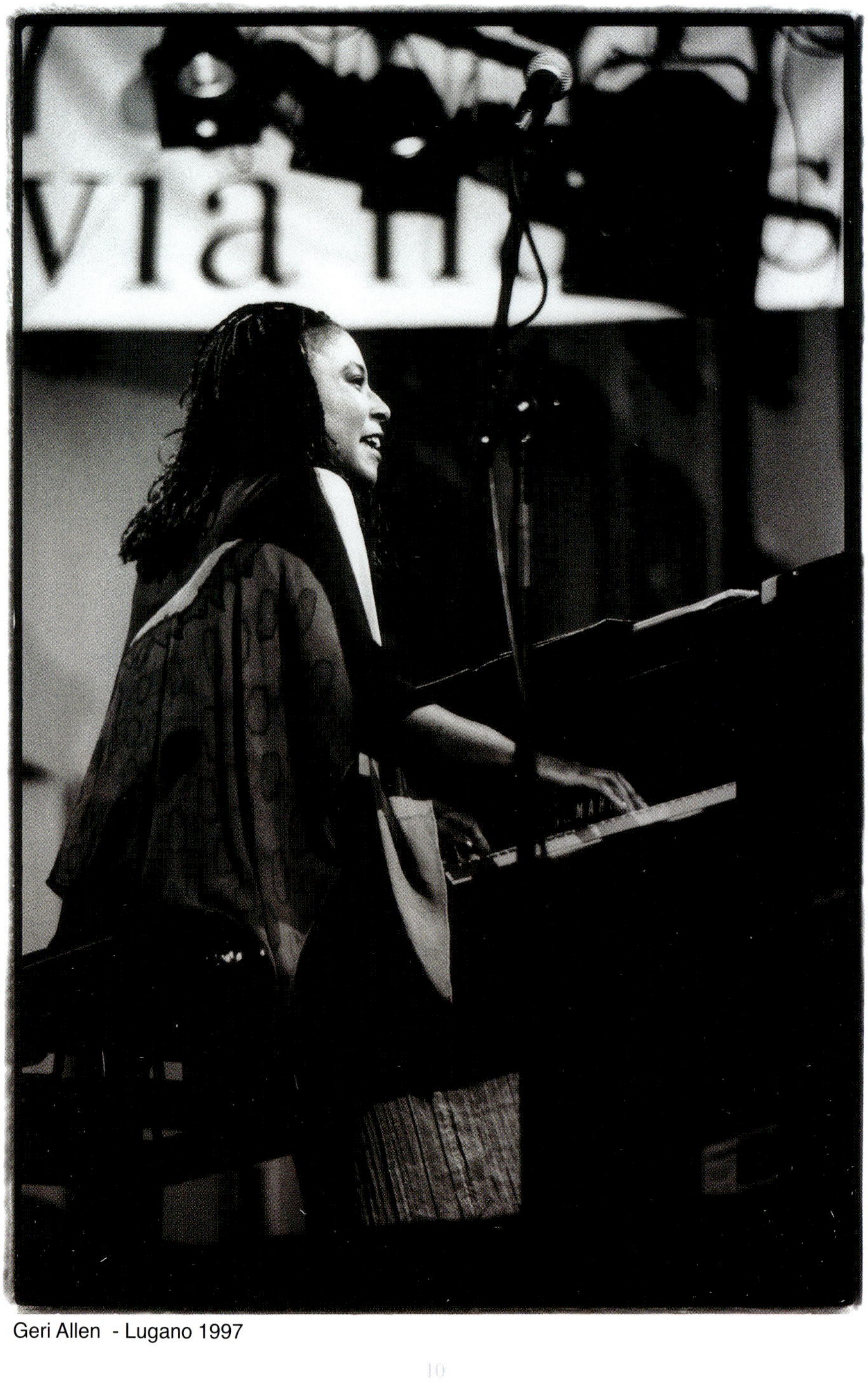

Geri Allen - Lugano 1997

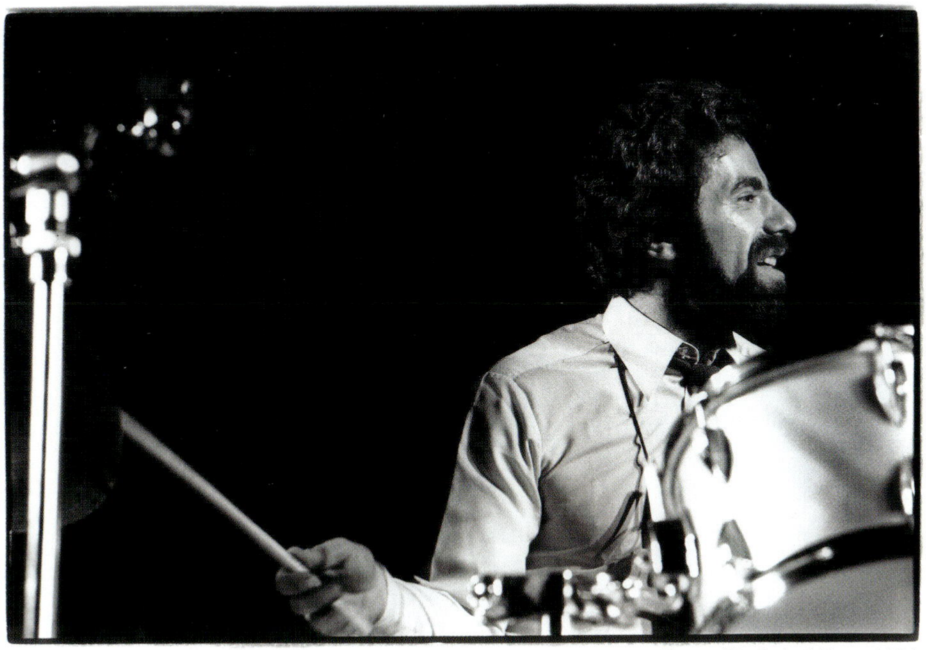

Barry Altschul - Milano 1981

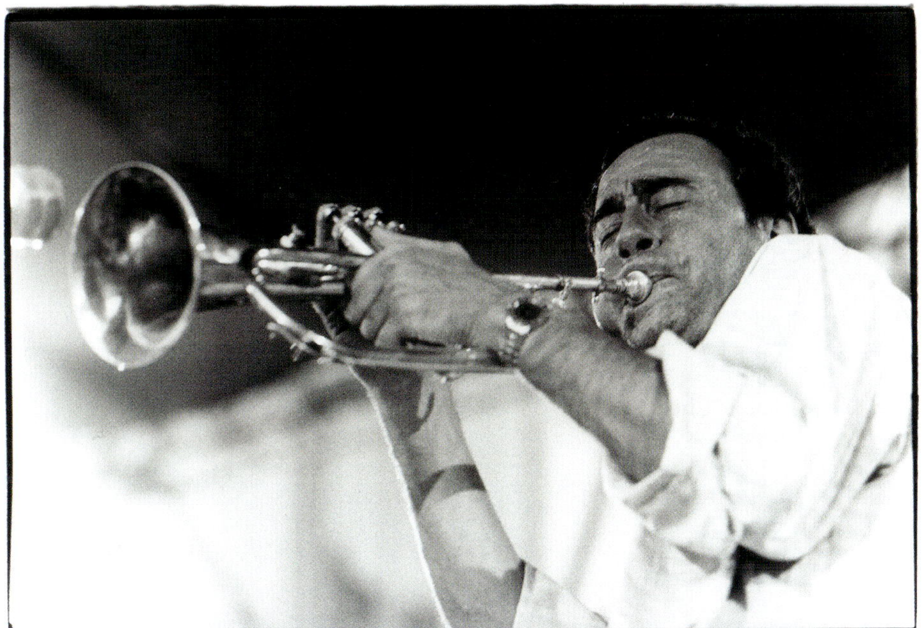

Franco Ambrosetti - Lugano 1985

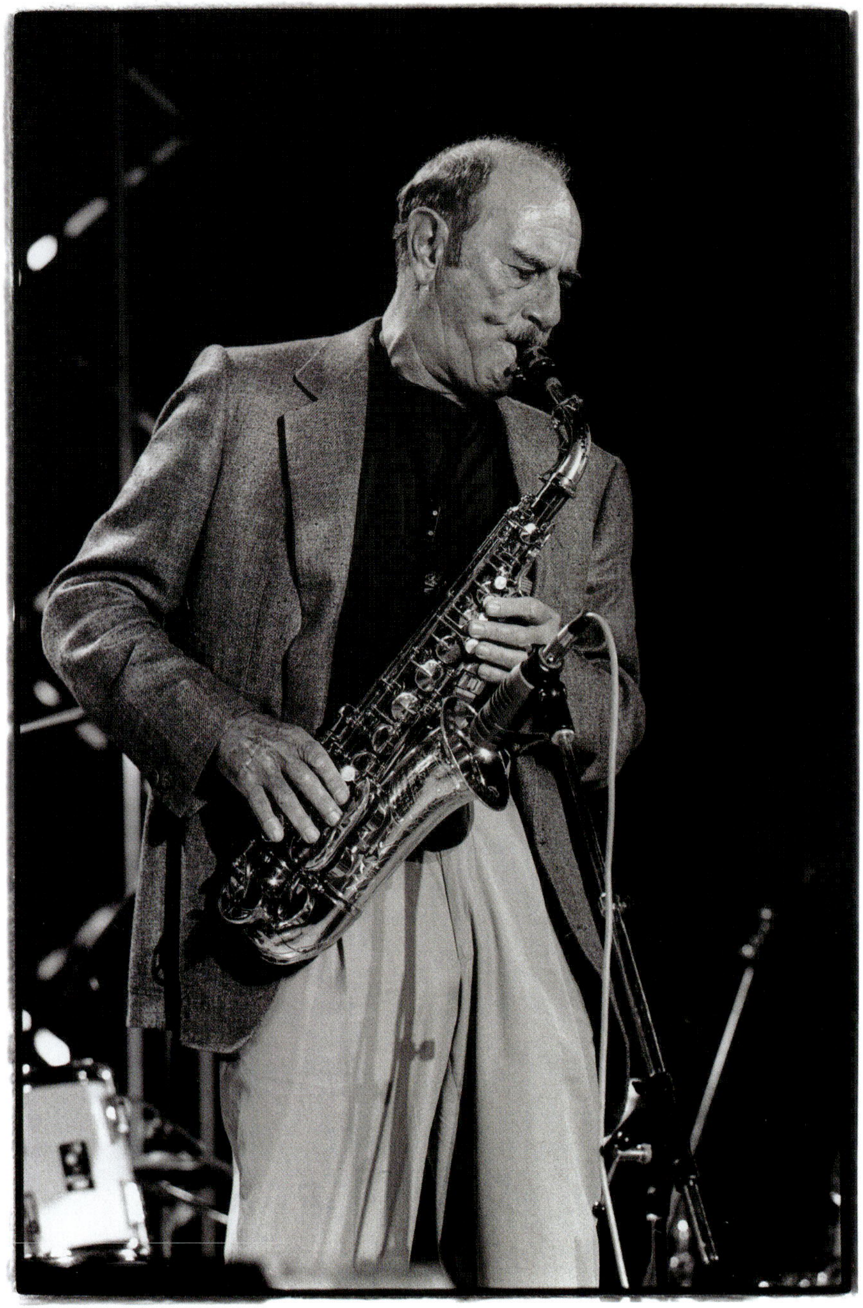

Flavio Ambrosetti - Lugano 1988

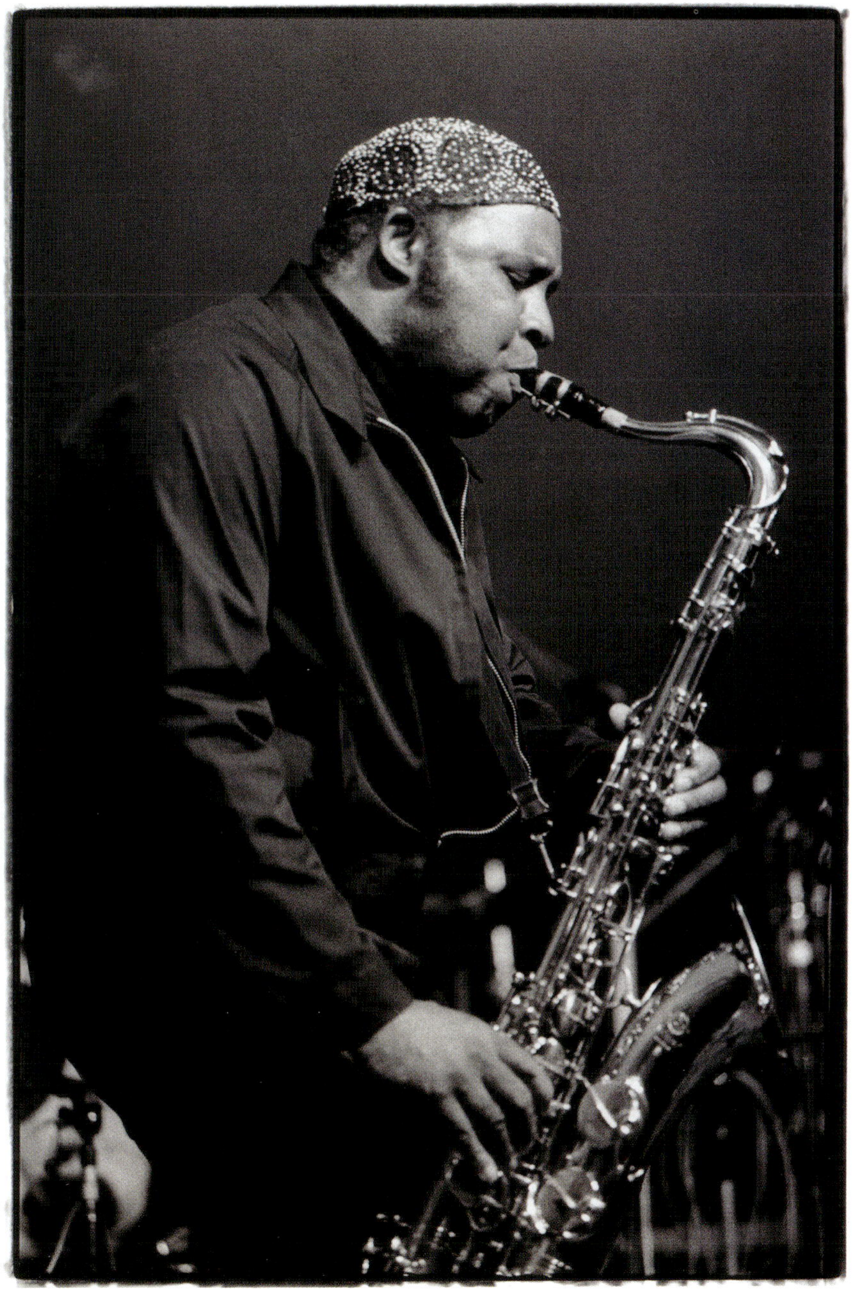

Fred Anderson - Moers 1979

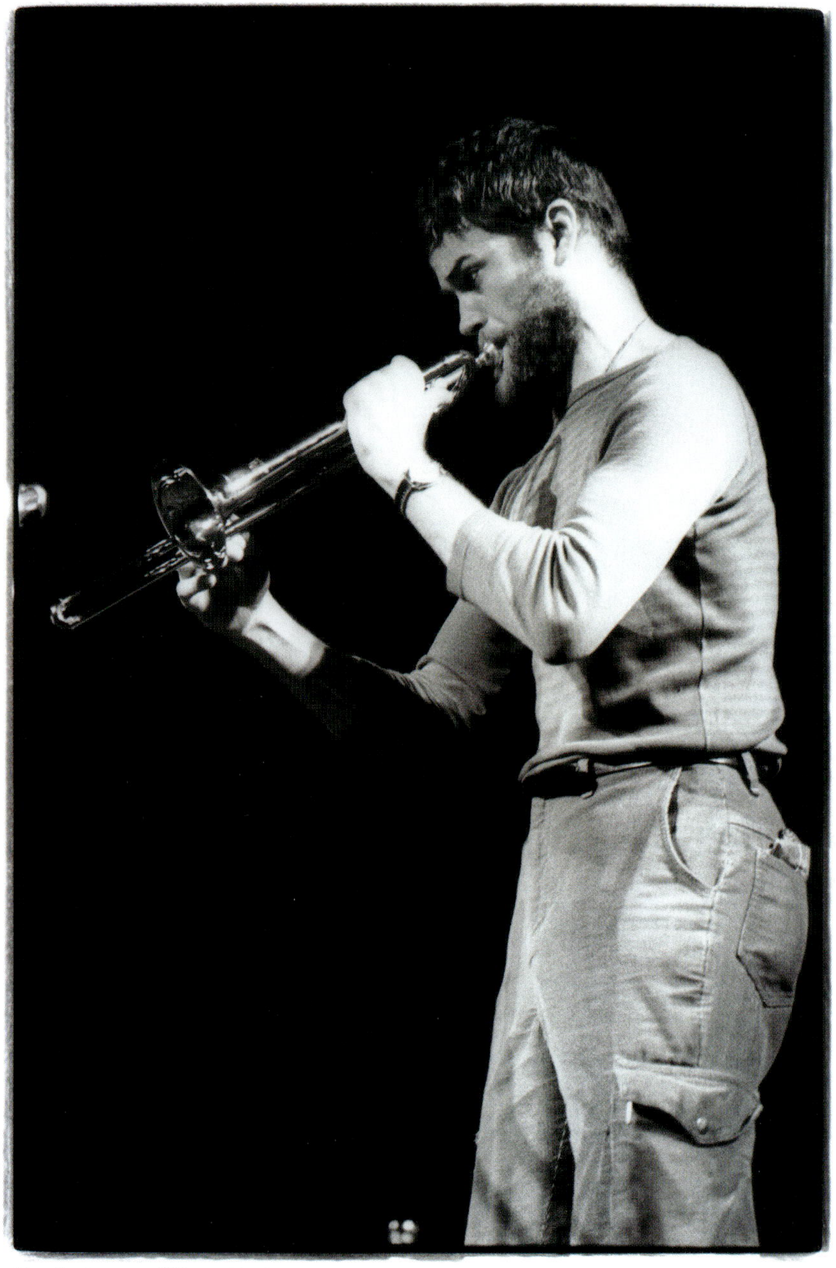

Ray Anderson - Milano 1980

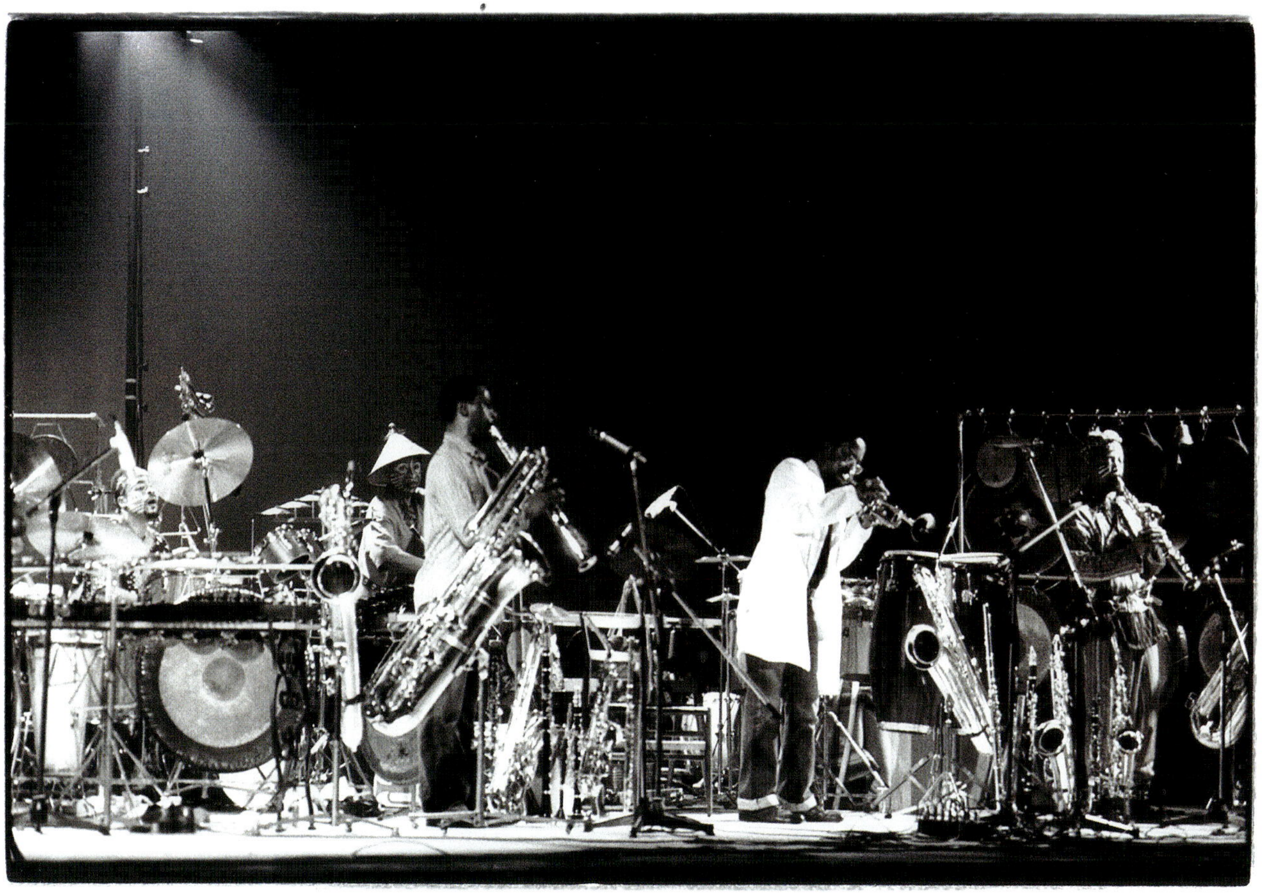

Art Ensemble Of Chicago - Milano 1980

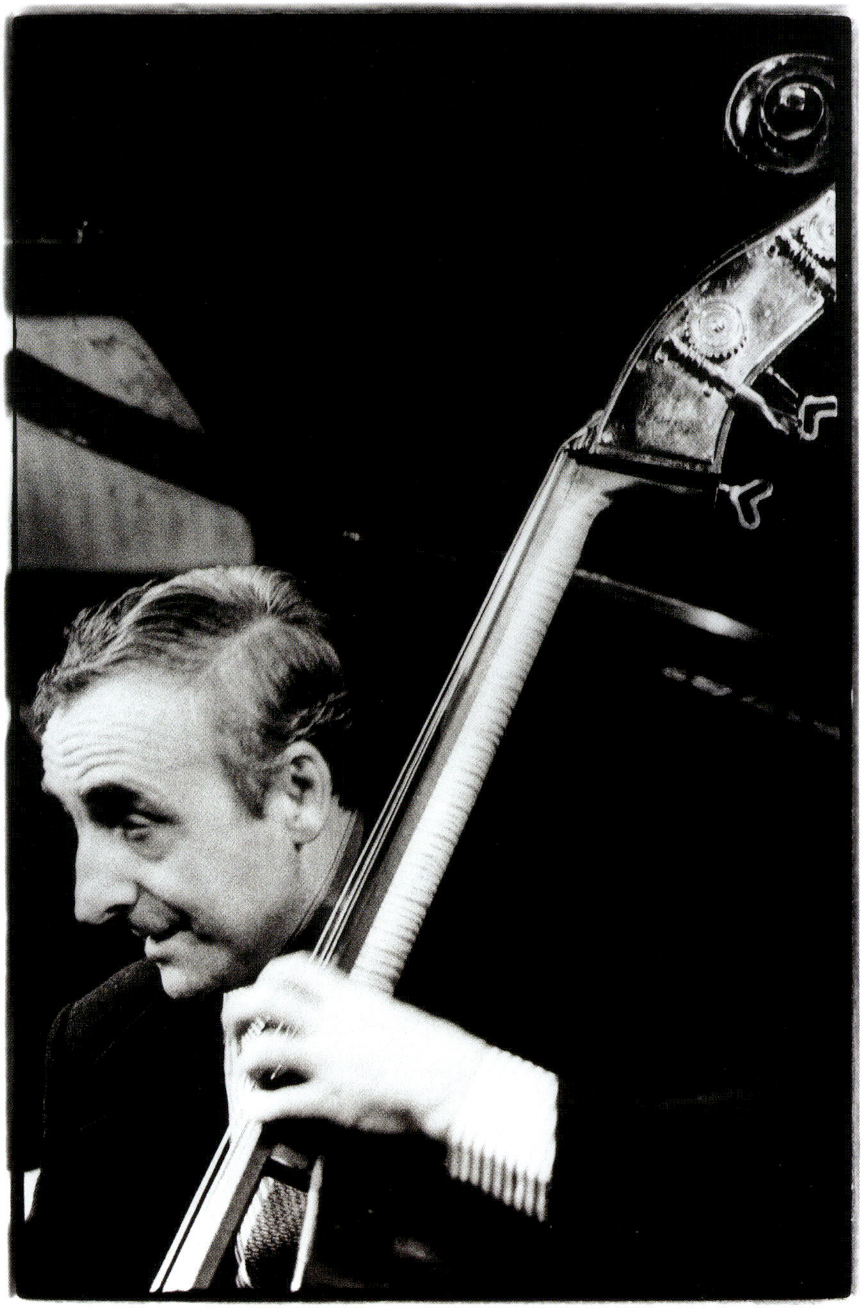

Giorgio Azzolini - Milano 1978

B

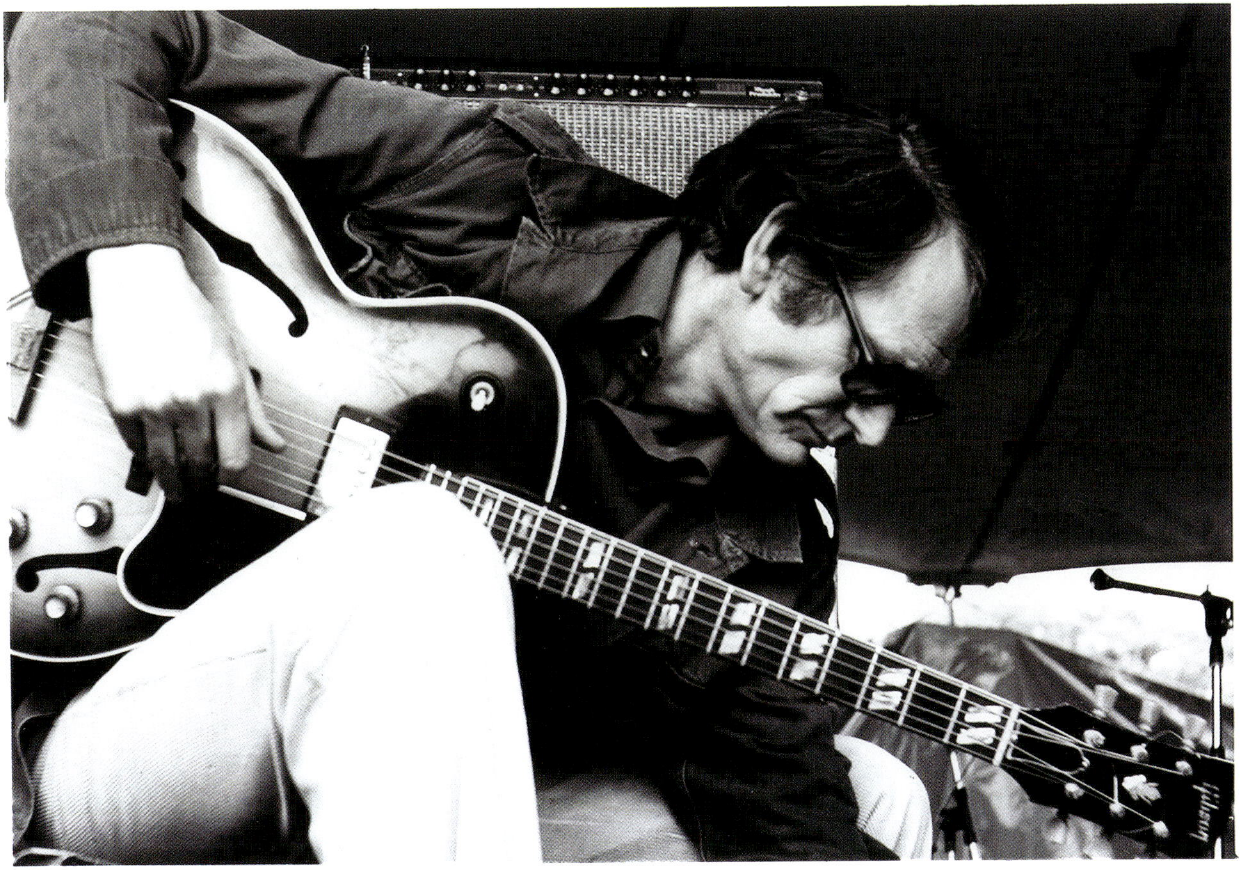

Derek Bailey - Moers 1978

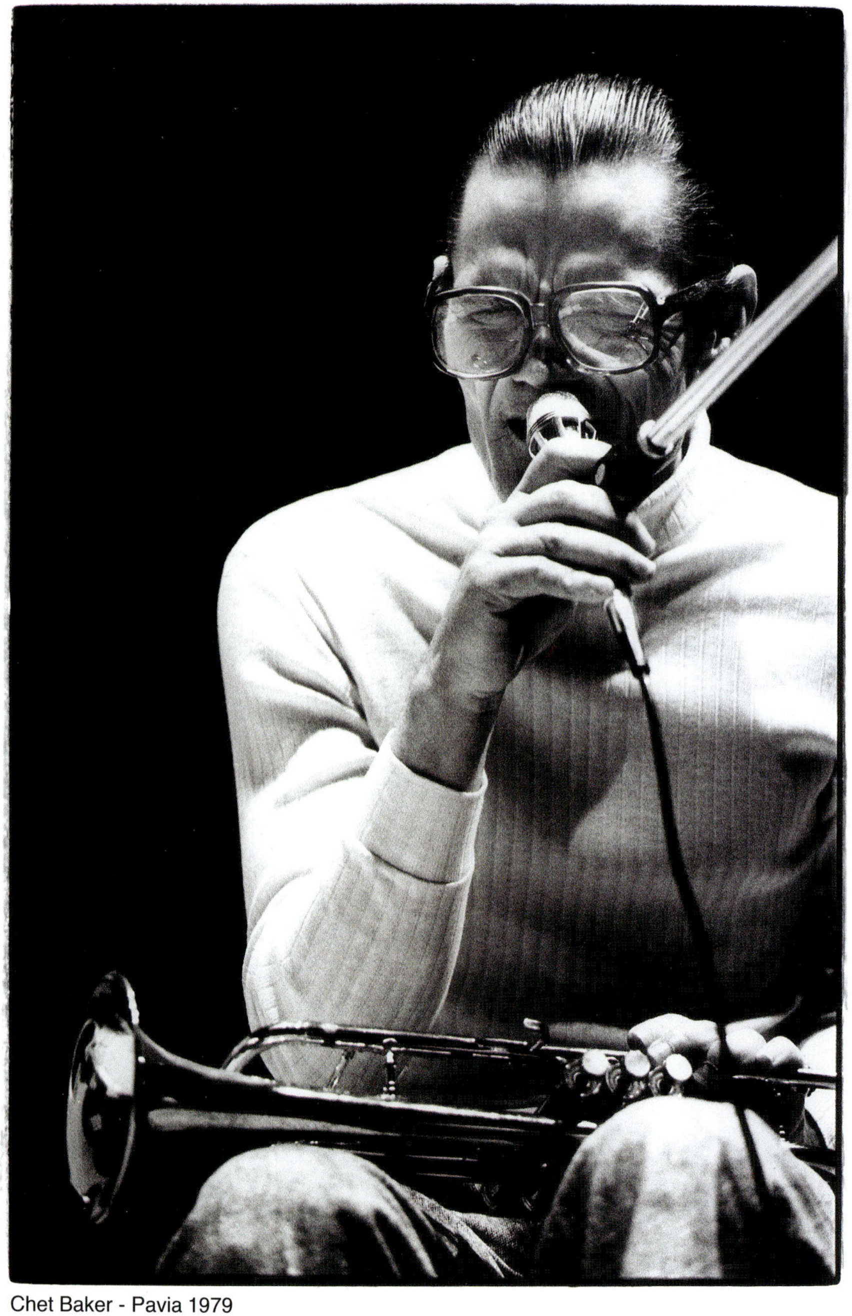
Chet Baker - Pavia 1979

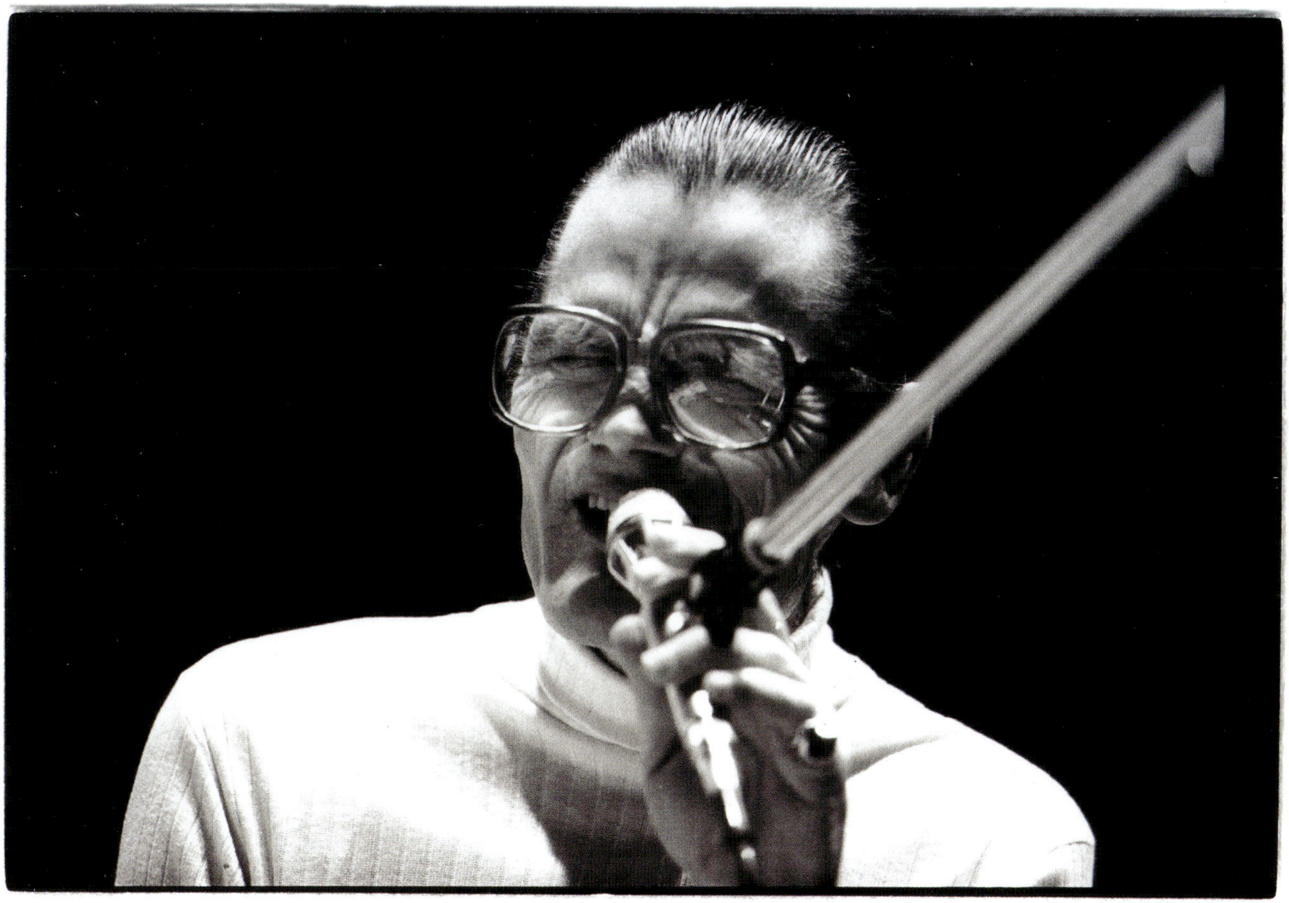

Chet Baker - Pavia 1979

Chet mi ricorda la malinconia, con la sua musica sussurrata con la tromba e qualche volta cantata con la sua voce delicata. Un uomo che ha bevuto la sua vita.

Chet reminds me of melancholic feelings whispered through his trumpet and sung by his smooth voice. A man who had drunk his life awyay.

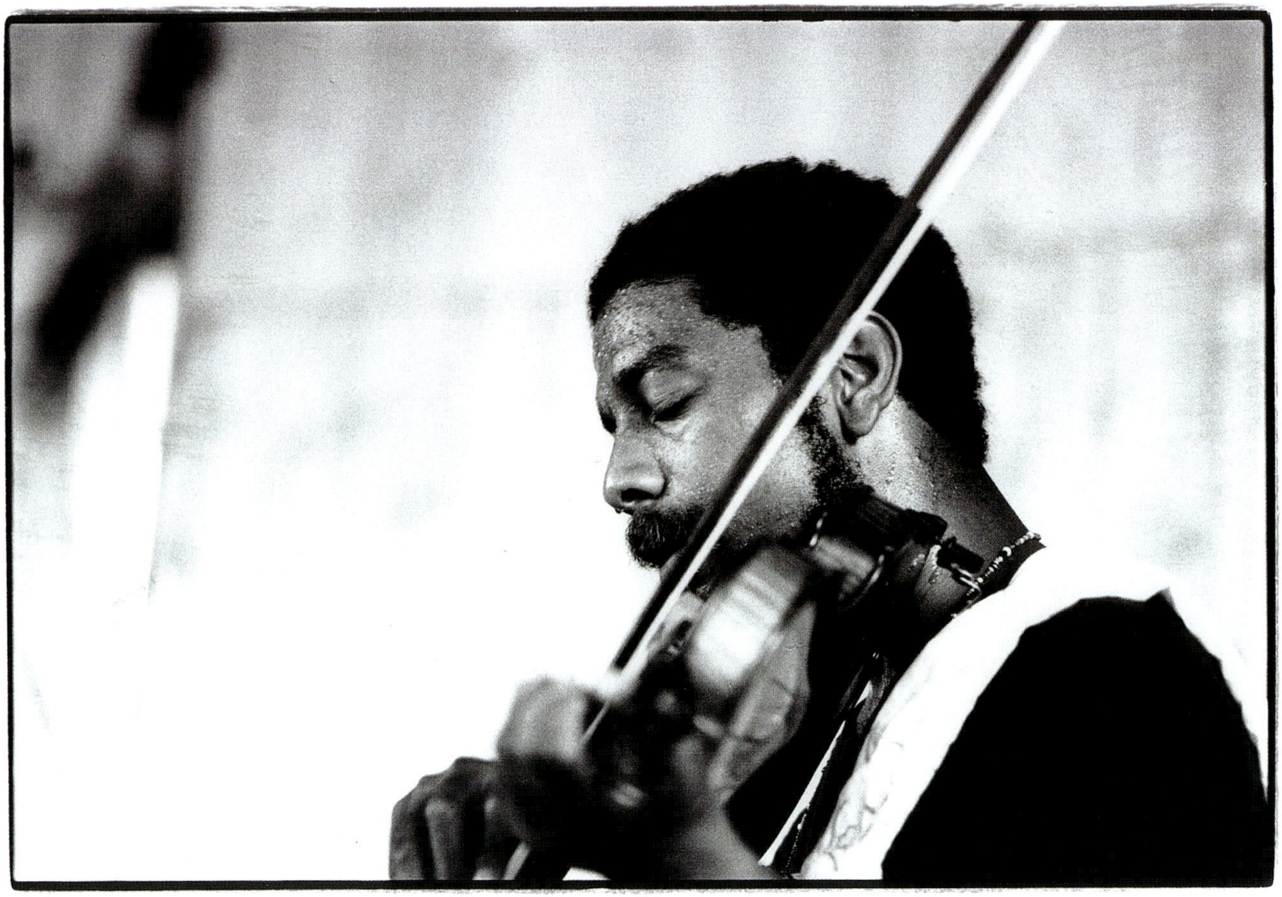

Billy Bang - Moers 1979

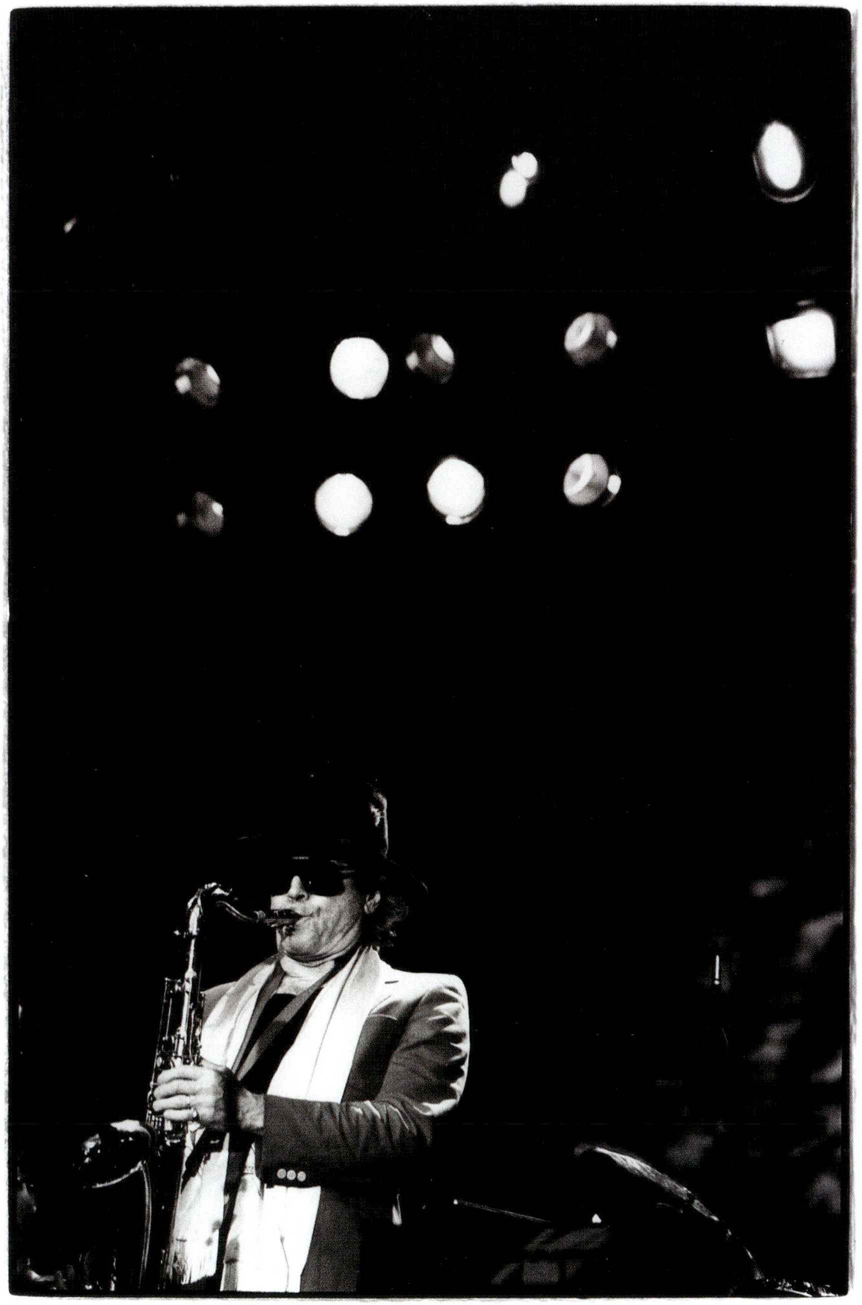

Gato Barbieri - Lugano 1997

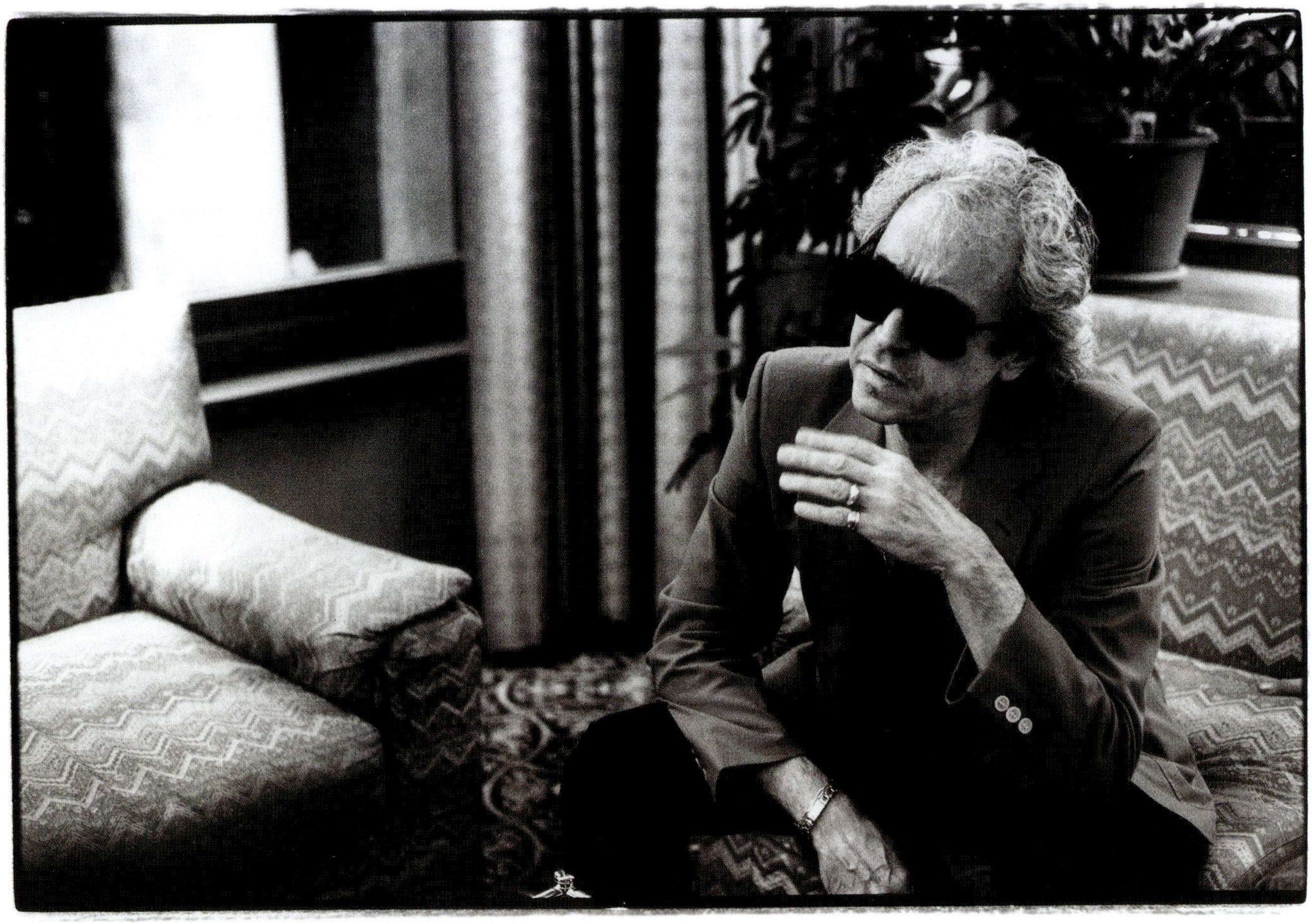

Gato Barbieri - Lugano 1997

Quello che ci viene incontro nella hall di un albergo di Lugano e si accomoda in poltrona mi sembra un leone ferito. La morte della sua compagna e i guai fisici hanno prostrato Gato Barbieri. Parla, ad alcuni giornalisti e a me, con tono pacato e le sue parole rivelano amarezza e stanchezza. Ma quando qualcuno gli fa notare tutto ciò ecco la zampata del vecchio leone. “Venite a vedermi in concerto e vi accorgerete se Gato è ancora vivo o no”. E aveva ragione lui. Ha suonato due ore filate, con quel suo sax ruggente, tagliente e struggente al tempo stesso, con una resistenza fisica impressionante. Si vedeva che voleva dimostrare qualcosa, che era vivo, che la sua musica era viva. E il pubblico se n'è accorto tributandogli un'ovazione. Confesso che non me l'aspettavo. Ma il leone ha sette vite. Viva il leone.

The man walking down in our direction through the hall of a Lugano hotel and then taking a seat resembles a wounded lion. The love of his life's death and further health problems have taken a toll on Gato Barbieri. He' s talking to us, some journalists and me, with a quiet tone and using words that reveal bitterness and fatigue. Yet when someone seems to notice it, the old lion unsheathes his claws. “Come and see me on stage and you'll see yourselves whether Gato is still alive or else”. He was right. Two hours in a row playing his roaring sax, hitting sharp and heartbreaking notes, all with an impressive physical endurance. He was there to prove himself right, that he was alive and his music with him. The audience stood up and cheered. I have to admit I did not expect any of that. The lion has nine lives. Way to go lion.

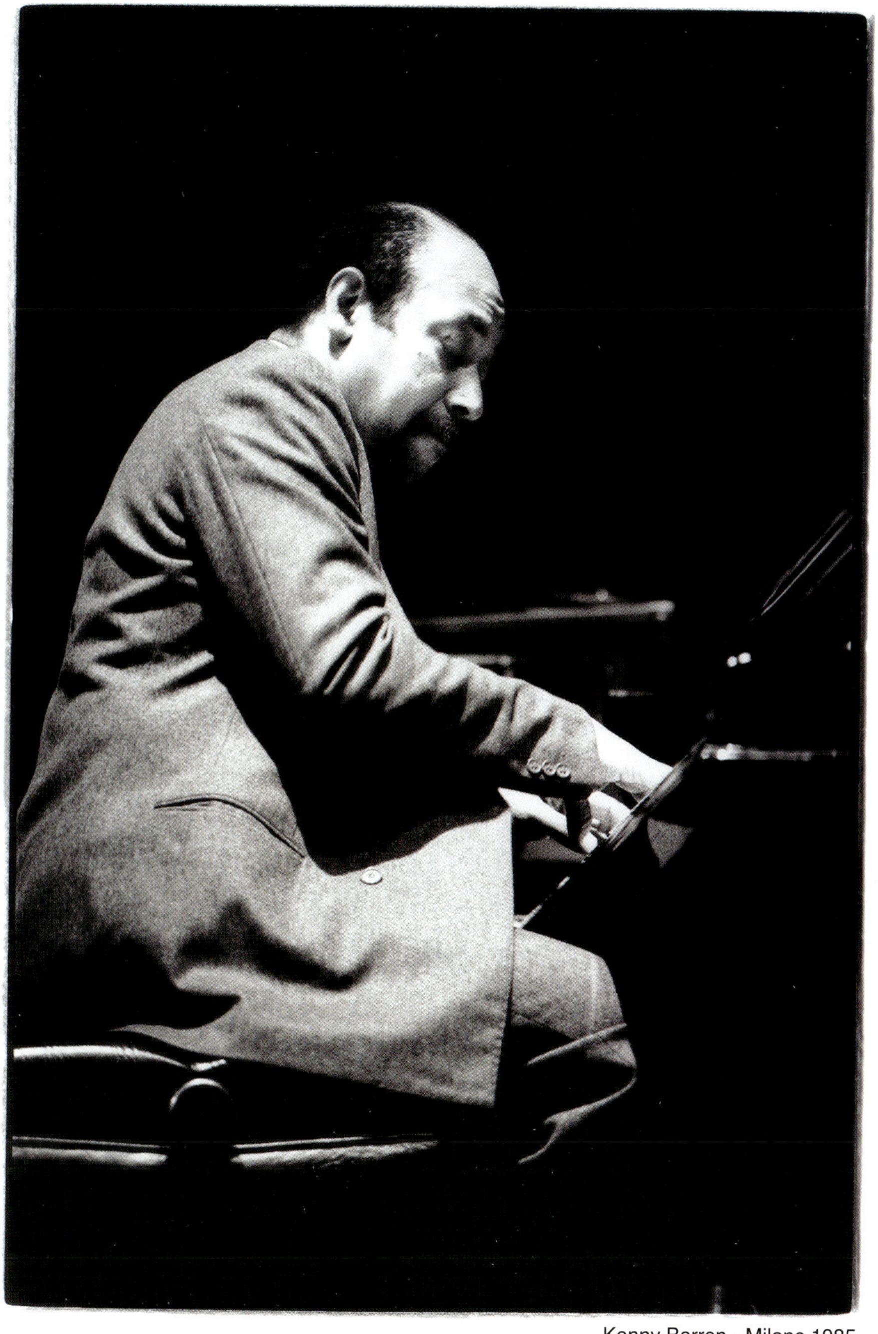

Kenny Barron - Milano 1985

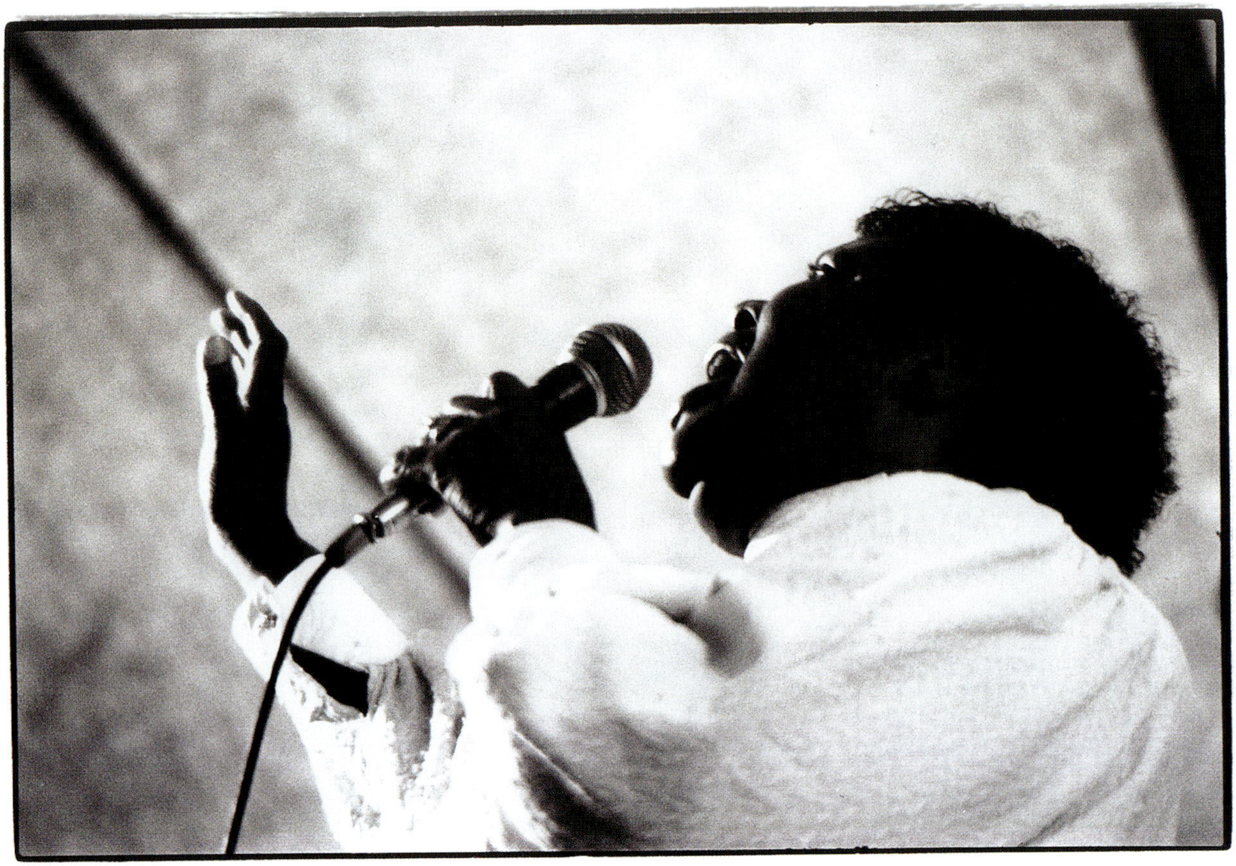
Martha Bass - Aja 1982

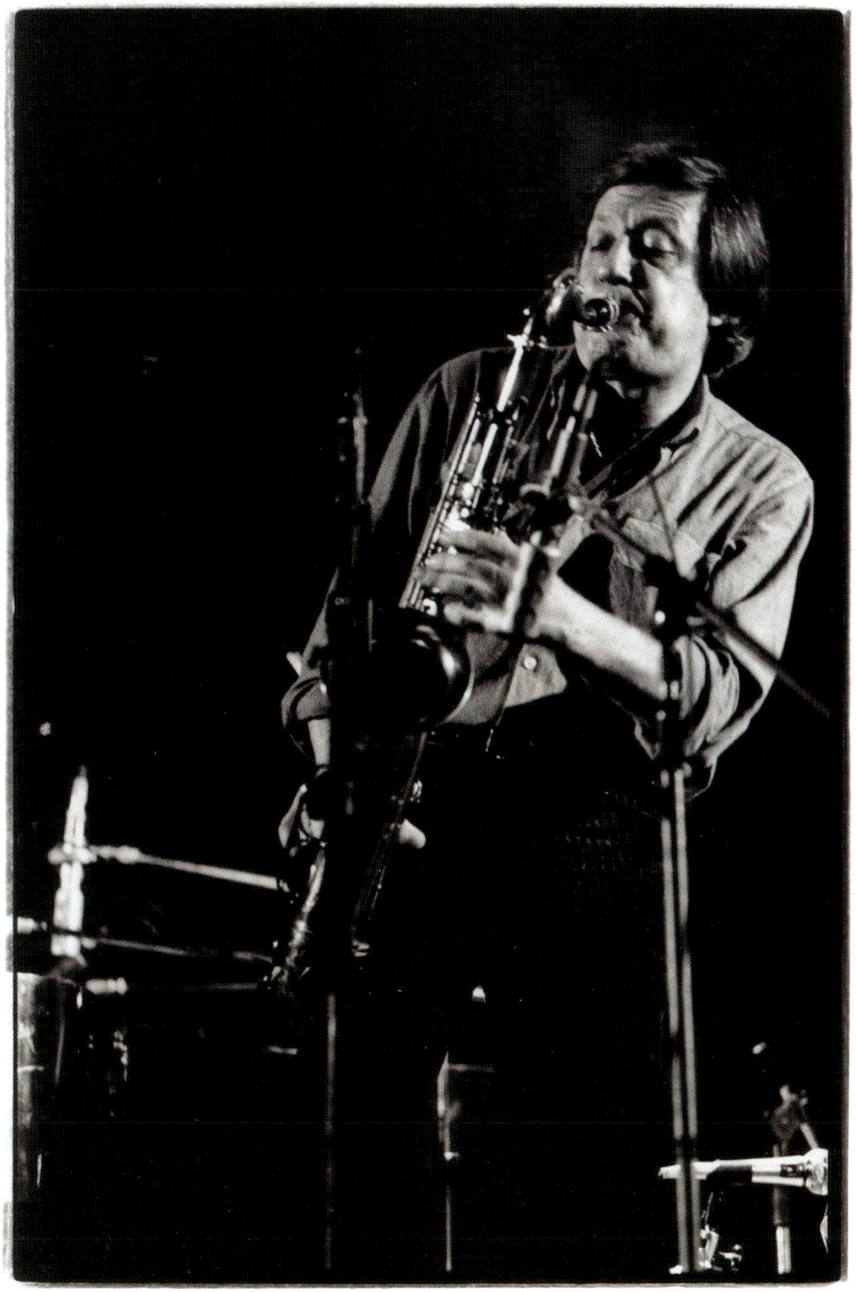

Gianni Basso - Milano 1979

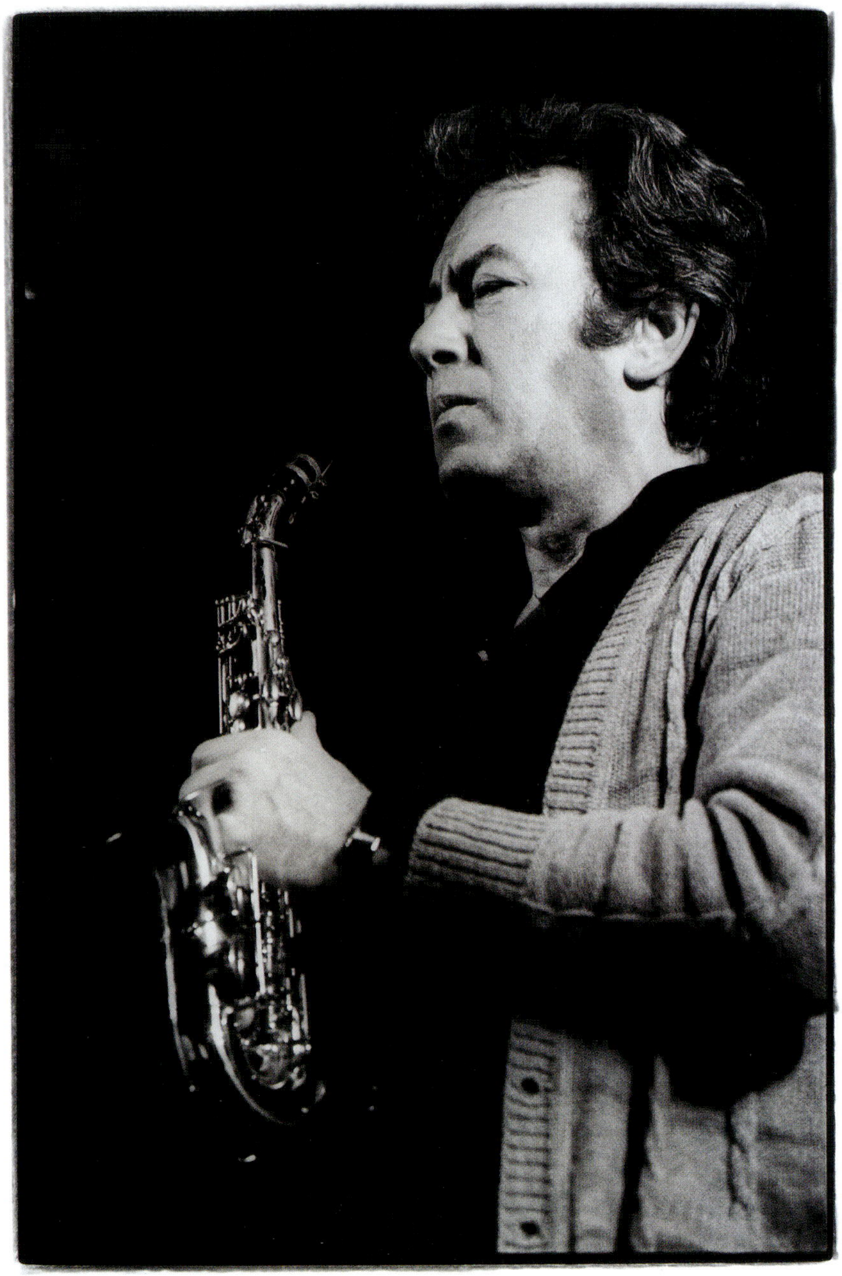

Gianni Bedori - Milano 1981

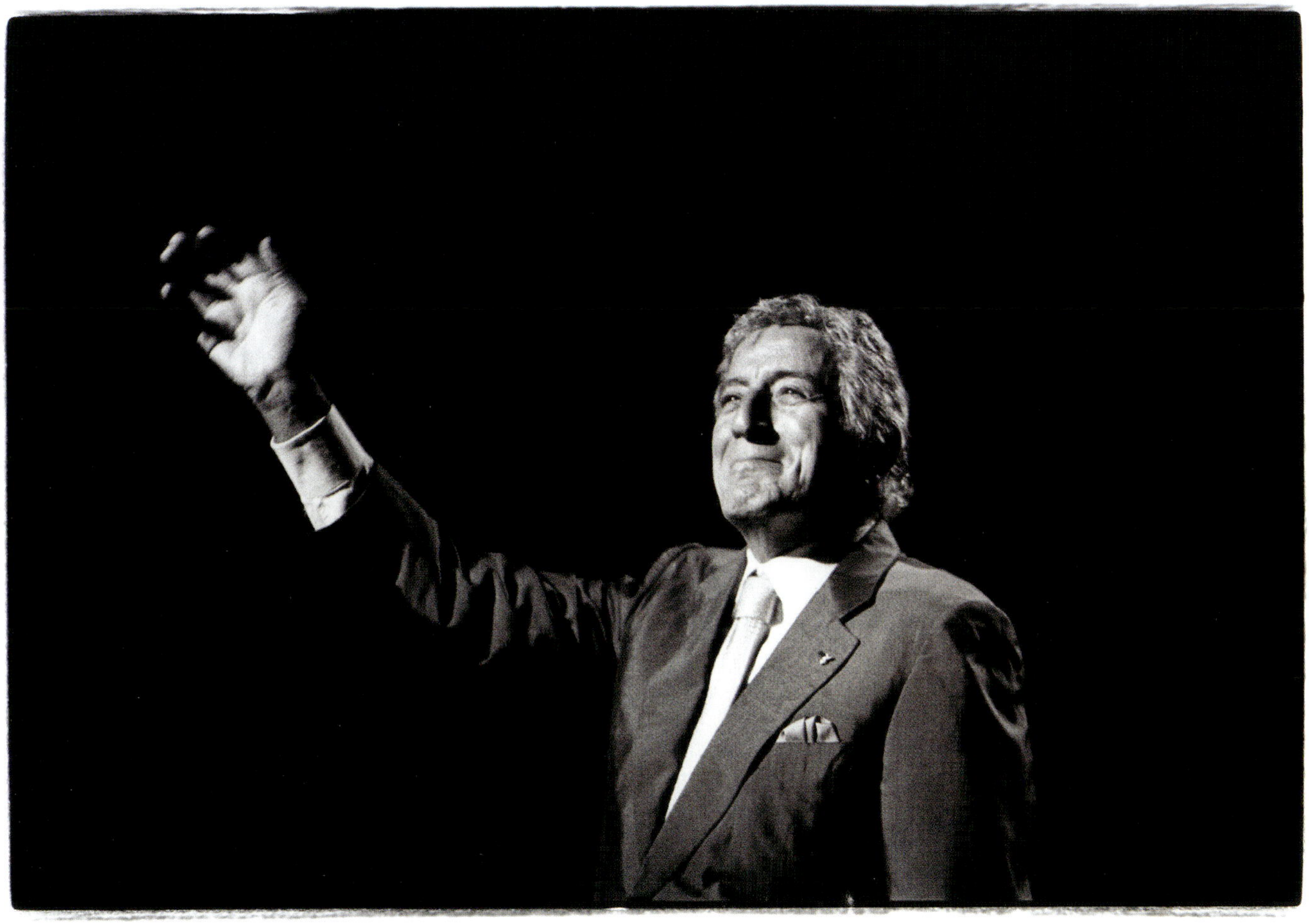

Tony Bennett - Milano 2001

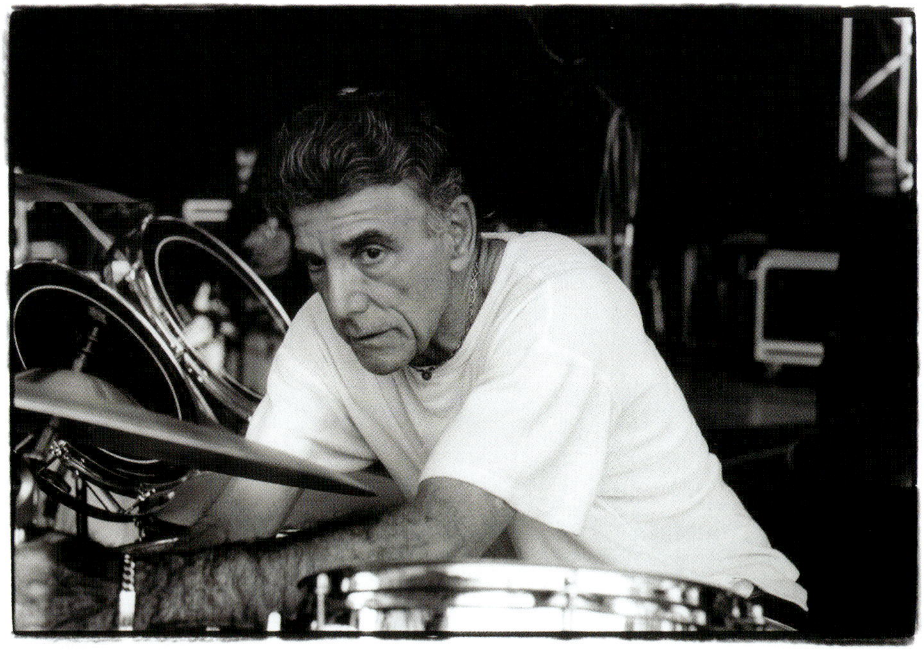

Louis Bellson - Milano 1991

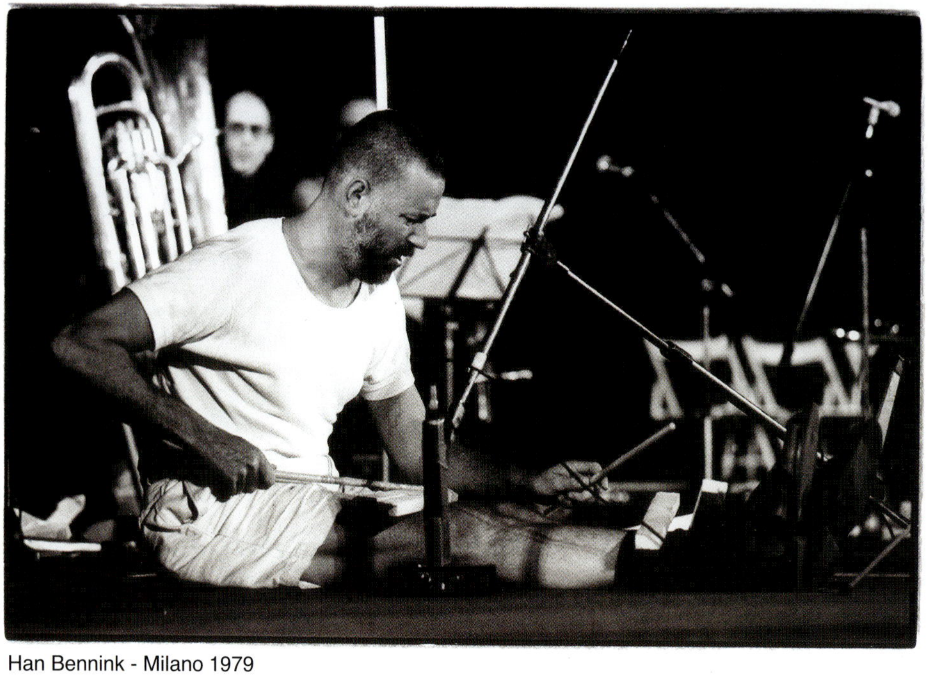

Han Bennink - Milano 1979

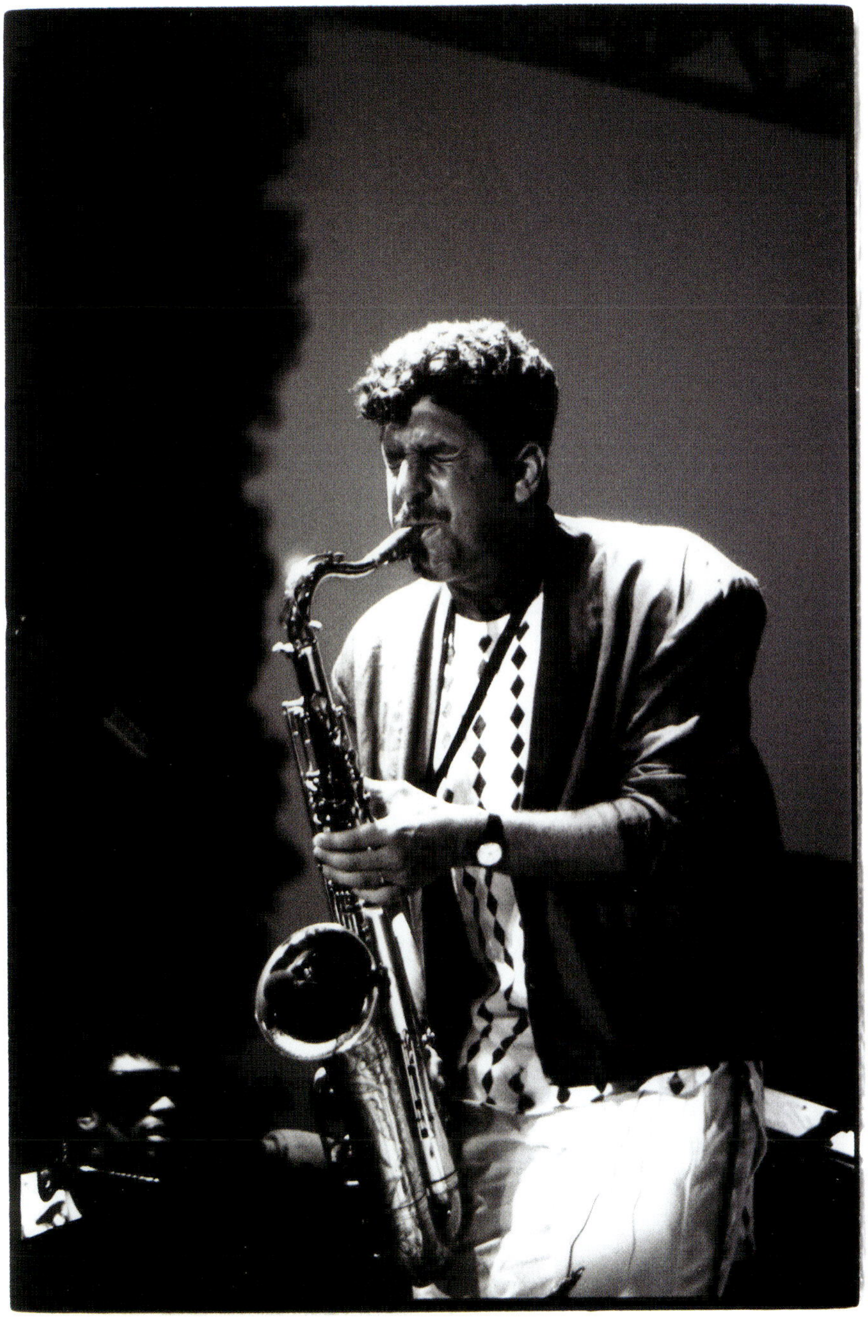

Bob Berg - Torino 1987

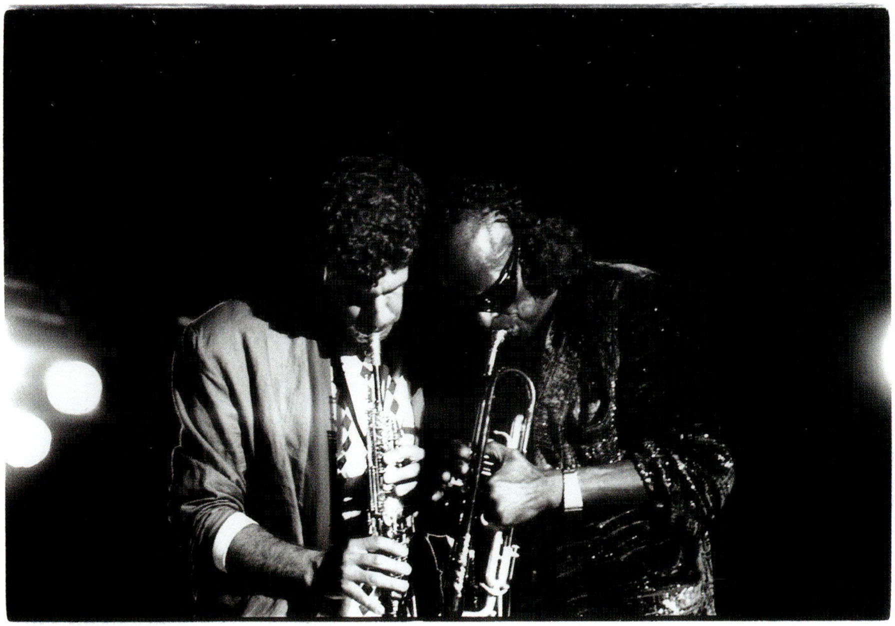

Bob Berg & Miles Davis - Torino 1986

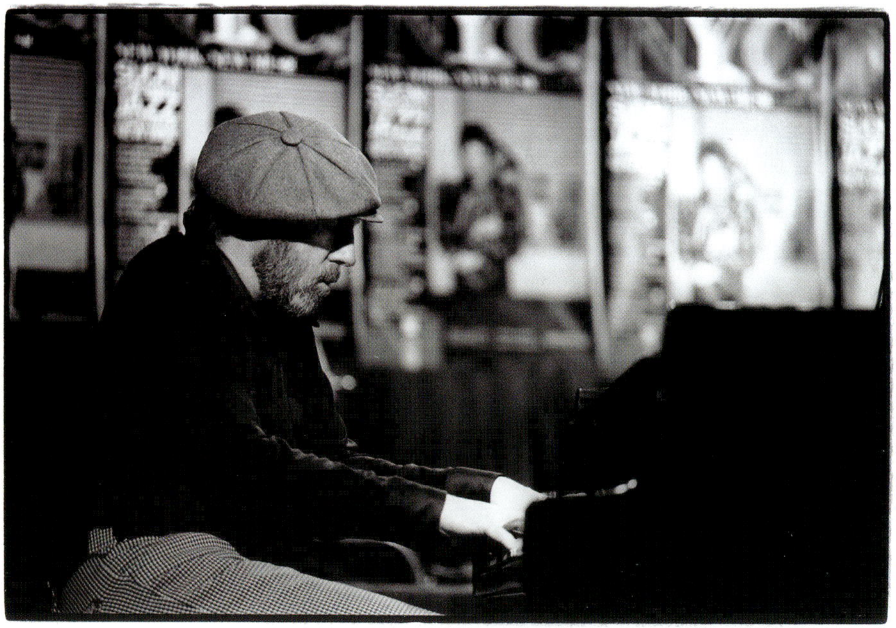

Ran Blake - Milano 1981

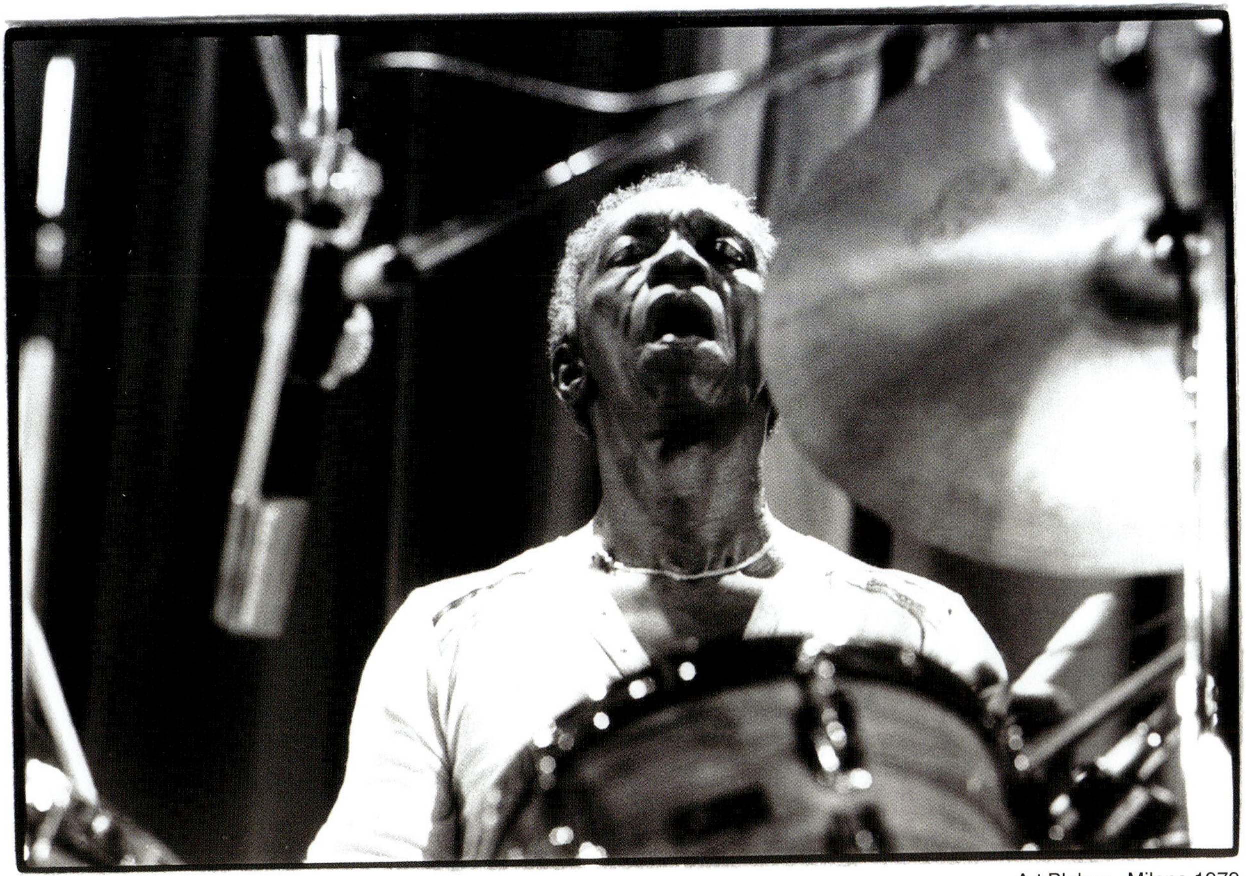

Art Blakey - Milano 1979

Mi ha sempre suscitato grande simpatia Art Blakey, un grande del jazz. Un grande bandleader, uno scopritore di talenti che valorizzava con il suo essere jazz dentro; sentiva l'odore di quelli che suonavano jazz e li lanciava, giovanissimi. Sono tanti i musicisti che Art ha buttato alla ribalta, mi vengono in mente Wayne Shorter e Bobby Watson, ma sono solo due tra i tantissimi in una carriera durata decenni. Ho parlato, seppur poco, con Art Blakey ai bordi di un palco e lui lì ad ascoltare con grande pazienza e umiltà. Erano i suoi ultimi anni di vita.

I've always liked Art Blakey, a jazz great. Amazing bandleader, a talent scout driven by his being jazz inside; he could smell the talent and give the youngest jazzmen a chance. Plenty of them got his help; I can recall Wayne Shorter and Bobby Watson but they were only two of the many in a career spanning over decades. I could only talk to him briefly by the stage side, he stood there patiently and unassumingly listening to me.Those were his last years.

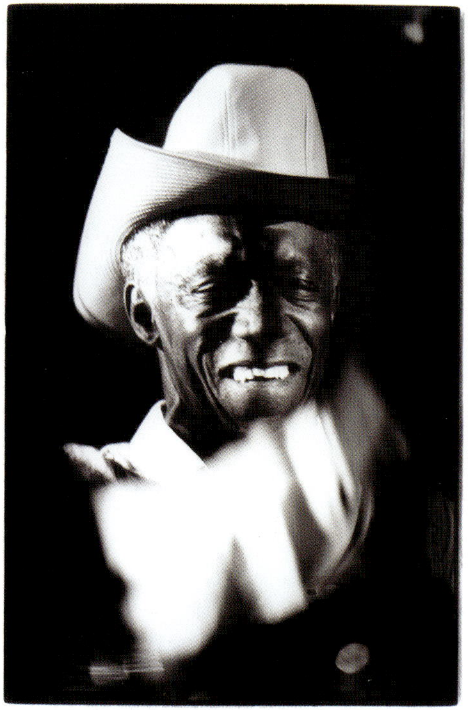

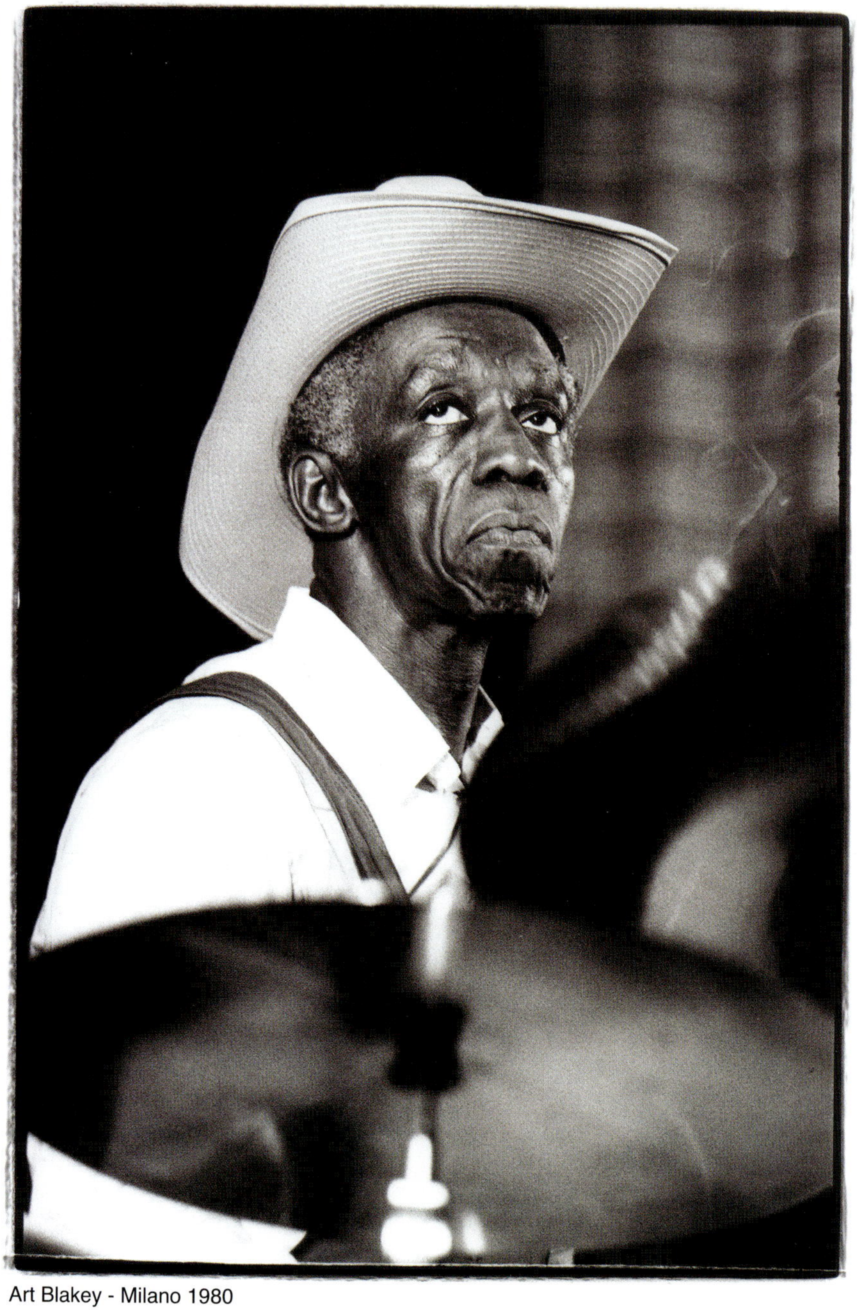

Art Blakey - Milano 1980

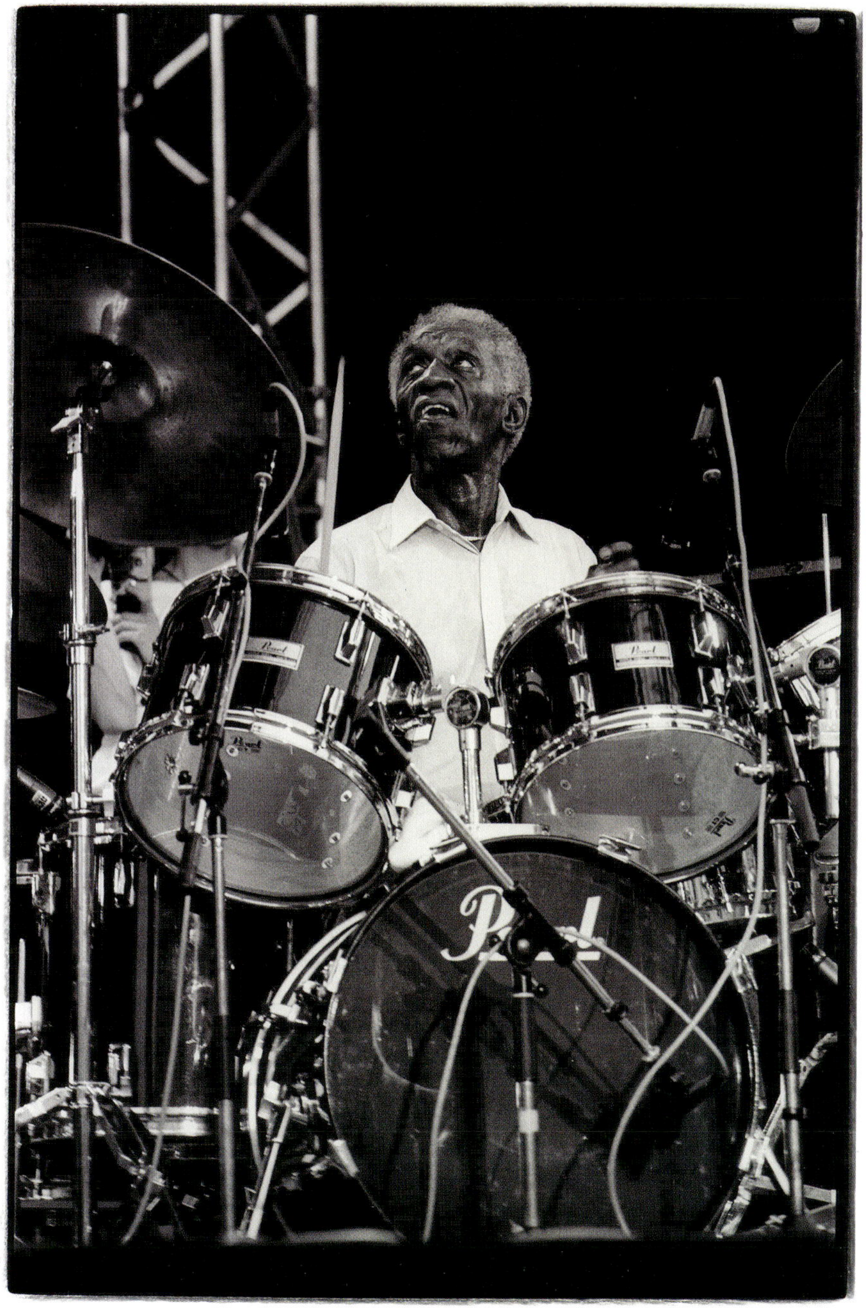

Art Blakey - Lugano 1988

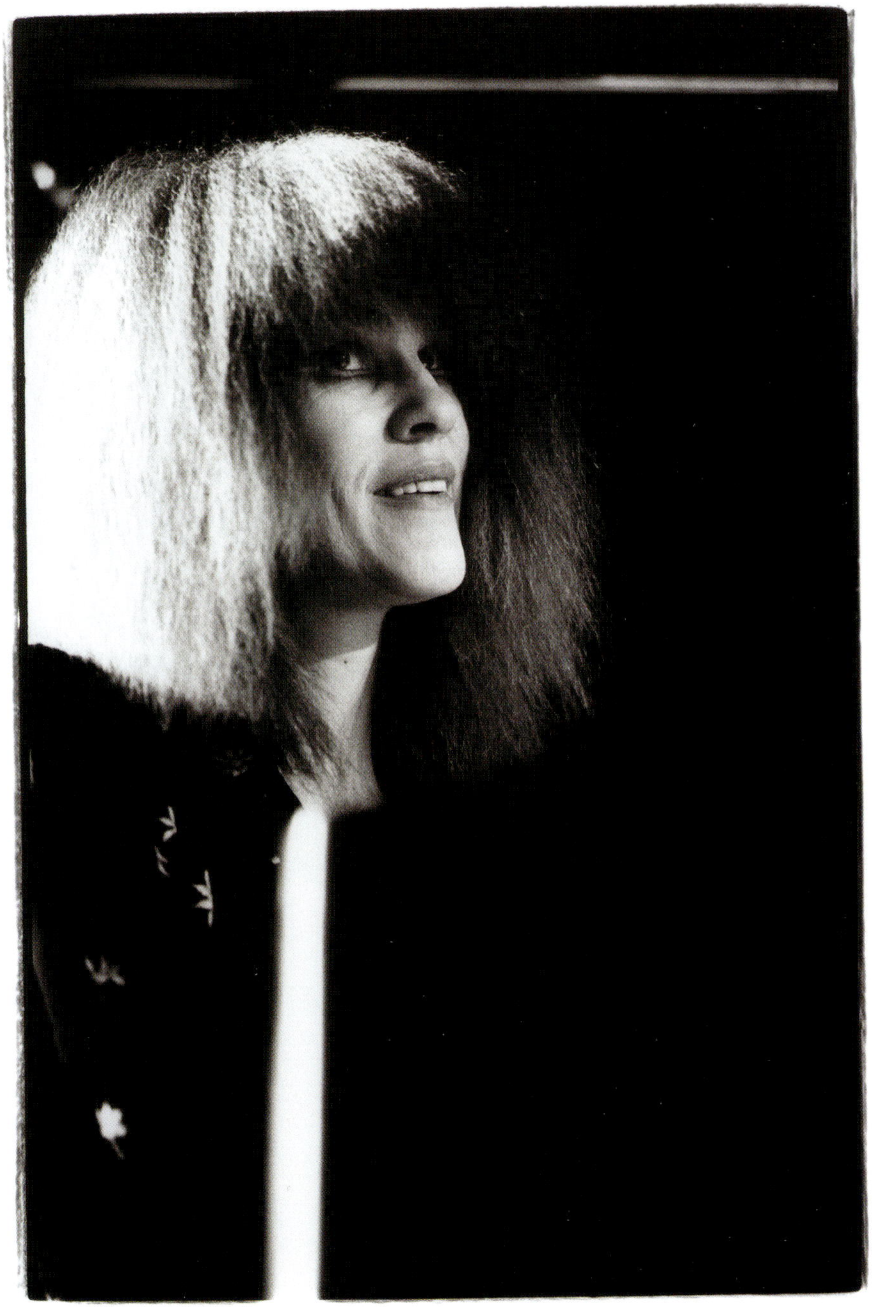

Carla Bley - Milano 1981

Lo sguardo di Carla Bley
è sempre accattivante
e lei molto fotogenica.
Così almeno a me sembra.

A charming expression
and very photogenic,
in my opinion at least.

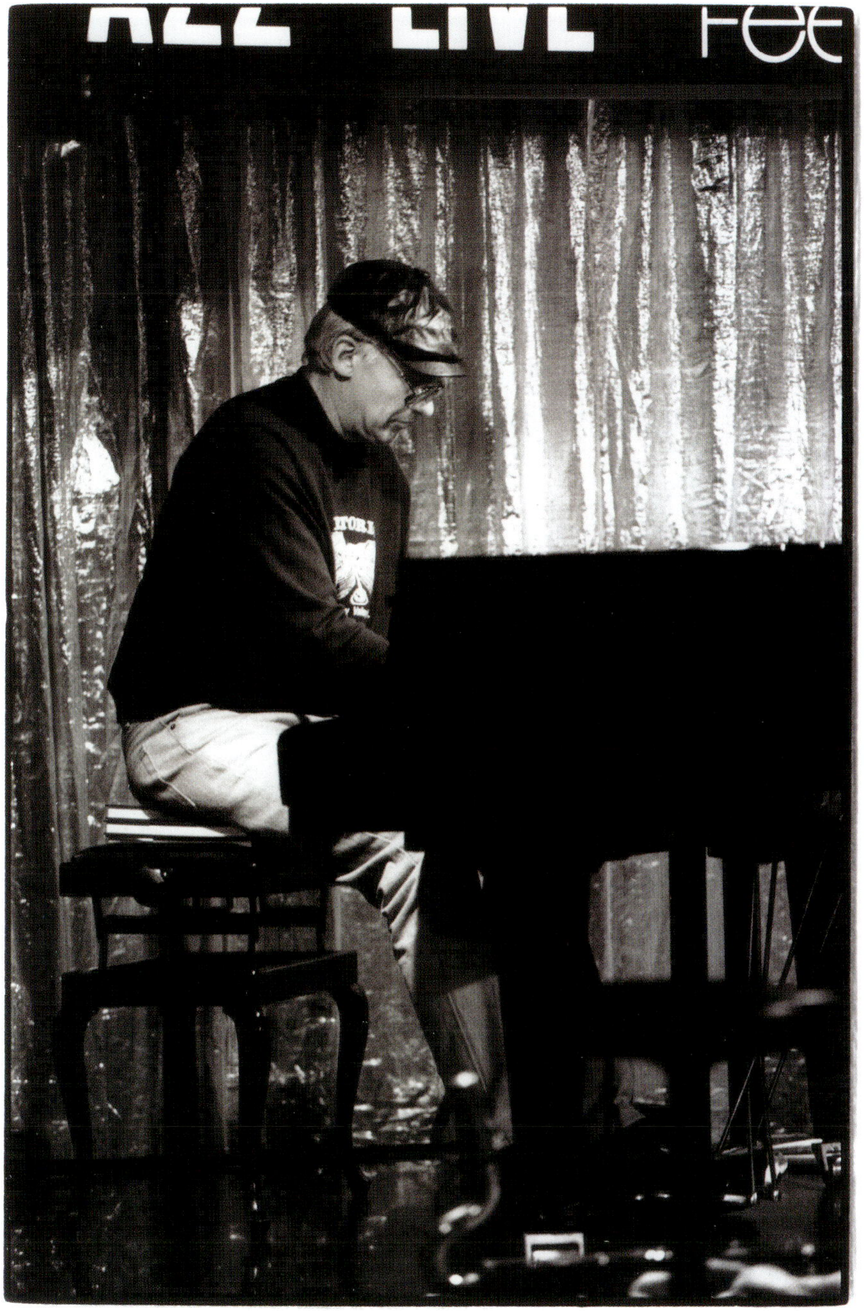

Paul Bley - Dalmine - 1987

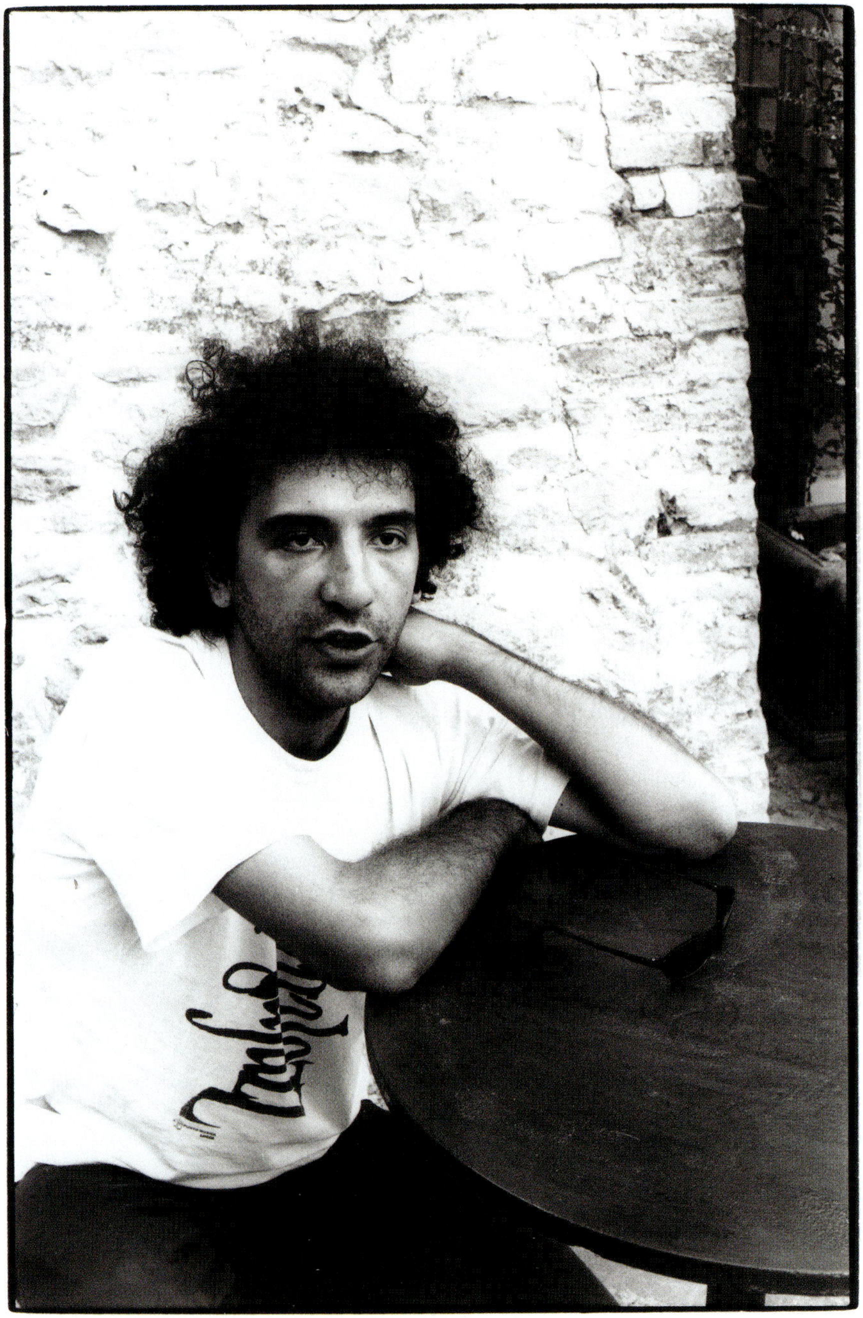

Stefano Bollani - Montefiore Conca 2001

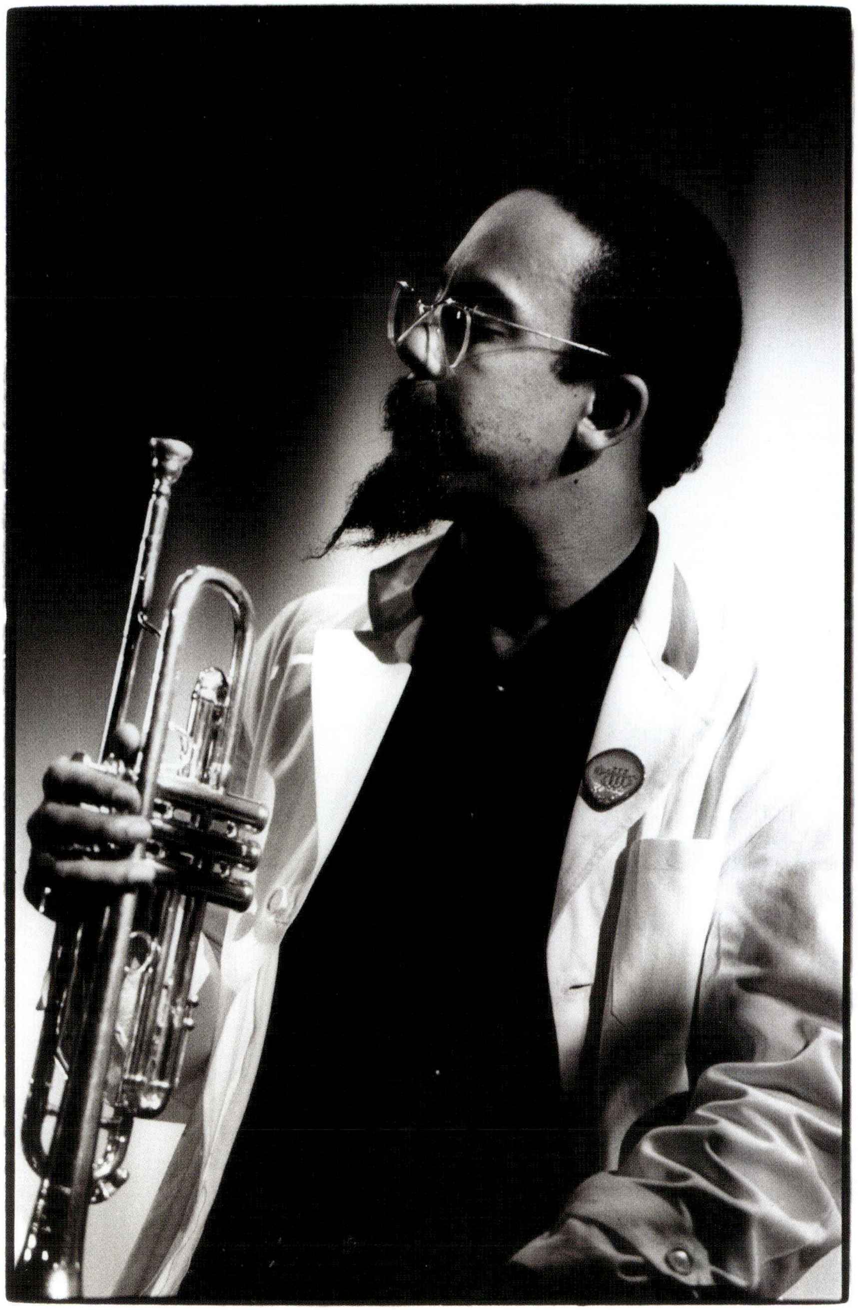

Lester Bowie - Milano 1979

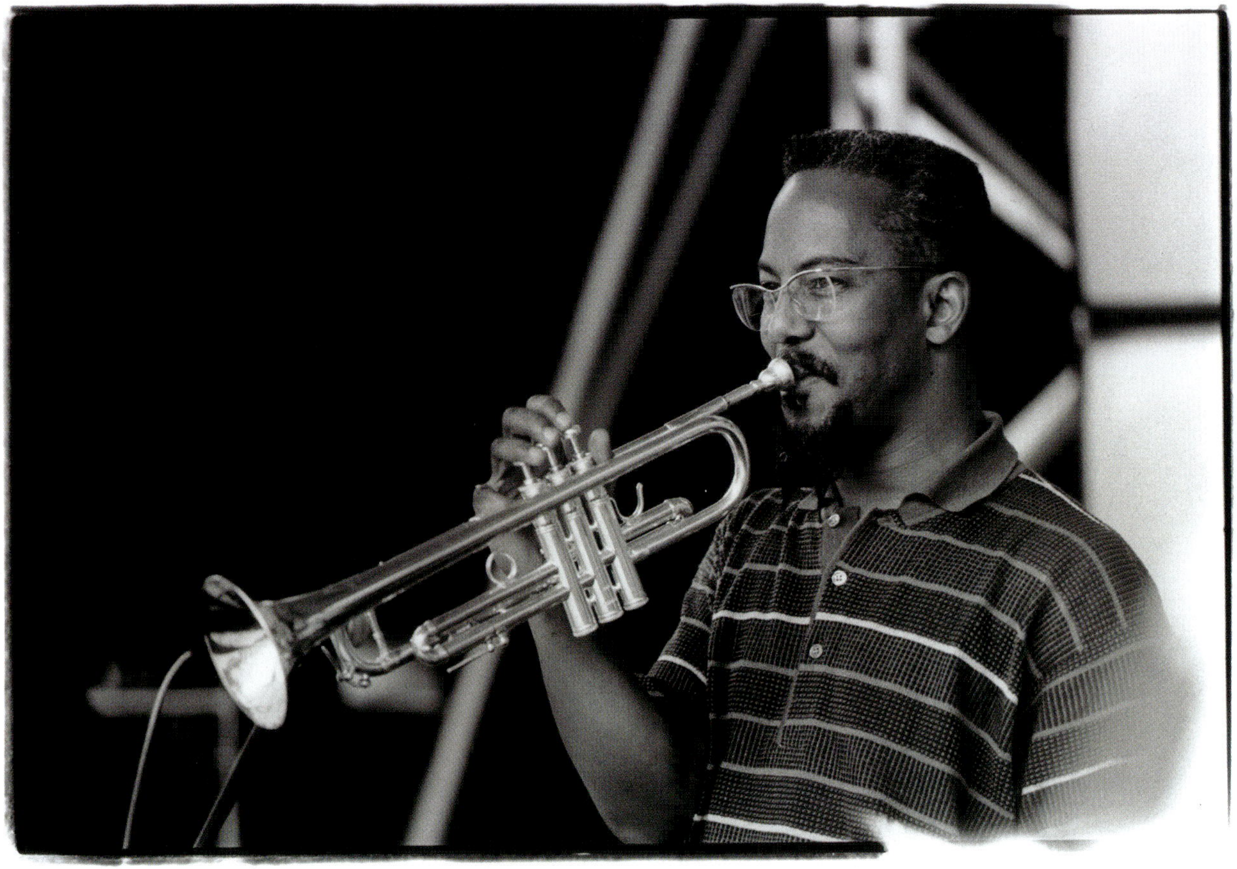

Lester Bowie - Lugano 1989

Lester Bowie il genio, irridente, dallo sberleffo facile. Eppure tanto amante e devoto della tradizione, delle radici della musica afroamericana in cui si riconosceva, si immergeva, tanto da titolare un suo spettacolo, nei primi anni '80, "To the roots of the source", collateralmente alla grande avventura con l'Art ensemble of Chicago. Gruppo fondamentale, questo, della seconda metà del secolo di cui era l'emblema, con quel suo camicione bianco a dondolare su e giù per il palco e a lanciare con la sua tomba note stridenti, graffianti, dolenti, a volte strazianti, mescolate a un lirismo di cui era capace solo se lo volesse.

Lester Bowie was a genius who liked mocking and scoffing. Yet, he loved the tradition and roots of Afro-American music where he felt he belonged in so deeply to entitle one of his early 80's shows "To the roots of the source", collateral to his great adventure with the Art ensemble of Chicago. That was a seminal band in the second half of the past century and he was the symbol of it, with his big white shirt swinging back and forth on stage and his trumpet spewing out the most shrieking, scratching, painful and at times excruciating notes he only was able of, if willing.

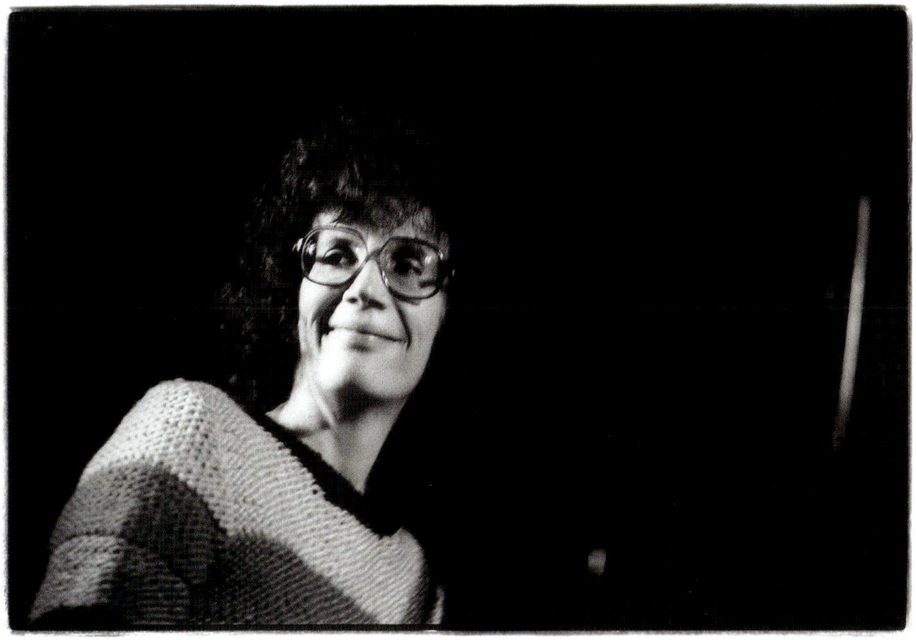

Joanne Brackeen - Milano 1981

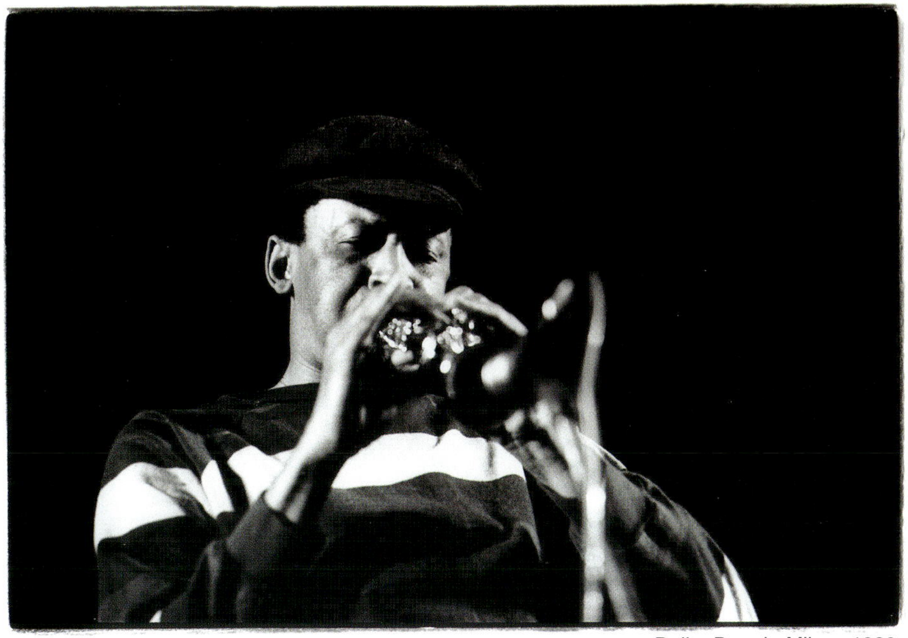

Dollar Brand - Milano 1980

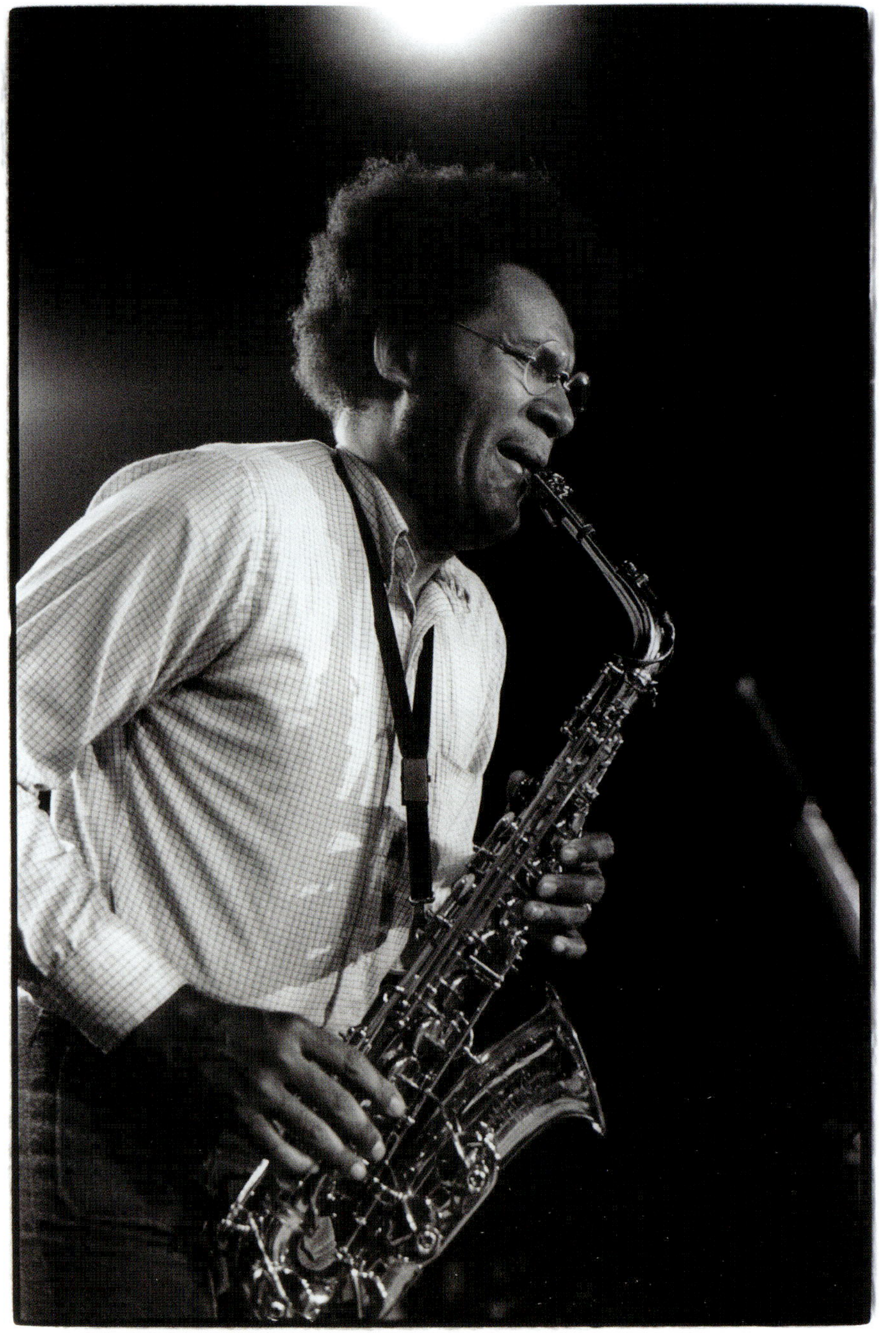

Anthony Braxton - Alassio 1978

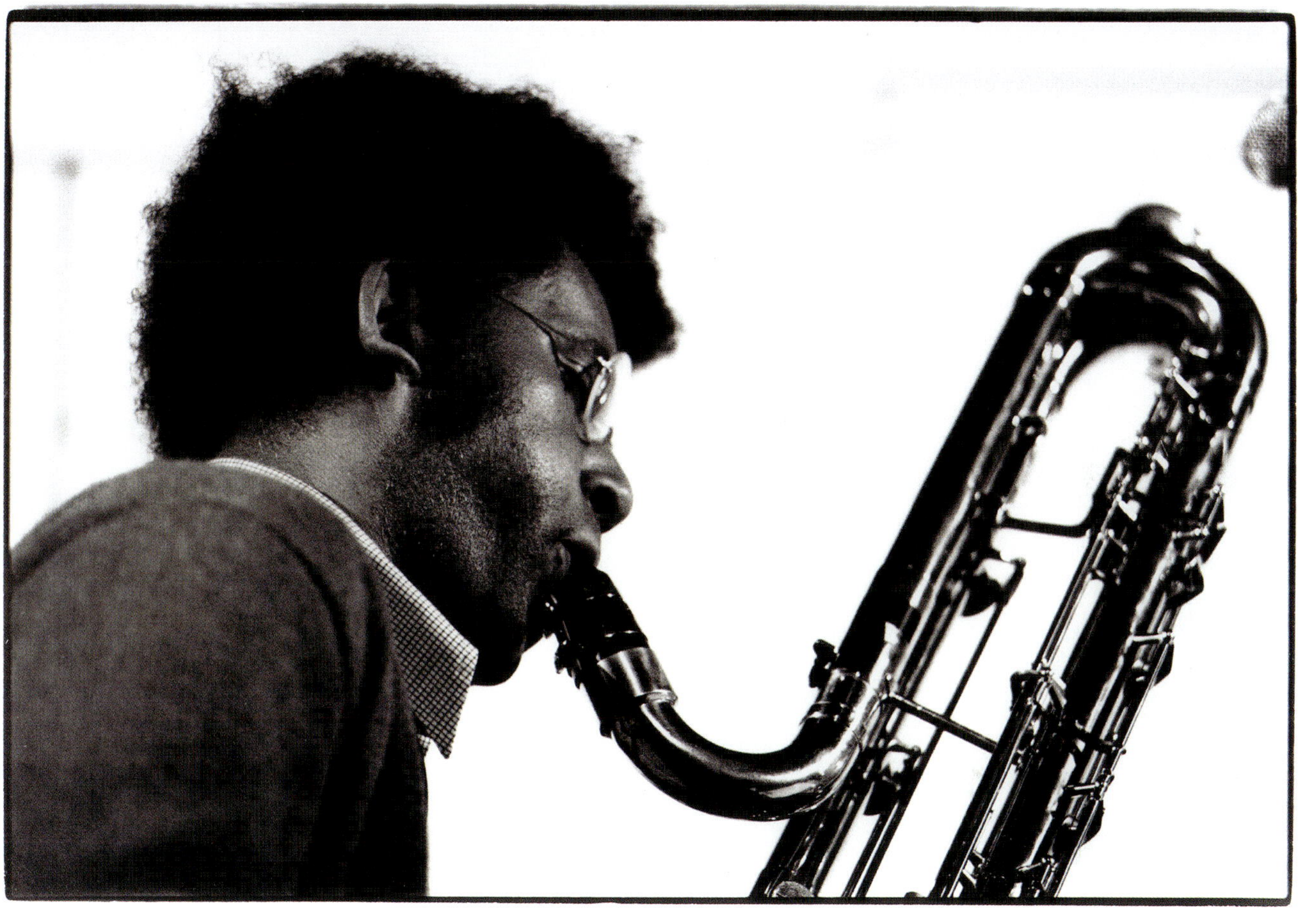

Anthony Braxton - Milano 1979

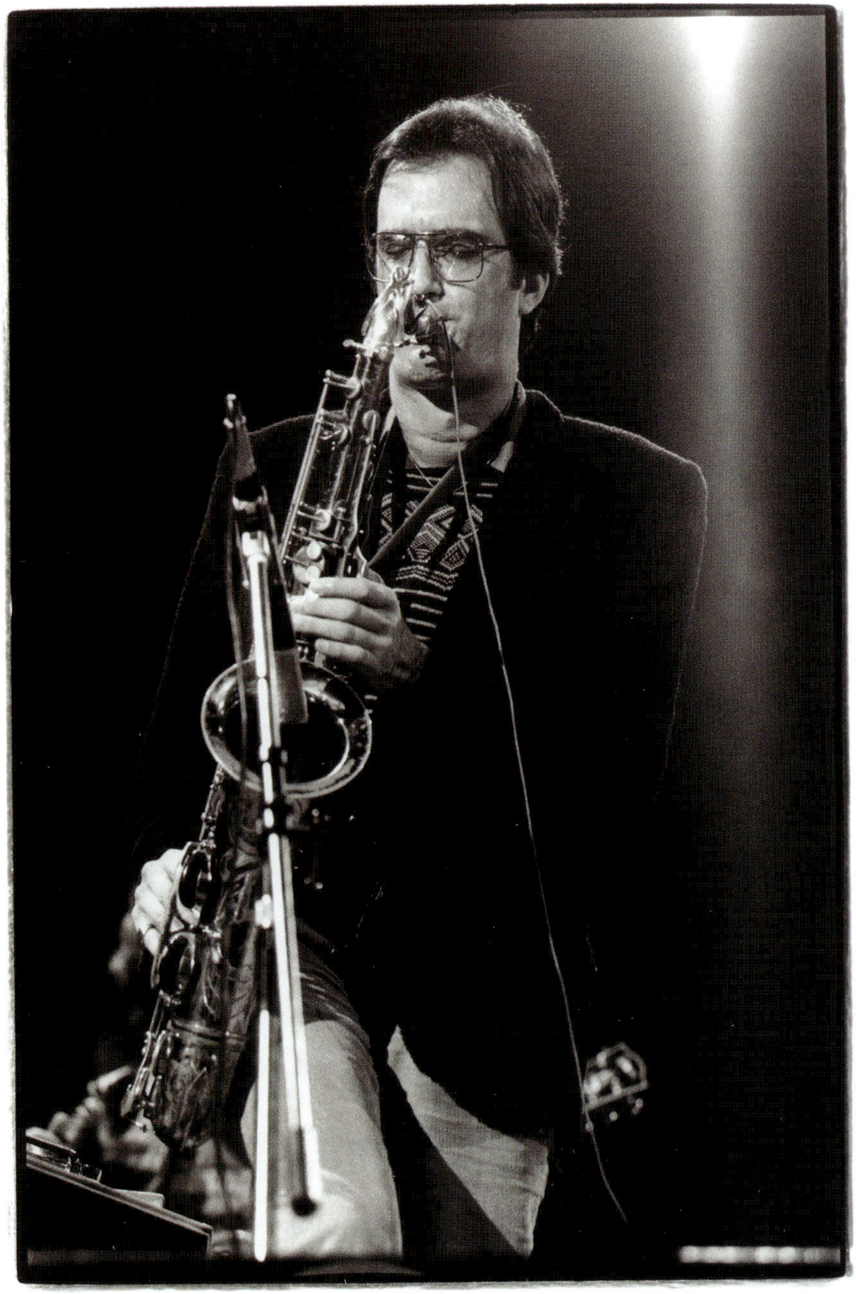

Michael Brecker - Aja 1980

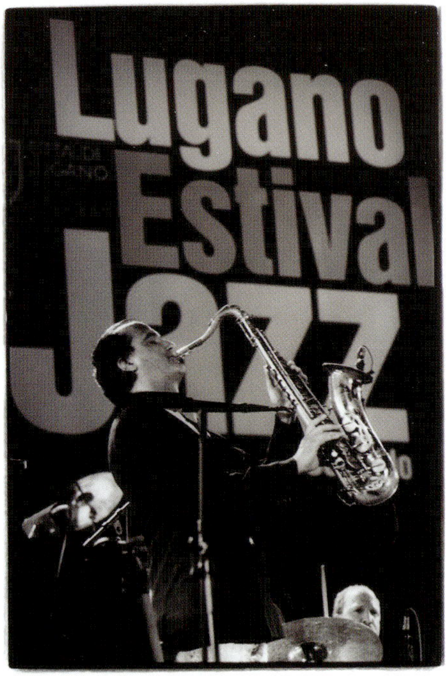

Michael Brecker - Lugano 1989

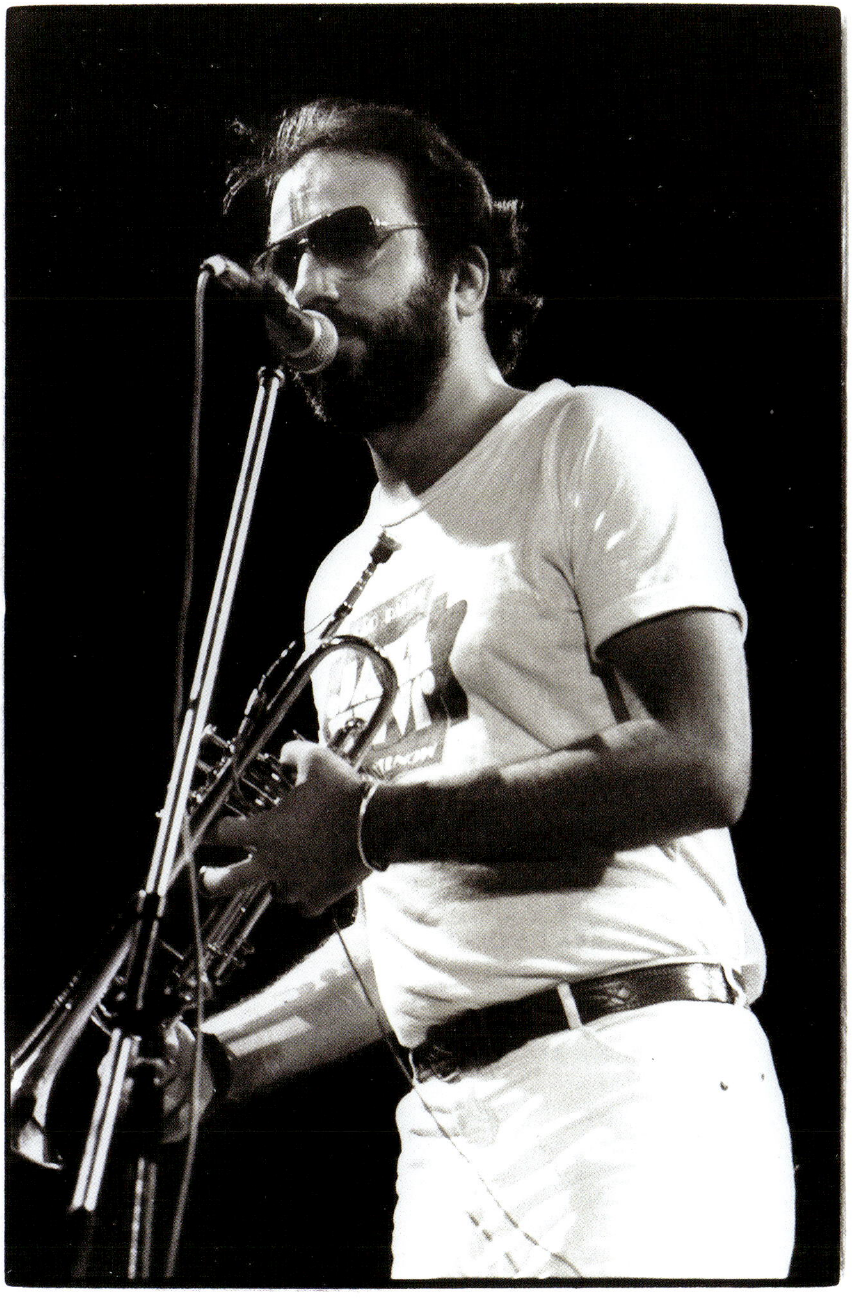

Randy Brecker - Aja 1980

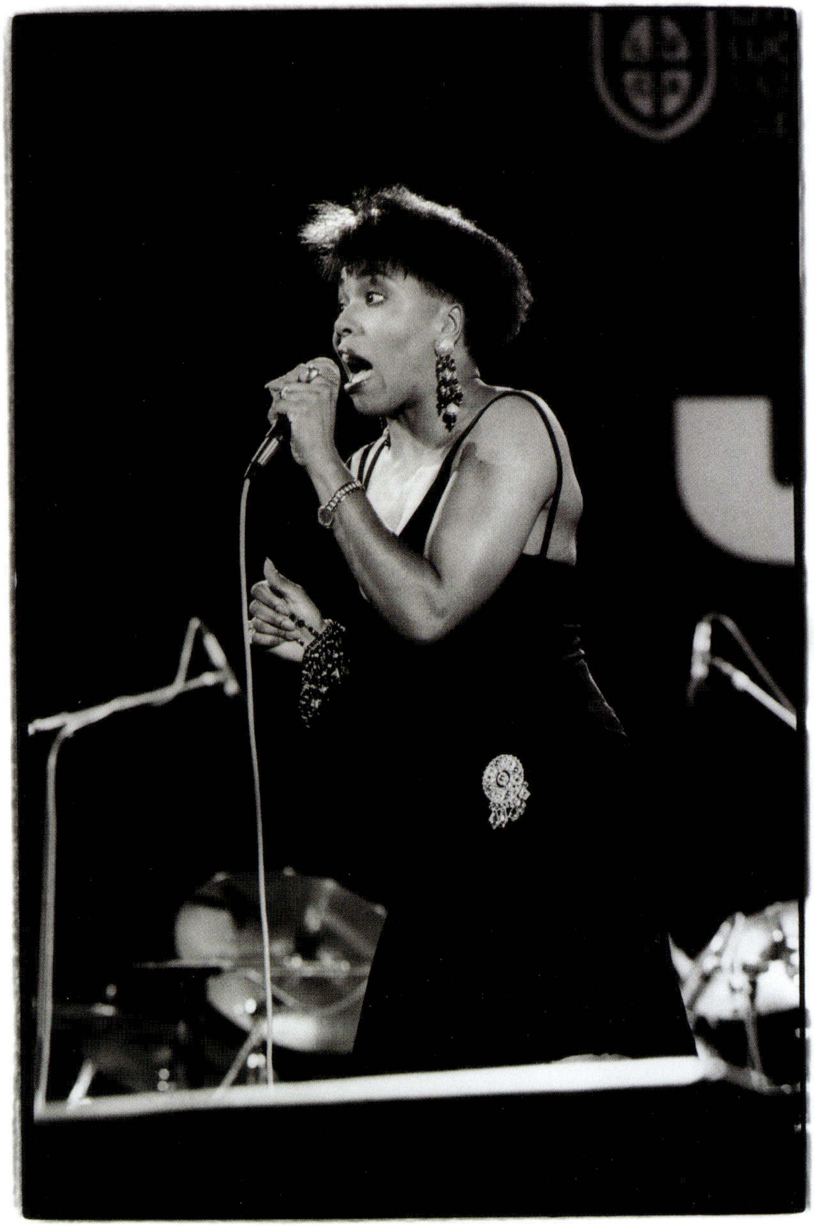

Dee Dee Bridgewater - Lugano 1990

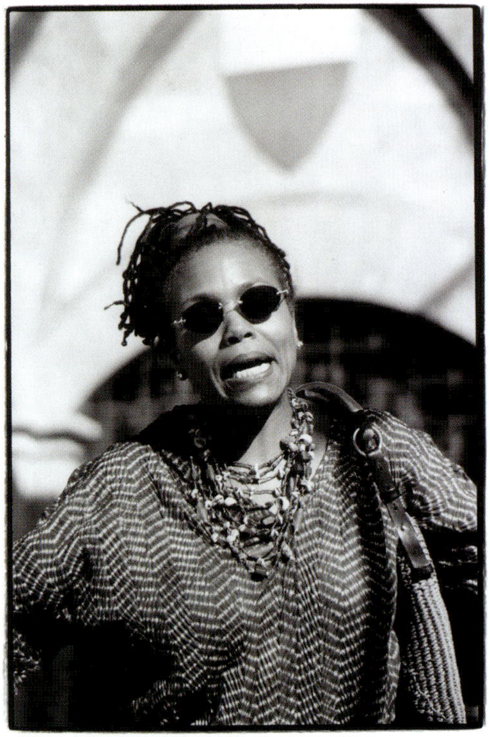

Dee Dee Bridgewater - Siena 2003

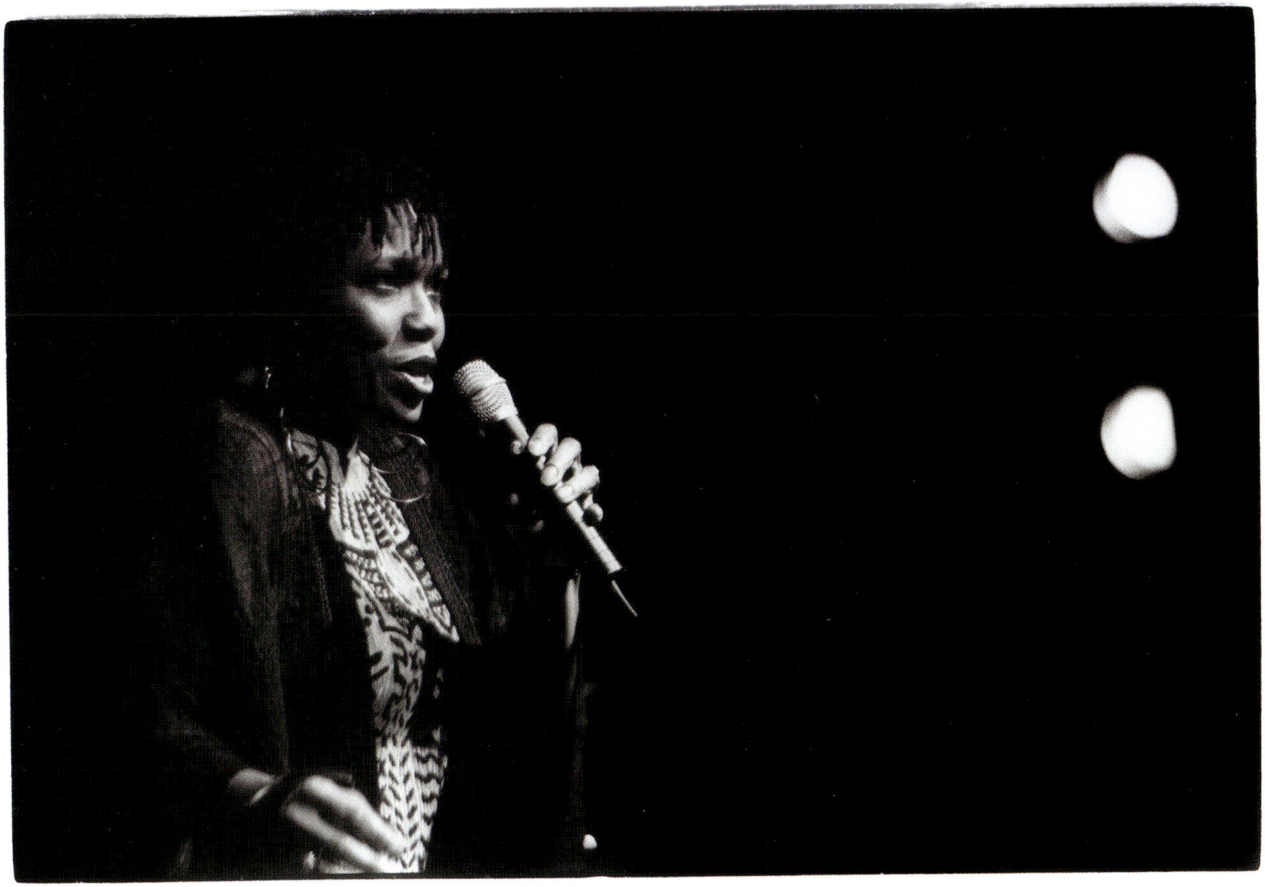

Dee Dee Bridgewater - Aja 2000

Andai trovarla a Siena nel 2003 al soundcheck pomeridiano e gli portai una foto che le avevo scattato nel 1990. Era visibilmente contenta Dee Dee e abbracciandomi mi disse “Mio Dio com’ero giovane”. Il tempo passa ma lei è sempre grande.

I paid her a visit in Siena in 2003, at soundcheck time in the afternoon, I brough her a picture I had taken back in 1990. She was plainly happy about it, and while hugging me said “My God how young I was”. Time goes by, but she still is the best.

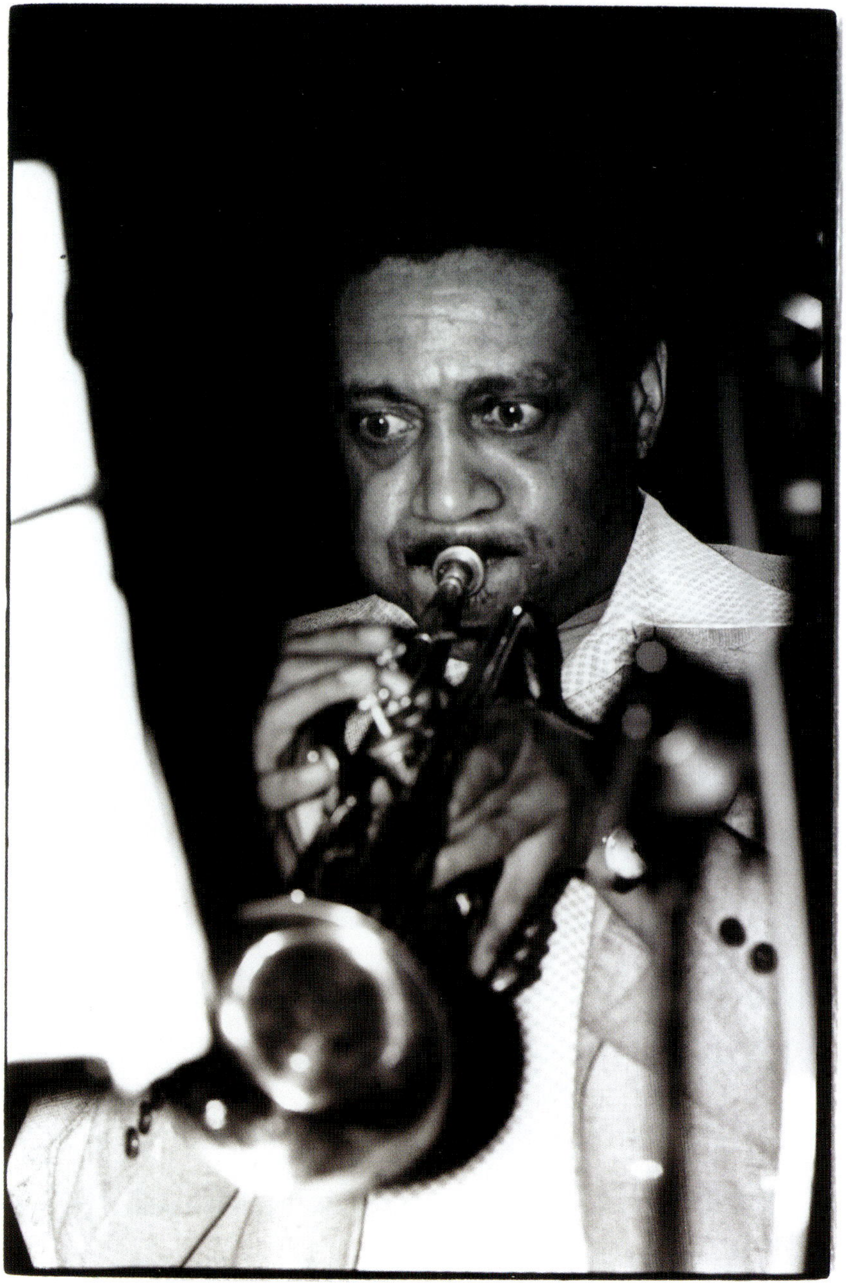

Bill Brienfield - Milano 1989

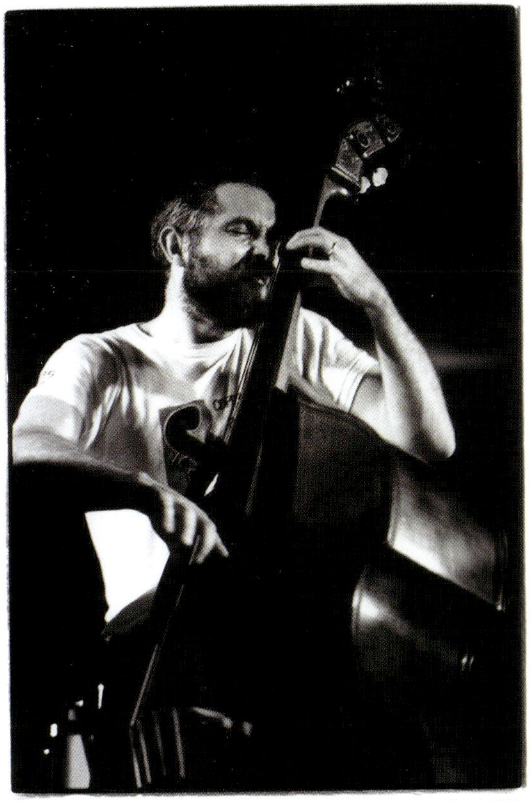

Cameron Brown - Aja 1980

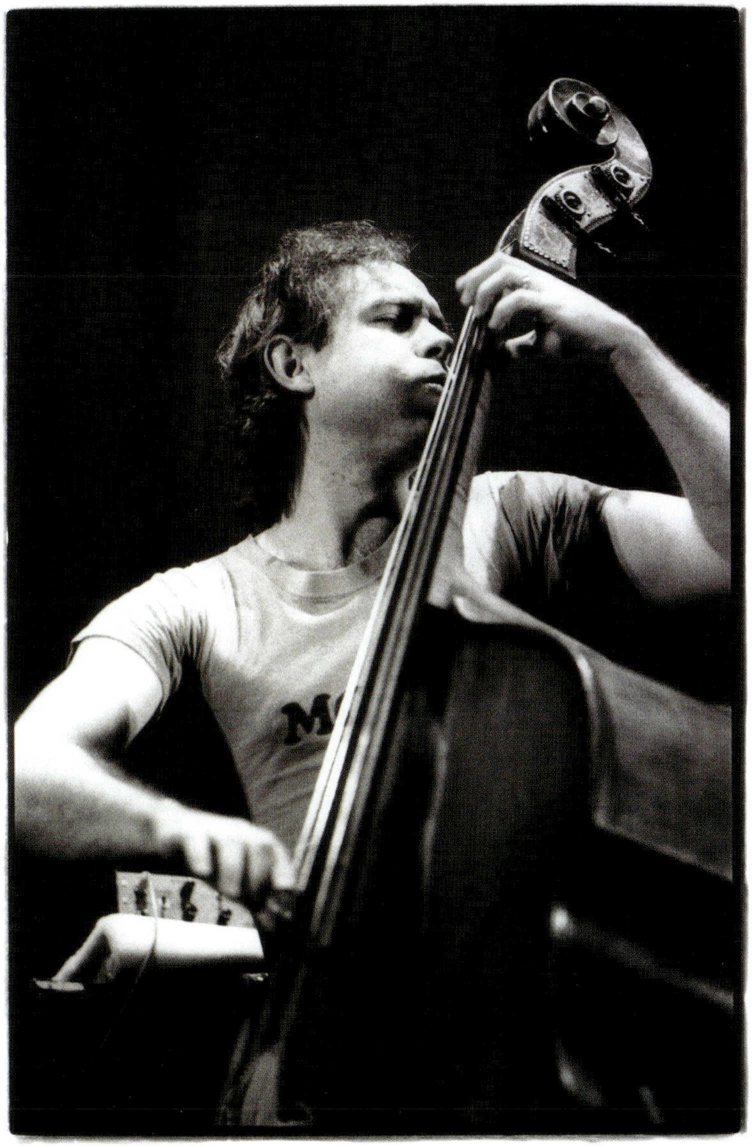

Cameron Brown - Milano 1979

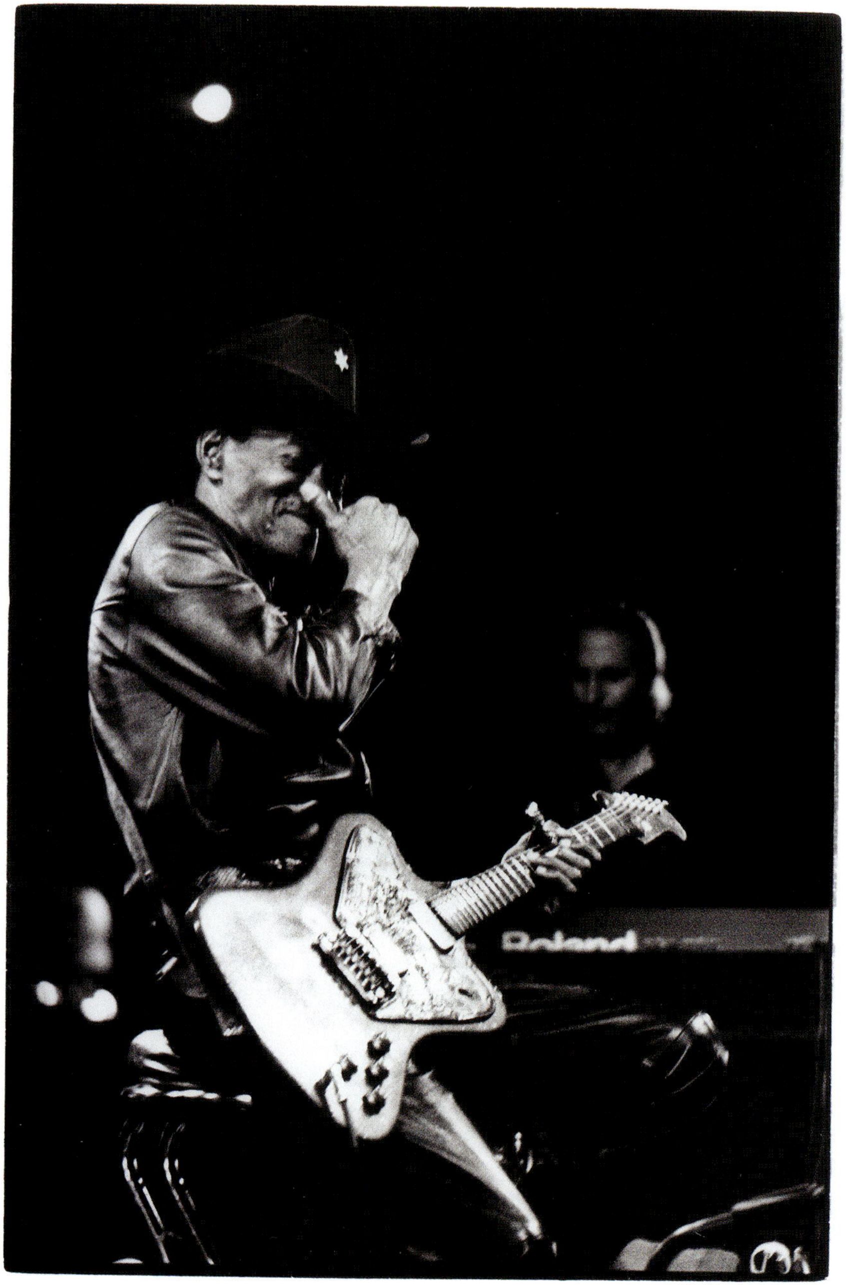

Gatemouth Brown - Aja 2000

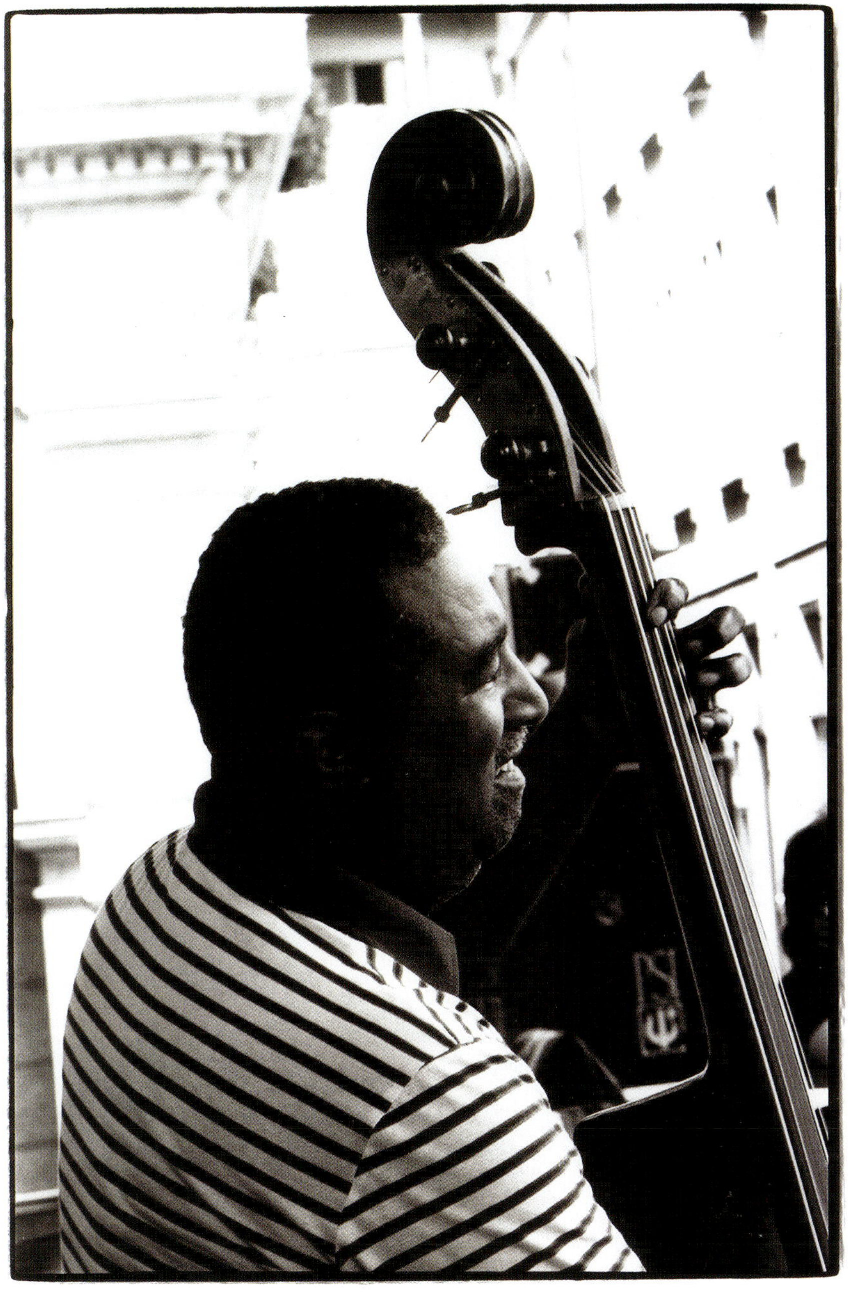

Ray Brown - Lugano1986

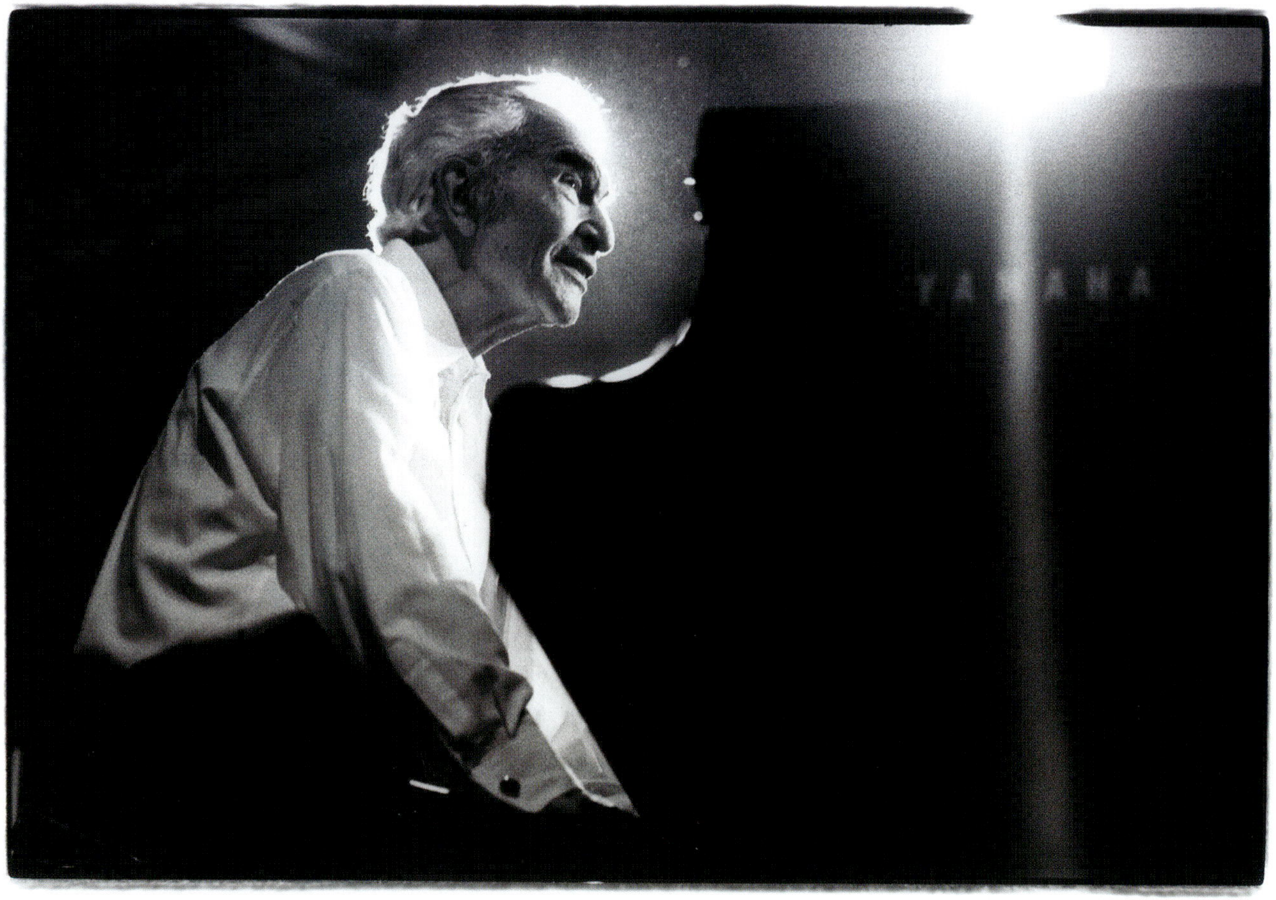

Dave Brubeck - Nizza 1997

E' inutile, per i musicisti e ancor più per i jazzisti suonare è la vita. E infatti a più di ottanta anni Dave gira ancora il mondo. Queste persone non conoscono la pensione ma solo la musica, la loro vita.

To many musicians, jazz especially, play the instrument is a good enough reason to live. Indeed, Dave is eighty years old and still around the world. These people do not know retirement, music is their source of life.

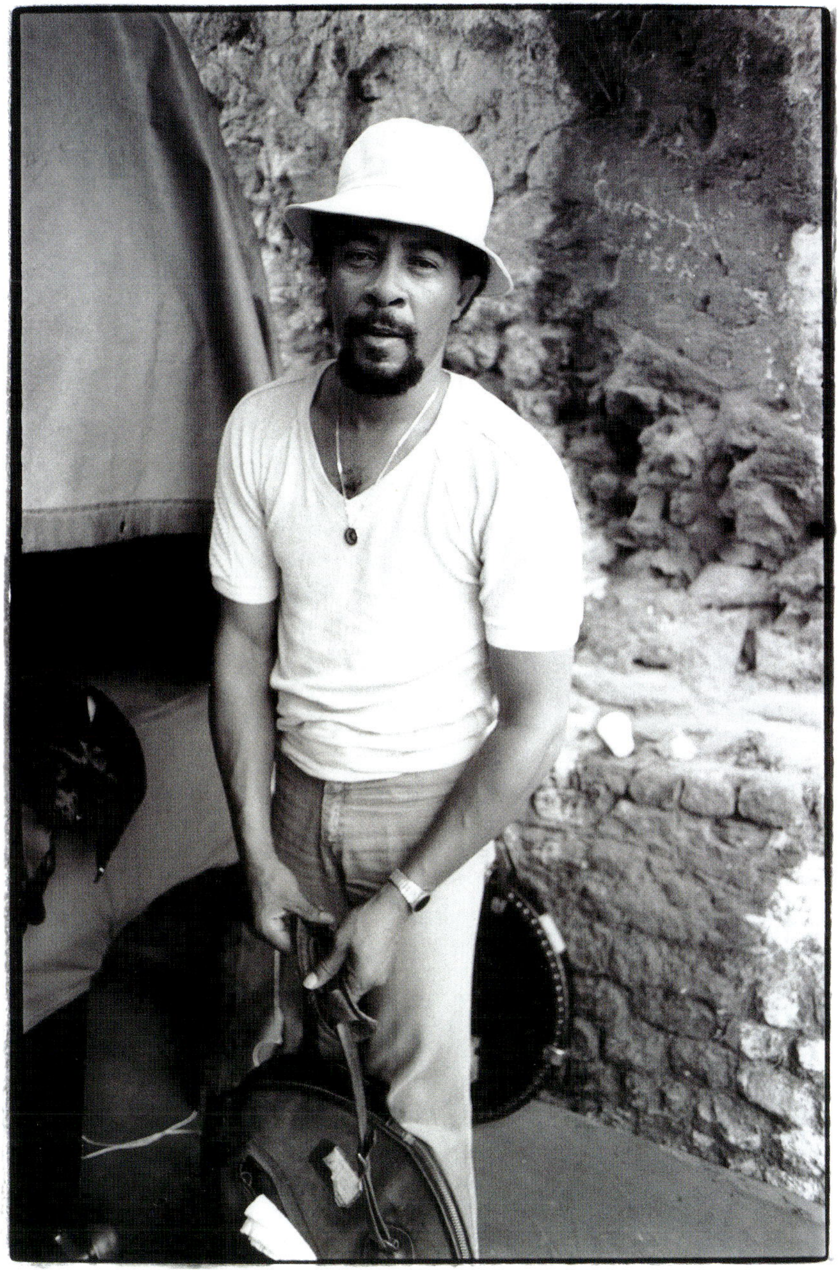

Carl Burnett - Nizza 1981

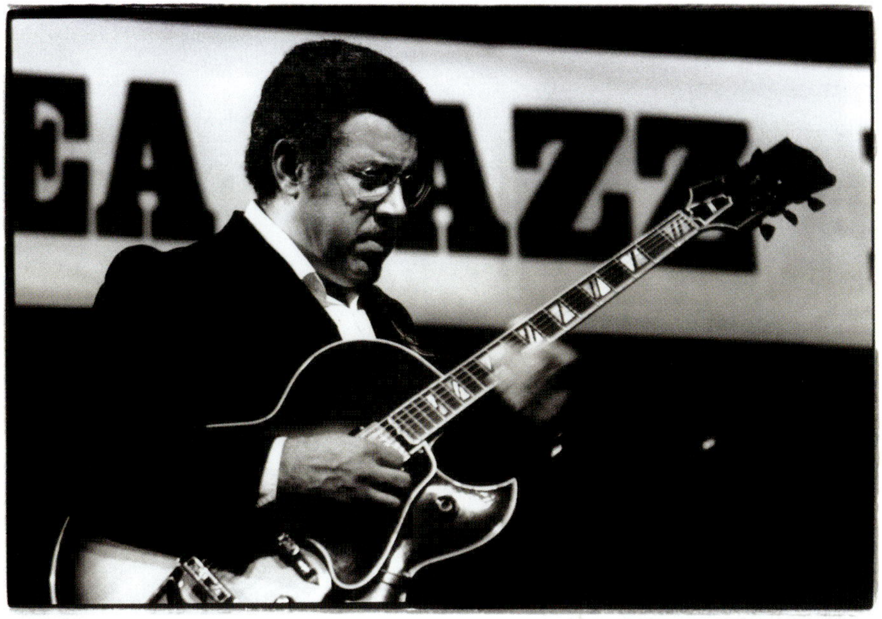

Kenny Burrell - Aja 1980

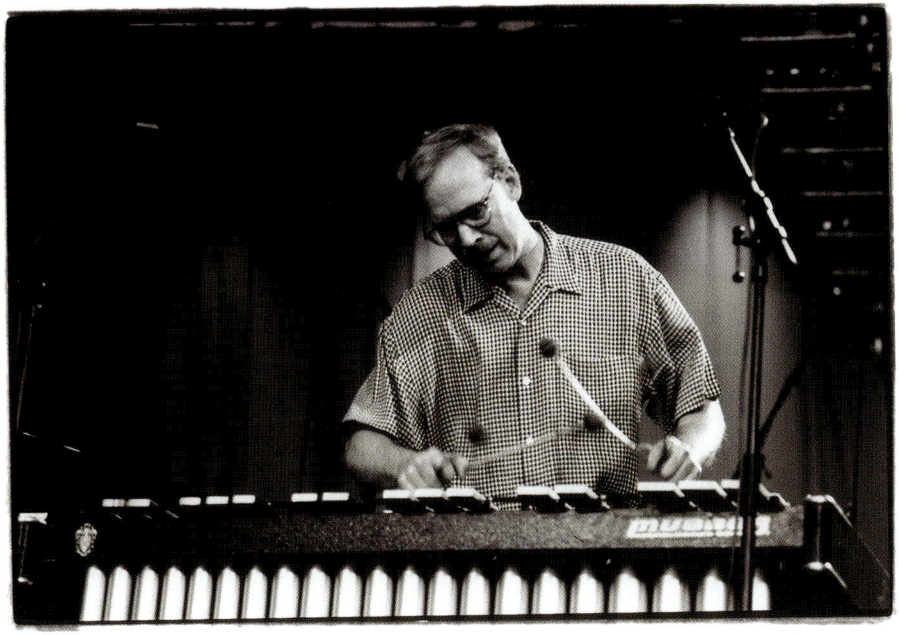

Gary Burton - Lugano 1995

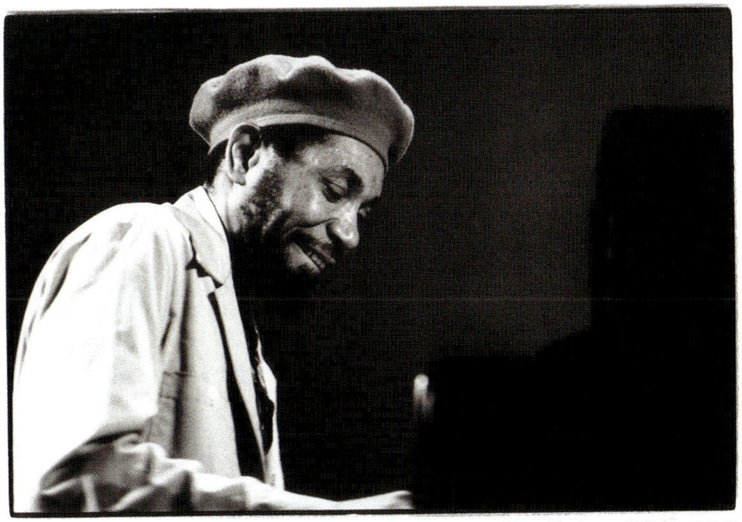

Ron Burton - Milano 1979

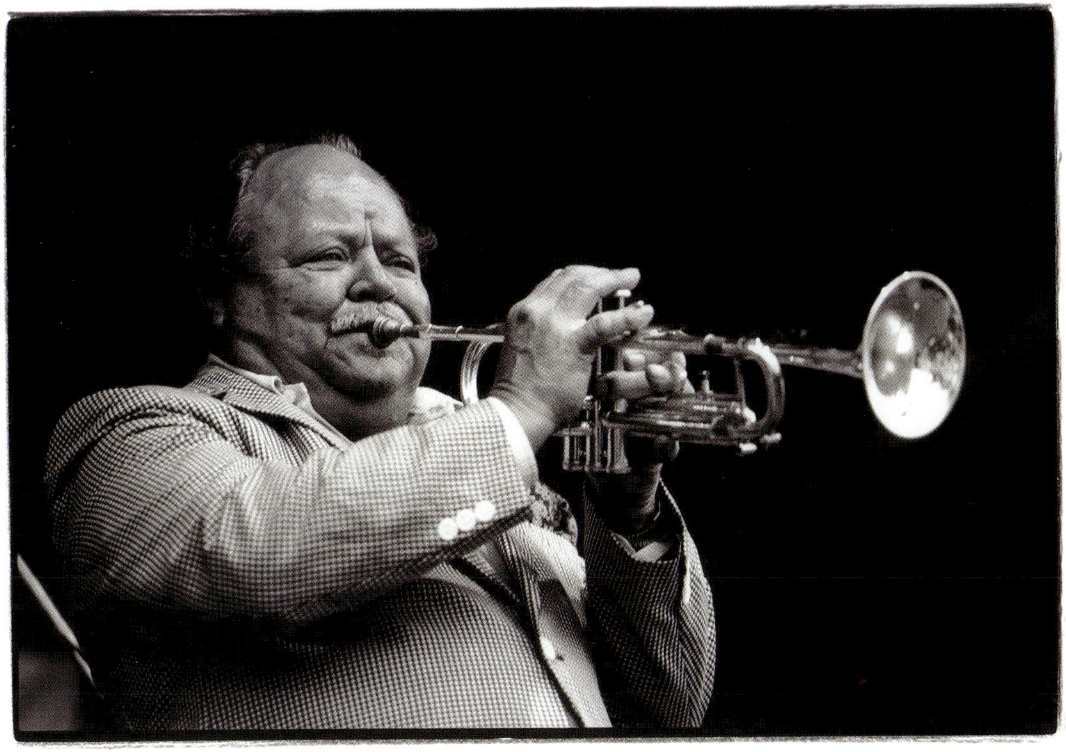

Billy Butterfield - Nizza 1984

C

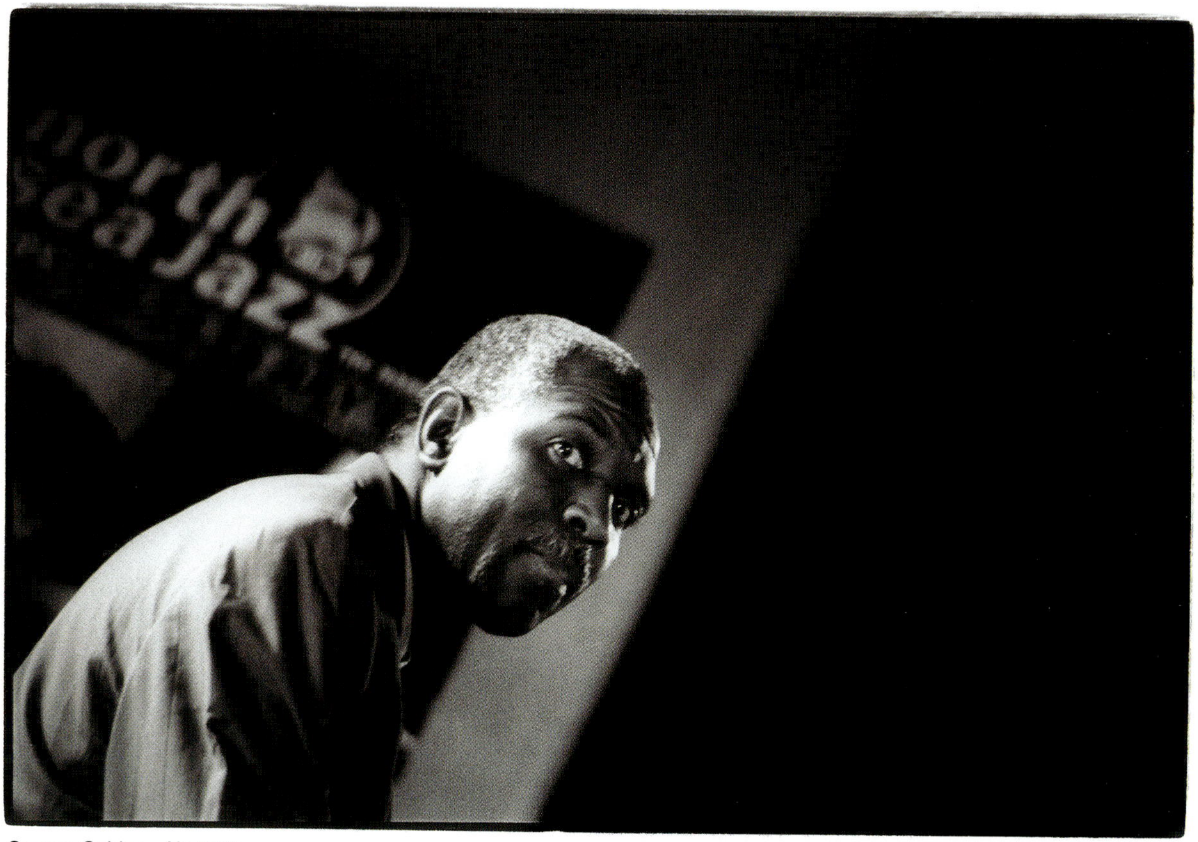

George Cables - Aja 2001

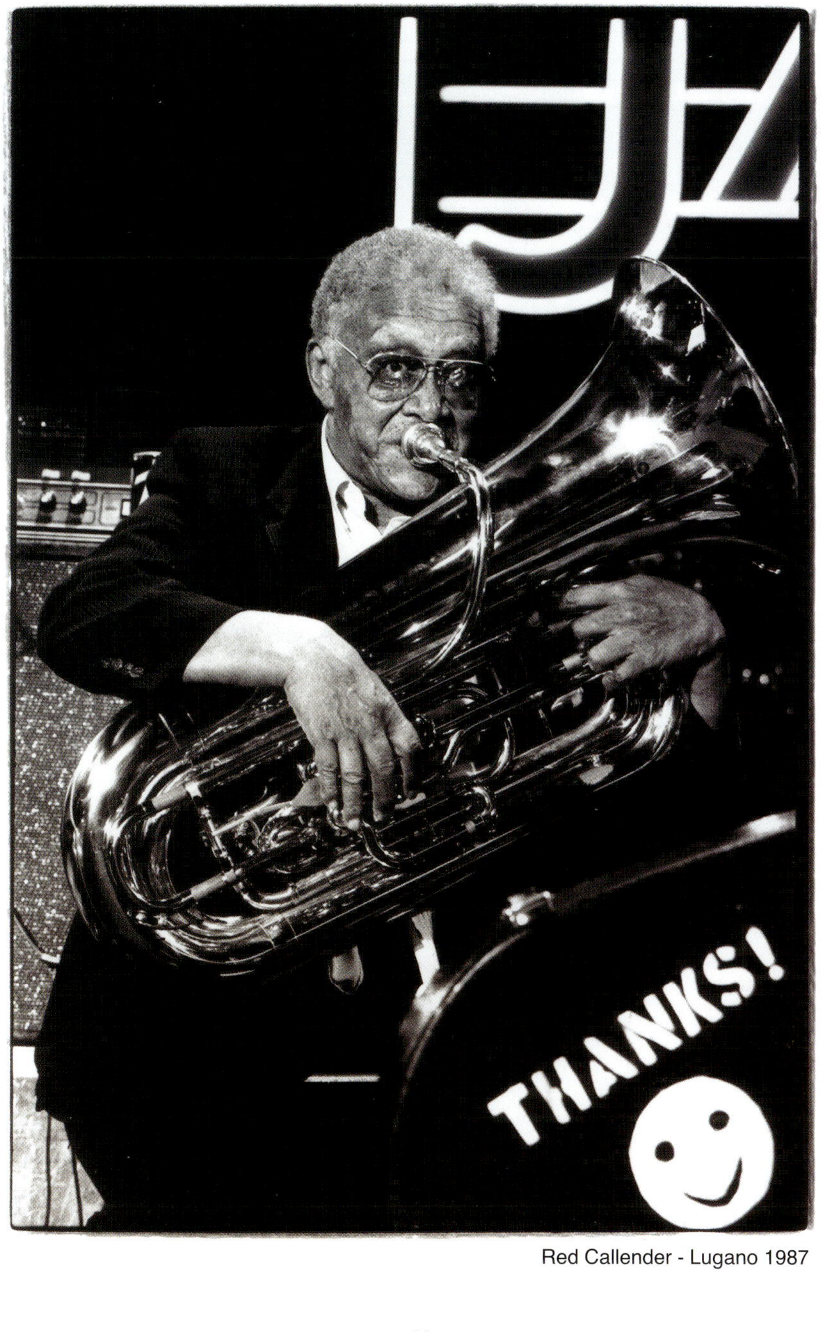

Red Callender - Lugano 1987

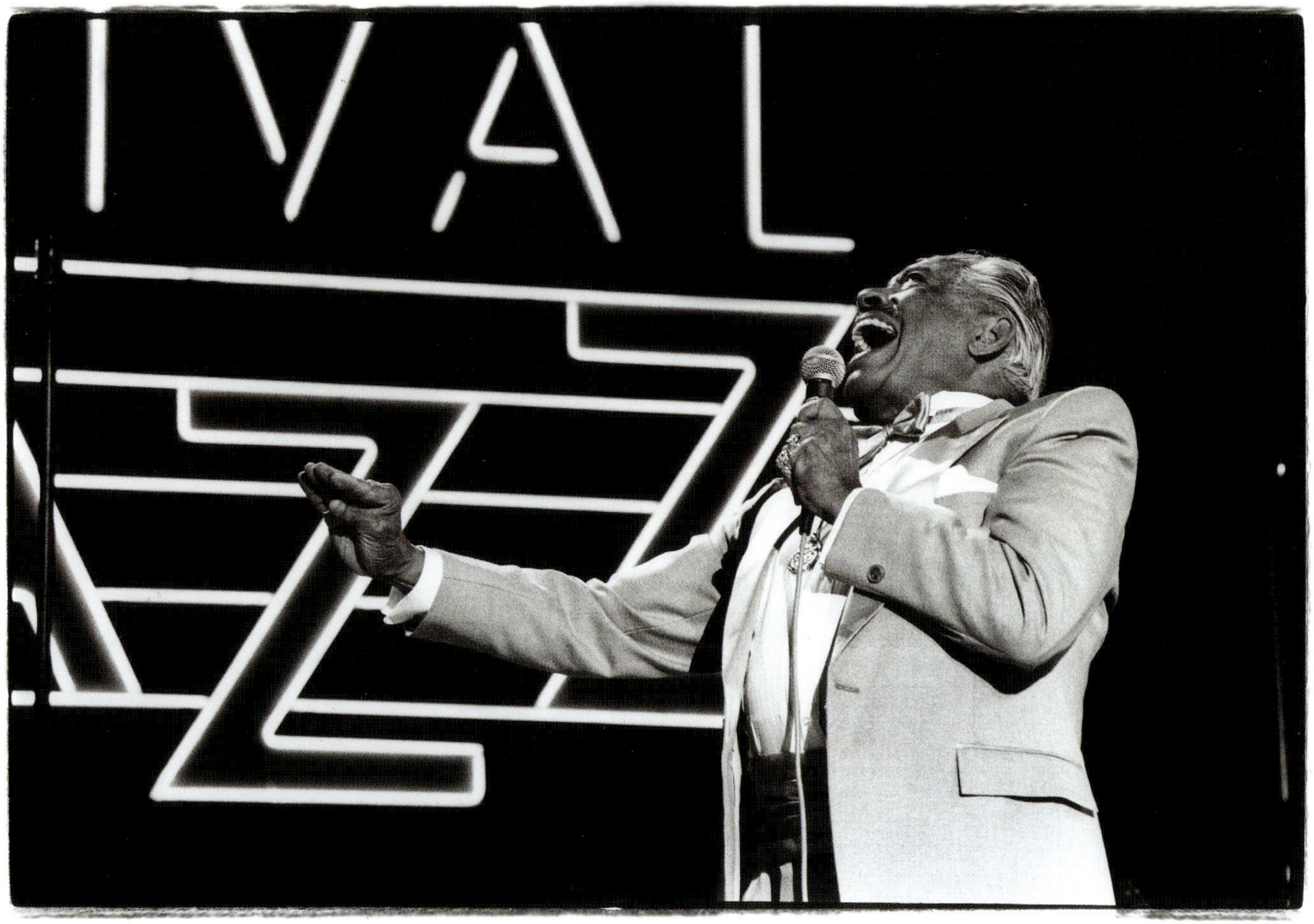

Cab Calloway - Lugano 1988

Cab Calloway è un mito. Già negli anni '30, con la sua orchestra, aveva messo a punto un suo stile personale e ha continuato per molti anni tra alti e bassi. Ritornò alla ribalta dopo aver partecipato al film Blues Brothers accanto a John Belushi e Dan Aykroyd. Che bello sentirlo cantare The Moocher alla fine degli anni '80, dopo mezzo secolo, con quel suo modo ammiccante. Un artista poliedrico che ci manca molto.

Cab Calloway is a myth. Already back in the 30's his orchestra had quite a personal style, they kept it going for many years and through the ups and downs. Cab's fame revived after his performance on the Blues Brothers film with John Belushi and Dan Aykroyd. It was great to hear him sing The Moocher at the end of the 80's, half a century after. We deeply miss such a versatile artist.

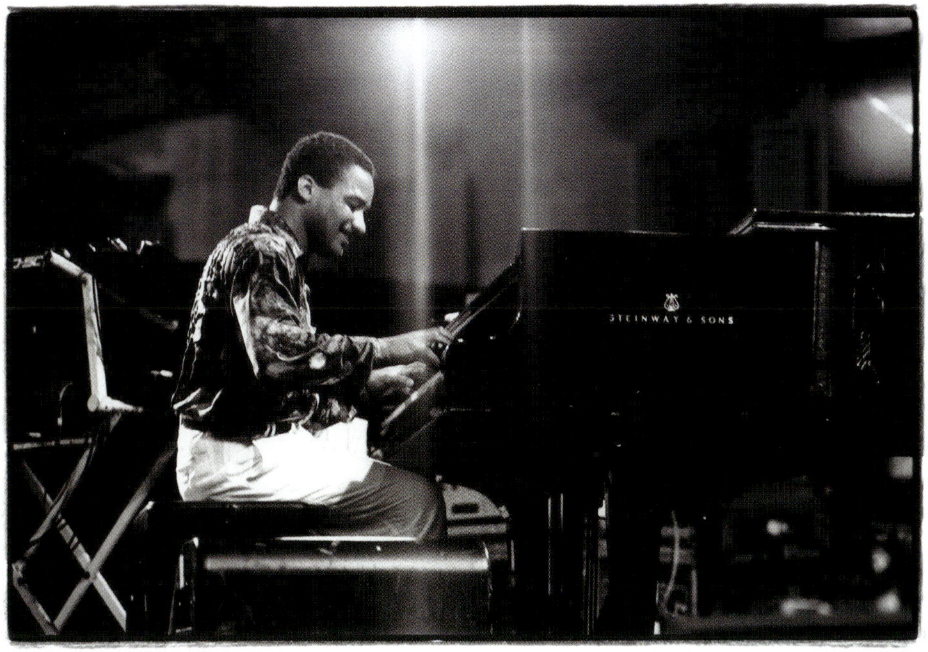

Michel Camilo - Lugano 1991

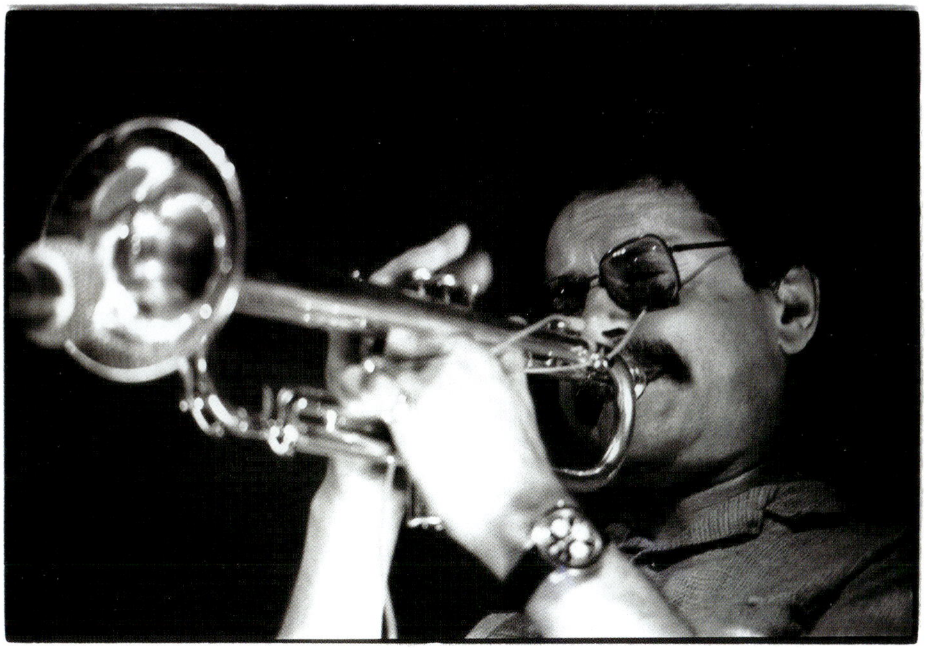

Jan Carr - Milano 1980

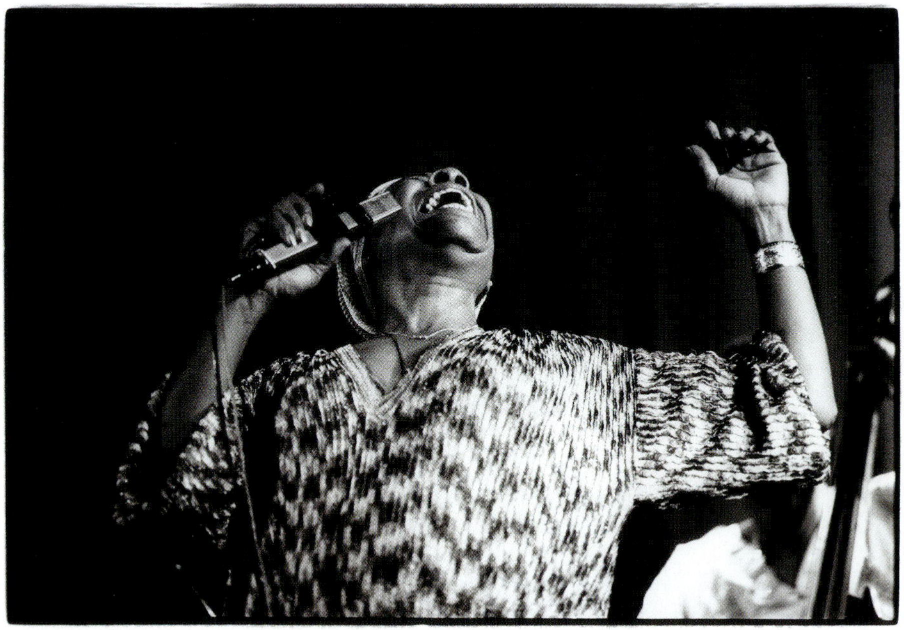

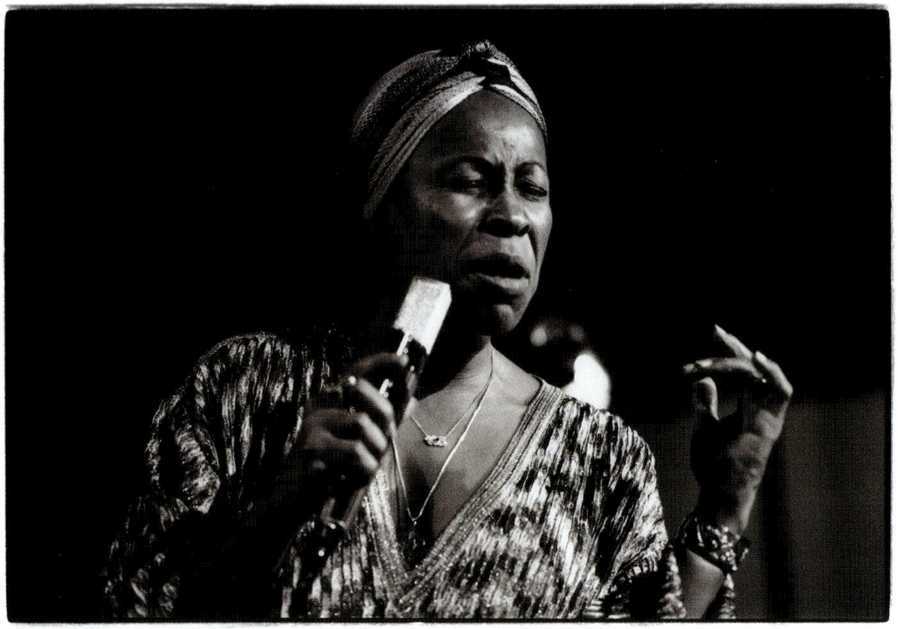

Betty Carter - Milano 1979

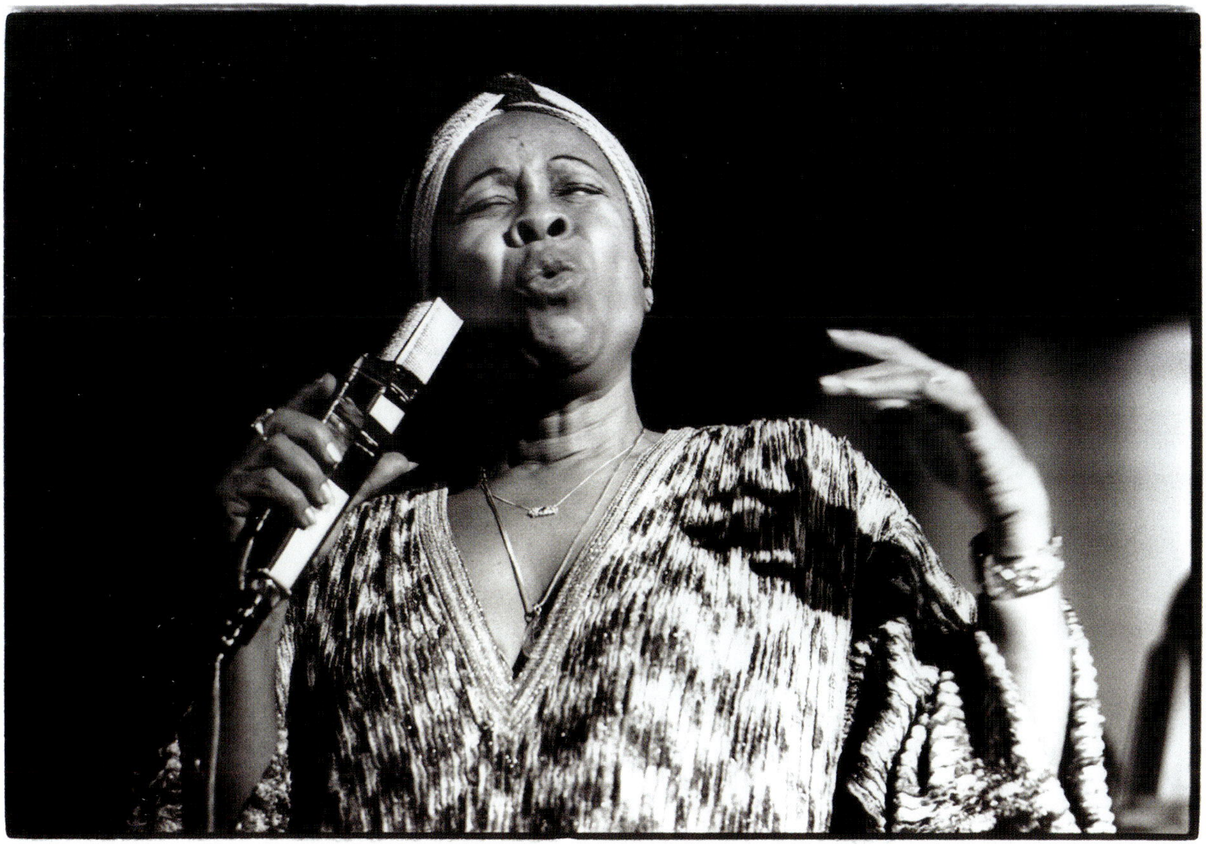

Betty Carter - Milano 1979

Le donne del jazz hanno tutte un grande carattere, come tutte le donne di spettacolo debbono averlo per forza per entrare e restare in questo mondo. E Betty Carter non fa certo eccezione. Potrei citare Ella Fitzgerald, Carmen McRae, Dee Dee Bridgewater, Carla Bley, che ho avuto modo di vedere all'opera, ma credo anche Billie Holyday, Sarah Vaughan e altre che non ho mai visto. E Betty Carter ha mostrato ciò durante tutta la sua carriera, fatta di alti e di bassi, ma percorsa sempre con grande coerenza che le faceva dire ciò che pensava. Betty ha amato il suo essere artista, amando le persone che hanno condiviso con lei la vita artistica, soprattutto nella maturità, da John Hicks, Buster Williams a Dave Holland, Mulgrew Miller, Jack DeJohnette e altri. Anche insegnando loro come voleva che fosse la musica del gruppo del quale faceva parte integrante non solo fungendo da leader. Peccato che il grande pubblico non abbia avuto modo di conoscerla.

Women in jazz must have a strong nature, which is a mandatory requirement for all women in the entertainment business. Betty Carter was no exception, nor were Ella Fitzgerald, Carmen McRae, Dee Dee Bridgewater, Carla Bley, among the many I saw , but the same can be told also for Billie Holyday, Sarah Vaughan and others I never met. Betty Carter knew how to stand her ground regardless of the ups and downs. She loved her being an artist by loving the people around her, especially the ones she shared her artistic life with in the latter days, from John Hicks, Buster Williams to Dave Holland, Mulgrew Miller, Jack DeJohnette and others. She wanted to teach how to make music as part of a band, not as just the leader of it. Too bad bigger audiences never had the chance to know more about her.

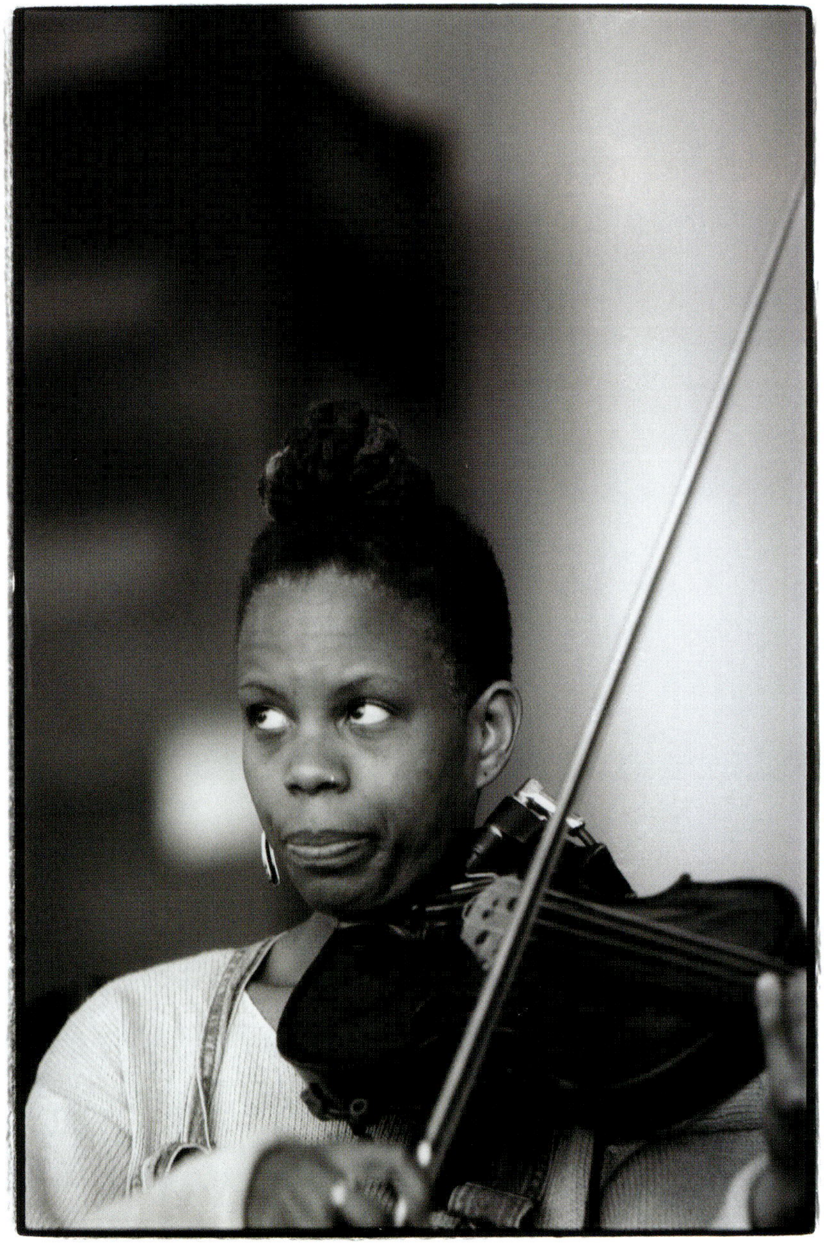

Regina Carter - Lugano 1998

L'ho vista aprire una delle serate all'Estival Jazz di Lugano nel luglio 1998, spazio solitamente dedicato alle giovani promesse. Infatti, nonostante avesse già una carriera alle spalle era praticamente sconosciuta ai più, almeno in Europa. Ed è stata una piacevole scoperta, rivista e ascoltata più volte in seguito. Ora è una star di prima grandezza richiesta dappertutto, con un calendario di concerti nel mondo intero da far rabbrividire. E ovunque è un successo. Ho visto gente saltare sulle sedie per questa violinista e per la sua musica suonata con rigore e fantasia. Ed è anche molto simpatica Regina, incontrata nel backstage, felice che la sua musica piaccia a tanta gente.

I saw her as opening act at the Lugano Estival Jazz in July 1998, usually a good spotlight for young upcoming artists. Indeed, despite having a career on her own already, she basically was unknown in Europe. Before long, she turned out being a much sought after star almost everywhere in the world. Her tour schedule now is tight and venues are constantly packed.I've seen people jumping up and down on their chair for this amazing violinist. Regina definitely is a very outgoing and friendly person in the backstage too.

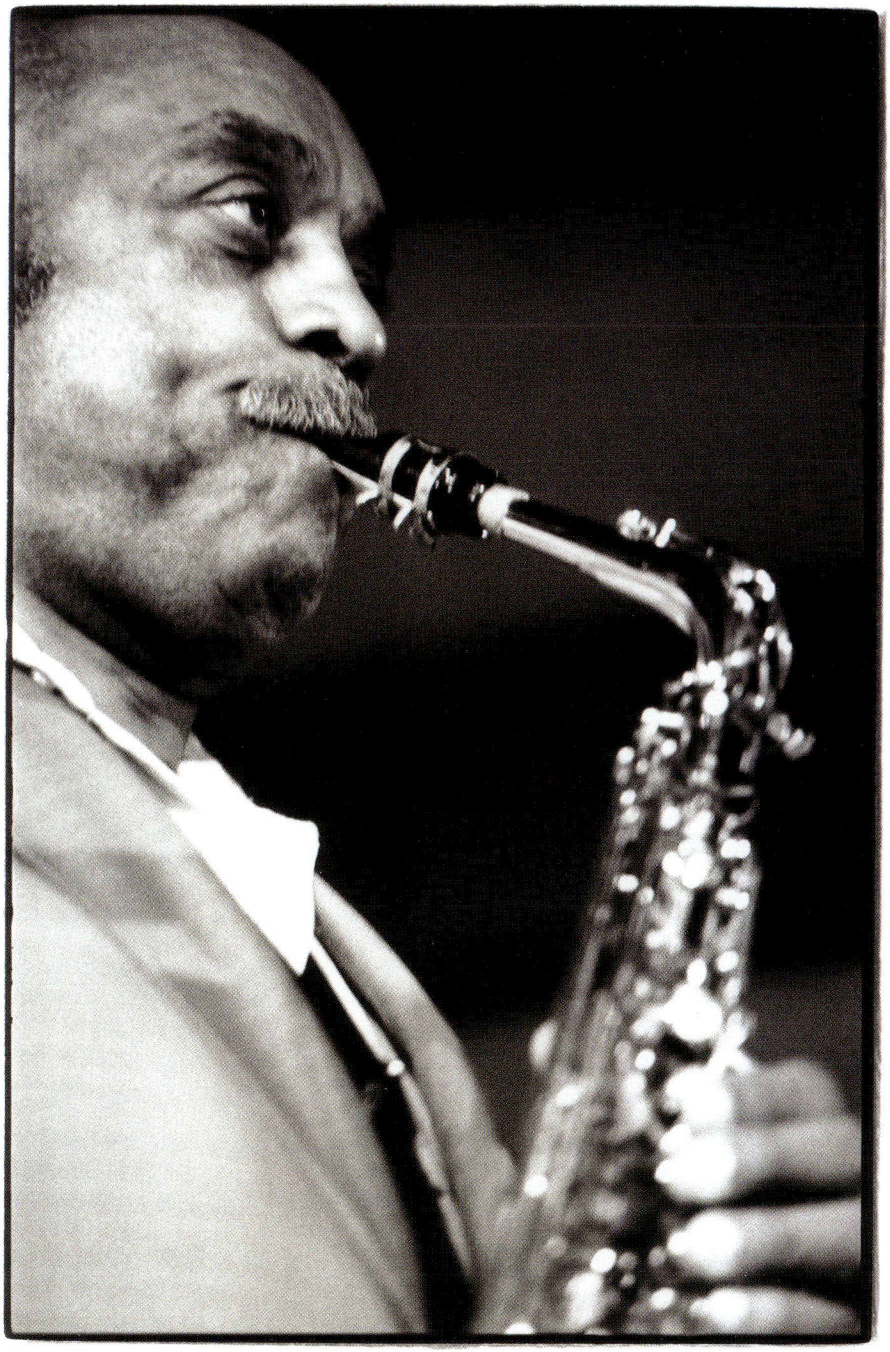

Benny Carter - Aja 1980

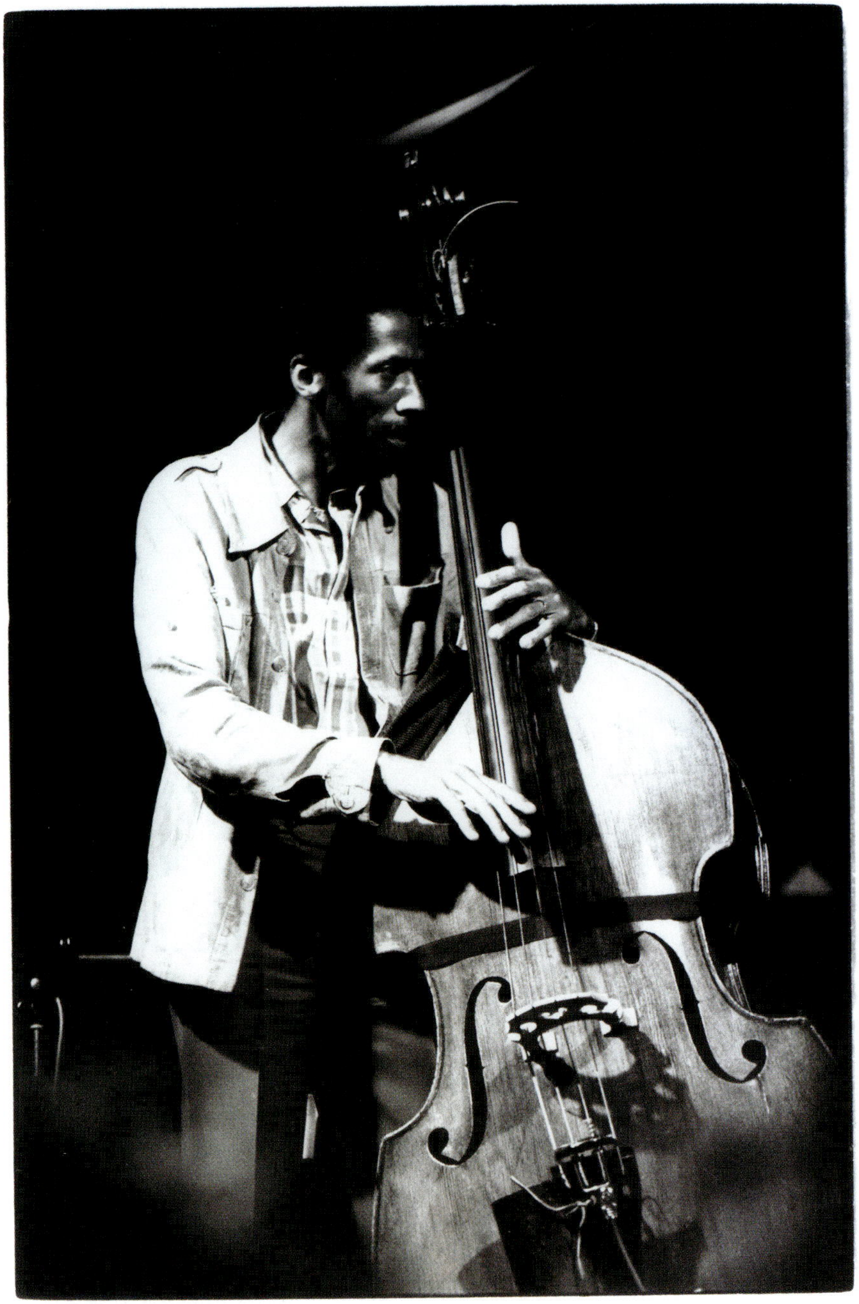

Ron Carter - Nizza 1981

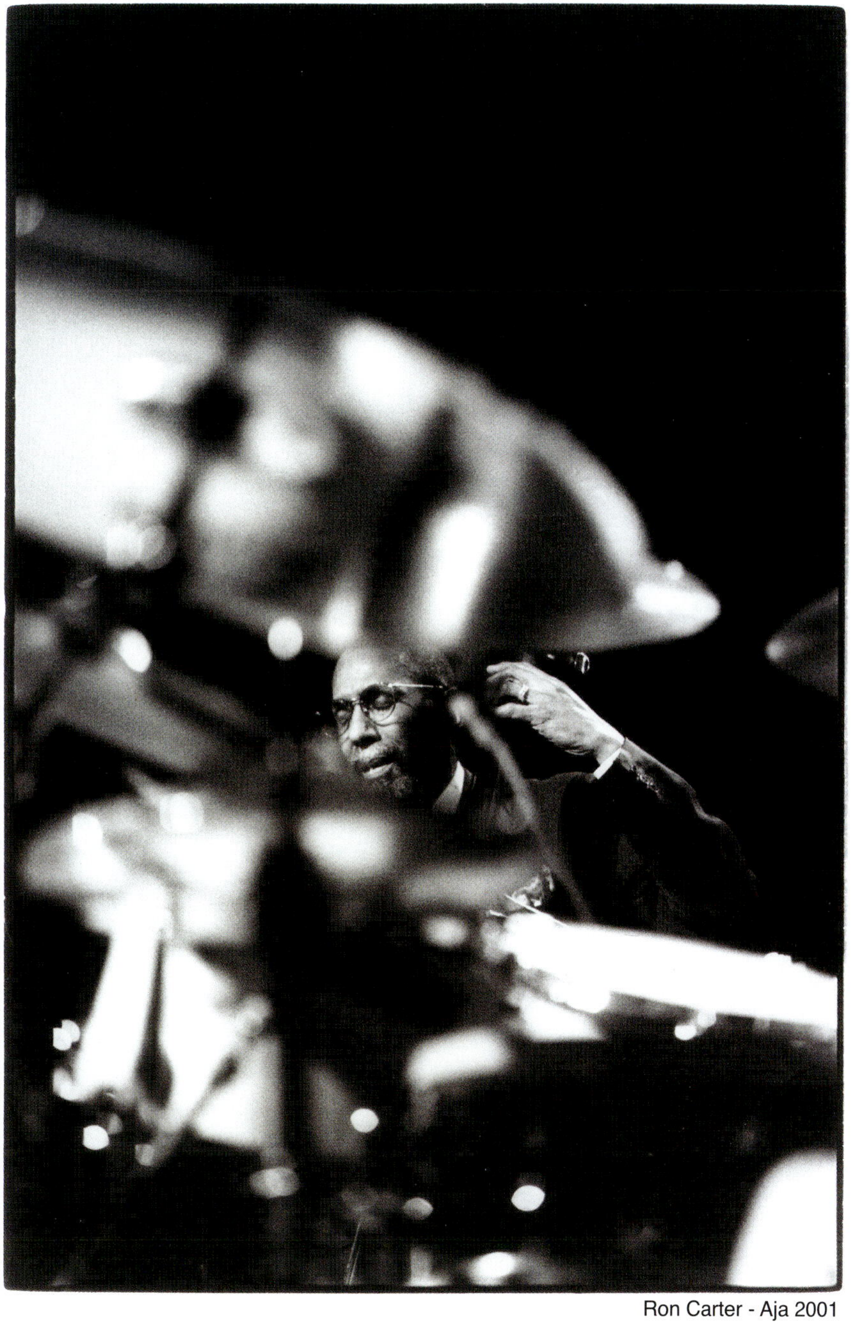

Ron Carter - Aja 2001

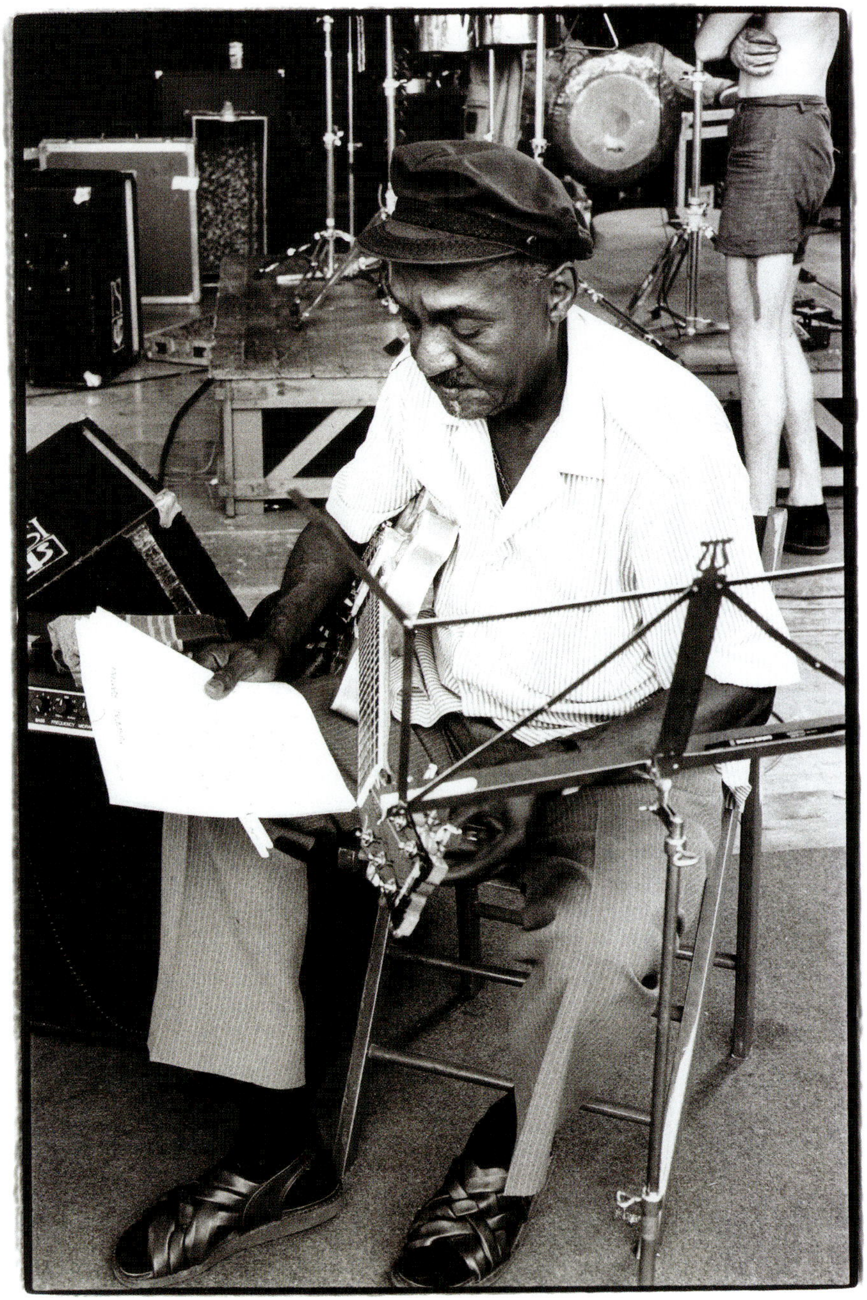

Al Casey - Lugano 1987

Per chi non conosce Gianni Cazzola occorre dire che ha iniziato ad accostarsi alla batteria all'età di nove anni cominciando a suonare su quella di suo fratello. Quindi inizia lo studio della batteria a tredici anni come autodidatta. Ha attraversato la storia del jazz in Italia suonando con centinaia di musicisti di ogni nazionalità. Gianni è sinceramente innamorato del jazz e dei musicisti che hanno fatto e fanno ancora il jazz e più ancora è innamorato dei batteristi, giustamente, visto che è la sua passione e anche il suo lavoro. E' proverbiale la sua adorazione per Art Blakey, ma anche per Elvin Jones e Philly Joe Jones. Personalmente lo ricordo, e la cosa mi aveva impressionato parecchio e positivamente, durante un concerto di Elvin Jones, ad Alassio, sedersi in un angolo del palco per non perdere nemmeno una battuta, oppure a Siena, ospite per un concerto, entusiasmarsi in spiegazioni tecniche davanti ai giovani dei corsi di jazz che lo guardavano ammirati.

For those who are not familiar with Gianni Cazzola, he started playing his brother's drums at nine. Then took up studying the instrument at thirteen on his own. He has lived through Italy's jazz history performing with hundreds of musicians from every possible country. Gianni truly loves jazz and related musicians, not to mention drummers. His icons are Art Blakey, Elvin Jones and Philly Joe Jones. I remember him sitting by the corner of the stage not to miss a beat of Elvin Jones' performance in Alassio, or also in Siena where he looked so excited while explaining his technique to some jazz students in awe. That impressed me much.

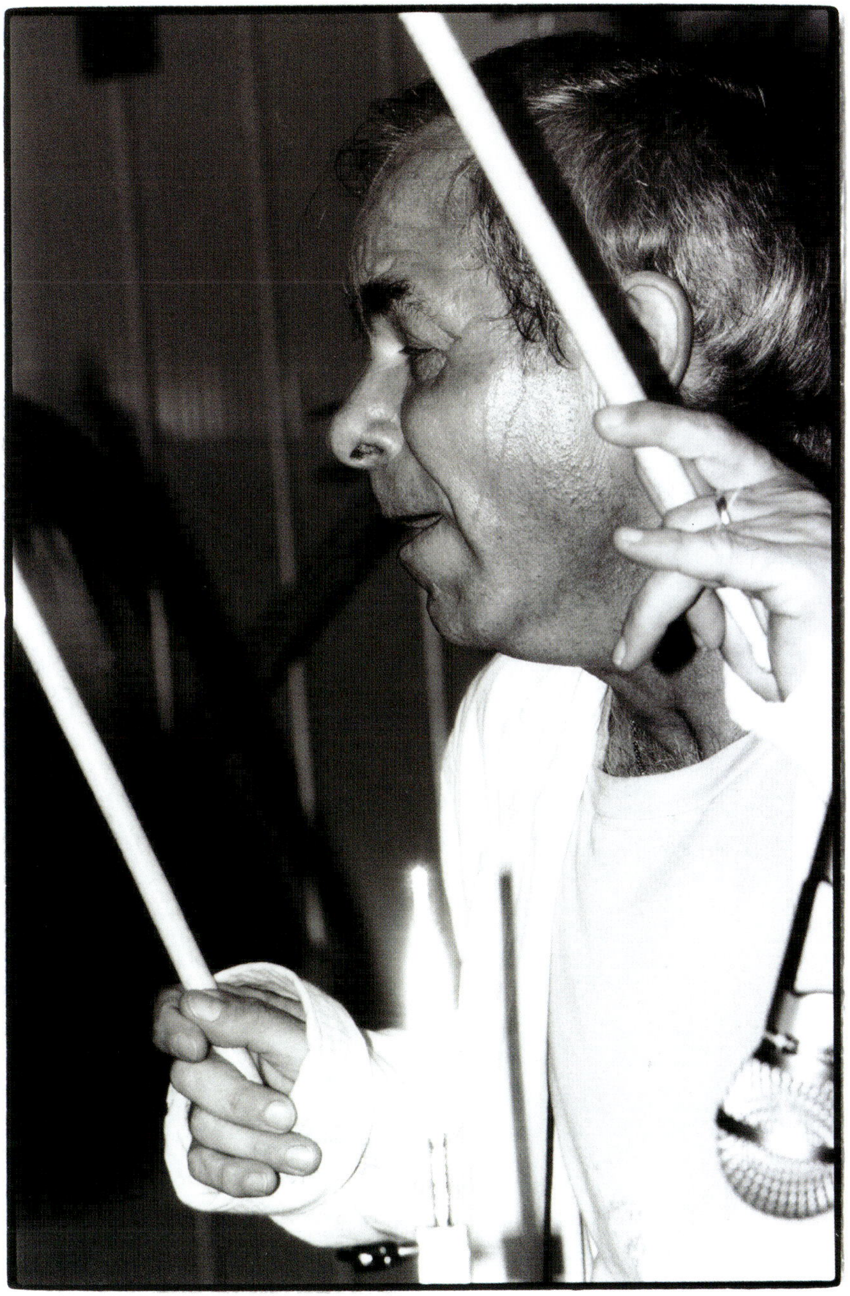

Gianni Cazzola - Adro-Brescia 1988

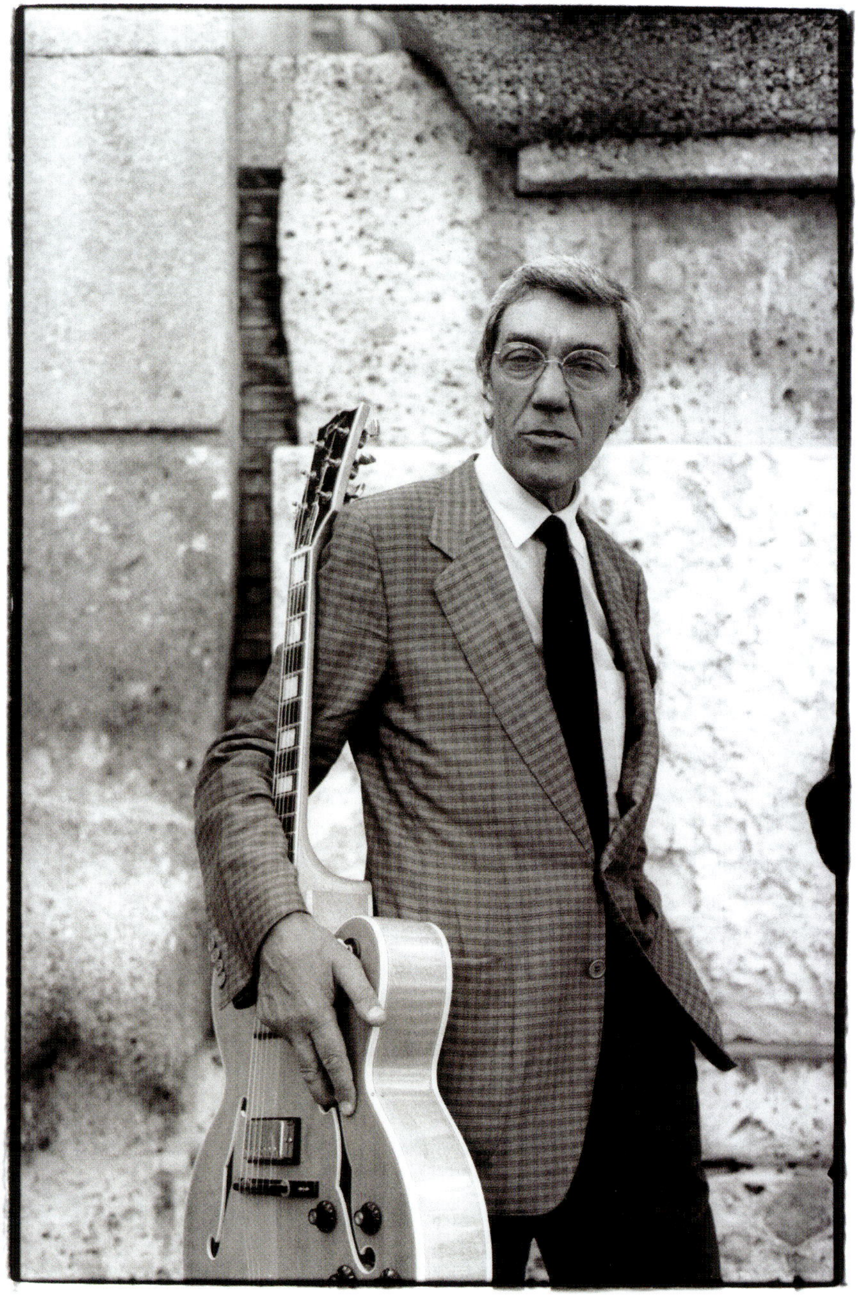

Franco Cerri - Milano 1988

Franco Cerri è la persona più gentile che io conosca, affabile e disponibile. E' uno dei pochi casi, tra i musicisti che conosco, in cui la conoscenza e stima professionale è sfociata con naturalezza in amicizia, vera, sincera. Ed è così da tanti anni.

Franco Cerri is by far the most friendly guy I know, reliable and available too. One of those rare cases, among musicians I know, where personal and professional level naturally melded and shaped into unconditional friendship.

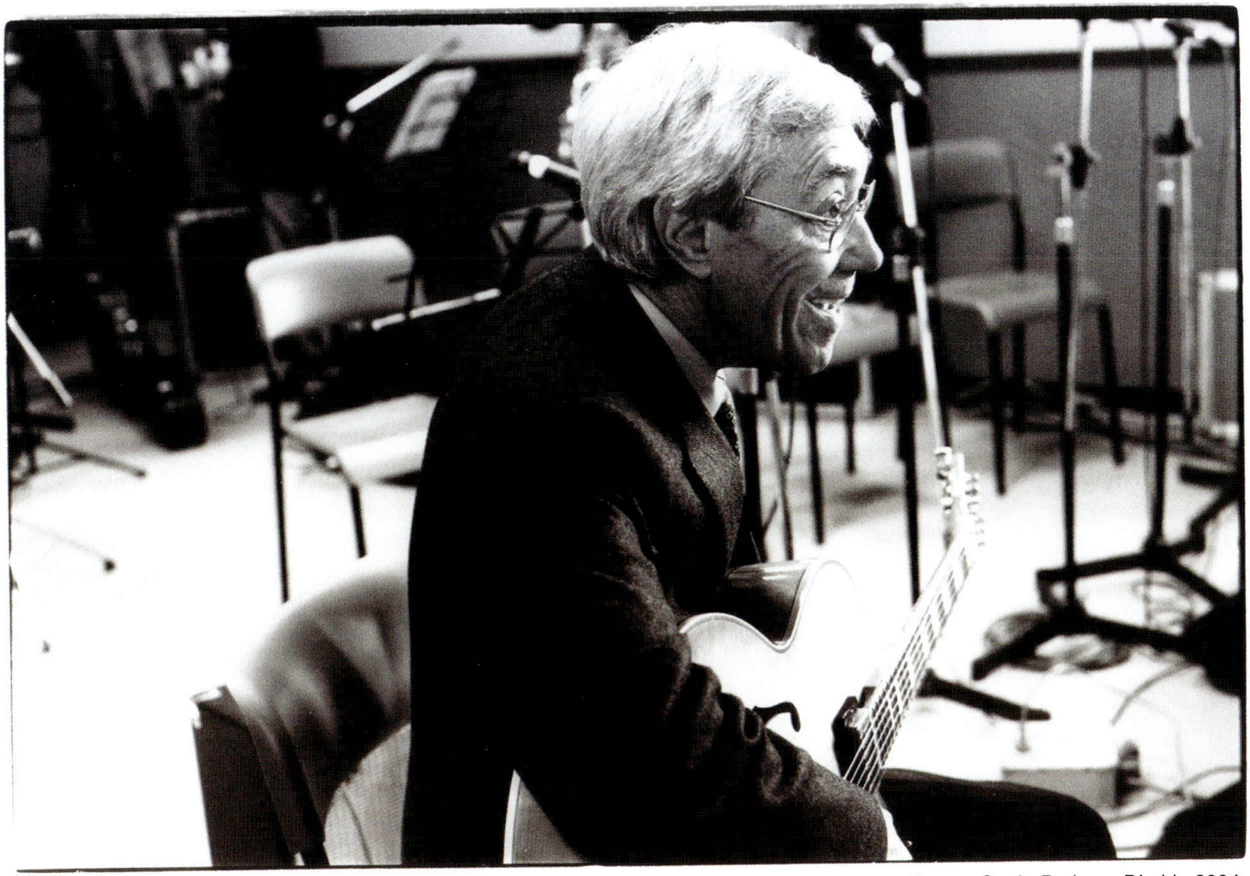

Franco Cerri - Paderno D'adda 2004

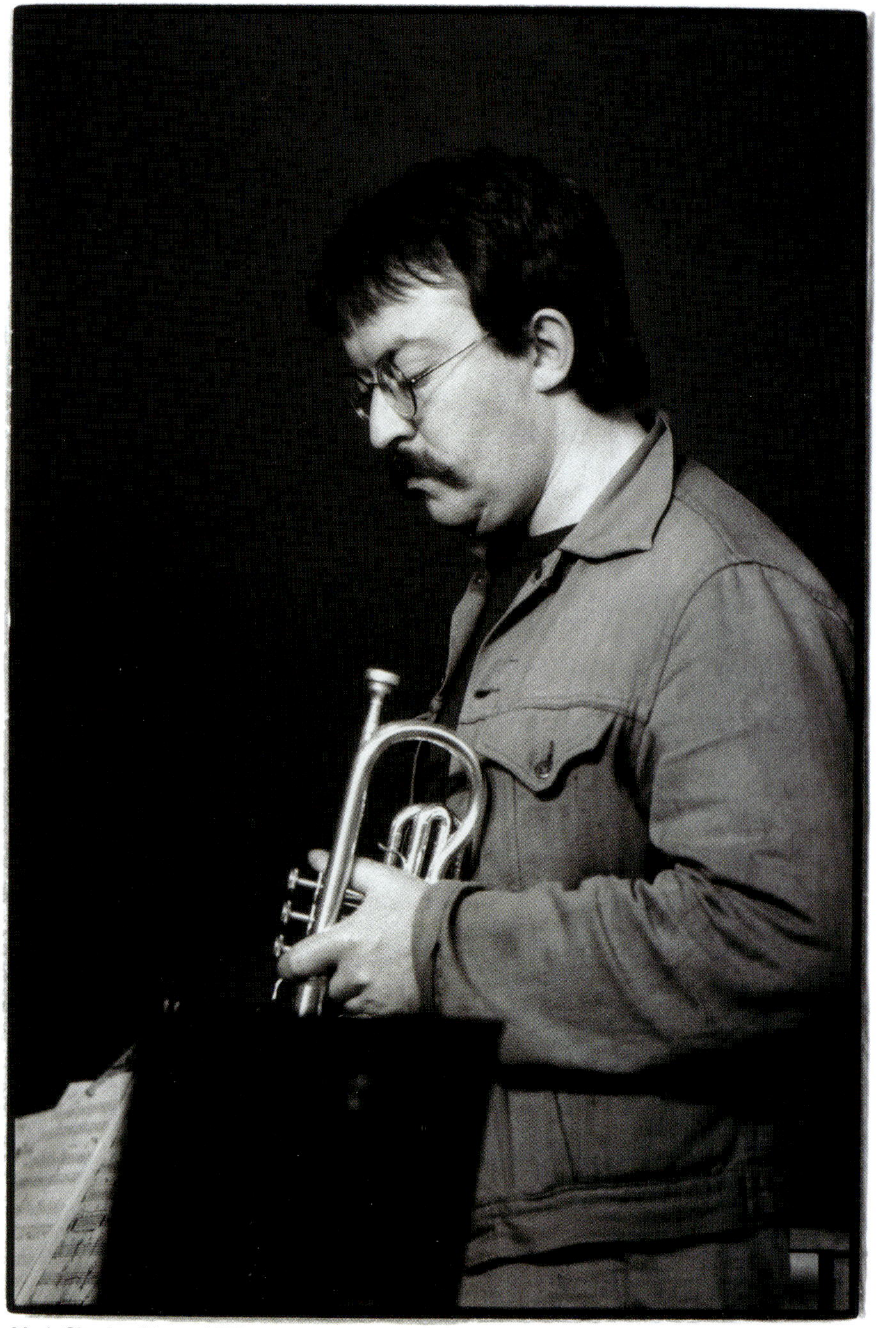

Mark Charig - Moers 1979

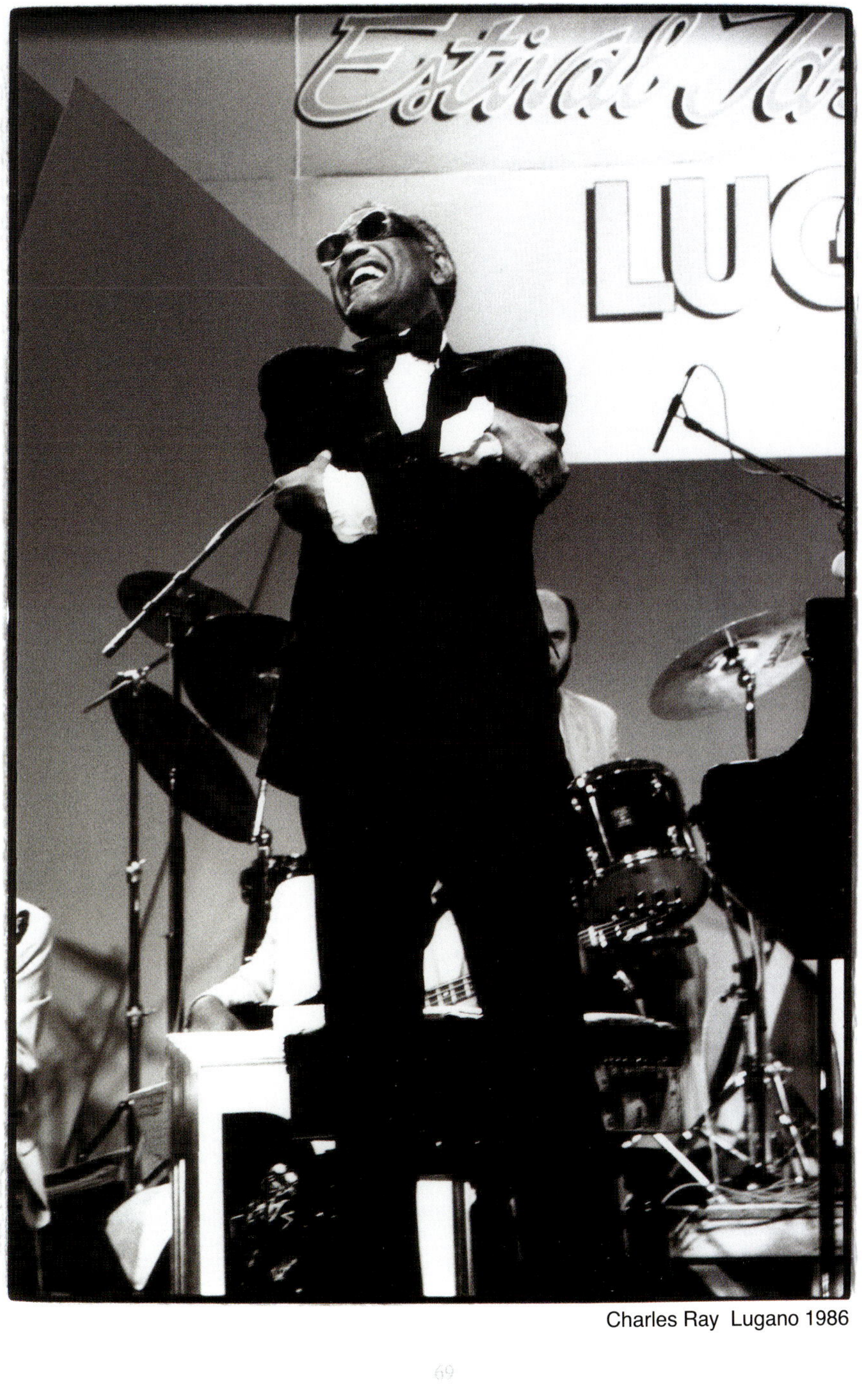

Charles Ray Lugano 1986

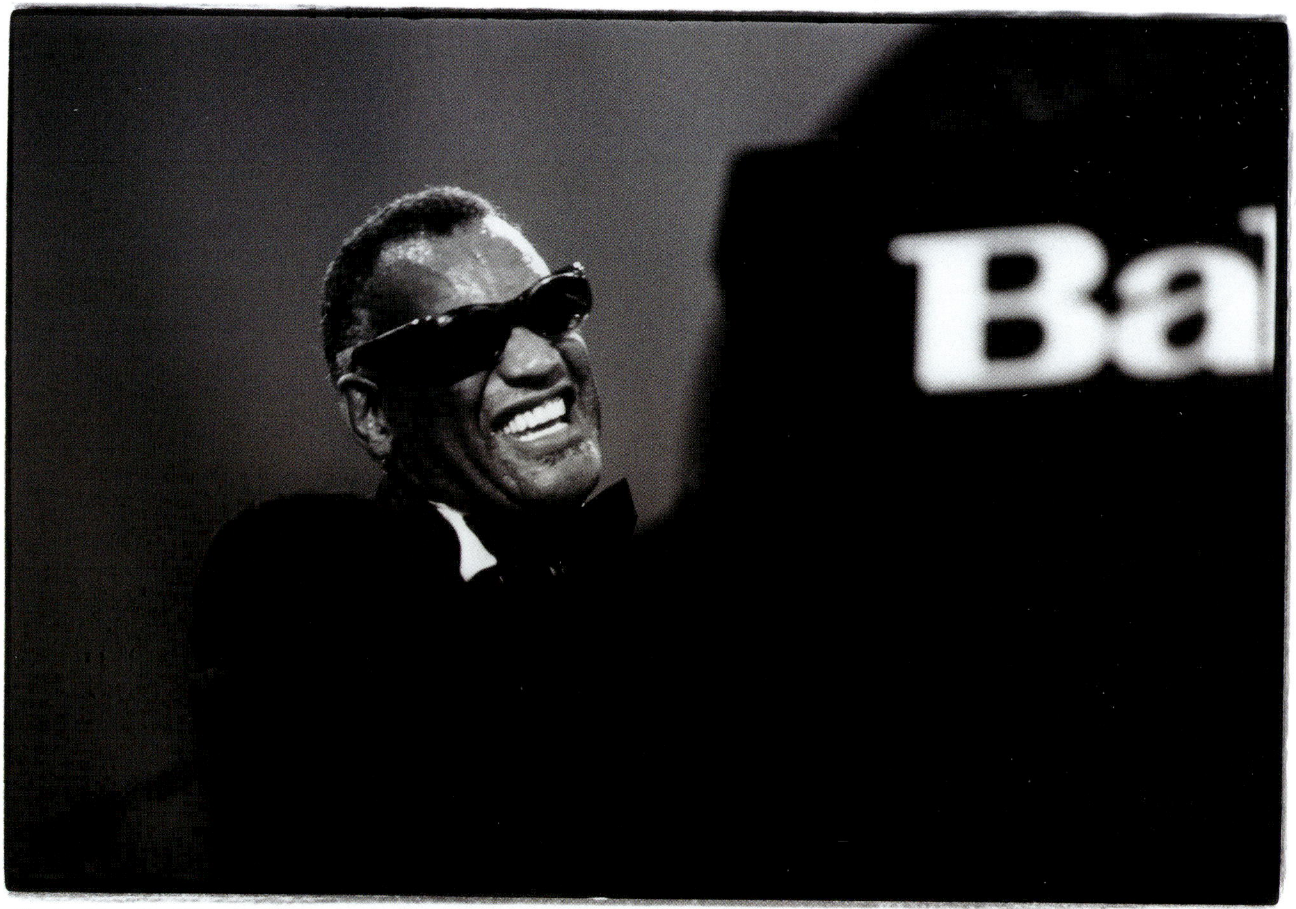

Charles Ray Aja 1980

Mi dava sempre la sensazione che potesse cadere dal palco, Ray, tanto si agitava. Capitava sempre da trent'anni, dalla prima volta che l'ho visto con le sue inseparabili The Reaelettes, il coro femminile che arricchiva e impreziosiva le sue esecuzioni. E invece no, Ray era sempre in piedi da cinquant'anni e faceva sempre una certa impressione, anche dopo tanti ascolti, sentire Georgia On My Mind, Ruby, I Can't Stop Lovin'You, Old Man River o le beatlesiane Eleanor Rigby e Yesterday, sempre uguali a sé stesse eppure sempre belle. E lui che abbandonava il pianoforte e abbracciandosi abbracciava il suo pubblico.

He was moving so much around that it always looked as if he was about to fall off stage. That's how I've seen Ray for more than thirty years, with his inseparable and precious female choir The Reaelettes. I was blessed to be able hear for so many times Georgia On My Mind, Ruby, I Can't Stop Lovin'You, Old Man River or the Beatles-eque Eleanor Rigby and Yesterday, always the same, always so beautiful. By hugging himself, he meant to hug his fans.

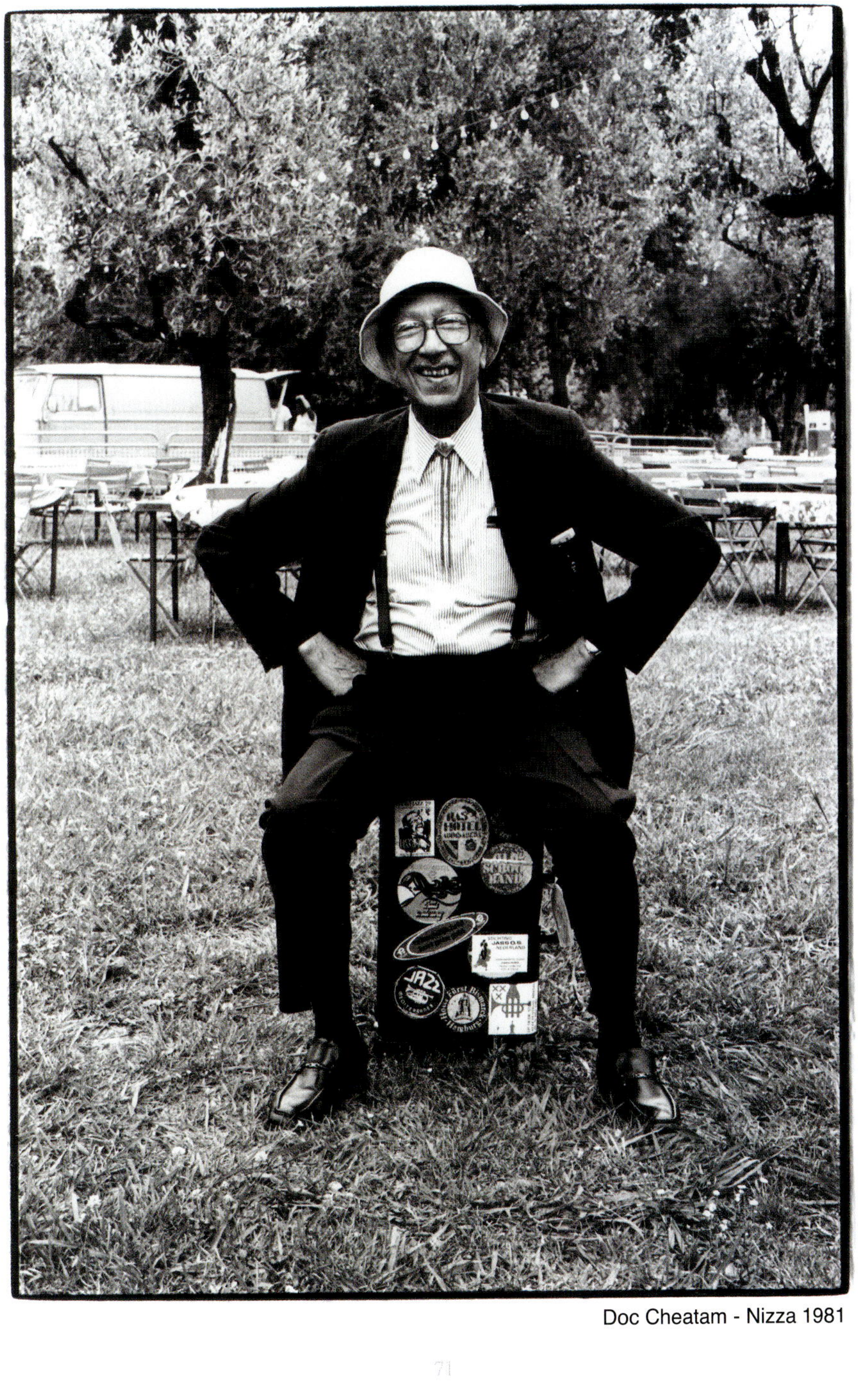

Doc Cheatam - Nizza 1981

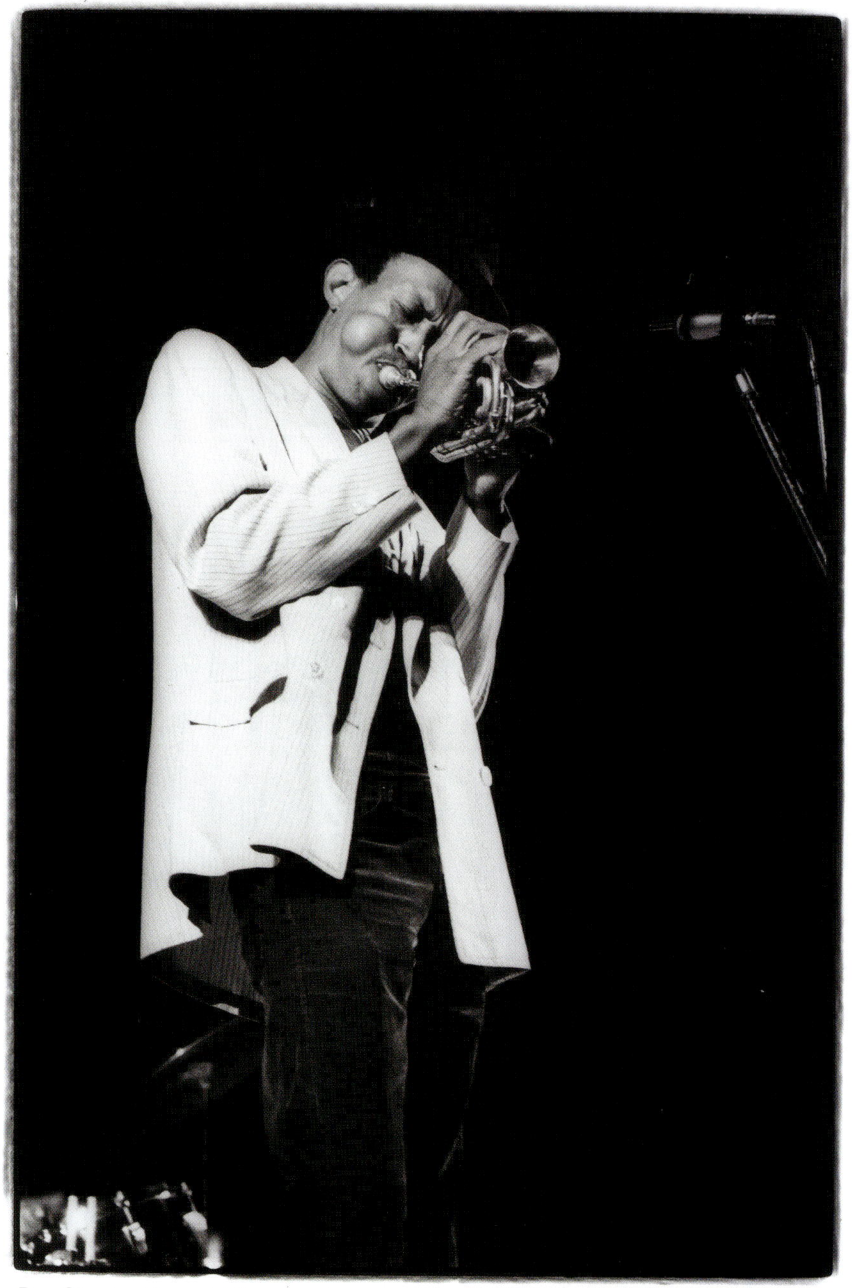

Don Cherry - Milano 1980

Come facesse a suonare con quella sua ormai storica pocket trumpet è per me sempre stato un mistero. Eppure lo faceva e ha scritto belle pagine di musica Don. Molti ricorderanno negli anni '70 il suo Organic Music Theatre, con moglie e figli sul palco pieno di strumenti e di colori. Un modo di interpretare la musica e la vita.

How he could play that famous pocket trumpet is still unknown to me, sure enough he did write some beautiful music. Many might remember his Organic Music Theatre in the 70's, with his wife and chilldren on a stage filled with instruments and colors. His way of doing it.

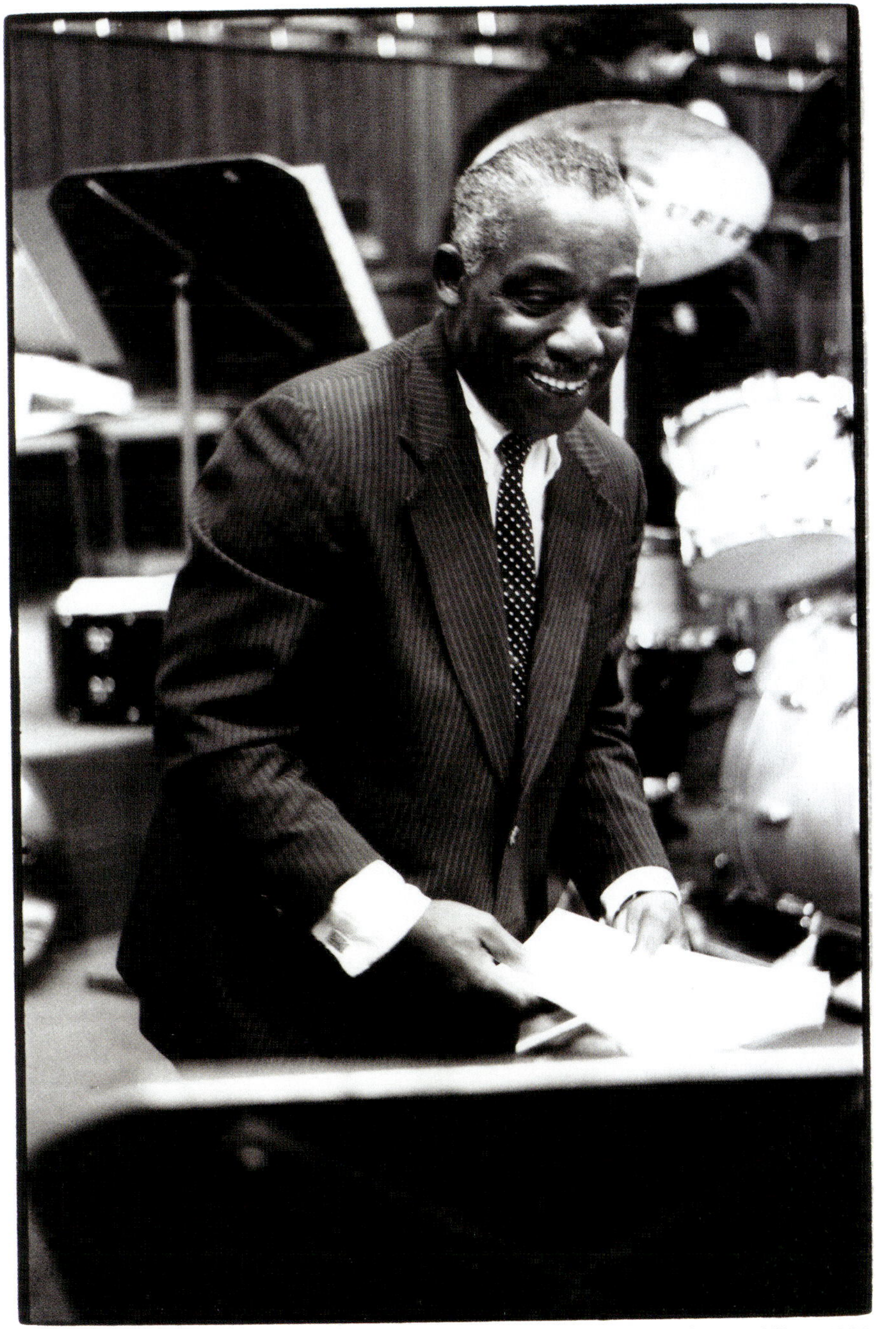

Kenny Clarke - Milano 1980

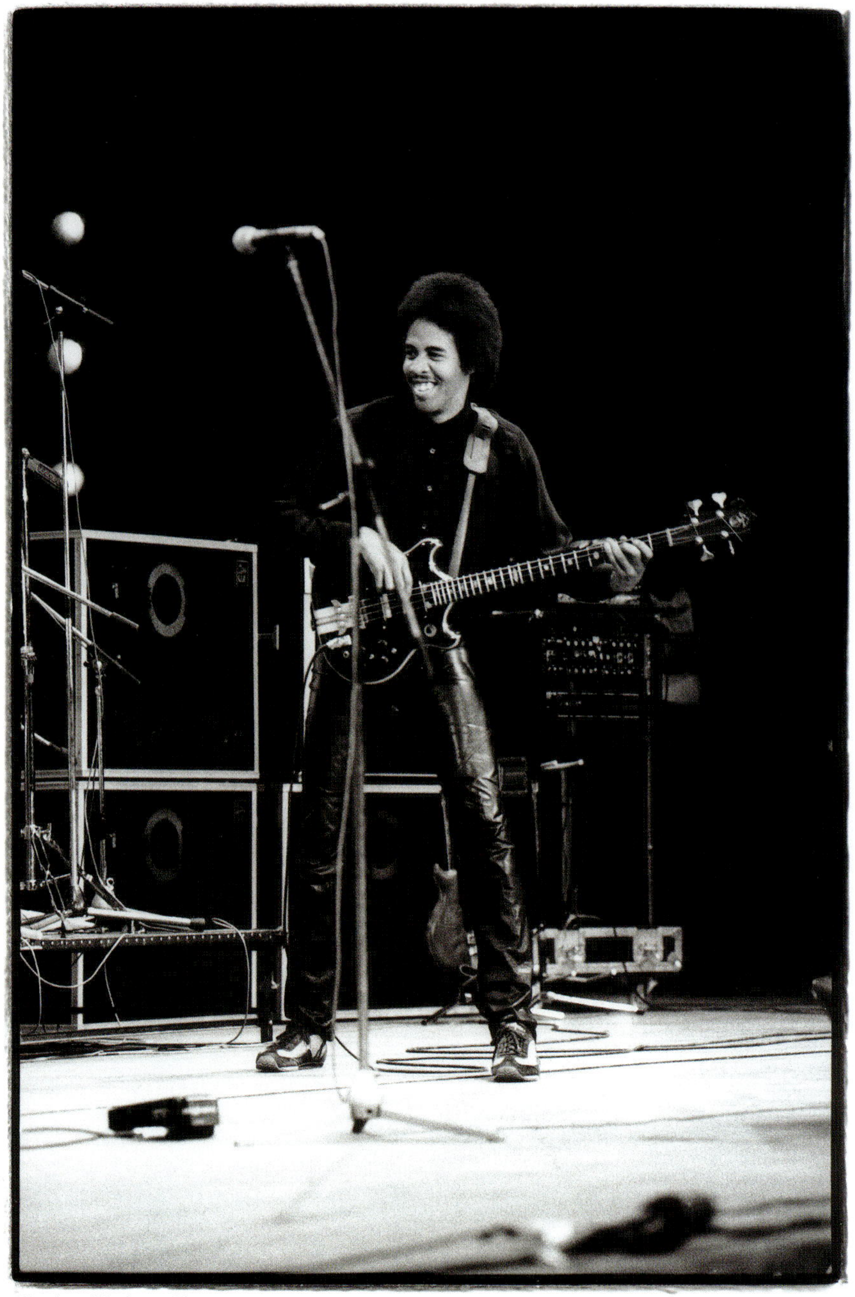
Stanley Clarke - Aja 1980

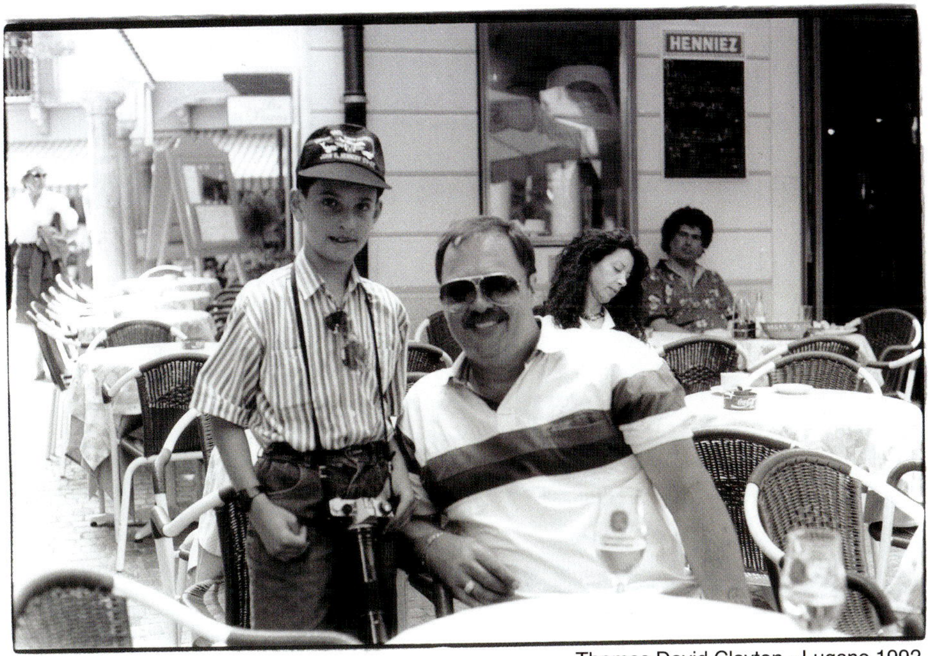

Thomas David Clayton - Lugano 1992

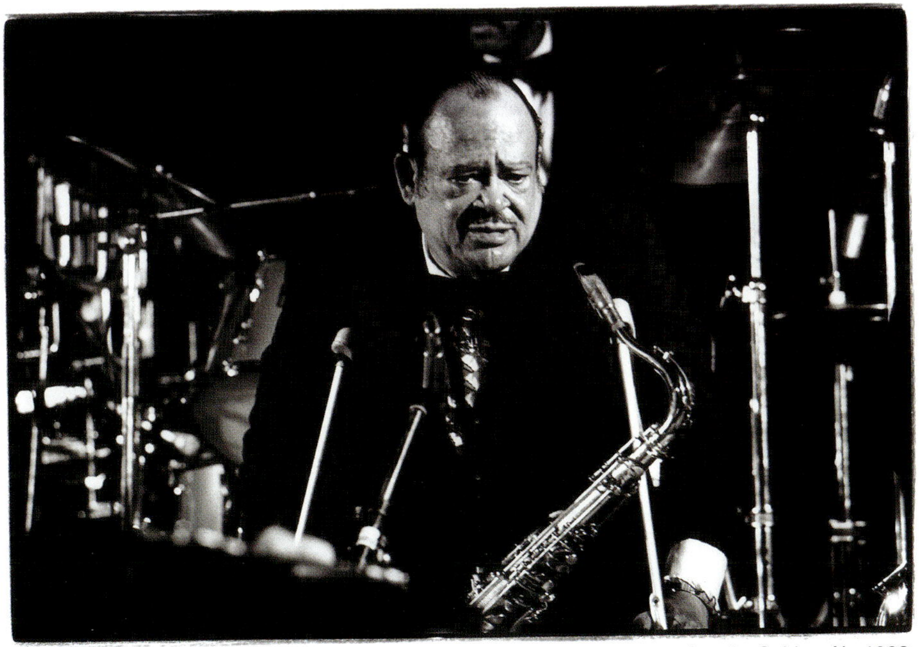

Arnette Cobb - Aja 1982

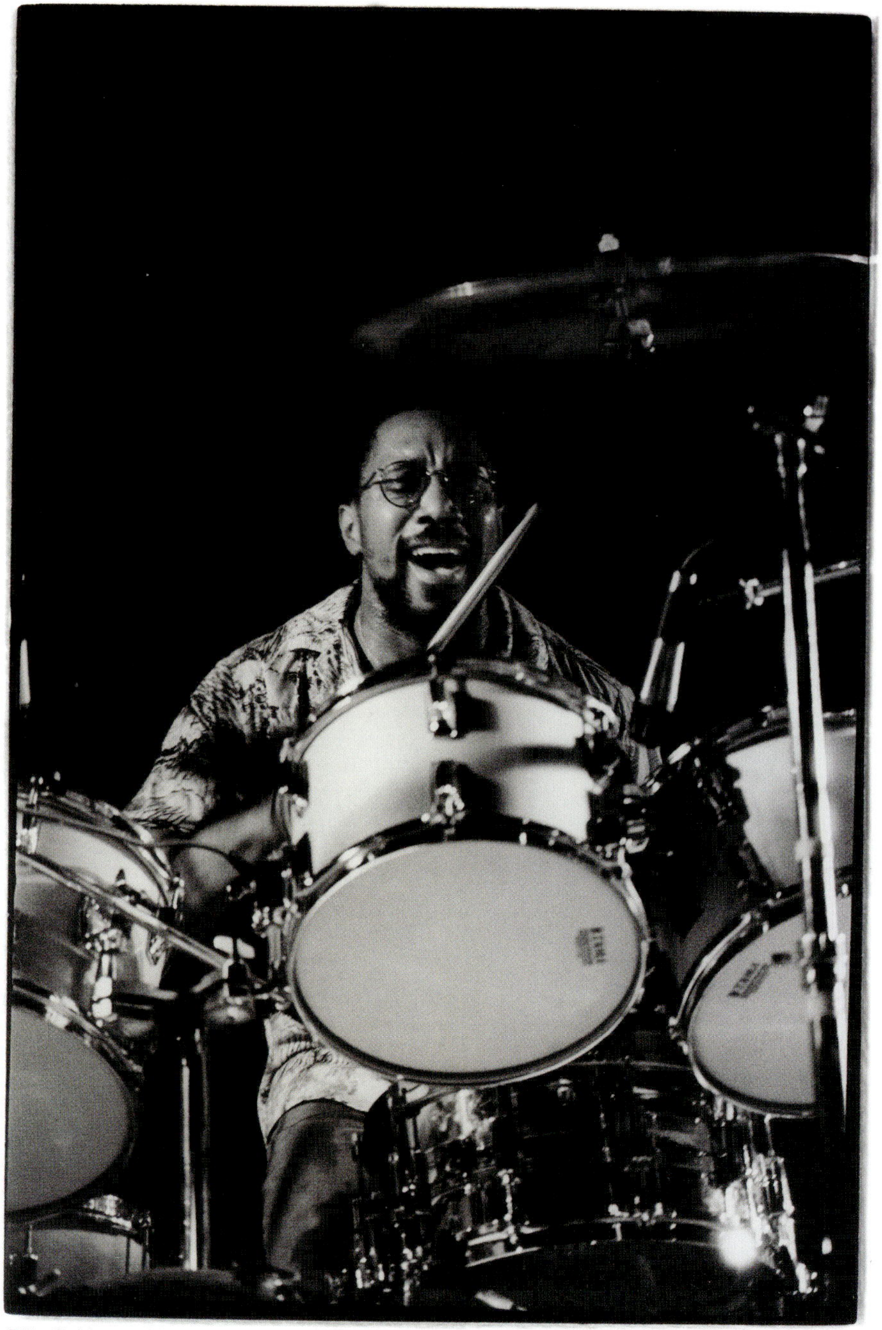

Billy Cobham - Milano 1980

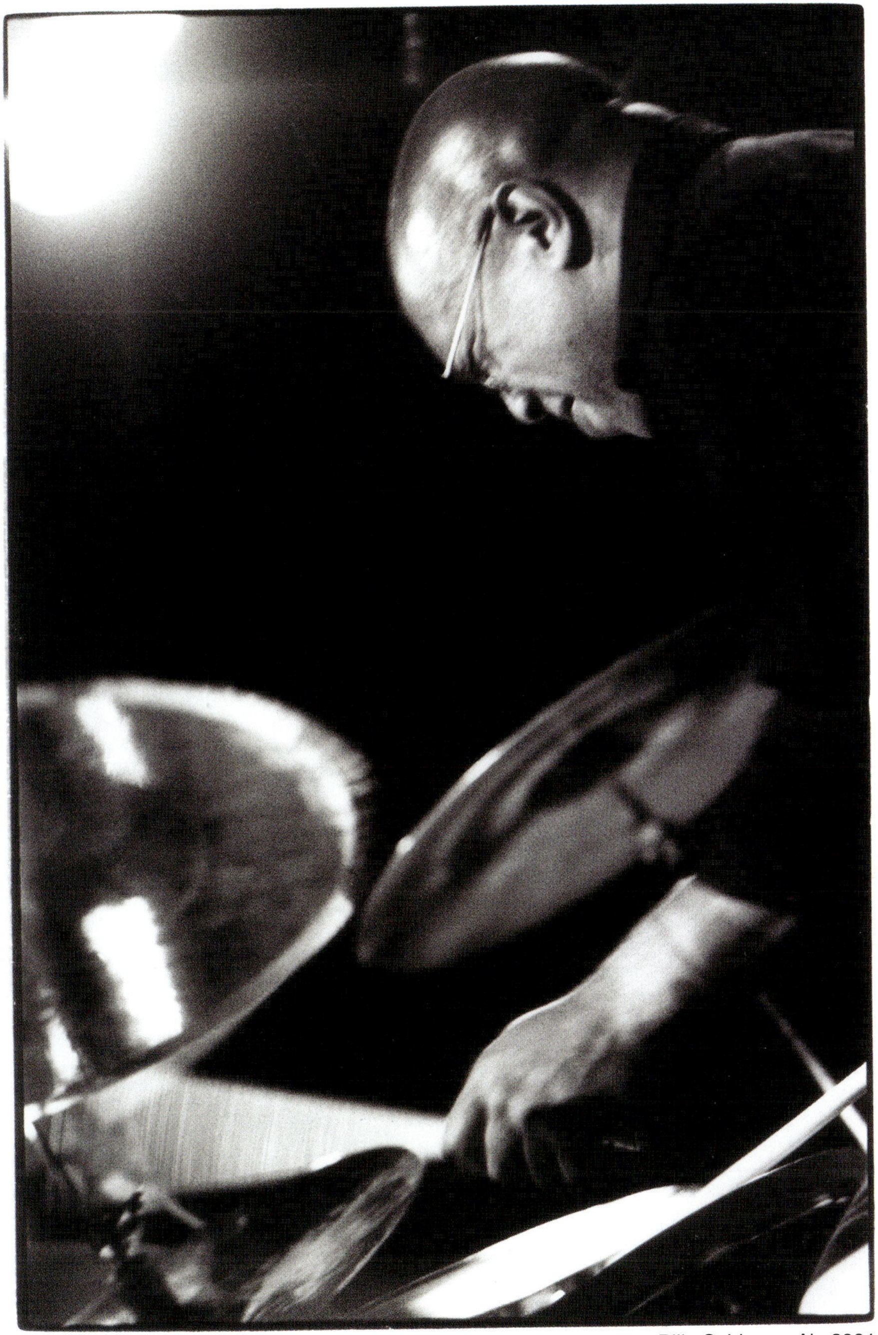

Billy Cobham - Aja 2001

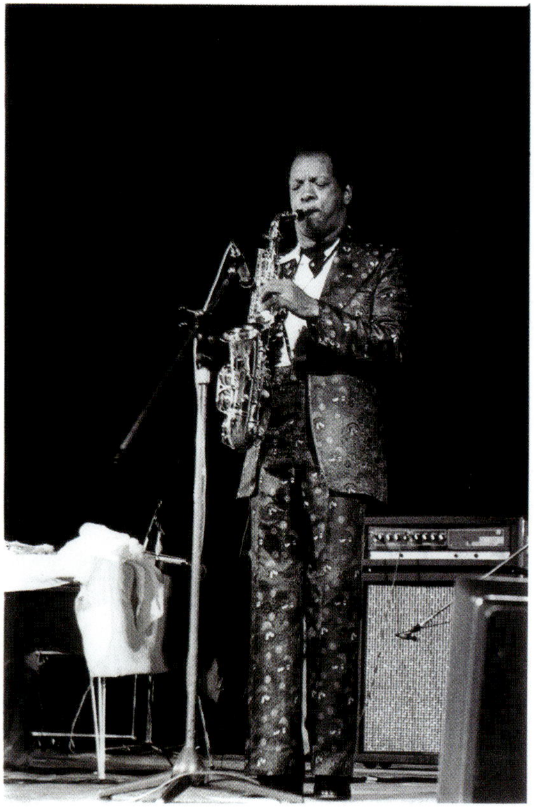

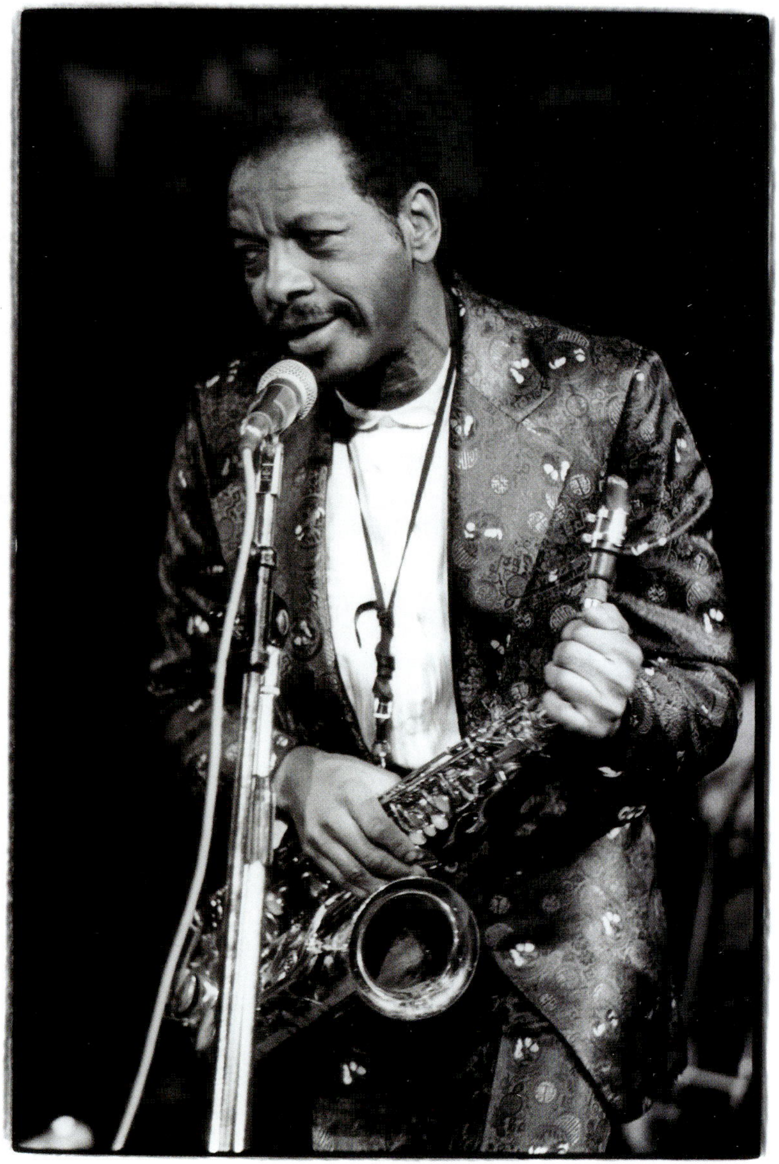

Ornette Coleman - Milano 1980

Ornette Coleman il rivoluzionario, che più di quarant'anni fa cambiò la storia del jazz con la complicità ed il genio di un manipolo di uomini: Don Cherry, Billy Higgins, Charlie Haden, Freddie Hubbard, Eric Dolphy, Scott La Faro e Ed Blackwell. Ed ebbe, come tanti rivoluzionari, soprattutto nell'arte, vita assai dura agli inizi. Ha imposto un nuovo modo di interpretare il jazz e da lui è discesa una moltitudine di musicisti che hanno fatto del free il proprio credo musicale. Non sempre i risultati musicali sono stati apprezzabili ma, a distanza di tanti anni, si può tranquillamente affermare che la lezione di Ornette ha permesso di pensare musica senza le briglie di stili considerati imprescindibili ed inamovibili. Tutto fa storia e la stessa si decanta da sé. Personalmente conservo un bel ricordo di Ornette una notte a Nervi a tirar le cinque del mattino, ero ai miei inizi fotografici, a parlare di tutto o meglio, a cercare, date le mie difficoltà con la lingua inglese.

Ornette Coleman the revolutionary, who changed jazz history over forty years ago, helped by the ingenuity and connivance of a batch of men: Don Cherry, Billy Higgins, Charlie Haden, Freddie Hubbard, Eric Dolphy, Scott La Faro and Ed Blackwell. Typical of a rebel artist, it was an uphill battle. A new way of playing came from his legacy; an army of musicians has made of free jazz their own credo. Results were not always positive, yet we can definitely say that Ornette taught how to conceive unbridled music with no concerns whatsoever as to approach unchallenged and undisputed styles. Personally, I remember trying to have a conversation in my broken English with him in the wee hours of the morning, one night in Nervi at the beginning of my career.

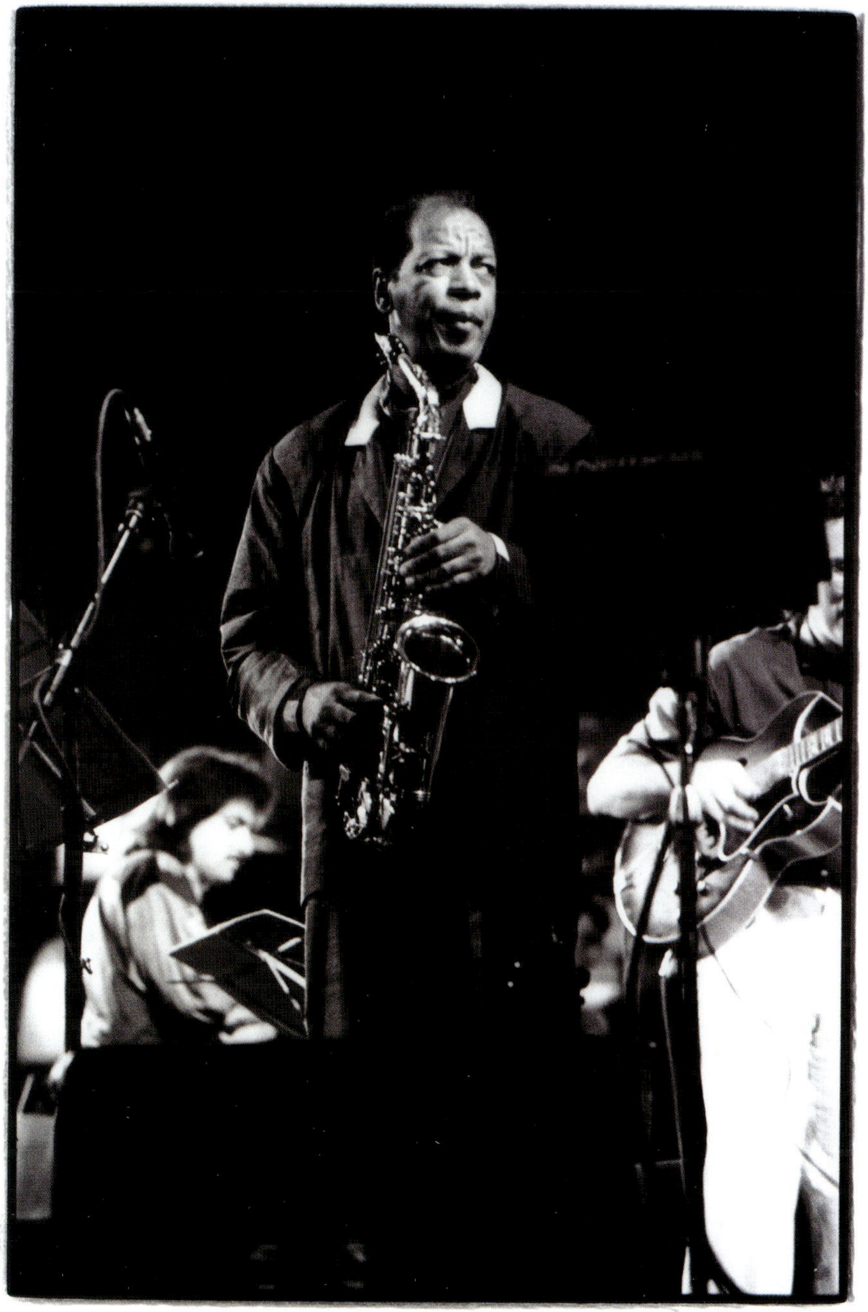

Ornette Coleman - Lugano 1991

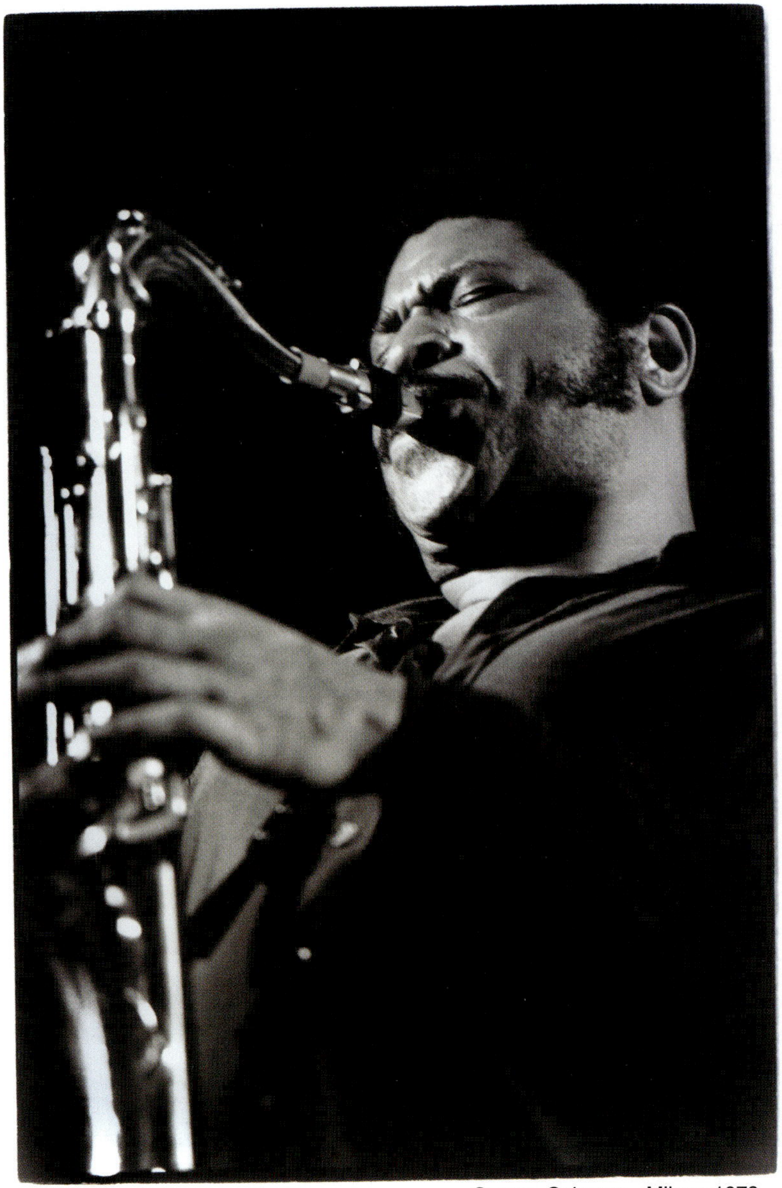

George Coleman - Milano 1978

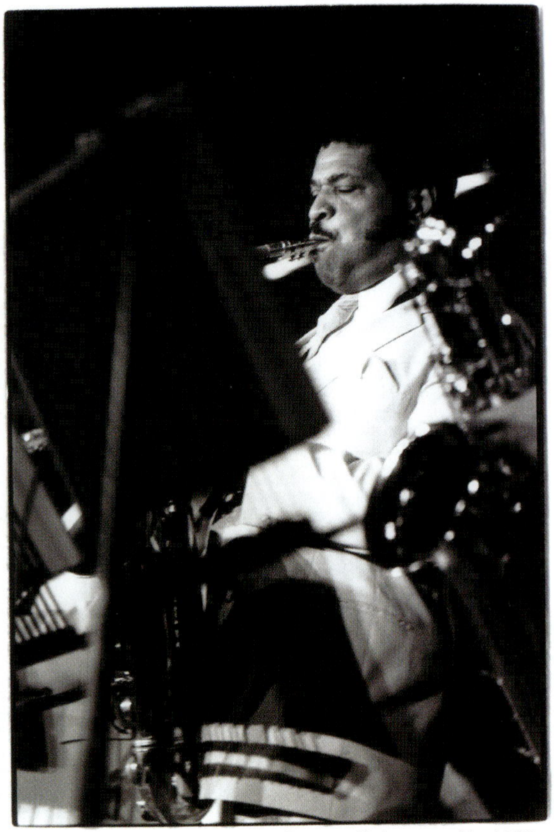

George Coleman - Aja 1980

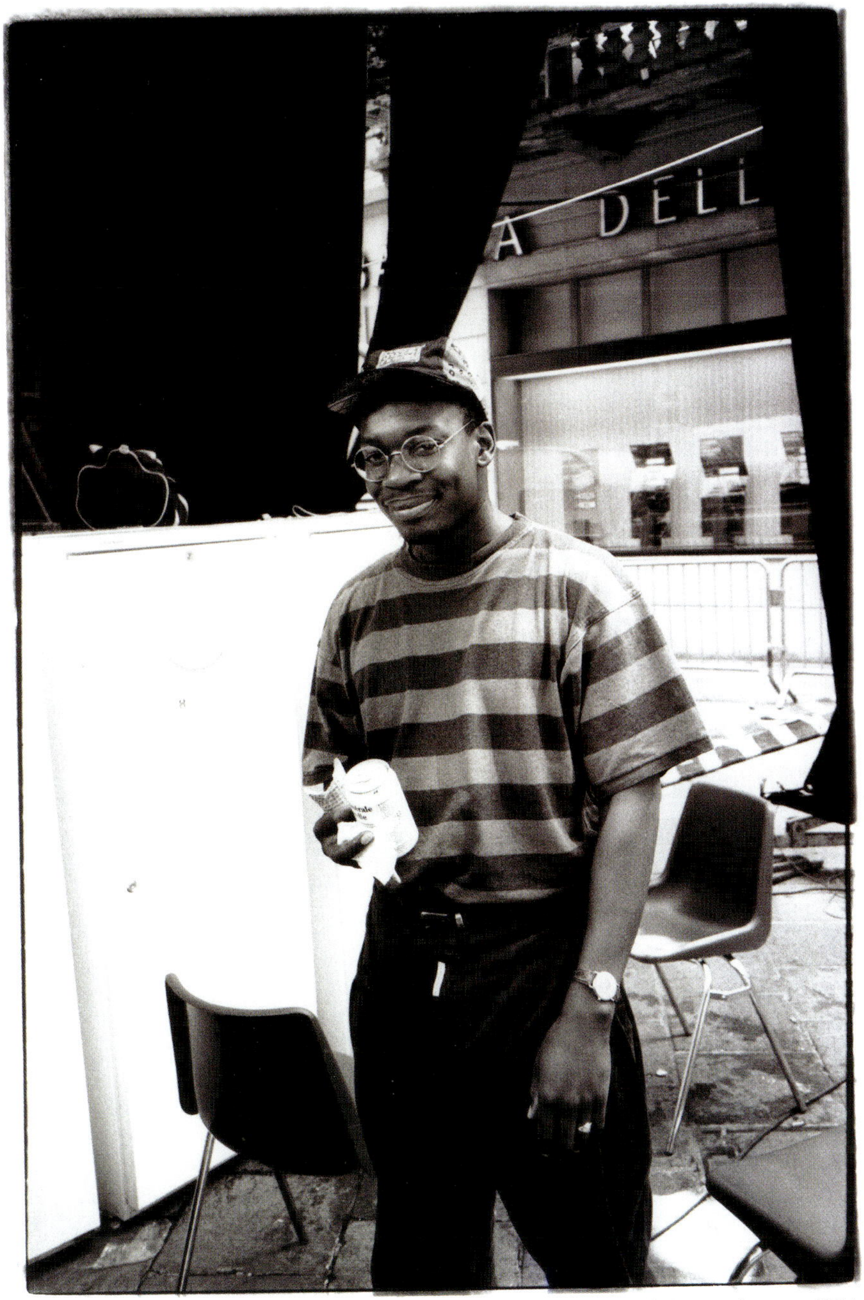

Ravi Coltrane - Lugano 1991

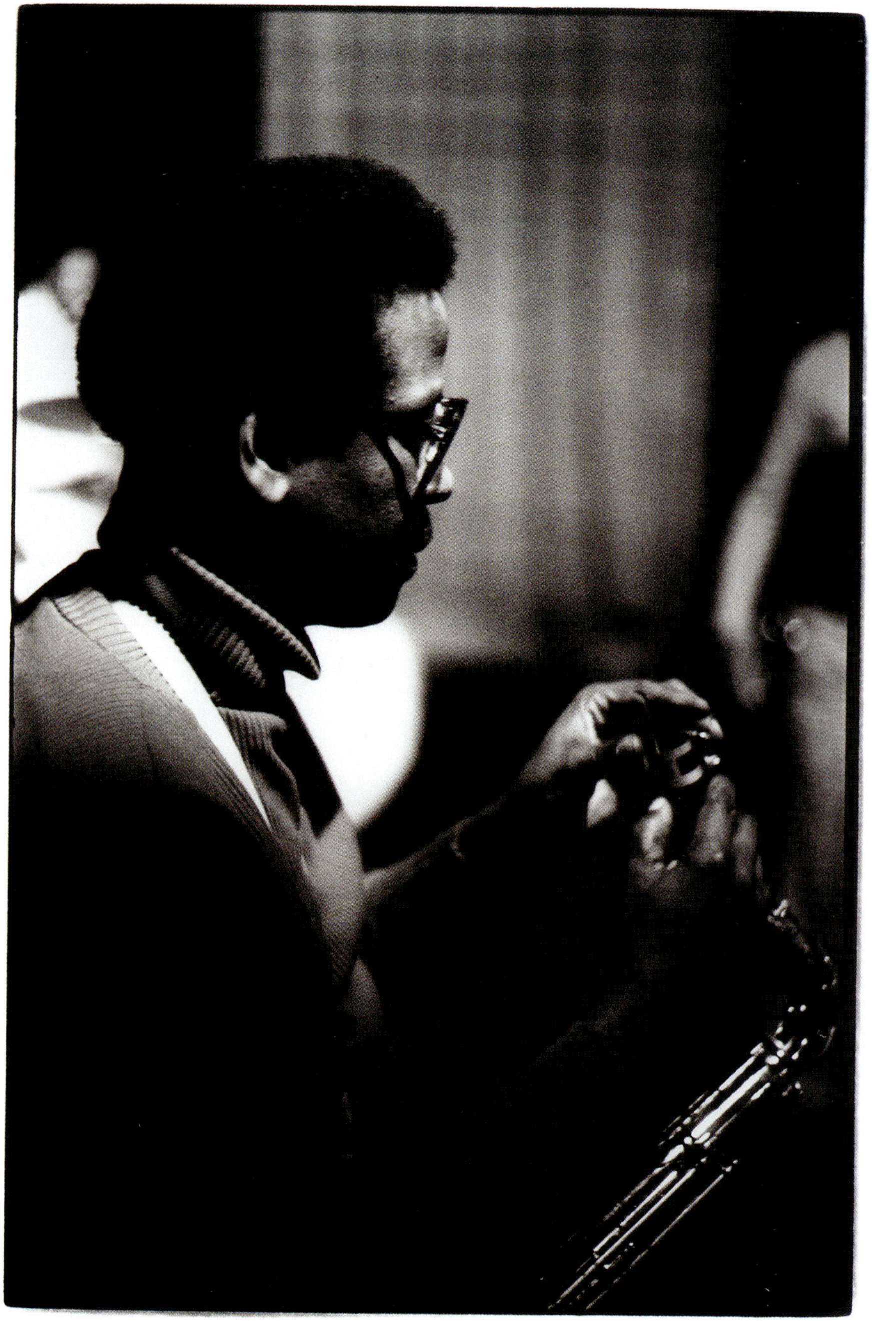

Junior Cook - Milano 1979

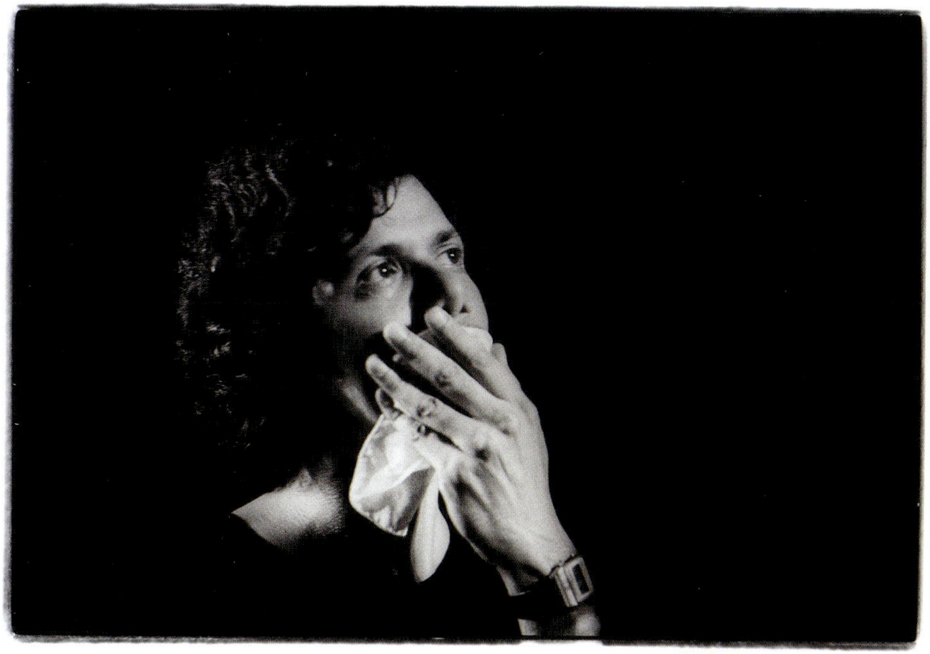

Chick Corea - Milano 1981

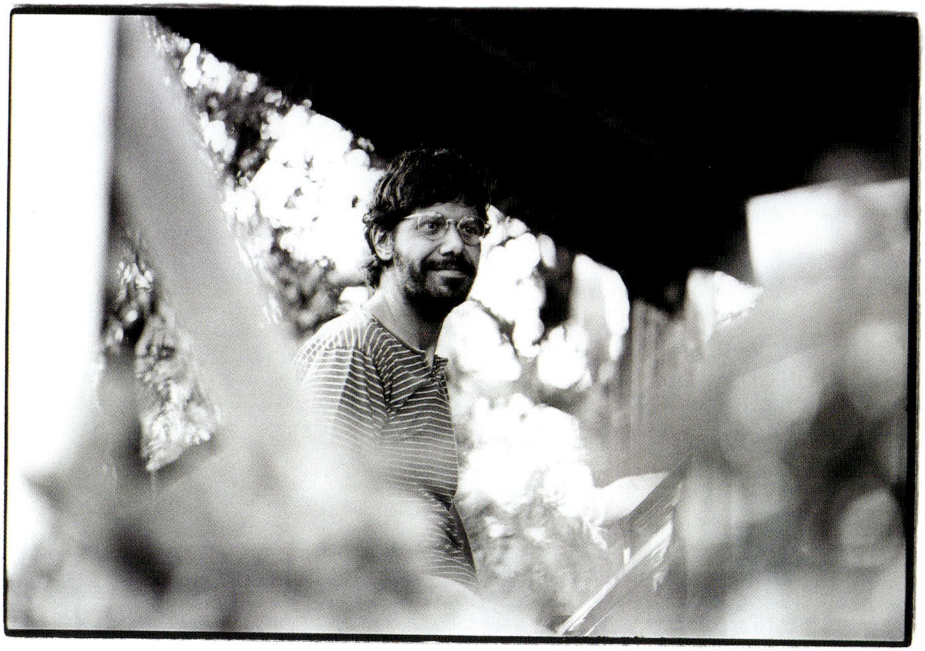

Chick Corea - Nizza 1981

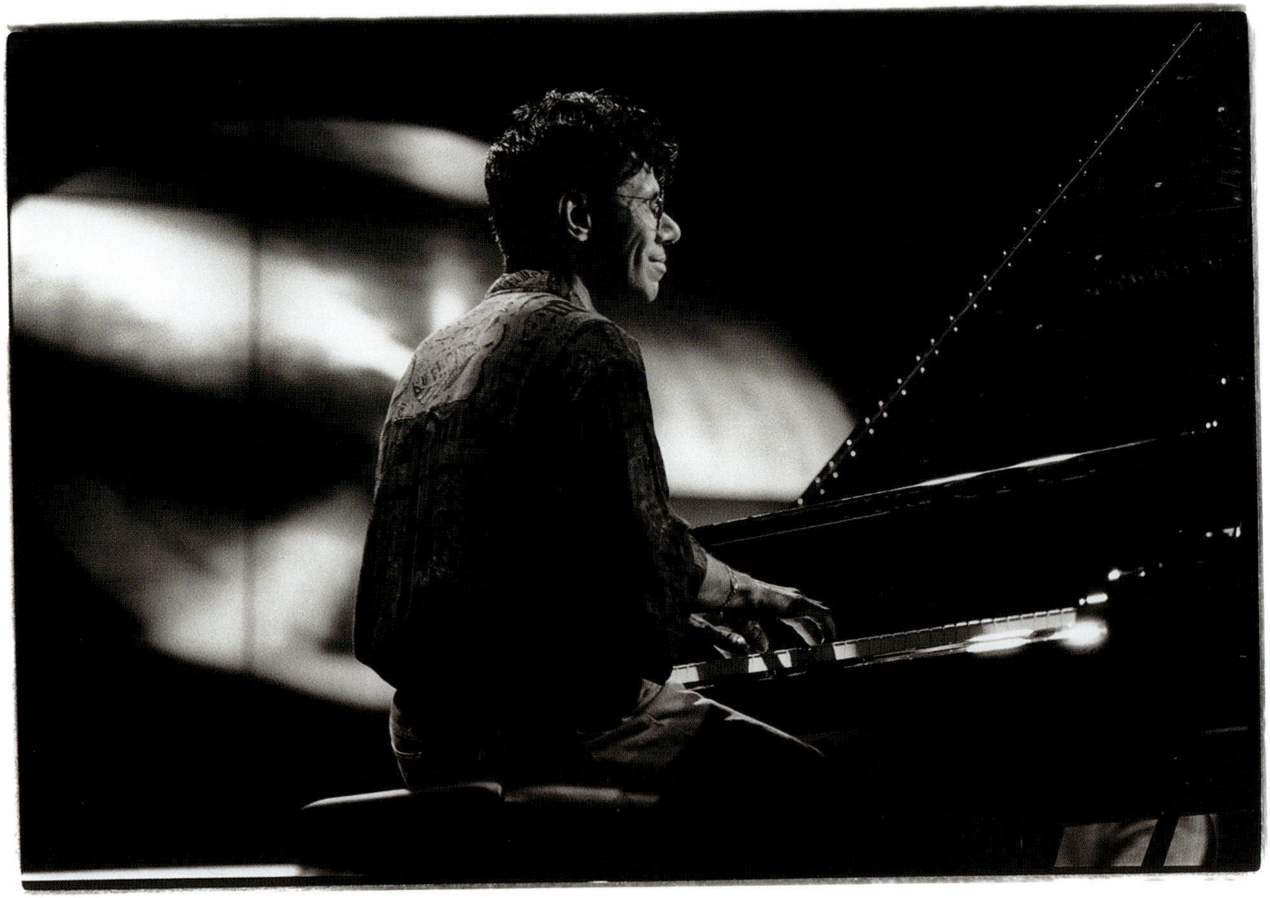

Chick Corea - Lugano 1992

E' molto disponibile Chick Corea, con i fotografi, i giornalisti, con quel mondo che ruota intorno ai musicisti, con i quali si dovrebbe creare (non sempre succede) un rapporto sinergico. Chick non fa per nulla la star inavvicinabile. E questo dal punto di vista umano è molto apprezzabile. Ho visto Chick Corea per la prima volta, la prima di tante, nel lontano 1974 con il suo Return to Forever accanto a musicisti che sarebbero diventati famosi come Al Di Meola, Stanley Clarke e Lenny White. Il suo tocco al pianoforte era già, da tempo, adamantino e le sue composizioni veramente coinvolgenti. E' passato tanto tempo e rivedo sempre volentieri Chick, uno che si è guadagnato, con fatica, un posto nella storia del jazz moderno attraversando tantissime esperienze, e questo la dice lunga sul suo essere artista.

He seems to be a very easygoing and accessible guy to photographers, journalists and to that world revolving around musicians, which supposedly creates forms of synergy (not all the time). He's also highly appreciated for being so far away from aloof stardom. The first of those many times I saw Chick was back in 1974 with his Return to Forever, together with many soon-to-become-famous names like Al Di Meola, Stanley Clarke and Lenny White. His personal touch at the piano was in the known already back then, and his compositions were truly compelling. It's been a long time, but I still like to go see Chick, a man and an artist who has earned his spotlight in jazz history through the most diverse experiences.

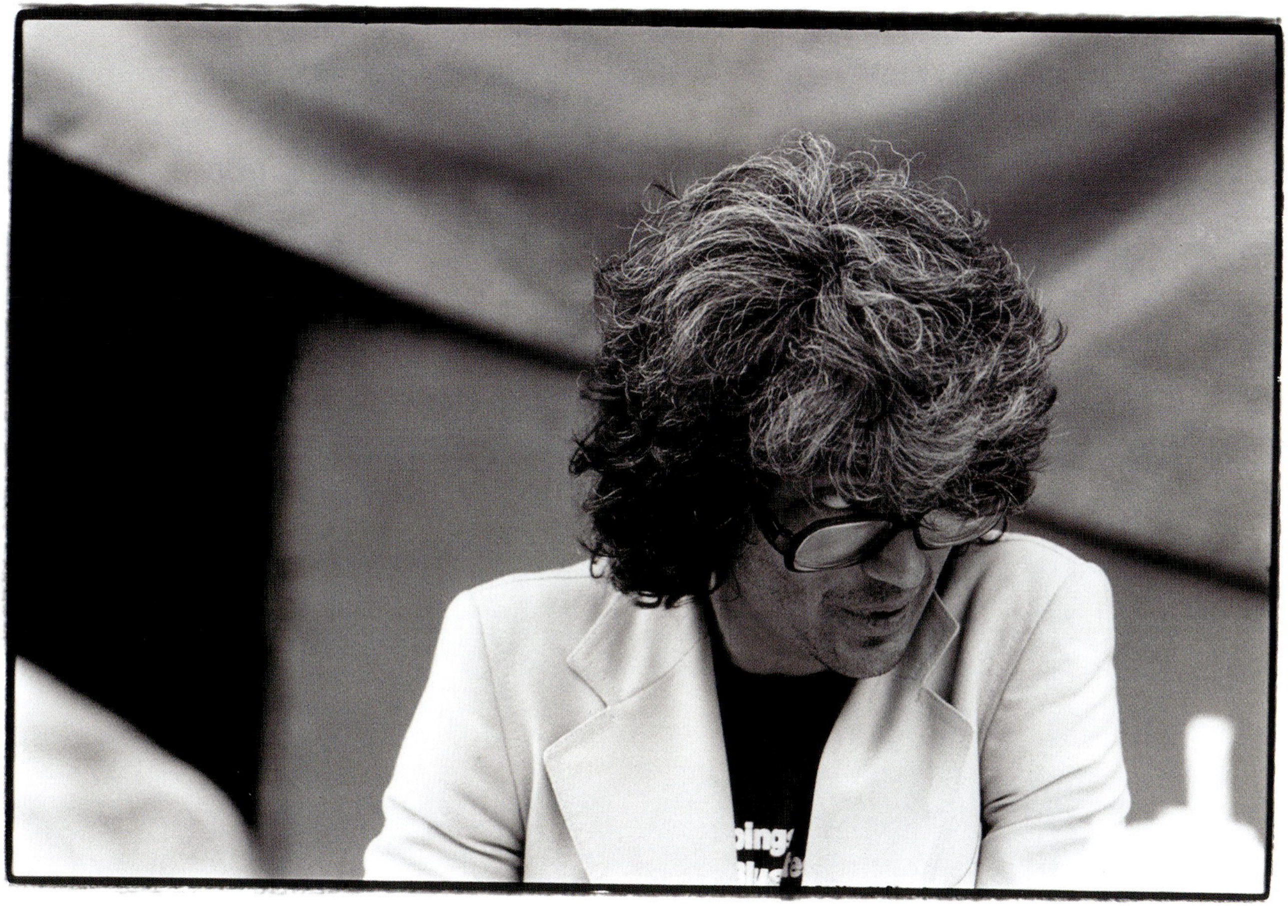

Larry Coryell - Nizza 1981

Nel 1980 Franco Fayenz, bontà sua, ha scritto che nelle mie immagini c'era una ricerca dell'espressione degli occhi. In parte era vero. Ho sempre cercato di catturare l'espressione degli occhi e del viso di un musicista. E nel caso del chitarrista Larry Coryell pare proprio che sia così. Dopo tanti anni sono ancora grato a Franco per le belle parole che mi hanno aiutato nella mia carriera.

In 1980 Franco Fayenz, wrote that my images seek the eyes' expression, that was nice a comment and partially true. I've always tried to capture the expression of the musician's eyes and face. That is even more evident with guitar player Larry Coryell. I'm still grateful to Franco for his nice words which have been of great help throughout my career.

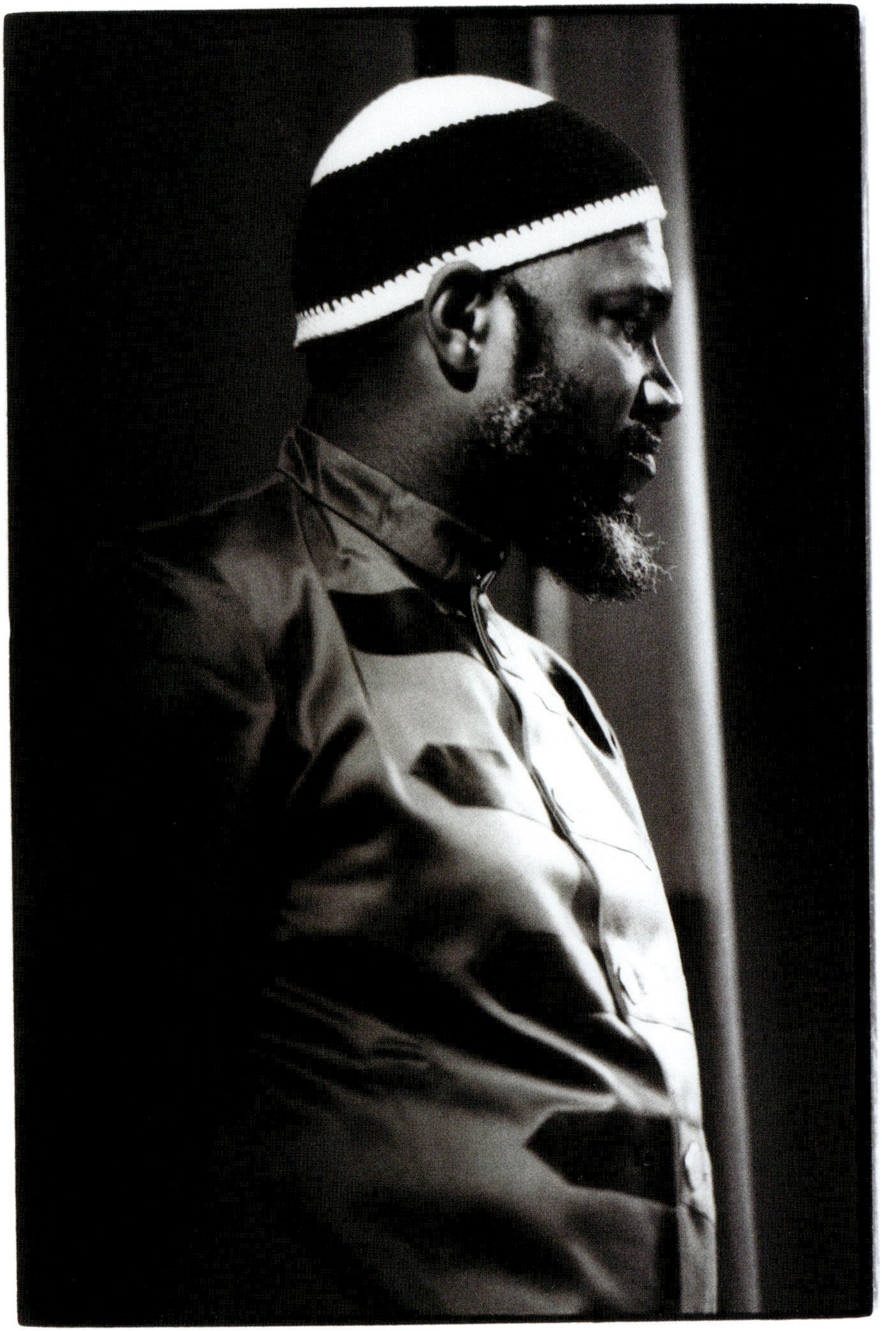
Ted Curson - Milano 1979

D

E' un caro amico Franco. Ci siamo conosciuti alla fine degli anni '70, quando aveva concluso l'esperienza jazz-rock con il Perigeo e stava cercando direzioni diverse in cui indirizzare la sua creatività e il suo essere artista. Direzioni che ha trovato, dedicandosi alla composizione, ai concerti per piano solo, alla formazione di tanti suoi gruppi e alla didattica nella quale eccelle (testimonianza di suoi allievi, colleghi ed organizzatori). Intanto ha continuato a suonare, in concerto e su disco, con moltissimi musicisti di ogni estrazione jazzistica, confrontando le proprie esperienze e la propria cultura. Ogni tanto ci vediamo, a volte a distanza di anni, ma è sempre come se ci fossimo incontrati la sera prima.

A dear friend. We met at the and of the 70's, after his jazz-rock stint with the band Perigeo, he was seeking how to funnel his creativity. He found his many ways to do it through composition, piano concerts and his excellent teaching methods (as many of his students, colleagues and also promoters like to say about him). So he has kept on playing either live or on records, with many jazz players, this way sharing experience and culture. Every now and then, we meet somewhere in time, yet it always feels like the night before.

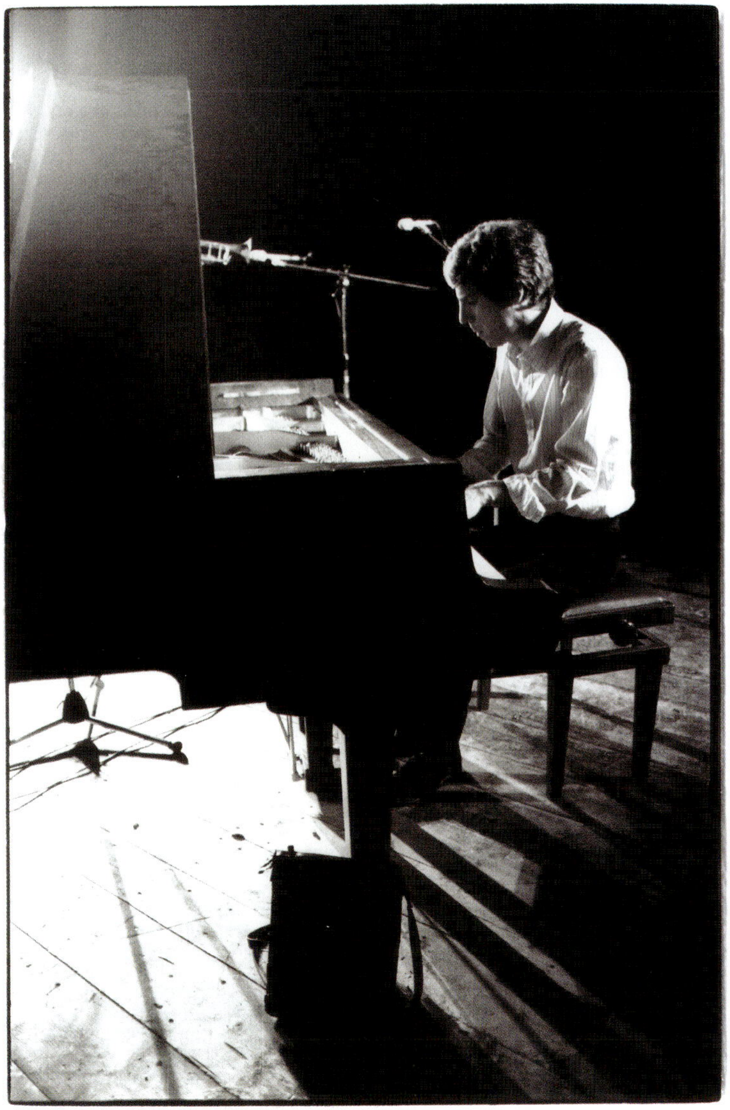

Franco D'andrea - Milano 1981

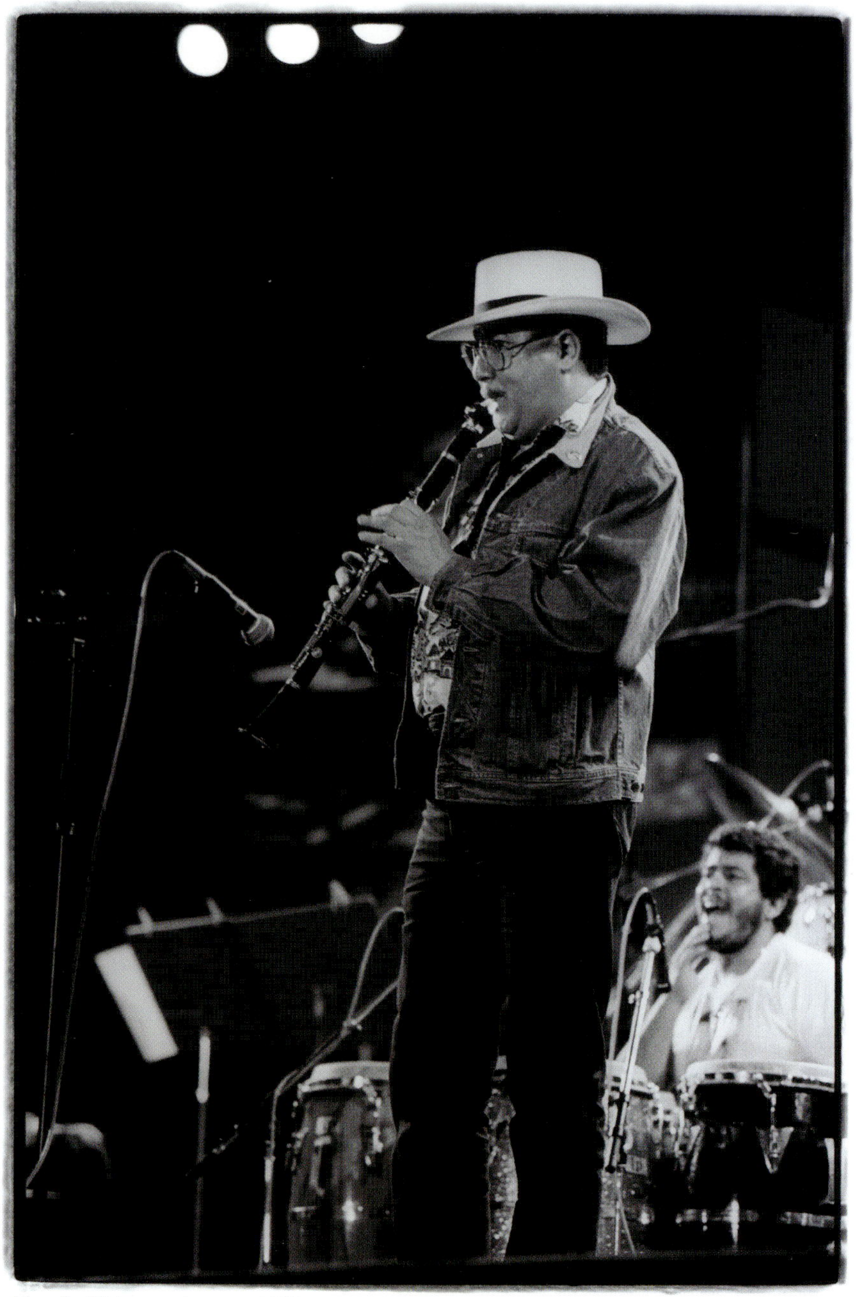

Paquito D'rivera - Lugano 1990

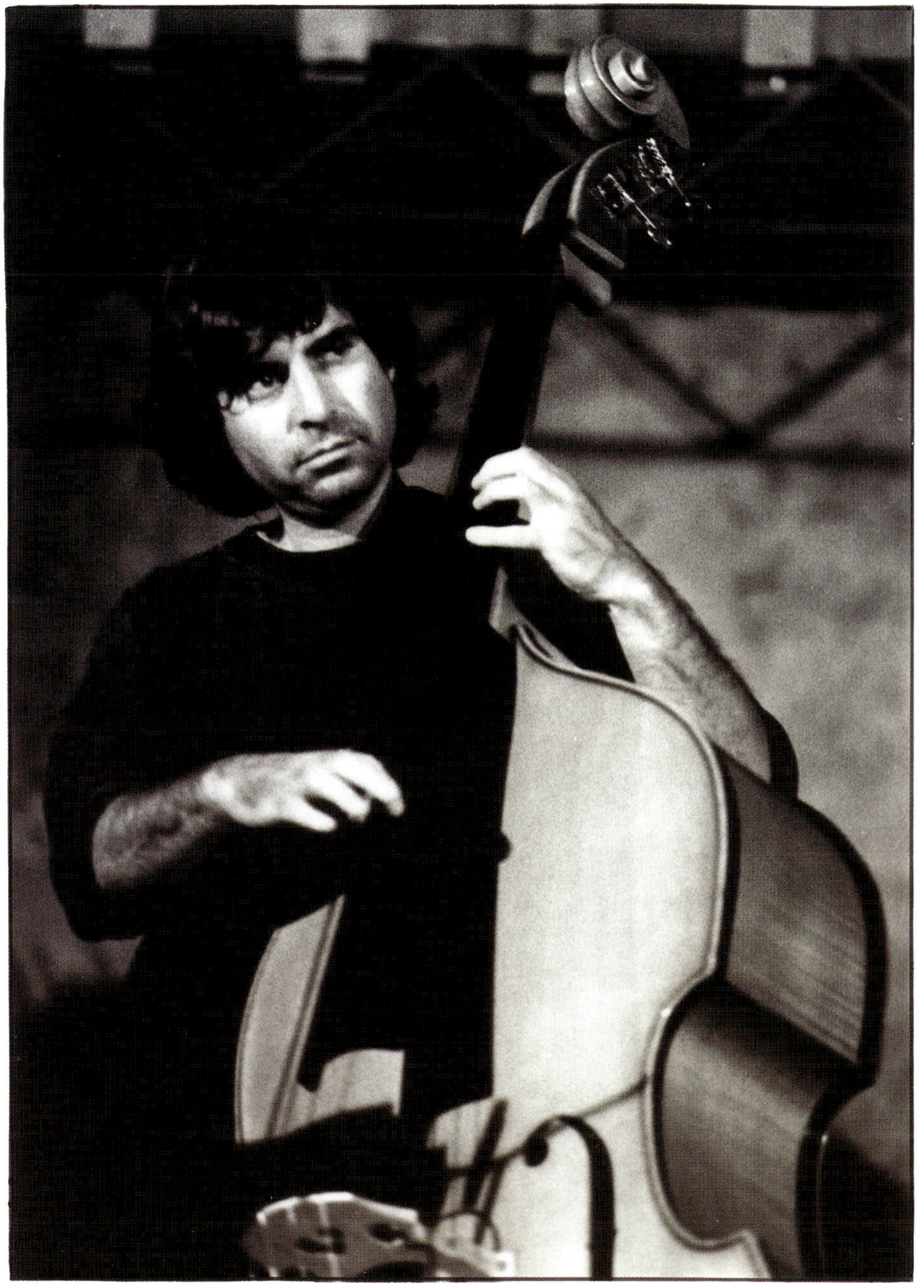

Paolo Damiani - Adro (Brescia) 1989

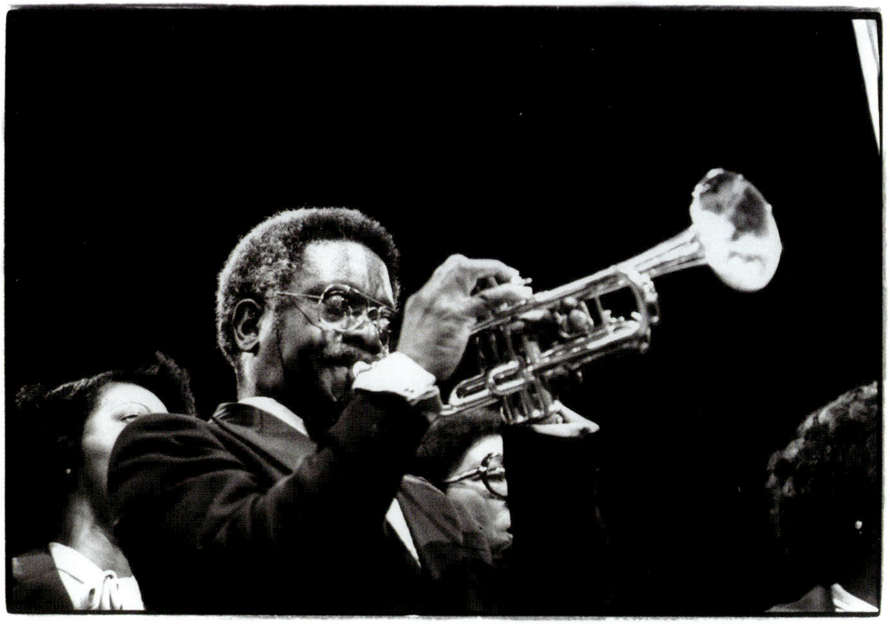

Wallace Davenport - Aja 1980

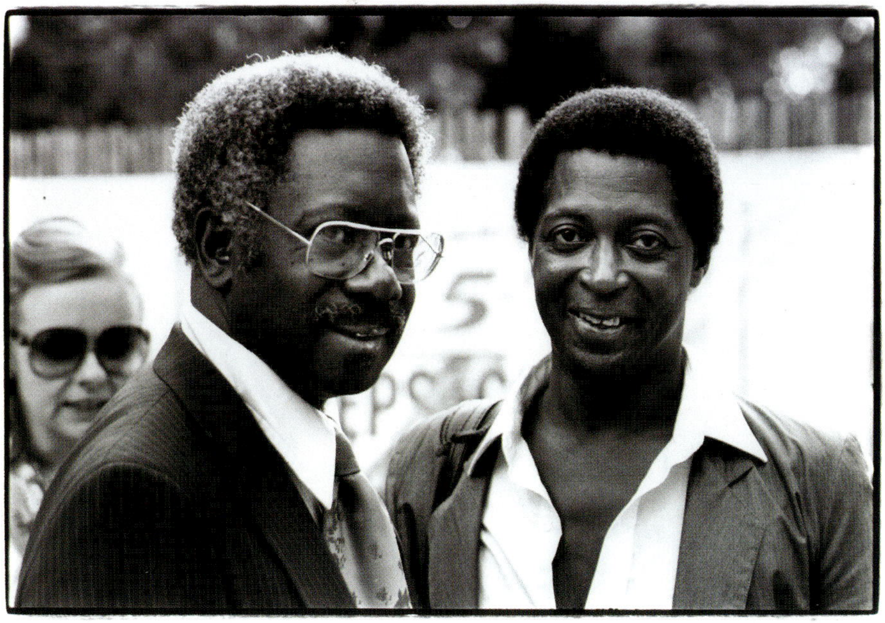

Wallace Davenport, Curtis Fuller - Nizza 1981

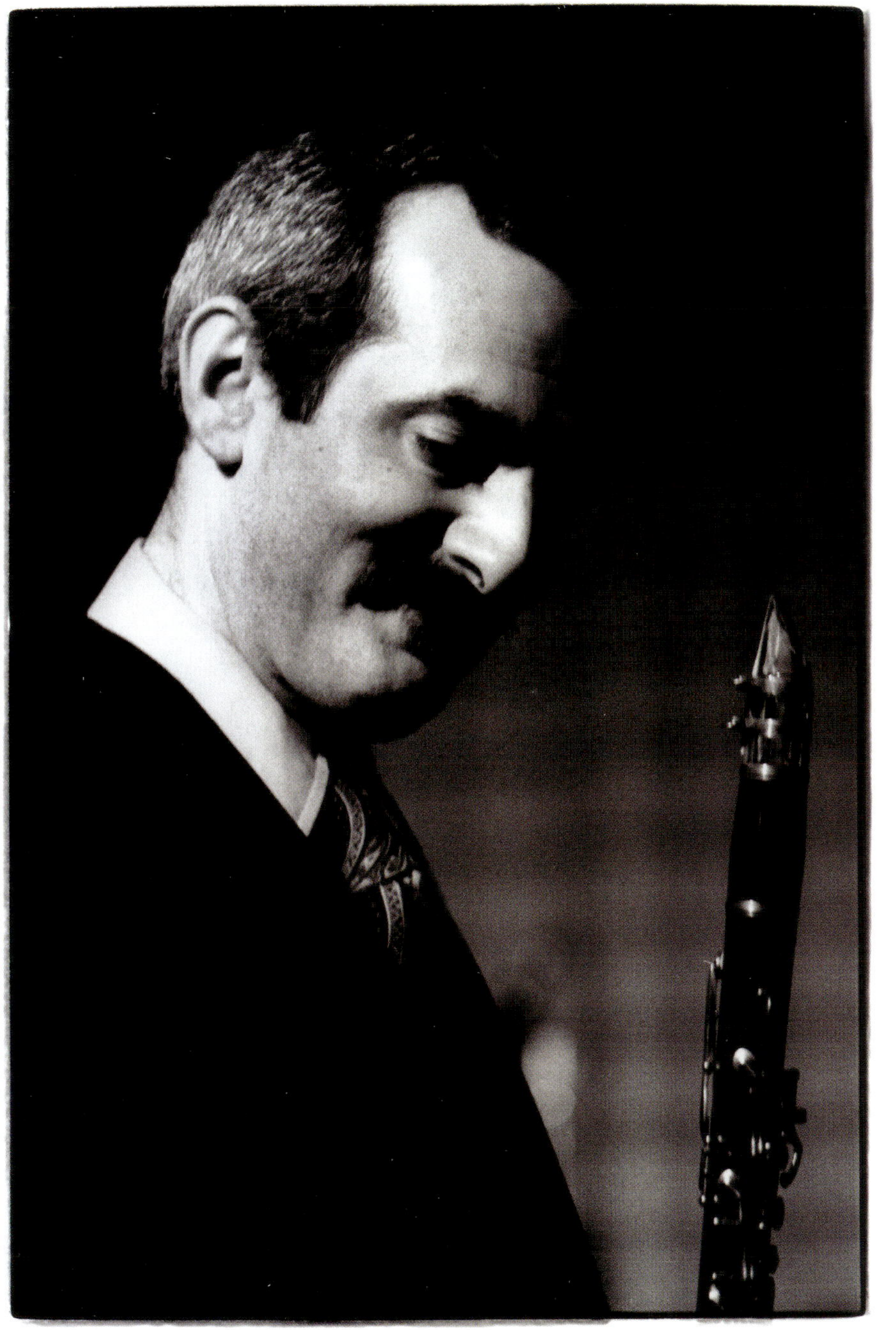

Kenny Davern - Milano 1978

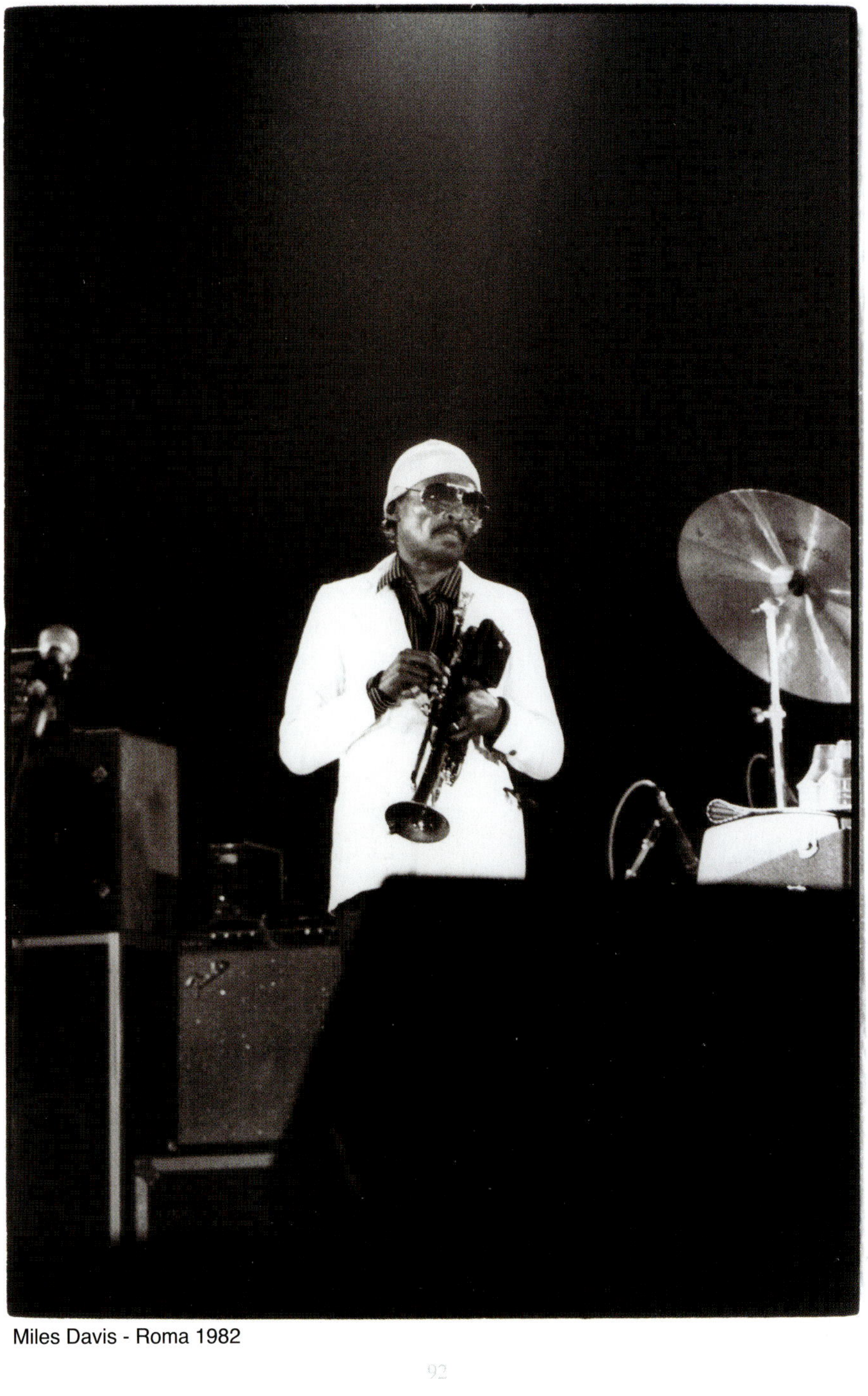

Miles Davis - Roma 1982

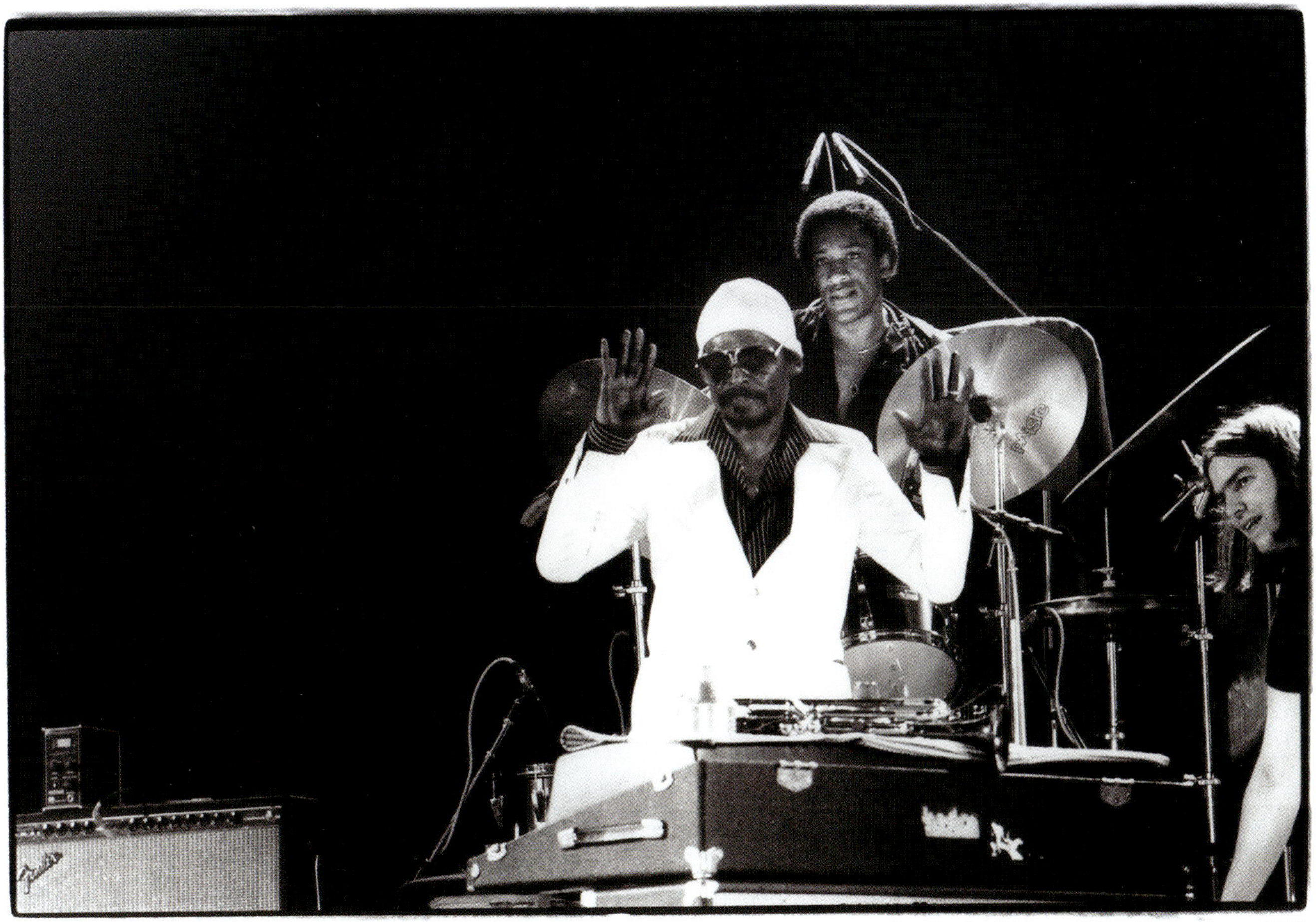

Miles Davis, Al Foster, Mike Stern - Roma 1982

L'ho visto per la prima volta a Roma nel 1982 al suo ritorno sulle scene dopo l'abbandono di qualche anno per problemi di salute. E poi a Milano nel '85, a Torino nel '86 e l'ultima volta a Lugano nel 1987. Proprio in quest'ultima occasione ho avuto modo di avvicinarlo a pochi centimetri e ho potuto ammirare la sua pelle, fresca nonostante l'età e soprattutto sono stato attirato, soggiogato quasi, da quei suoi occhi profondi, penetranti, magnetici, fari visibili di una grande personalità. Una cosa che ho molto apprezzato di Miles e di cui conservo un bellissimo ricordo è questo "darsi" negli ultimi anni della sua vita al pubblico, contrariamente a quello che aveva fatto per molti anni della sua carriera quando voltava le spalle al pubblico, che lo amava, e che certamente avrebbe gradito un sorriso, un "mostrarsi", da lui grande uomo di jazz. E invece no, per anni ha continuato a dare quell' immagine pubblica di sé. E, alla fine si è arreso, ha capito quanto fossero importanti gli altri e si è "dato". Ho un grande ricordo di lui, della sua splendida musica e di questo suo "donarsi".

First time I saw him was in Rome, 1982 when he returned to the scene after several health problems. Then in Milan '85, Turin '86 and the last time in Lugano 1987. I got so close to him that I could see how smooth his skin was, regardless of age. More importantly, I felt overpowered by his intense, penetrating, magnetic eyes, like beacons of his incredible personality. I really appreciated his generous attitude toward the audience in the latter years of his life, as opposite to the usual bad habit to show his back on stage. That had been his persona for many years until things changed for the better.
I have very fond memories of the man, his music and his 'give it all' to the fans.

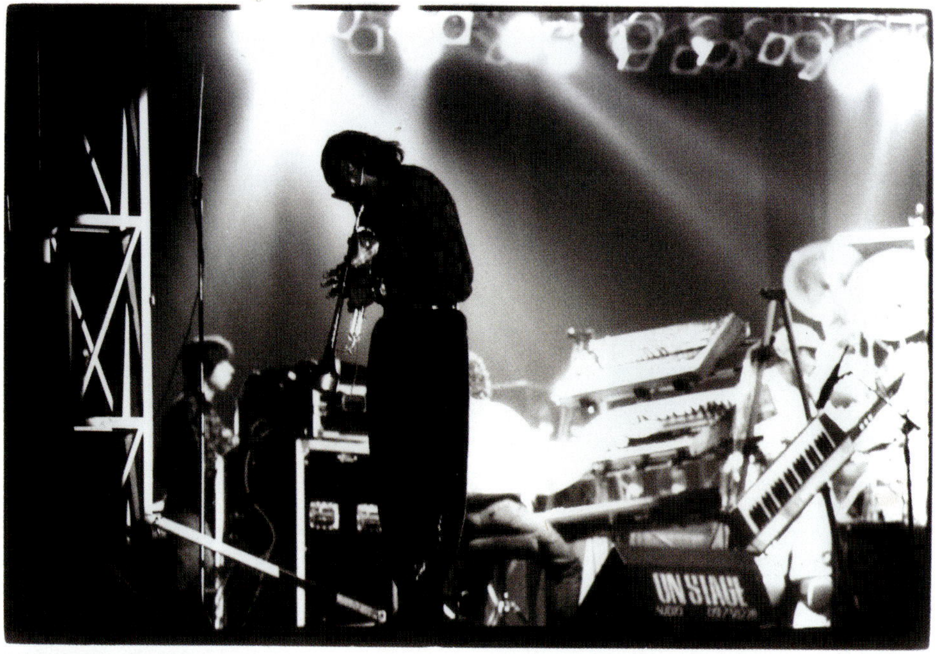

Miles Davis - Milano 1985

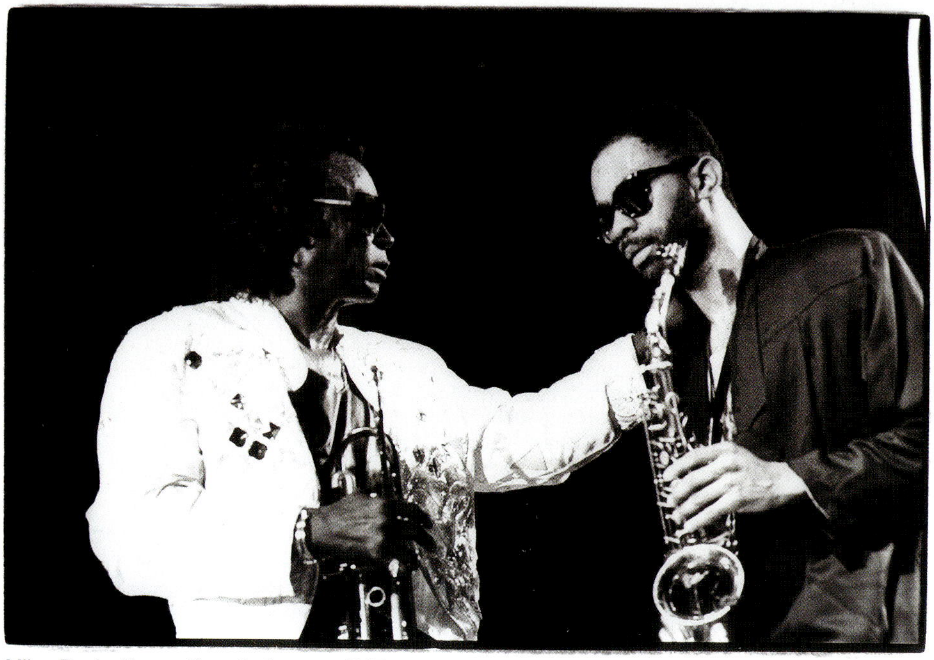

Miles Davis, Kenny Garrett - Lugano 1987

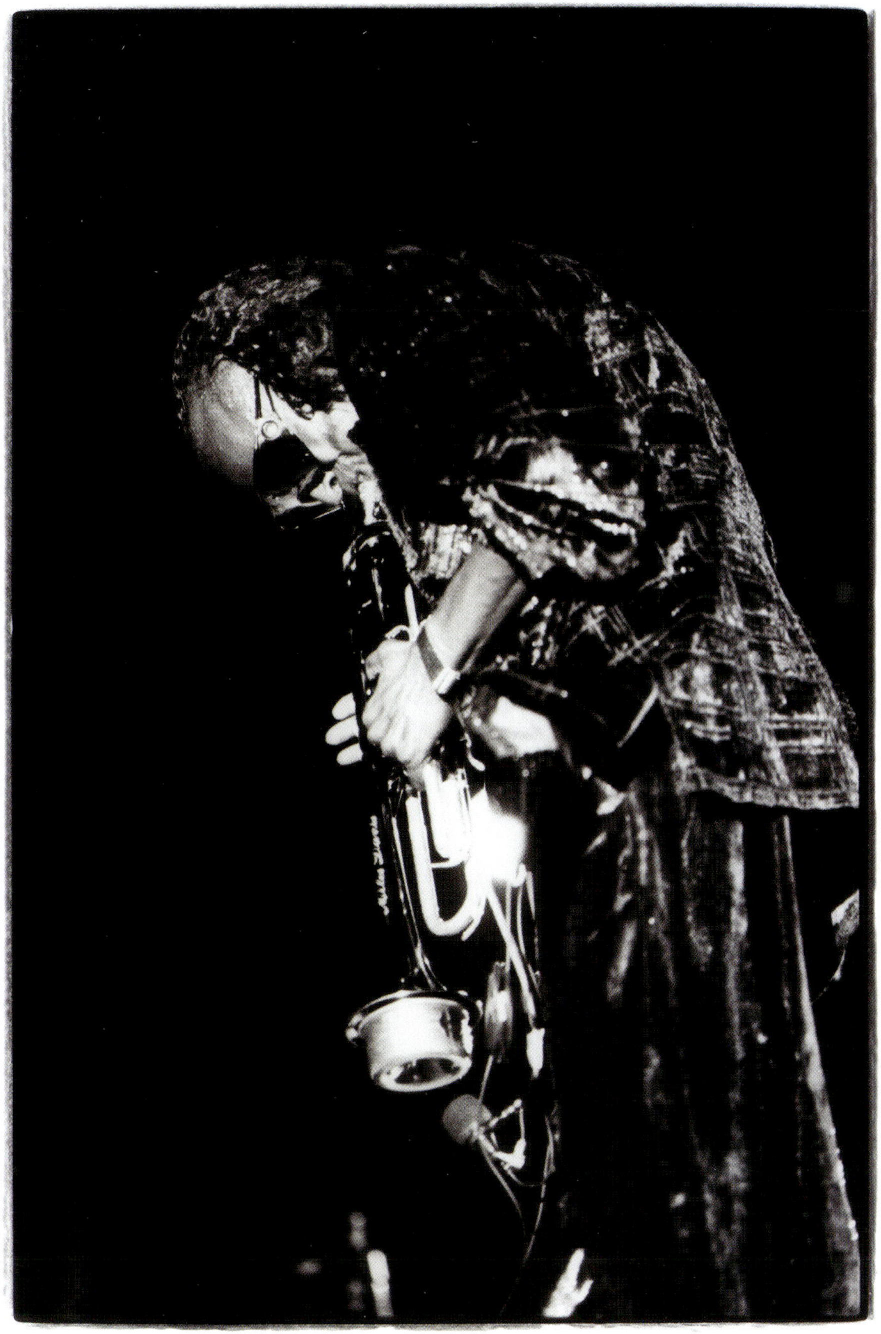

Miles Davis - Torino 1986

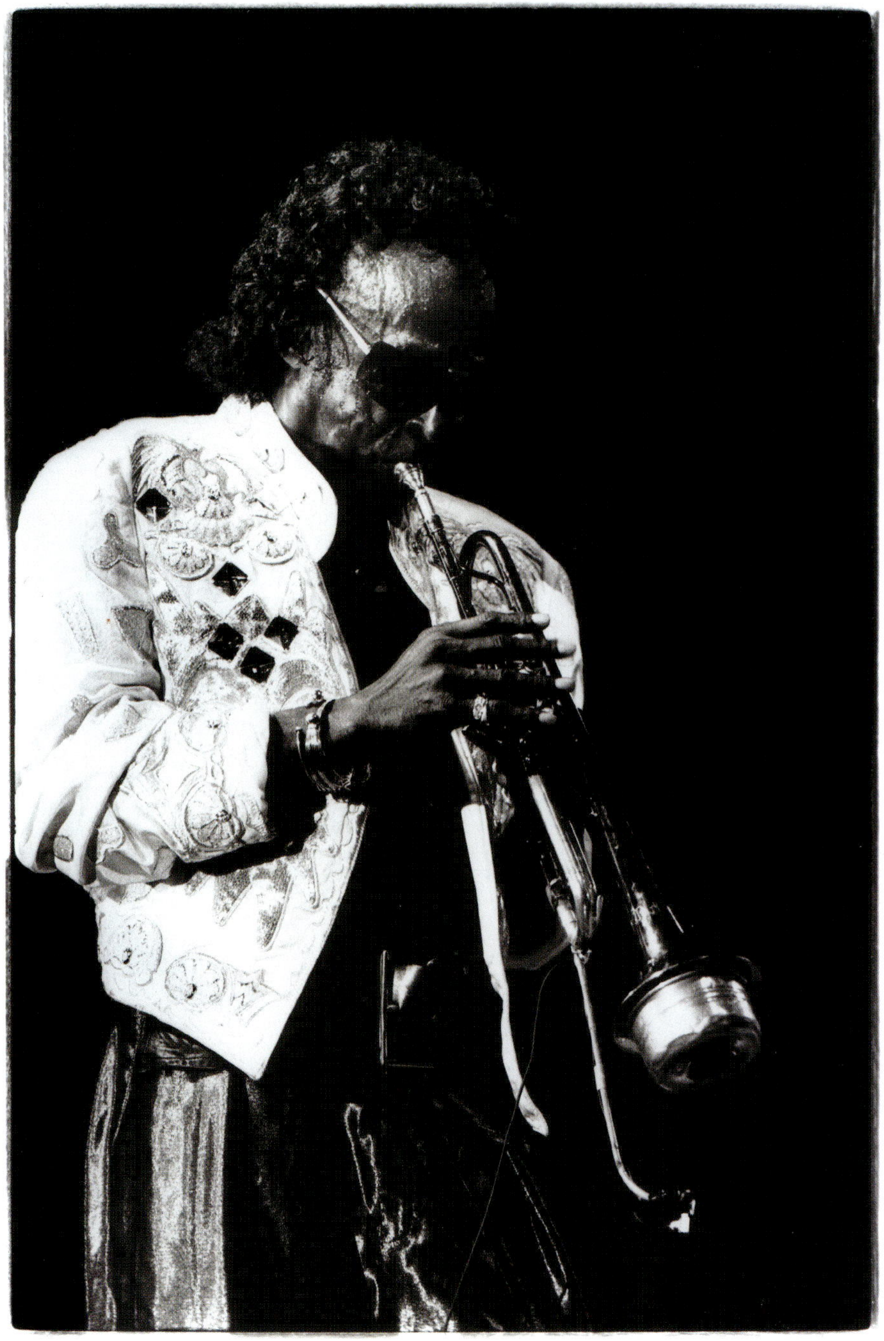

Miles Davis - Lugano 1987

Di questa foto mi sono piaciuti gli occhi, l'espressione di questo grande bassista sottovalutato come spesso, purtroppo, succede. Richard Davis ha suonato con gente del calibro di John Coltrane, ha dedicato la sua vita al jazz e molti non se ne sono accorti.

I love the eyes in this shot and the expression of such an underrated bass player, which sadly is quite common. Richard Davis played with as big names as John Coltrane, and dedicated all of his life to jazz, but that was not noticed by many.

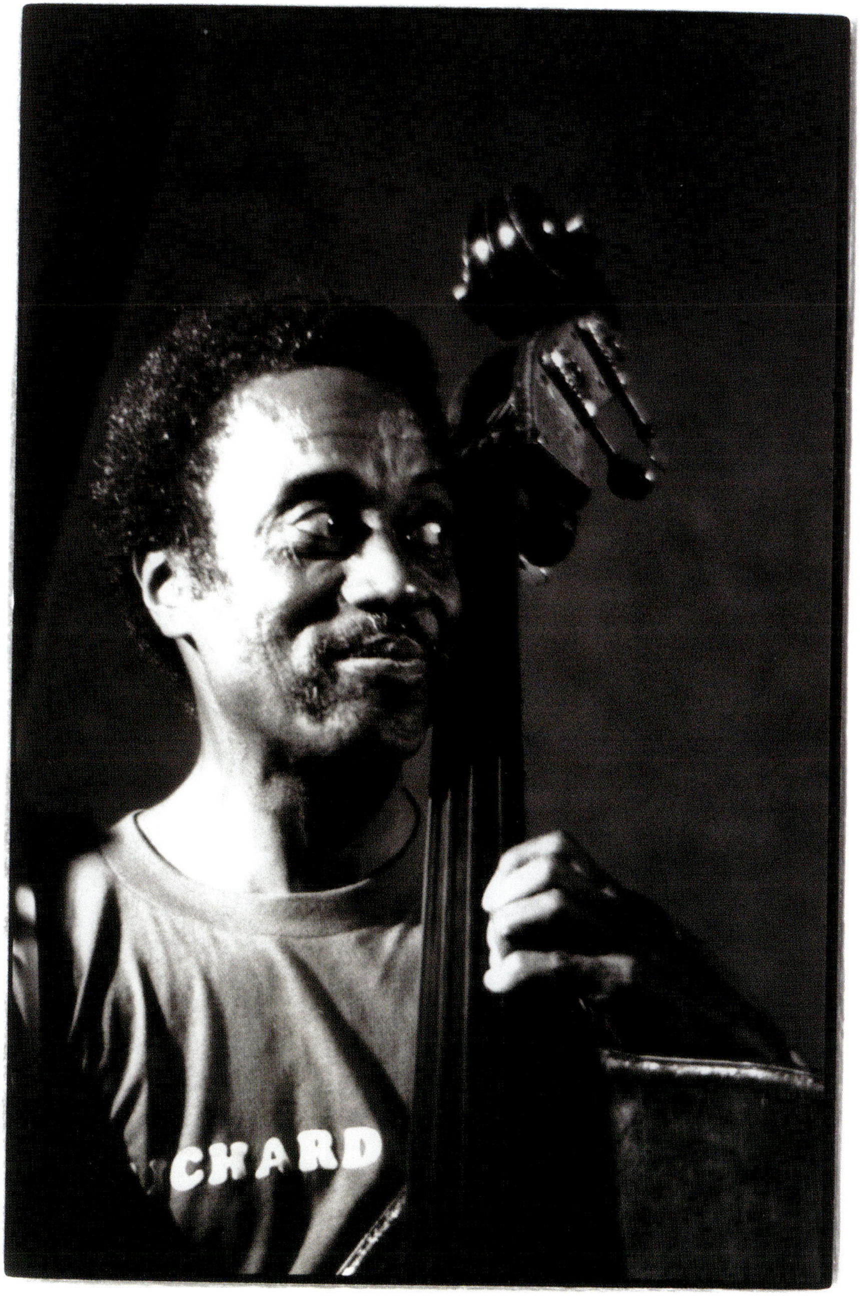

Richard Davis - Aja 1982

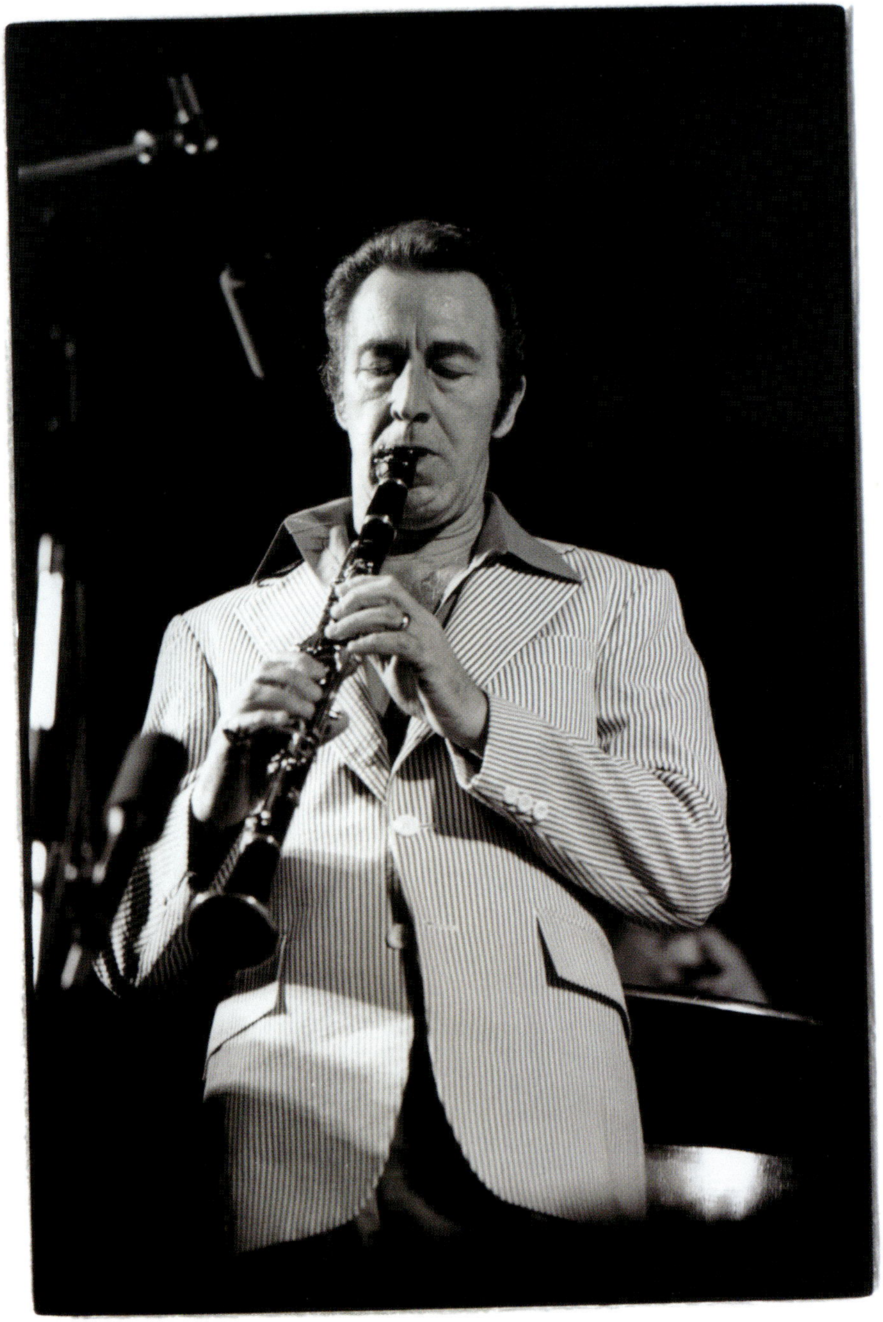
Buddy De Franco - Nizza 1981

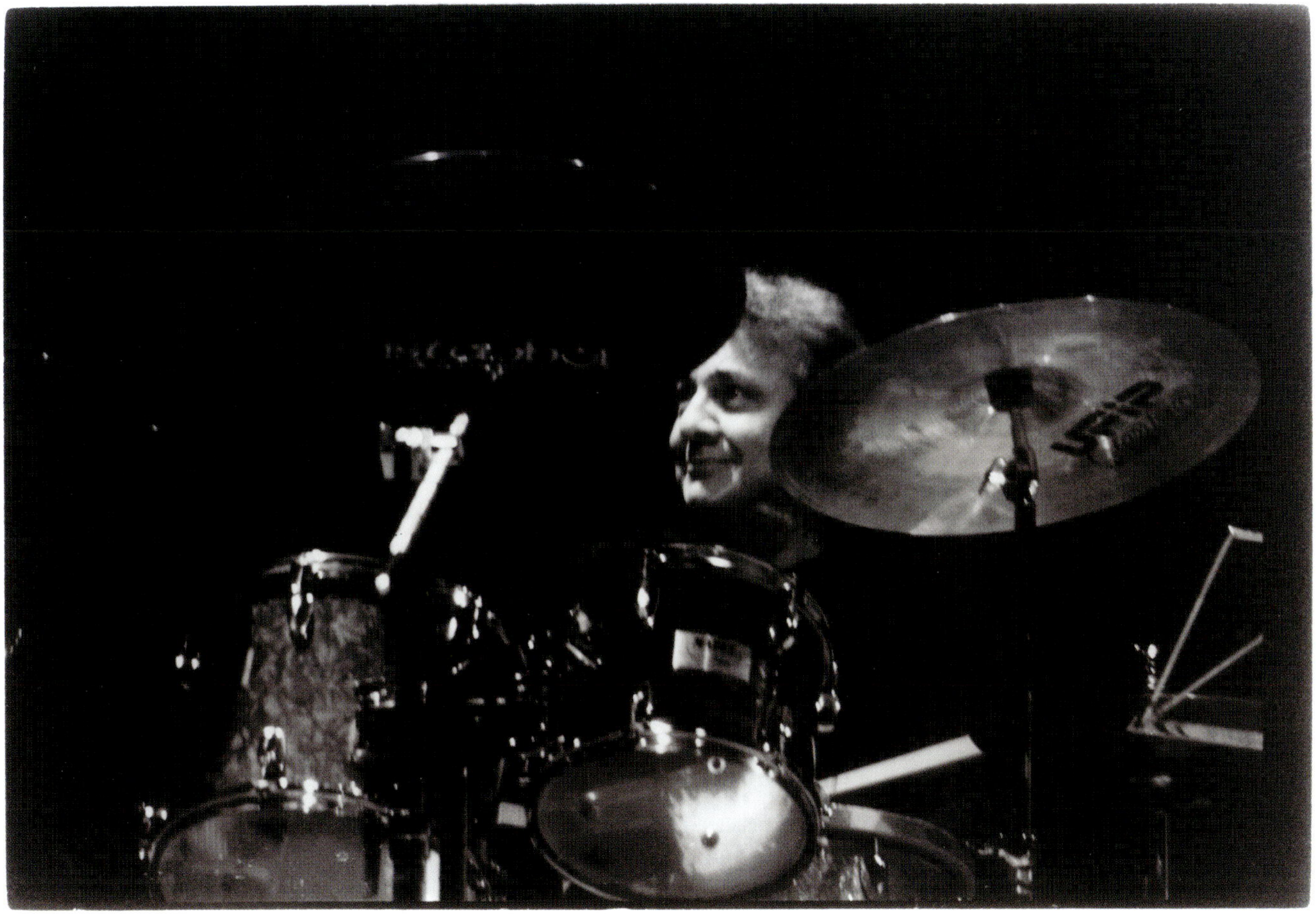

Tullio De Piscopo - Milano 2006

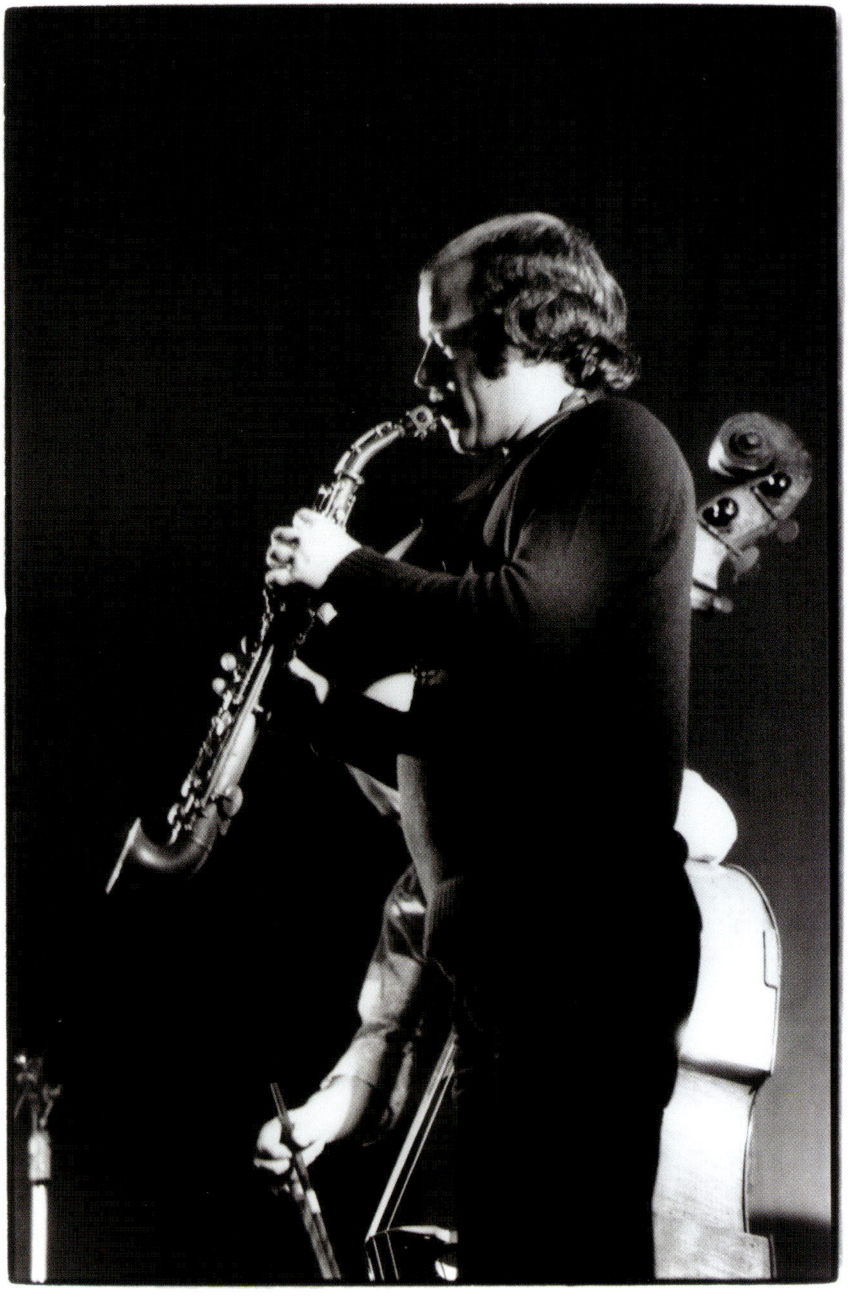

Elton Dean - Milano 1979

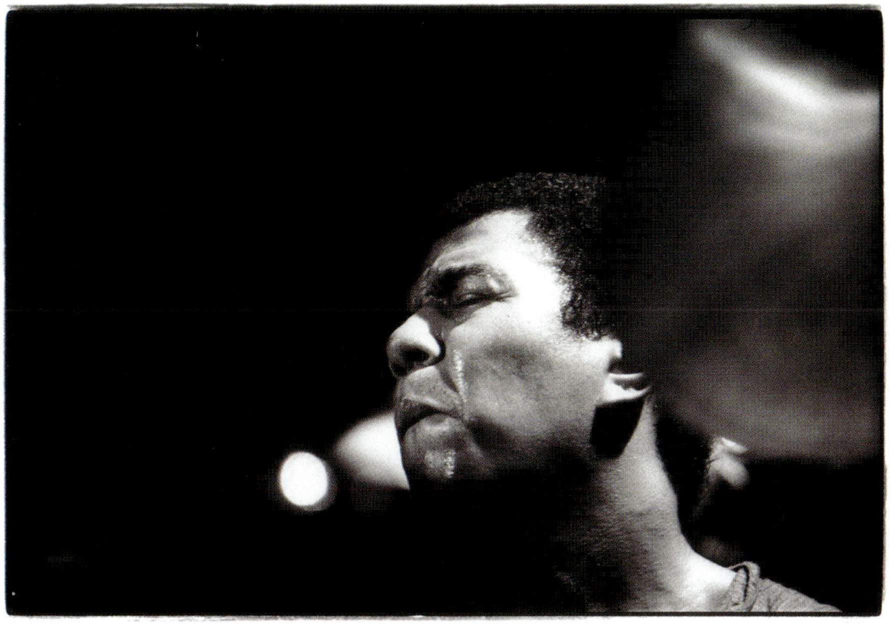

Jack DeJohnette - Milano 1980

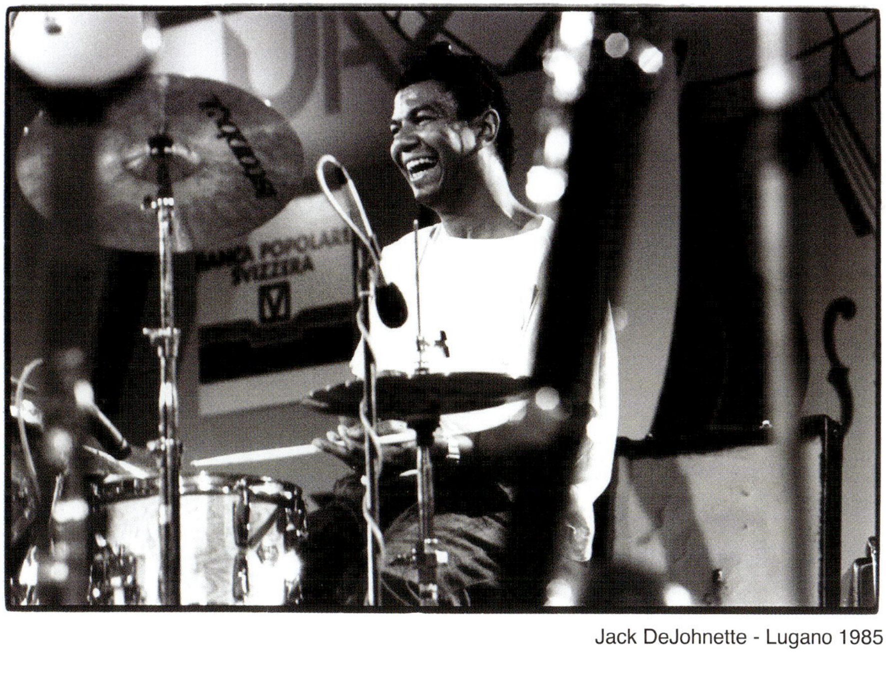

Jack DeJohnette - Lugano 1985

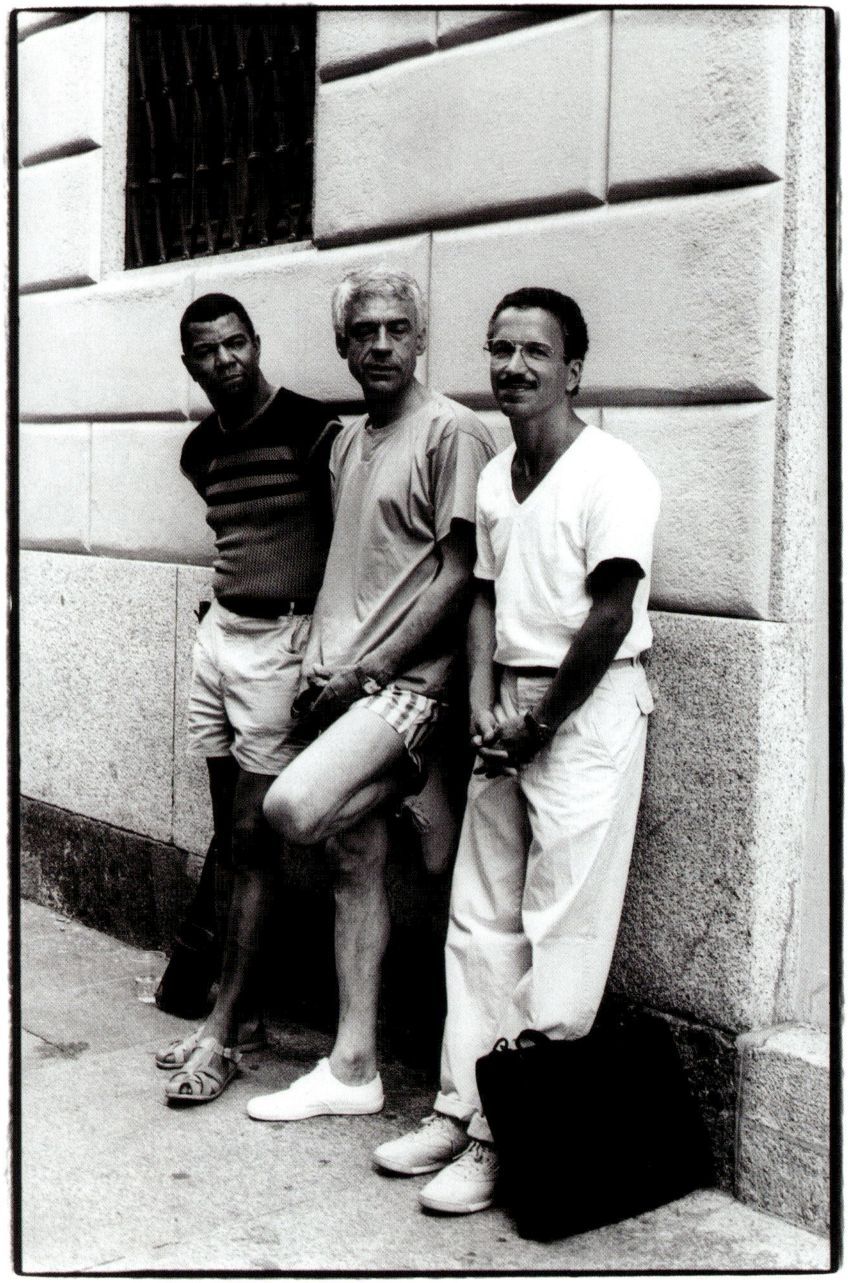

Jack DeJohnette, Gary Peacock, Keith Jarrett - Lugano 1986

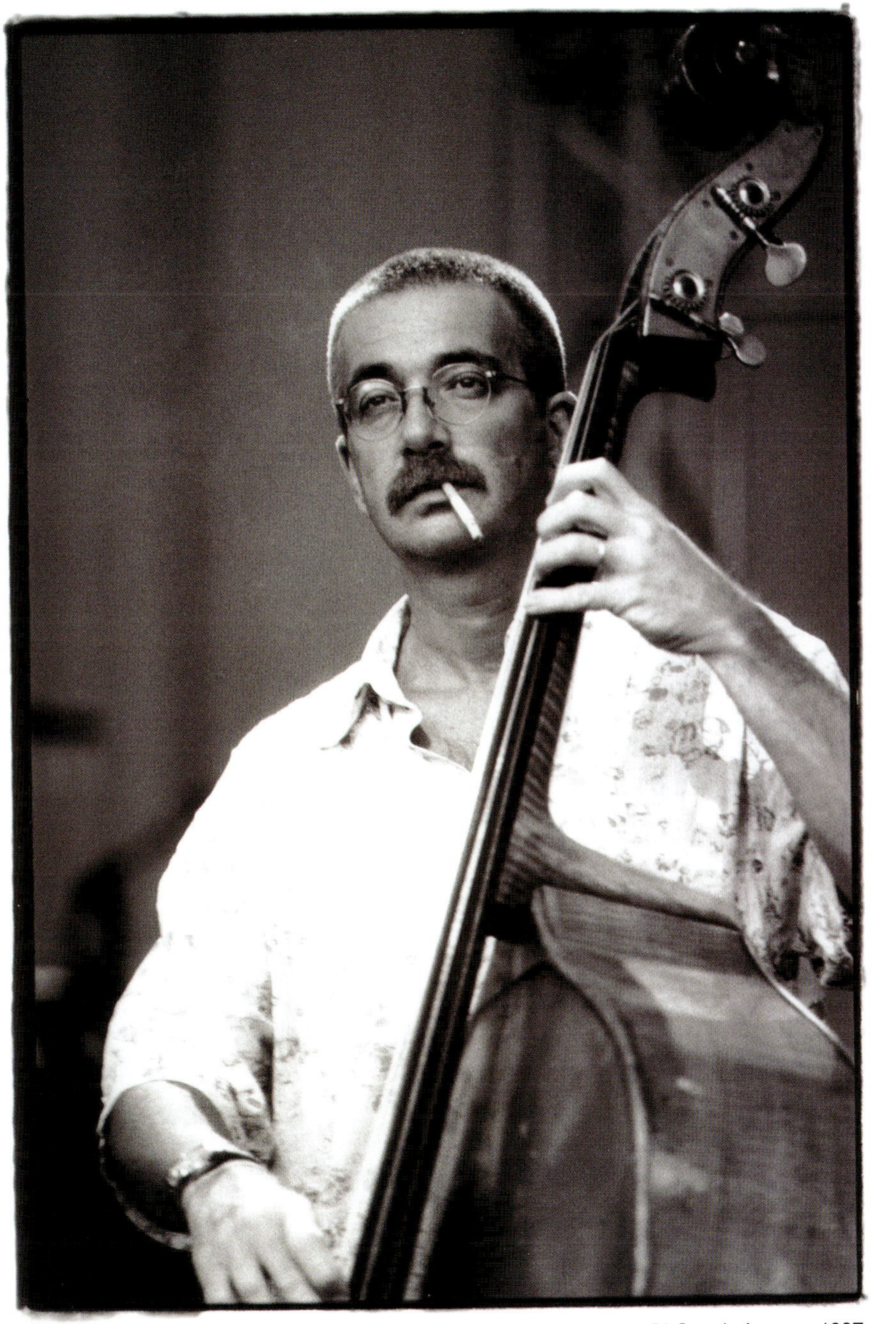

Furio Di Castri - Lugano 1997

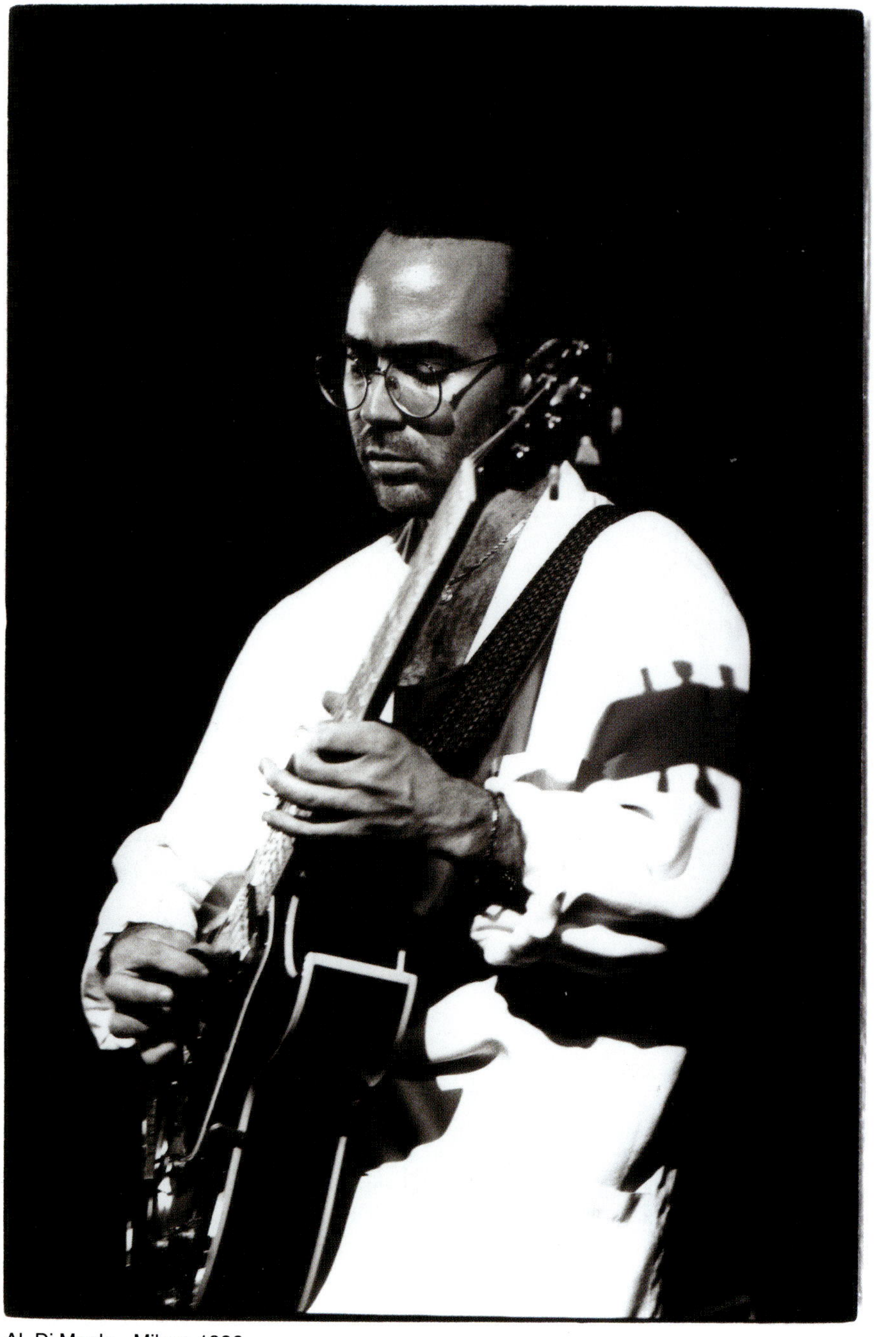

Al Di Meola - Milano 1986

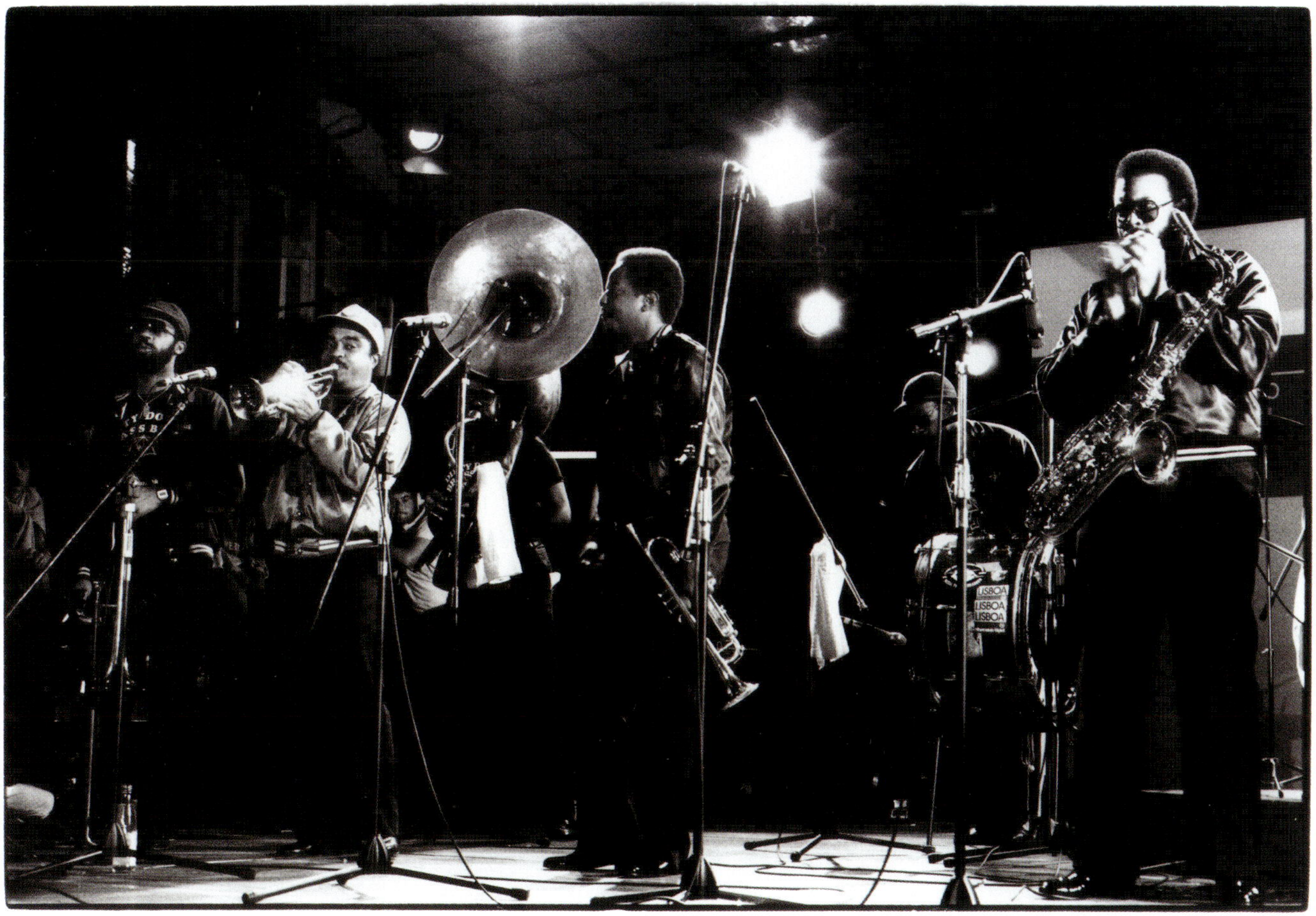

Dirty Dozen Brass Band - Lugano 1986

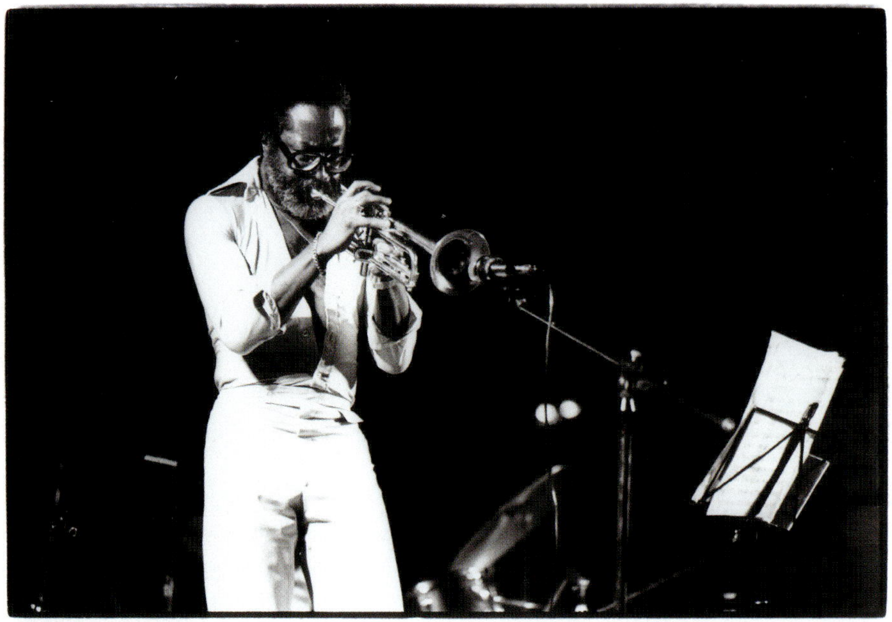

Bill Dixon - Verona 1980

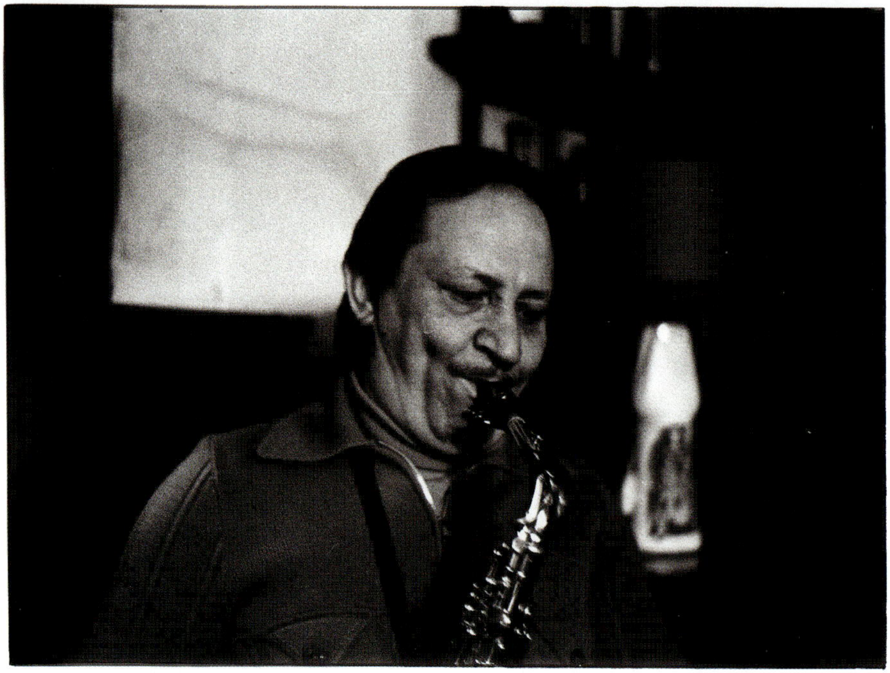

Attilio Donadio - Milano 1978

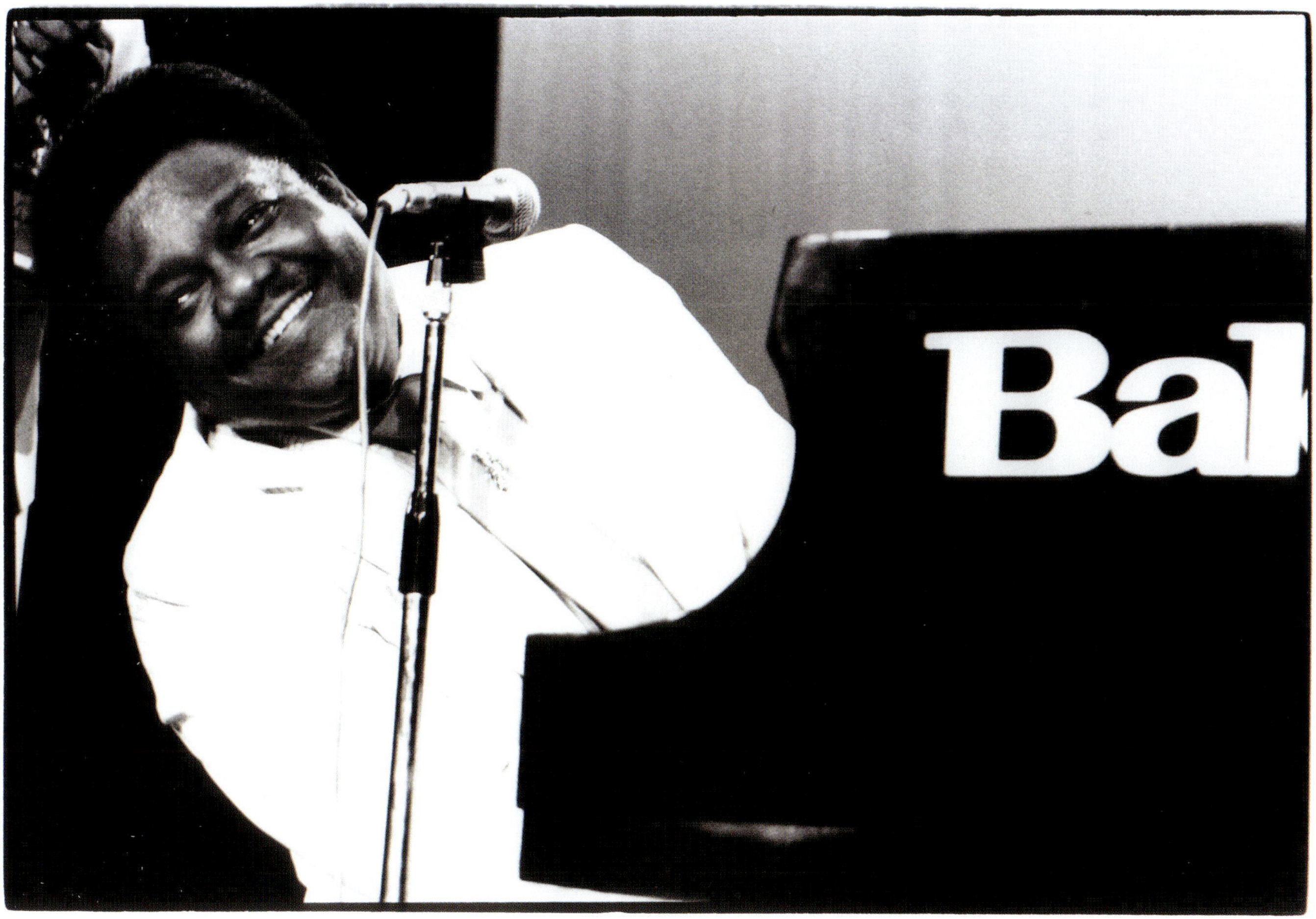

Fats Domino - Aja 1980

Blueberry Hill**,** I'm Walking, Whole Lotta Loving sono solo alcuni successi di Fats Domino. Antoine, questo è il suo vero nome, ispira simpatia a prima vista ed è capace di far ballare e divertire con I suoi spettacoli, la sua voce e il suo pianismo. Pianismo che si porta dentro tutta la cultura assorbita da quando, a soli dieci anni, suonò per la prima volta in pubblico. Musica creola, rituali animistici africani, riti voodoo, lo stile pianistico di New Orleans, ovviamente, dato che è nato in quella città oltre settantanni fa. E come molti artisti continua a suonare, a divertire e, speriamo, a divertirsi.

Blueberry Hill**,** I'm Walking, Whole Lotta Loving are only a few of Fats Domino's successful tracks. Antoine, his real name, is a quite joyful character at first sight, with an inspired voice and he's just as great at the piano as he is to get people dancing and have much fun. His first time on stage was at ten, so that's where his background comes from. Creole music, animistic rituals, voodoo magic and a full blown New Orleans style, his hometown. Now he's over seventy years old, and keeps on playing and sharing his fun with people.

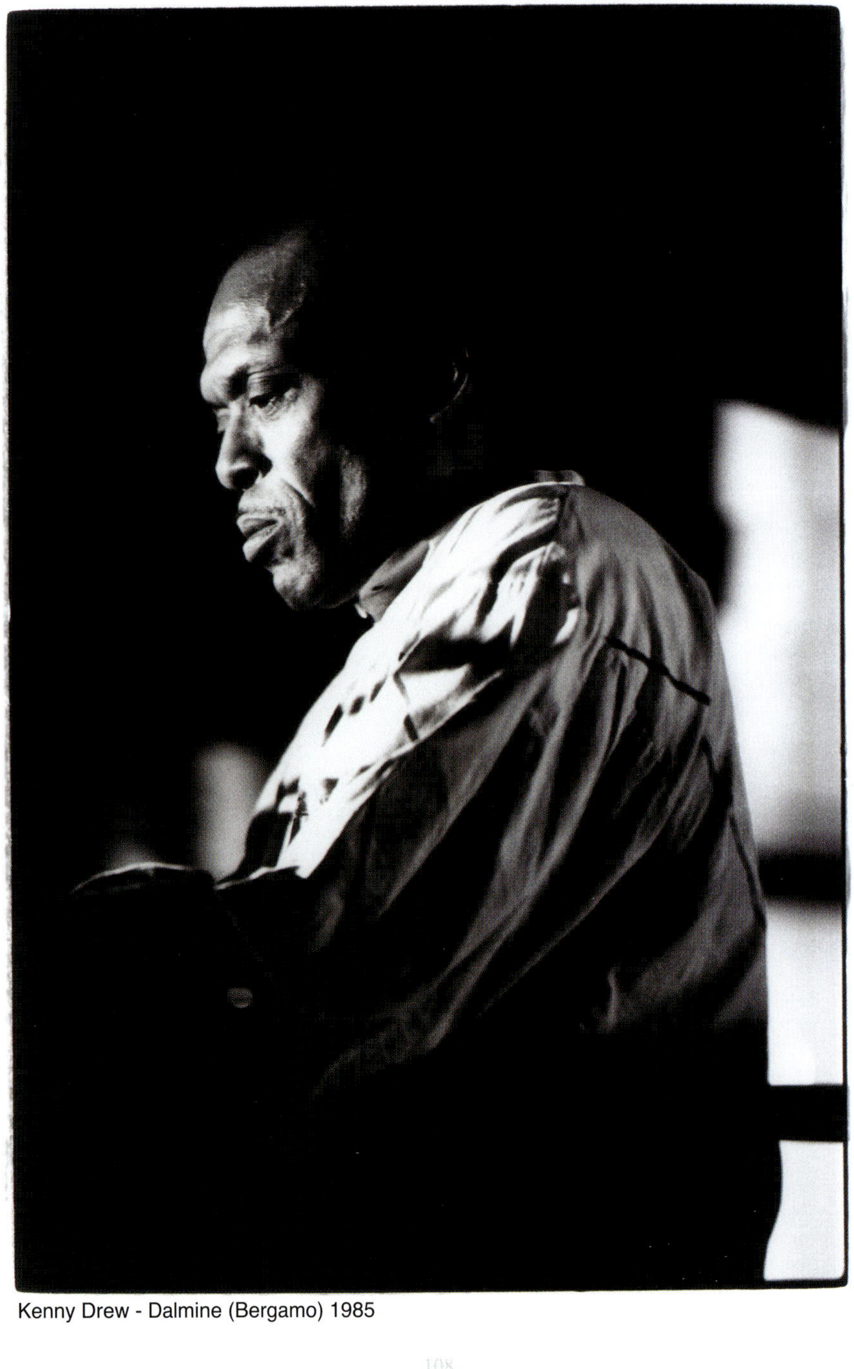

Kenny Drew - Dalmine (Bergamo) 1985

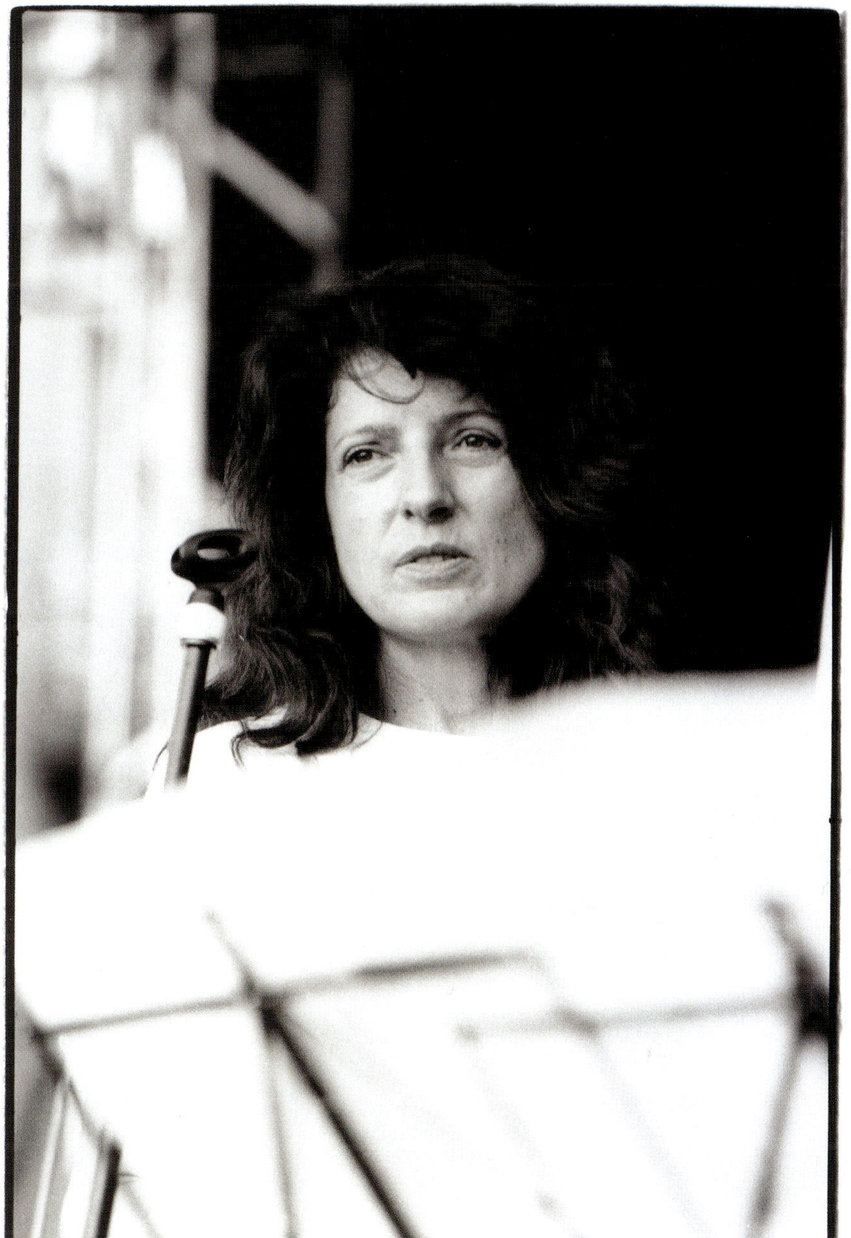

Ursula Dudziak - Lugano 1991

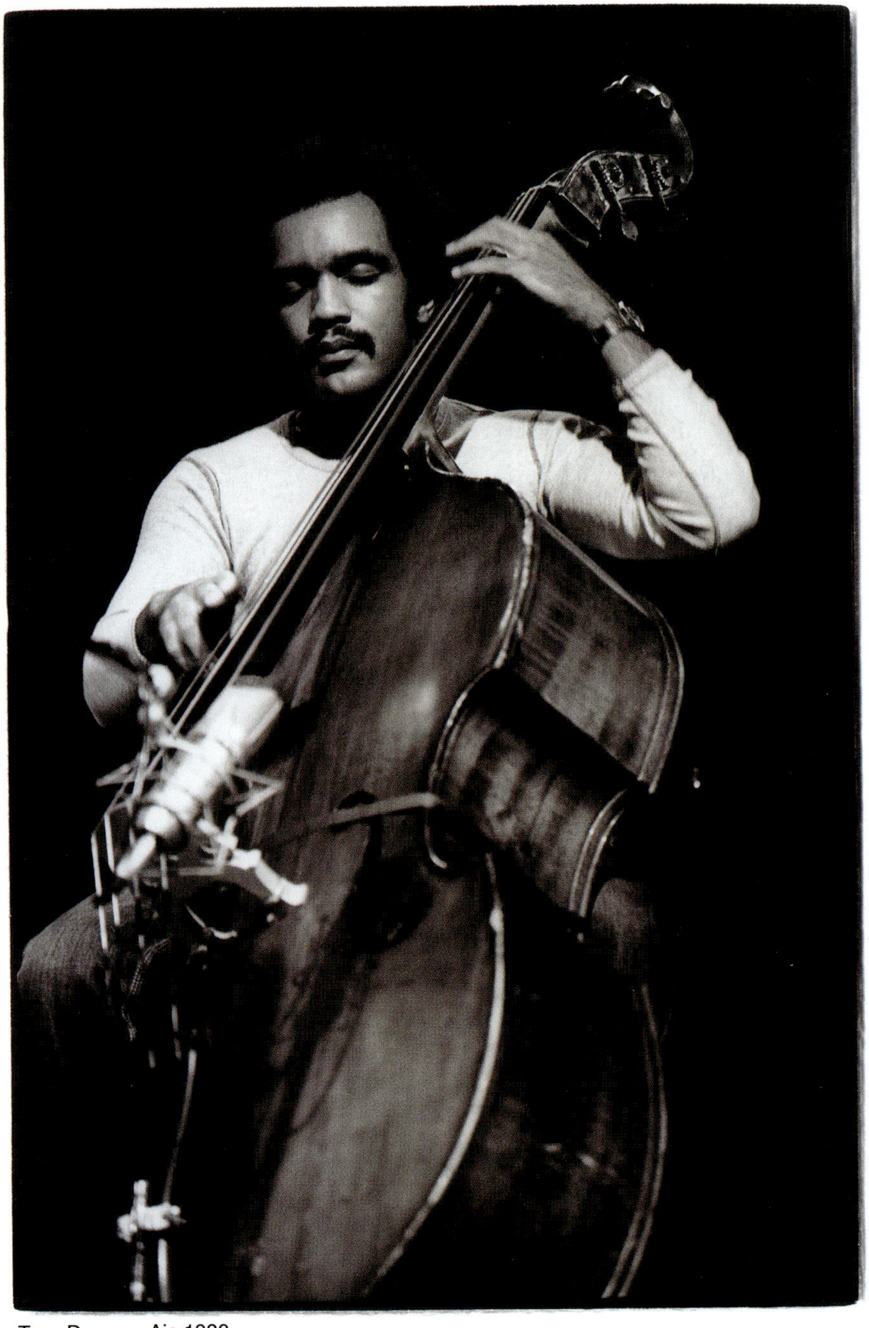

Tony Dumas - Aja 1980

E

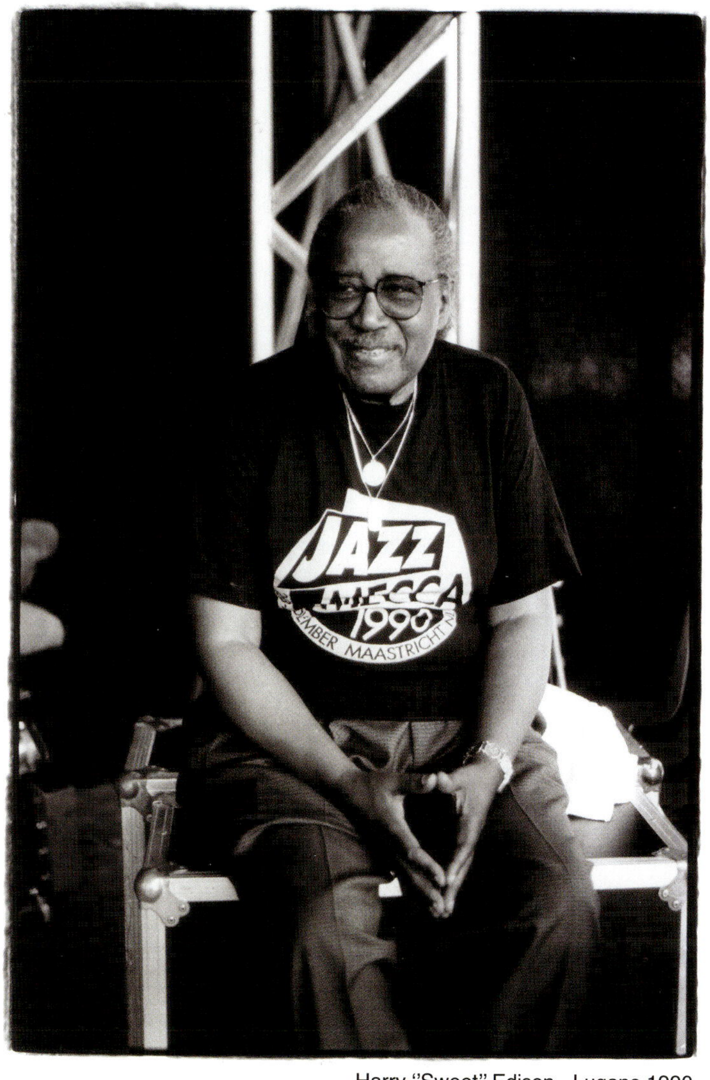

Harry "Sweet" Edison - Lugano 1990

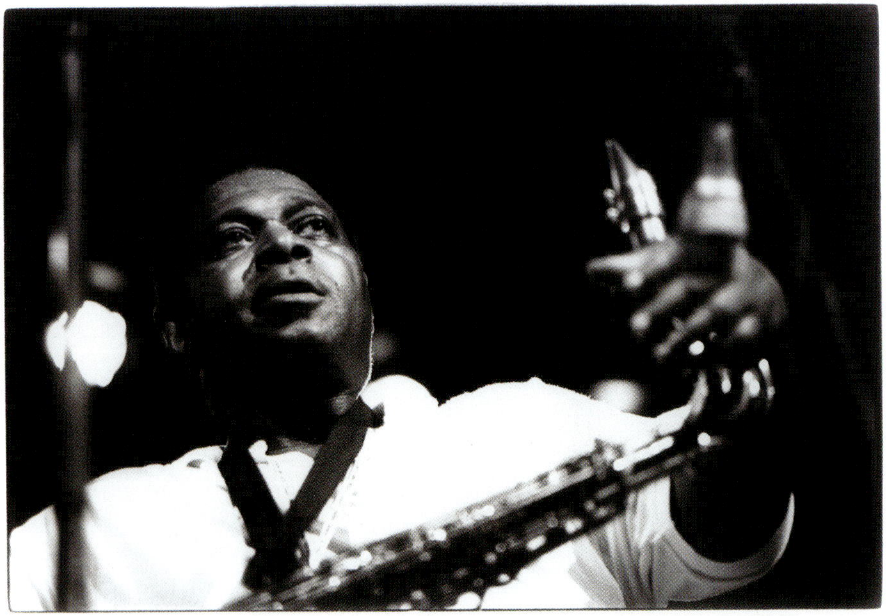
Pee Wee Ellis - Aja 1999

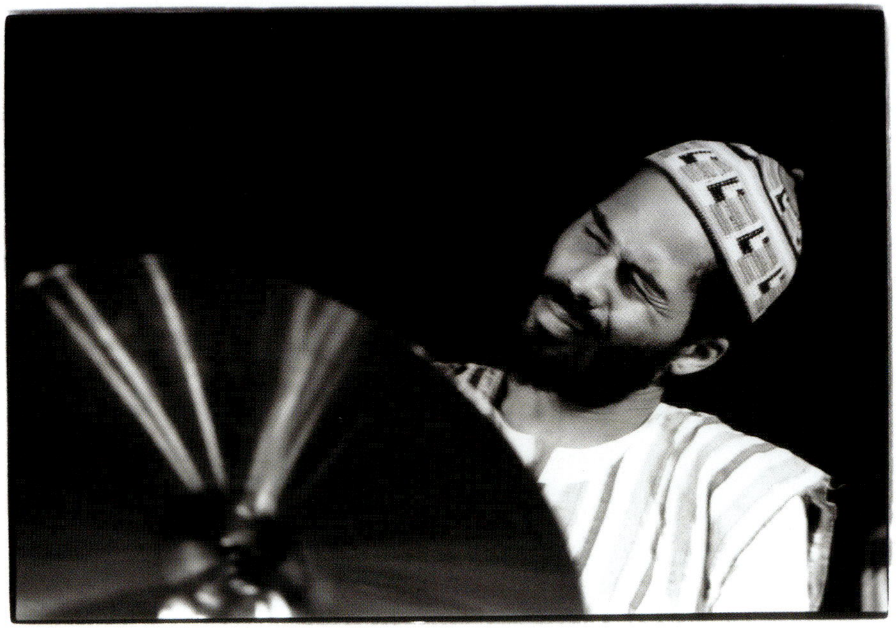
Kahil El'zabar - Milano 1981

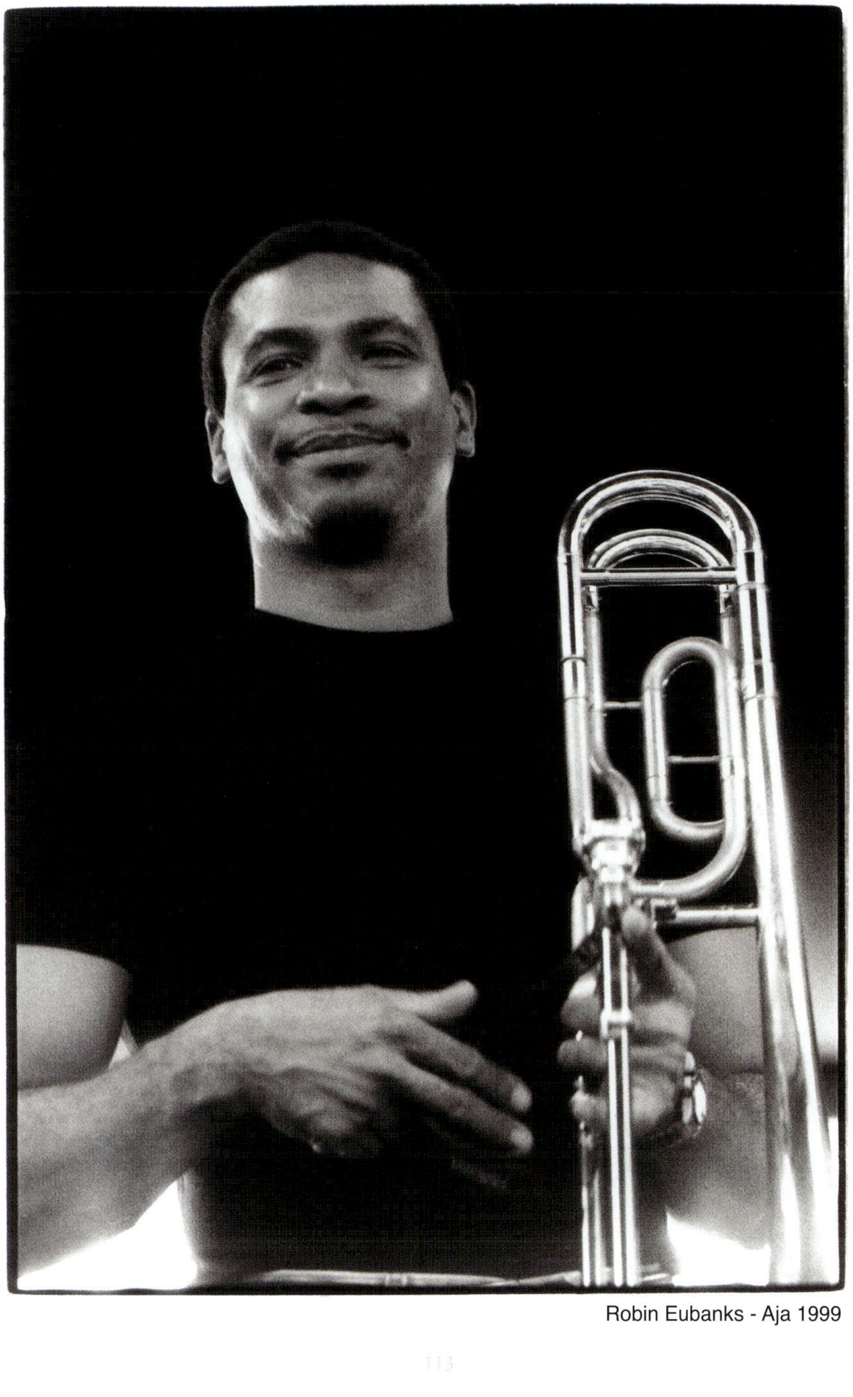

Robin Eubanks - Aja 1999

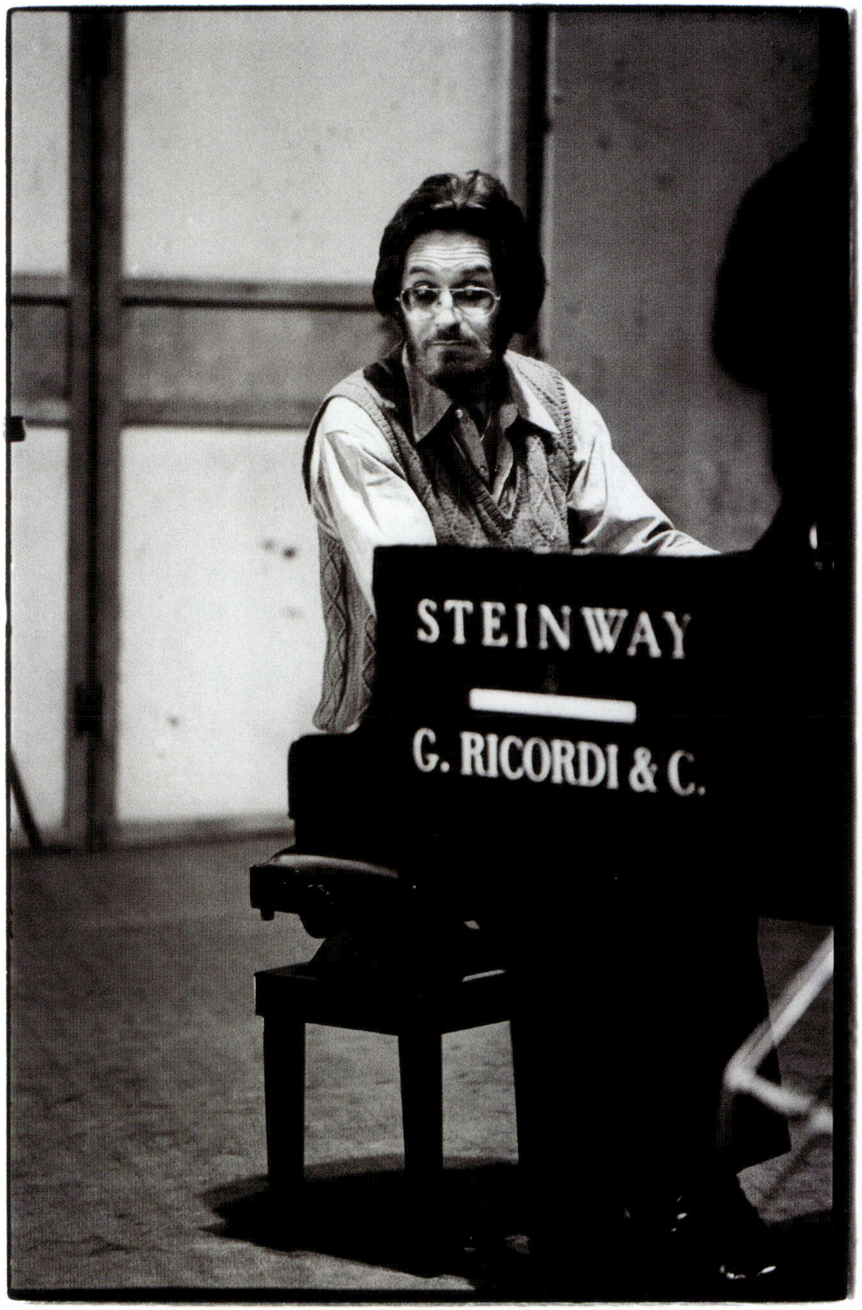

Bill Evans - Casale Monferrato 1979

Bill Evans mi fa tornare alla mente Chet Baker e per certi versi Stan Getz. Non a caso i tre hanno intrecciato le loro vite e le loro carriere musicali. Questione di empatia anche, oltre che di stili musicali, rilassati, non urlati, che inducono alla riflessione, che aiutano la tranquillità interiore sempre difficile da raggiungere. Il mio ricordo personale di Bill nell'unica volta che l'ho visto è quello di un uomo di grande pazienza. Teneva un concerto a Casalemonferrato nell'autunno del 1979 pochi mesi prima della sua prematura morte. Un concerto in trio, la formazione da lui prediletta, con la quale ci ha lasciato grandi pagine di musica. Il sottopalco era pieno di fotografi e il concerto avrebbe potuto intitolarsi "concerto per pianoforte e macchina da scrivere" tanti erano i clic delle, in quel contesto, rumorose reflex. Ma lui paziente andava avanti con il suo concerto. Qualcuno salì anche sul palco tra le quinte, anch'io, finchè Alberto Alberti, il manager che aveva organizzato quel concerto, ci pregò di smetterla per rispetto ai musicisti e al pubblico. Non smettemmo subito, i miei colleghi ed io, eravamo giovani e inesperti, ma alla fine cedemmo. Avremo sicuramente rotto le scatole ma, egoisticamente, ne valeva la pena. Quelle foto oggi sono storiche e, per quanto mi riguarda, sono un piccolo omaggio a un grande musicista.
Hello Bill, R.I.P.

Bill Evans reminds me of Chet Baker and somehow of Stan Getz. Not surprisingly, their lives and careers interwined. It's a matter of empathy, together with their relaxed and whispered music styles which help meditation and inner quiet. I remember Bill being quite a patient man. I met him once at a concert in Casalemonferrato during the fall of 1979, just a few months before his premature demise. It was a trio, his favorite line-up. The stage pit was so packed with photographers that the show might as well have been called "concert for piano and typing machine" for the annoying clicking sound of the noisy Reflex. Some of us even invaded the stage and backstage,until Alberto Alberti, the local promoter, asked us to stop it and pay the due respect to both the musicians and the audience. We did'nt right away, but eventually would. Too young and inexpert. We surely pissed some people off, yet it was worth it, selfishly speaking. For that matter, those photographs have now historic meaning to me and truly are a little tribute to an amazing artist. Hello Bill, R.I.P.

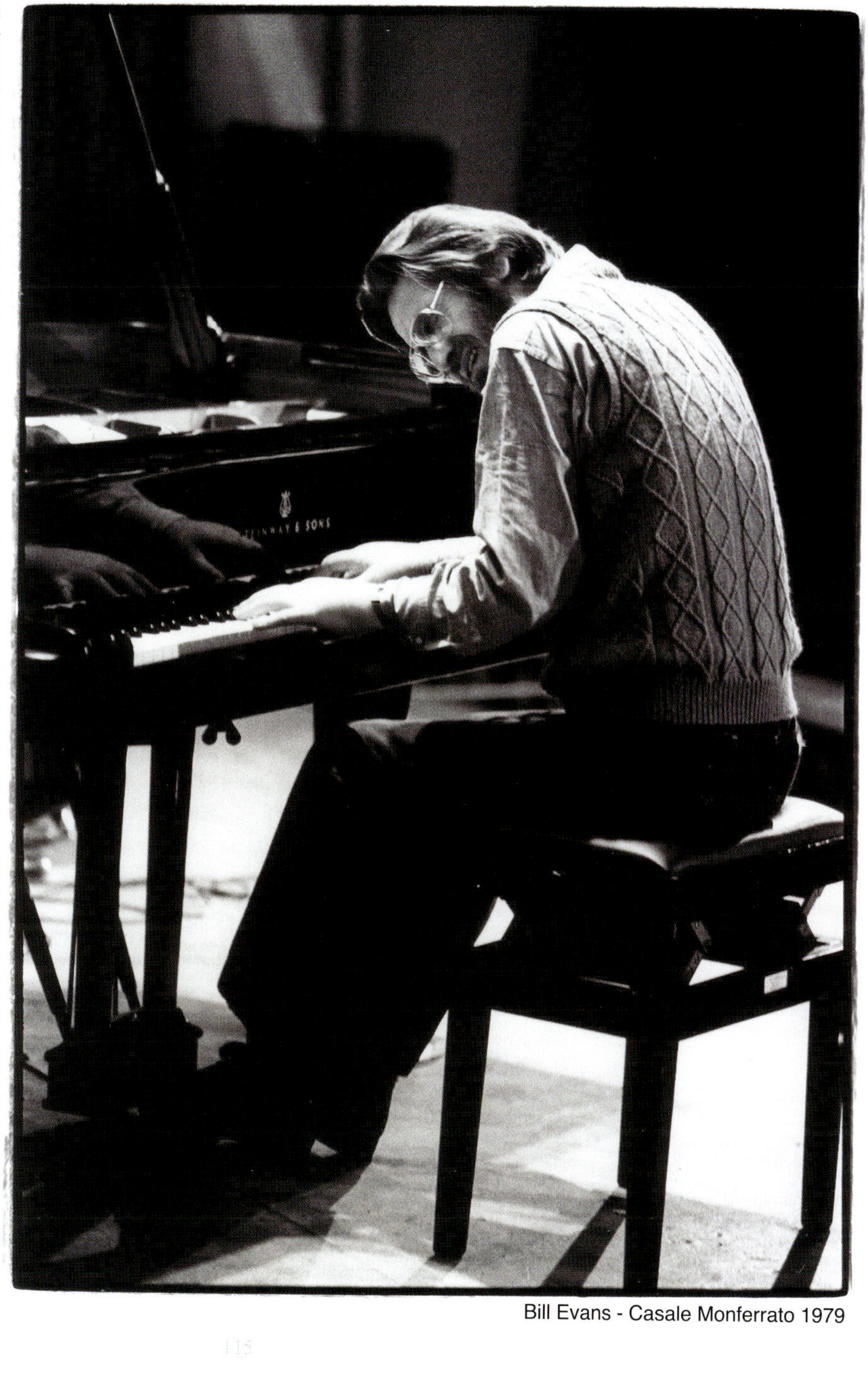
Bill Evans - Casale Monferrato 1979

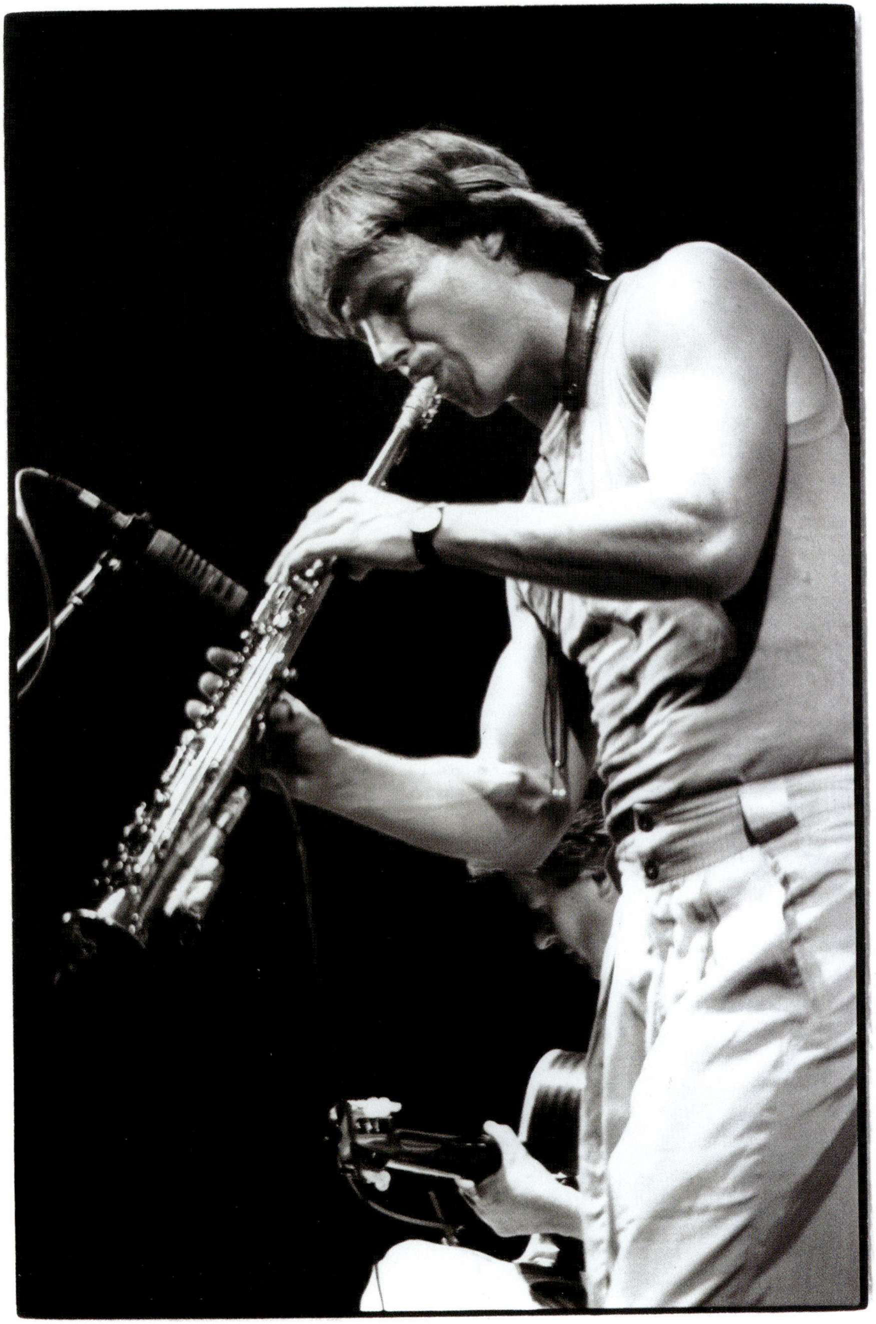

Bill Evans - Lugano 1986

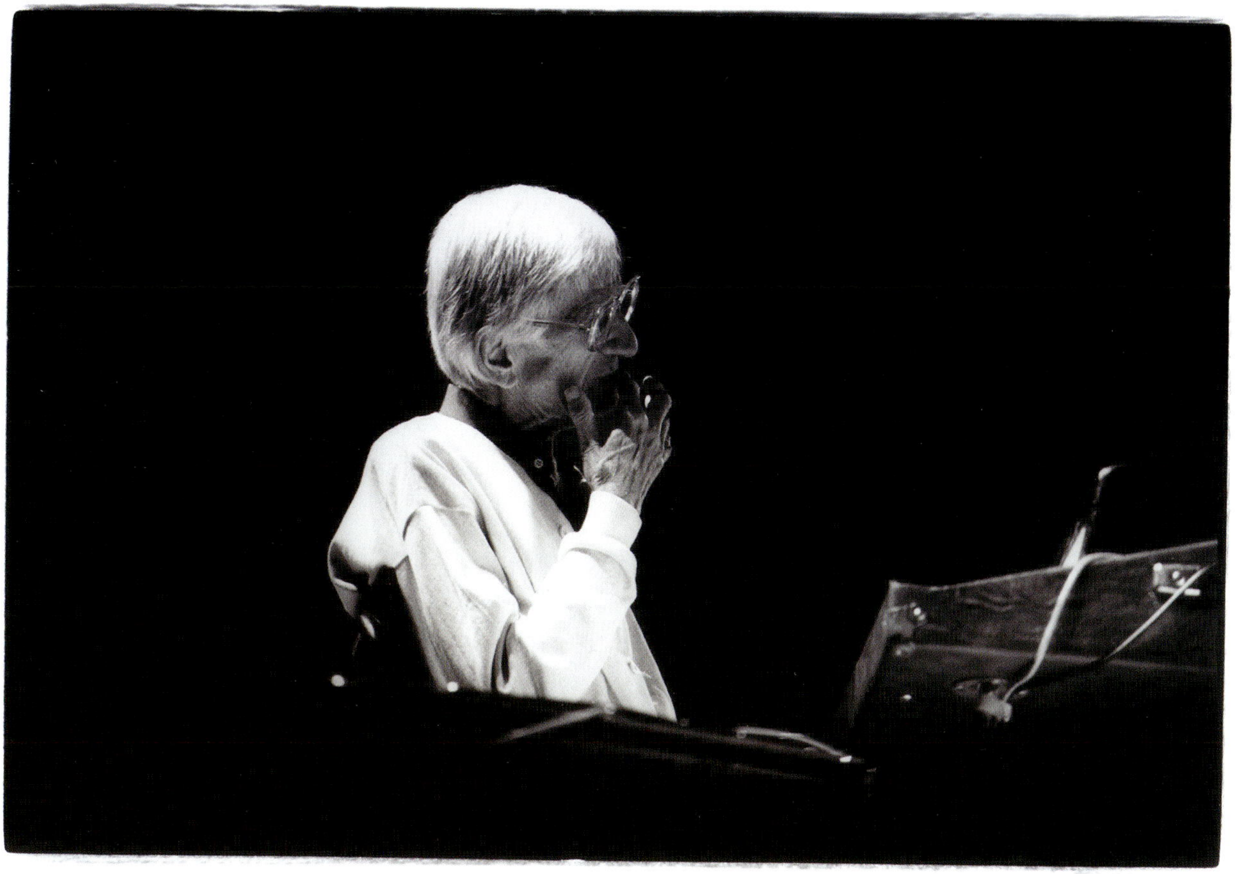

Gil Evans - Milano 1986

La fantasia, l'arte del comporre e gli arrangiamenti di Gil Evans ci mancano molto. Ci aveva abituati molto bene Gil, con quella sua musica difficile, apparentemente, ma di grande godibilità. Ha fatto non poca fatica a mettere insieme la sua orchestra (è sempre più difficile allestire un'orchestra di questi tempi dati i costi elevati per farla sopravvivere). Ma lui ci riuscì ed era un piacere ascoltare gli arrangiamenti di pezzi scritti per Miles Davis, (con cui era unito al punto di chiamare suo figlio Miles), o le versioni delle musiche del grande Jimi Hendrix. E poi, poco prima di lasciarci, la collaborazione con Sting (un memorabile concerto a Umbria Jazz). Gil era molto attento a ciò che lo circondava, alla musica delle nuove generazioni, senza mai chiudersi e precludersi alcuna via espressiva.

Gil Evans' fantasy, writing and arrangements are deeply missed; his apparently difficult but pleasant compositions spoiled us. He had a hard time putting his orchestra together (a very expensive process these days, not to mention paying up for everything). He did it and his arrangements on tracks written for Miles Davis, to whom he was so close that named his son after him, as well as on Jimi Hendrix' music still represent a milestone. Shortly before his death, his work with Sting (a memorable concert at Umbria Jazz) showed how Gil was so receptive to the world around him and the music from new generations, never closing in or excluding different ways of expression.

F

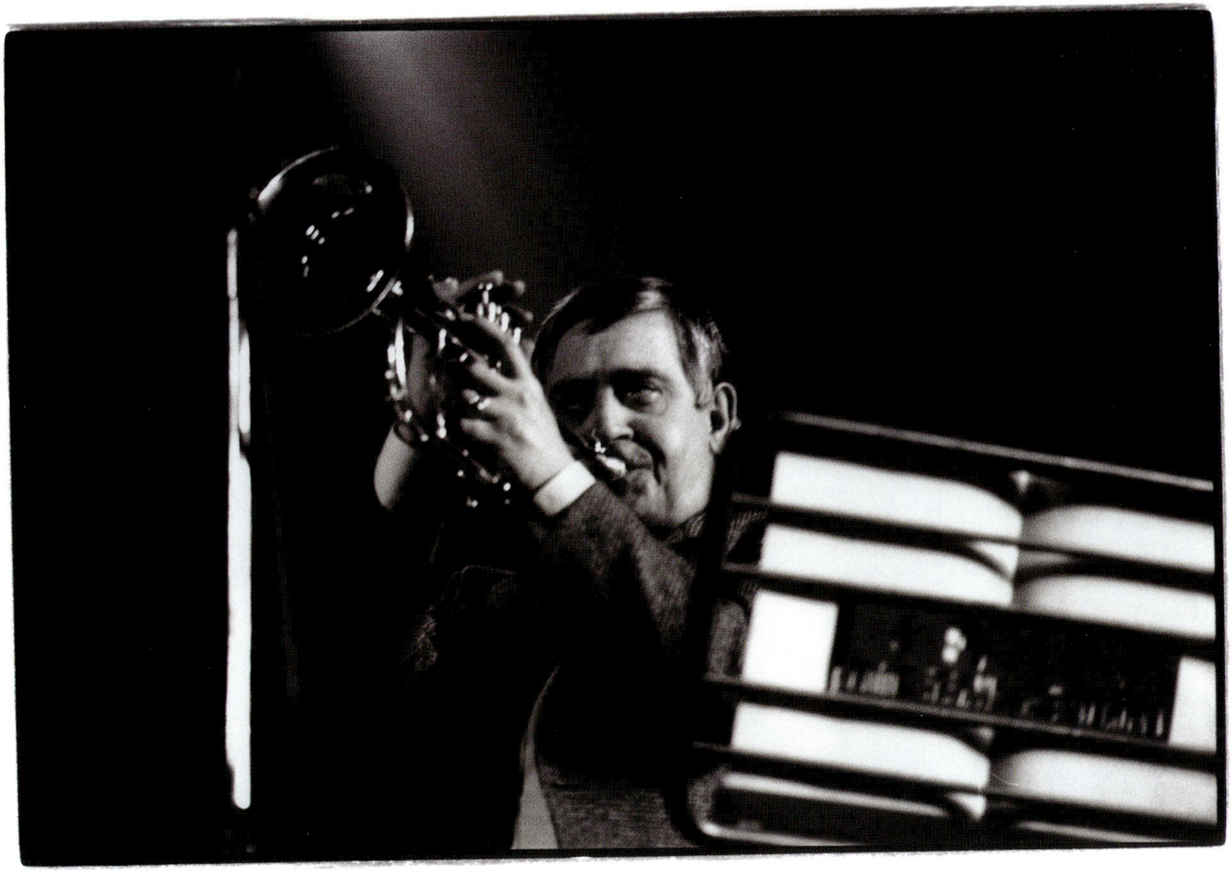

Sergio Fanni - Milano 1981

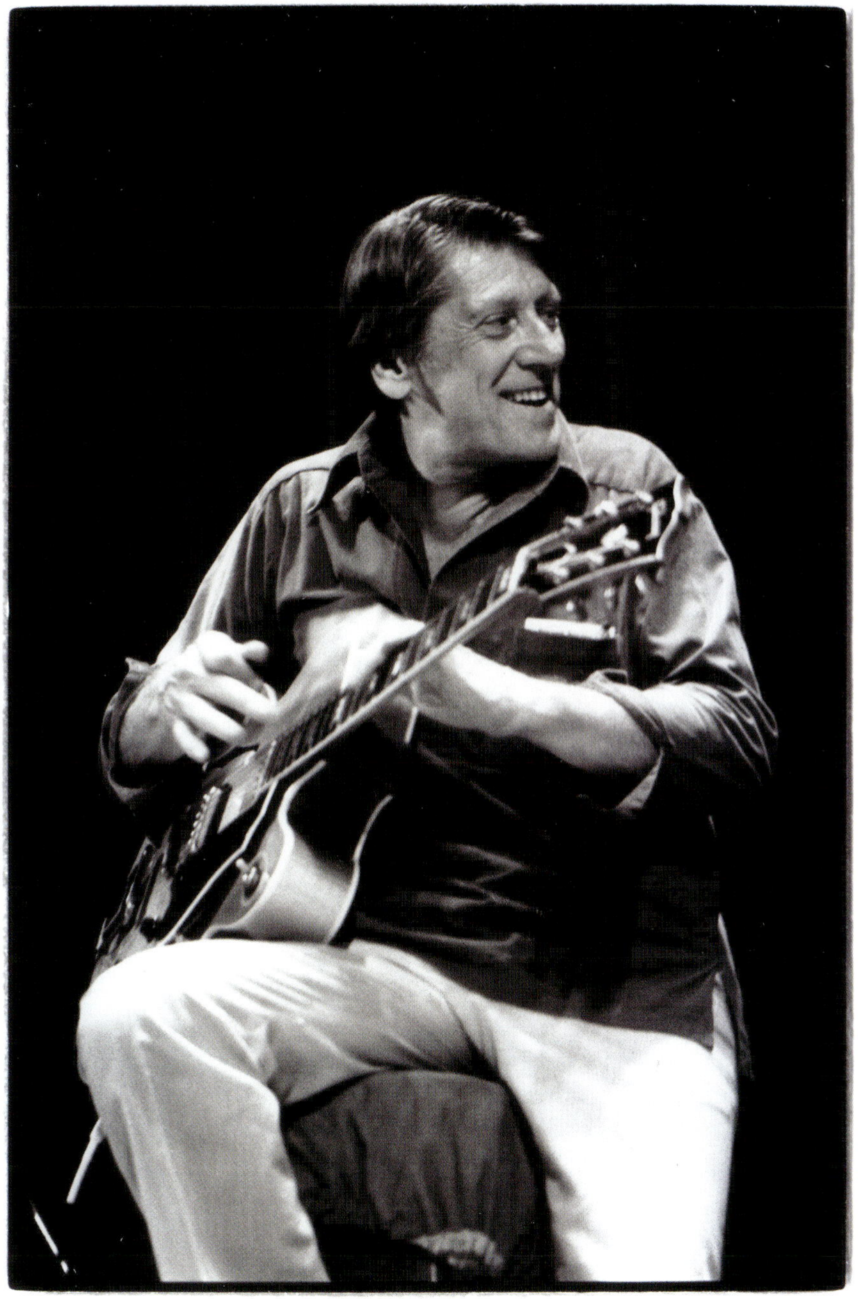

Tal Farlow - Aja 1982

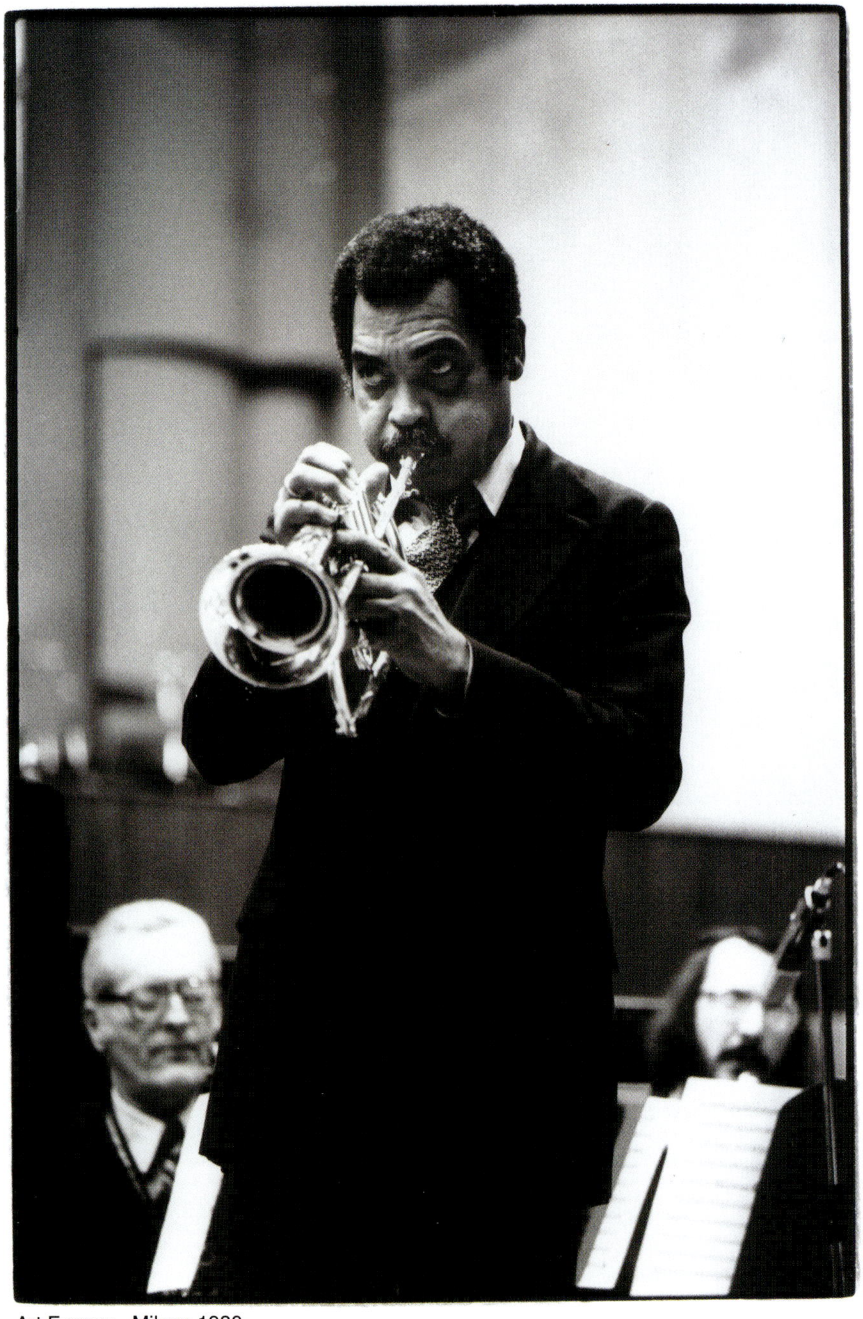

Art Farmer - Milano 1980

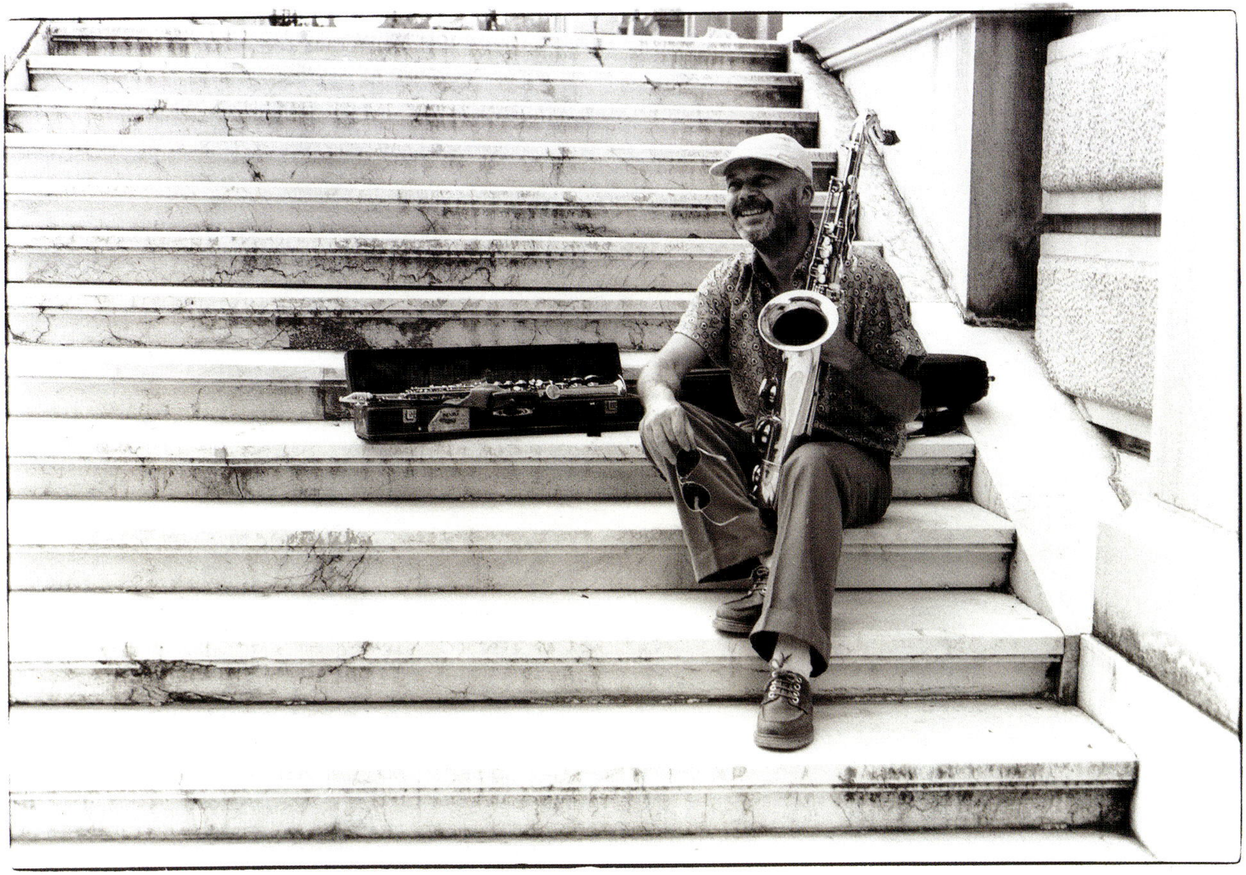

Claudio Fasoli - Chiari 1984

C'è un bel rapporto tra Claudio Fasoli e il sottoscritto. O almeno io credo. Di stima reciproca. Mi viene in mente una sua frase pronunciata nell'estate del 1997 a Siena. All'inaugurazione di una mia mostra dedicata a Larry Nocella (non si farà mai abbastanza per lui per ricordarlo) disse : "Carlo, ma per avere una tua mostra personale bisogna morire?". E sicuramente aveva ragione lui. Occorre avere la memoria in tempo.

We have a good relationship, as far as I see it, based upon mutual respect. What comes to my mind is something he said on the occasion of the inauguration of my 1997 photography exhibition on Larry Nocella (not enough has been done in his memory) in Siena: "Carlo is being dead the only way to be in a personal exhibition of yours?" And that's exactly what it takes, memory over time.

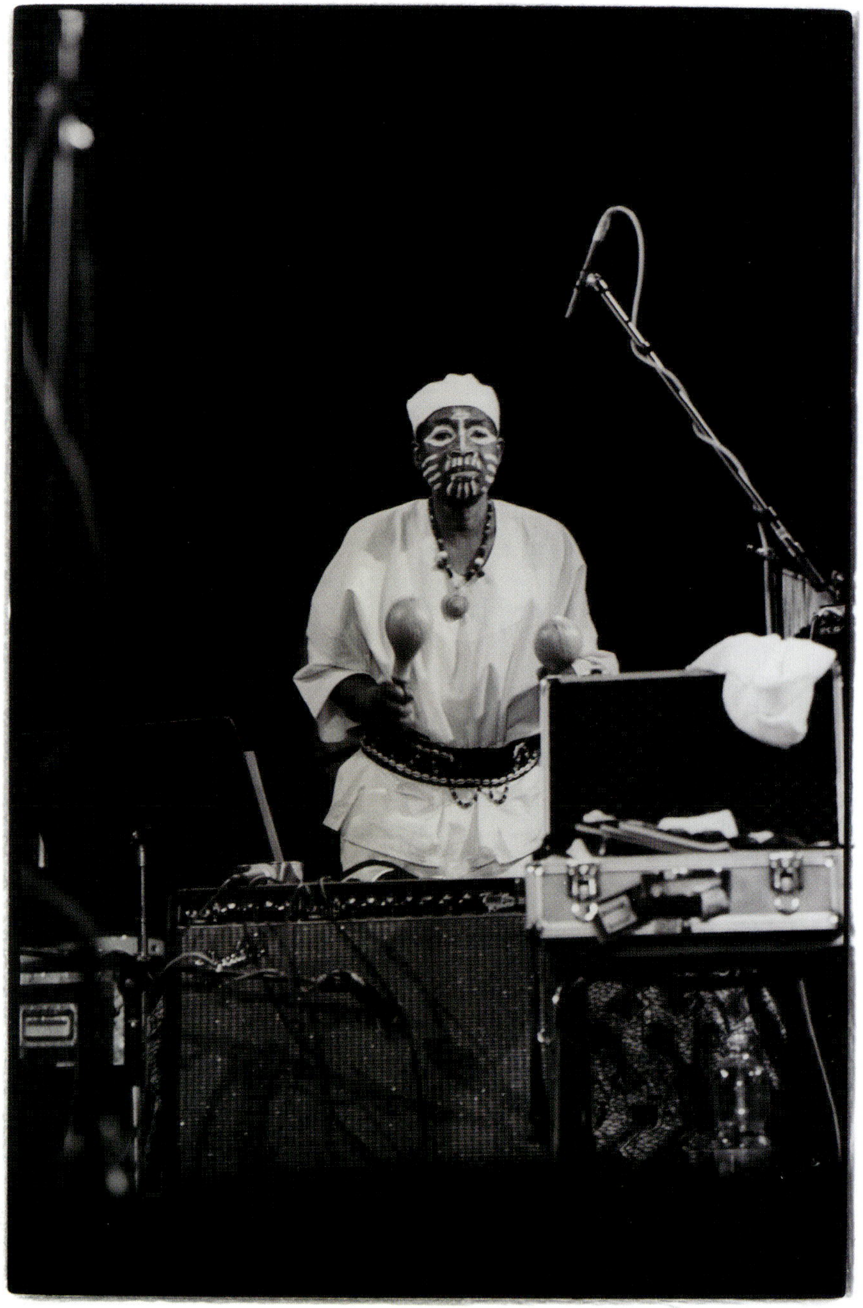

Malachi Favors - Lugano 1993

Quello che colpisce di Maynard Ferguson sul palco è l'energia, la forza con cui riesce a trascinare sé stesso, la sua orchestra e il pubblico. E poi che bello sentire suonare dal vivo, da una grande orchestra, il tema di Rocky Gonna Fly Now dal film di Sylvester Stallone che gli è valso un Grammy. E Maynard che si agita sul palco con la tromba, che scende giù in platea a coinvolgere il pubblico che risponde con grande piacere. Si vede, è palpabile l'atmosfera di grande festa che il trombettista canadese riesce a creare. E' gioia, ritmo, è incredibile che un uomo di quasi ottanta anni riesca in ciò.

This guy's driving energy on stage sparkles up both his orchestra and fans. How wonderful it is to sit there and listen to Rocky's theme Gonna Fly Now, performed by such a great orchestra. Maynard is all over the place with his trumpet, walking down the stage through the seats to set the audience on fire. It's a catchy embrace and people get carried away into a huge party. The most incredible thing is this guy now being eighty.

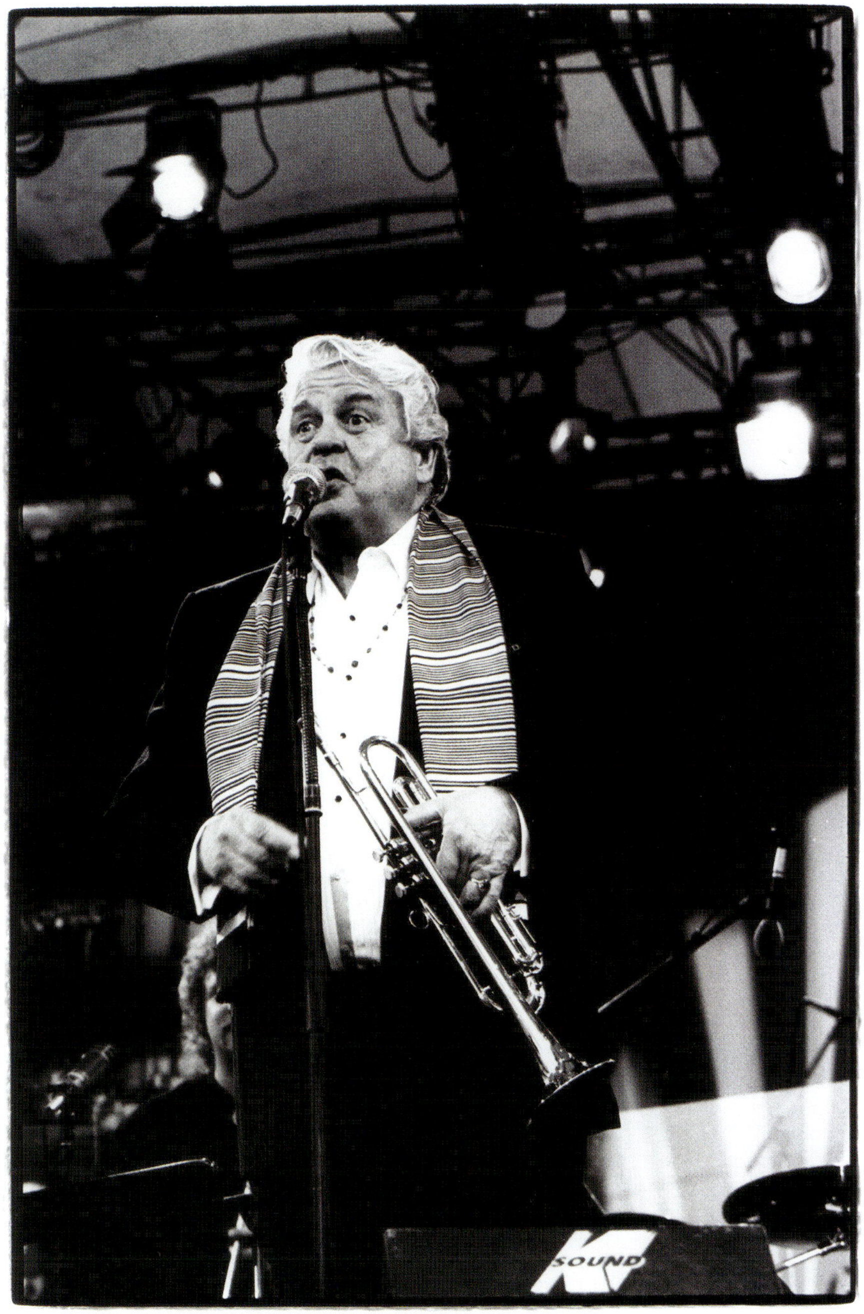

Maynard Ferguson - Lugano 1997

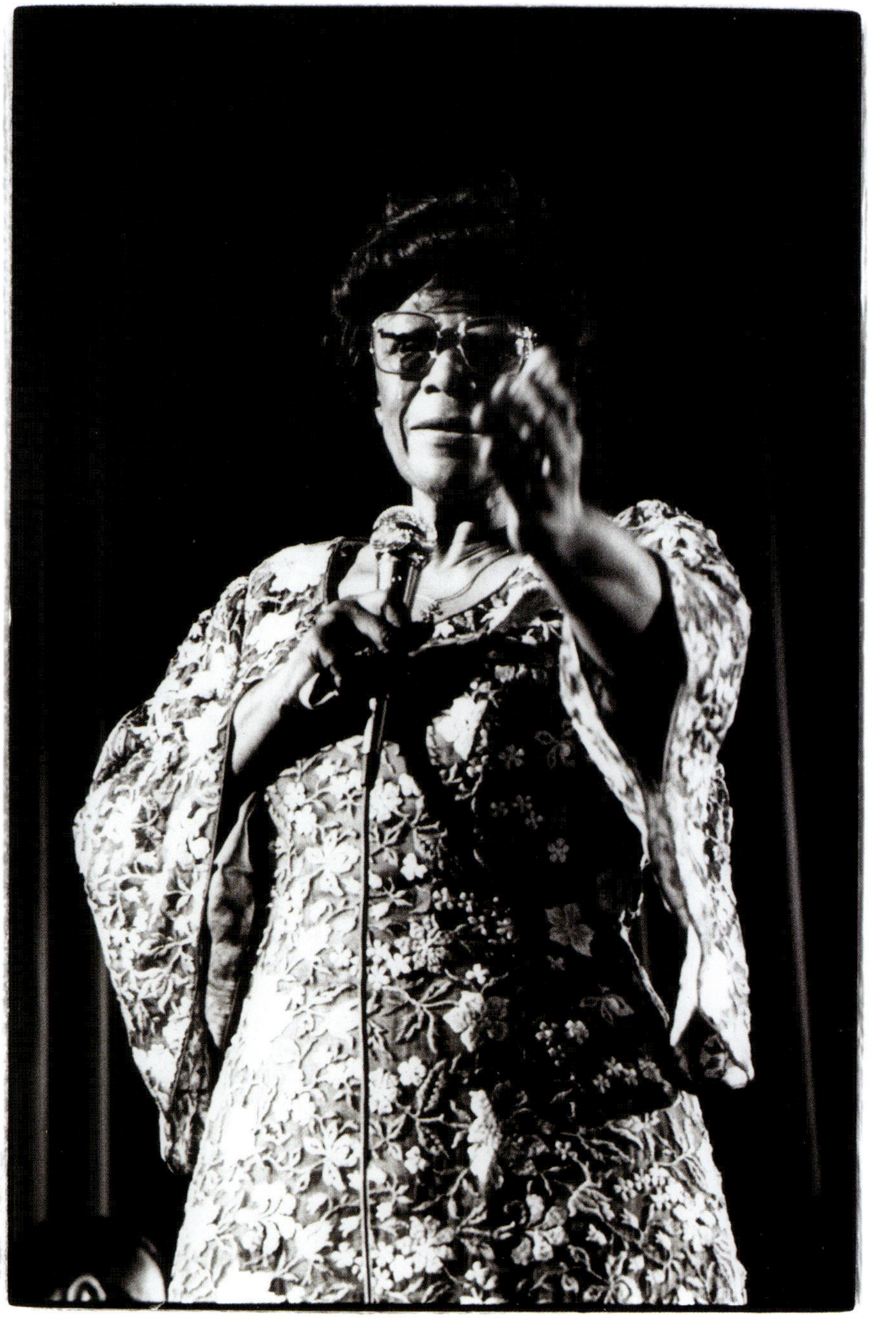

Ella Fitzgerald - Milano 1984

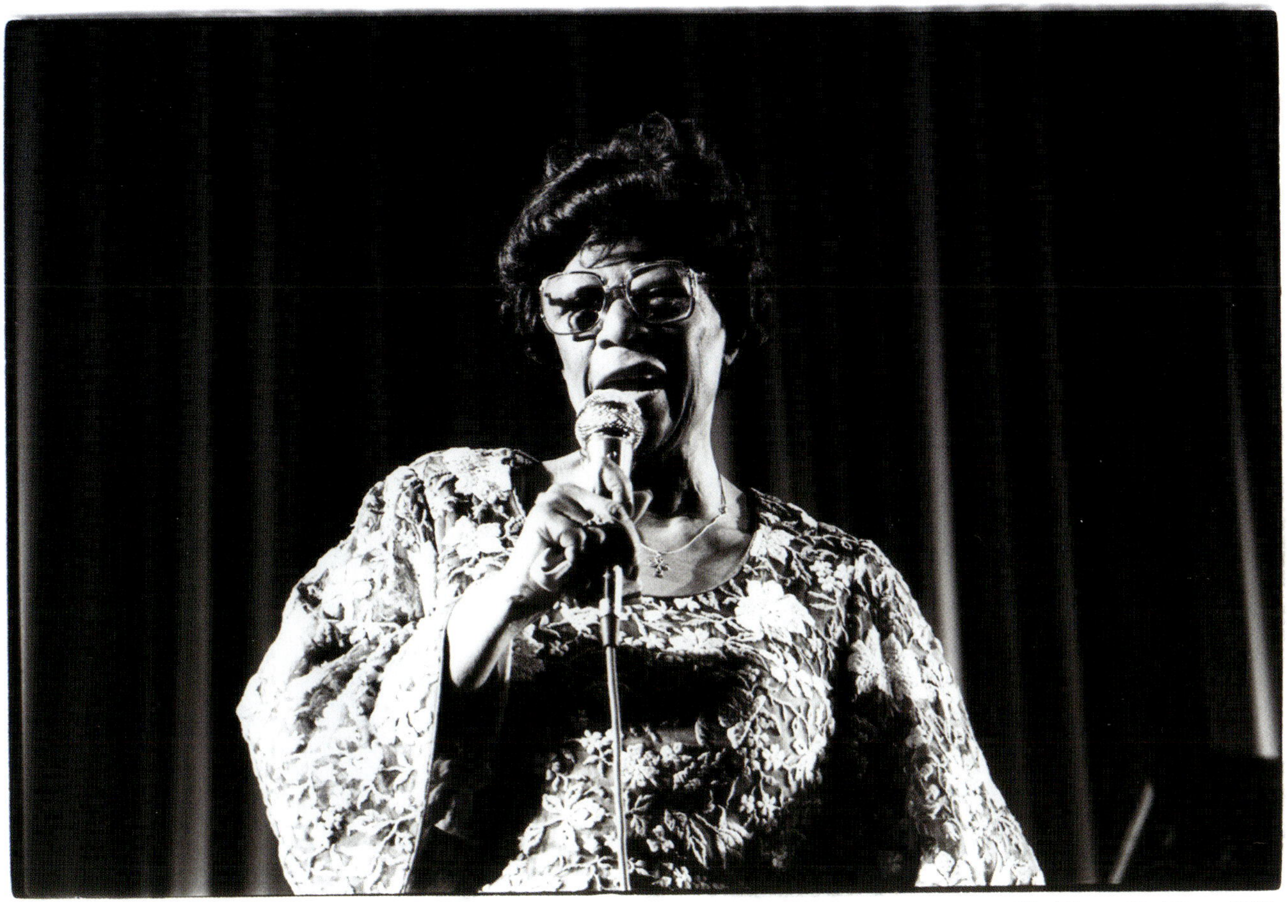

Ella Fitzgerald - Milano 1984

Su Ella Fitzgerald è già stato scritto tutto. Io ho avuto il piacere di vederla in un bel concerto accompagnata dal chitarrista Joe Pass. Era in buona forma e ha regalato grande musica. Quella di un mito, di una donna che ha fatto il jazz. La sua scomparsa e il suo calvario ce la fanno amare ancora di più.

On Ella Fitzgerald everything possible has been written. I had the chance to see her performance with guitar player Joe Pass, she was in fine shape and gifted us with the amazing music that molded jazz. Her troubled demise make us love her even more.

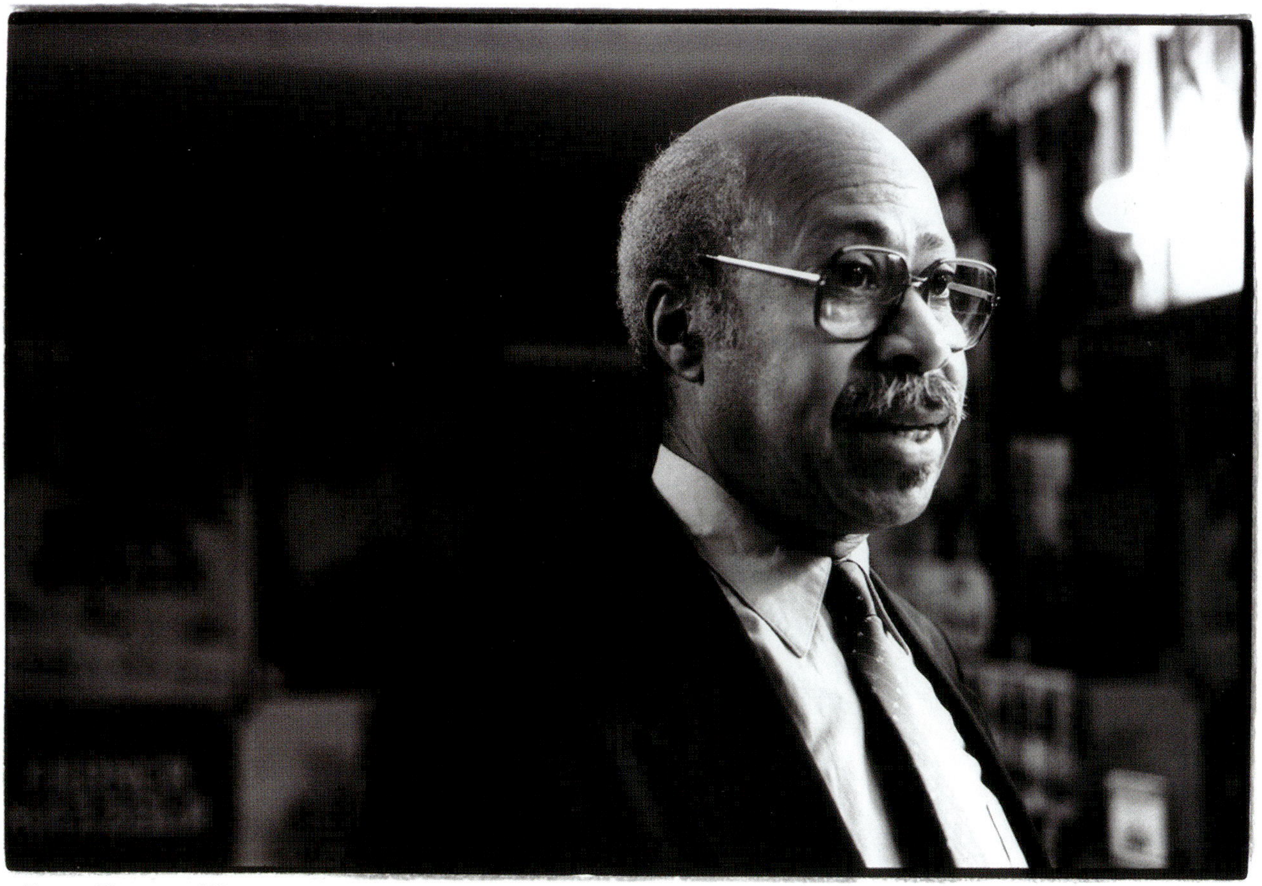

Tommy Flanagan - Milano 1981

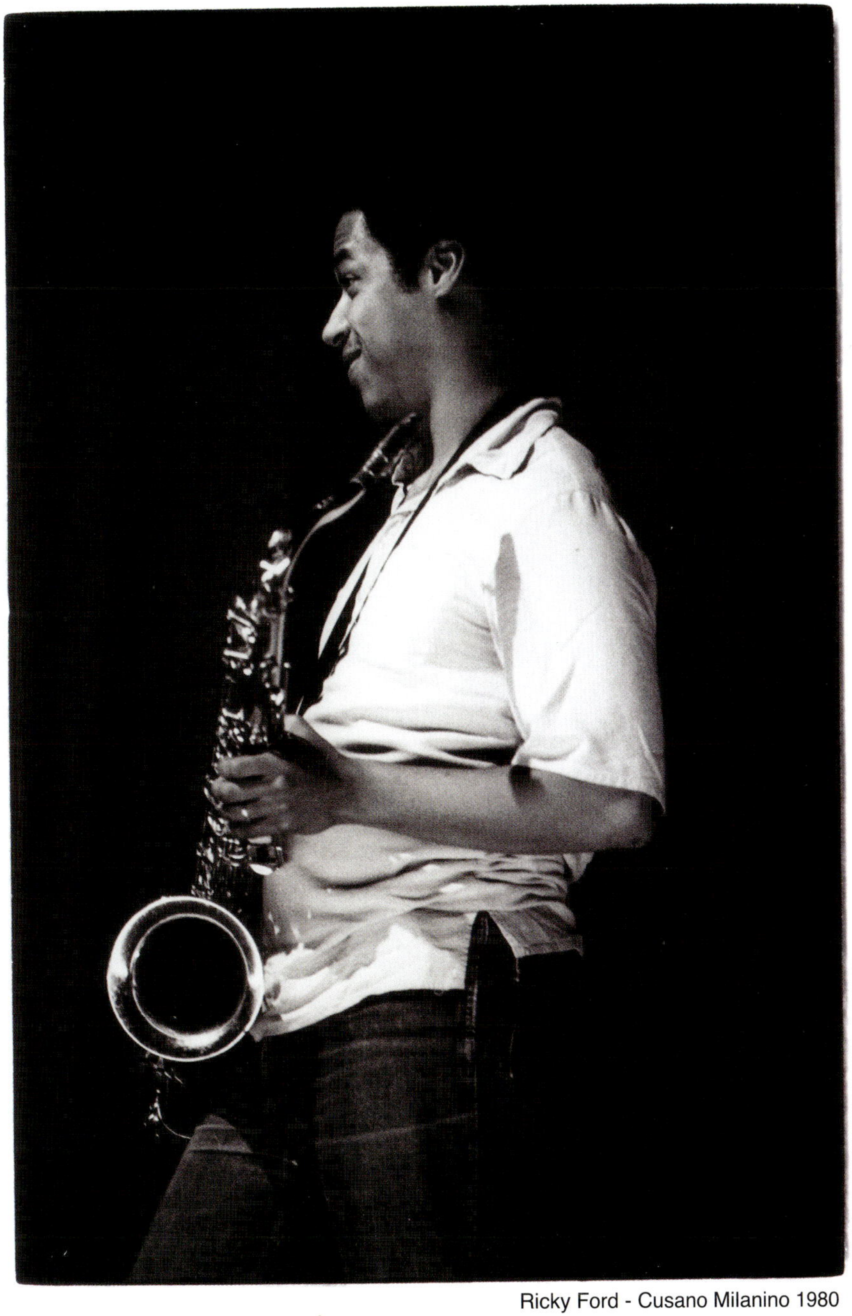

Ricky Ford - Cusano Milanino 1980

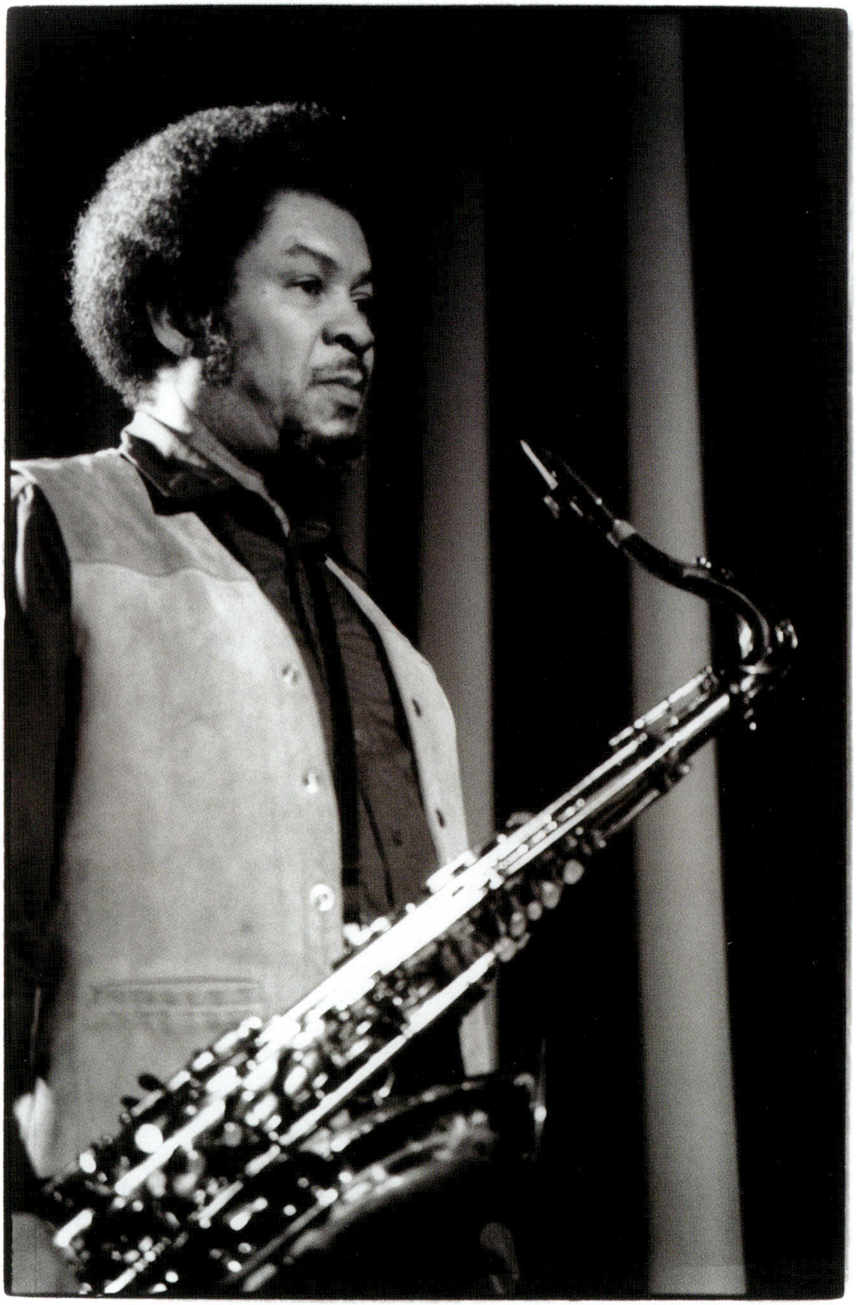

Frank Foster - Milano 1980

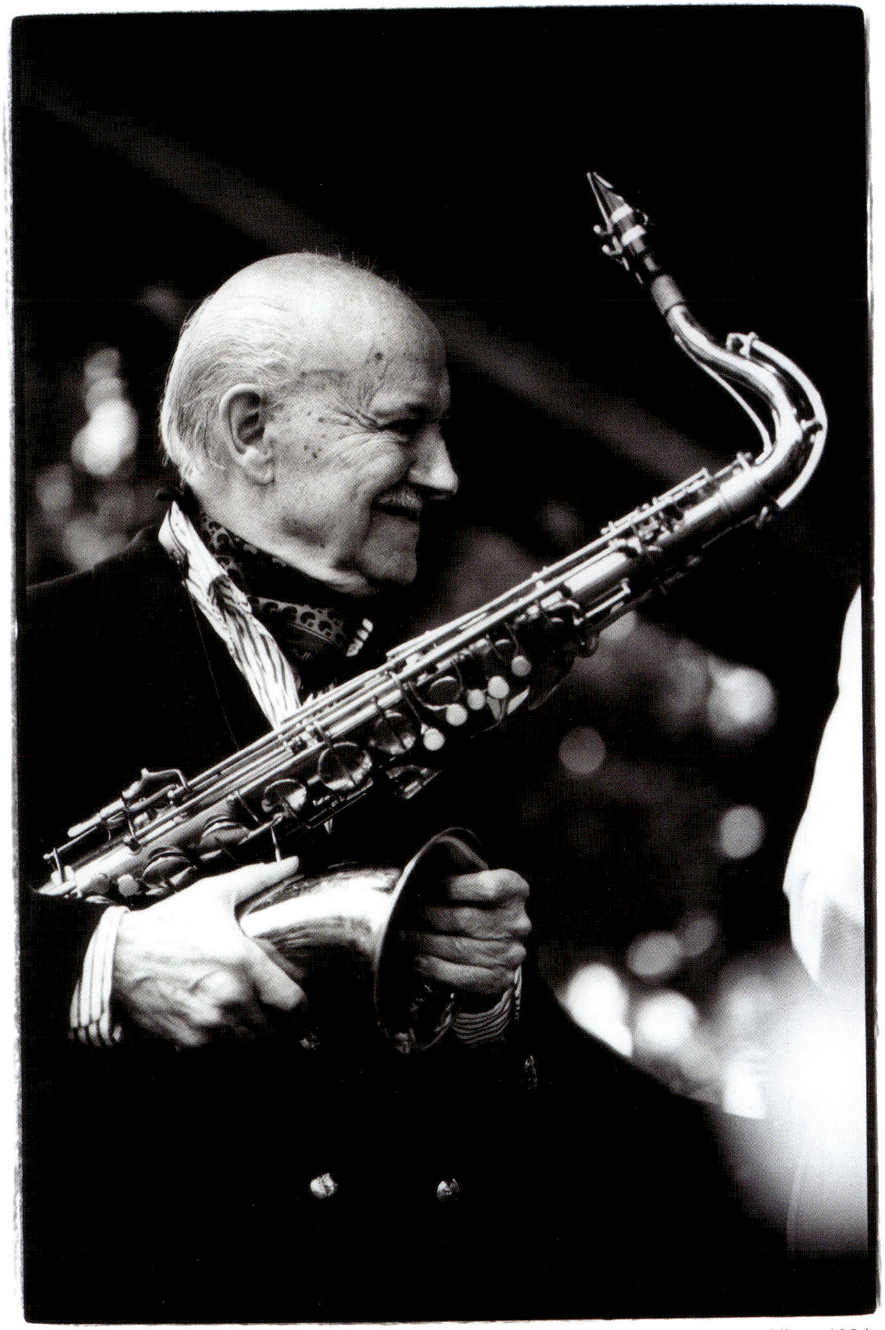

Bud Freeman - Nizza 1984

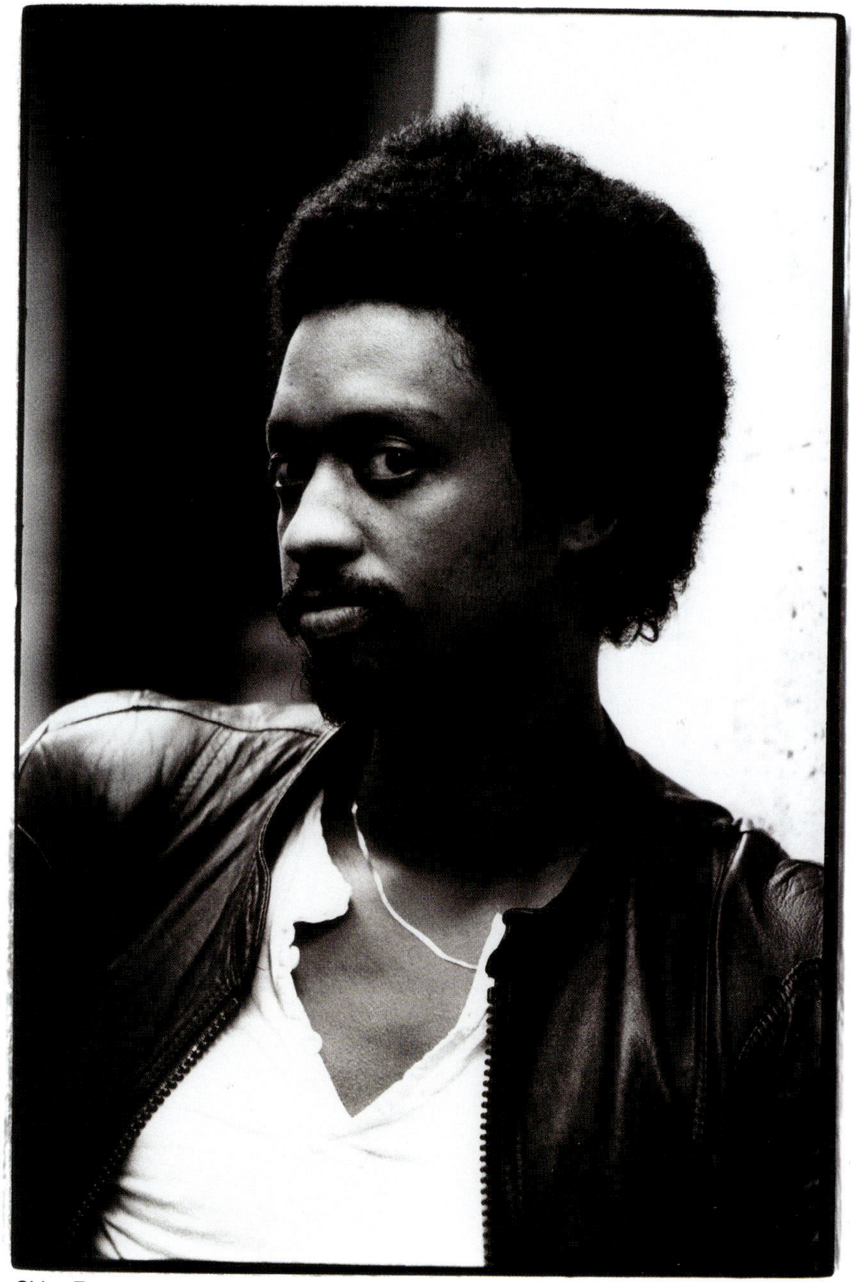

Chico Freeman - Milano 1980

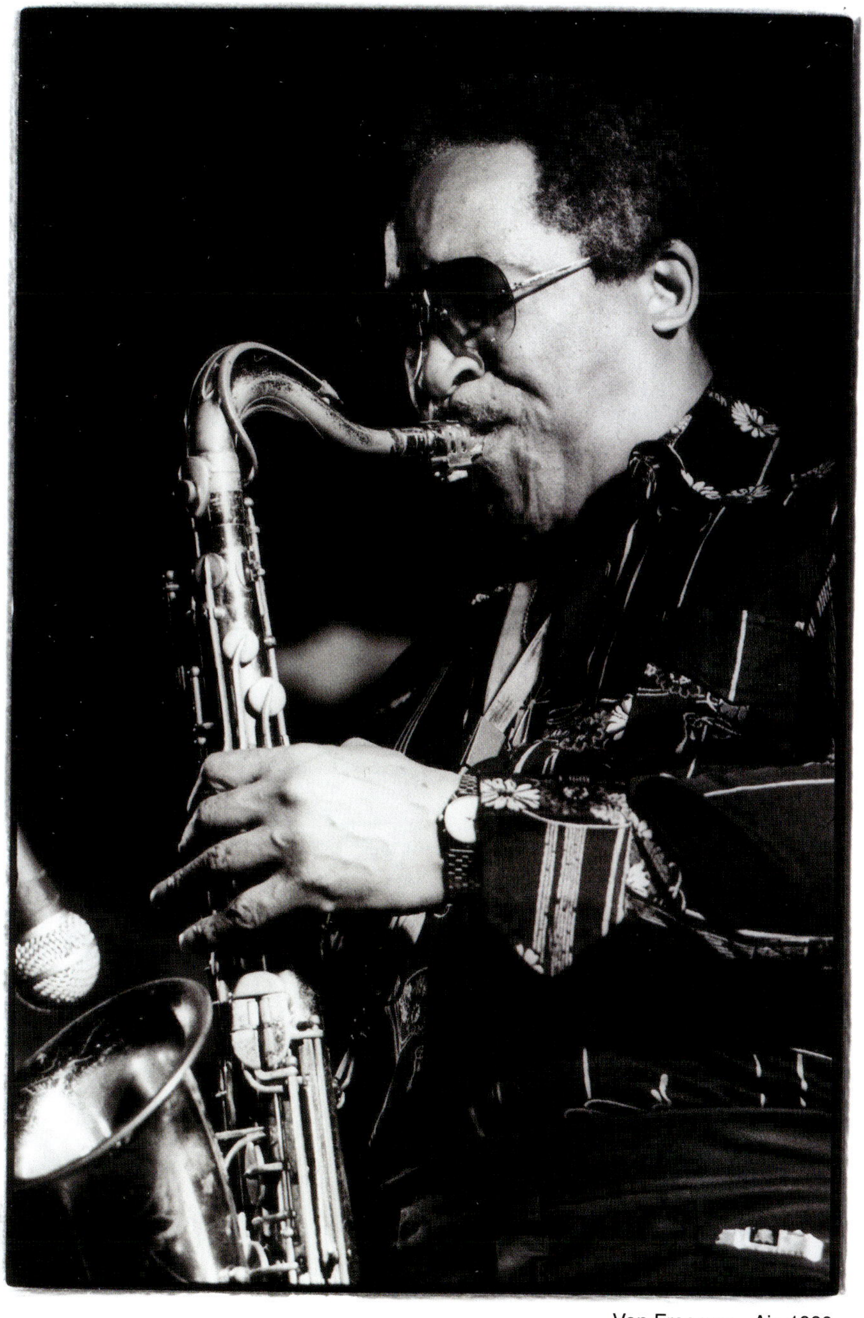

Von Freeman - Aja 1980

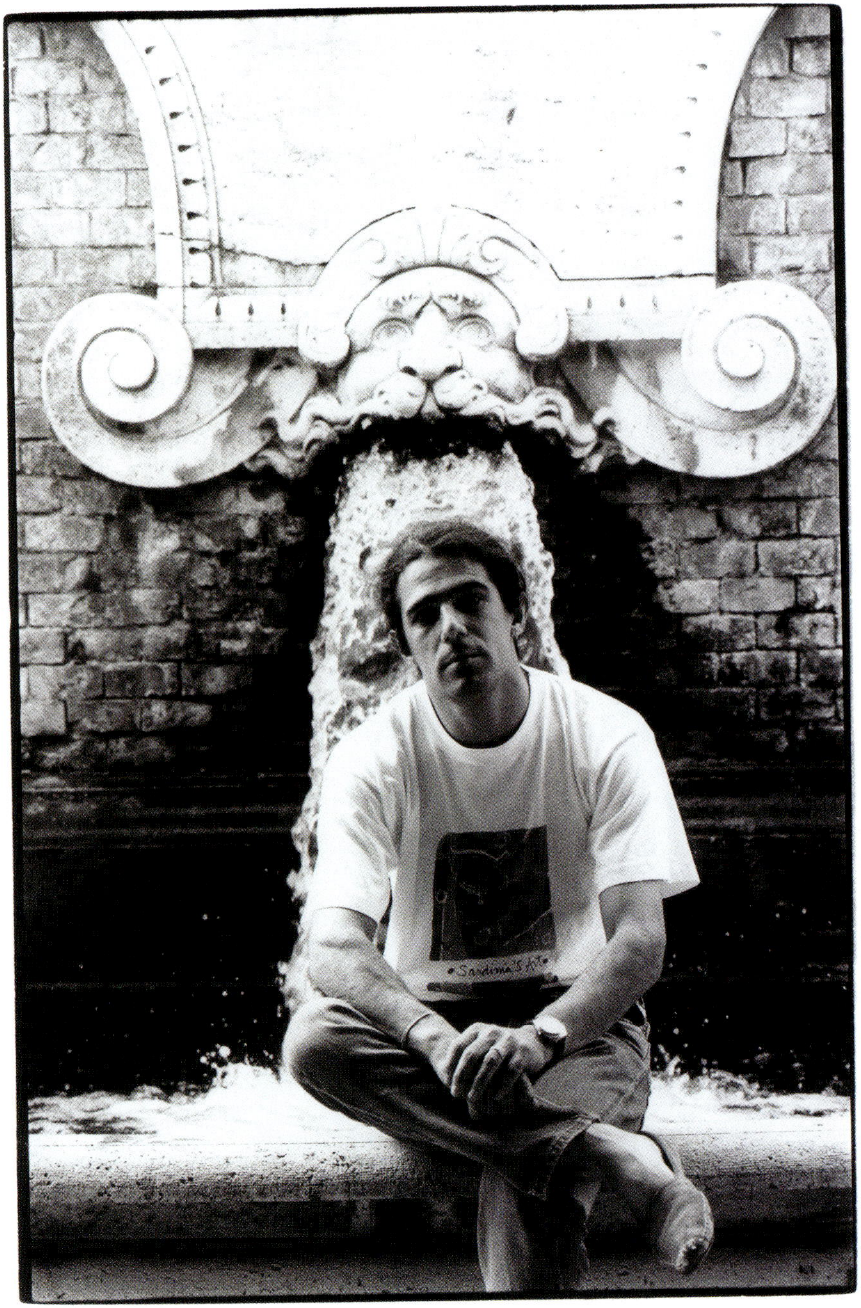

Paolo Fresu - Siena 1997

Ho avuto modo di conoscere Paolo Fresu qualche anno fa e di scambiare con lui opinioni. E ho avuto la conferma di ciò che era a me già noto. E cioè che Paolo è un artista a tutto tondo. Che suona la tromba si, ma che ama anche altre arti, la pittura, la scultura, la danza, l'immagine e si coinvolge attivamente in esse. Per fare ciò necessita possedere una solida cultura e una conoscenza profonda dell'interazione possibile e proficua tra le arti. E Paolo le possiede.

I had the chance to meet Paolo Fresu a few years ago and exchange some opinions. Nothing better to utterly confirm what was clear to me already: he's an all-round artist. He's actively involved in manifold art forms like painting, sculpture, dance and image. His solid background and knowledge allow him to proficiently interact with all of them.

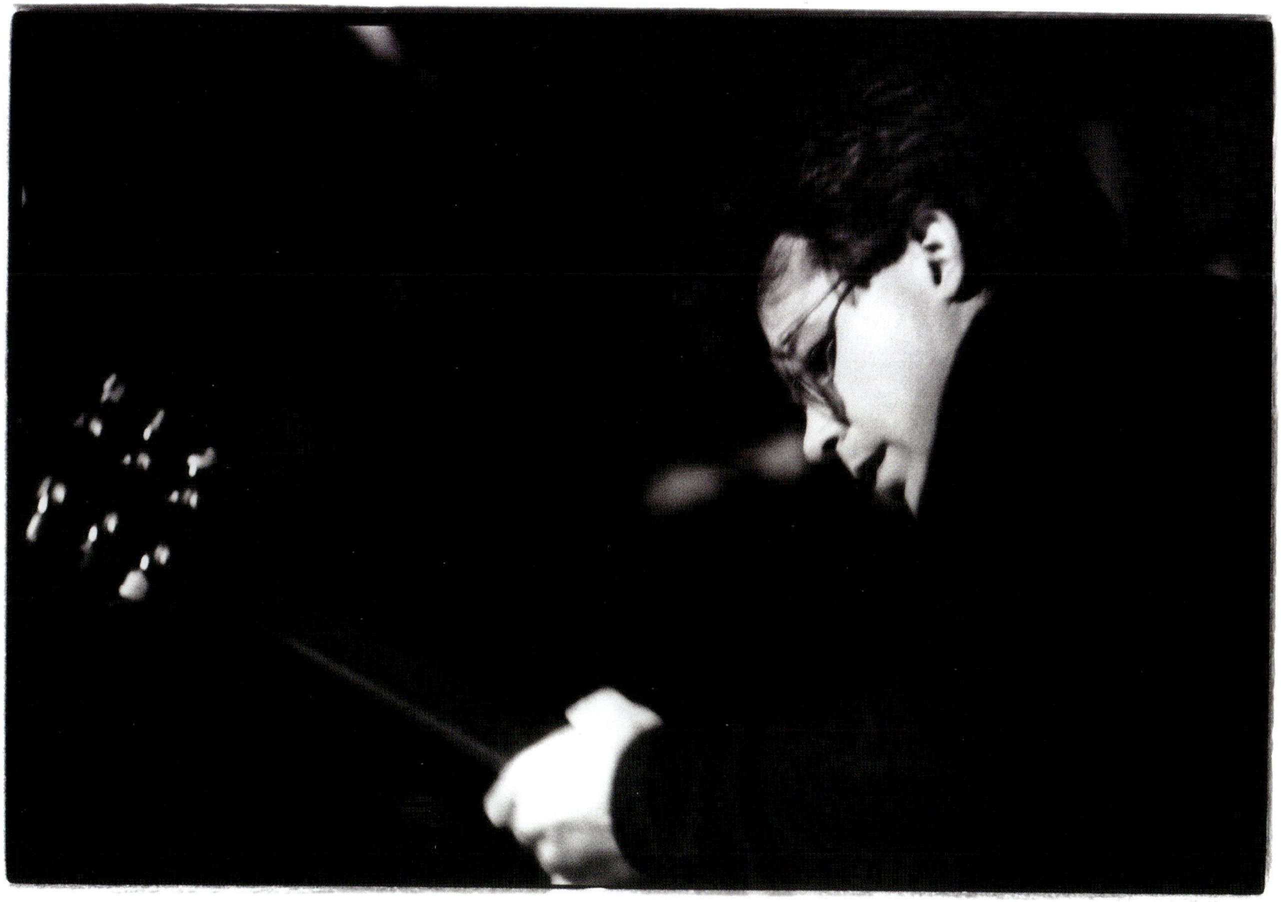

Bill Frisell - Dalmine 1987

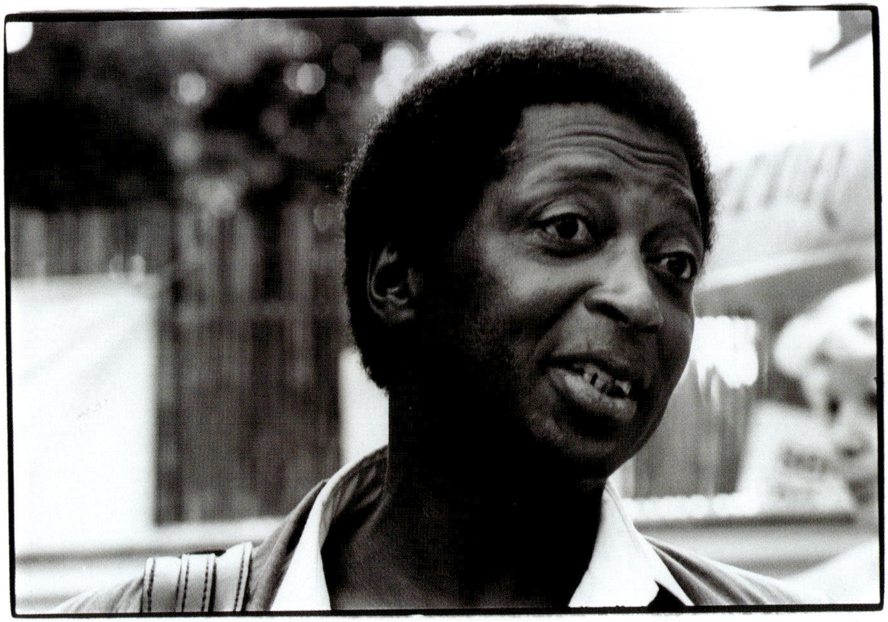
Curtis Fuller - Nizza 1981

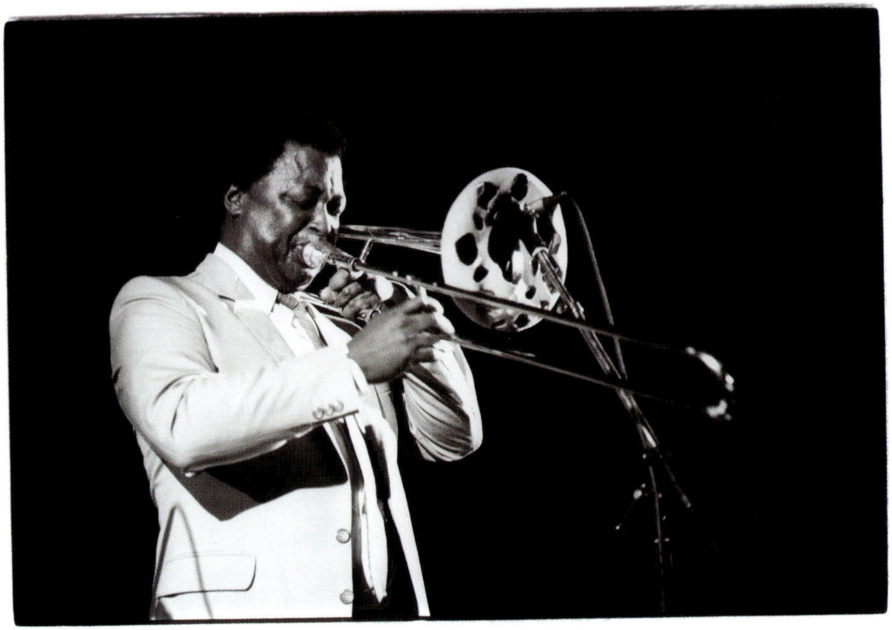
Curtis Fuller - Milano 1988

G

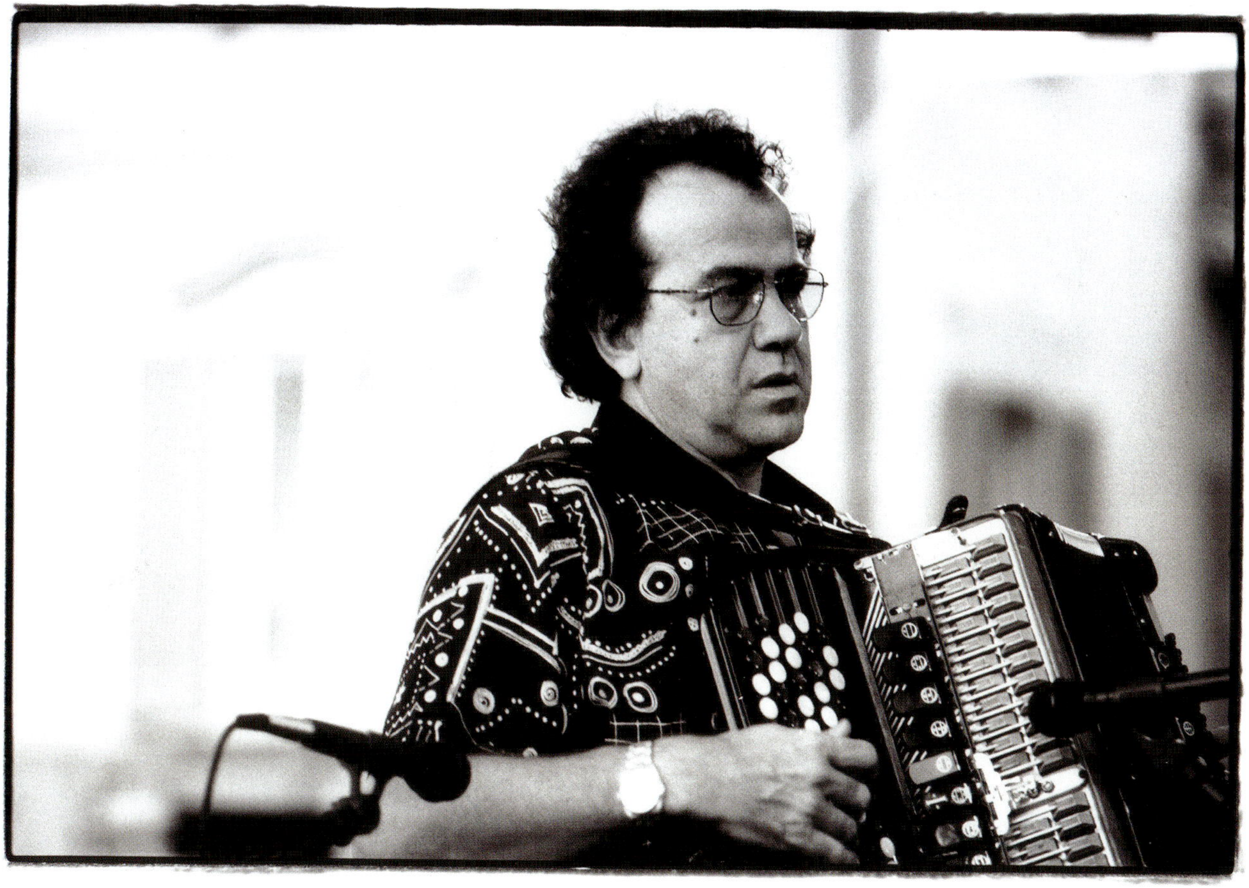

Richard Galliano - Lugano 1997

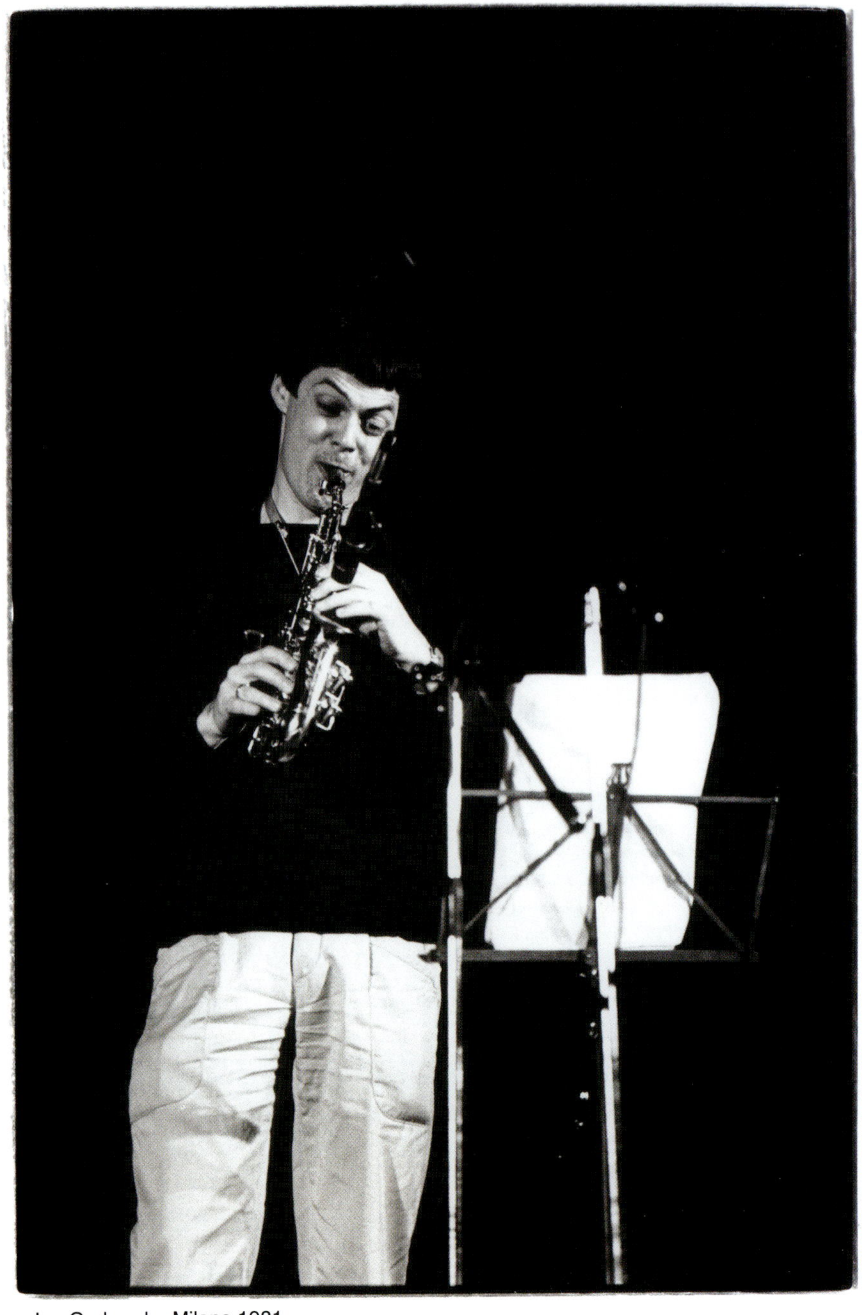

Jan Garbarek - Milano 1981

Giorgio, Giorgio Gaslini. Un artista, sicuramente, nel senso compiuto del termine. Che ha dedicato la propria vita all'arte, a cui si è dato come solo lui sa.

Definitely an artist in the full meaning of it. He has dedicated his life completely to art as he only knows.

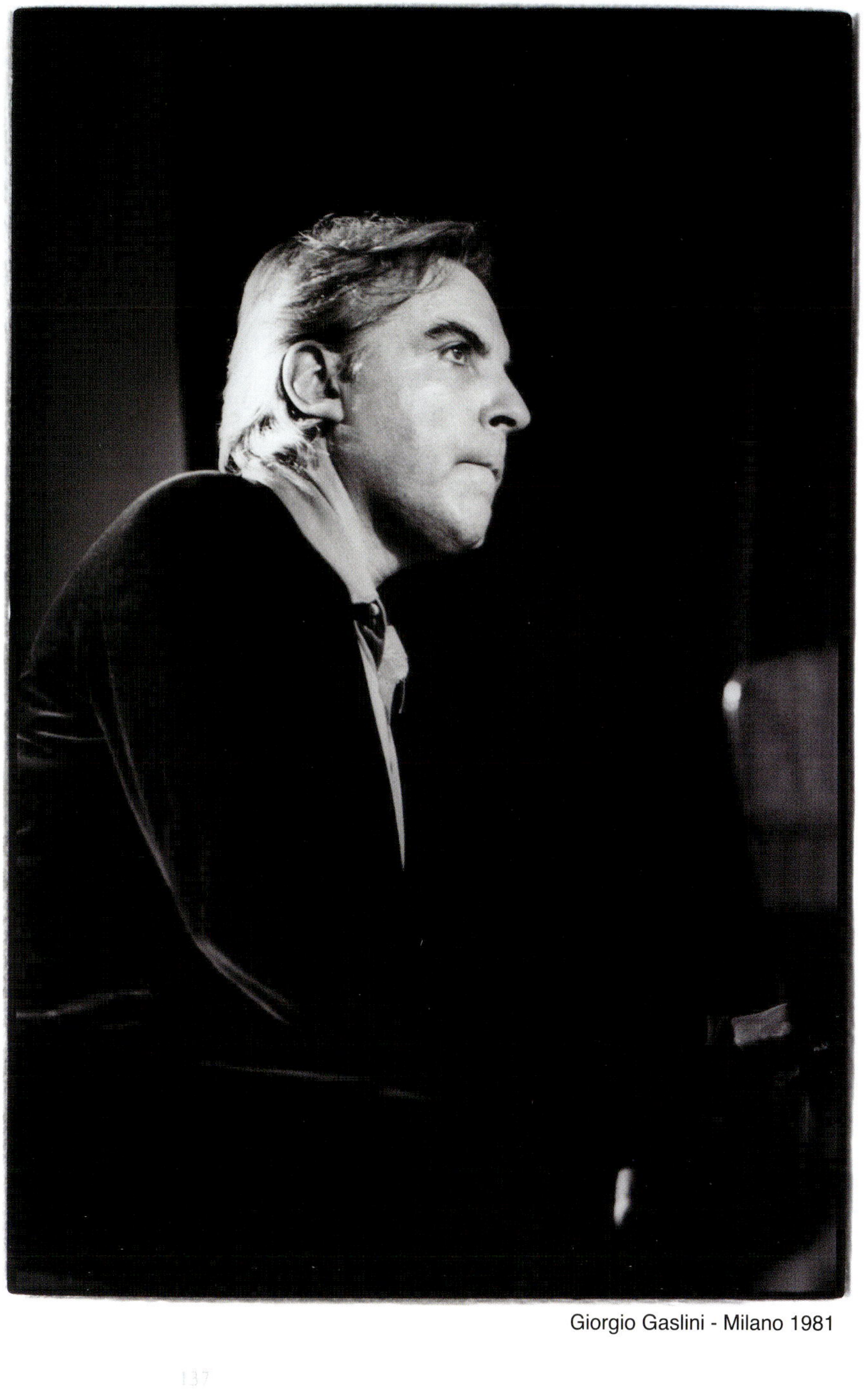

Giorgio Gaslini - Milano 1981

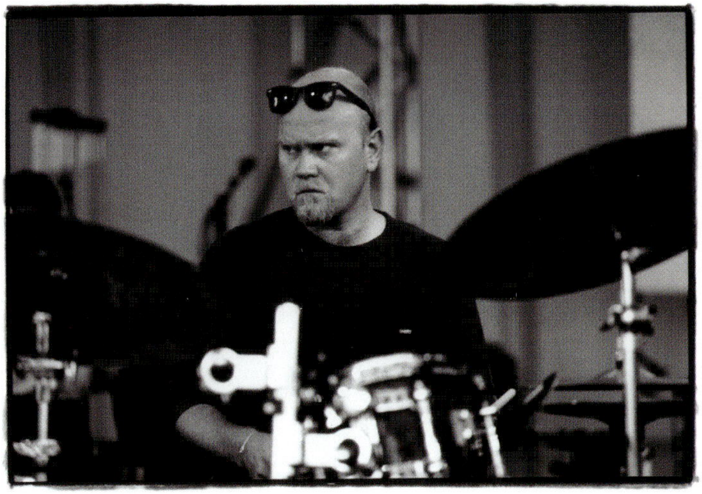

Roberto Gatto - Lugano 1997

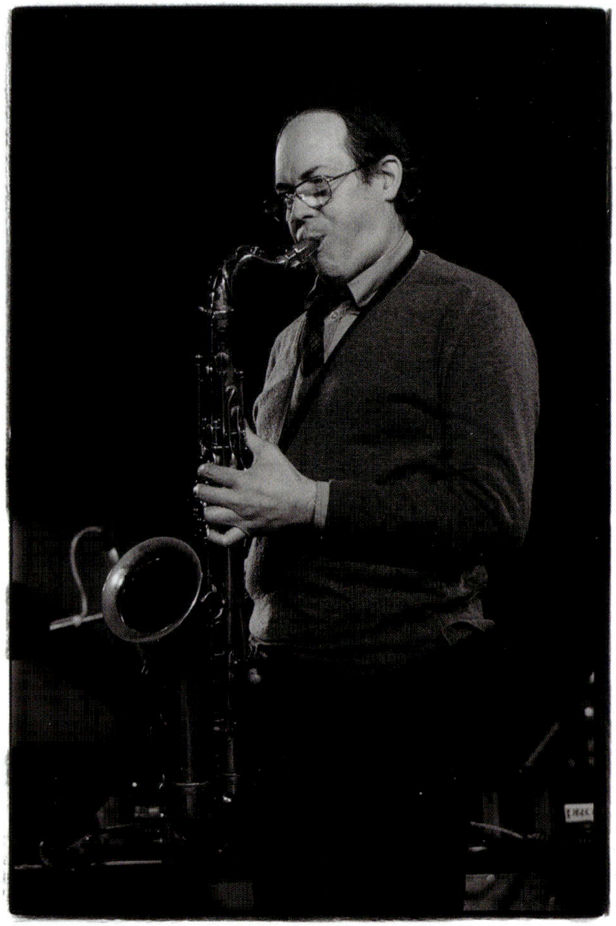

Renato Geremia - Milano 1981

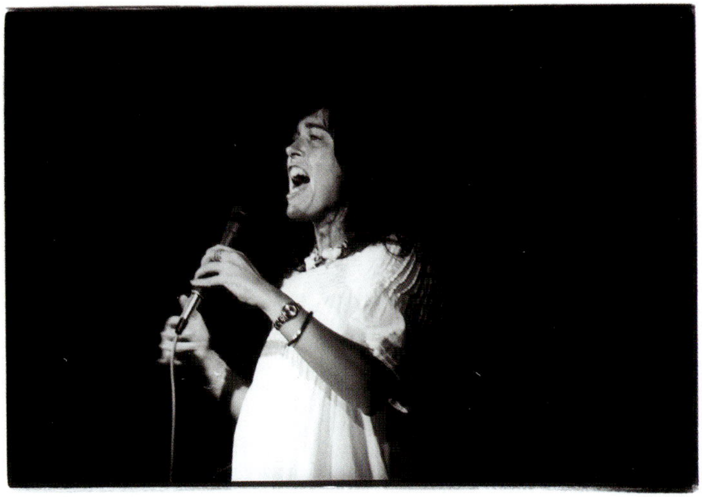

Tiziana Ghiglioni - Adro 1989

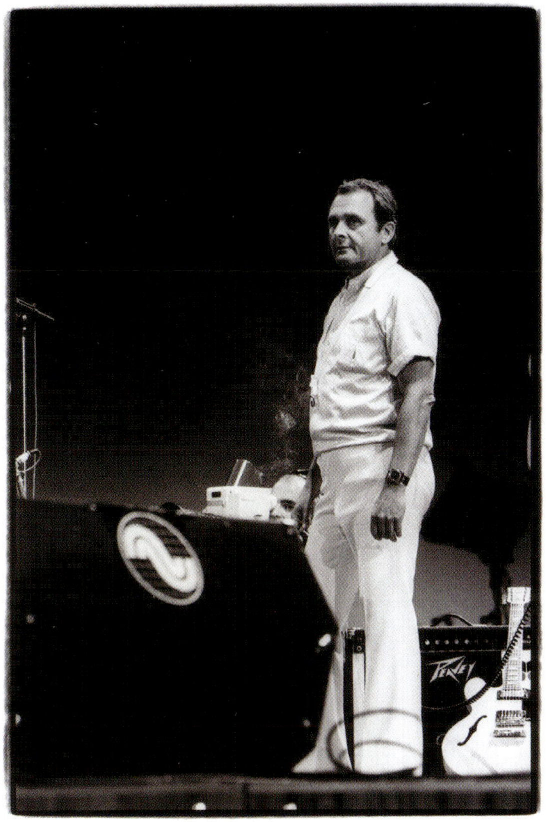

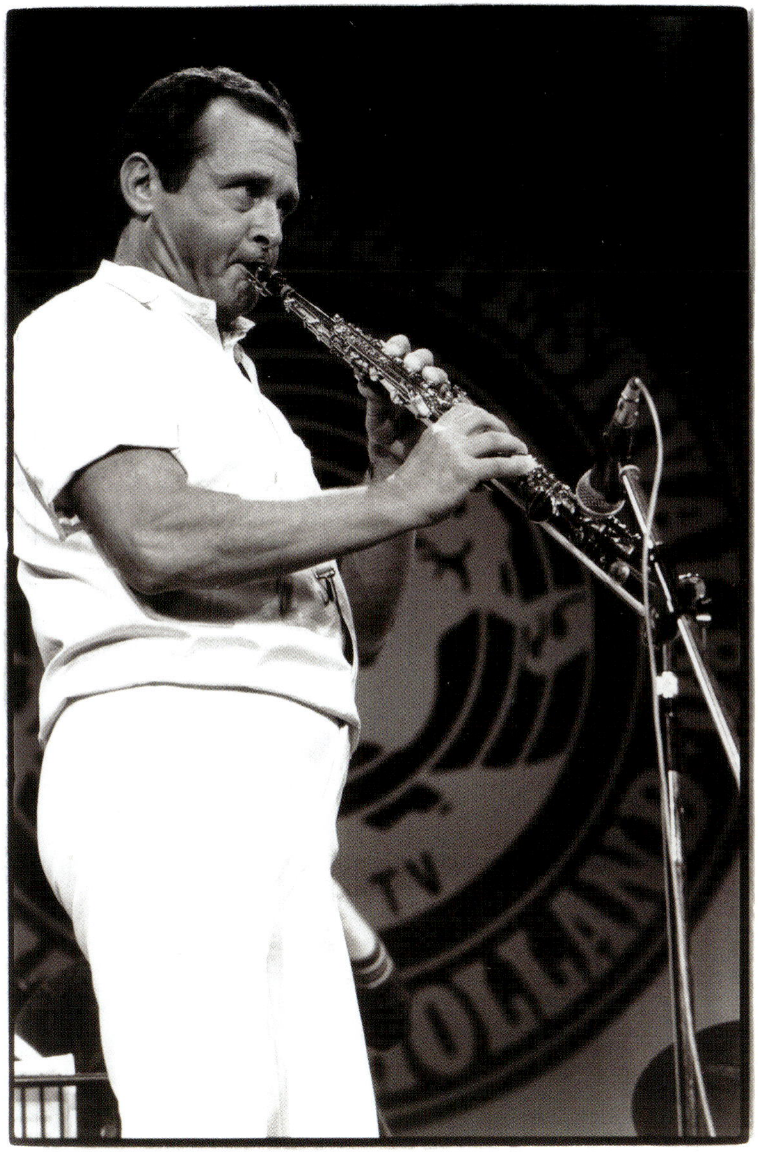

Stan Getz - Aja 1980

Stan Getz, o della nonchalance. Vedere Stan Getz come si muoveva sul palco, come suonava il suo sax tenore dava proprio il senso del vivere in surplace, in punta di piedi.

Stan Getz was about nonchalance. His stage moves and tenor sax performances gave the impression of lightheartedly living on his toe tips.

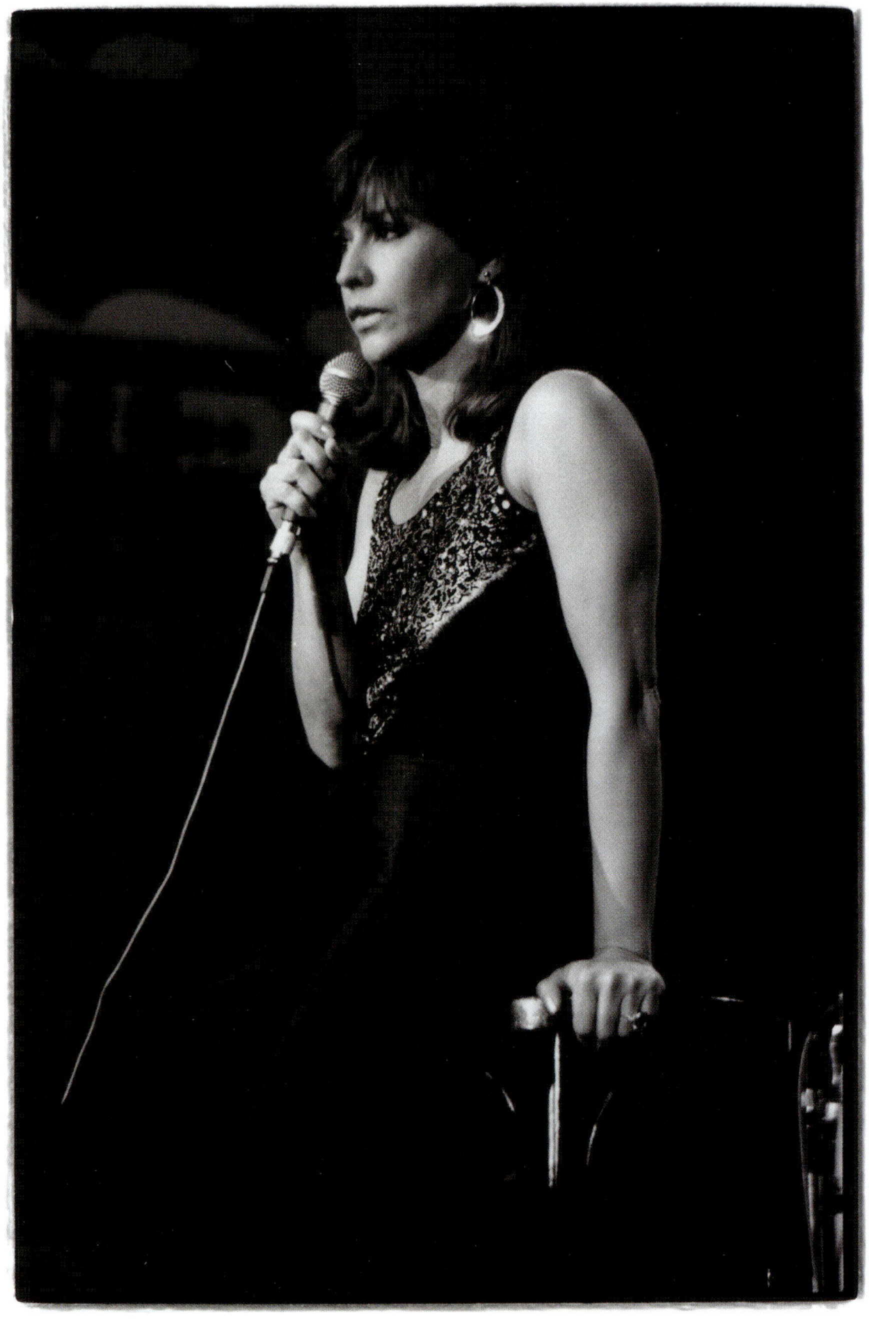

Astrud Gilberto - Aja 1982

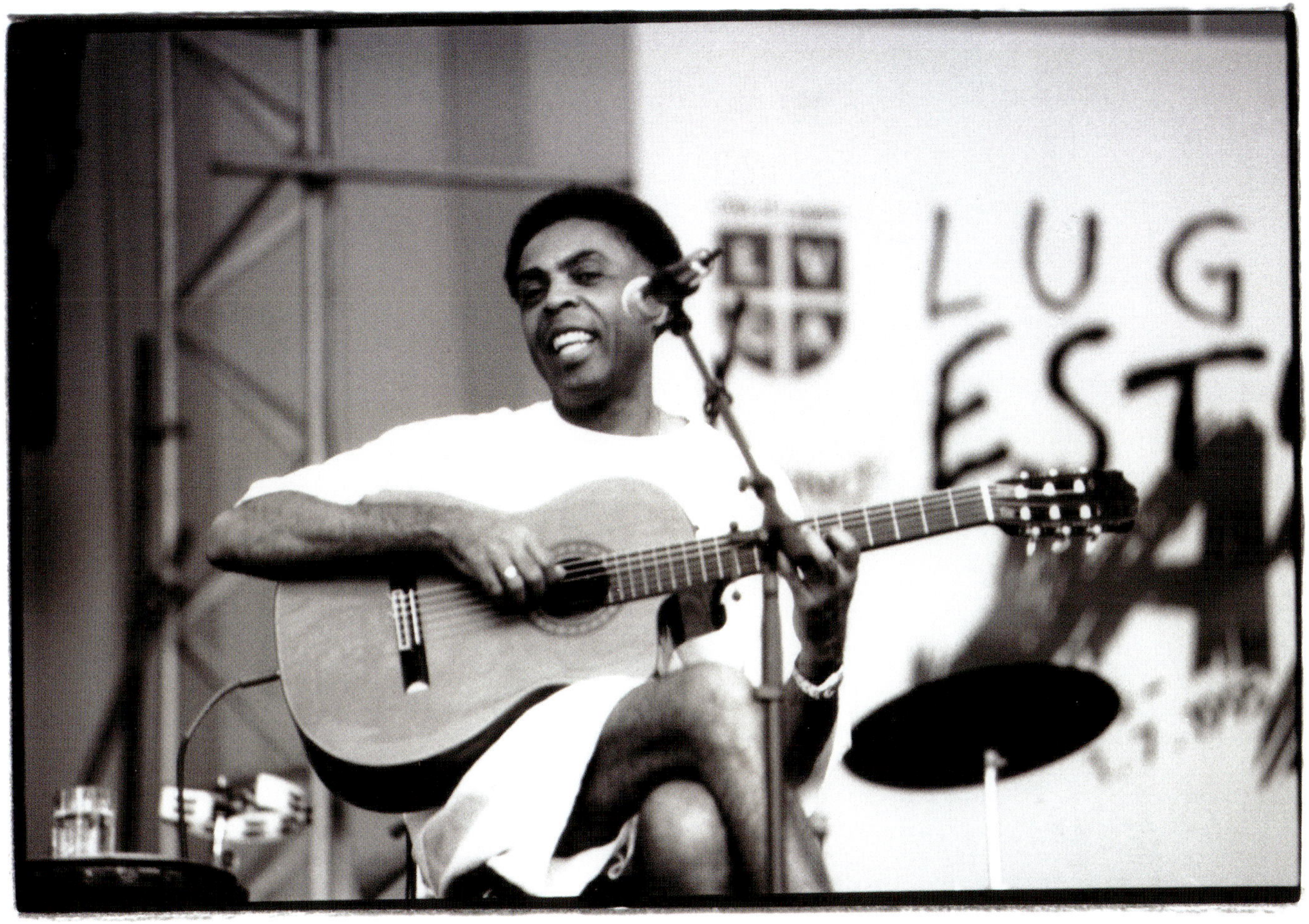

Gilberto Gil - Lugano 1995

Quando sale sul palco per le prove pomeridiane, sotto il sole cocente di luglio, è serio e accigliato Gilberto Gil. Si avverte quasi subito che questo musicista brasiliano è lontano dagli stereotipi del Brasile, ovvero, samba, ritmo, risa, schiamazzi, confusione, grande festa senza freni. No, lui è compassato, suona insieme al suo gruppo con grande perizia e attenzione ai suoni, ai colori, quelli giusti al posto giusto. E la sua voce, che si sovrappone agli strumenti senza sopraffare, scivola via. Siamo nel grande filone di Joao Gilberto, Astrud Gilberto, Caetano Veloso, dentro alla tradizione più pura del moderno Brasile. E lui sempre serio a provare per lungo tempo. Finchè, finalmente, alla fine, quando tutti i suoni sono giusti, si lascia andare ad un sorriso. Eccolo.

It's a hot July afternoon and a frowning Gilberto Gil gets ready for rehearsal. No doubt this Brasilian musician differs from the stereotypical native artist all about samba, rhythm, laughters, cackling and party. He is very composed, paying more attention to the band, the sound and the colours which have to fit accordingly. His voice lays over the instruments, and smoothly slips away. It's in the modern tradition of pure Brasilian jazz like with Joao Gilberto, Astrud Gilberto, Caetano Veloso. He's still up there rehearsing until everything is just right and lets himself go with a smile. There it is.

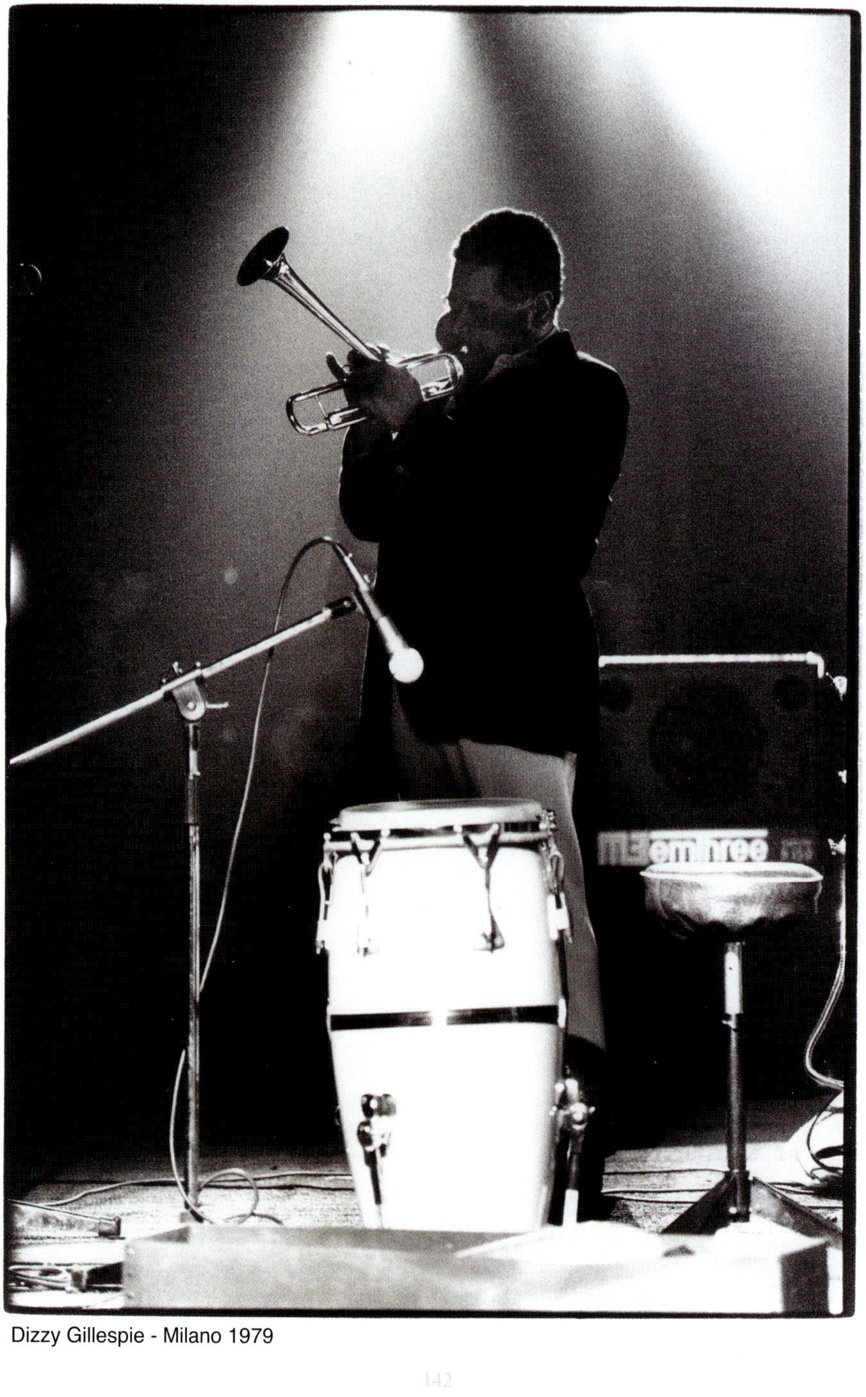

Dizzy Gillespie - Milano 1979

Dizzy emanava una grande simpatia. Tutte le volte che l'ho visto, a distanza di anni, in Italia, Francia, Olanda, ho sempre constatato questa qualità. Almeno, pubblica. In privato non so come fosse, cosa pensasse, che preoccupazioni umane avesse. Ma nel suo mondo, il jazz, era così e gli piaceva sentirsi, in età matura, il grande vecchio, uno degli ultimi superstiti inventori della grande rivoluzione bop. Mi piaceva quella sua voce un po' afona che non avresti mai detto fosse capace di dare un altro tipo di voce alla sua famosa tromba ricurva. Dizzy ha dato tanto divertimento alla gente, a volte gigione altre volte serio. Un genio del jazz di cui si parlerà per moltissimi anni. Spero.

Dizzy oozed positivity every time I happened to run into him over the years; whether in Italy, France or Holland. That was also how he came across in public. His private side might have been somewhat different, who knows. Jazz was his whole world. Down the road, he liked being regarded as the big old man, one of bebop revolution's last survivors. I liked his dissonant voice tone that instead belied the great expression of his second voice, the bent trumpet. Dizzy was fun, whether acting like a goof or being serious. He was a genius to be remembered. I hope.

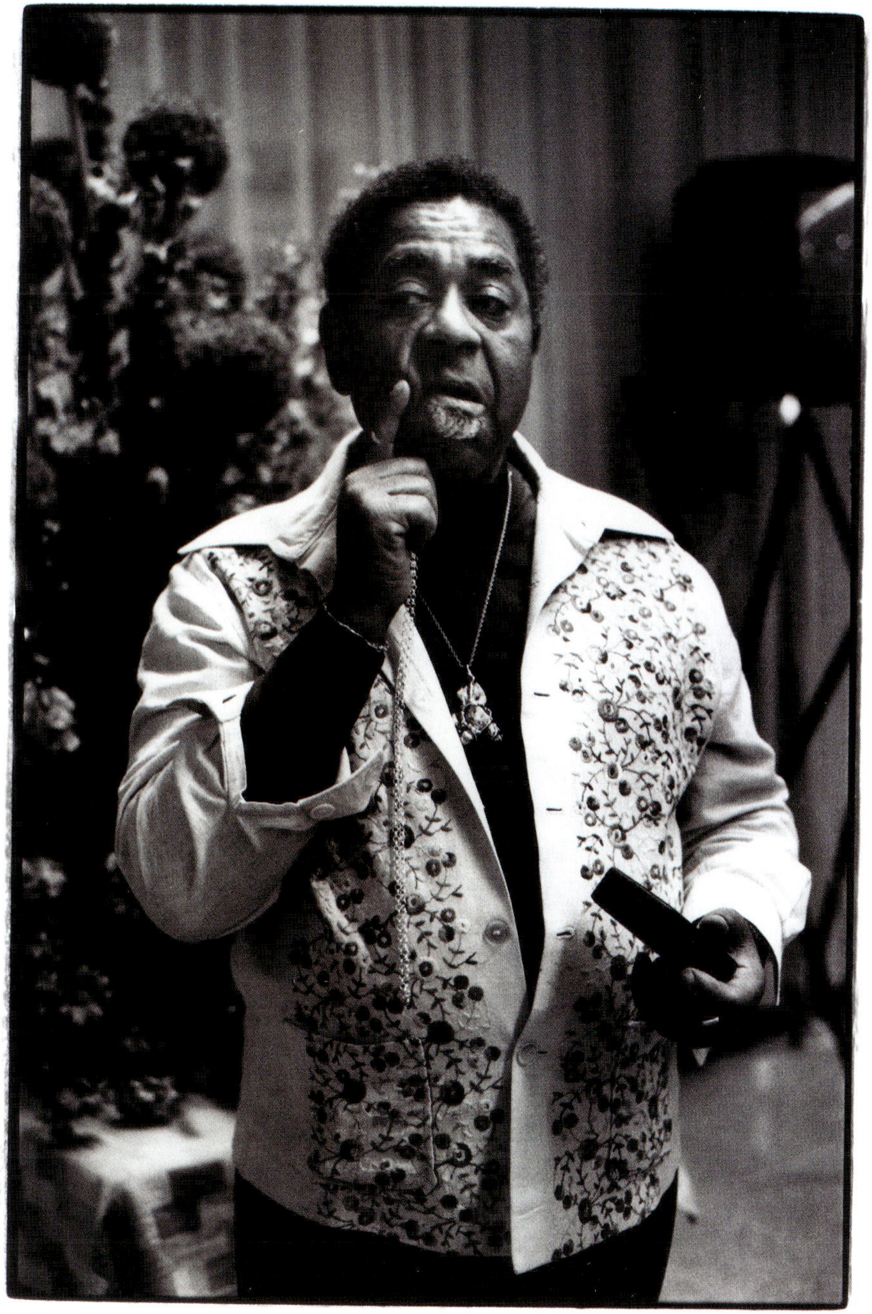

Dizzy Gillespie - Aja 1980

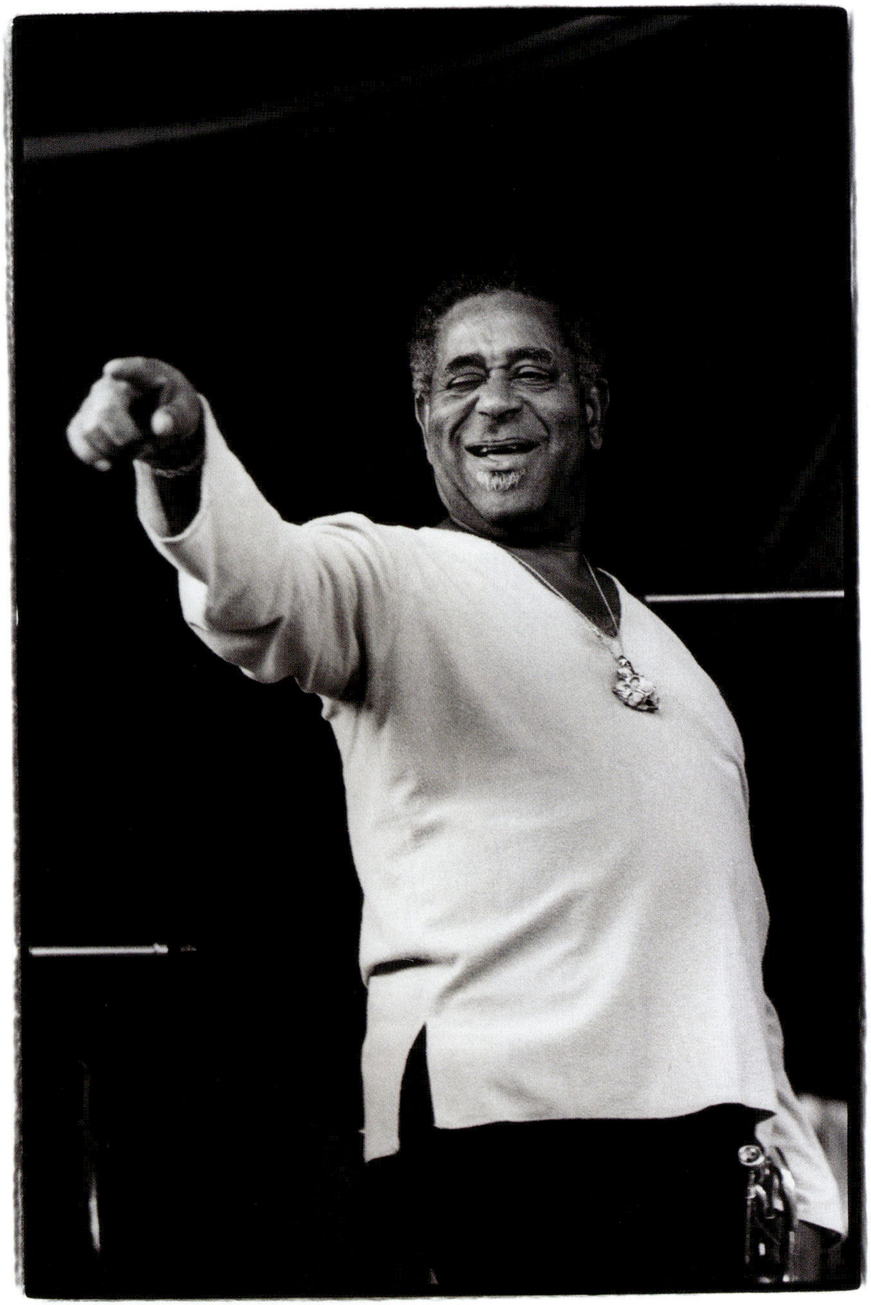
Dizzy Gillespie - Nizza 1981

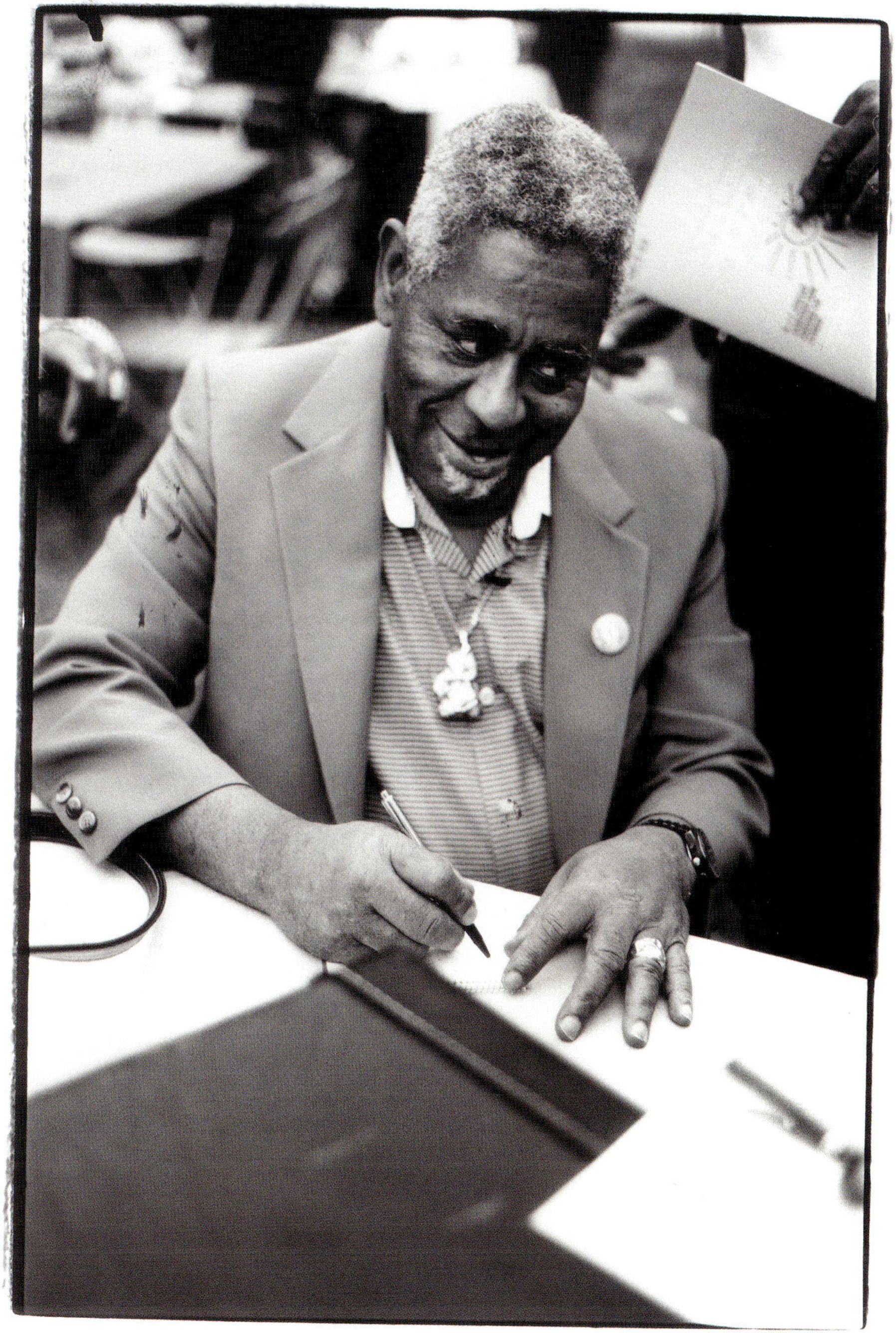

Dizzy Gillespie - Nizza 1984

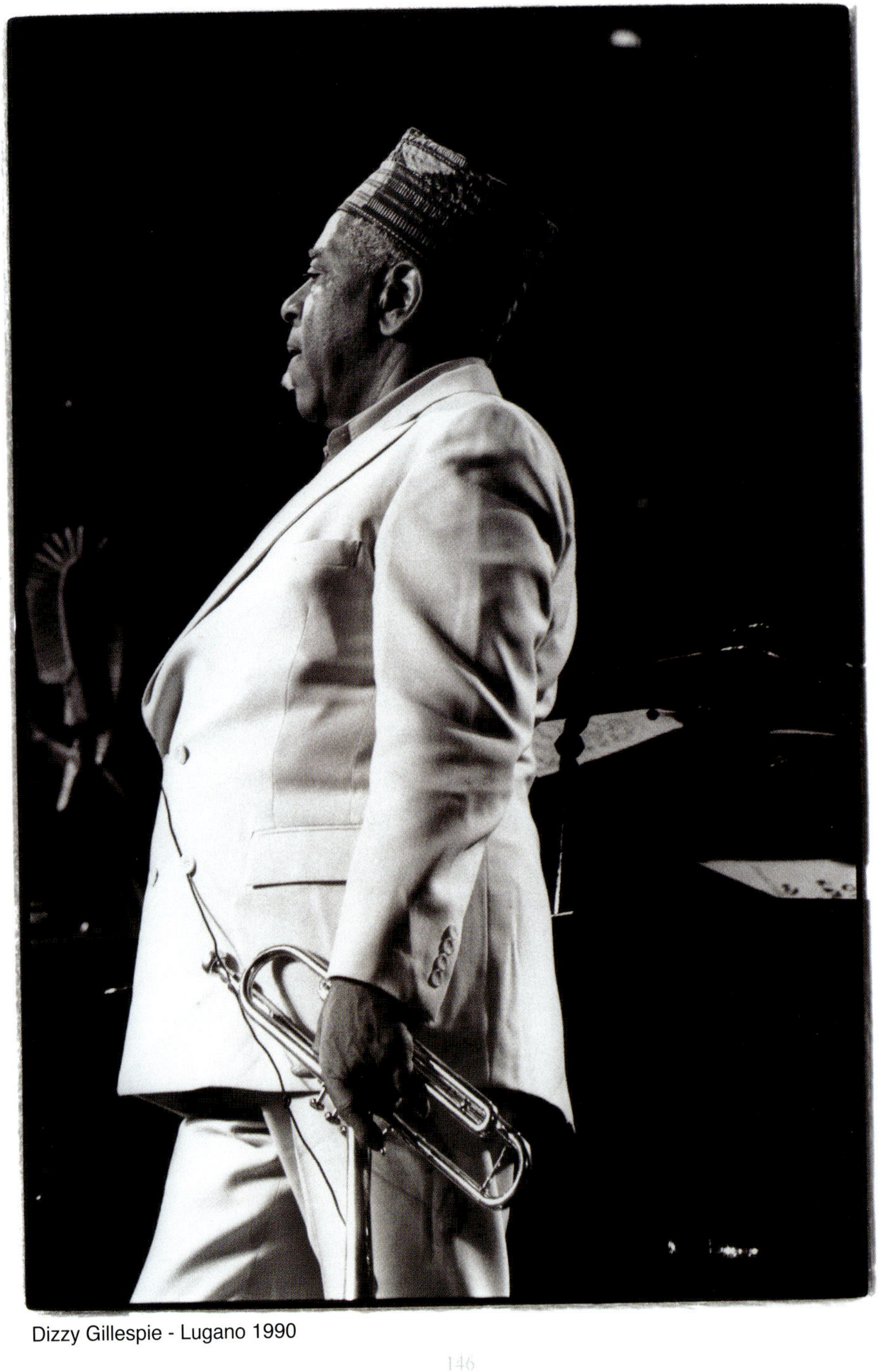

Dizzy Gillespie - Lugano 1990

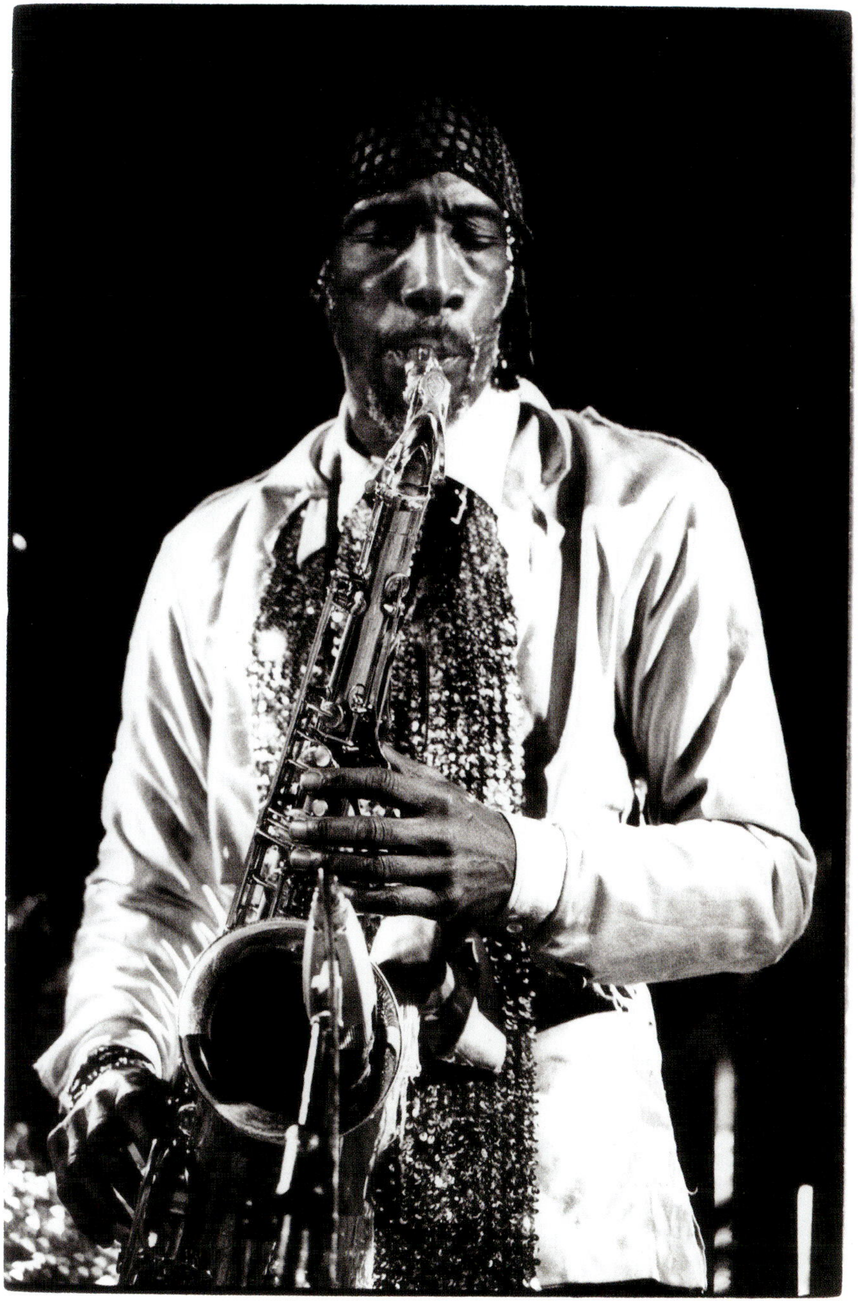

John Gilmore - Milano 1980

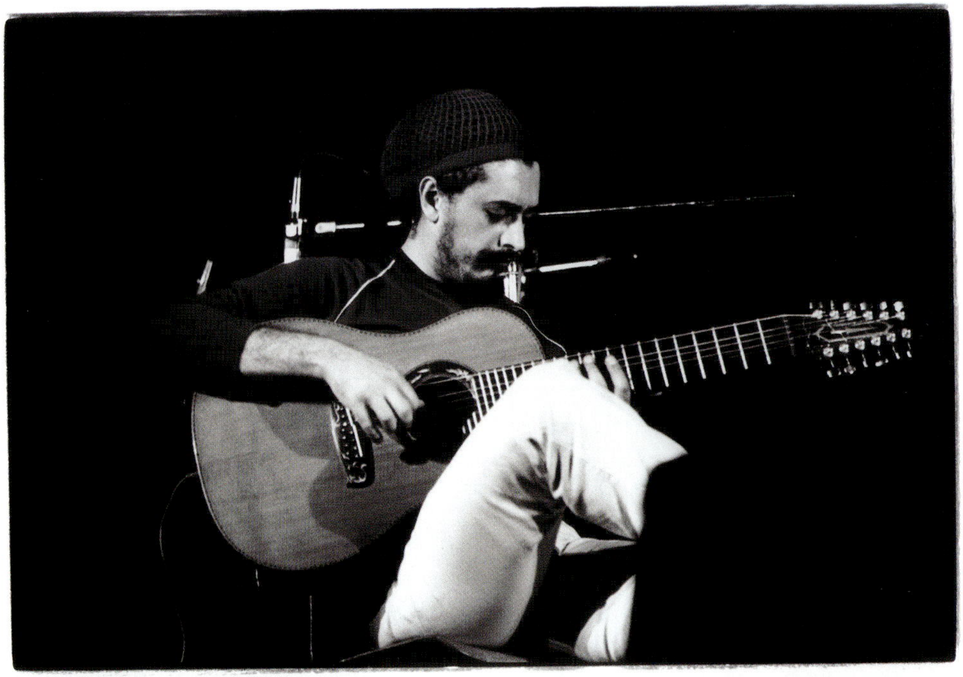

Egberto Gismondi - Milano 1981

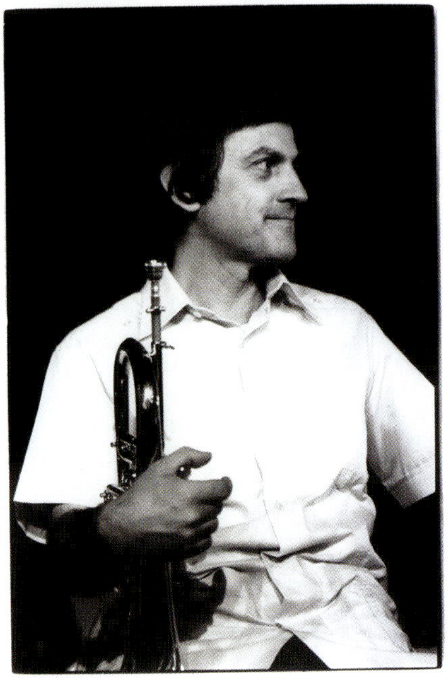

Dusko Gojkovic - Aja 1982

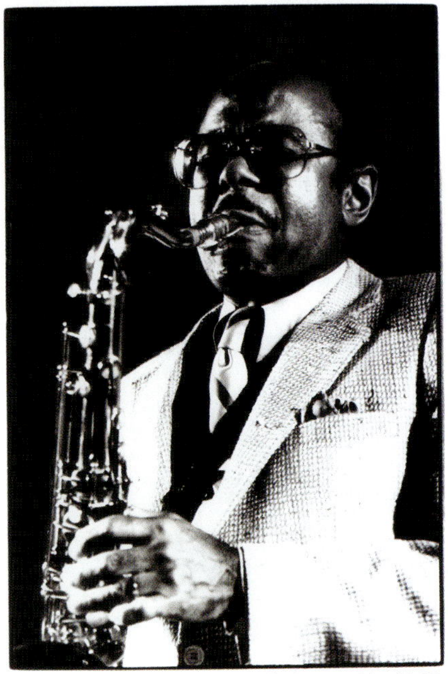

Benny Golson - Aja 1982

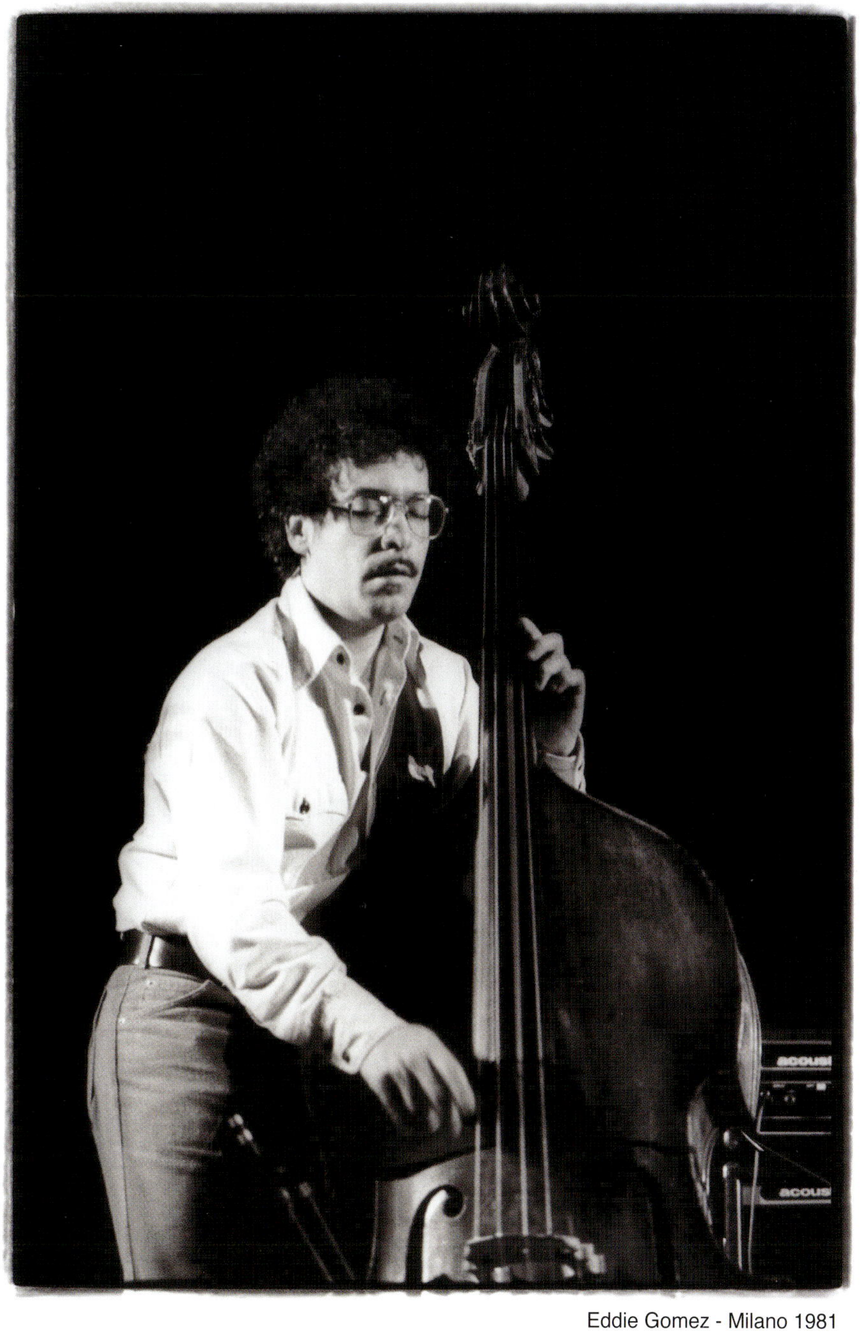

Eddie Gomez - Milano 1981

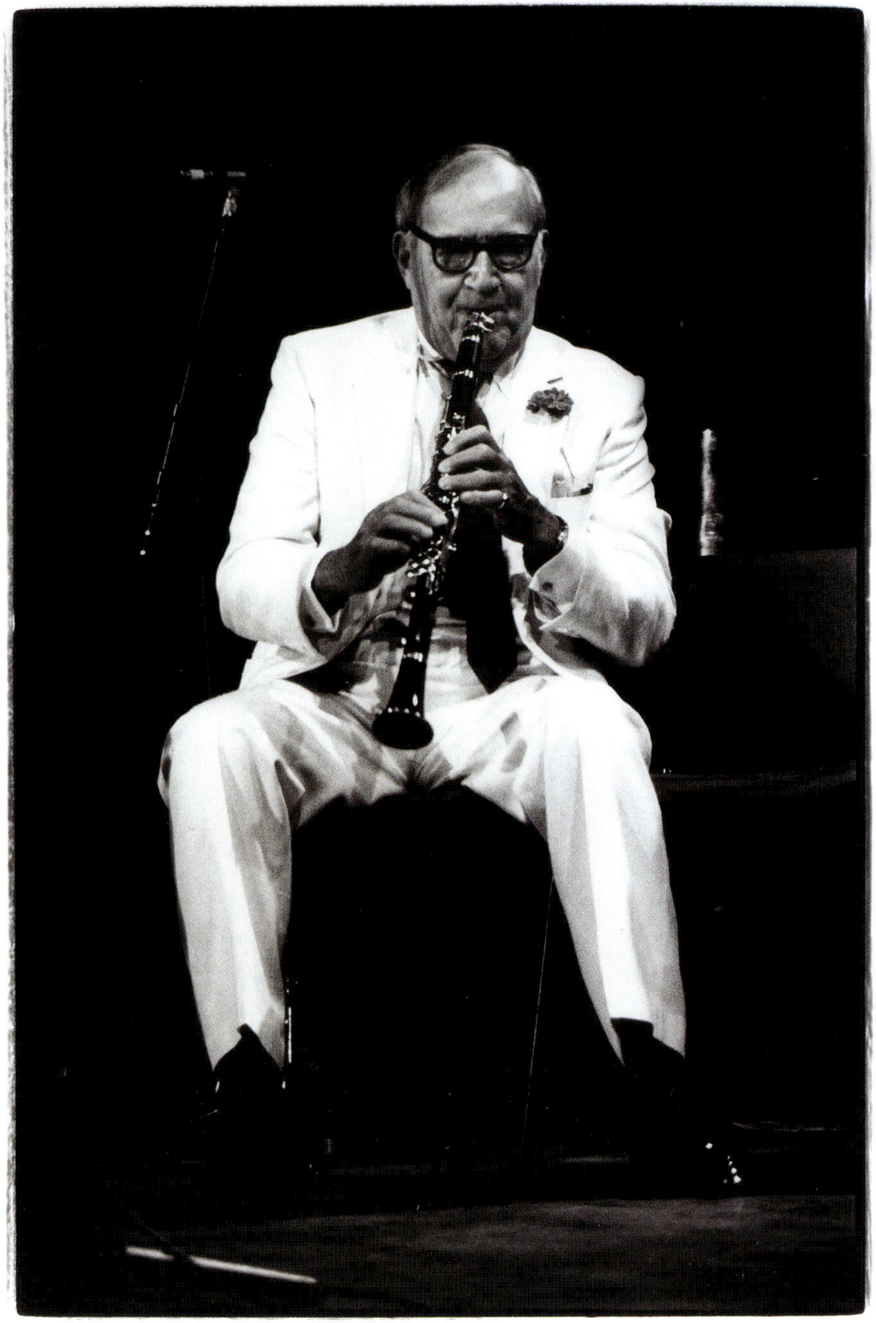

Benny Goodman - Aja 1982

Era un allegro vecchietto quello che mi comparve davanti quasi venticinque anni fa sul palco. Un maestro del jazz Benny Goodman, del clarinetto anche, primato che divideva con Artie Shaw. Un maestro che ha fatto scuola, che ha divertito generazioni intere con il suo jazz soffice e spensierato, almeno cos□ sembrava. Sin dagli anni venti, inventando il jazz in quel magma musicale dell□epoca che andava formando stili e personalit□.

I remember seeing one happy old guy on stage almost twenty-five years ago. A jazz maestro and unrivaled clarinet player, matched only by Artie Shaw. A groundbreaking artist, his cool and soft style has delighted generations since the 20's which definitely was a decade of significant atistry.

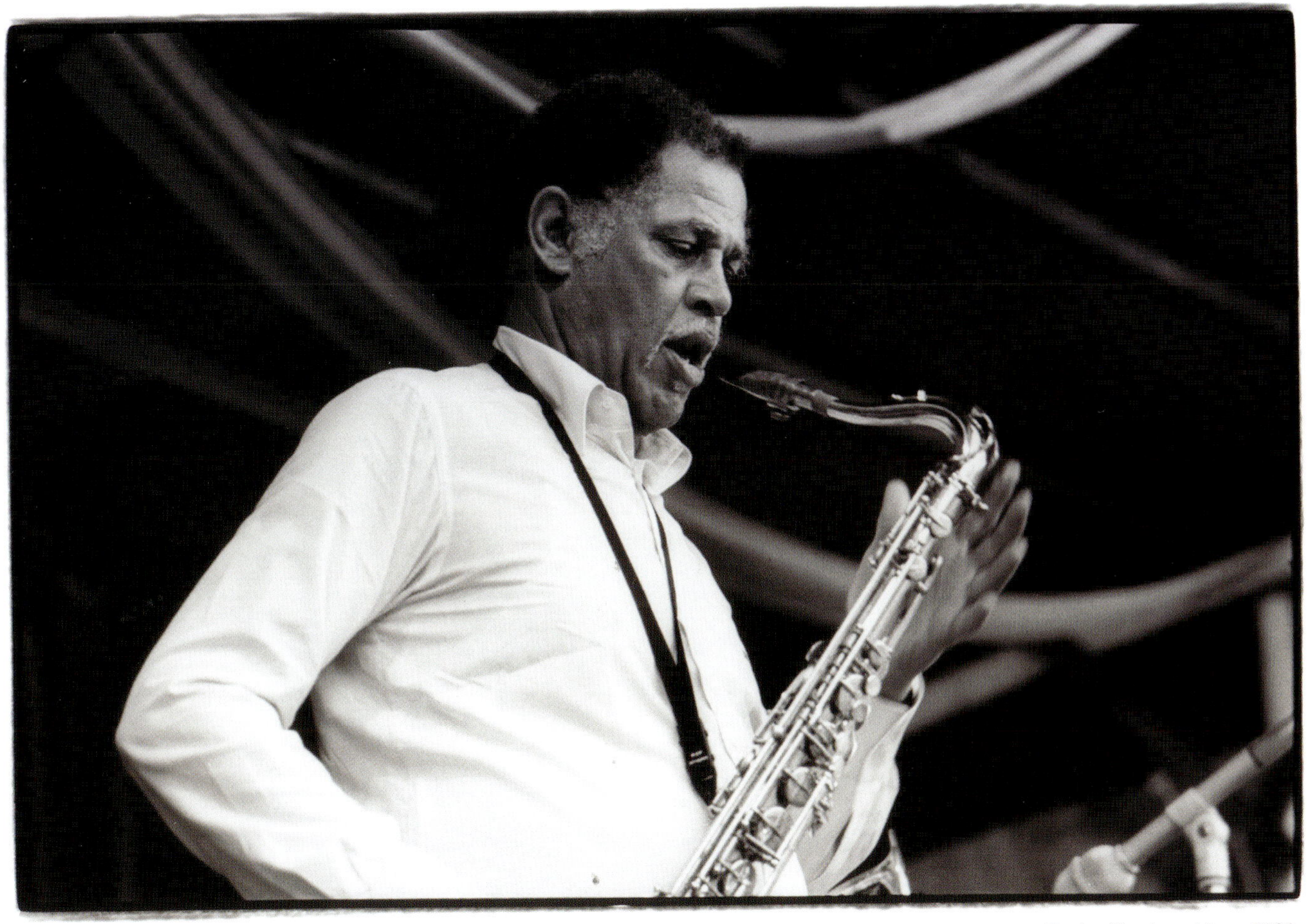

Dexter Gordon - Nizza 1981

Vacillava un poco sul palco il grande Dexter Gordon. E mi faceva una certa impressione. Ma inumidita l□ancia del suo sax tenore cominci□ a suonare con quel suo modo personale. E subito la situazione cambi□. Non vacillava pi□, era sicuro dentro la sua musica.

He was staggering a bit on the stage and that kind of touched me. He damped his saxophone's mouthpiece and started playing. No more staggering then, he was safe in his music.

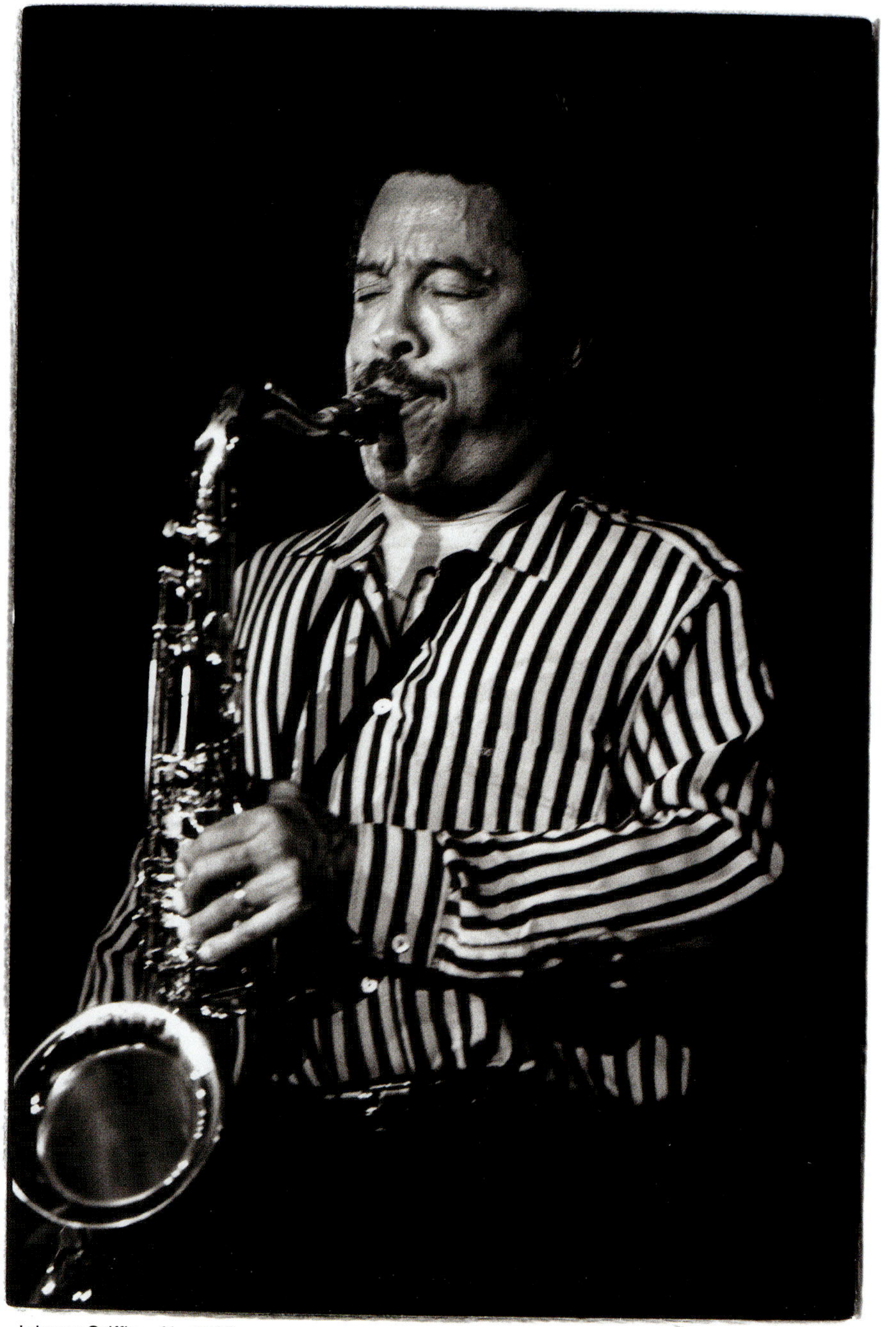
Johnny Griffin - Aja 1982

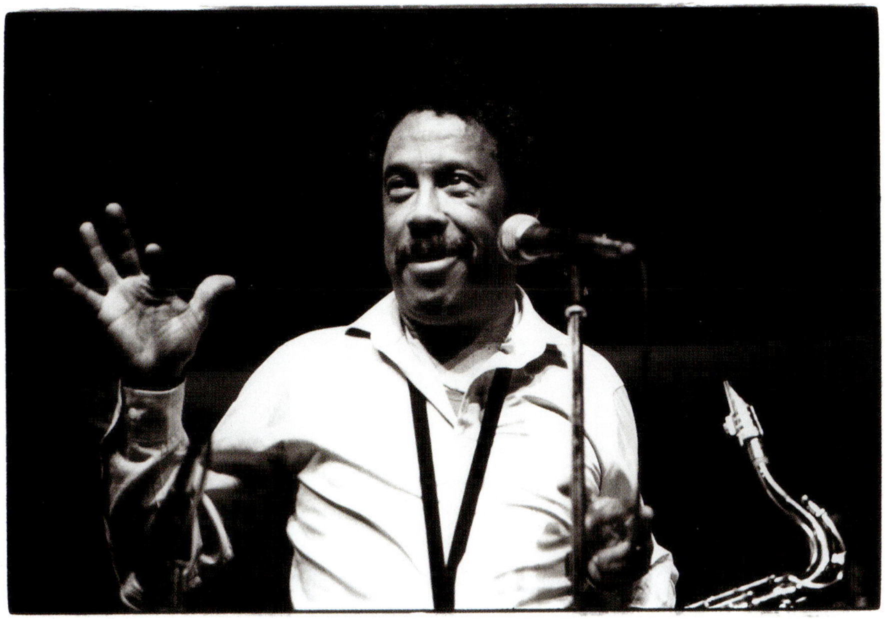

Johnny Griffin - Aja 1980

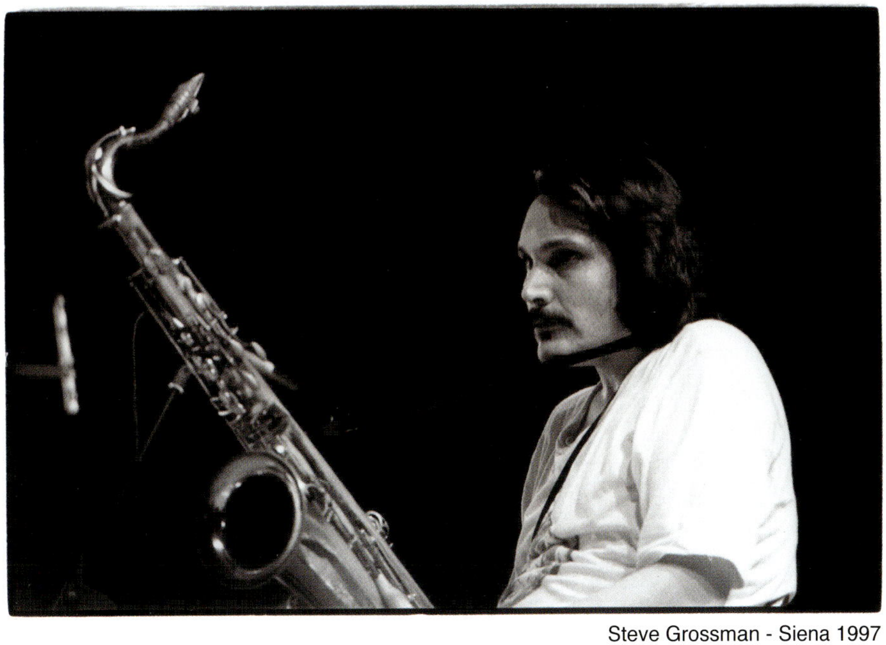

Steve Grossman - Siena 1997

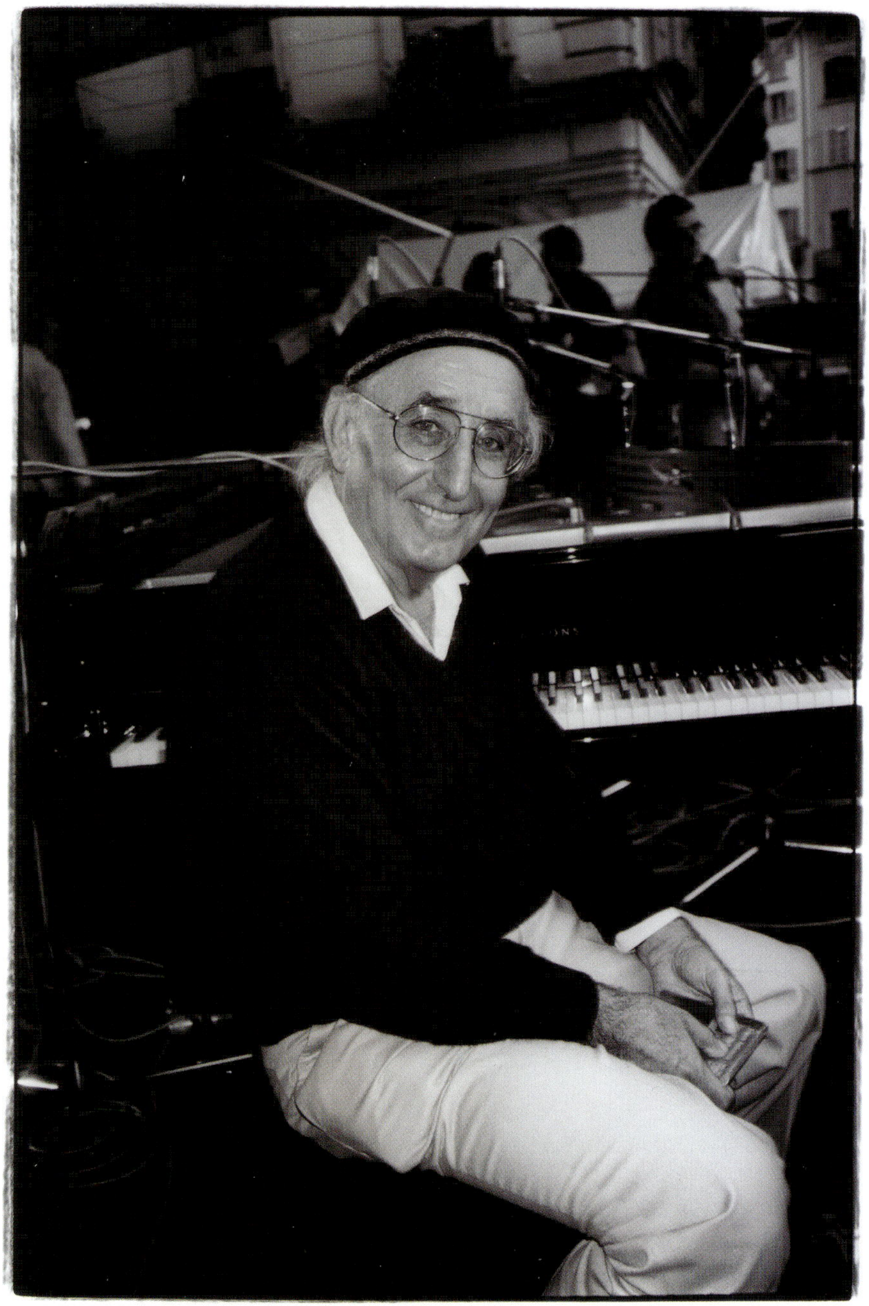

Friederich Gulda - Lugano 1993

H

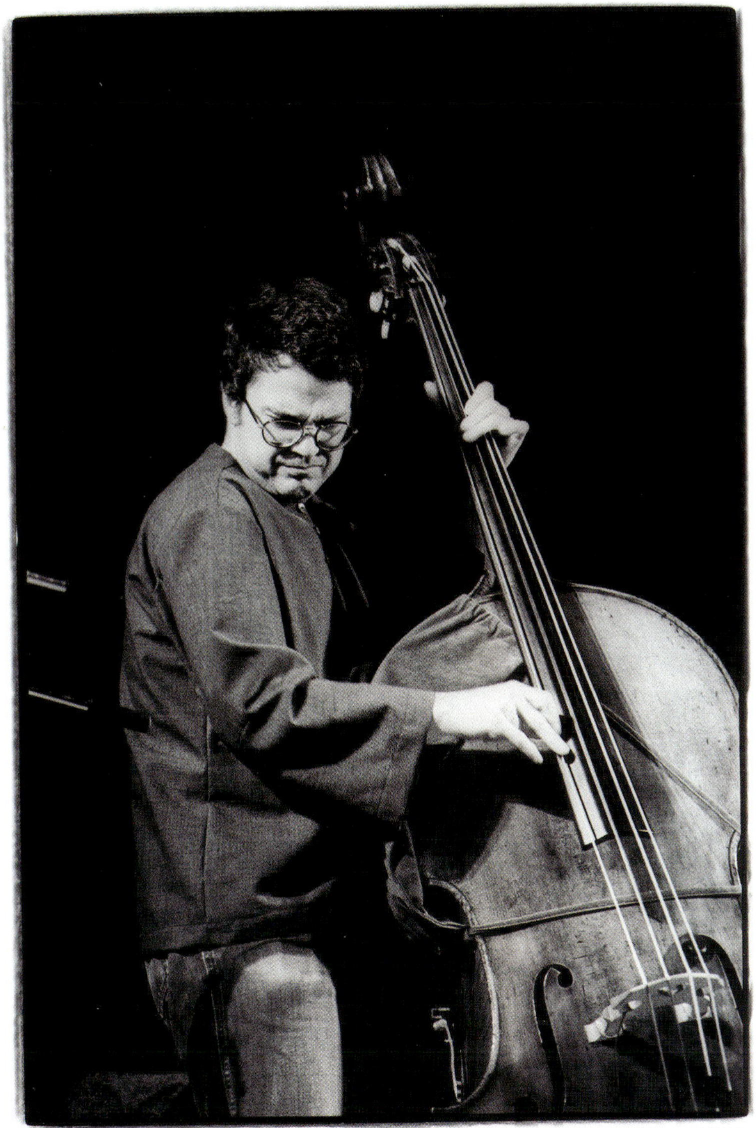

Charlie Haden - Milano 1980

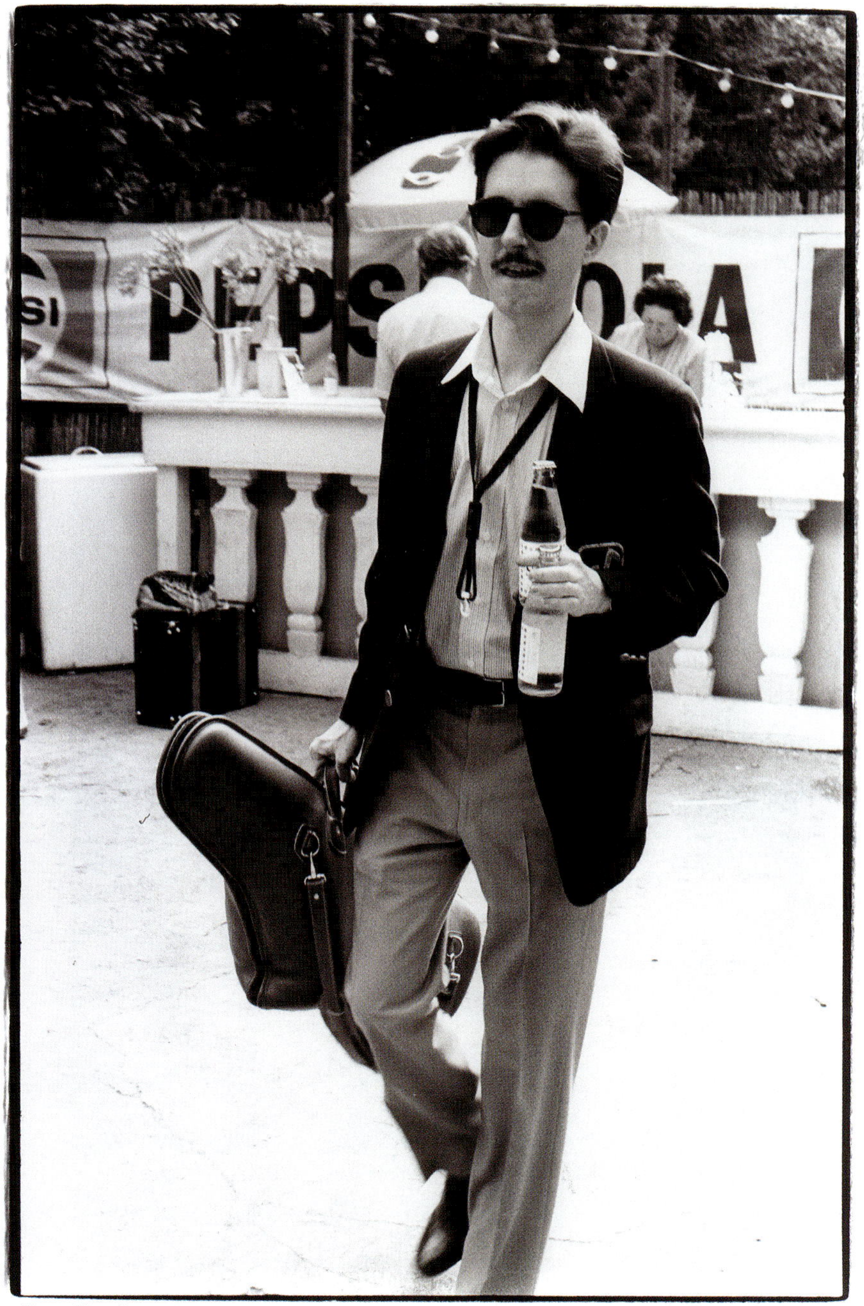

Scott Hamilton - Nizza 1981

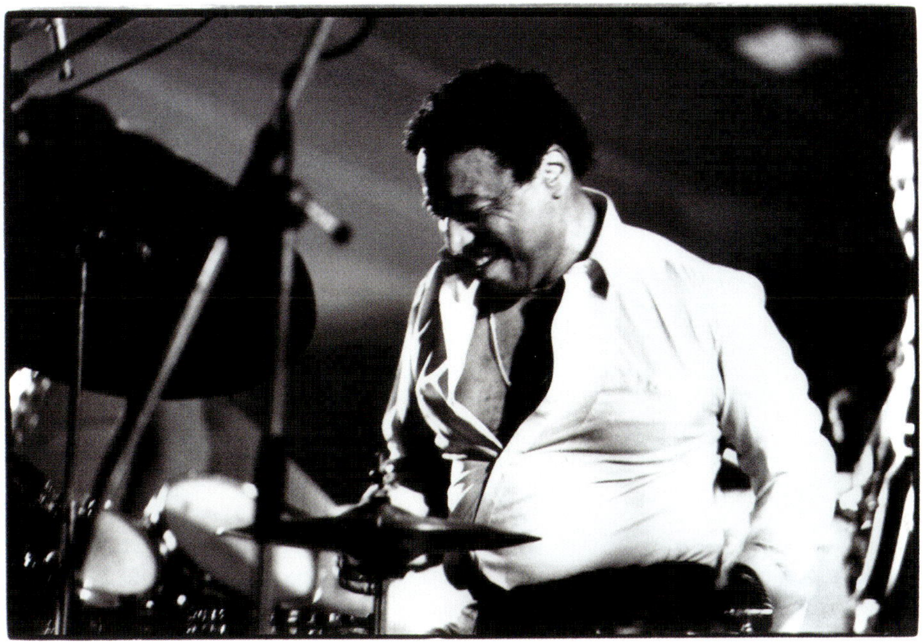

Chico Hamilton -Aja 1980

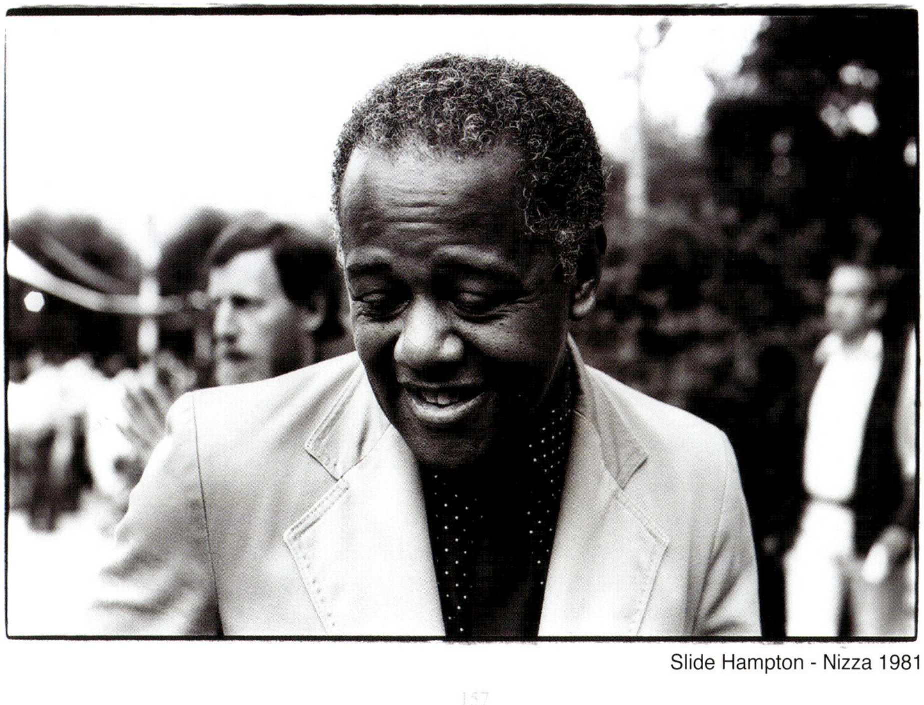

Slide Hampton - Nizza 1981

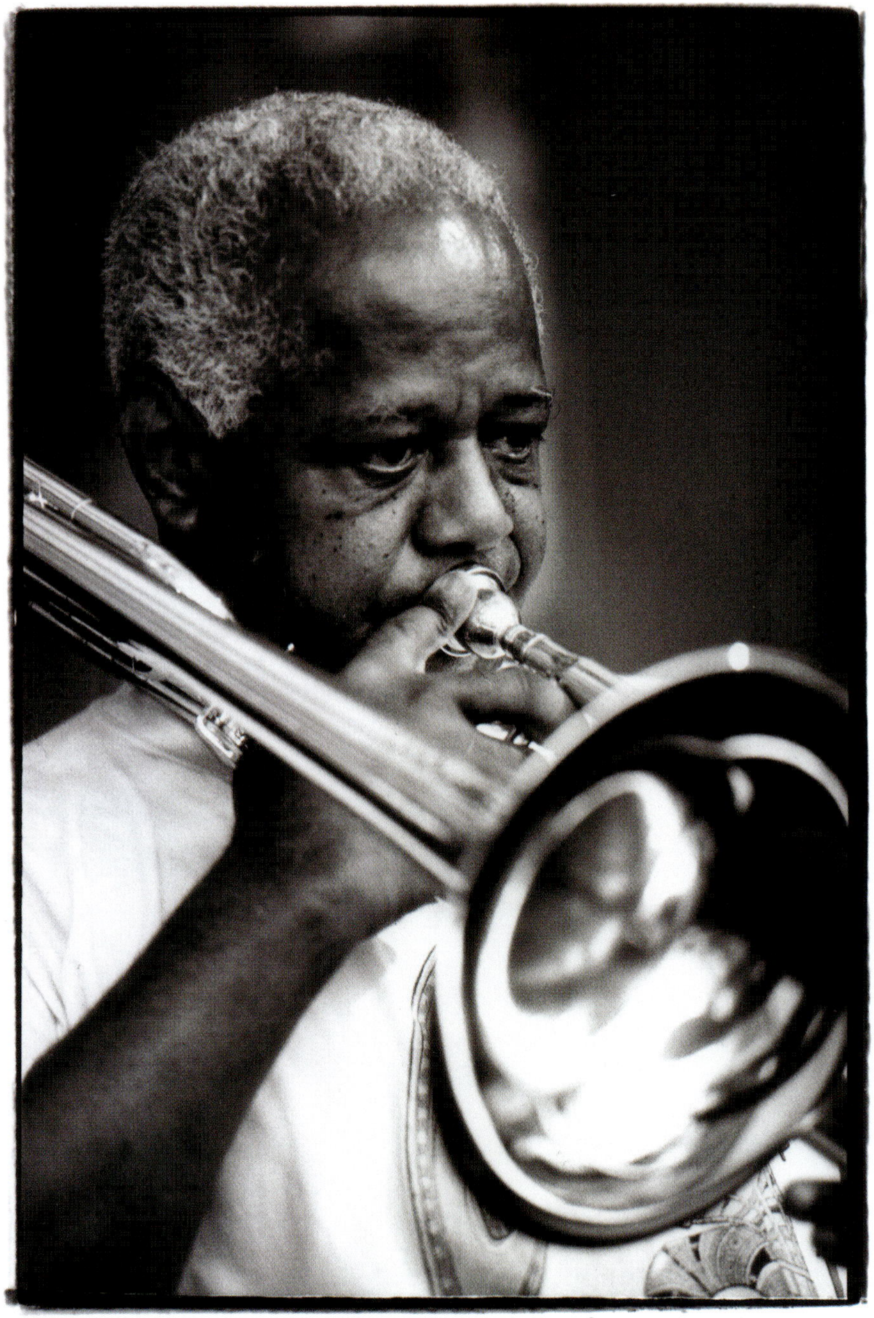

Slide Hampton - Lugano 1997

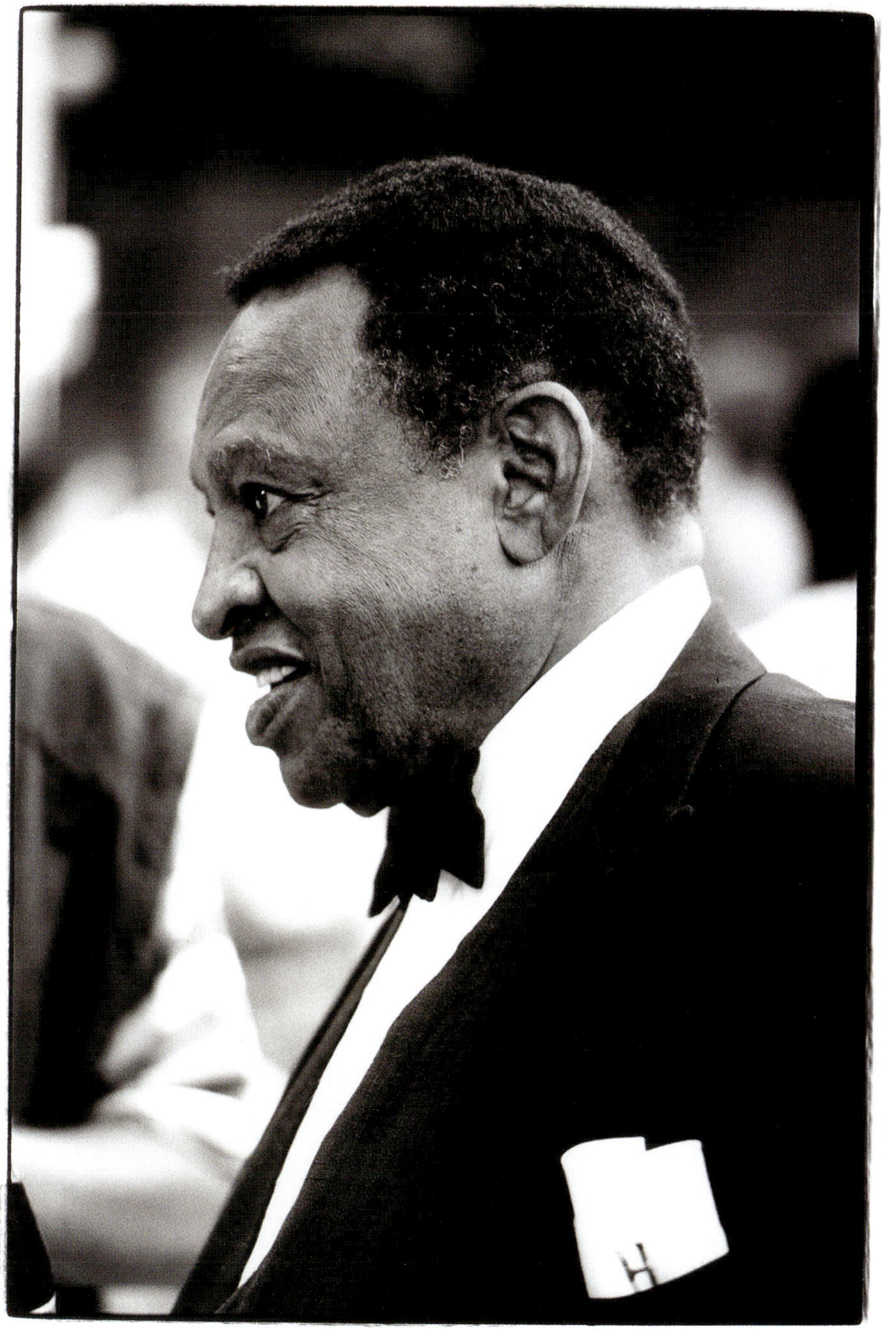

Lionel Hampton - Nizza 1984

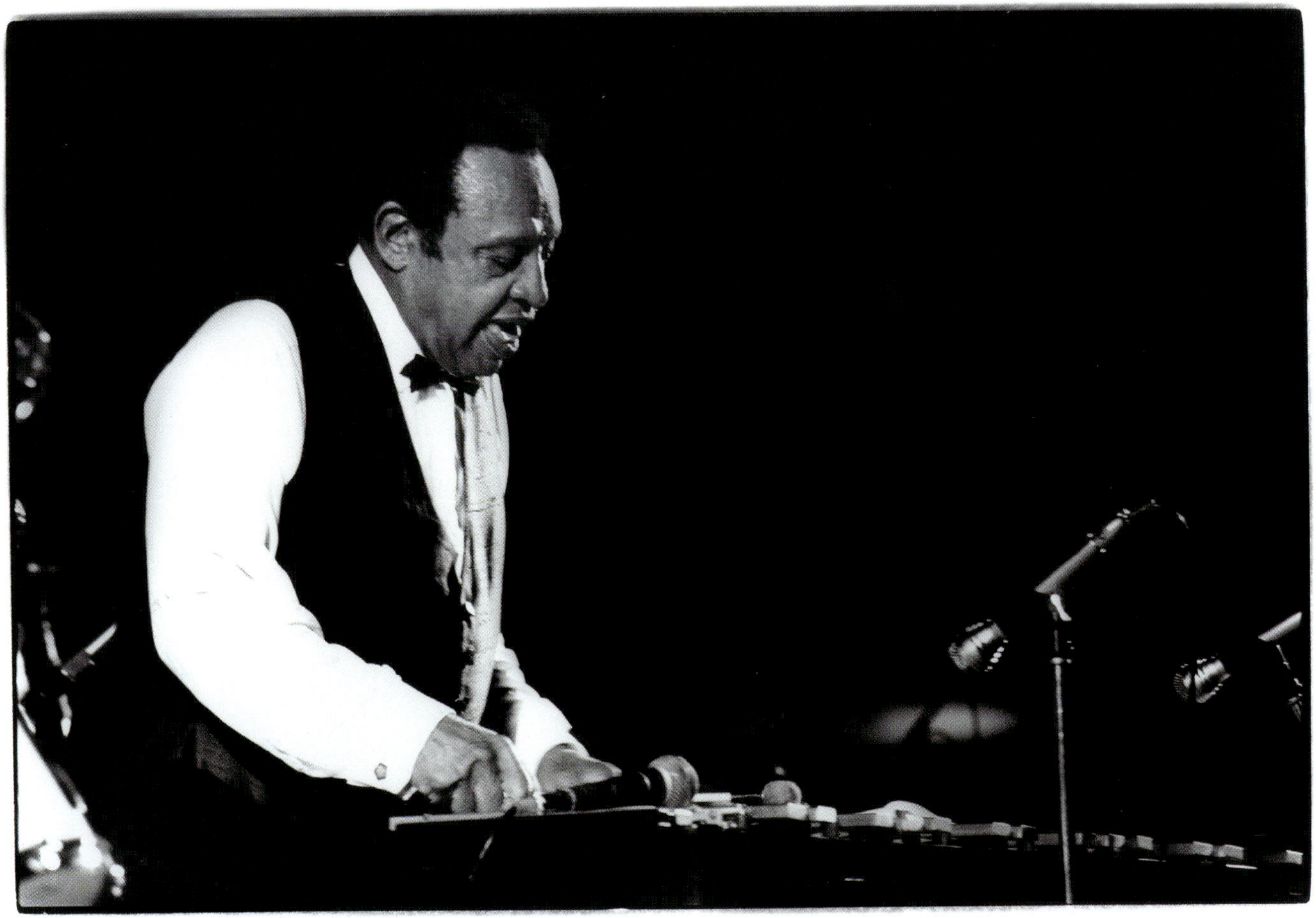

Lionel Hampton - Aja 1982

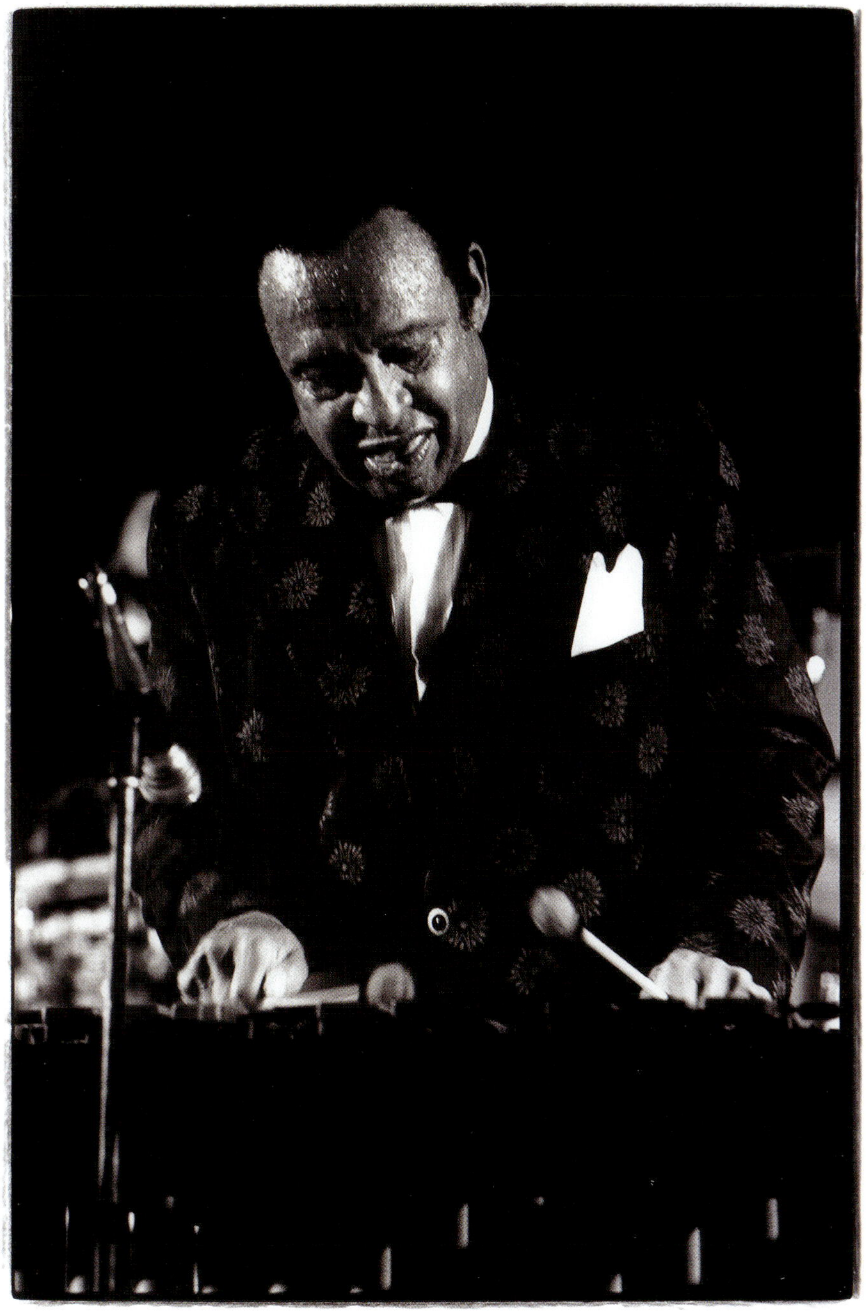

Lionel Hampton - Aja 1982

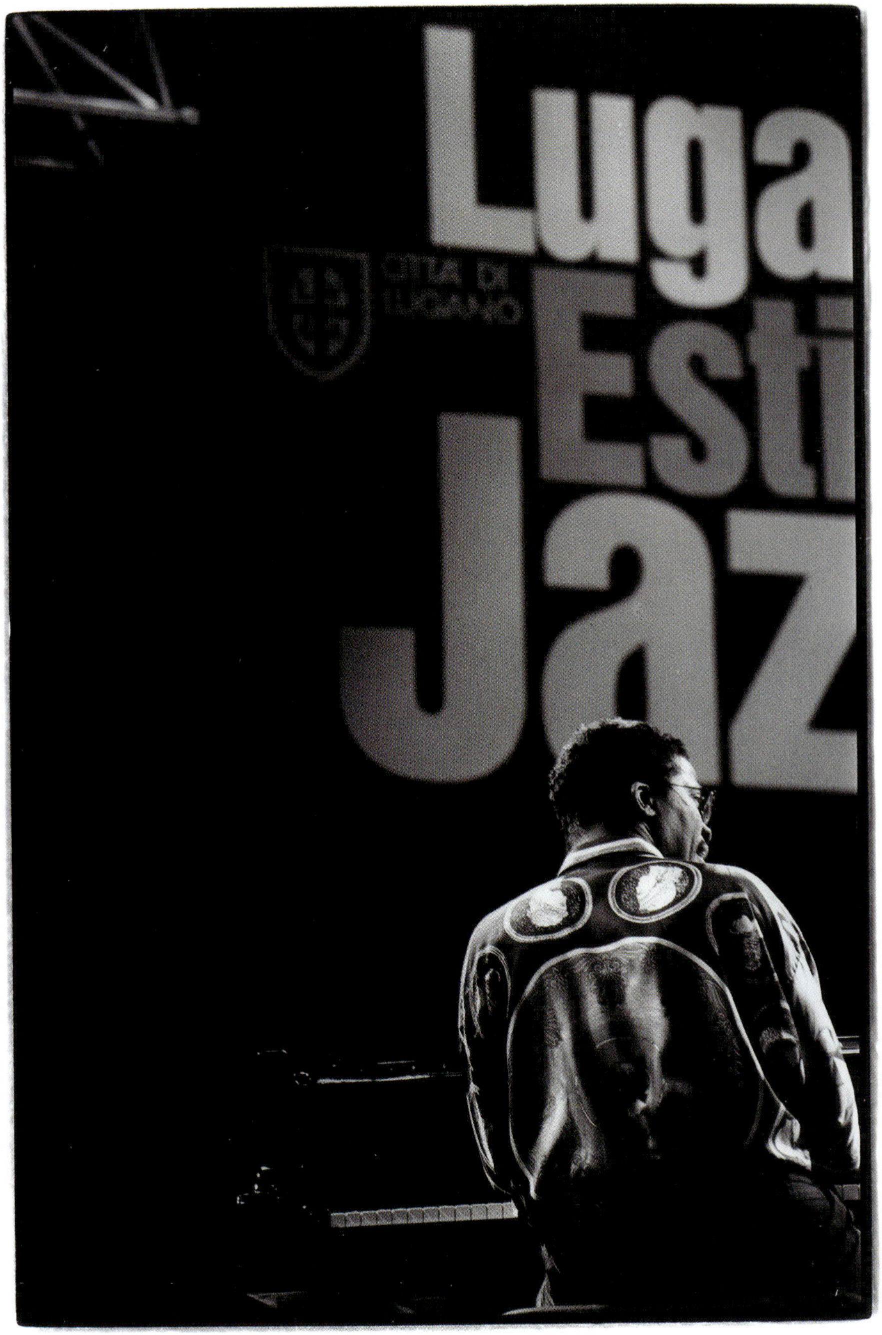

Herbie Hancock - Lugano 1992

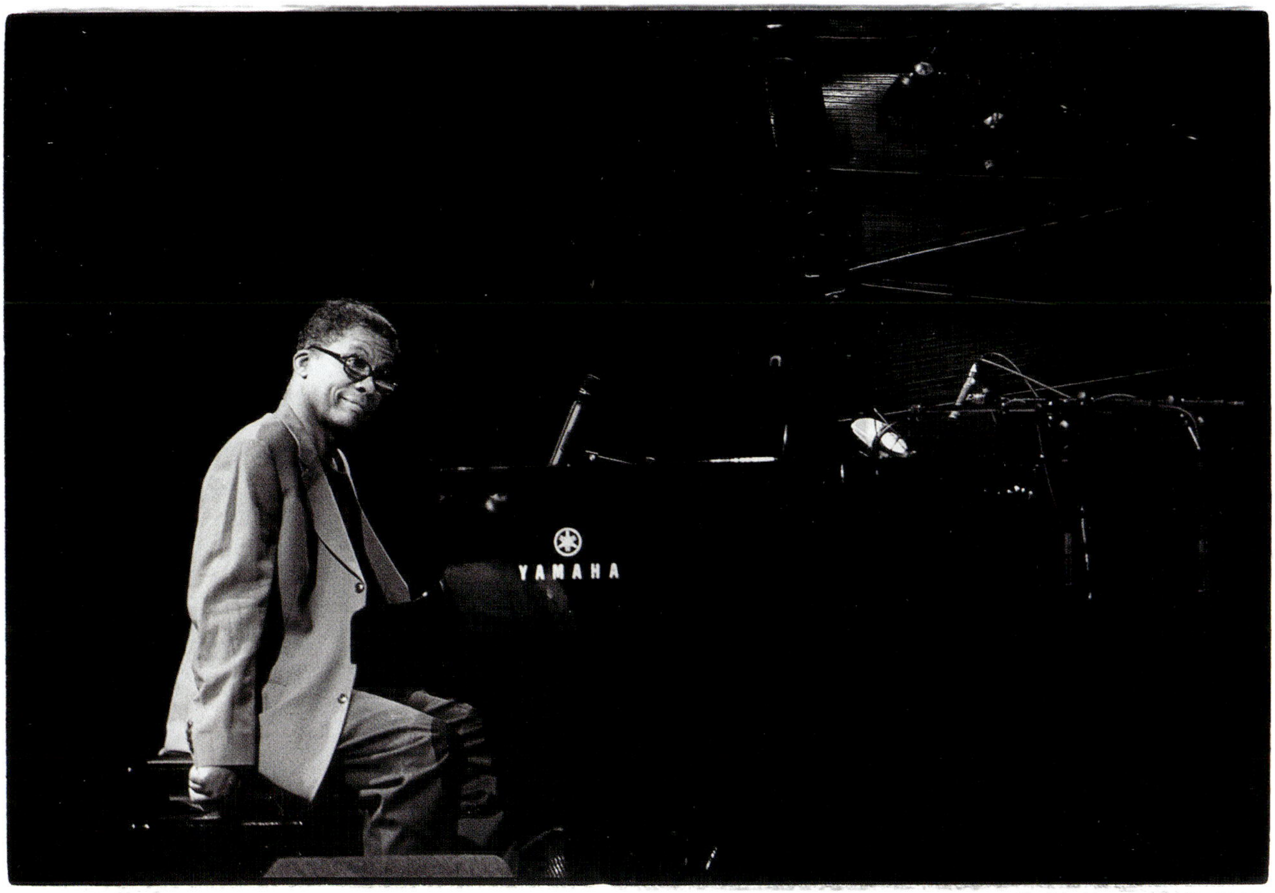

Herbie Hancock - Aja 2000

Cantalupe Island, Takin'off, Maiden Voyage sono solo alcuni dei capolavori di Herbie Hancock. E poi le colonne sonore, Blow Up per Michelangelo Antonioni, le musiche per Round Midnight di Bertrand Tavernier con uno splendido Dexter Gordon ed altre ancora. E' davvero uno dei più importanti musicisti jazz che questa musica ha espresso nel corso del suo divenire. A soli undici anni è già solista nella Chicago Simphony Orchestra interpretando Bach. Cantalupe Island è del 1964 e Herbie aveva solo ventiquattro anni, suonata con Hugh Masekela alla tromba, musica molto moderna, potrebbe essere stata scritta oggi. E poi la svolta elettrica, anzi ancor prima, il sodalizio con Miles Davis. Esiste una registrazione stupenda e raccomandabile a tutti, effettuata ad Antibes con il quintetto di Miles dei primi anni '60, con un giovanissimo Tony Williams alla batteria, Ron Carter al basso e George Coleman al tenore. Gran musicista e compositore fine e fecondo il grande Herbie.

Cantalupe Island, Takin'off, Maiden Voyage are just some of the many Herbie Hancock's masterpieces. Then we have his soundtracks, on Blow Up by Michelangelo Antonioni, or Round Midnight by Bertrand Tavernier with a tremendous Dexter Gordon and so much else. He really is one of the most important jazz musicians this genre has ever been able to express. At only eleven, he already was a solo player in the Chicago Symphony Orchestra playing Bach. Cantalupe Island came out in 1964 when Herbie was only twenty-four, featuring Hugh Masekela on trumpet, such a cutting-edge piece, it might as well be written today. Then, before switching to electric, he teamed up with Miles Davis. There's an amazing recording made in Antibes with Miles'quintet from the early 60's, there was a young Tony Williams on drums, Ron Carter on bass and George Coleman on tenor. Herbie is unrivaled.

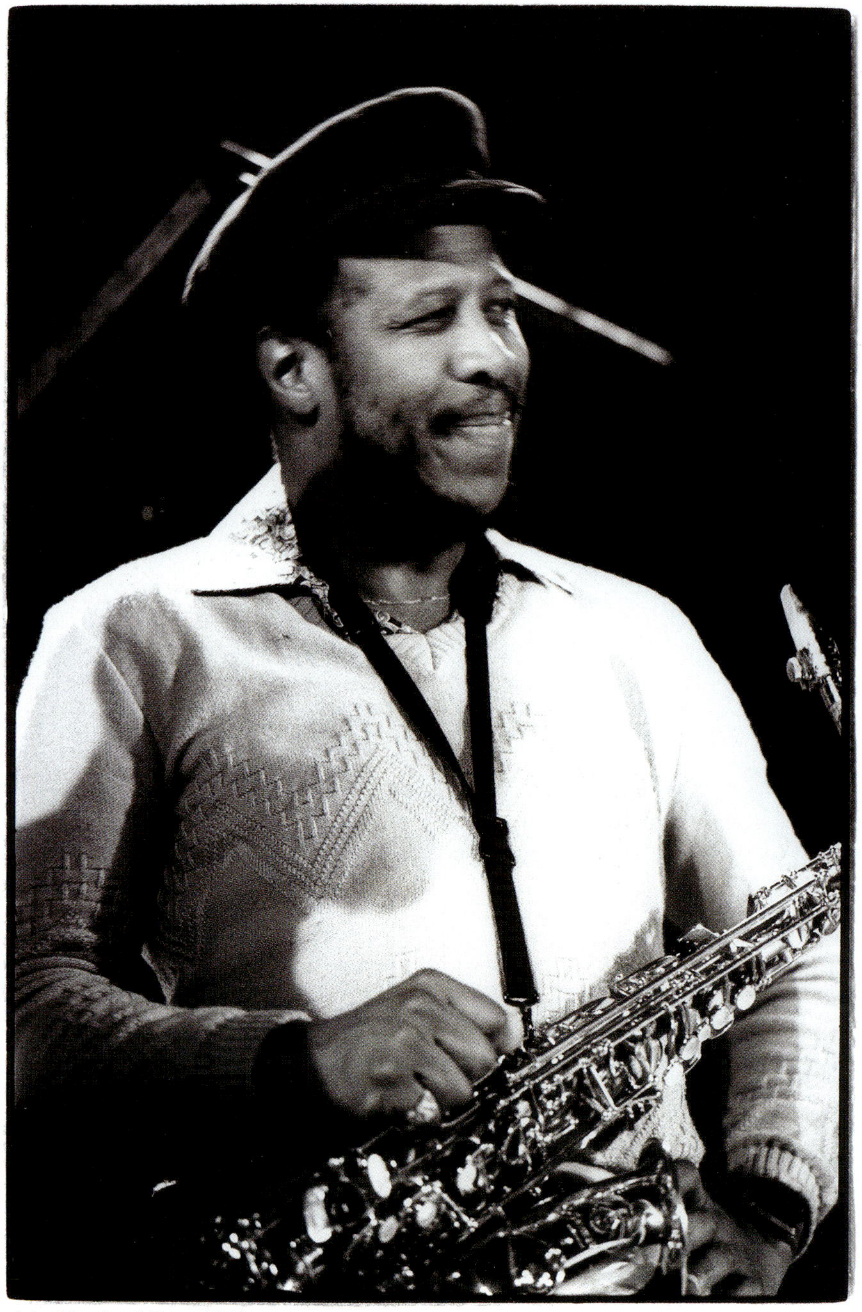
John Handy - Milano 1979

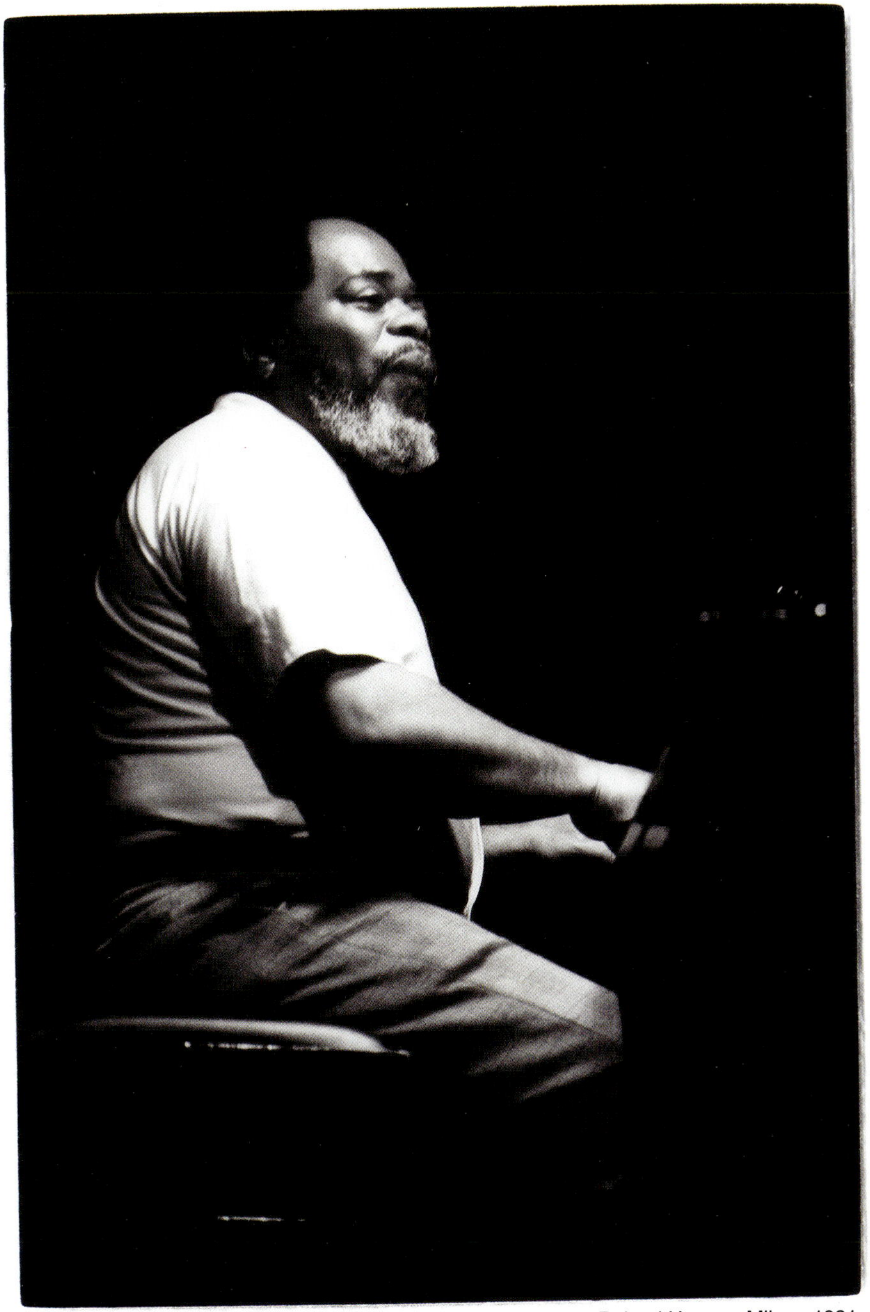

Roland Hanna - Milano 1981

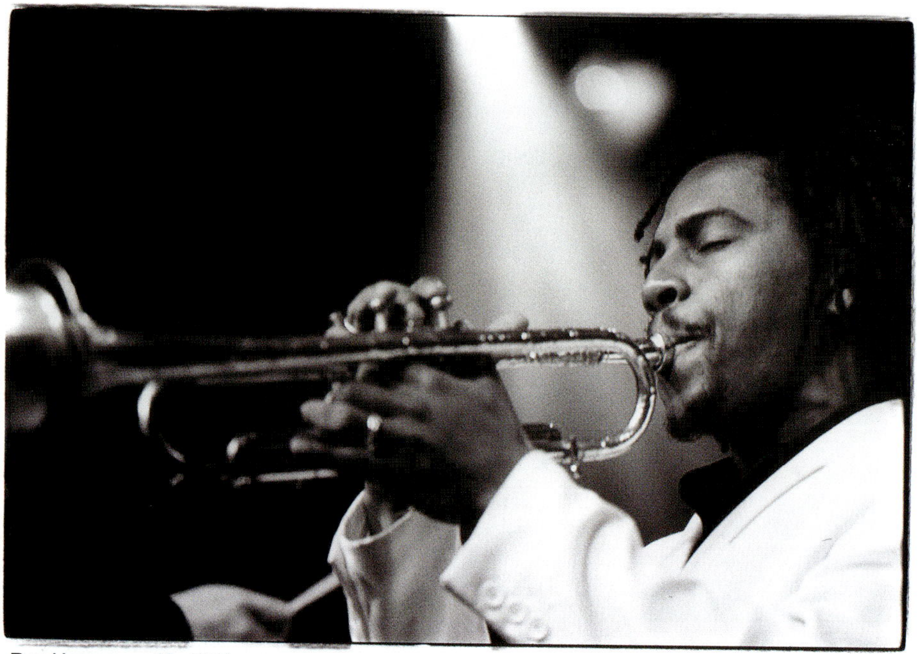
Roy Hargrove - Aja 2001

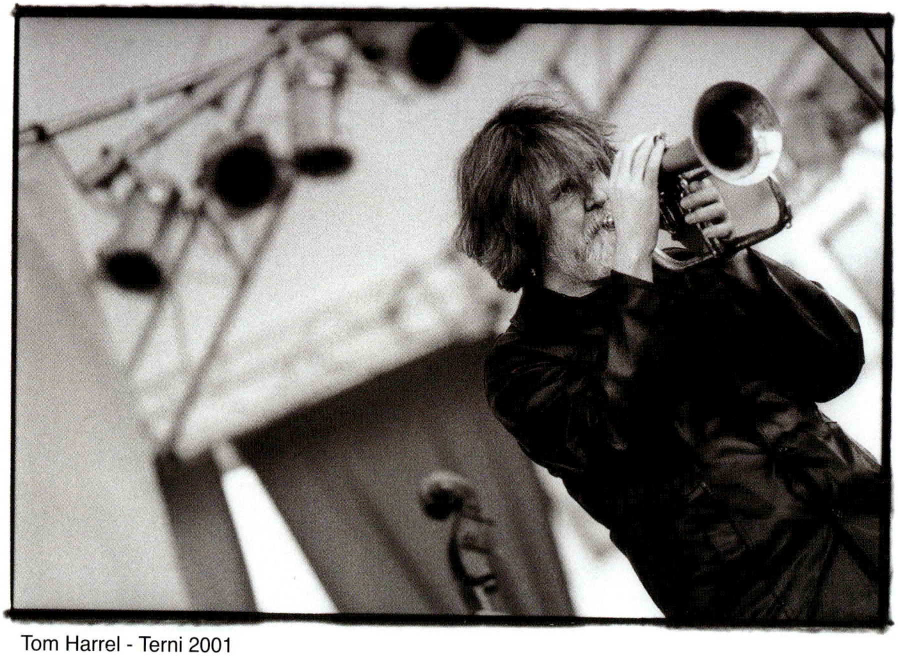
Tom Harrel - Terni 2001

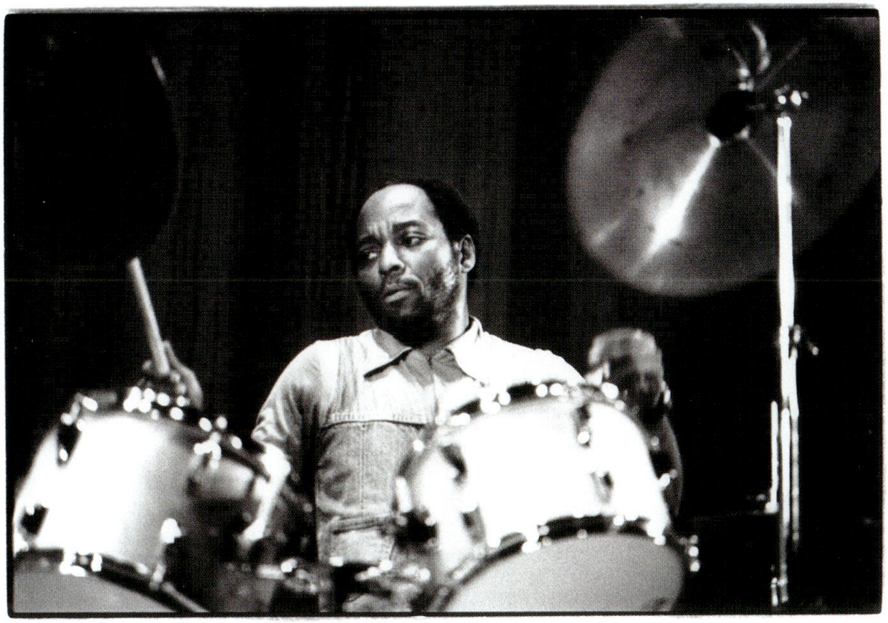
Beaver Harris - Milano 1979

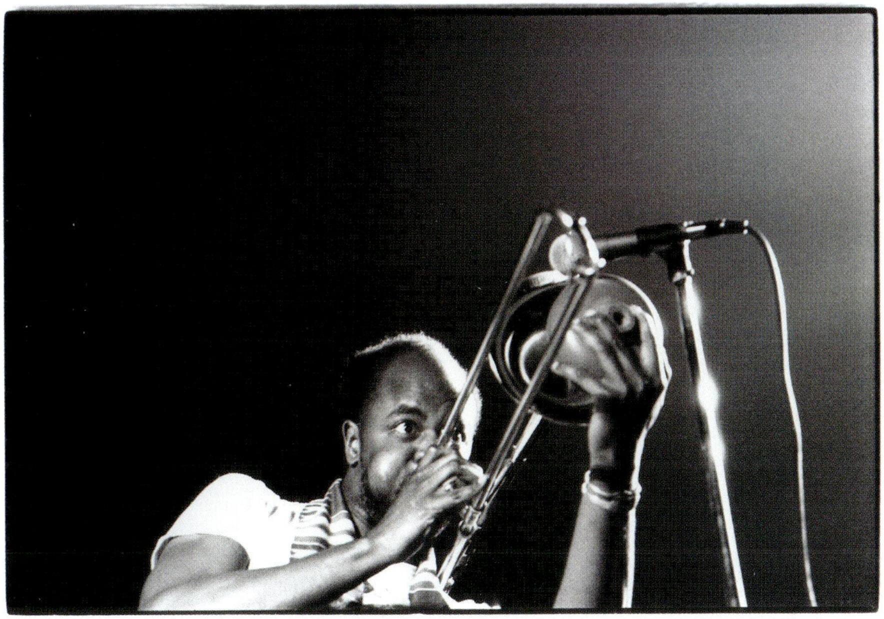
Craig Harris - Milano 1980

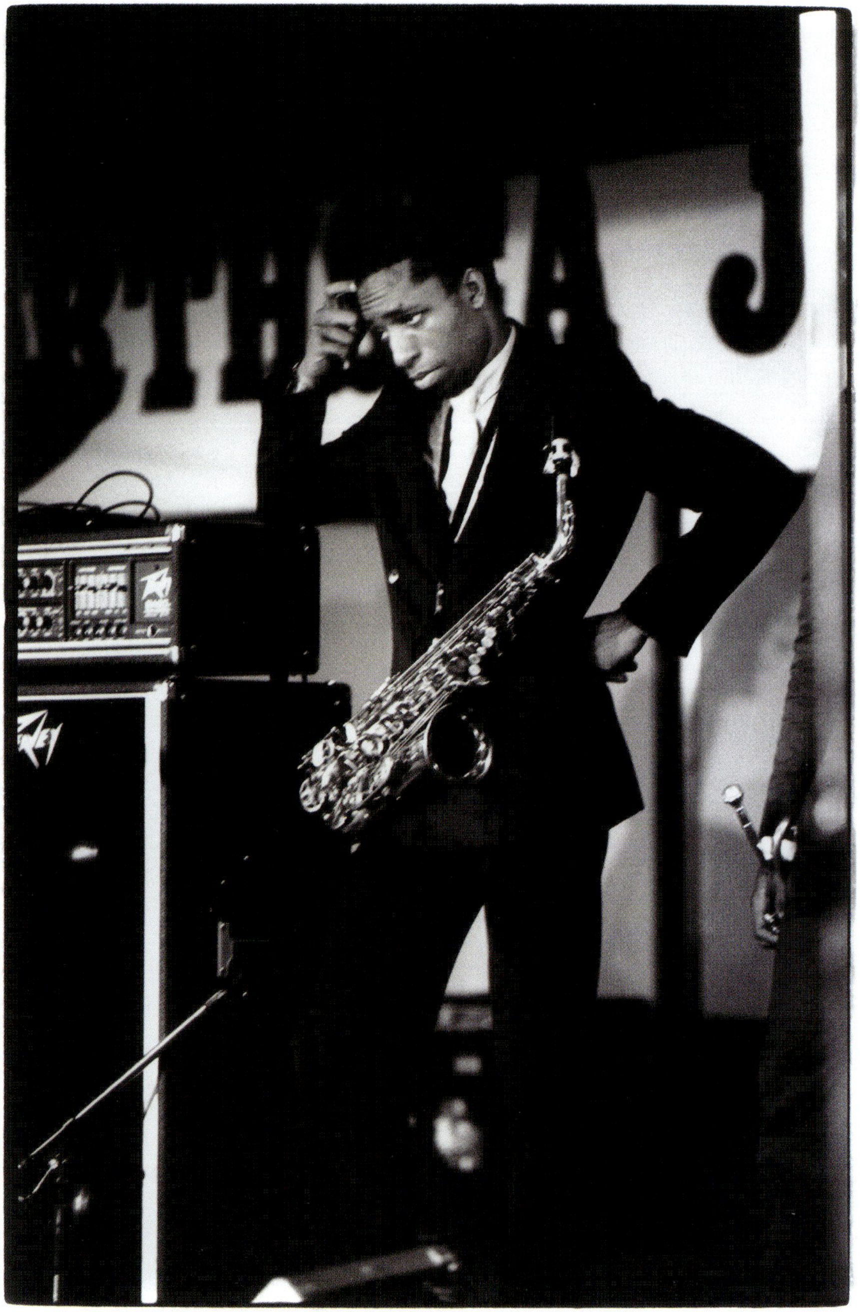
Donald Harrison - Aja 1982

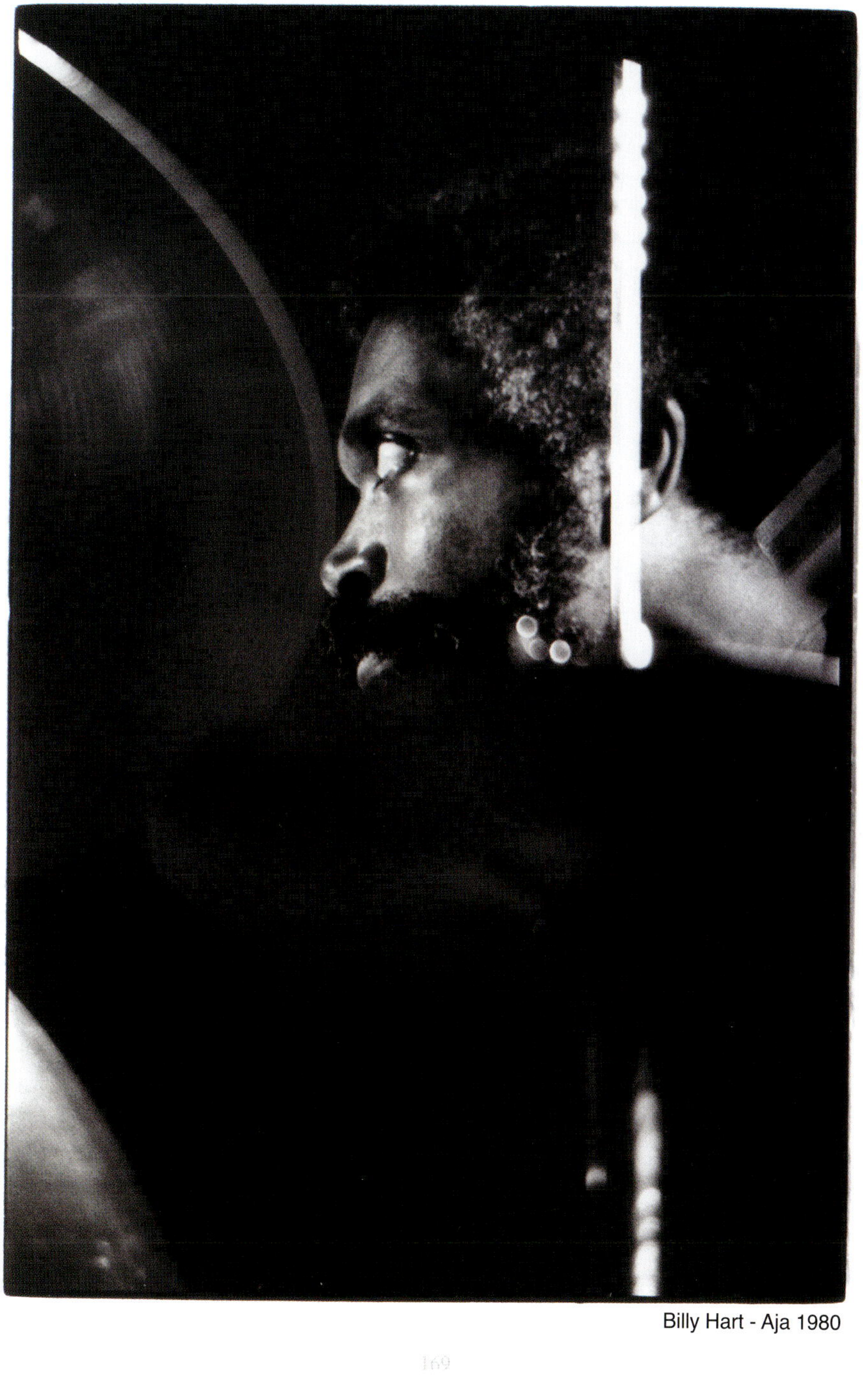

Billy Hart - Aja 1980

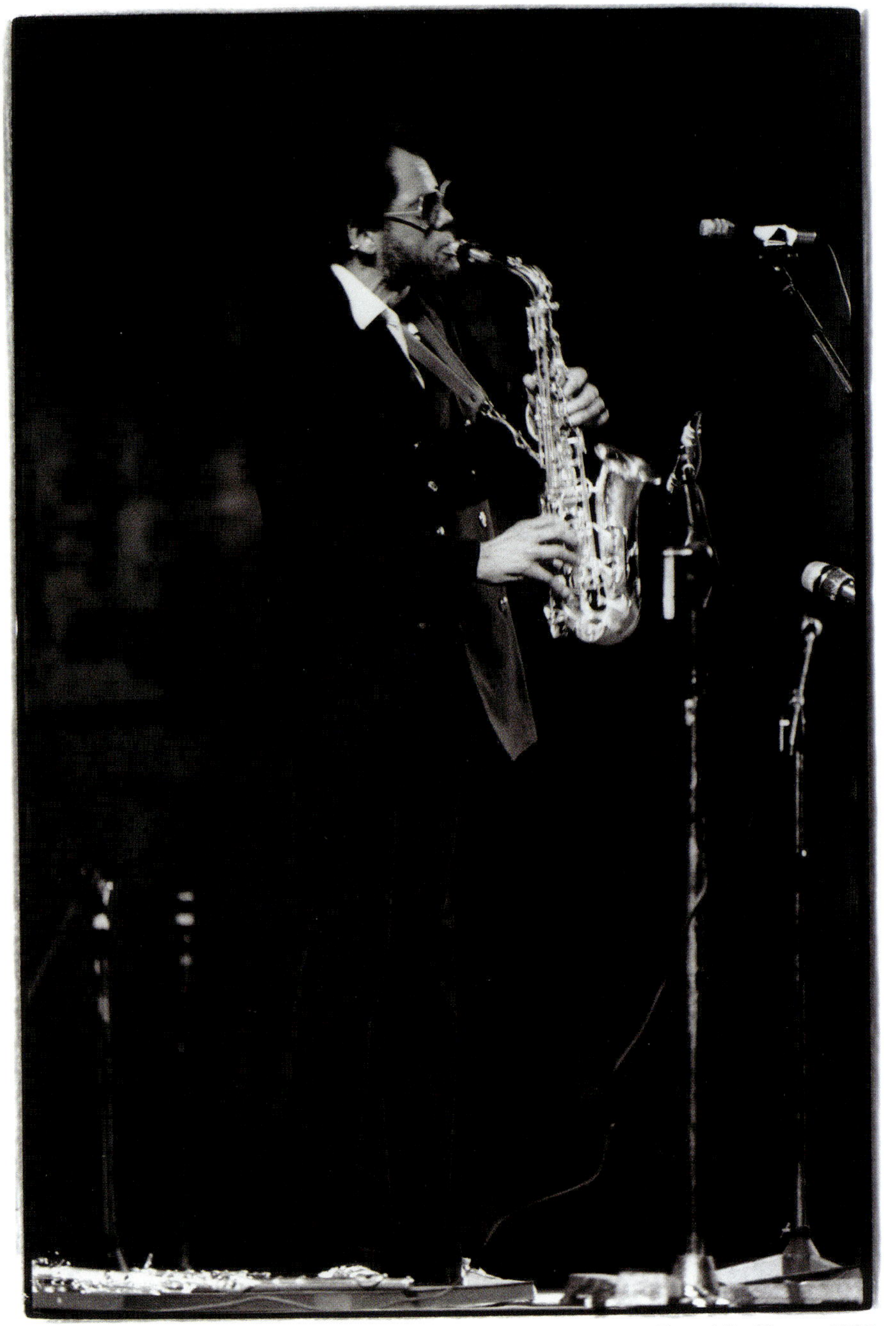

Julius Hemphill - Verona 1980

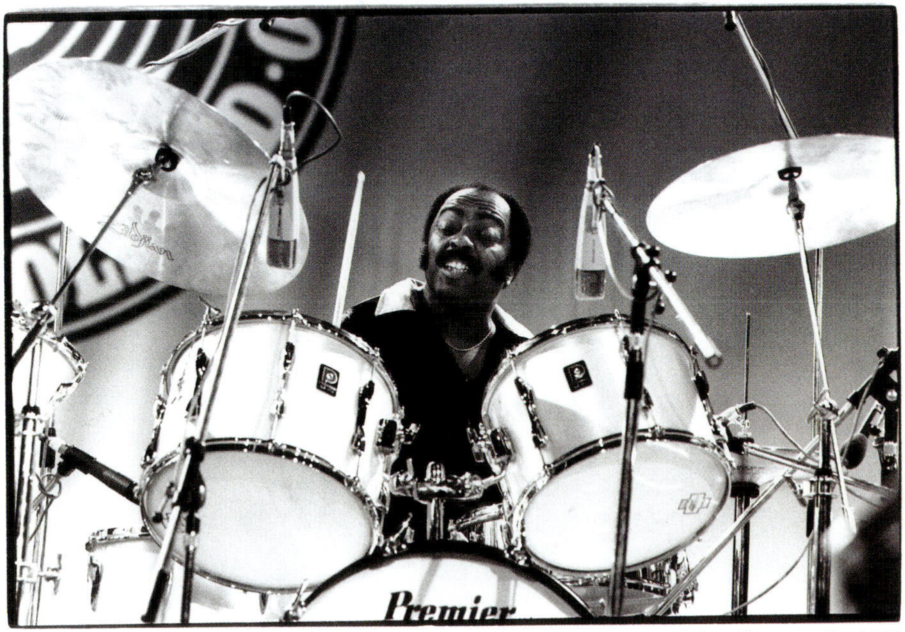

Roy Haynes - Aja 1980

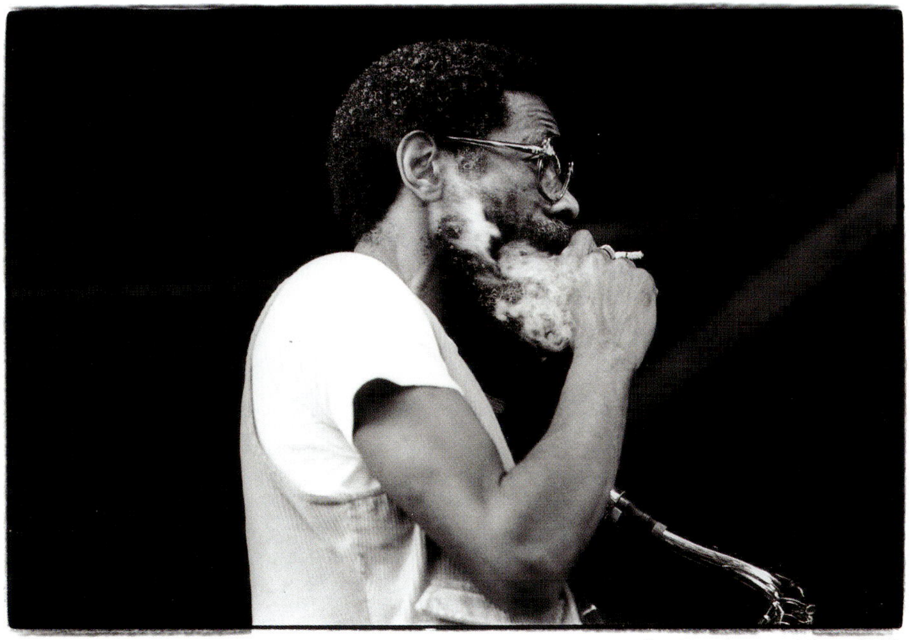

Joe Henderson - Nizza 1981

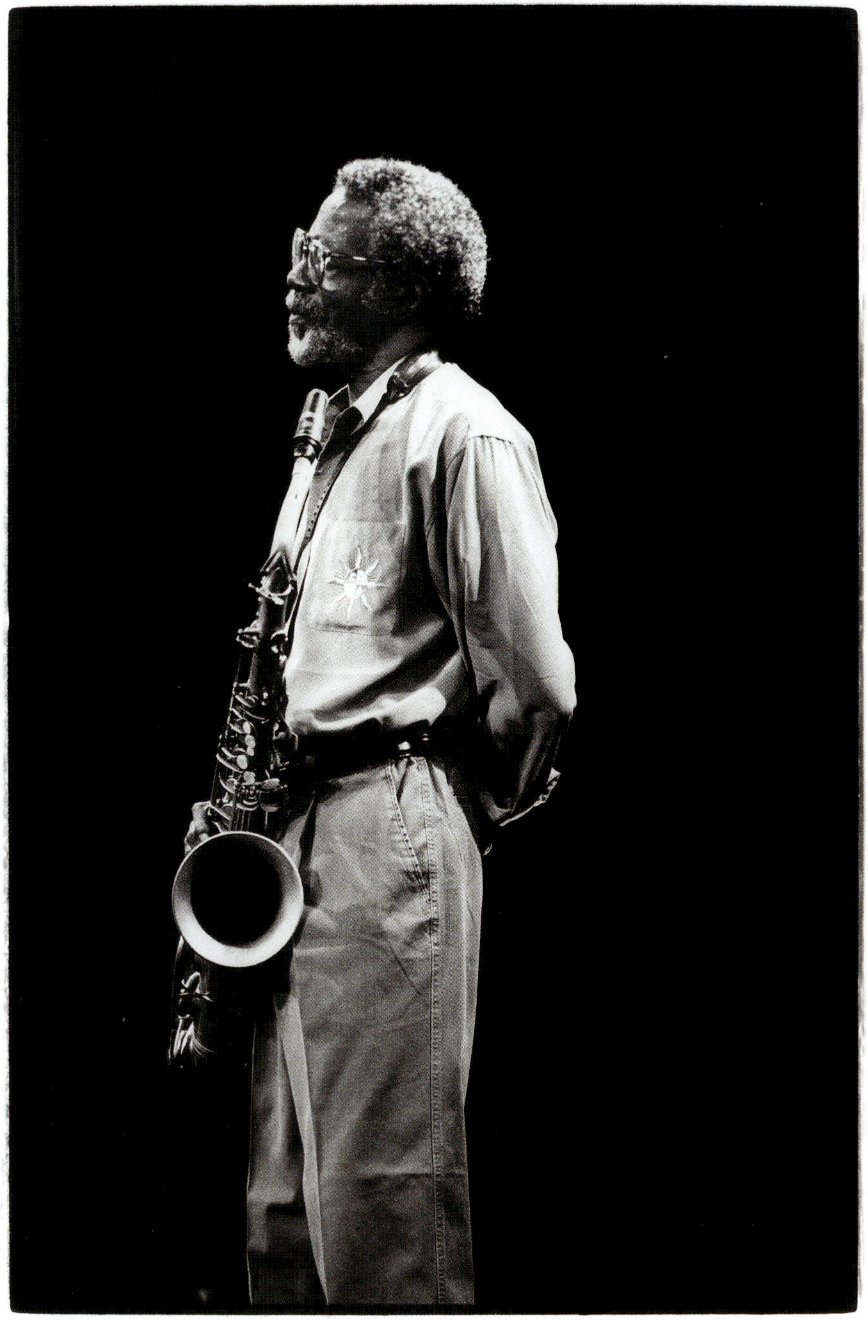

Joe Henderson - Lugano 1994

Sono molto contento che Joe Henderson abbia ricevuto tanti riconoscimenti di critica e di pubblico, seppur molto tardivamente. Sarebbe dovuto succedere molti anni prima, ma si sa che di ottimi musicisti, ignorati in vita e anche post, è piena la storia del jazz. Ben venga quindi questo aprire gli occhi e la mente davanti a questo grande sax tenore.

Even if a bit too late, Joe Henderson received the deserved critical acclaim. Well, it took a while, but we know how the story goes in such cases. I'm glad this helped open eyes and minds to this great tenor sax player.

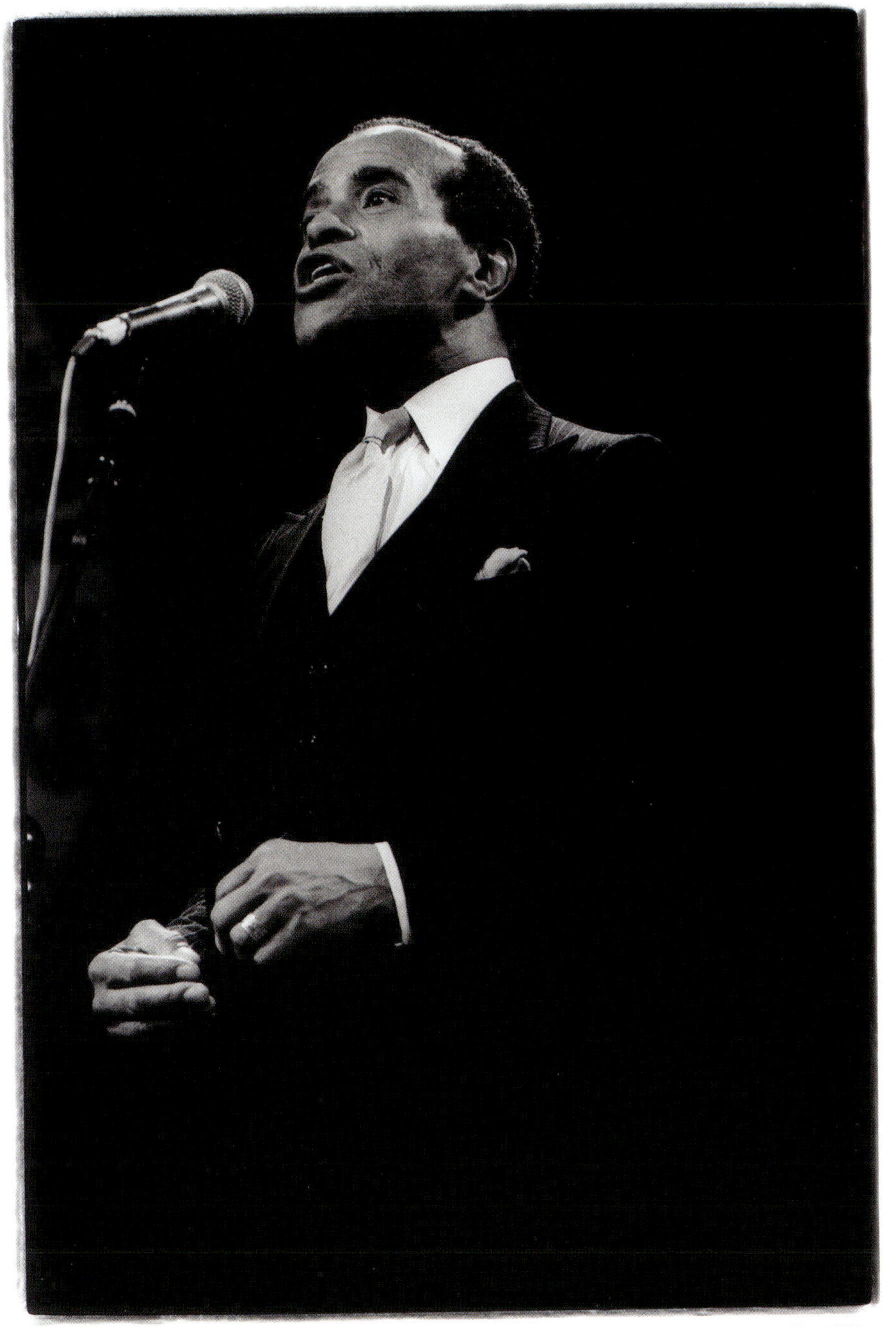

Jon Hendricks - Aja 1982

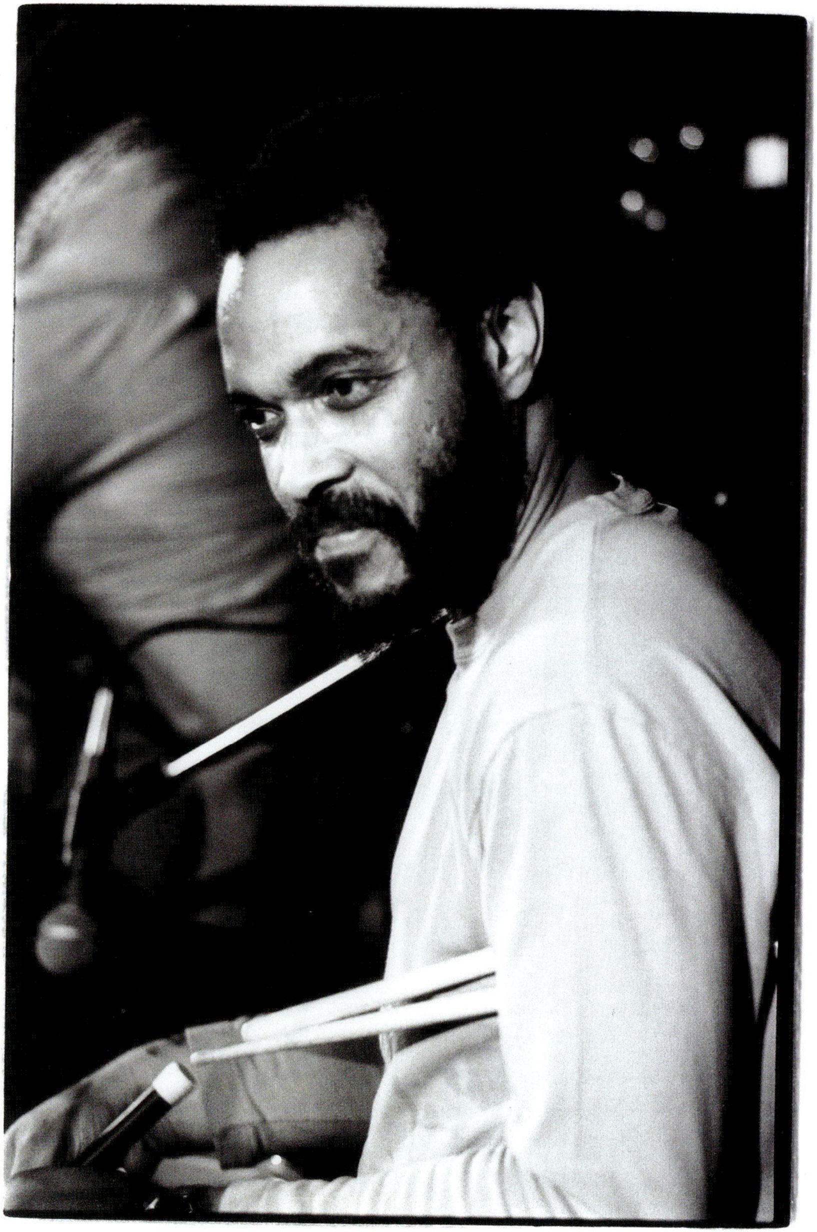

Billy Higgins - Milano 1979

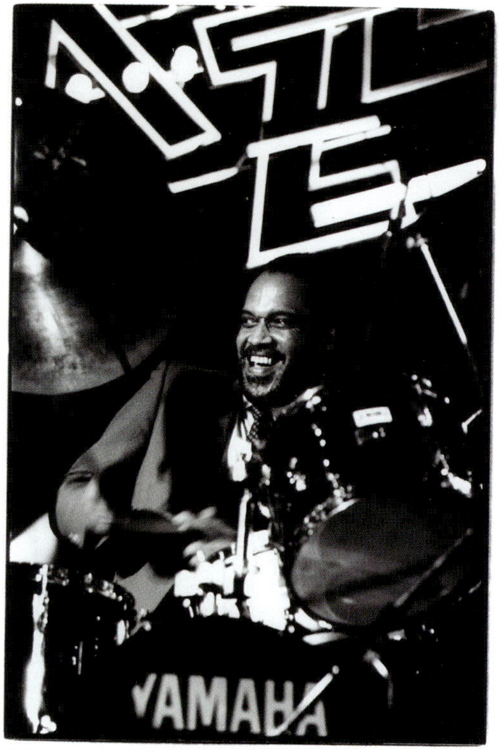

Billy Higgins - Milano 1988

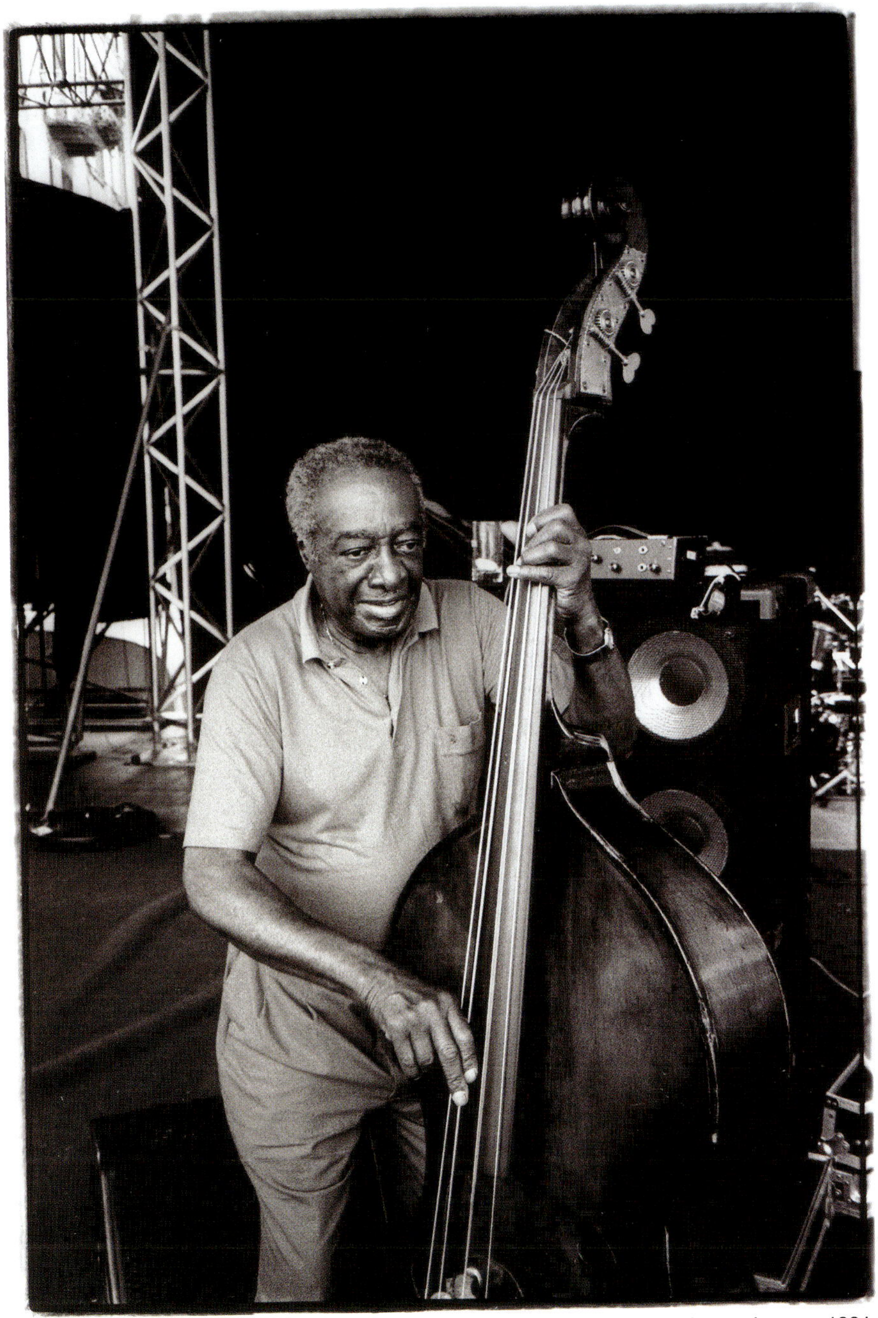

Milt Hinton - Lugano 1991

Il rigore musicale contraddistingue il bassista Dave Holland che alterna propri progetti musicali, molto belli, a collaborazioni di alto livello con Chick Corea, Anthony Braxton, Sam Rivers, Herbie Hancock, e non da ultimo Miles Davis che lo volle giovanissimo nel suo Bitches Brew. Dal punto di vista strumentale Dave è un maestro, le sue composizioni pur essendo molto moderne e godibili affondano le radici nel jazz puro ed hanno una tensione ed un rigore oggi piuttosto rari.

Bass player of outstanding musical rigor, alternating his own projects with high-profile collaborations with Chick Corea, Anthony Braxton, Sam Rivers, Herbie Hancock, and also Miles Davis who wanted the young Dave on his Bitches Brew. Instrumentally speaking, he is a mastermind, his compositions sound very modern, yet the roots of pure jazz are still there, creating a rare tension and vibe.

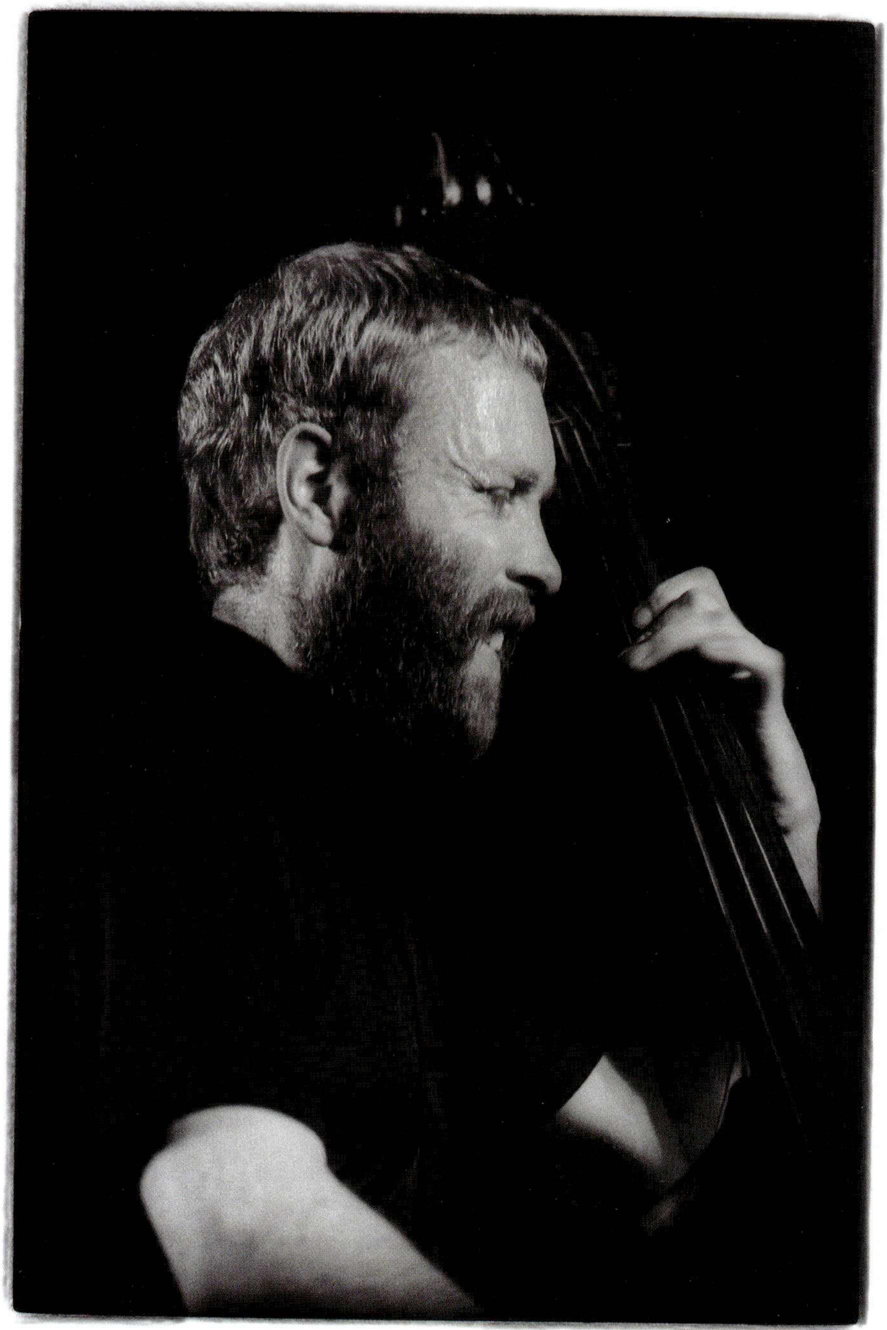

Dave Holland - Milano 1981

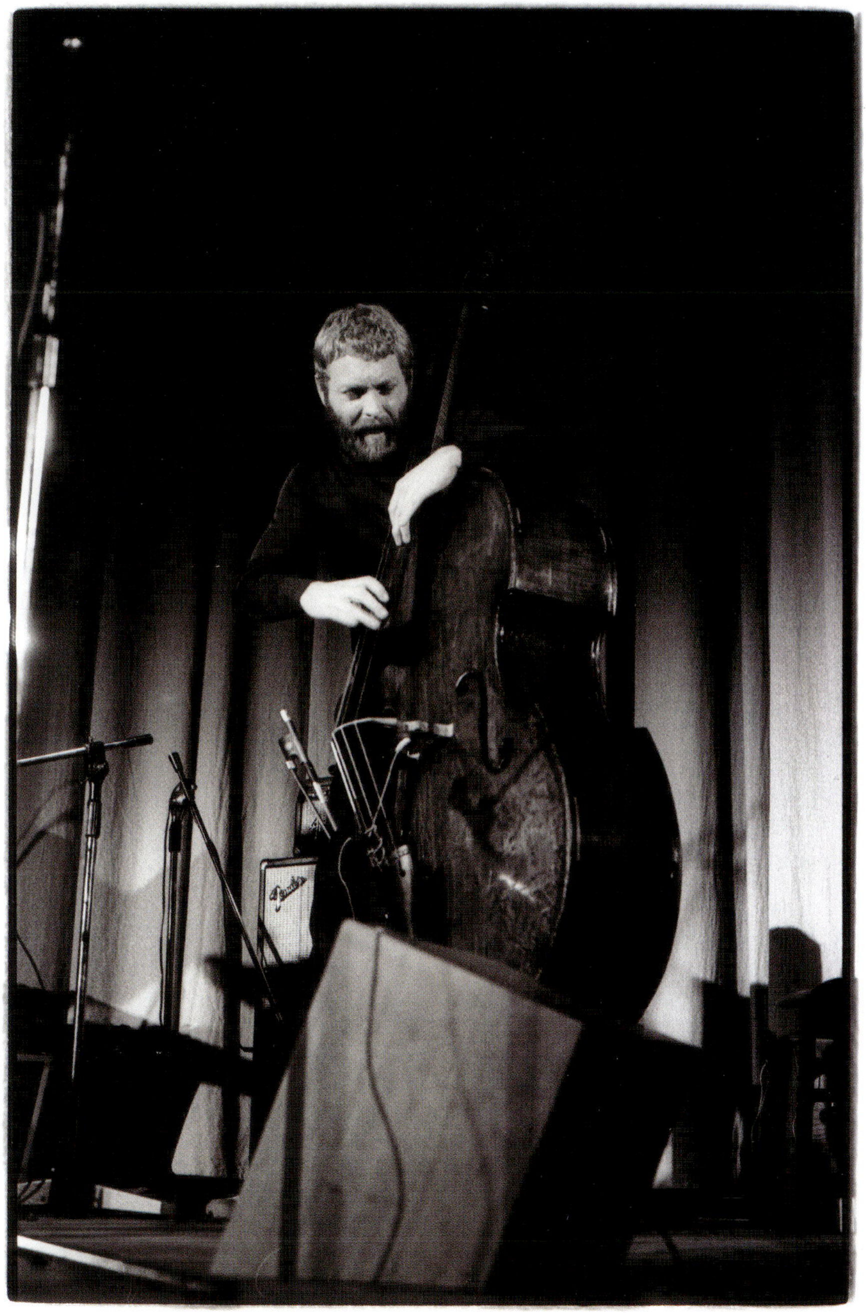

Dave Holland - Milano 1978

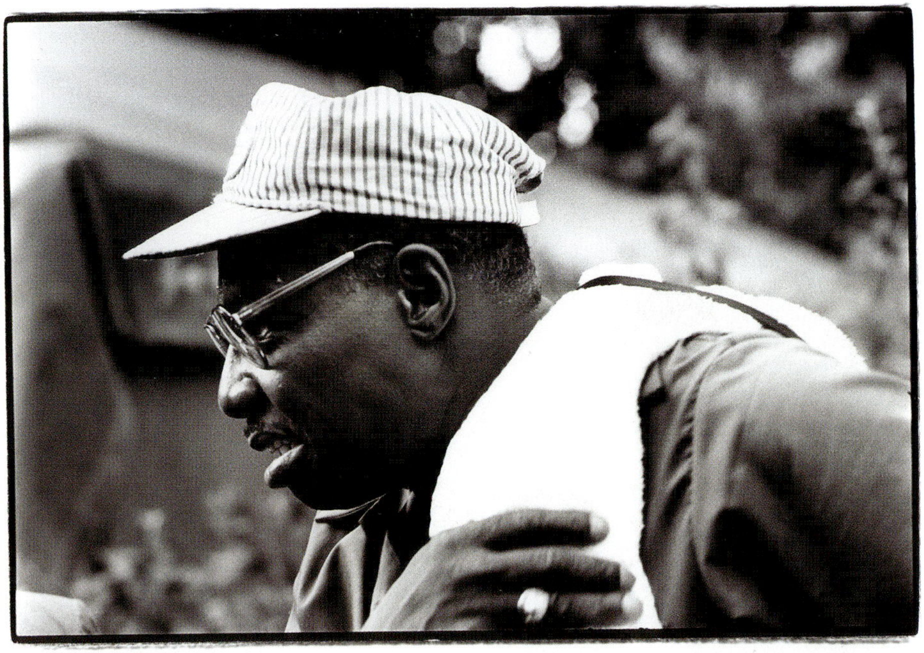

Major Holley - Nizza 1981

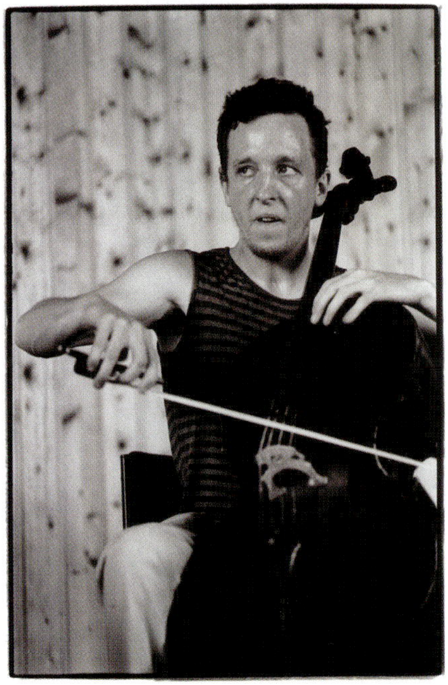

Tristan Honsinger - Moers 1979

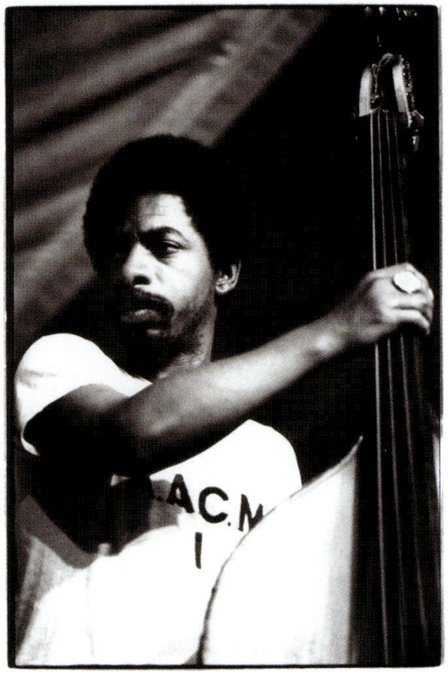

Fred Hopkins - Lovere 1979

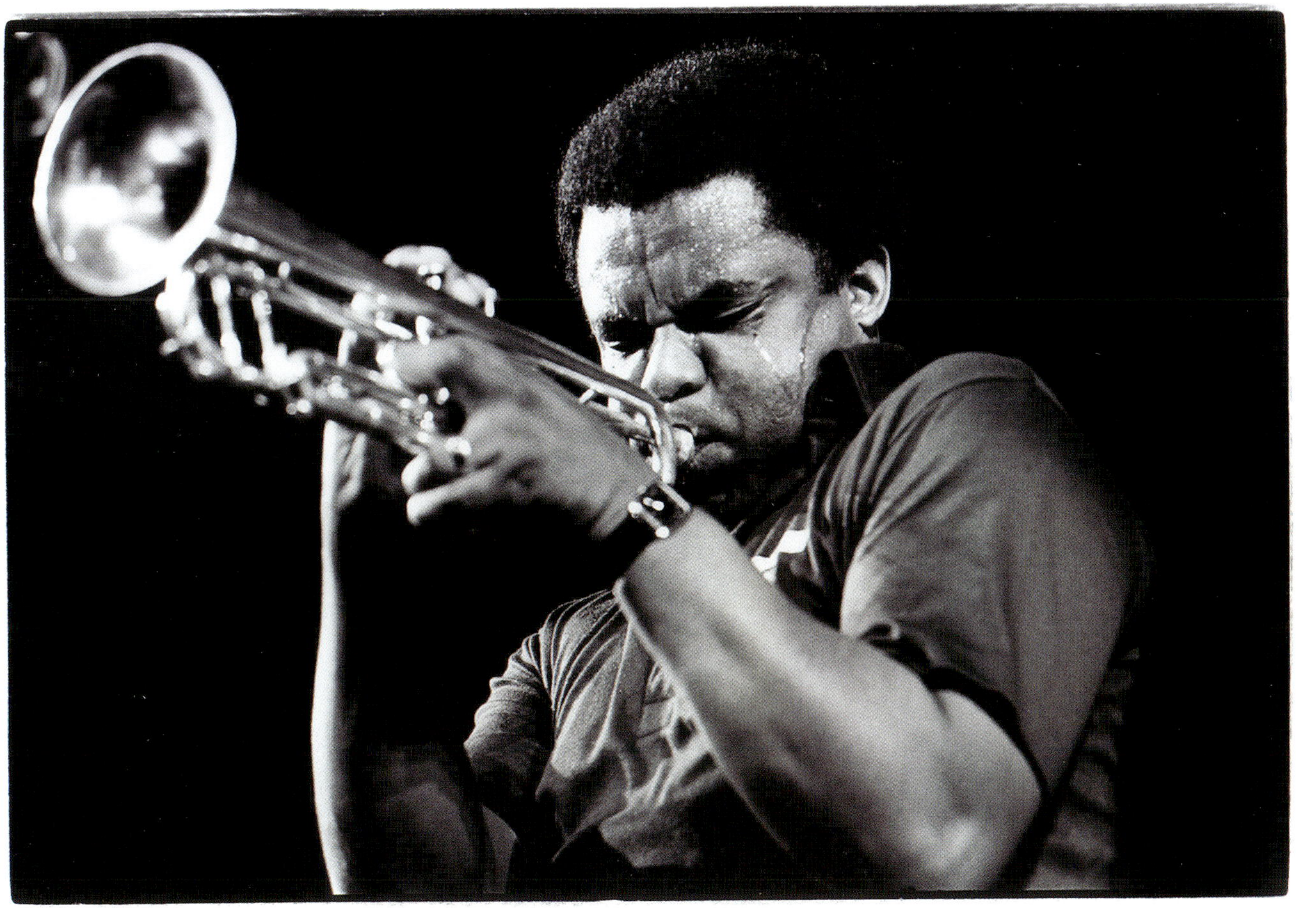

Freddie Hubbard - Milano 1981

E' sempre stato uno dei miei preferiti dal punto di vista fotografico Freddie Hubbard. Più di una volta una sua foto, con la tromba in evidenza, è stata sui manifesti delle mie mostre, sin dall'inizio della mia attività. E in quasi trent'anni l'ho fotografato tante volte on stage e non. E mi ha fatto piacere rivederlo al Northsea Jazz Festival, nel 2000, un po' acciaccato ma in splendida forma musicale, a sparare in cielo le sue note.

Always one of my favorites from a photographer's point of view. Since the beginning of my career, I often had one the many pictures of him on my exhibitions' posters. In almost thirty years, I've had several chances to portrait him on and off stage. Seeing him back at the Northsea Jazz Festival 2000, was such a pleasure; althought the man was a bit ailing physically, his music still was in great shape.

I

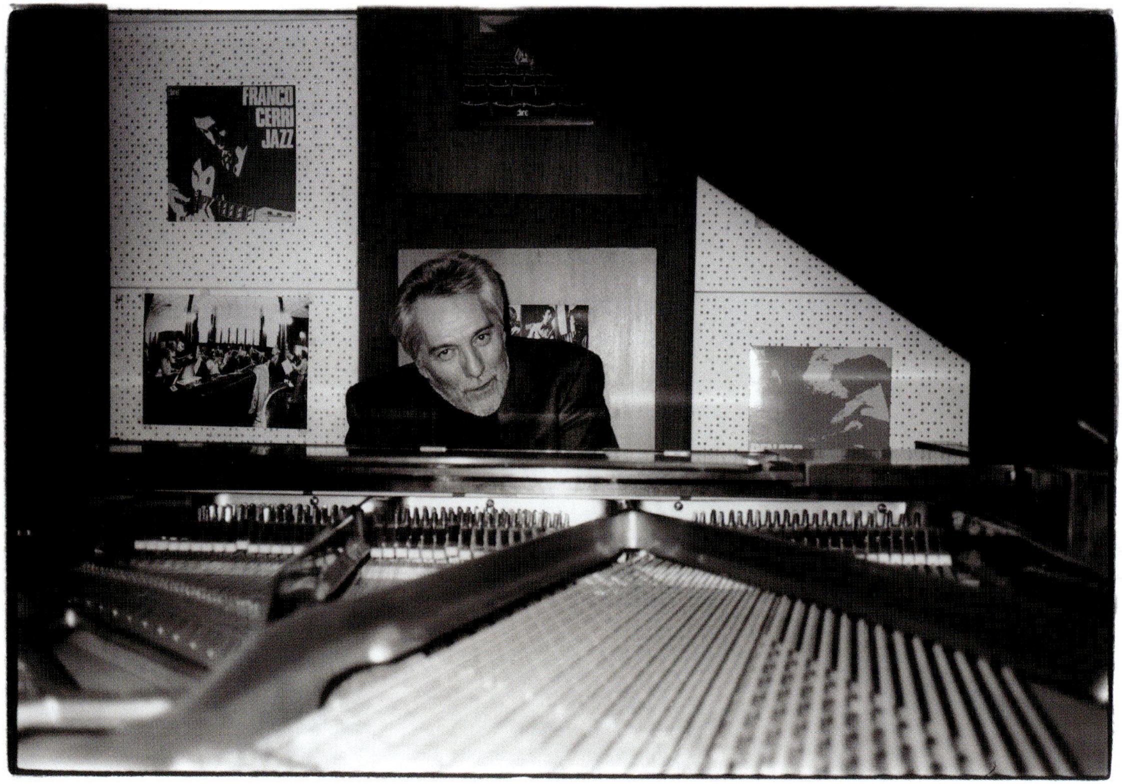

Enrico Intra - Milano 1990

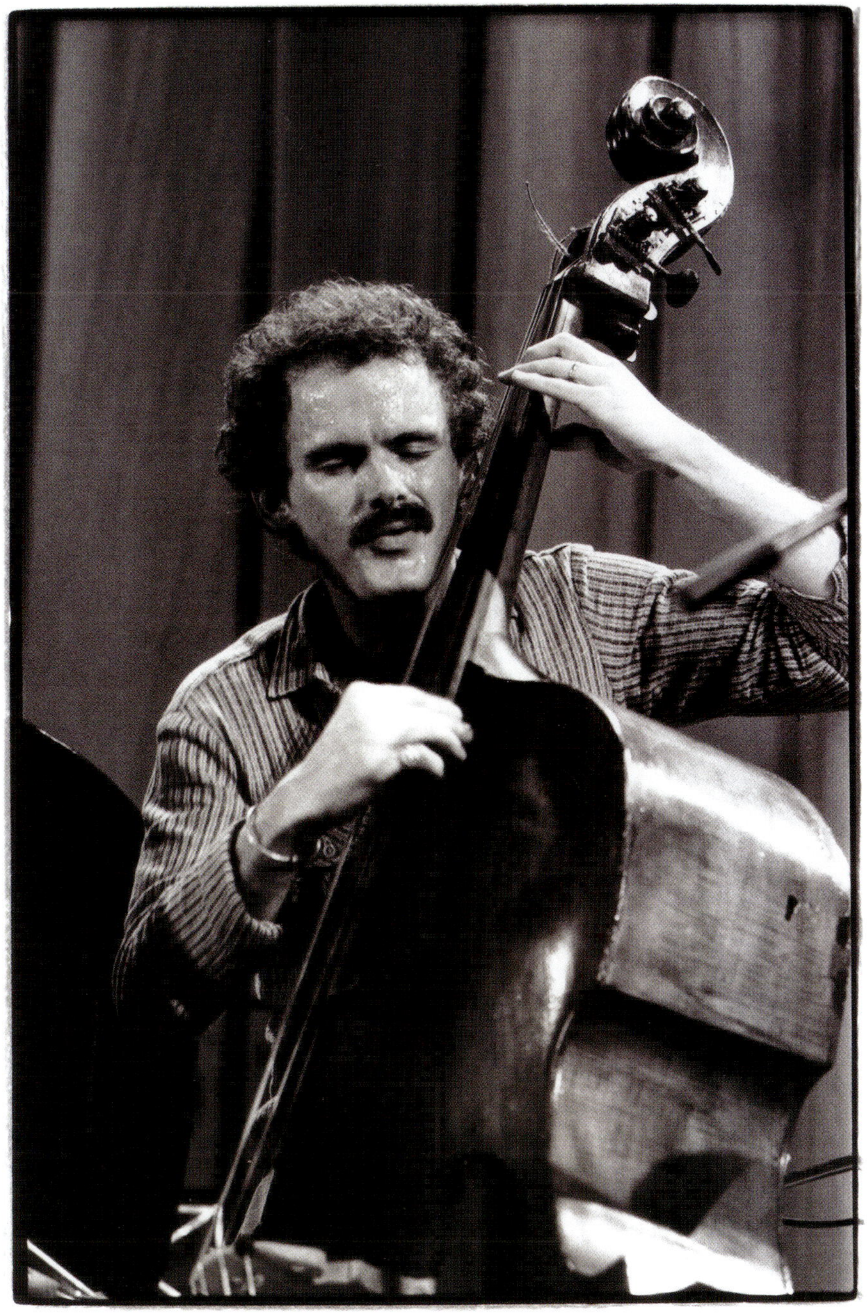

Dennis Irwin - Milano 1979

J

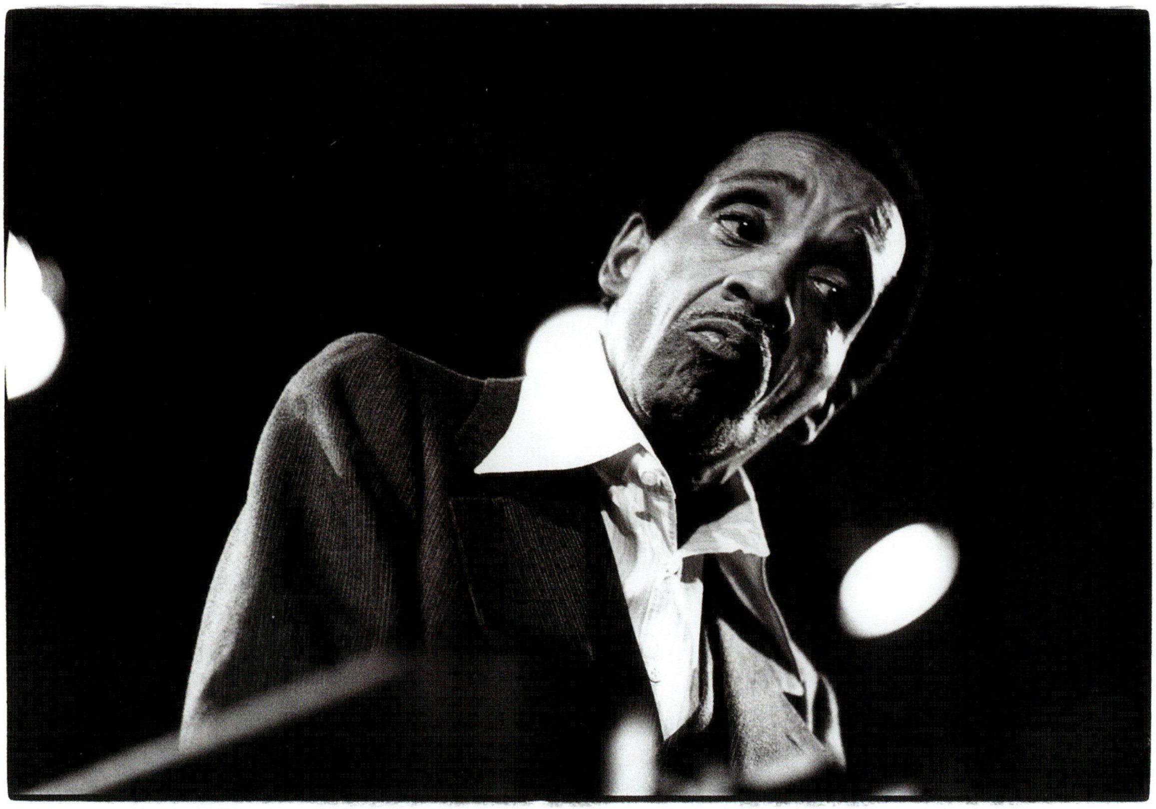

Milt Jackson - Milano 1979

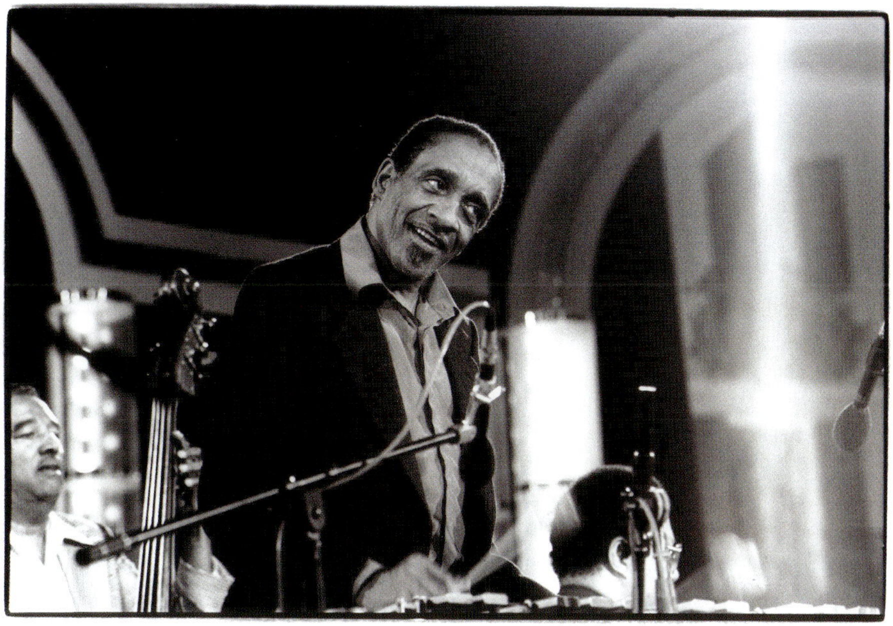

Milt Jackson - Lugano 1986

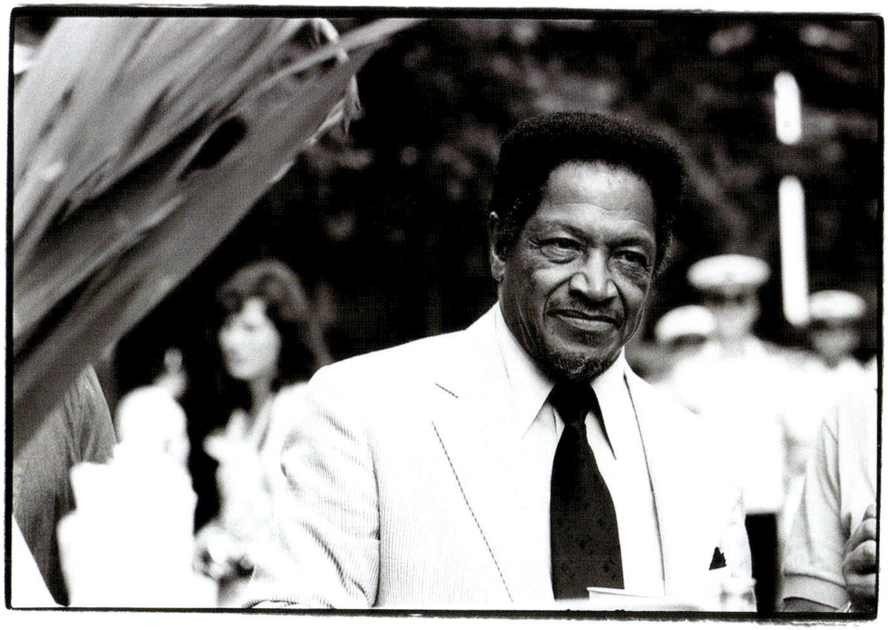

Illinois Jacquet - Nizza 1981

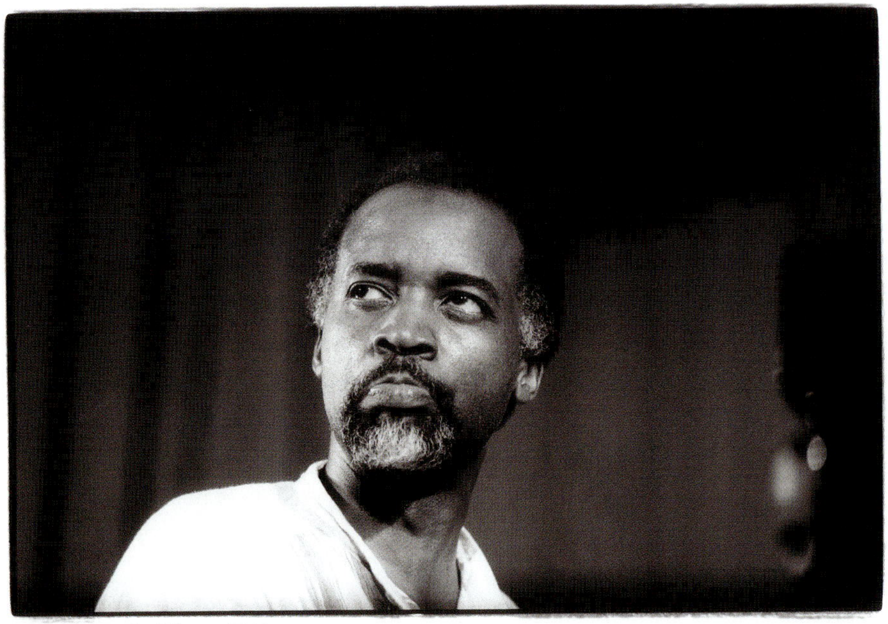

Ahmad Jamal - Milano 1979

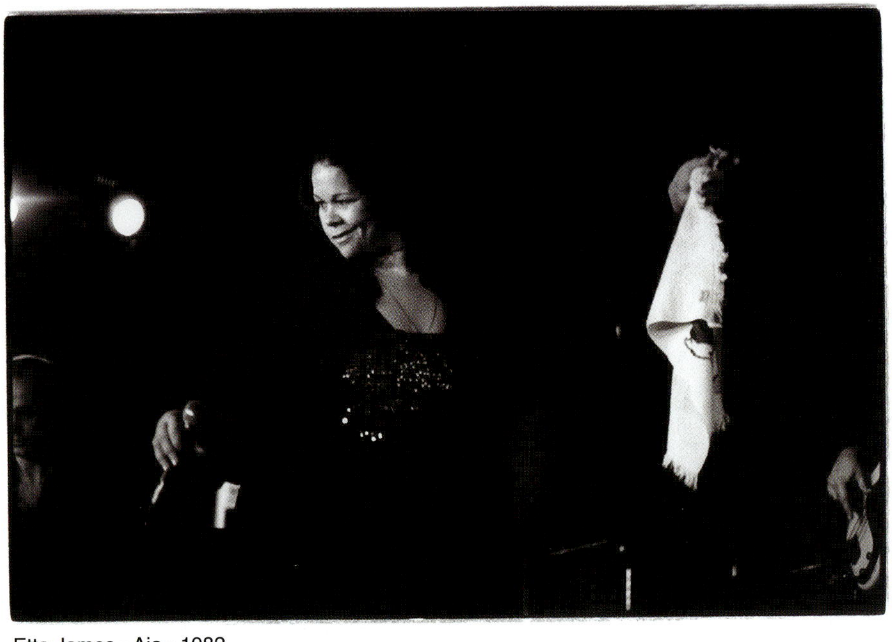

Etta James - Aja - 1982

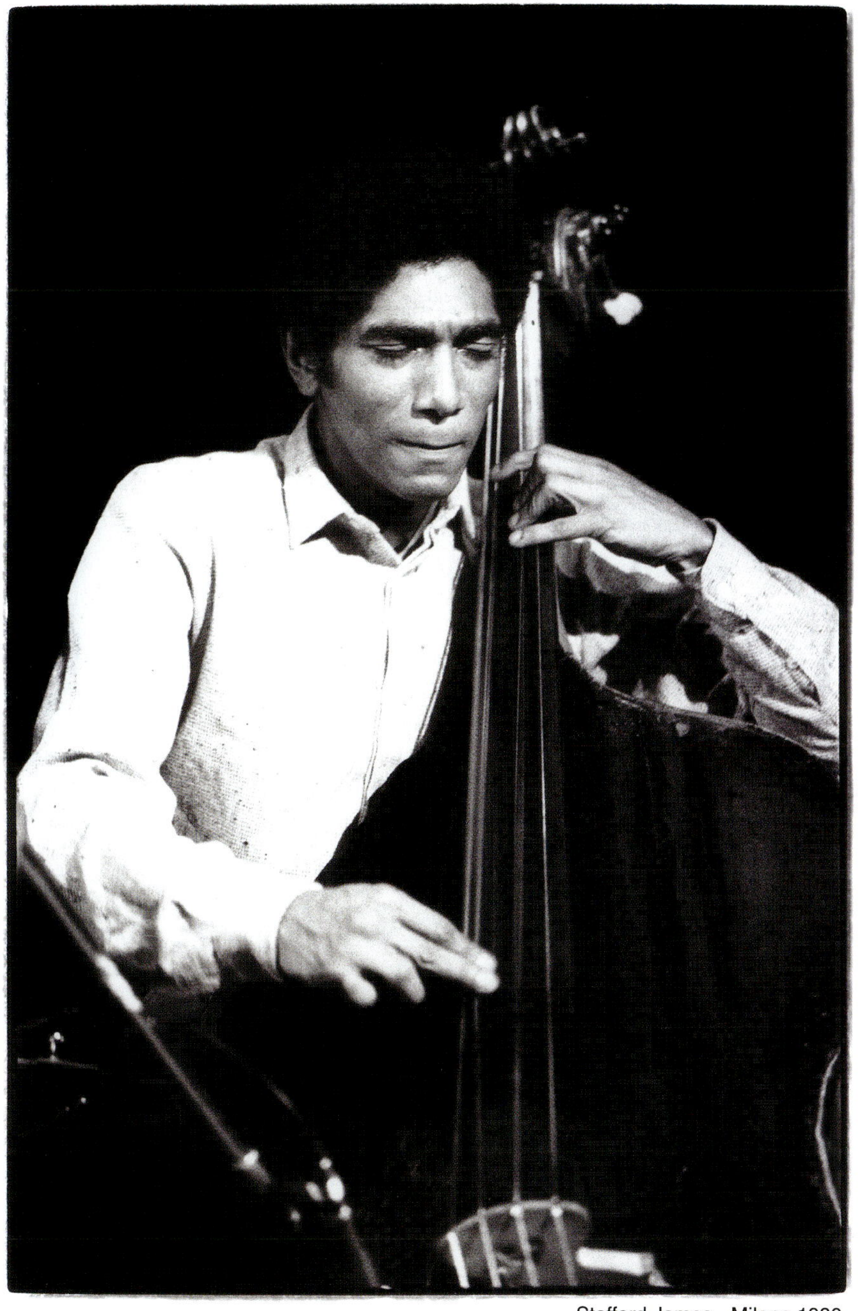

Stafford James - Milano 1980

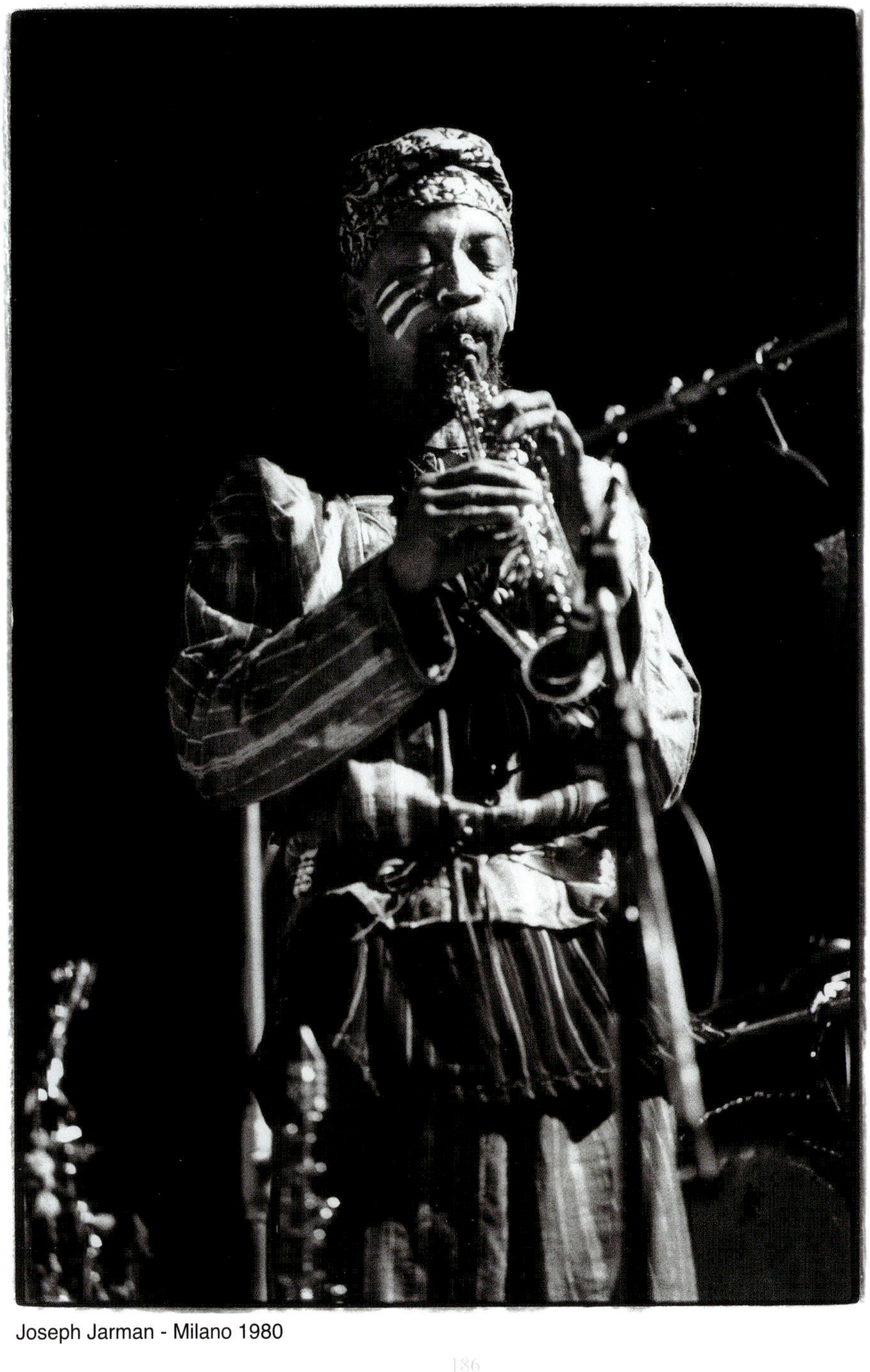

Joseph Jarman - Milano 1980

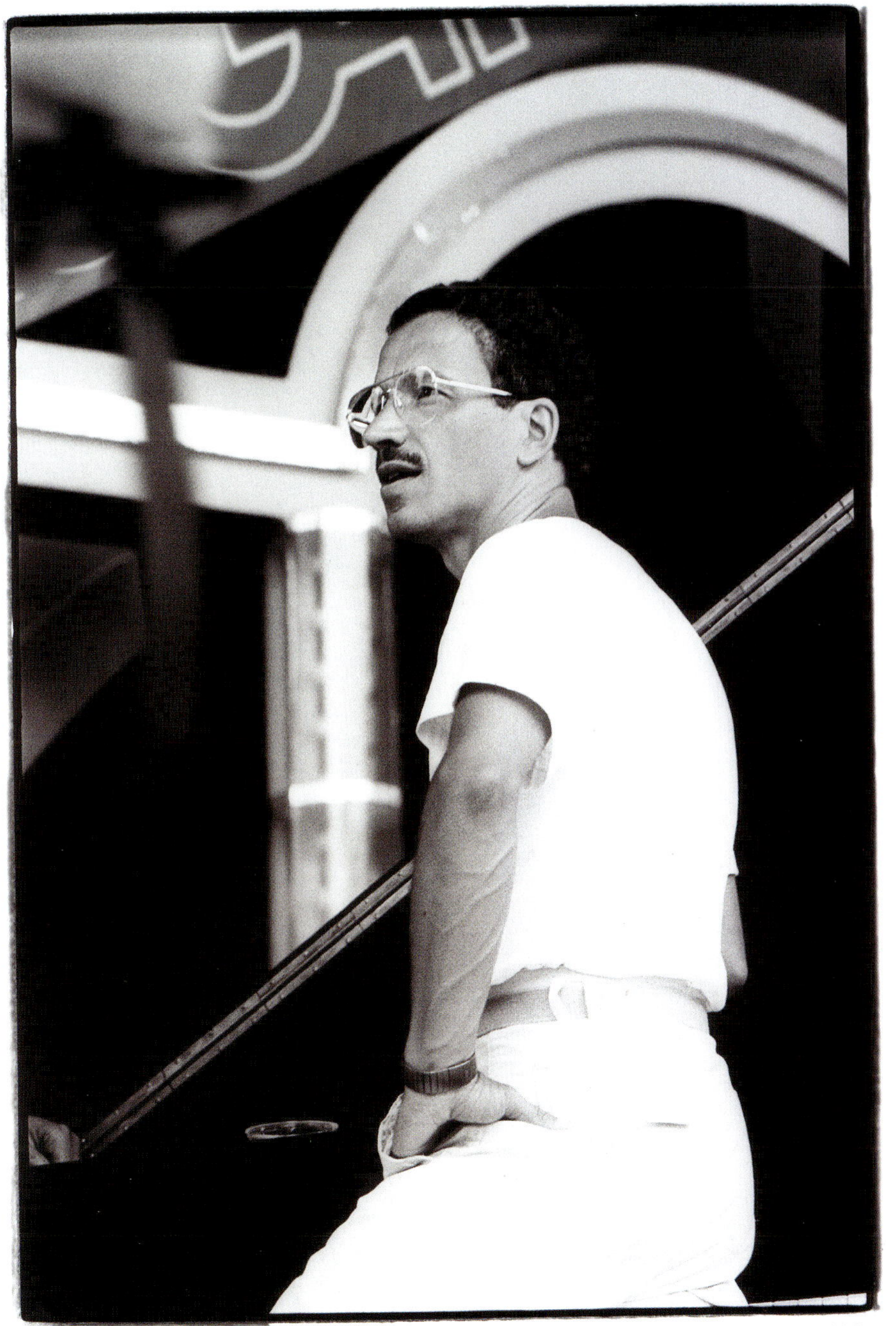

Keith Jarrett - Lugano 1986

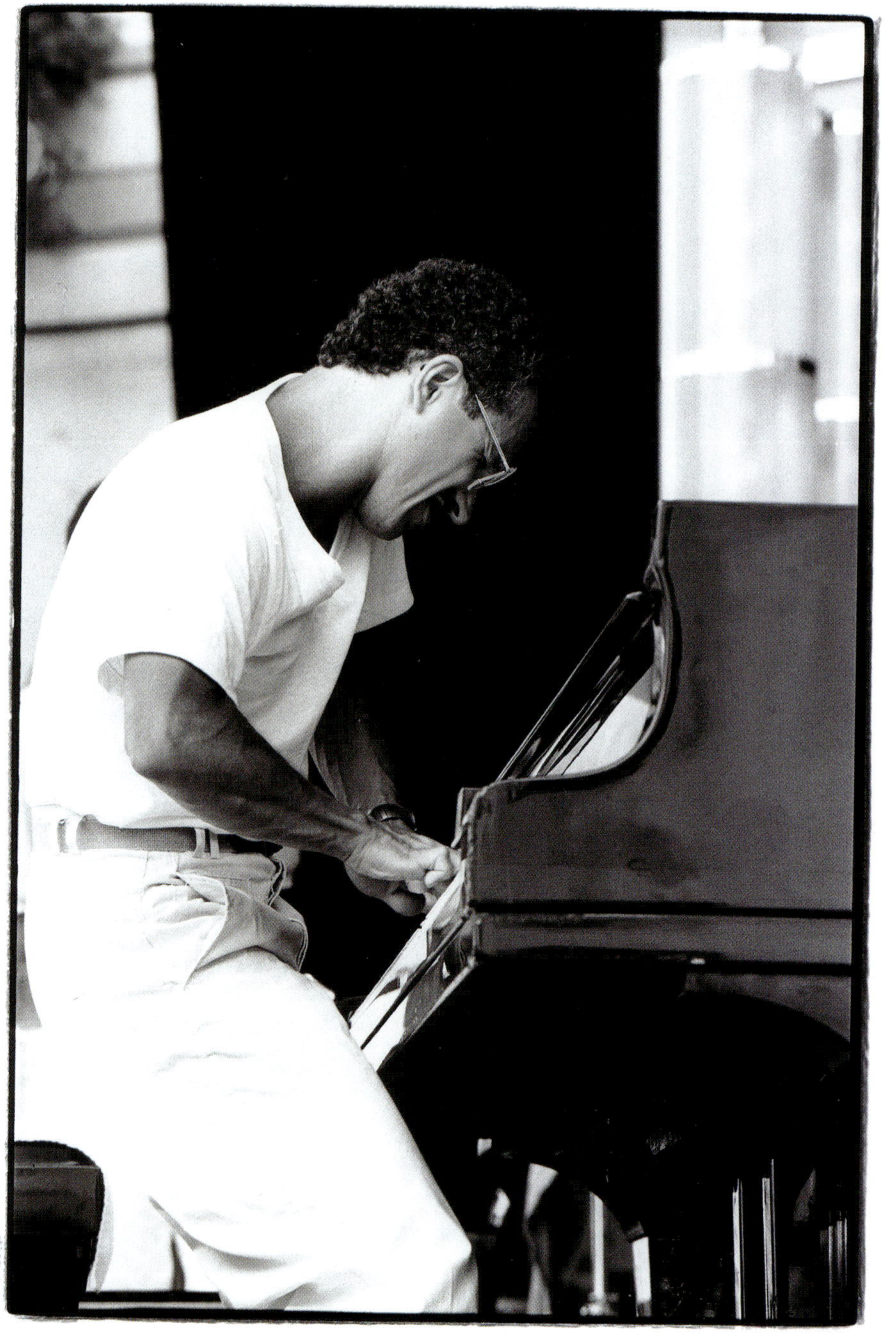

Keith Jarrett - Lugano 1986

Anche nel caso di Keith Jarrett viene sfatata una leggenda, quella del musicista irraggiungibile, non fotografabile, del divo, se nel jazz si può essere divi. Nel mio caso e in questa occasione non è stato così. Dapprima restio alla mia richiesta di fotografarlo, forse era stanco dopo le prove per il concerto serale,ma poi ha acconsentito a farsi ritrarre. E gli scatti sono stati tanti, sentivo che l'occasione era unica. Keith Jarrett solo per me, anche se poi si sono accodati, giustamente, anche altri colleghi. Ma il contatto l'avevo avuto io e bisognava sfruttarlo fino in fondo. E' stato un rapporto di pochissime parole e di tante immagini, dove il mezzo di comunicazione è stata la macchina fotografica.

Also with Keith Jarrett, the legend of the unreachable and aloof musician is far from being true. Not my case though. At first he did not like the idea of taking pictures, guess he was too exhausted from the concert, but then he agreed. It was quite a unique chance, and I took as many shots I could. Keith Jarrett supposedly was there for me only, then other colleagues came along; fair enough. I had the contact and was determined to use it up all the way. Very few words and many images, the camera was our way to communicate.

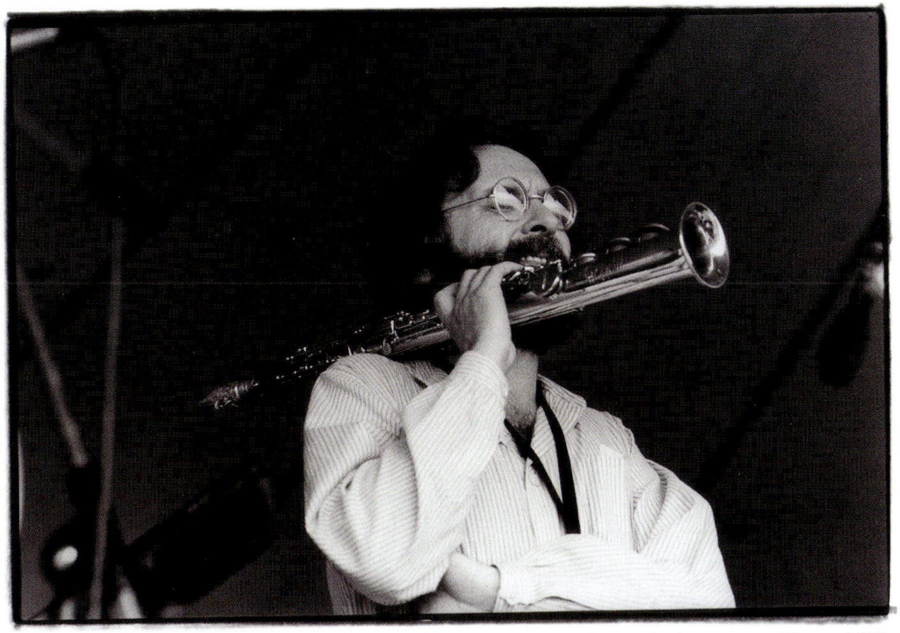

Francois Jeanneau - Moers 1979

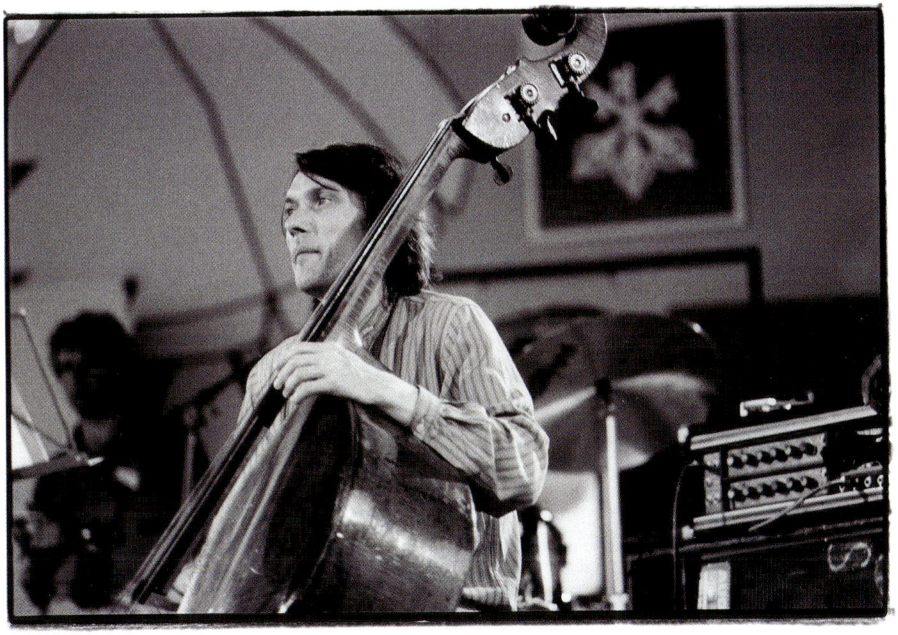

Jean-Francois Jenny Clarke - Lugano 1985

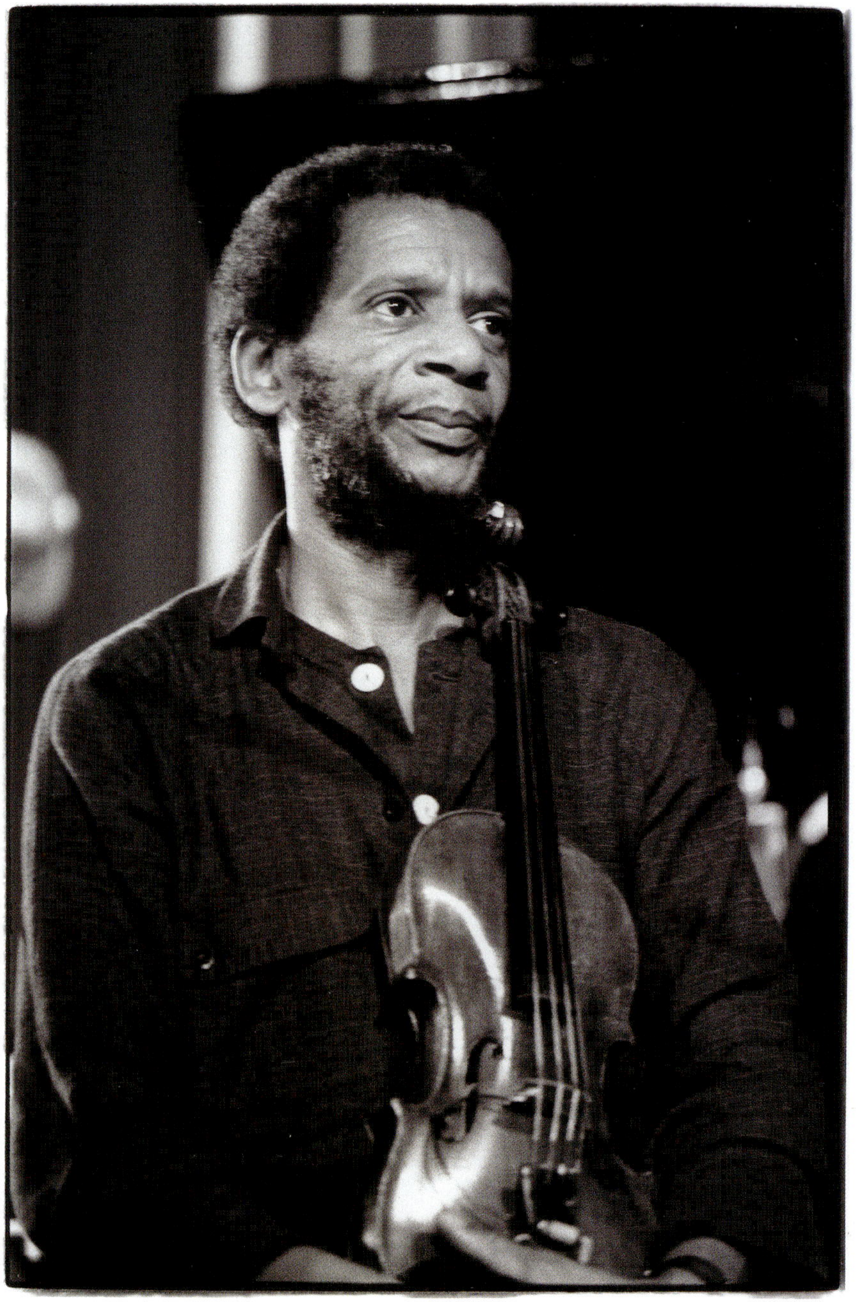

Leroy Jenkins - Milano 1979

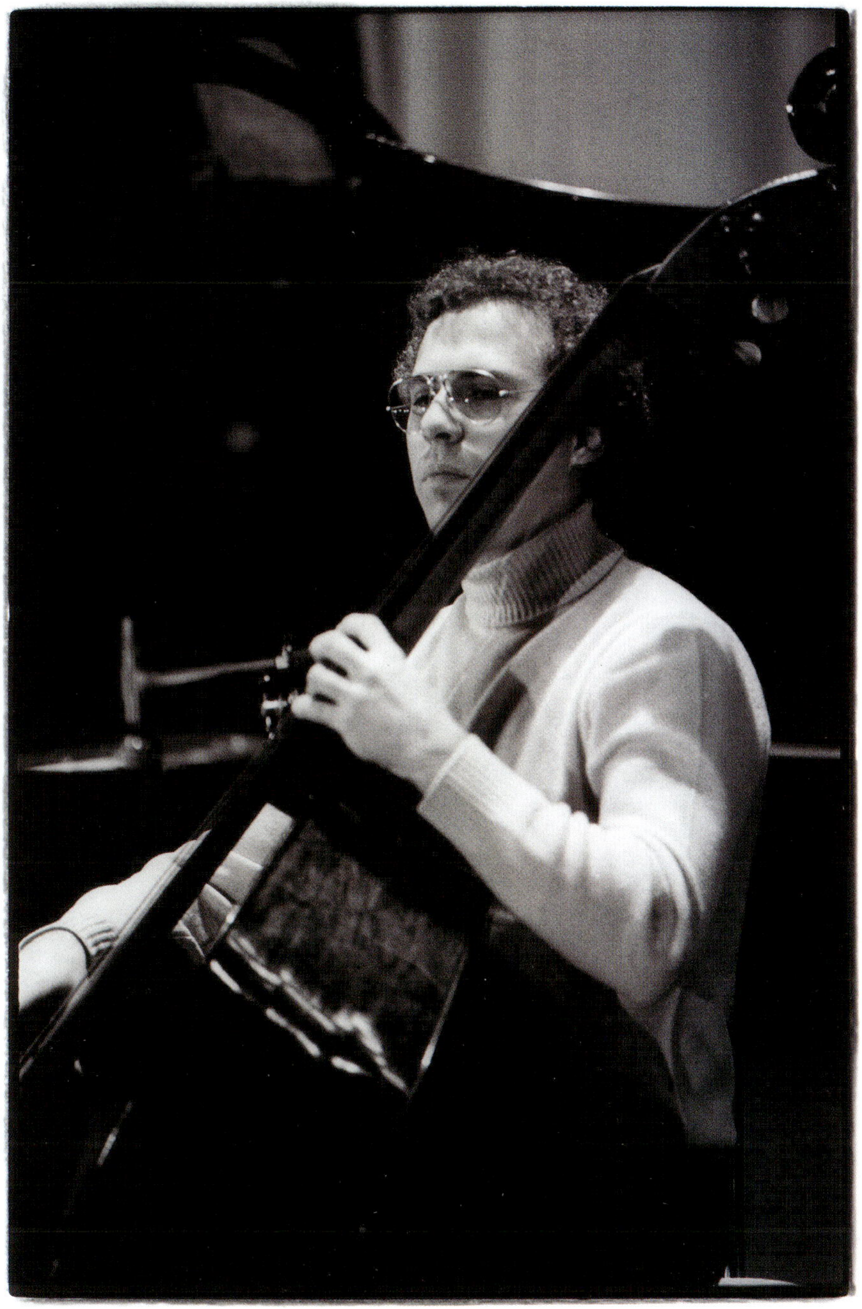

Marc Johnson - Casale Monferrato 1979

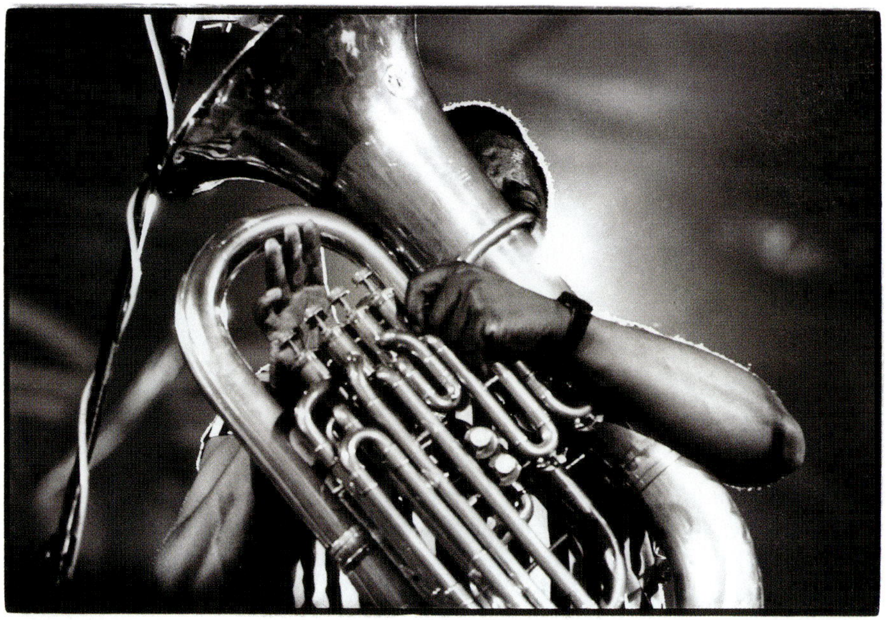

Howard Johnson - Lugano 1985

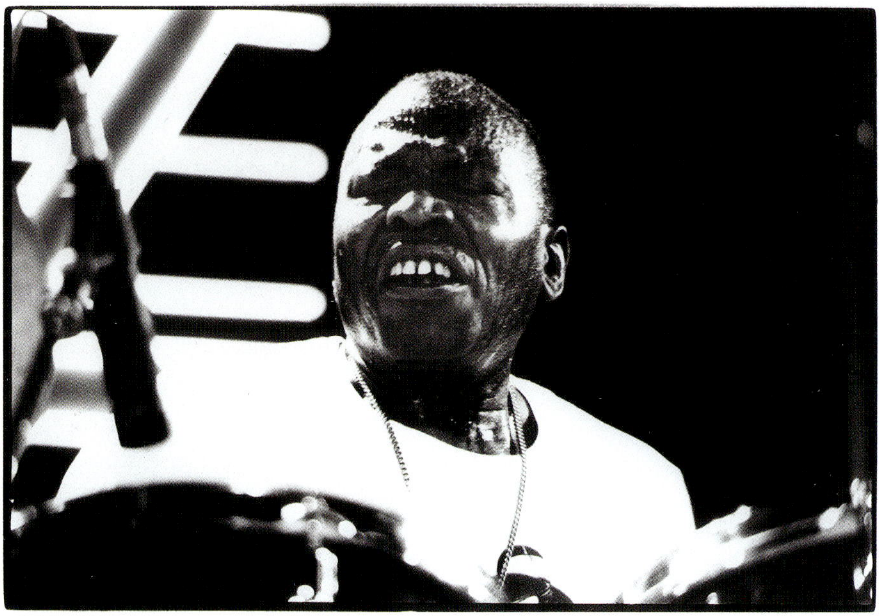

Elvin Jones - Lugano - 1988

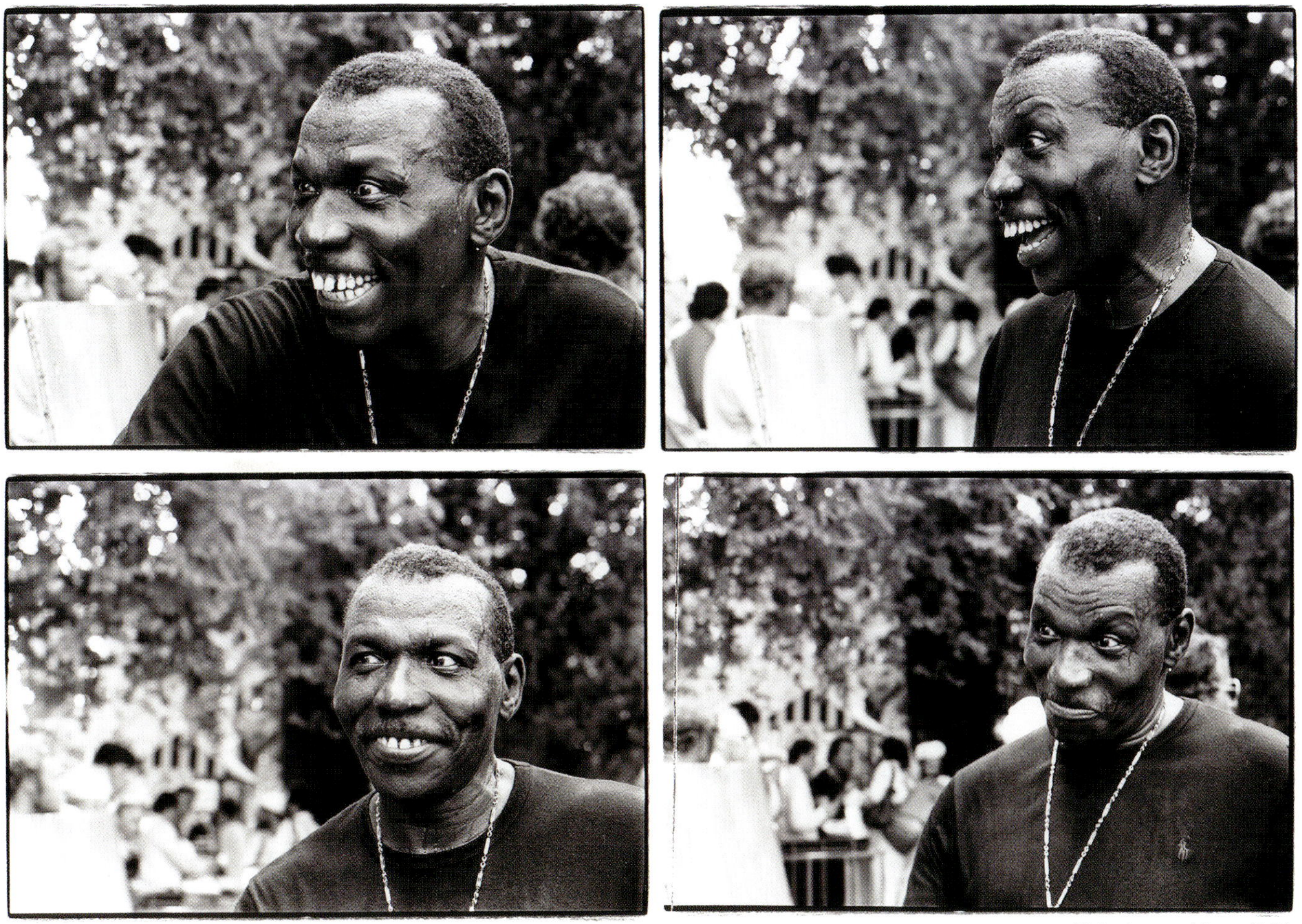

Elvin Jones - Nizza 1981

Che dire di Elvin Jones... è un monumento del jazz da oltre mezzo secolo. La gente gli vuole bene, tanto. Mi viene in mente un workshop da lui tenuto al Northsea Jazz Festival del 1999 con la sala piena di gente che gli faceva tante domande, anche tecniche, alle quali rispondeva con grande professionismo e pacatezza.

Elvin Jones... has been a jazz milestone for half a century. People simply love him. I remember a workshop he held at Northsea Jazz Festival in 1999, in a room jammed with people asking him all sorts of questions, technical too.

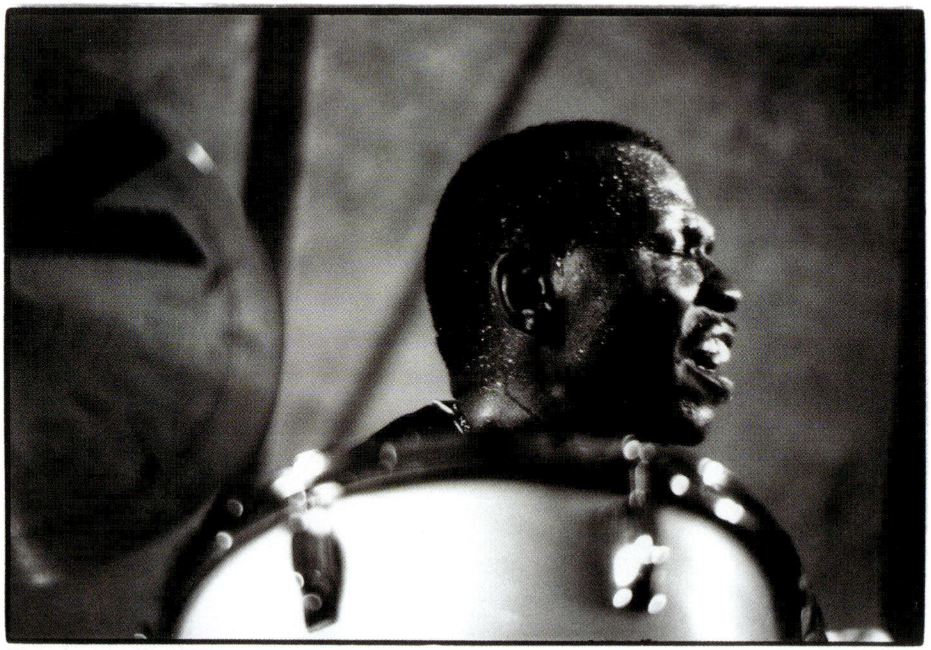

Elvin Jones - Aja 1982

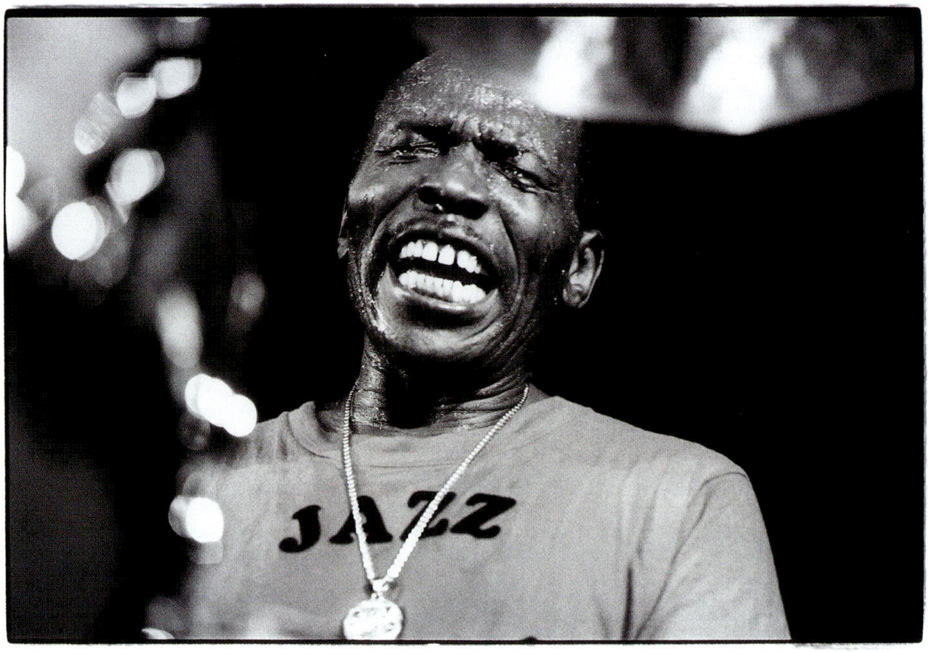

Elvin Jones - Milano 1979

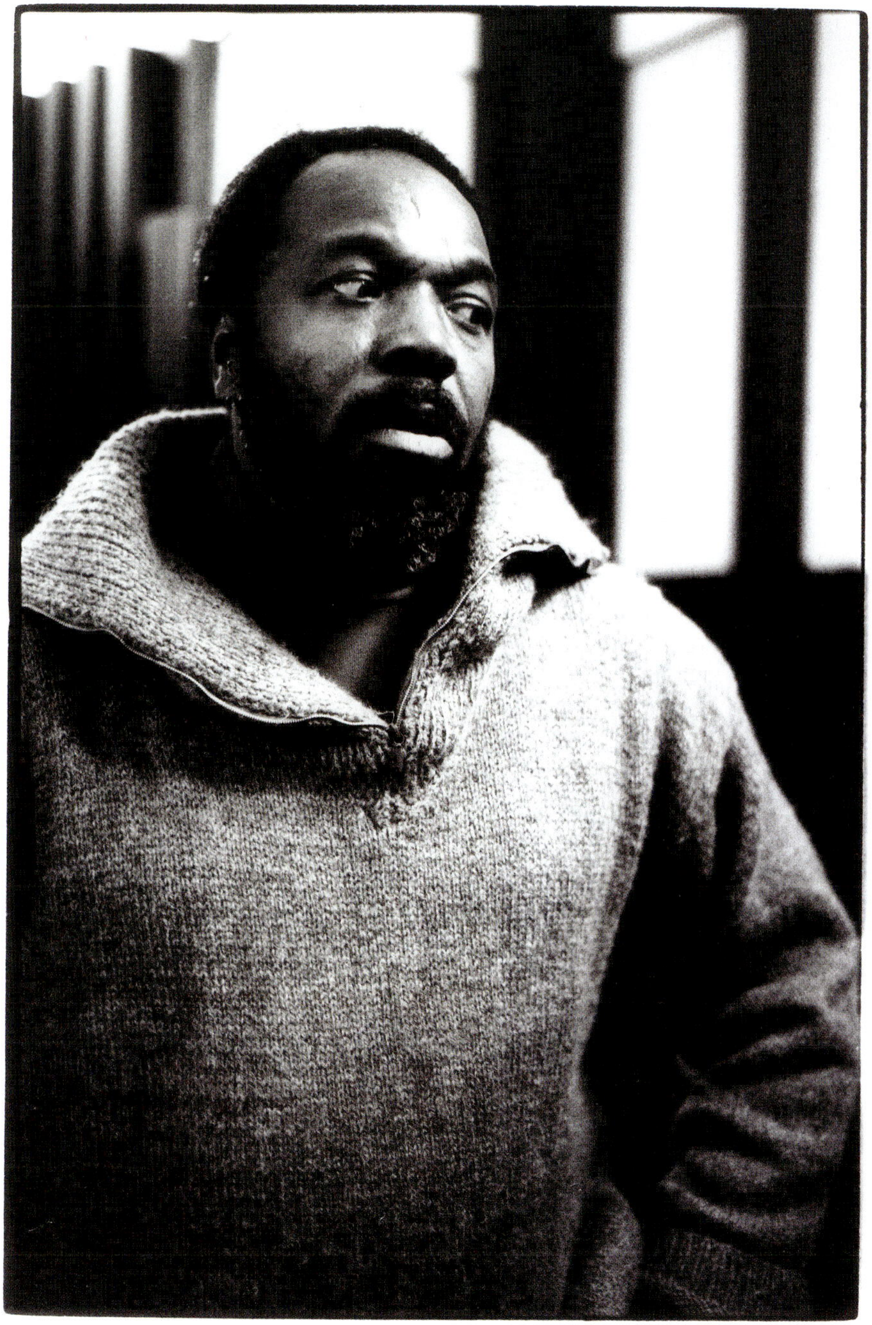

Thad Jones - Milano 1982

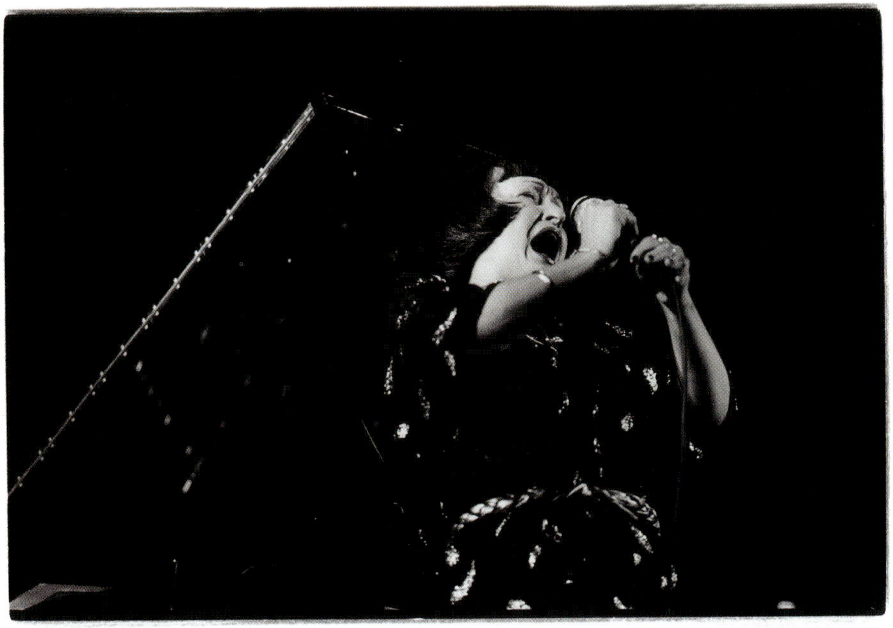
Sheila Jordan - Milano 1981

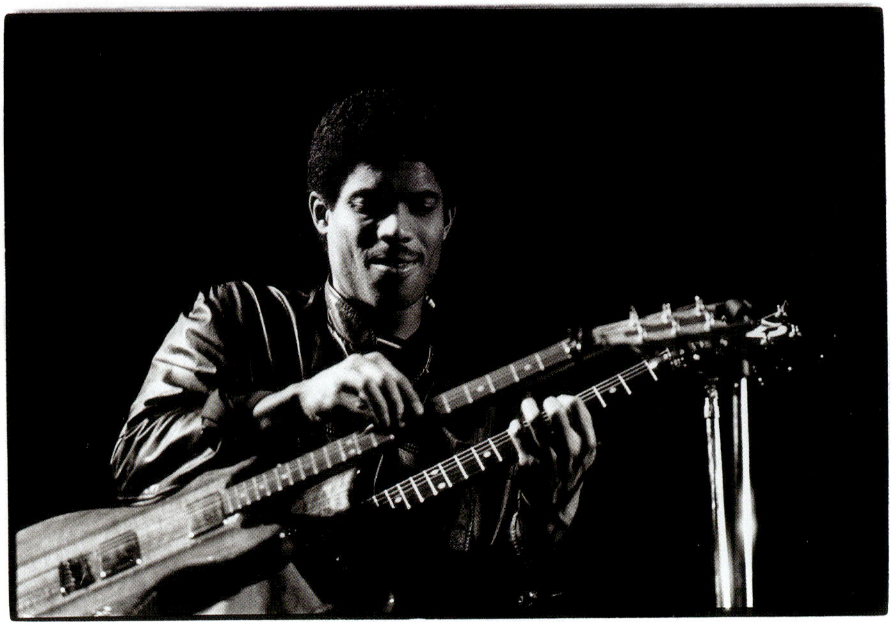
Stanley Jordan - Lugano 1995

K

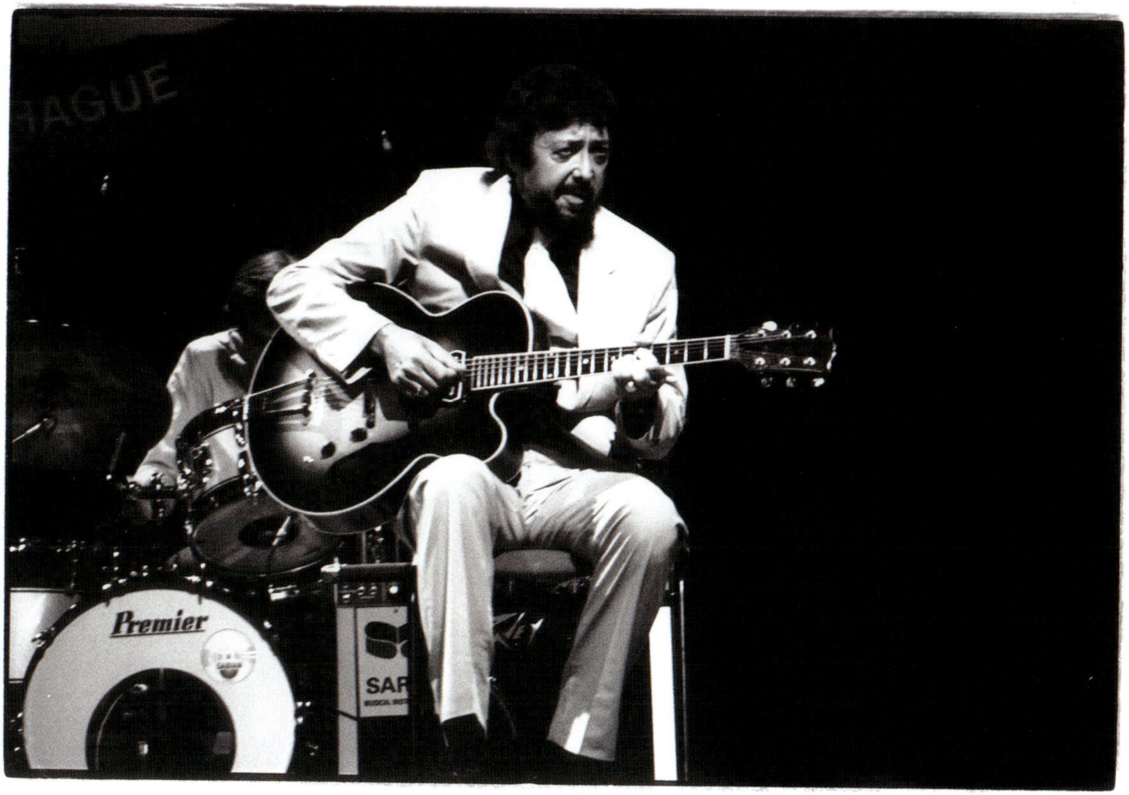

Barney Kessell - Aja 1982

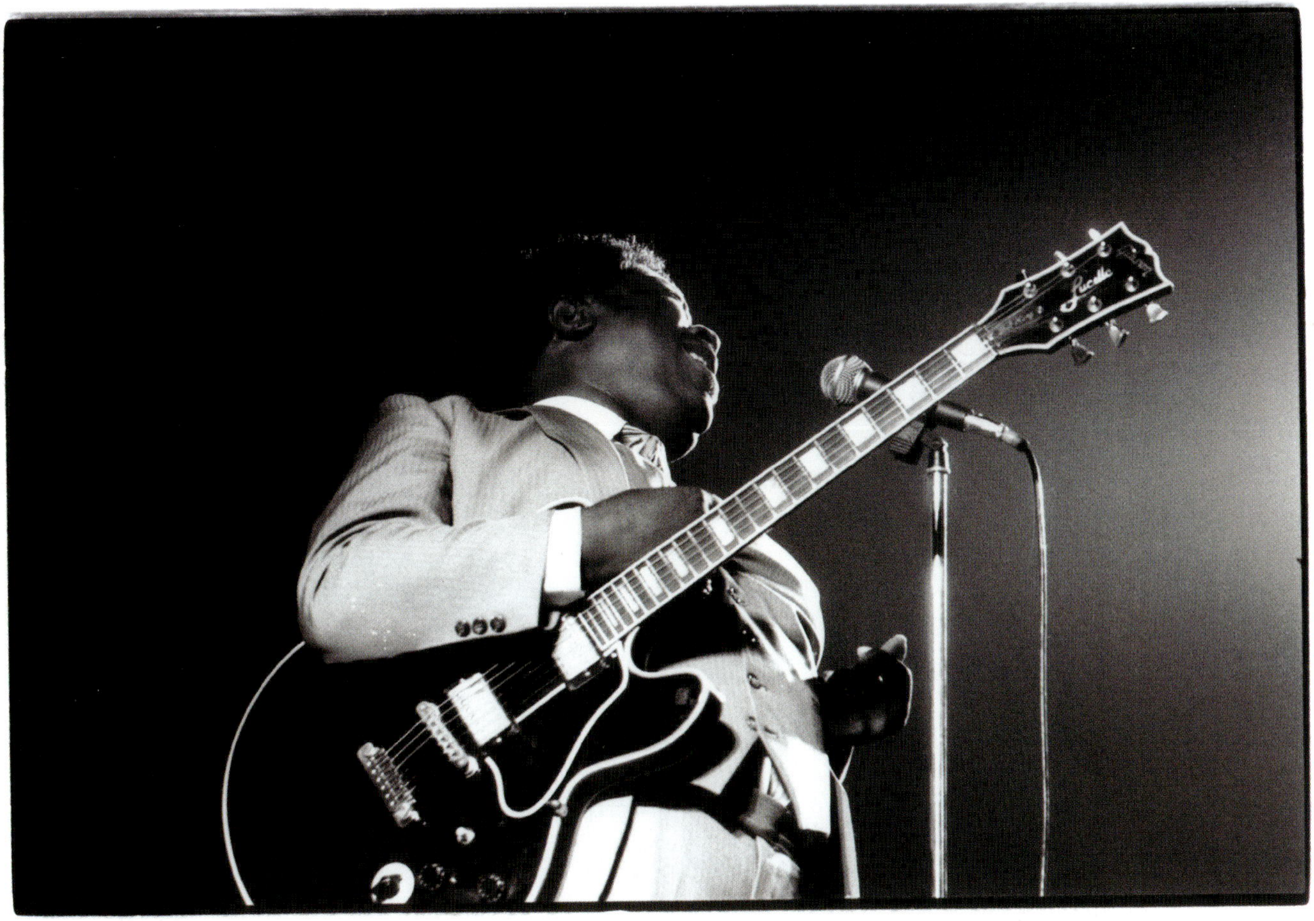

B.B. King - Aja 1982

B.B. King e il blues sono una cosa sola. Ha dedicato tutta la vita al blues e il blues, com'è noto, è soprattutto uno stile di vita. E per tanti bluesmen, e sono davvero tanti, che hanno fatto e che fanno la fame, c'è qualcuno che ce la fa. E' il caso di B.B. King e di non molti altri. Da anni, B.B. King fa parte dello showbusinnes e deve rispettare, volente o nolente, le sue regole ferree. Nonostante ciò riesce a produrre ancora ottima musica.

B.B. King and the blues are one same thing. He dedicated all his life to the blues, which is mainly a way of living, as we all know. Out of many who tried, B.B. King made it happen. He's part of the show business and plays by its strict rules whether he likes it or not. Even so, he still can make great music.

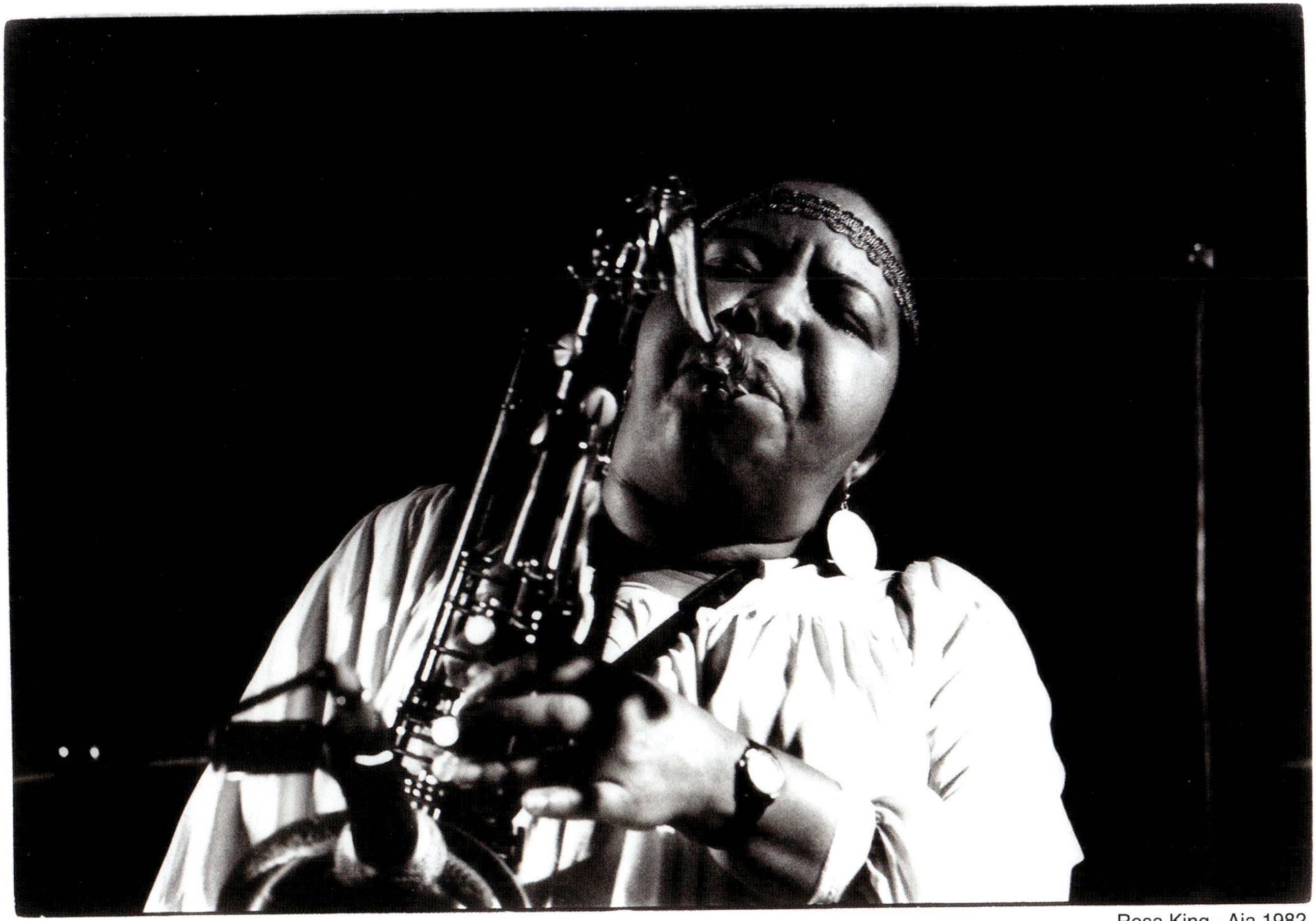

Rosa King - Aja 1982

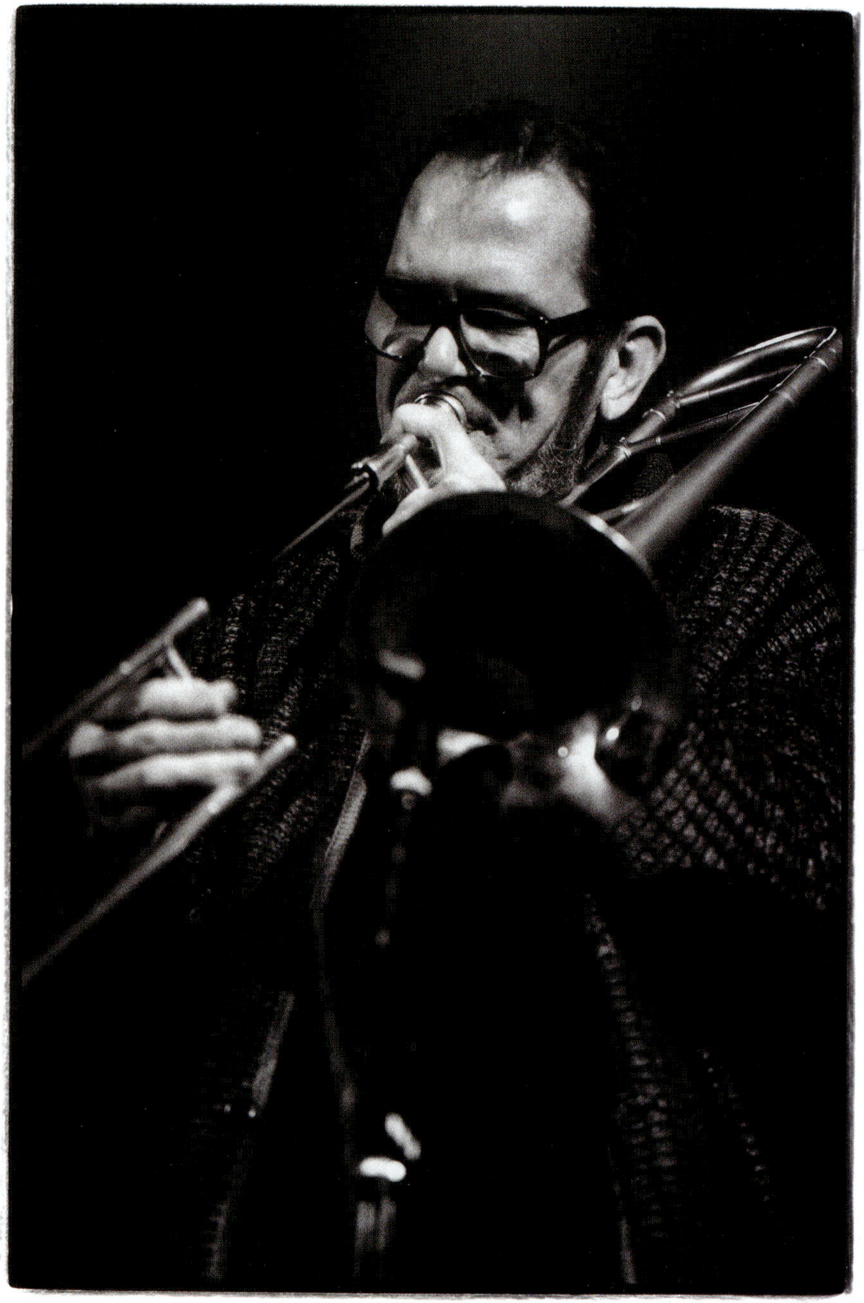

Jimmy Knepper - Milano 1979

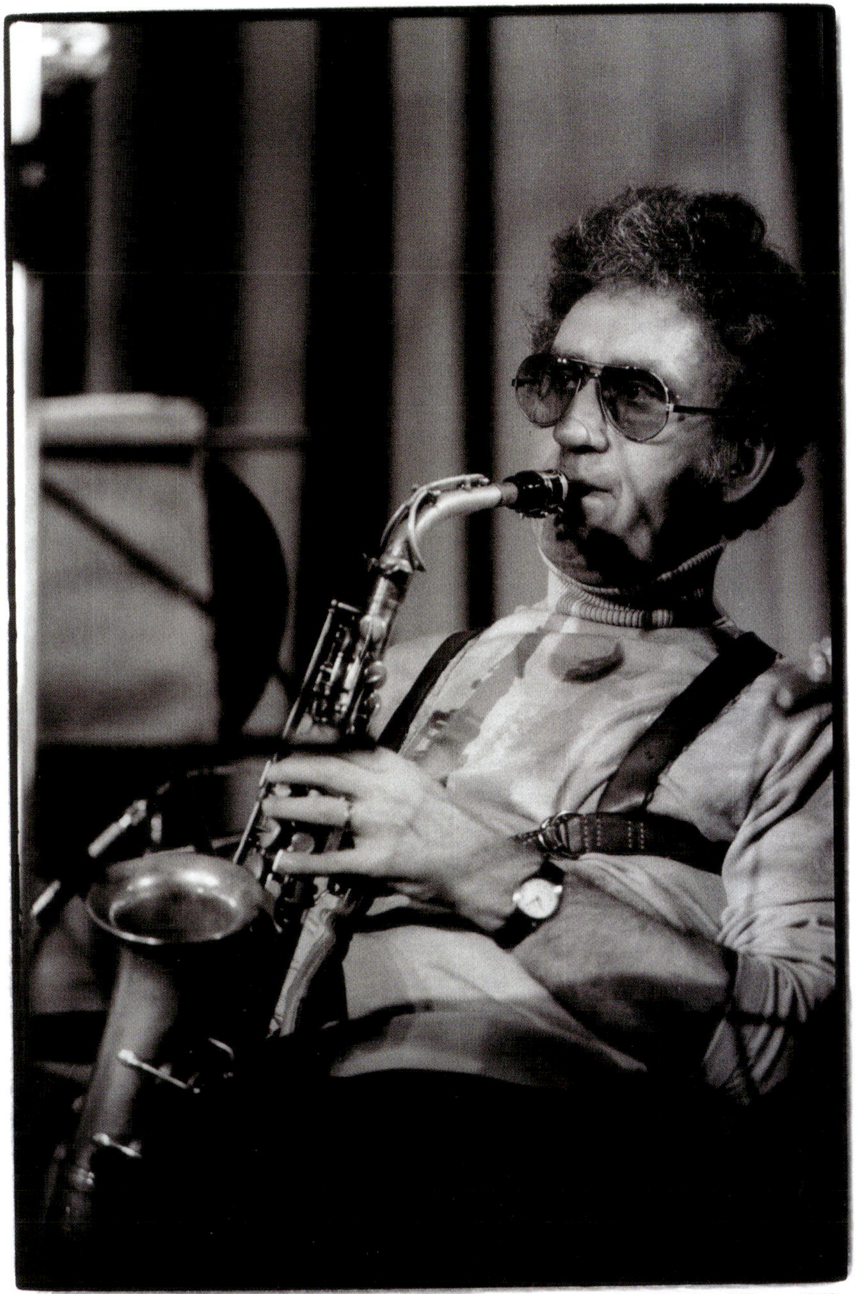

Lee Konitz - Milano 1979

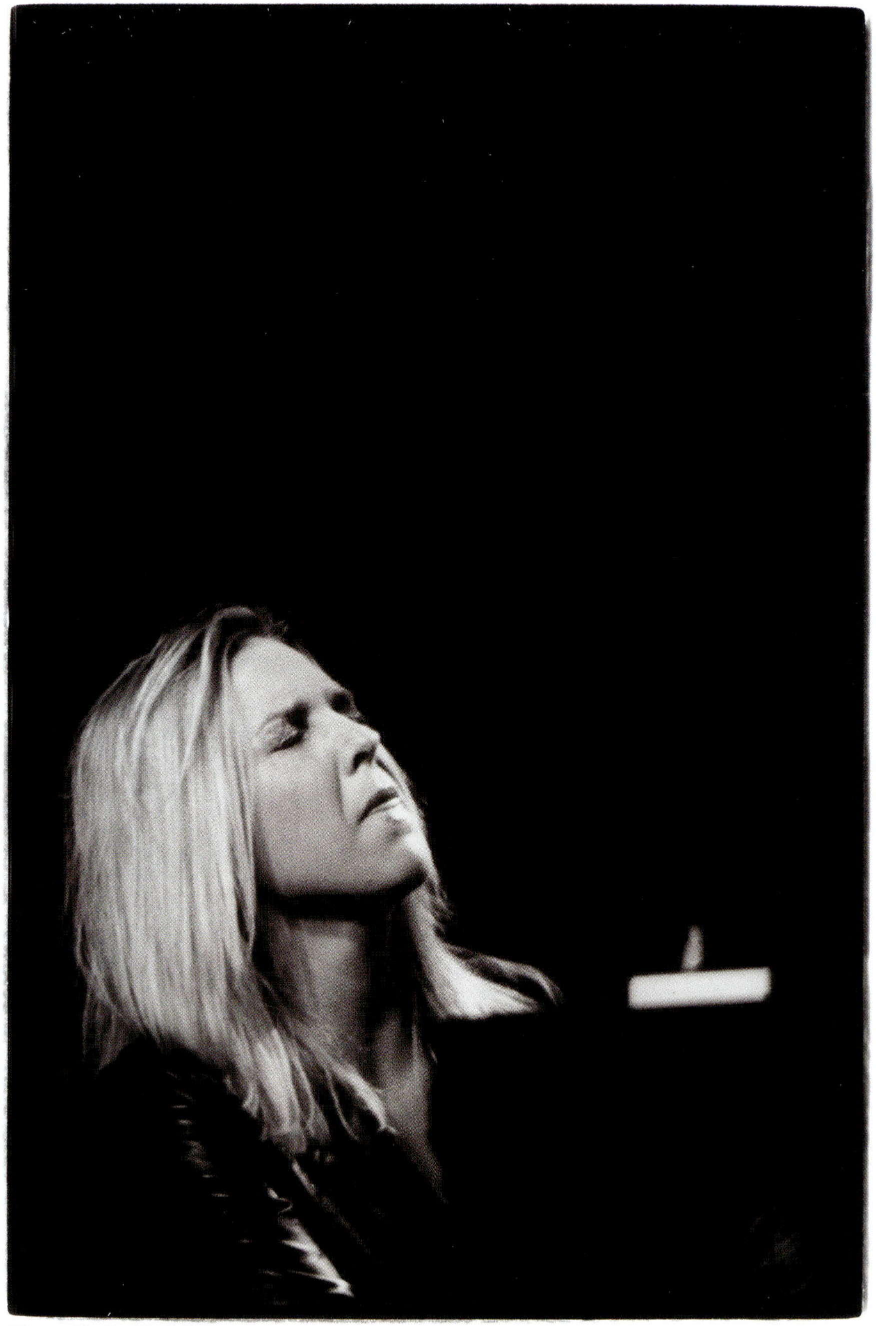

Diana Krall - Aja 2001

L

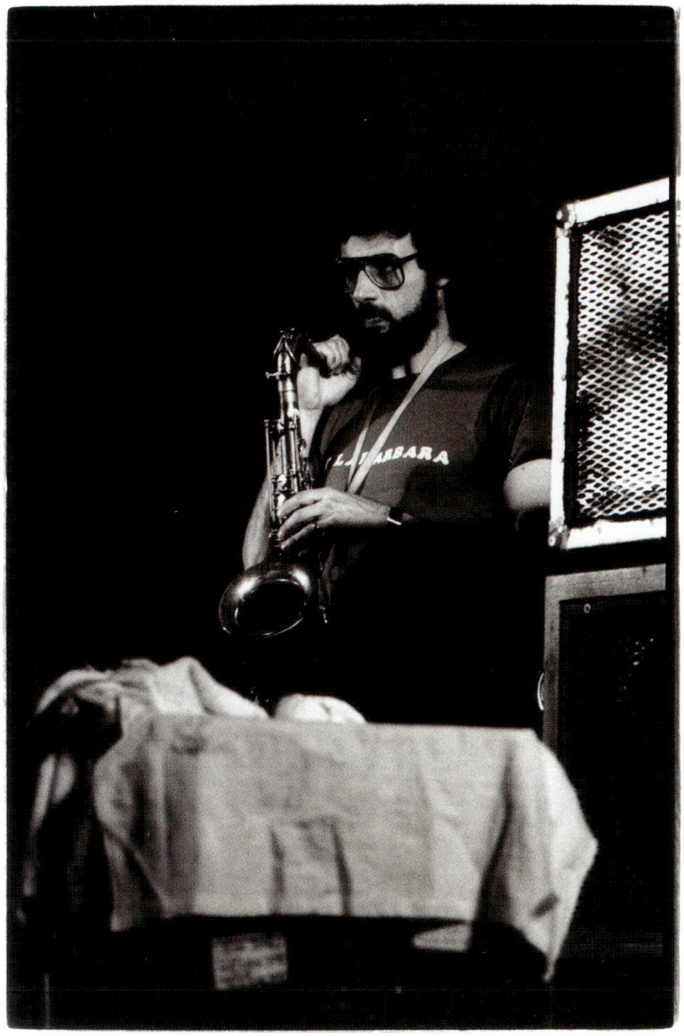

Pat La Barbera - Aja 1982

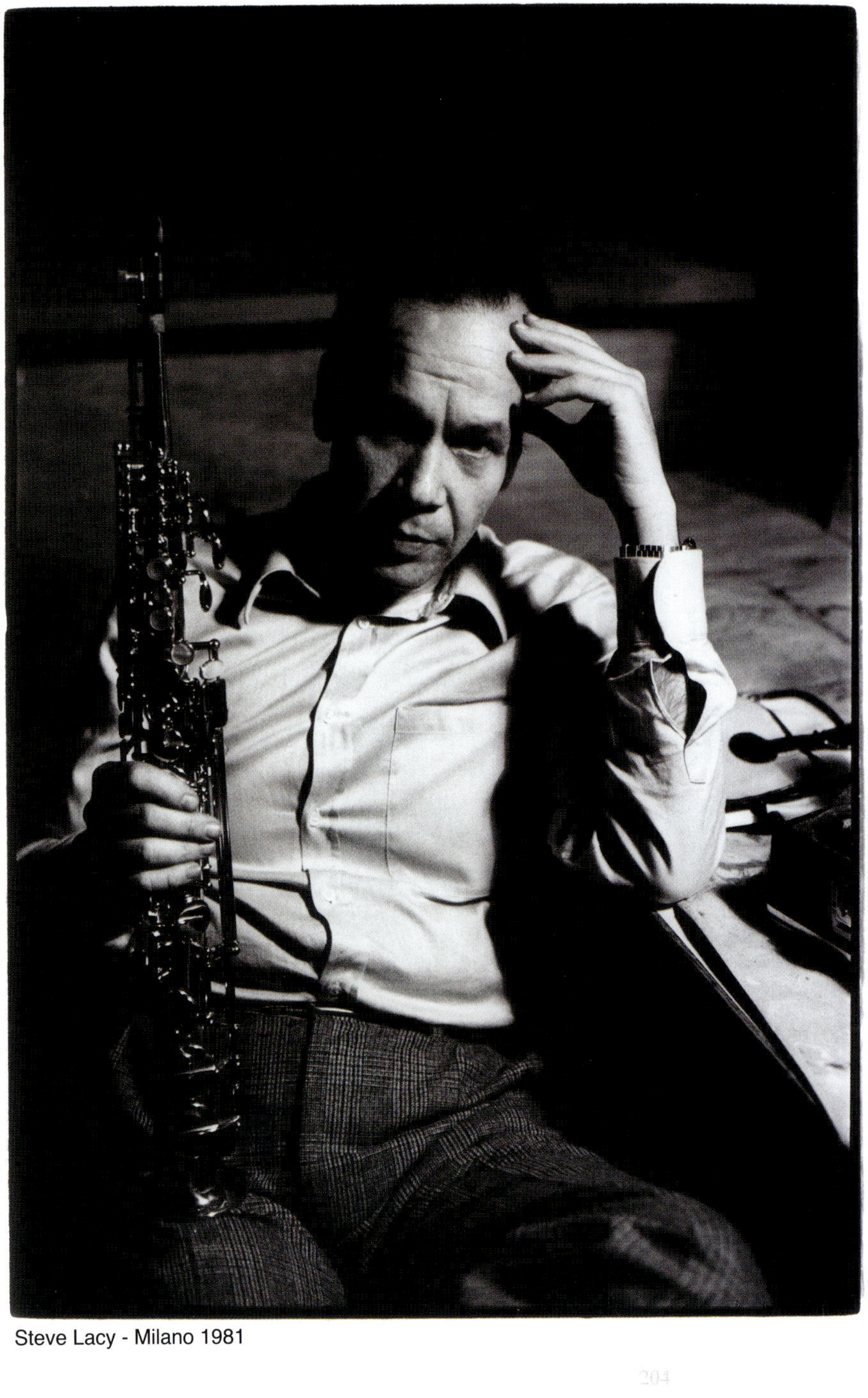

Steve Lacy - Milano 1981

Si occupava di arte a tutto campo, Steve Lacy, anzi ne ha fatto l'oggetto della propria esistenza. Si occupava di poesia, danza, di musica, ovviamente, e di tutti i generi, da quella europea a quella indiana, giapponese, marocchina, confrontandosi con molteplici culture. Filtrando tutte le esperienze, e sono state tante, e riversandole con la sua sensibilità nella sua musica, personale, colta, intellettuale, a volte spigolosa. Ma sempre sincera, frutto del suo essere artista.

His life was about all-around art which actually was his reason to live. Poetry, dance, music of all kinds of course and from the most diverse cultures: Europe, Japan, Morocco, India. He'd cull from each and everyone of them and pour their essence into his personal, intellectual, cultured and at times difficult music. A sincere artist.

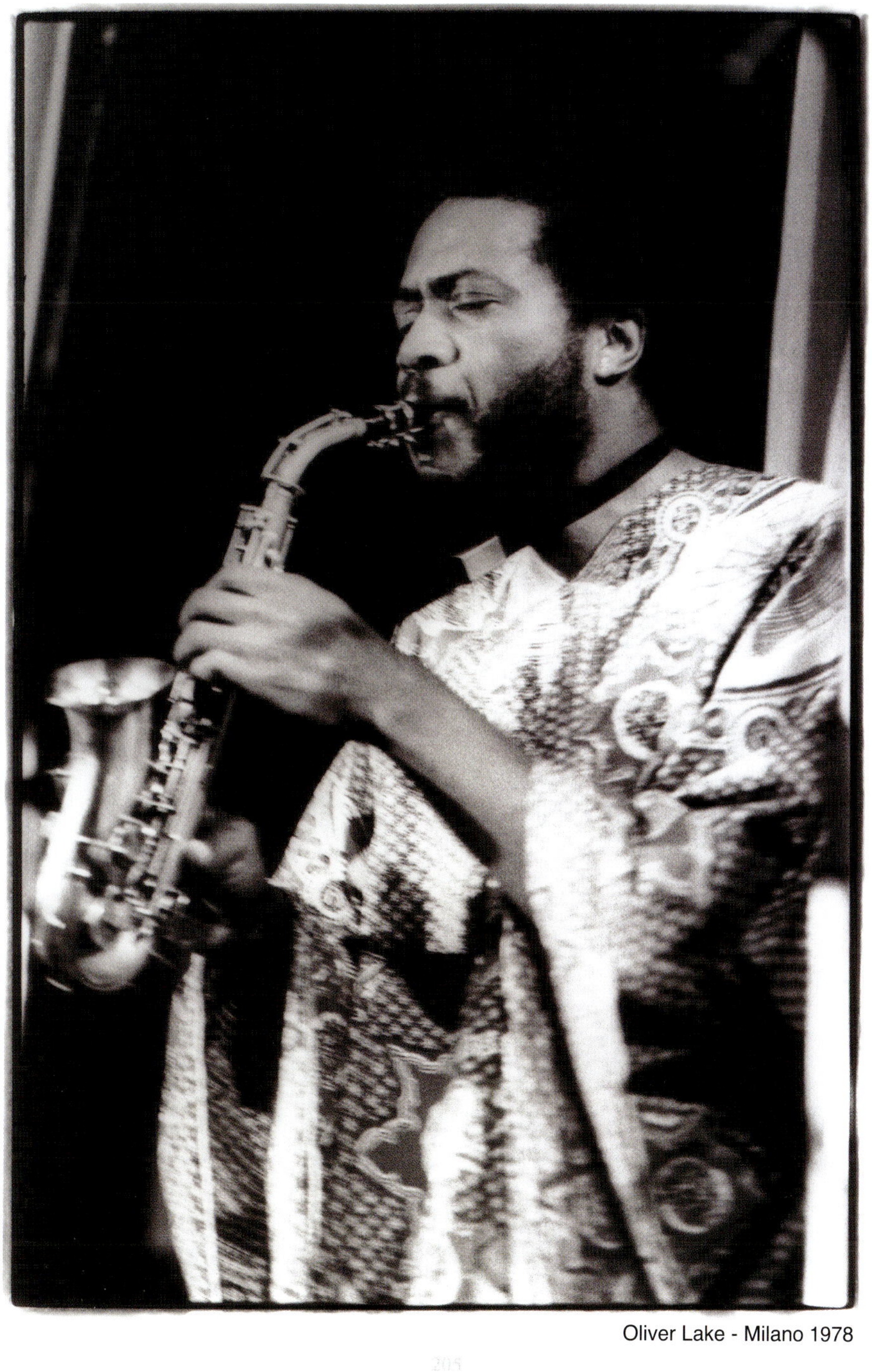

Oliver Lake - Milano 1978

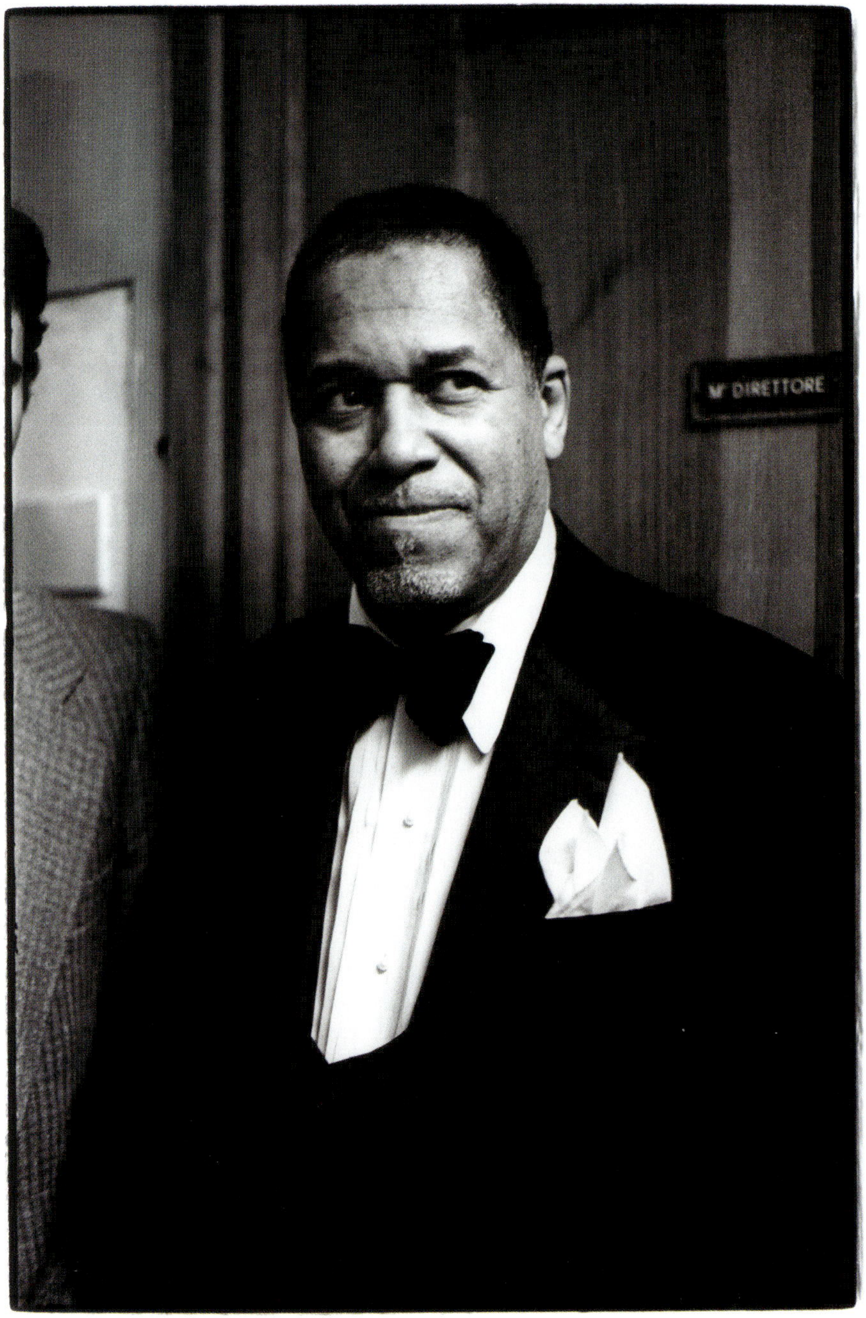

John Lewis - Milano 1980

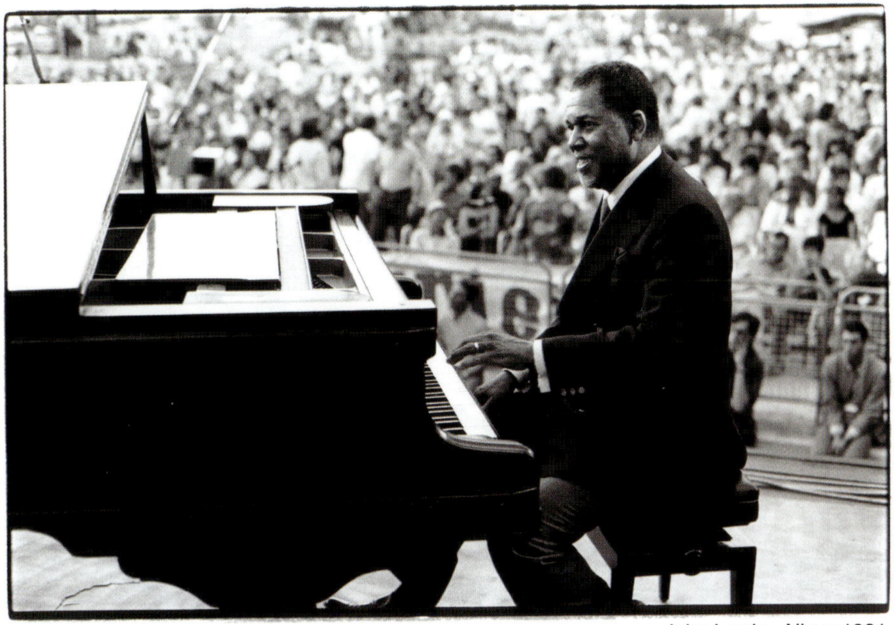

John Lewis - Nizza 1981

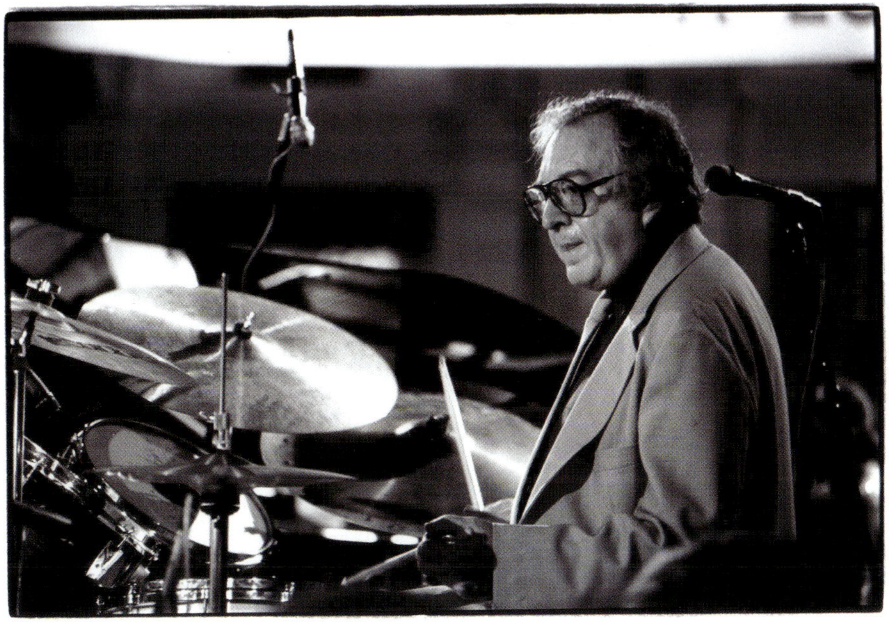

Mel Lewis - Lugano 1985

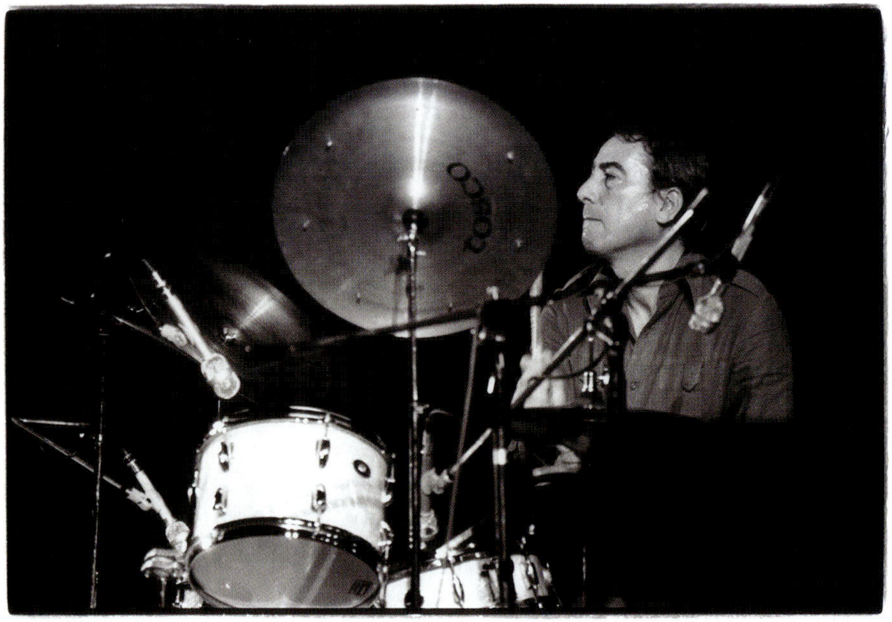

Lino Liguori - Milano 1981

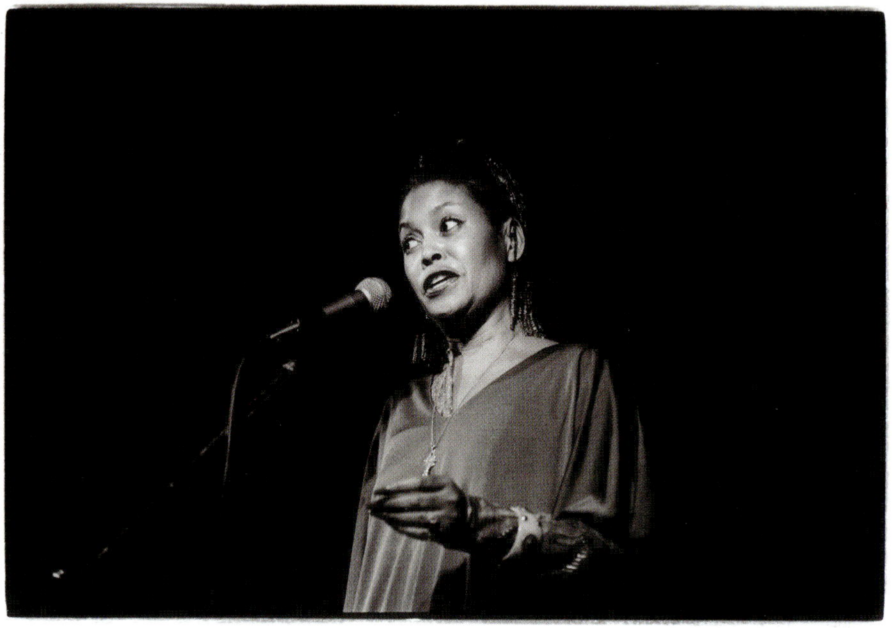

Abbey Lincoln - Milano 1979

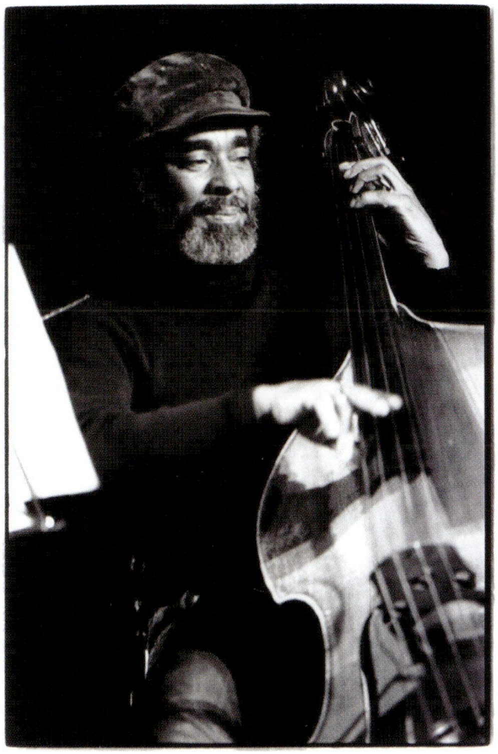

Wilbur Little - Milano 1980

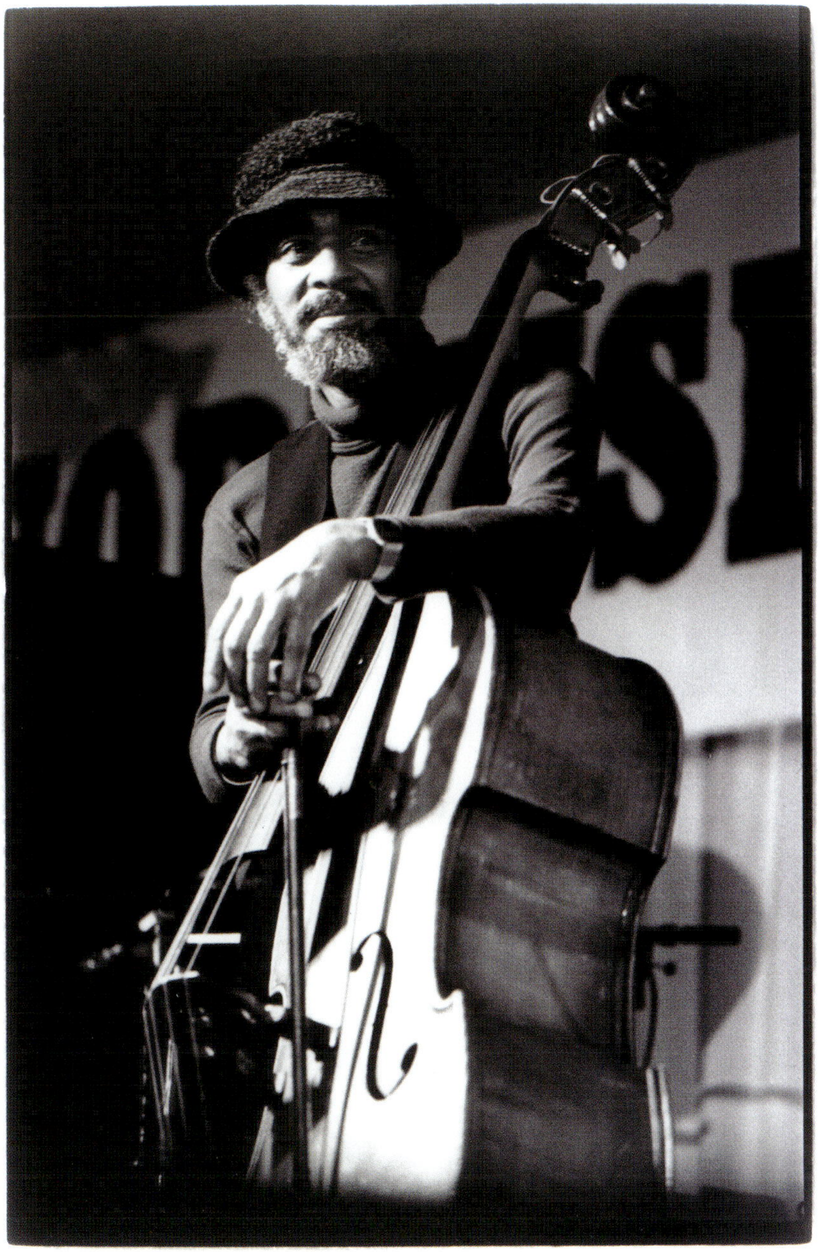

Wilbur Little - Aja 1980

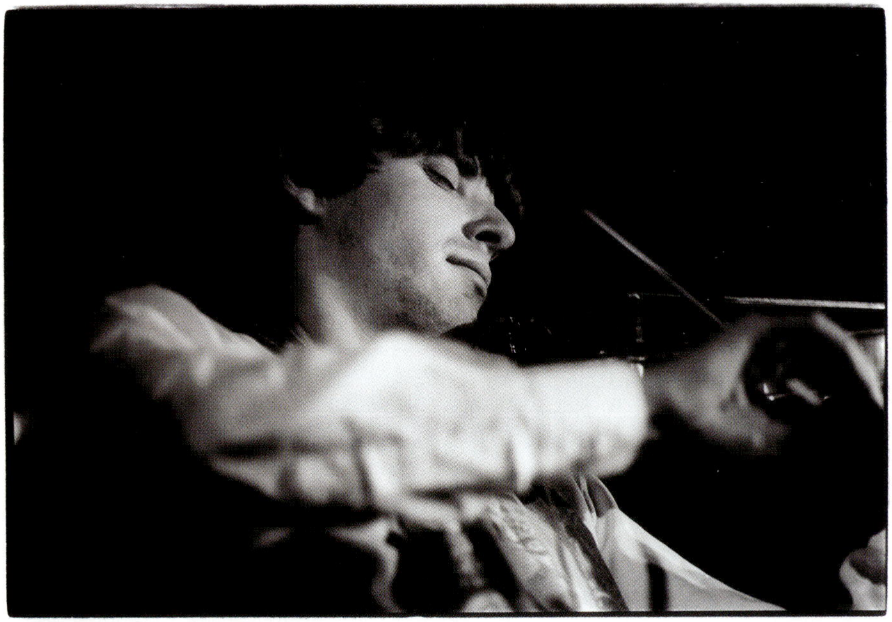
Didier Lockwood - Dalmine 1980

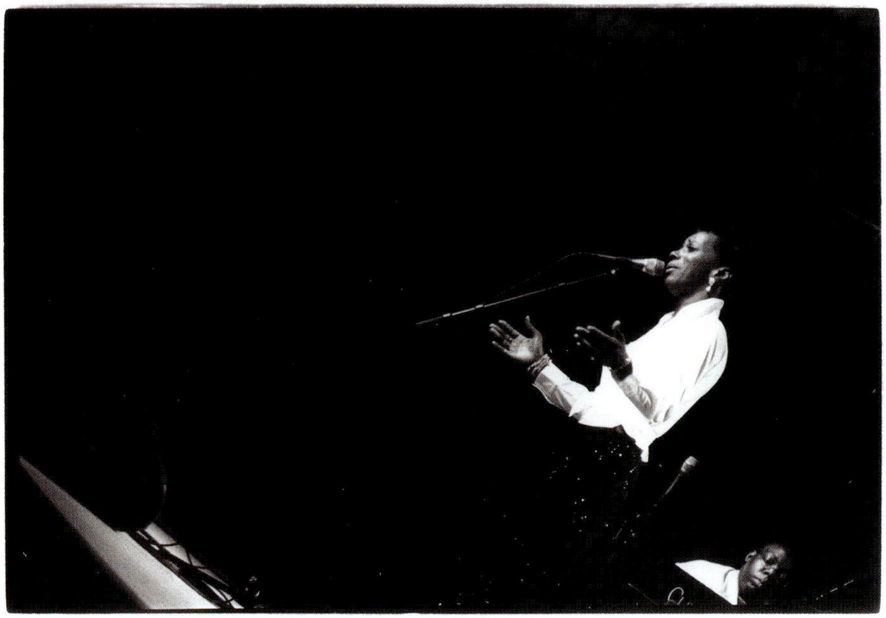
Carmen Lundy - Aja 2001

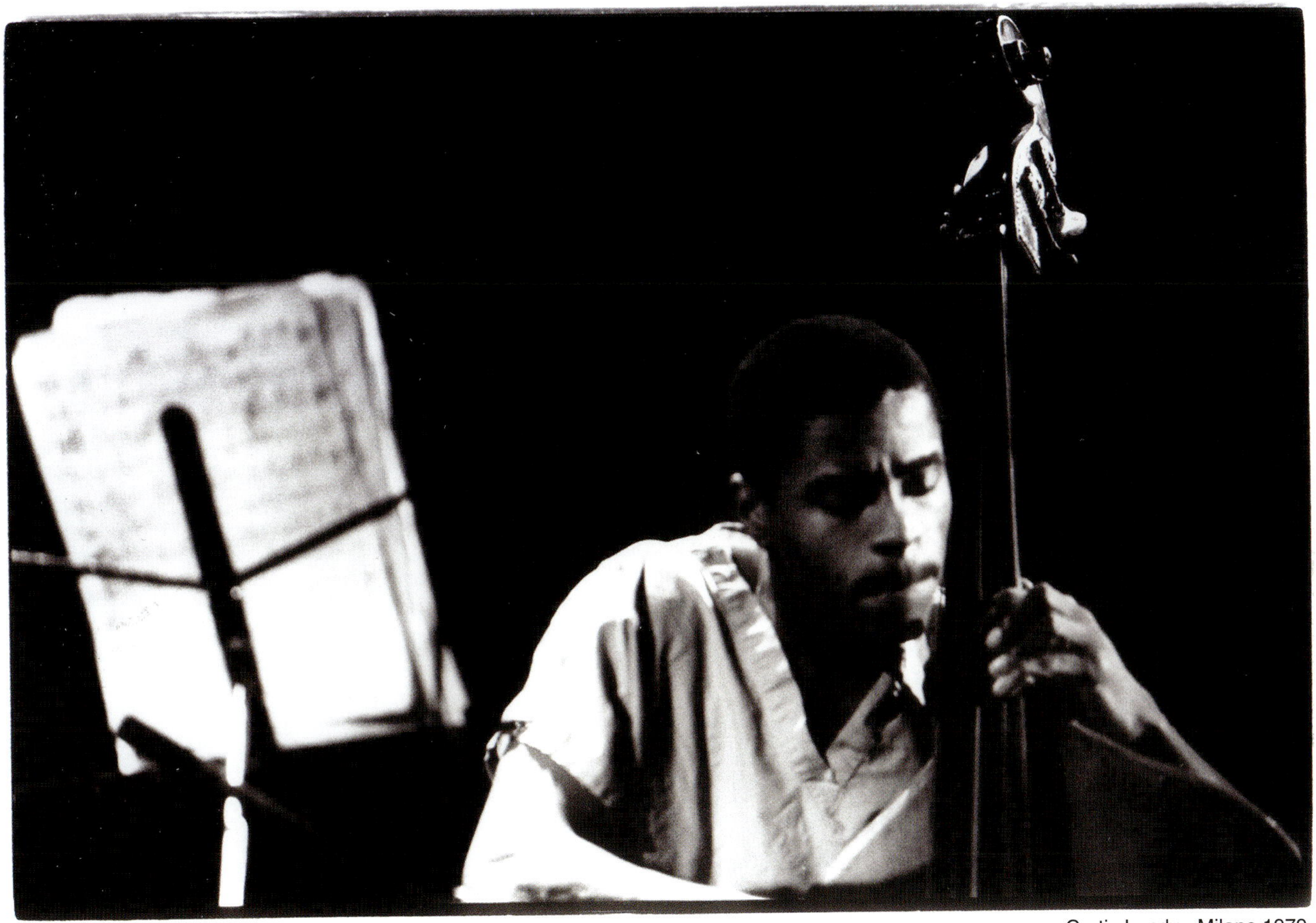

Curtis Lundy - Milano 1979

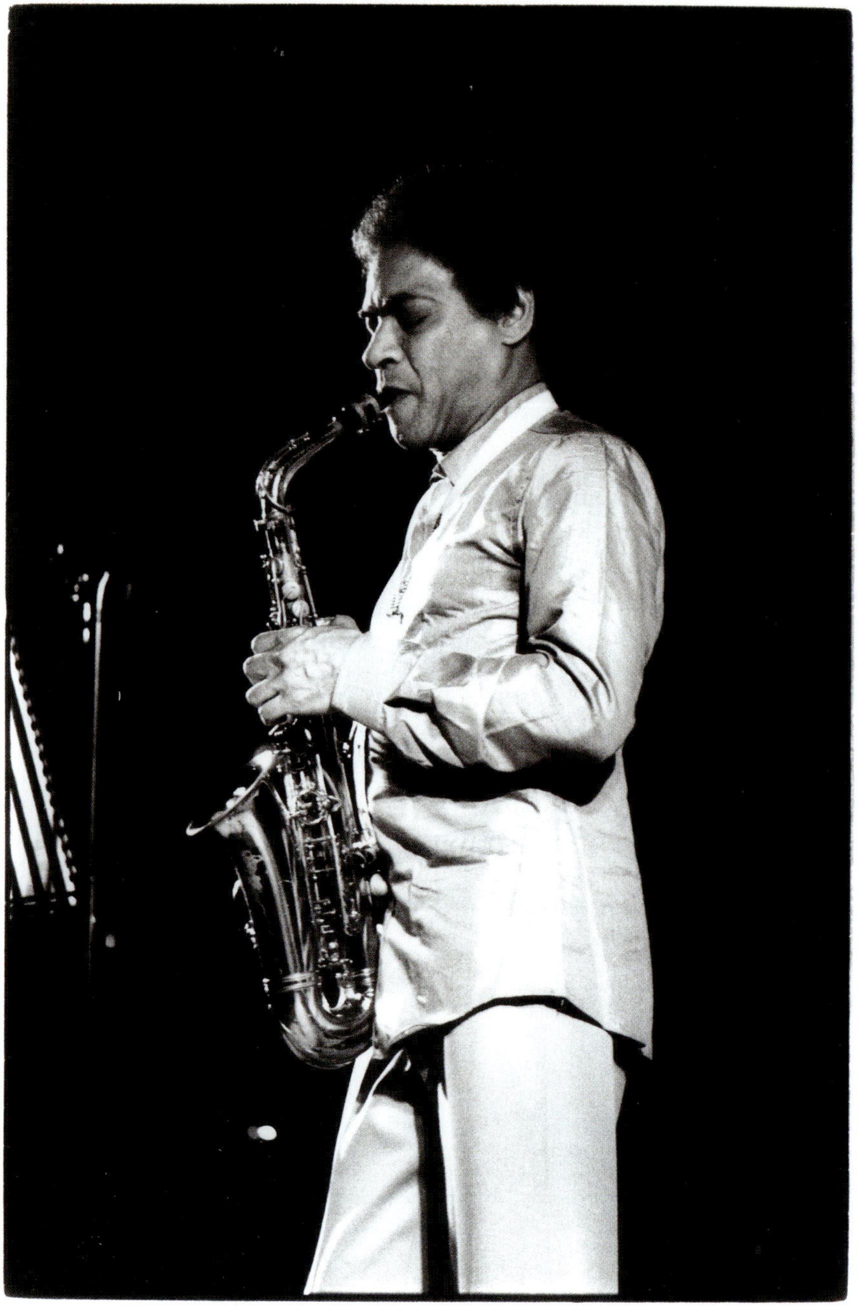

Jimmy Lyons - Aja 1982

M

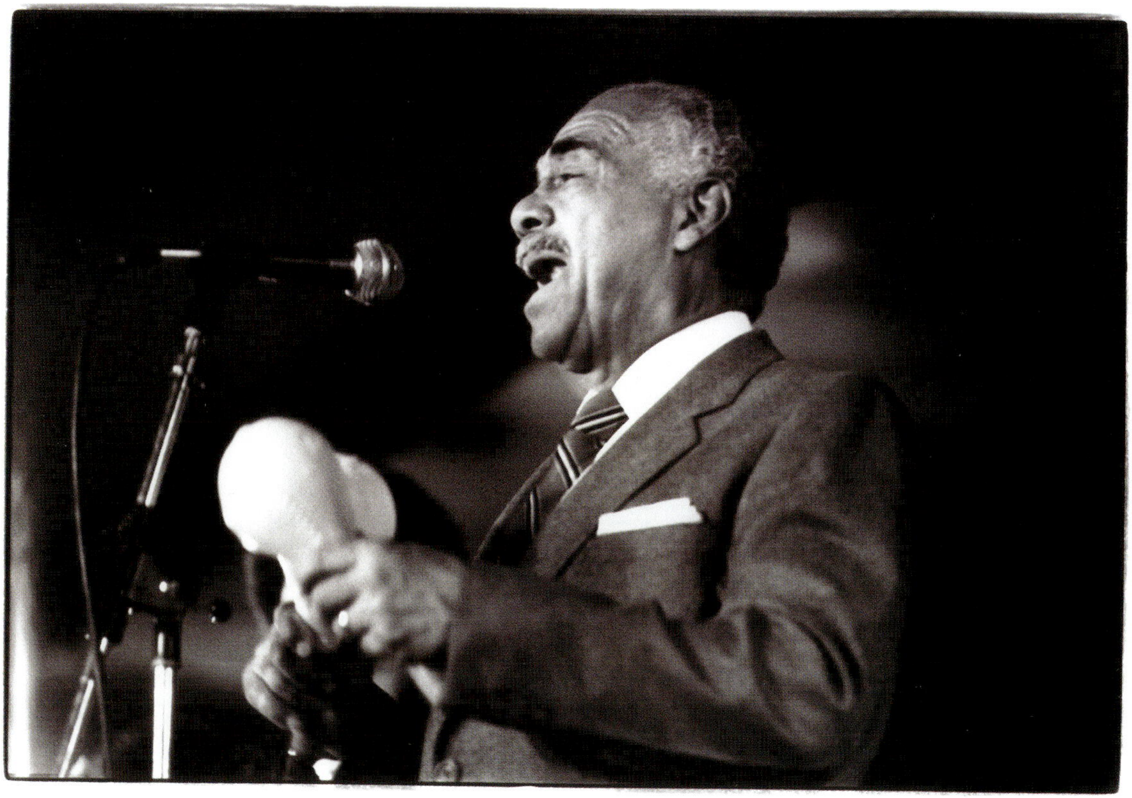

Machito - Aja 1982

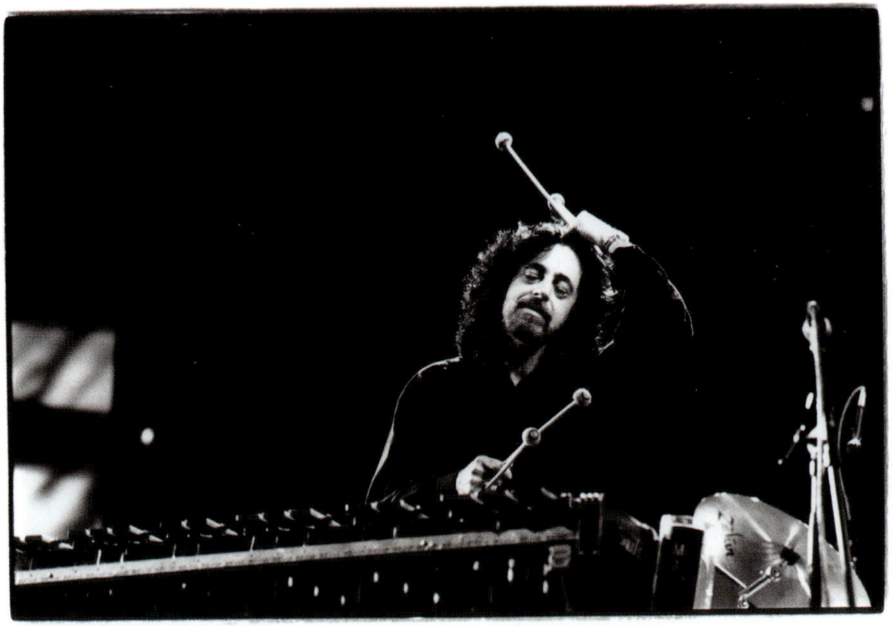

Mike Mainieri - Lugano 1991

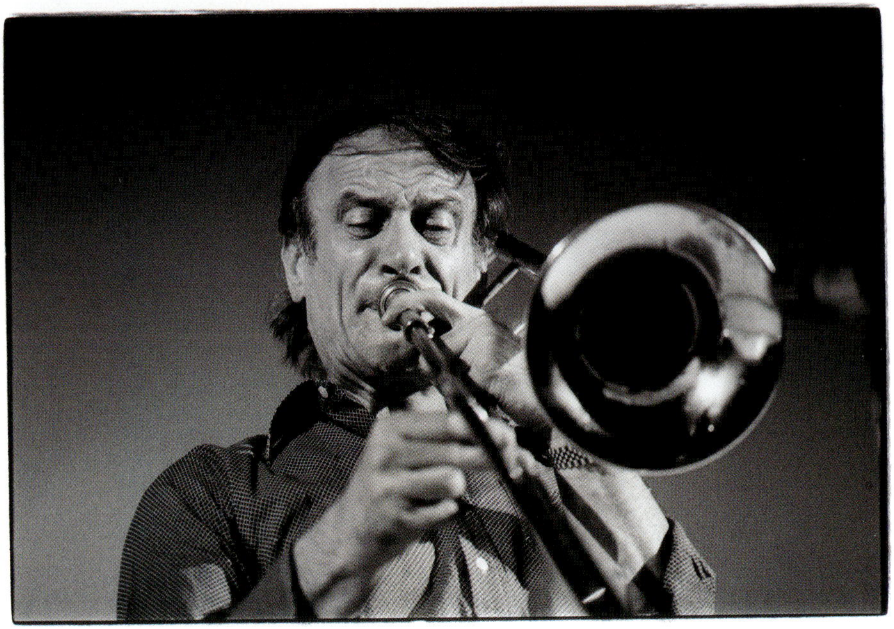

Albert Mangelsdorff - Milano 1979

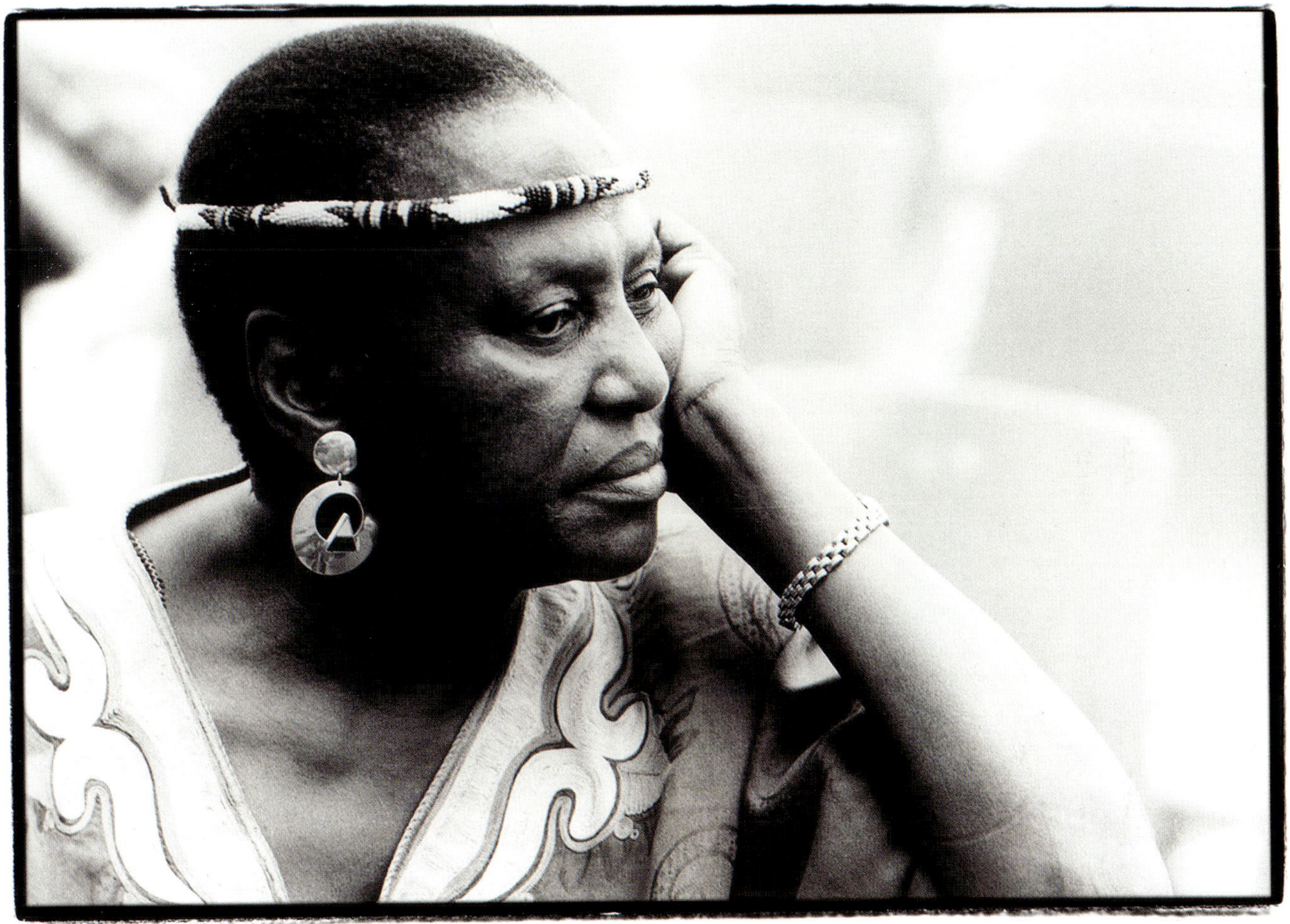

Miriam Makeba - Lugano 1994

Ho avuto modo di vedere Miriam Makeba più volte, in Olanda e in Svizzera. Ma l'immagine a cui sono affezionato è questa. Di questa donna combattiva, che ha pagato sulla pelle il suo essere contro nel Sud Africa degli anni '60. Che ha perso una figlia giovane, Bongi. Ma che non ha perso la voglia di lottare per l'affrancamento dei neri, ancora oggi, a più di dieci anni dal suo ritorno in Sud Africa. E lo fa con la sua musica dolce, mai aggressiva, che mostra la sua Africa come lei vorrebbe che fosse e che invece non è. Ma lei continua a crederci, a volerlo. E' questo il suo sogno e non solo il suo.

I've seen Miriam Makeba more than once, in Holland and Switzerland. I love this image of her. A fighting woman, who paid dearly the cost of her being 'against' in the 60's South Africa. She lost her young daughter Bongi but has never lost her will to struggle for the civil rights of the black people, now more than ten years after returning in her home country. She does it through her sweet music, never aggressive, showing how her Africa should be and is not yet. She does believe in it, it's her dream, and not hers only.

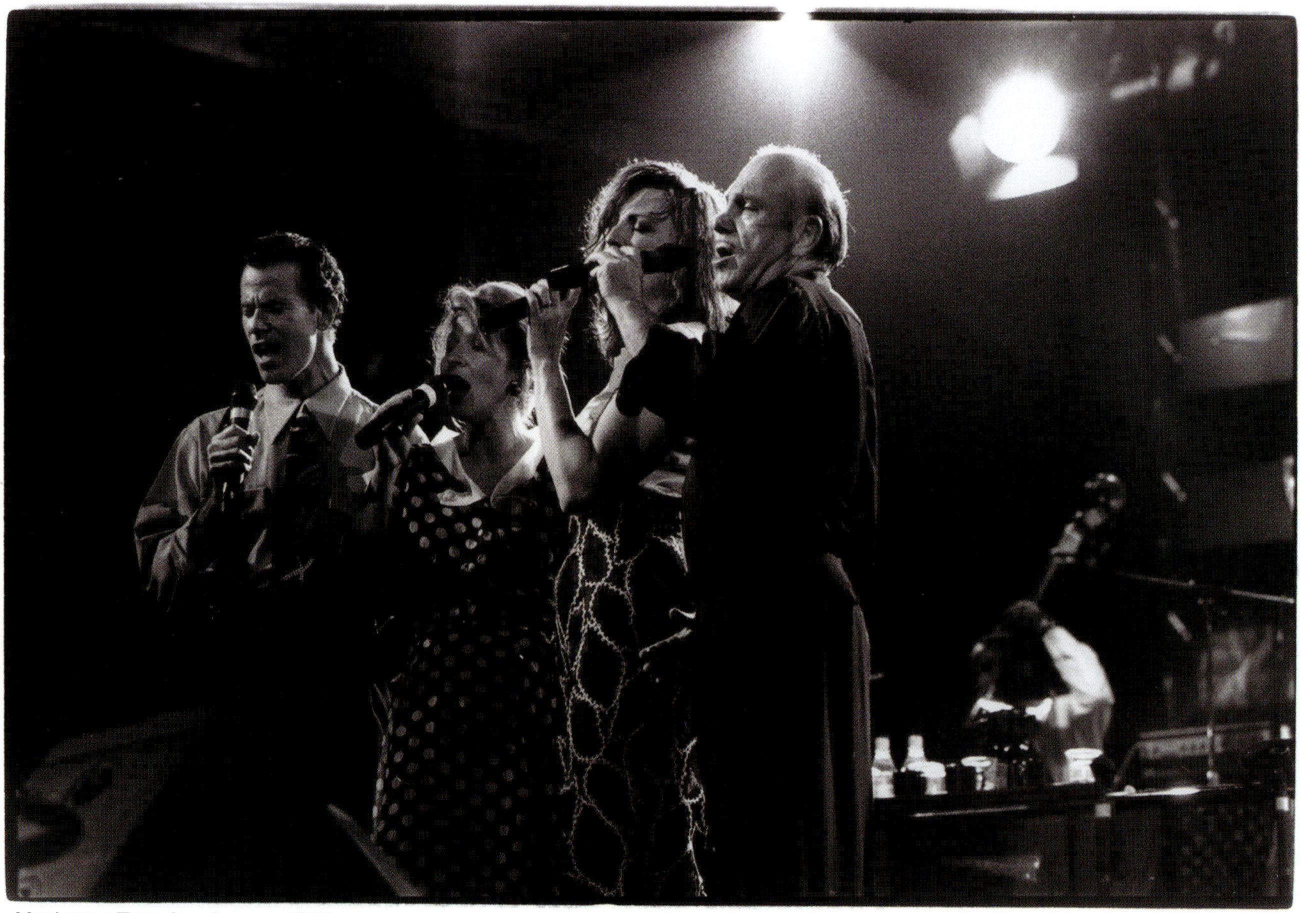

Manhattan Transfer - Lugano 1996

Grandi professionisti i quattro cantanti che compongono i Manhattan Transfer, da Tim Hauser a Cheryl Bentyne, Alan Paul e Janis Siegel. Due voci maschili e due femminili da più di trent'anni sulle scene di tutto il mondo con le loro canzoni jazz e non. Li ho fotografati e avvicinati all'Estival Jazz di Lugano nel 1991 e nel 1996 e ho trovato delle persone disponibili al colloquio e all'incontro con il proprio pubblico.

Four unbelievable professionals from Tim Hauser to Cheryl Bentyne, Alan Paul and Janis Siegel. Two male and two female vocalists riding the world scene for over thirty years with jazz and non jazz songs. I did a photo shoot with them in 1991 and 1996 at the Estival Jazz in Lugano and found them all very friendly and available.

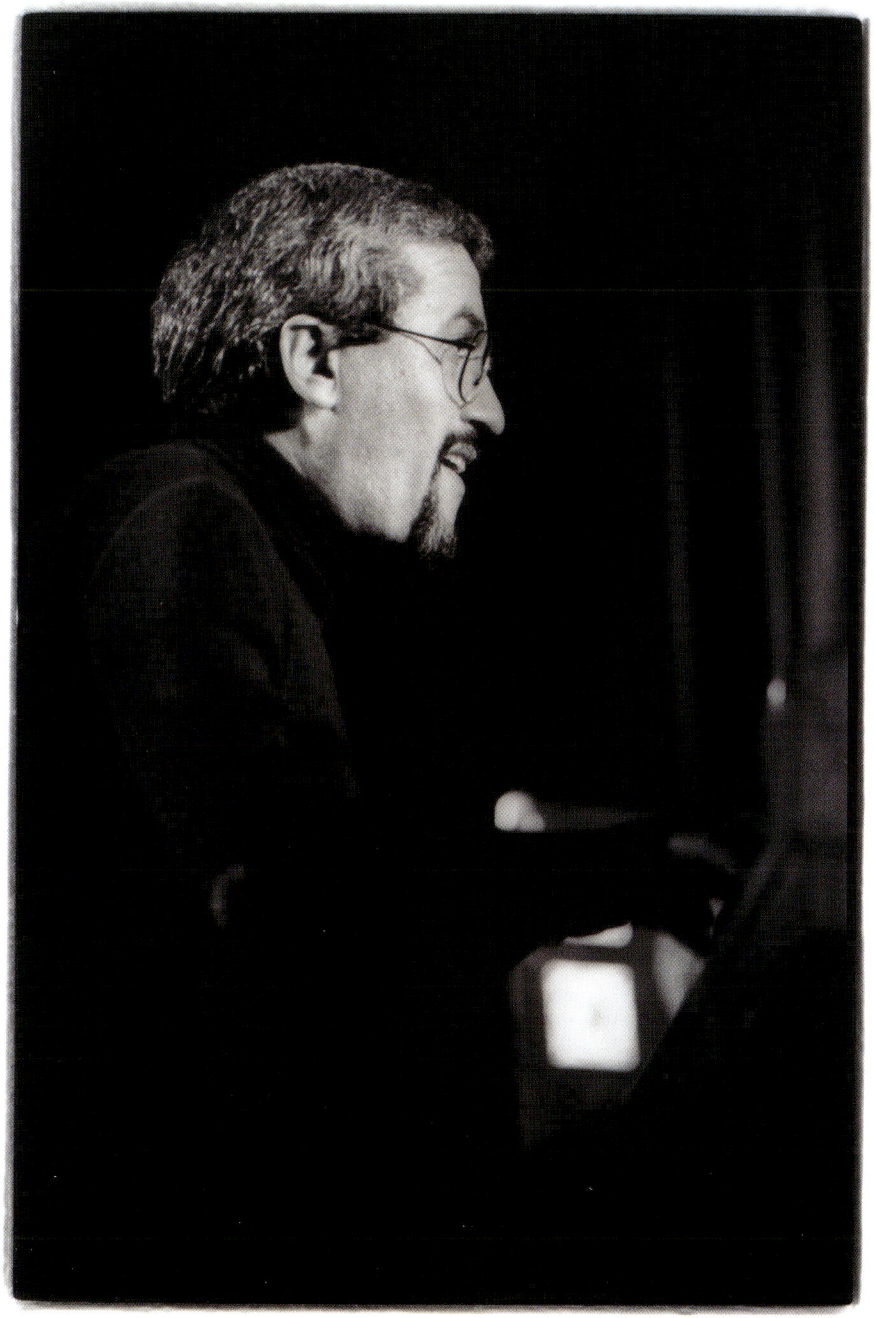

Guido Manusardi - Milano 1981

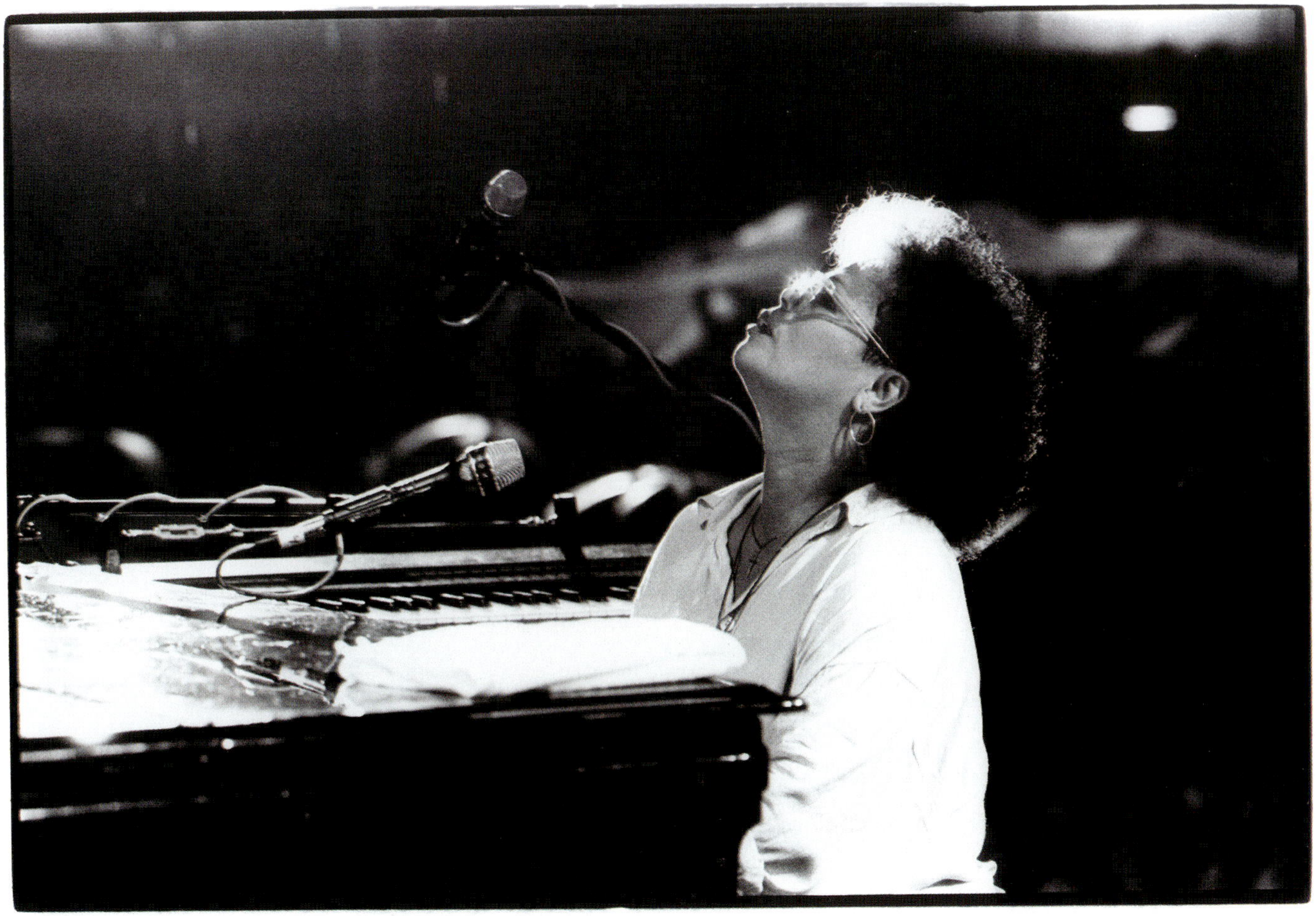

Tania Maria - Lugano 1987

Del concerto di Tania Maria ricordo la sua musica tutta piano, percussioni e grande ritmo per la gioia dei brasiliani sotto il palco che premono per vedere da vicino una delle loro beniamine. Infatti, uno dei pilastri dell' Estival Jazz di Lugano, sul finire delle serate, è il Brasile, con i suoi protagonisti: Astrud Gilberto, Gilberto Gil, Djavan, Tito Puente e tanti altri. E da ogni parte sbucano brasiliani provenienti da tutta la Svizzera, probabilmente, a darsi appuntamento per sentire e vedere un pezzo della loro terra. E come si agitano sotto il palco, per qualche ora è il loro momento, il loro riconoscersi, l'affermazione del loro esistere come popolo lontano dalla terra d'origine. E intanto Tania Maria continua a percuotere i tasti del pianoforte immersa in un turbinio di percussioni in un woodoo senza fine. Ma la pioggia ci prende senza preavviso. E bagna tutti. Così corro sul palco e continuo a fotografare vicino a Tania e anche se piove la gente non se ne accorge e continua a ballare, a stordirsi. Forse ne ha bisogno.

I recall the piano, percussions and thriving rhythms seeping through the Brasilian audience jammed up under the stage to check out their favorite artist. Brasil and its amazing performers are the foothold of the Estival Jazz in Lugano: Astrud Gilberto, Gilberto Gil, Djavan, Tito Puente and so many others. It's their moment and all Brasilians gather from all over Switzerland to celebrate their roots and motherland in a festive atmosphere. Meanwhile, Tania Maria is upthere hammering her piano in a flurry of rhytms and percussions, like an endless woodoo ritual. Suddenly rain comes pouring down soaking everybody up, but they all keep on dancing regardless, as I'm able to witness from the stage.

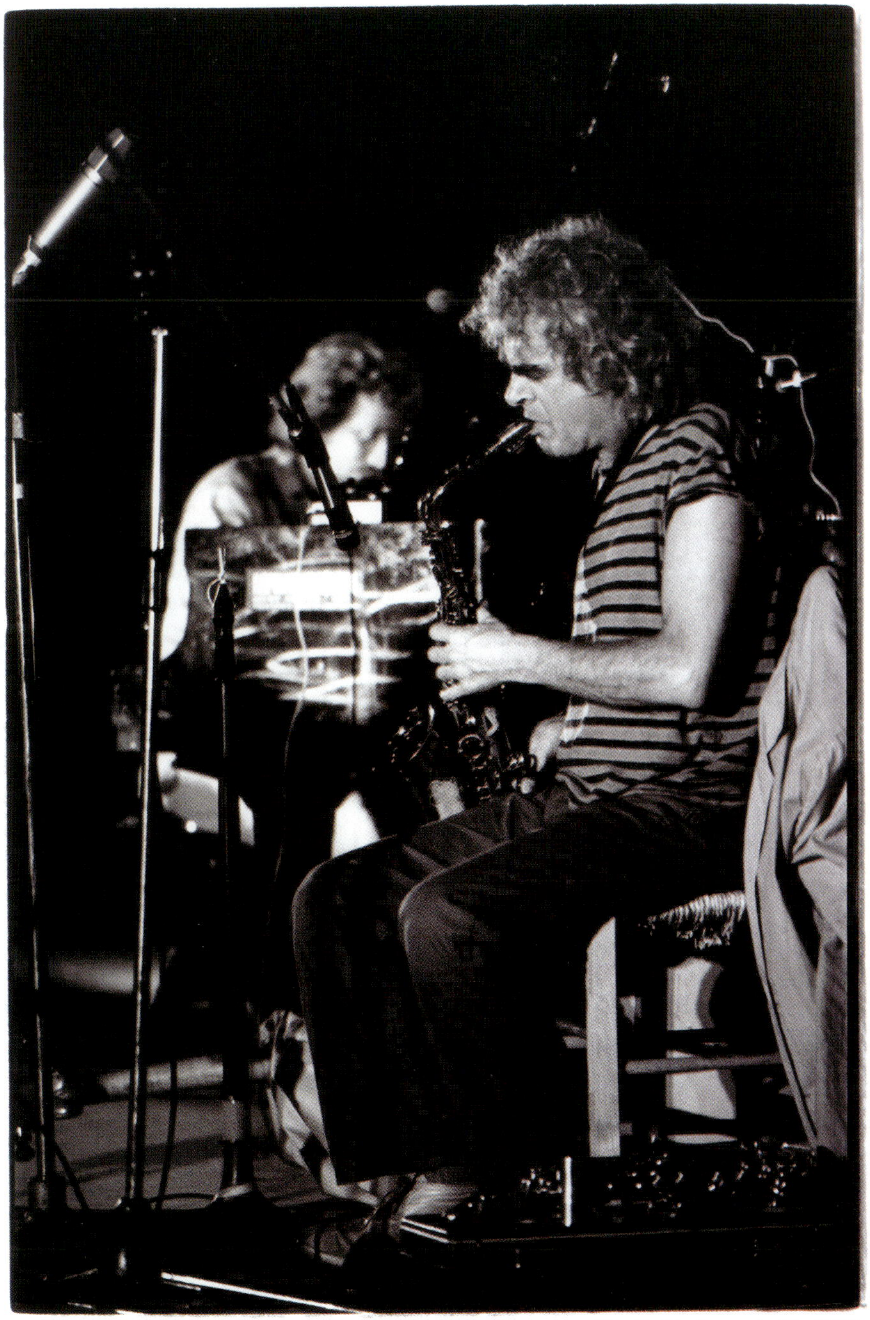

Charlie Mariano - Ischia 1981

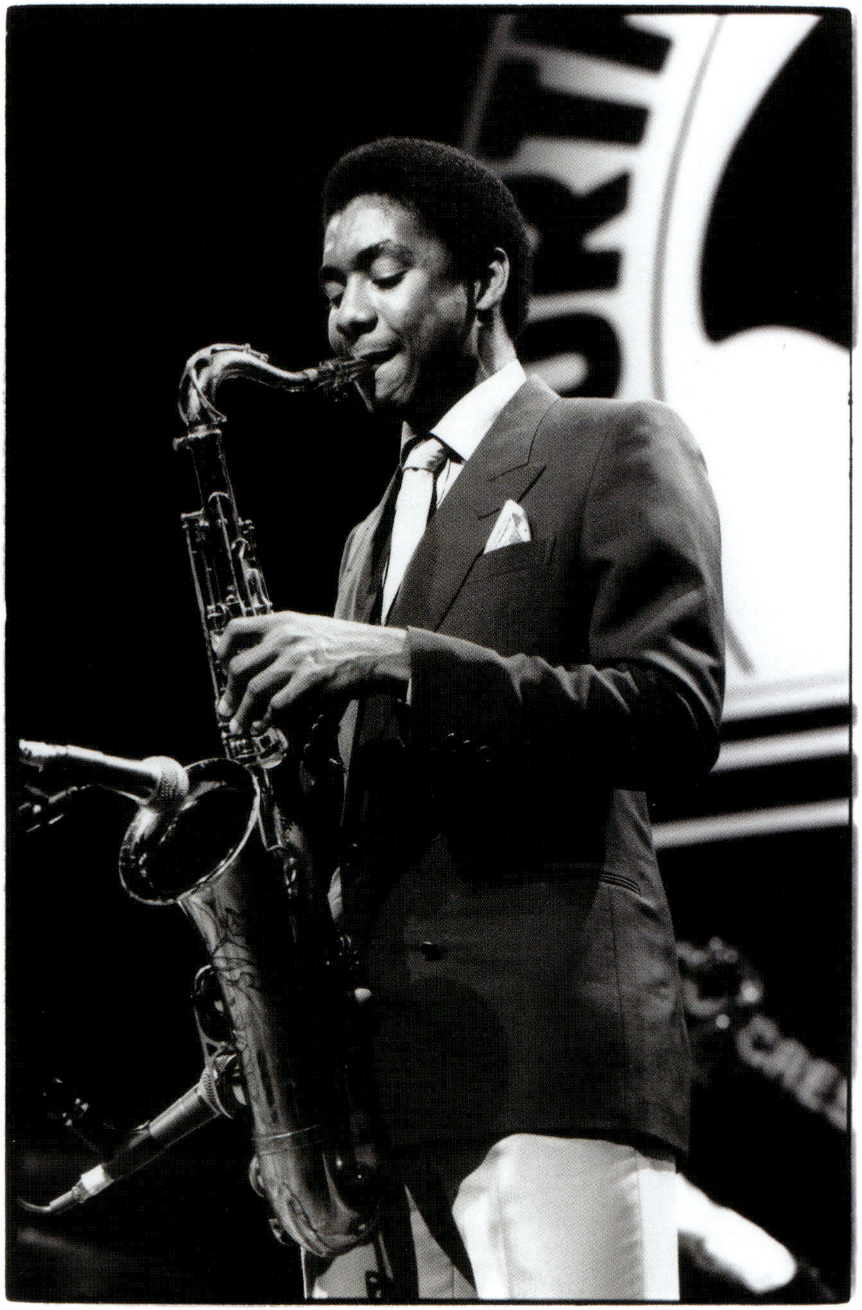

Brandford Marsalis - Aja 1982

Ho fotografato Winton Marsalis nel 1982 e nel 2000 sempre al Northsea Jazz Festival dell'Aja, Olanda. La prima volta che l'ho visto Winton era una stella nascente del jazz, già bravo e padrone di una tecnica invidiabile. Poi è diventato famoso, molto famoso. E dopo diciotto anni (una vita) l'ho rivisto sullo stesso palco e ho apprezzato la modestia con cui conduceva un'orchestra, una grande orchestra, allineandosi come tutti gli altri musicisti nella frontline delle trombe, senza atteggiarsi a grande direttore. Il resto è musica, la sua musica.

I had the chance to take pictures of Winton Marsalis at Northsea Jazz Festival in Aja, Holland back in 1982 and 2000. The first time ever, he still was an up-and-coming star, endowed with awesome prowess and technique which helped pave his way to success. Almost a lifetime later, eighteen years precisely, I loved the way he conducted a big orchestra, standing lined up together with the other musicians on the trumpet section, humbly, without acting like the big conductor. The rest is music. His music.

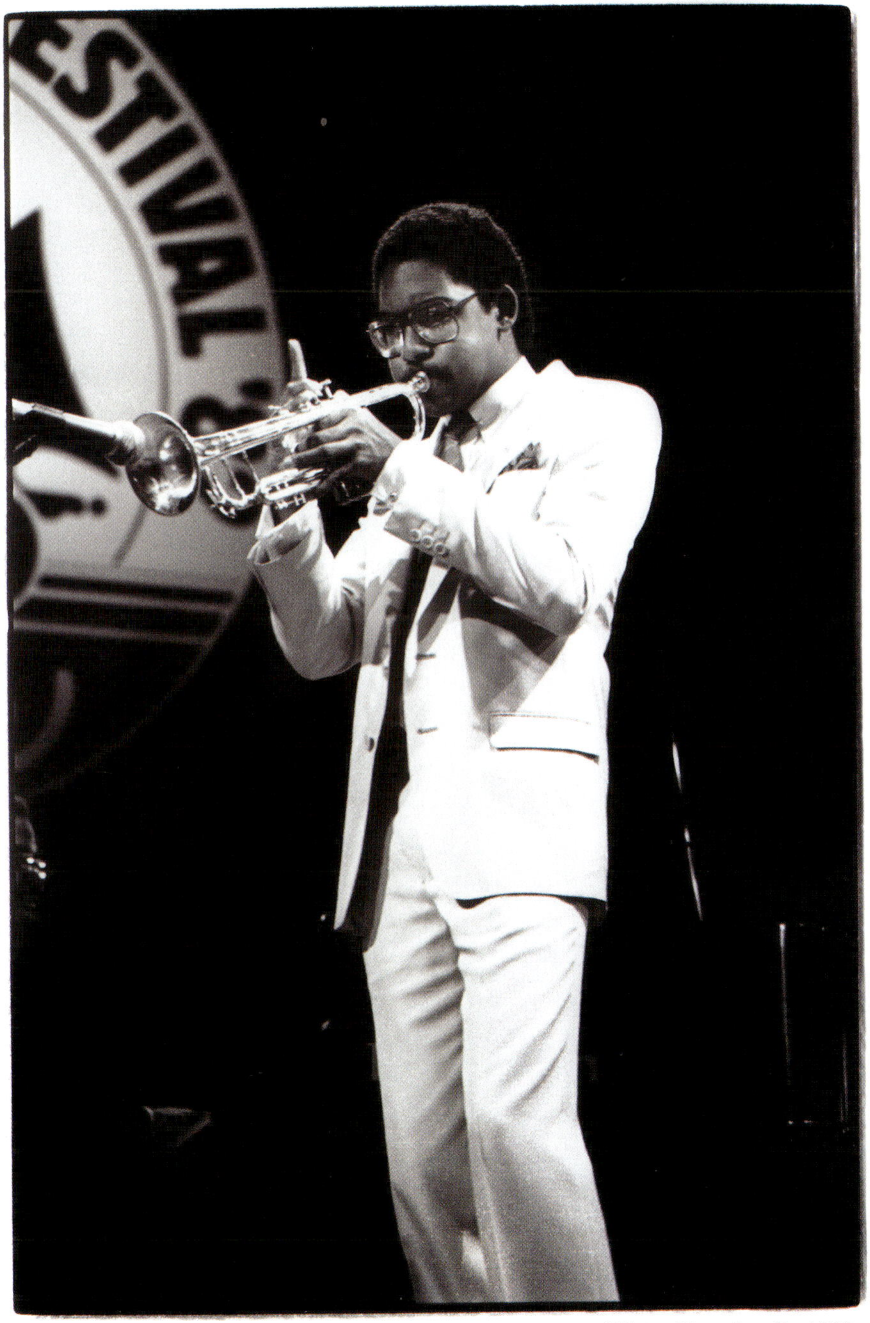

Winton Marsalis - Aja 1982

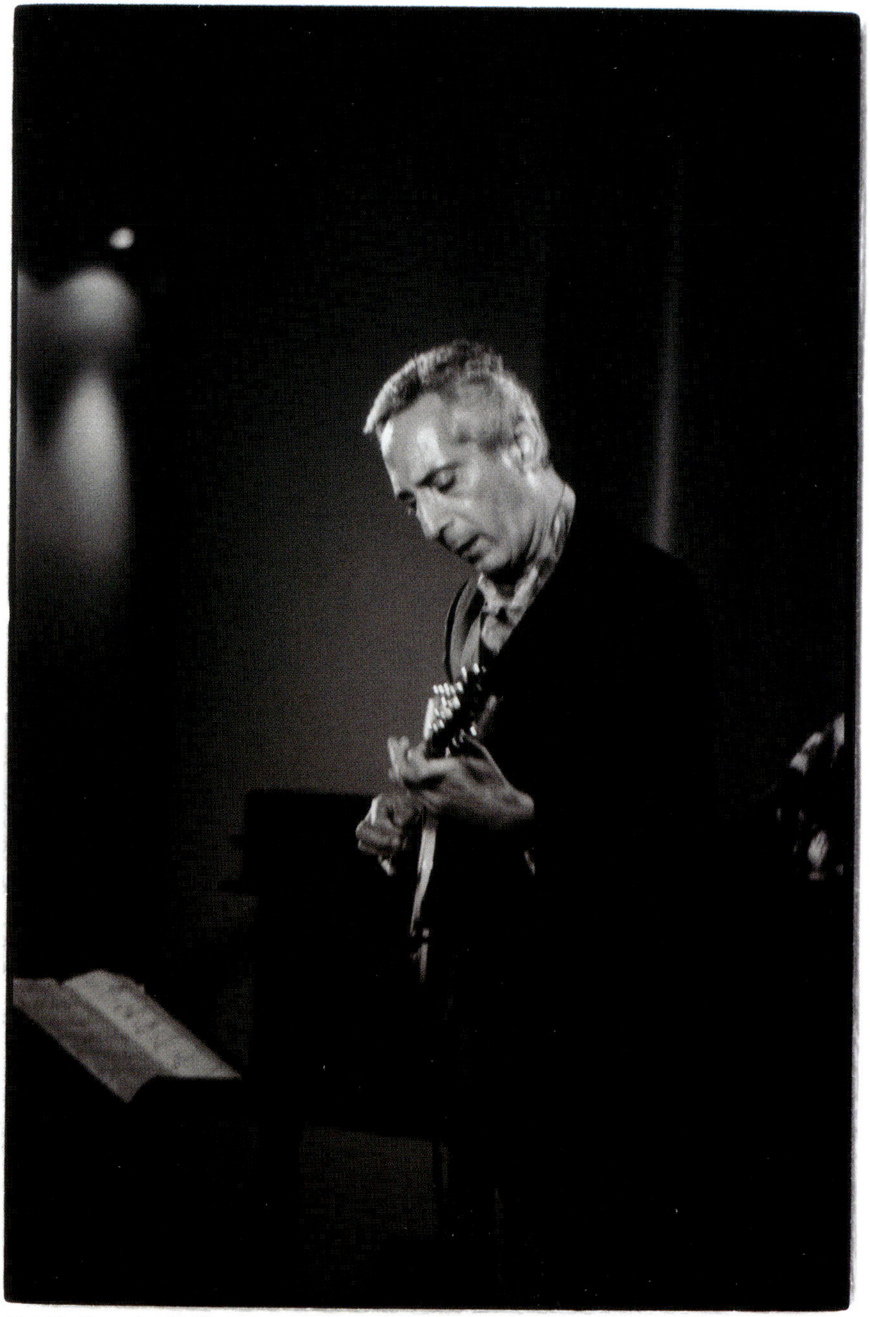

Pat Martino - Aja 2000

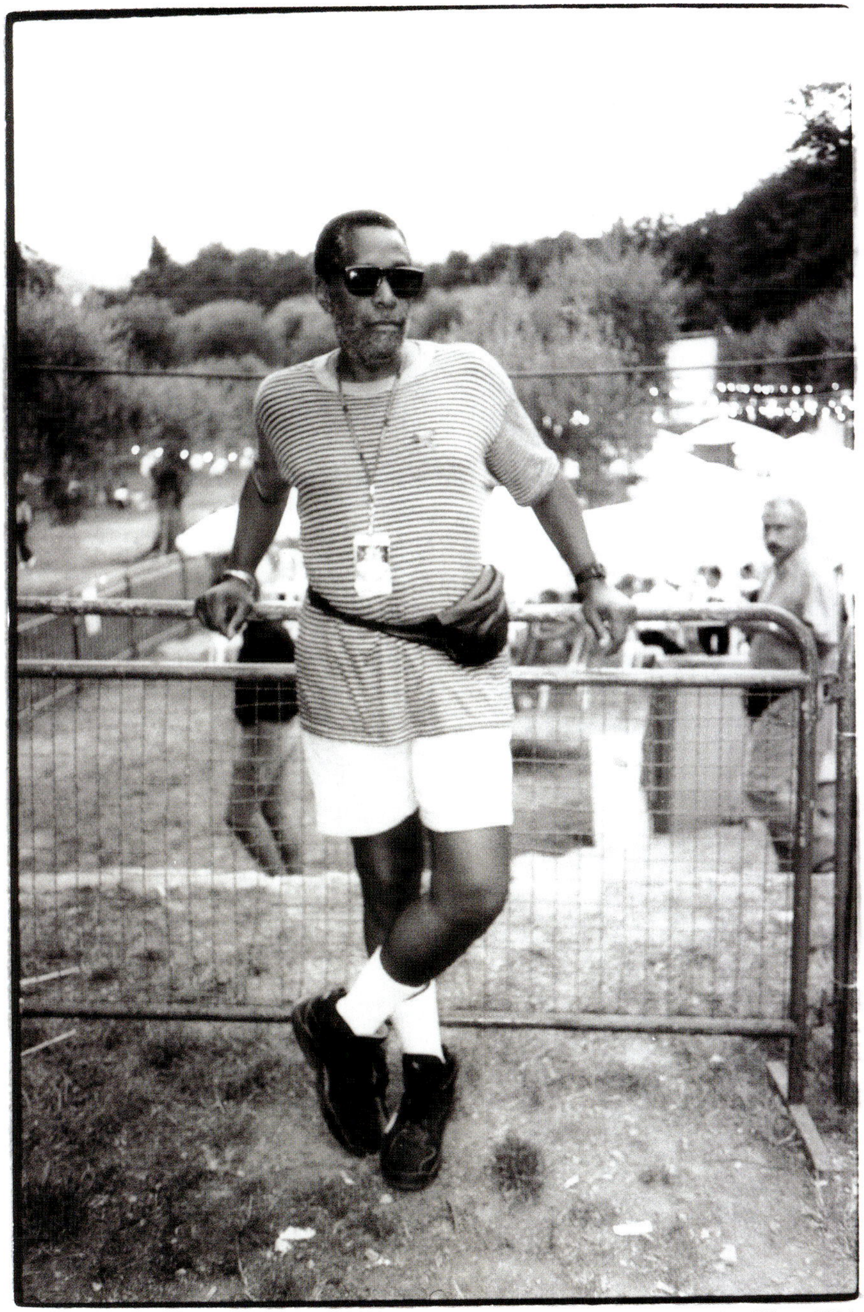

Bennie Maupin - Nizza 1994

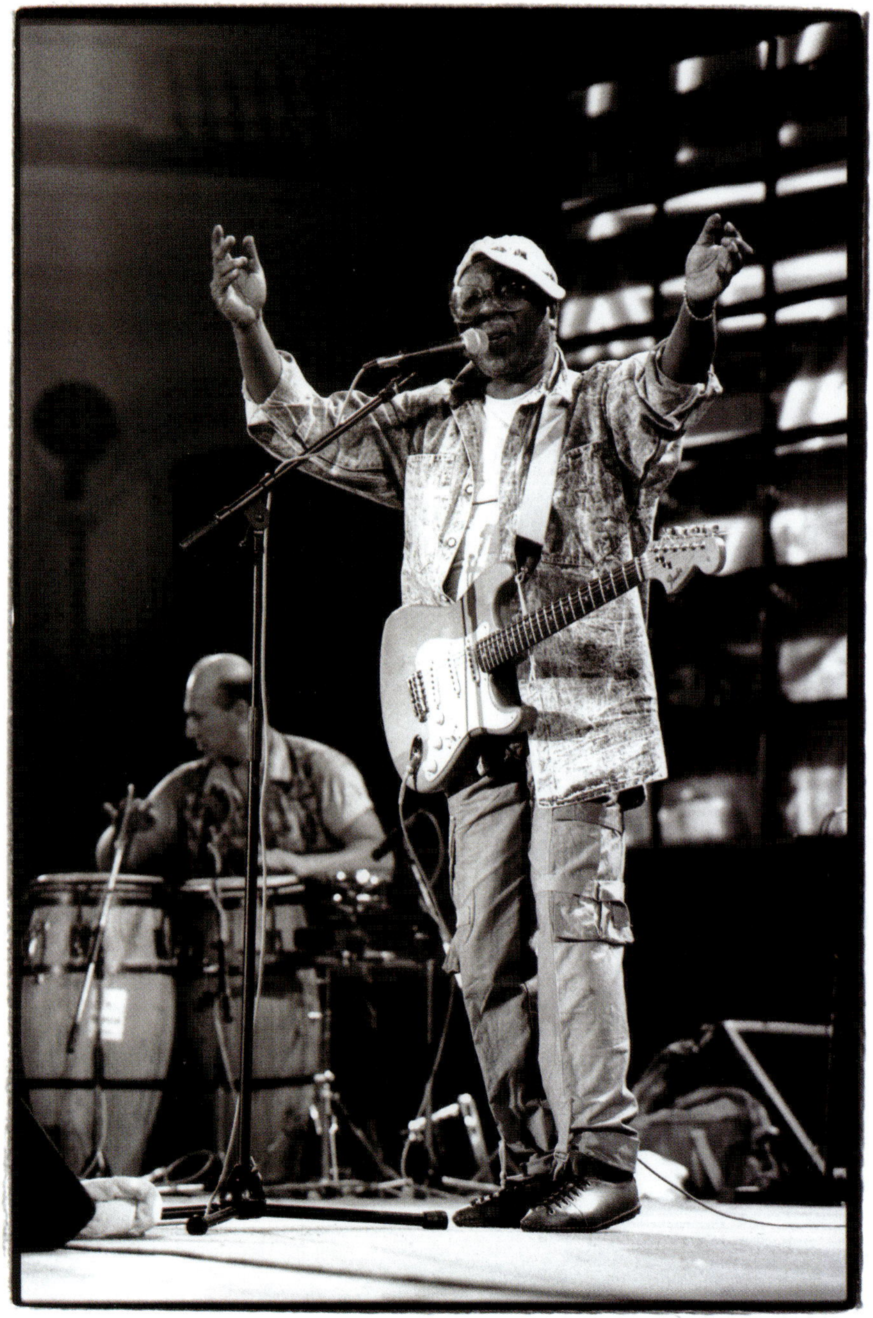

Curtis Mayfield - Lugano 1988

Ho provato tanta pena per lui quando ho saputo che una putrella gli era finita sulla schiena e aveva leso la spina dorsale, tanto da renderlo incapace di camminare costringendolo su una sedia a rotelle. Eppure Curtis ha continuato ancora a vivere, a suonare, a incidere, anche dopo il grave incidente. Mi meraviglio sempre e spero di non finire mai di meravigliarmi, di fronte a questa volontà dei musicisti, che nessuna parola può descrivere, di continuare nonostante tutto, e gli esempi sono tanti. Forse vuol dire che ognuno si aggrappa a quel pezzetto di vita che gli è rimasta e insiste. E' anche il caso di Curtis, il compositore di Superfly, Short Eyes, Move On Up e di Freddie's Junkie, censurata perfino dalle radio americane, che è tutto dire, per i contenuti amari del testo che narra di droga, ghetto e emarginazione. E forse l'emarginazione Curtis l'ha provata prima e dopo l'incidente. Riposa Curtis.

I really felt it for him when I heard a shingle fell off on his back and injured his spinal chord forcing him to a wheelchair. Nonetheless, Curtis kept on living, playing and recording long after his accident. I am and always will be touched by musicians' inner will, so strong and motivated to be able to look ahead, against all odds. Perhaps they hang on to the slightest remainder of life left. Curtis had a similar experience, even so he went on and wrote Superfly, Short Eyes, Move On Up and Freddie's Junkie, which was also banned from the American radios, because of the bitter content of his lyrics much too focused on drugs, ghetto, self-loathing and rejection. Curtis felt like an outcast before and after the accident. R.I.P. Curtis.

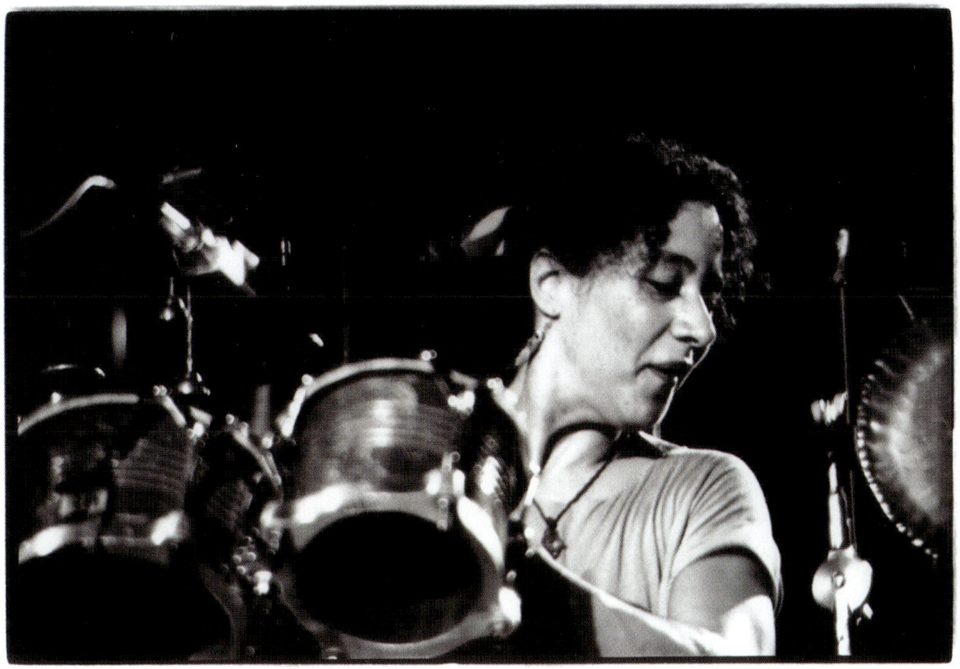

Marilyn Mazur - Lugano 1987

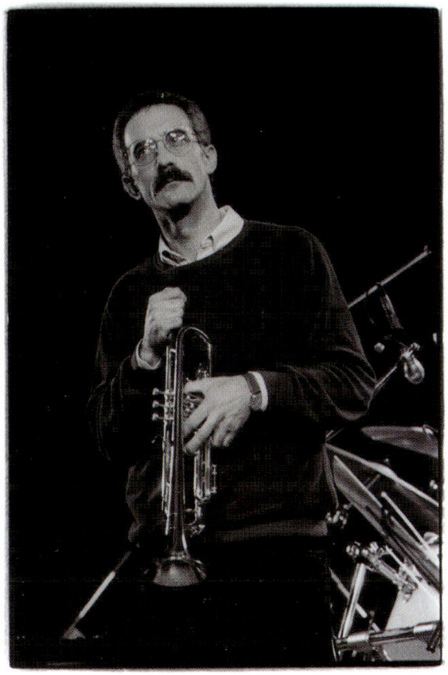

Guido Mazzon - Milano 1981

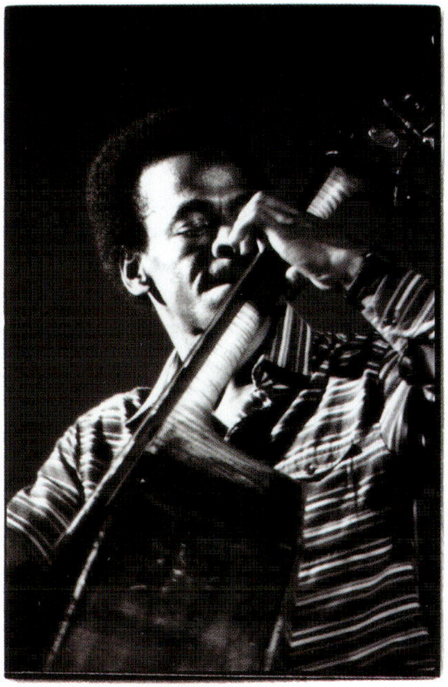

Cecil McBee - Aja 1982

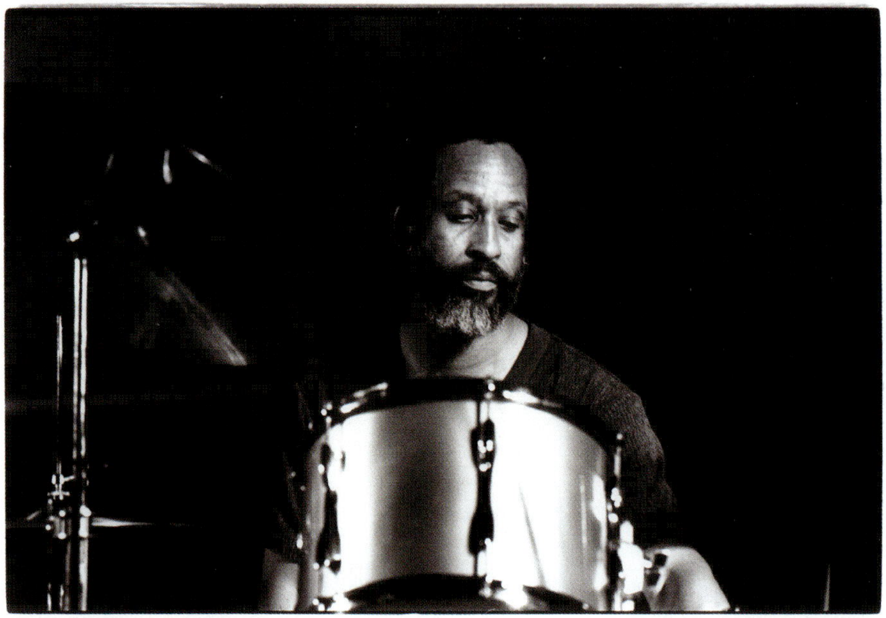
Steve McCall - Aja 1982

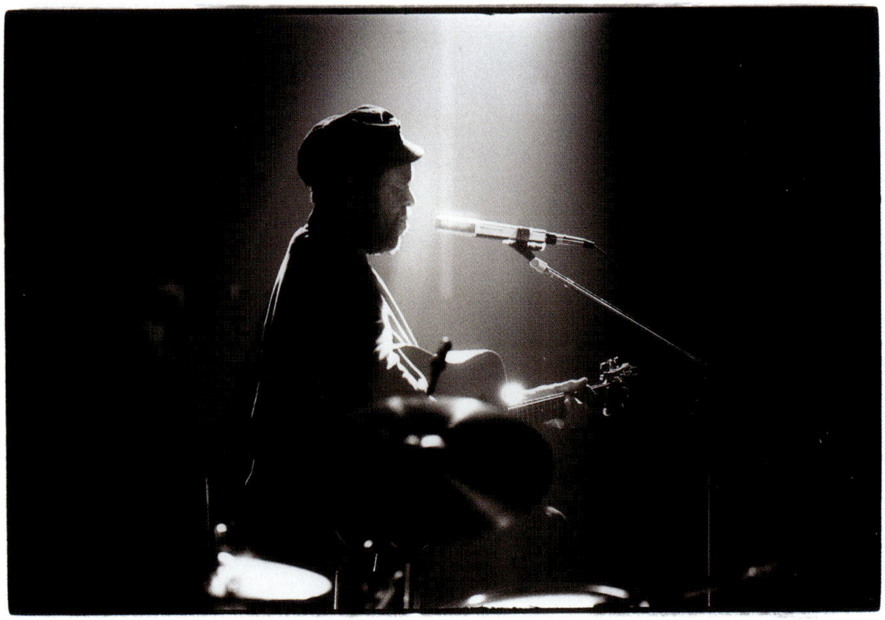
Brownie McGhee - Milano 1979

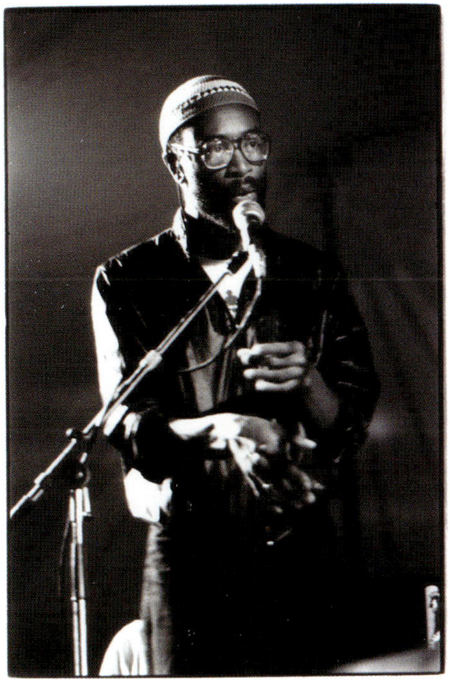

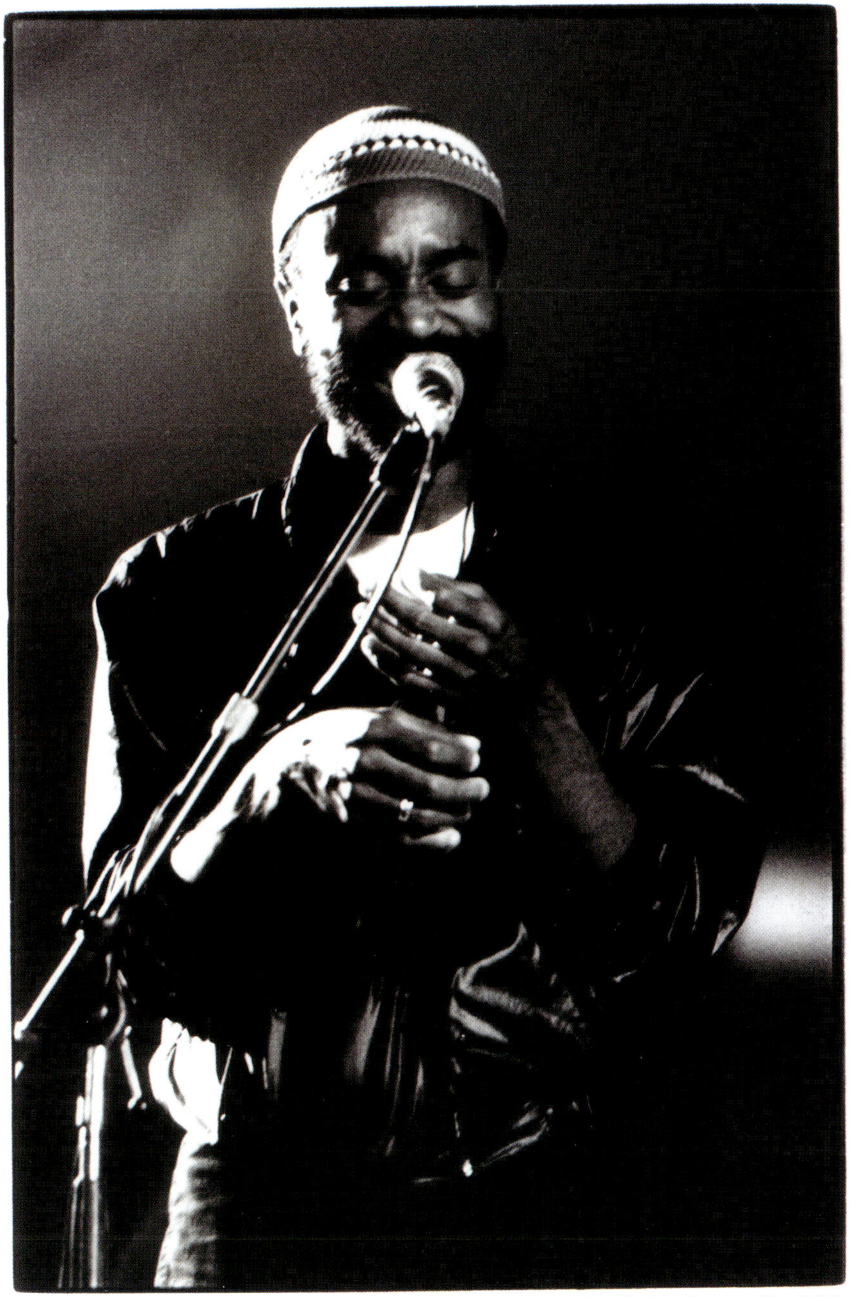

Bobby è un grande affabulatore, uno stregone della voce. Uno in grado di riprodurre con la voce i suoni degli strumenti, che è in grado di cantare Aria di Bach e molto altro. E si resta ammirati da questa sua estensione vocale, dal basso in su. Bobby è in grado di tenere un concerto da solo con la sua voce e le due esibizioni a cui ho assistito, all'Aja nel 1982 e a Lugano nel 1985 lo hanno confermato. Un artista della voce, dello strumento voce. Un dono naturale curato e sfruttato.

Bobby is a terrific storyteller, and a wizard. He can replicate any instrument's sound with his voice, or sing one of Bach's Arias and much else. From the lower tones all the way up, his vocal extention is staggering for as long as a whole concert. That's what I saw him doing back in Aja 1982 and Lugano 1985. A gifted artist with only the voice as instrument.

Bobby Mc Ferrin - Aja 1982

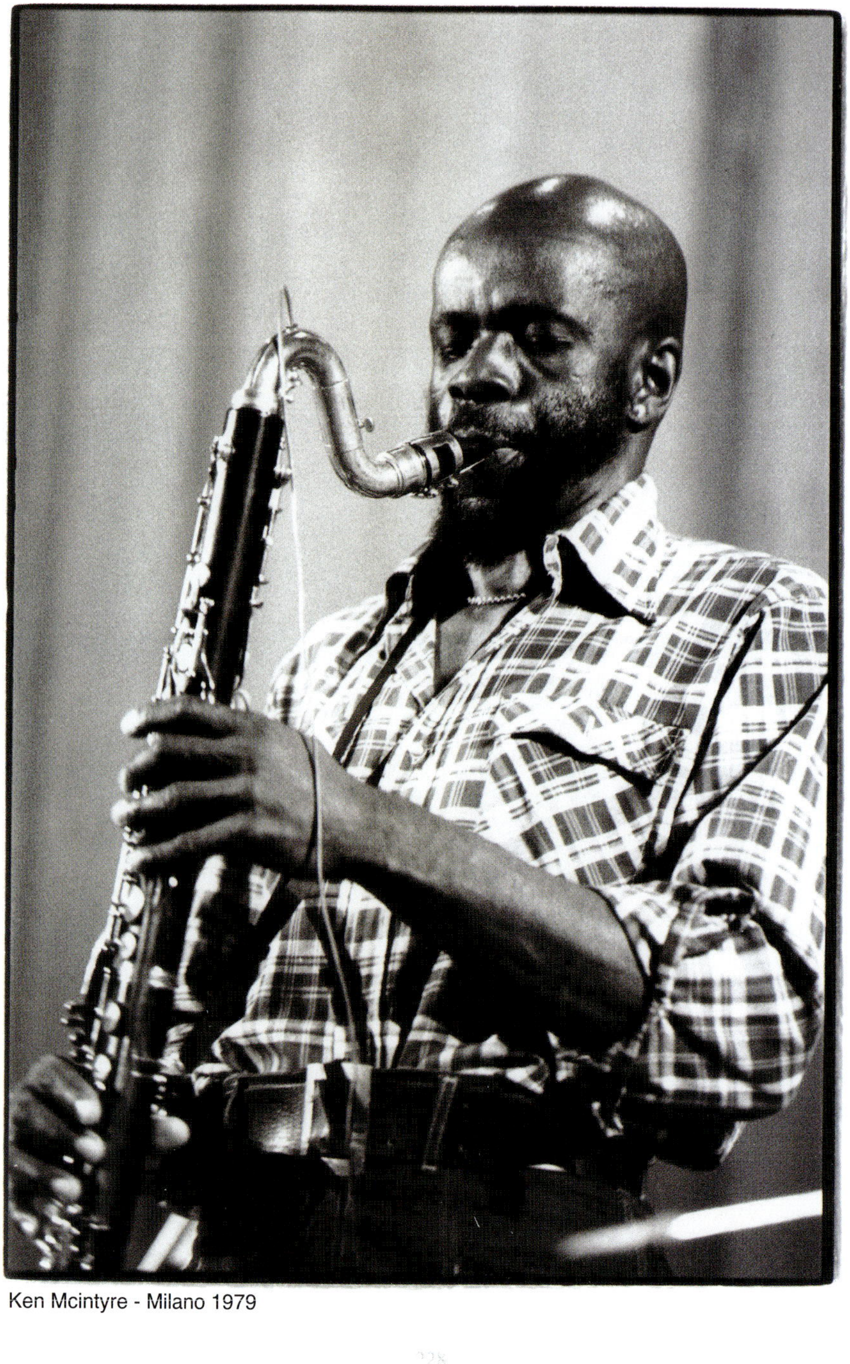

Ken Mcintyre - Milano 1979

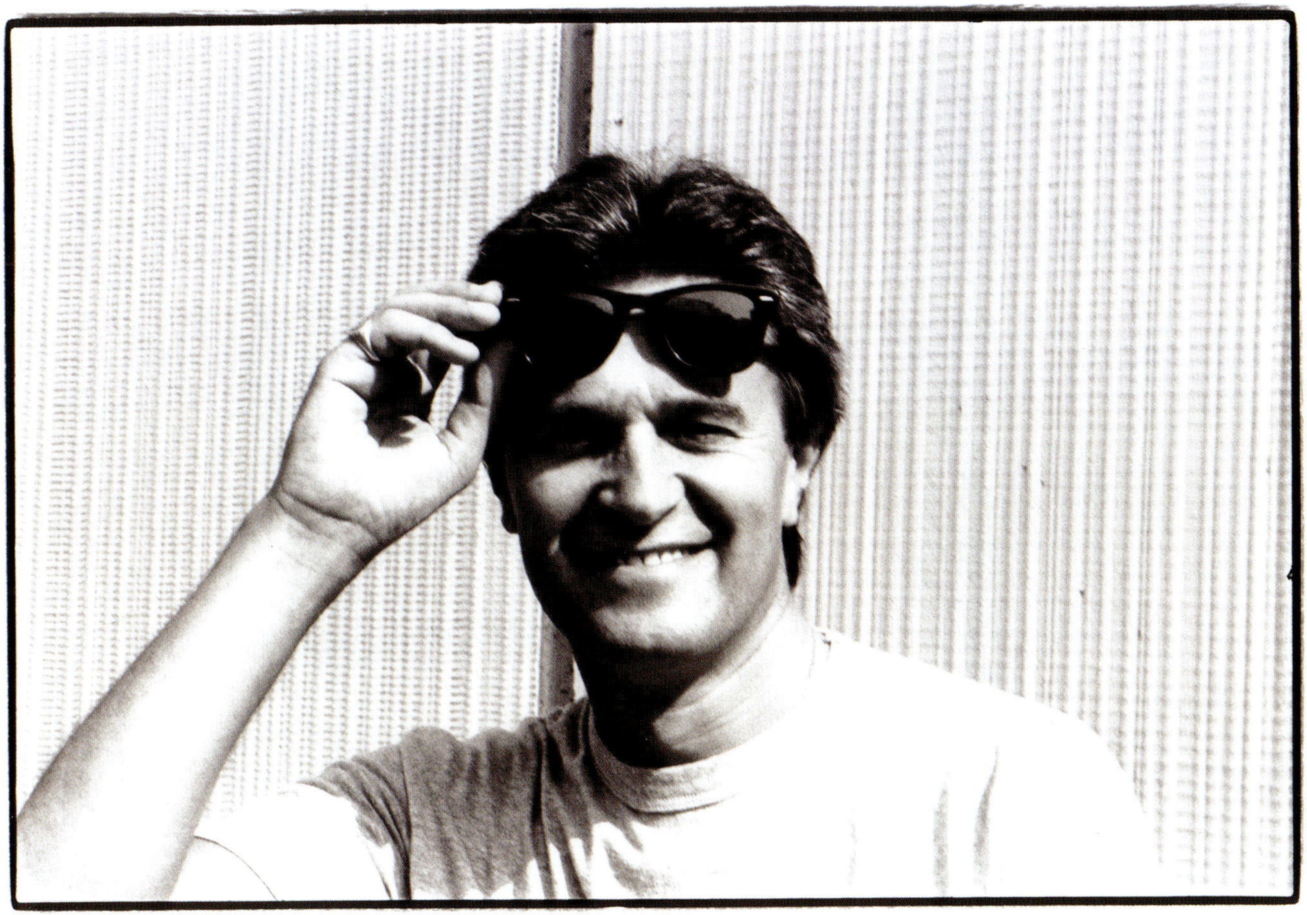

John McLaughlin - Lugano 1986

Ero andato al soundcheck con la speranza di fotografarlo. E' sempre così la prima volta che fotografo un musicista. Non so come reagirà, non lo conosco, ne lui conosce me. E' sempre una piccola avventura. Ed era con questo stato d'animo che mi recavo, con la Harley Davidson del mio amico Luca, a cercare John Mc Laughlin nel backstage. Lo trovai che provava con quella sua chitarra a duecento all'ora. Ero francamente intimorito. Finite le prove cercai di avvicinarlo e dirgli che desideravo fotografarlo. Lui capì e mi disse "Hey man, come with me" e mi portò all'esterno, al sole, si mise in posa per me, John, solo per me.

I showed up at the soundcheck hoping to take some photos. The first time always is all about cutting the ice with the musician, we don't know each other and who knows what his reaction is going to be. A little adventure unto its own. That's how I felt while riding my friend Luca's Harley Davidson on the way to John Mc Laughlin's backstage. I could find him rehearsing and practising at light speed with his guitar. I was frankly in awe. Once he was over with, I asked him about some pictures, he got it and said "Hey man, come with me". So he took me outside in the sun and posed for me. Only for me.

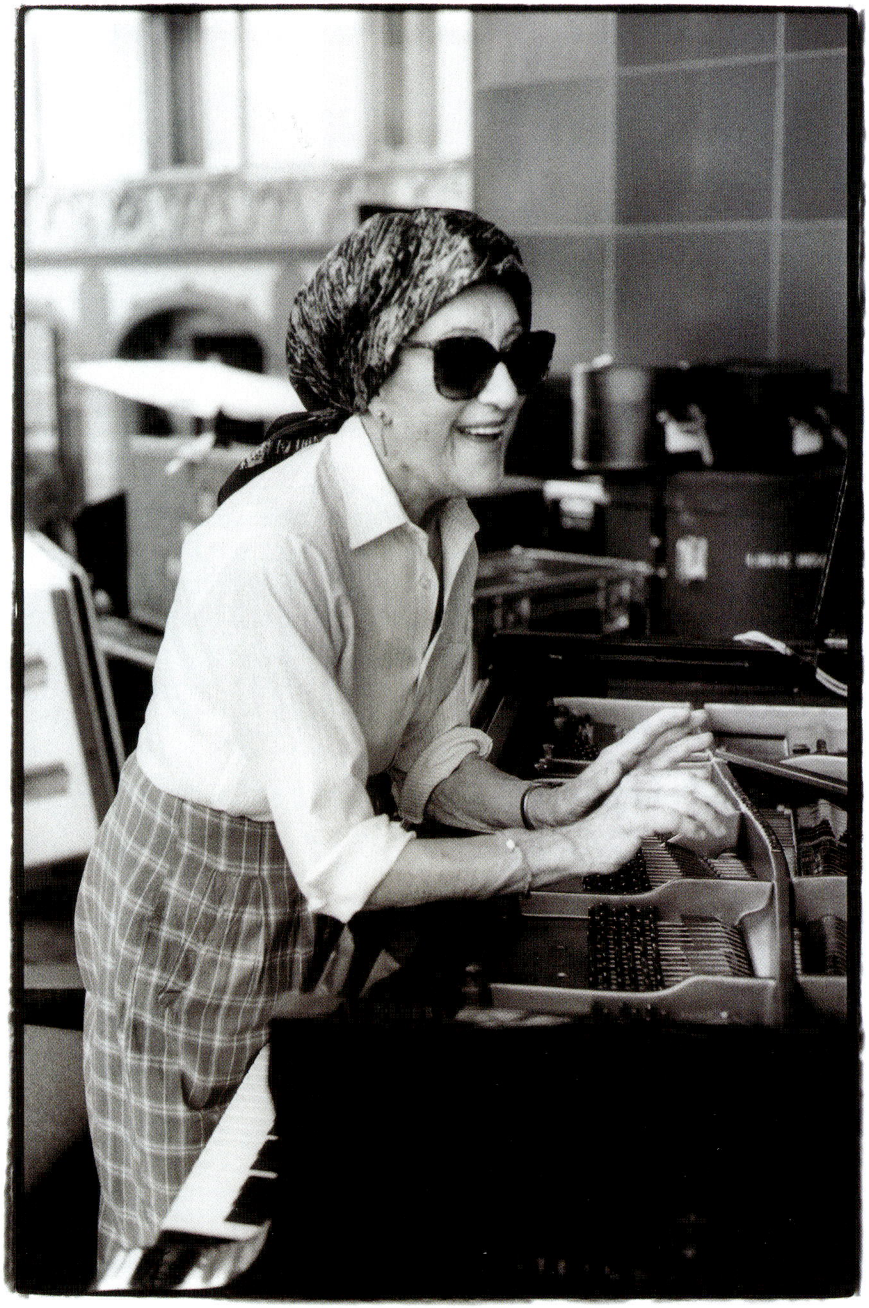

Marian Mc Partland - Lugano 1991

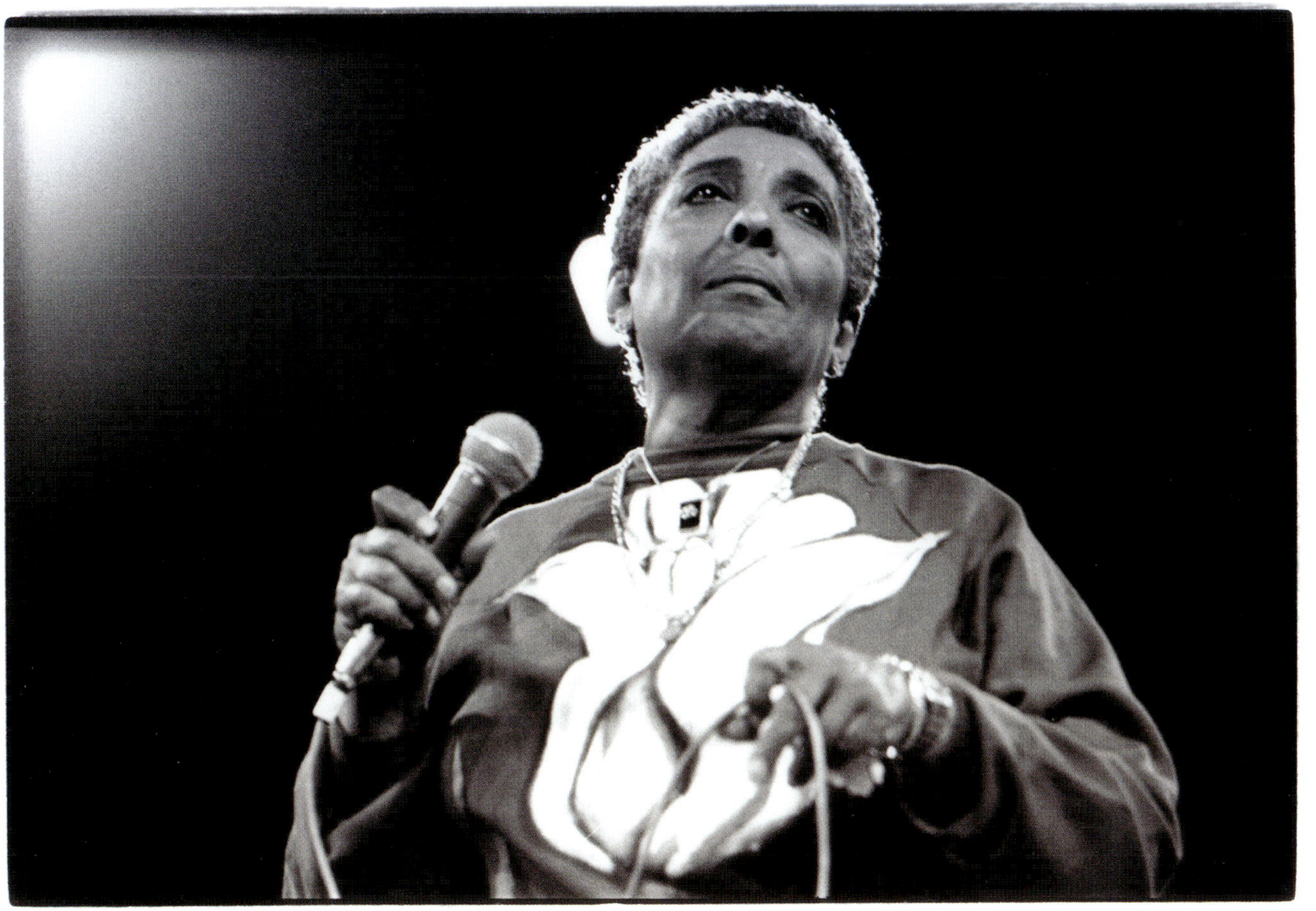

Carmen Mcrae - Aja 1980

Era imponente quando compariva sul palco, Carmen McRae. Sguardo magnetico che incuteva soggezione. Eppure dolce a tratti. Questo è ciò che conservo di lei insieme alla sua voce dal registro medio che ha interpretato il grande jazz da par suo, raccontando ciò che aveva vissuto da Billie Holiday in poi.

A towering figure on stage, magnetic and overpowering sight, yet sweet at times. This is what I remember about her and her mid-tone voice through which she could sing the great jazz at its best and also tell us about her lifetime story from Billie Holiday on.

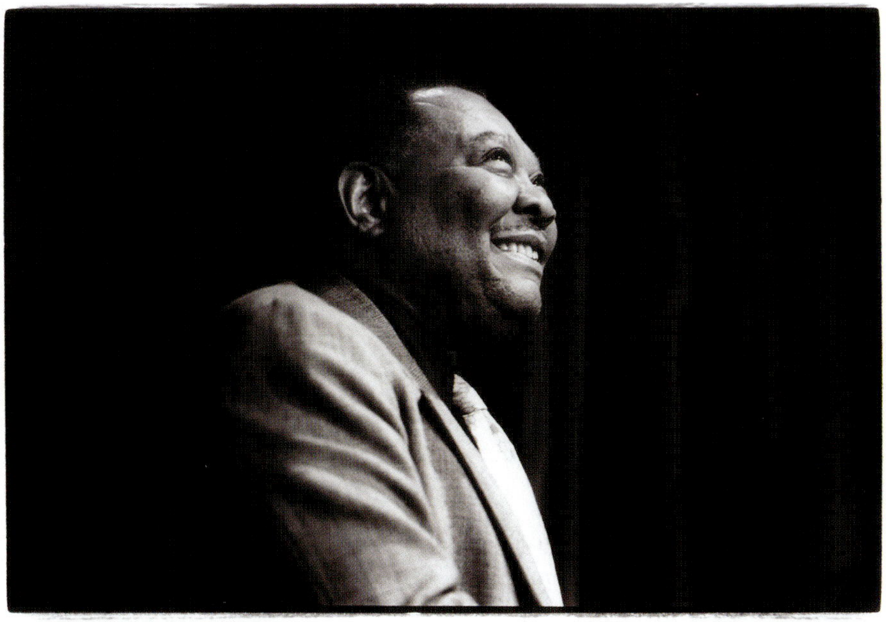
Jay Mc Shann - Milano 1980

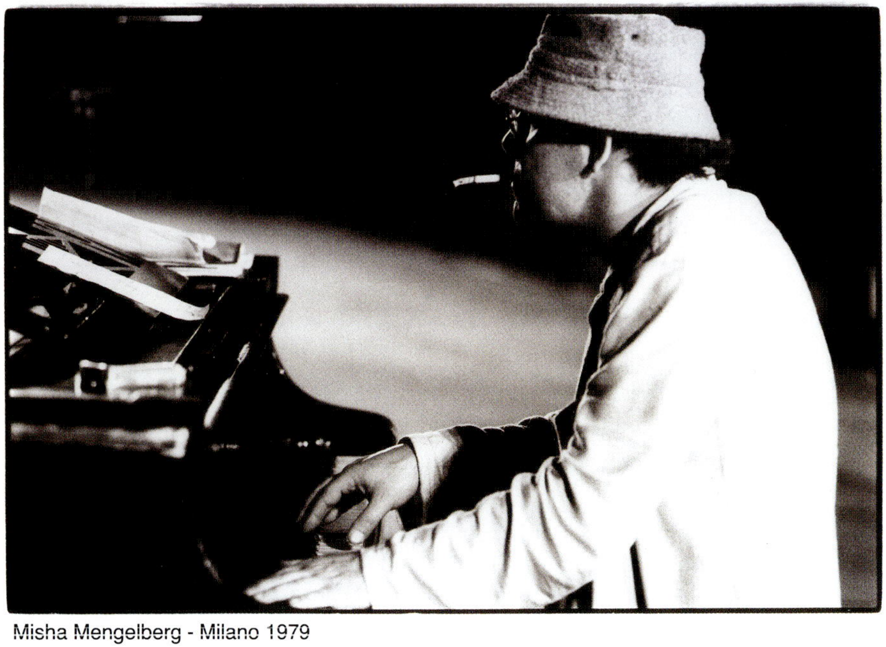
Misha Mengelberg - Milano 1979

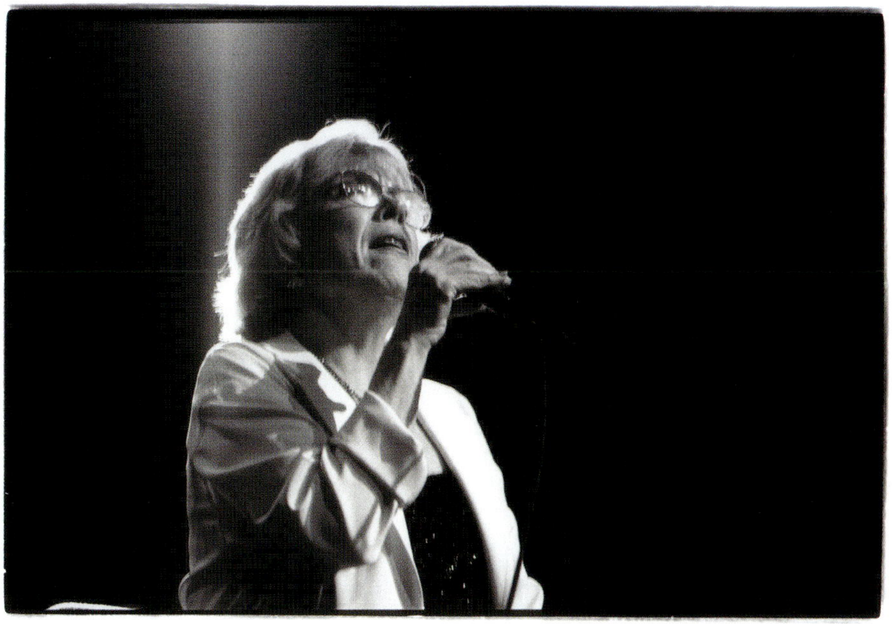

Helen Merrill - Aja 1999

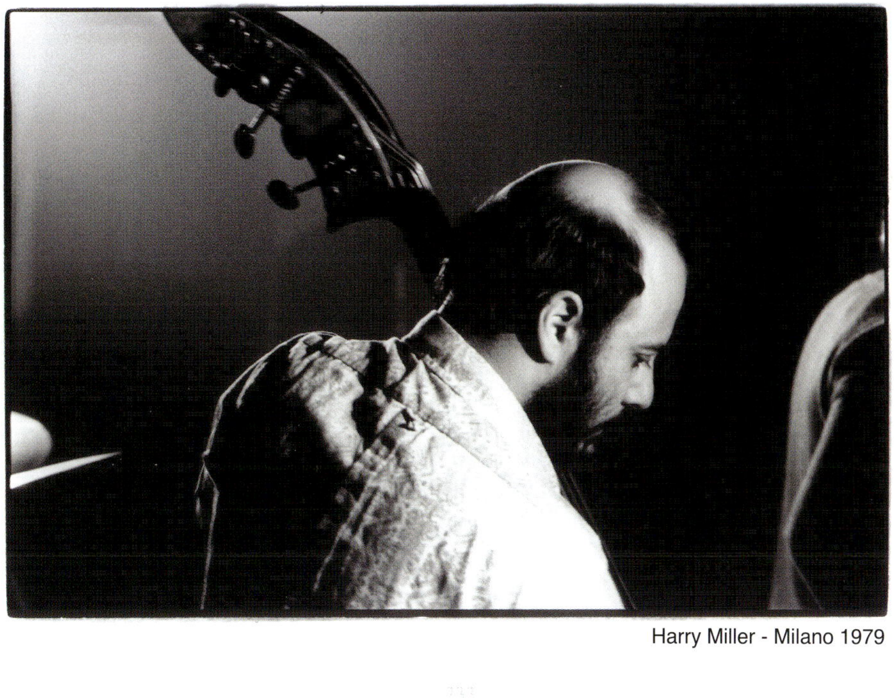

Harry Miller - Milano 1979

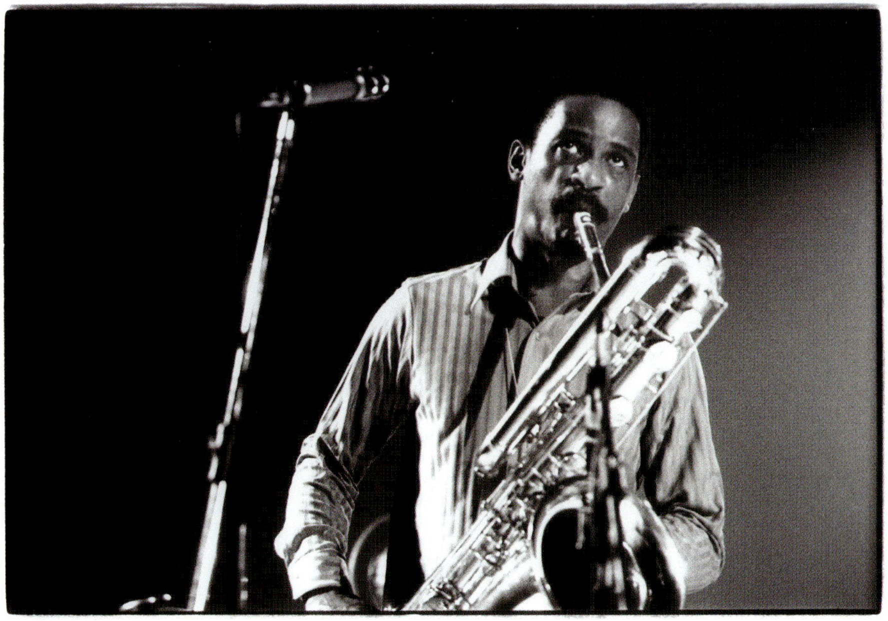

Roscoe Mitchell - Milano 1980

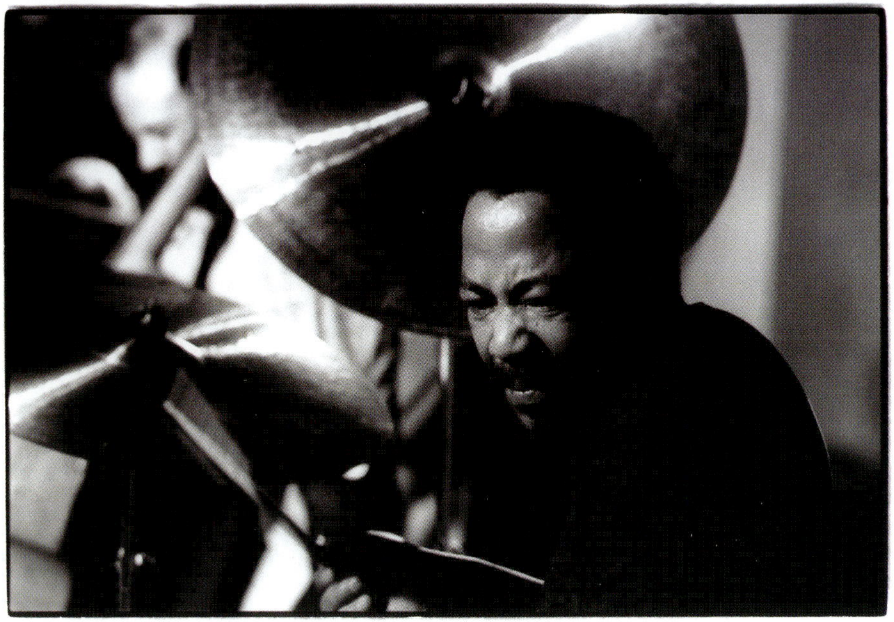

Louis Moholo - Milano 1979

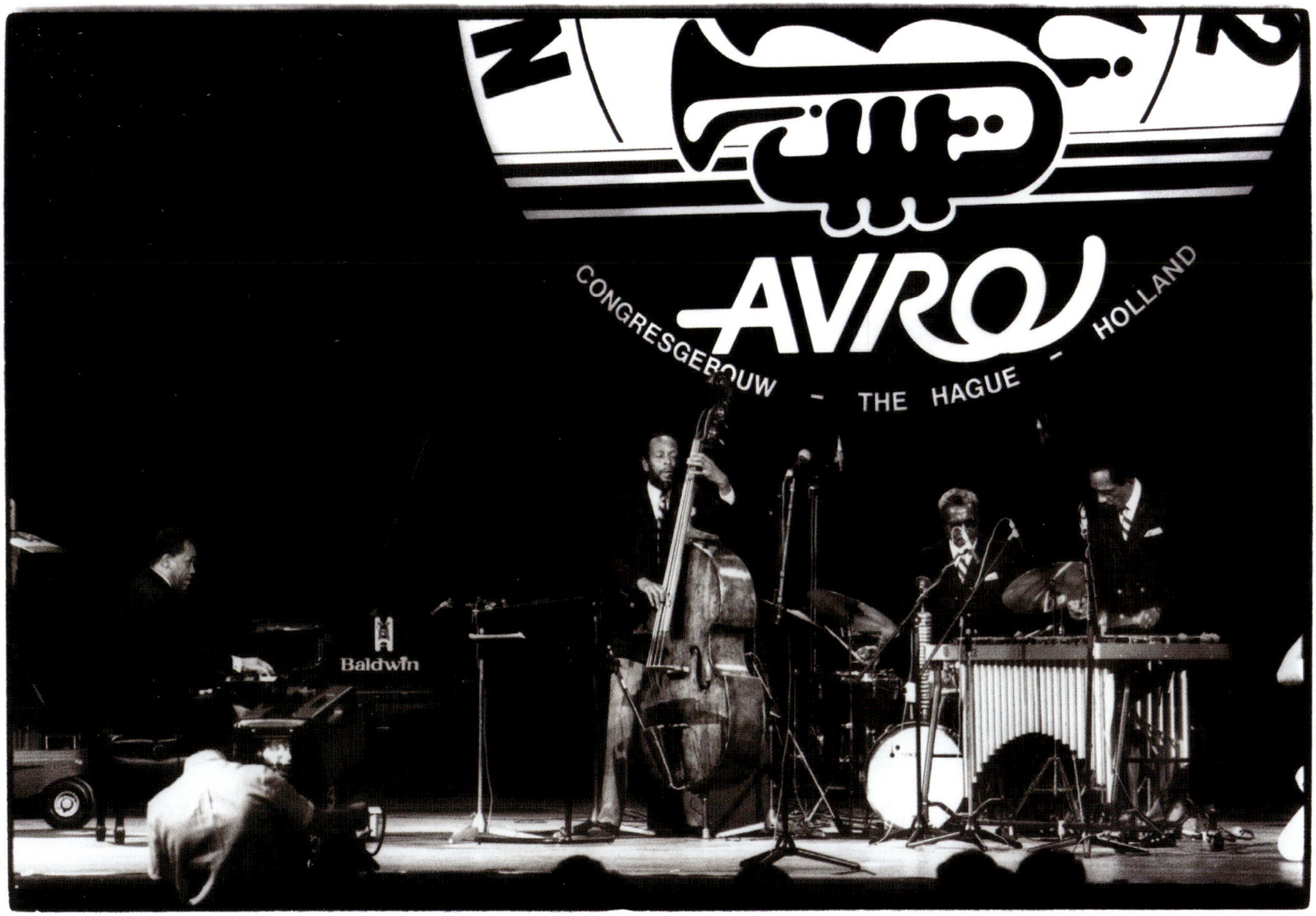

Modern Jazz Quartet - Aja 1982

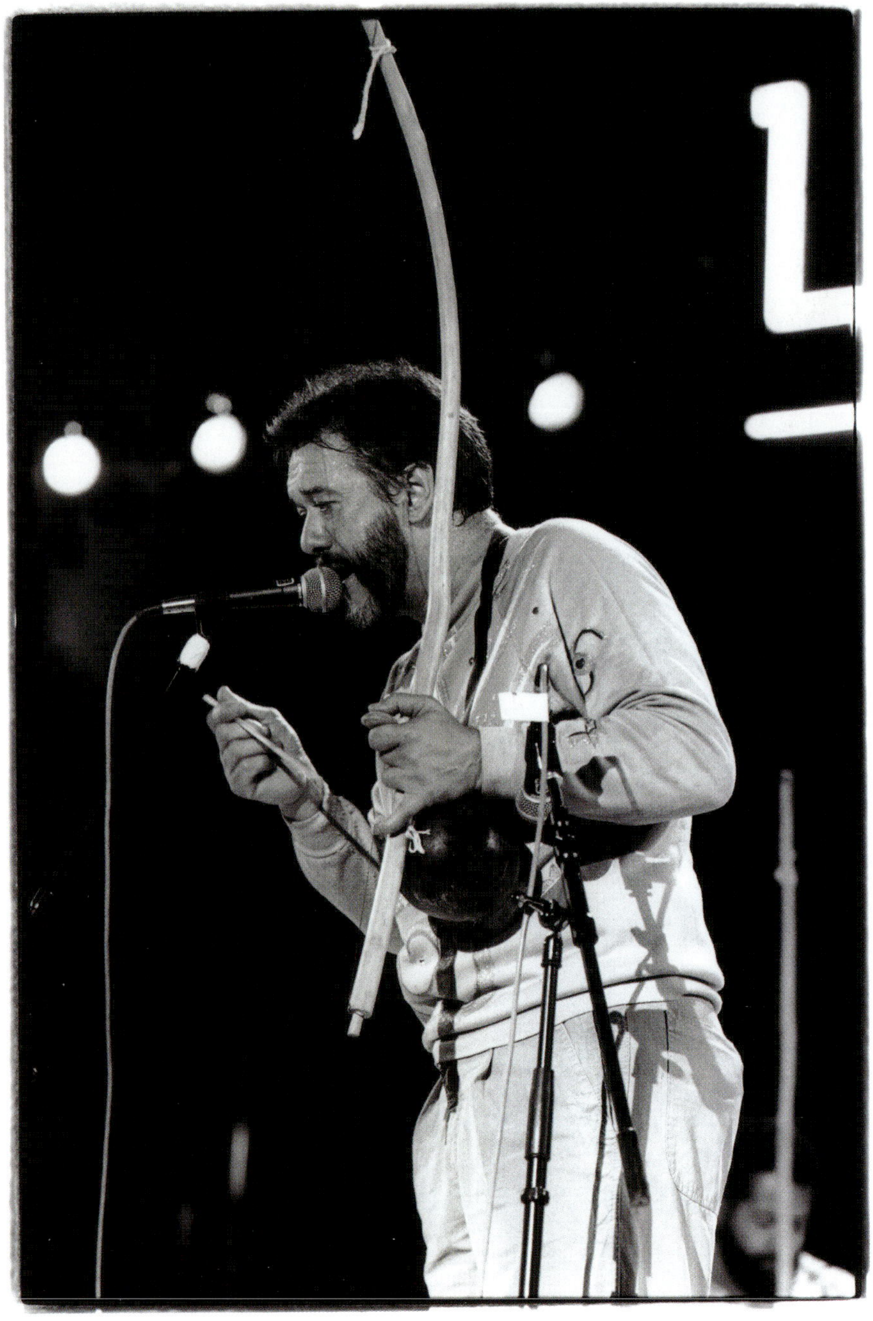

Airto Moreira - Lugano 1988

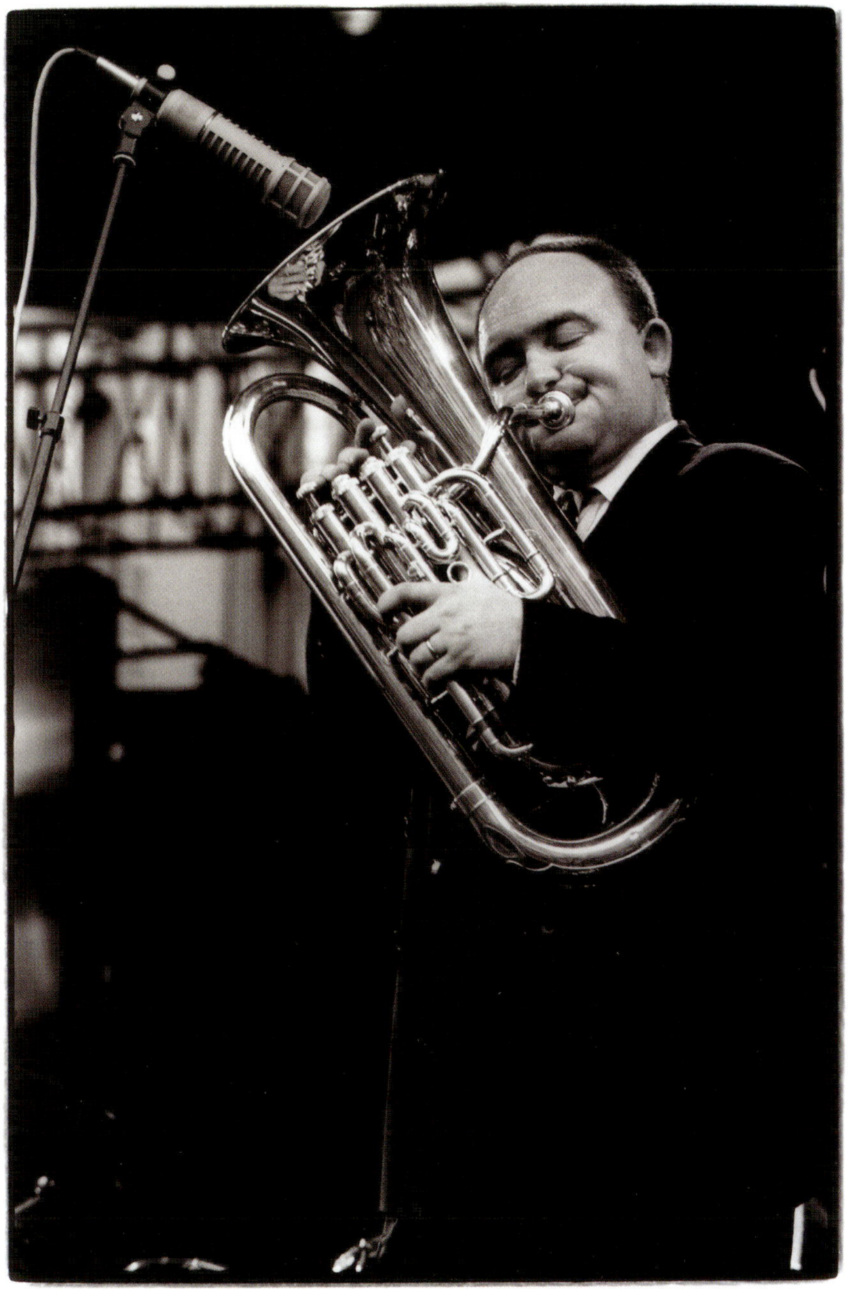

James Morrison - Lugano 1991

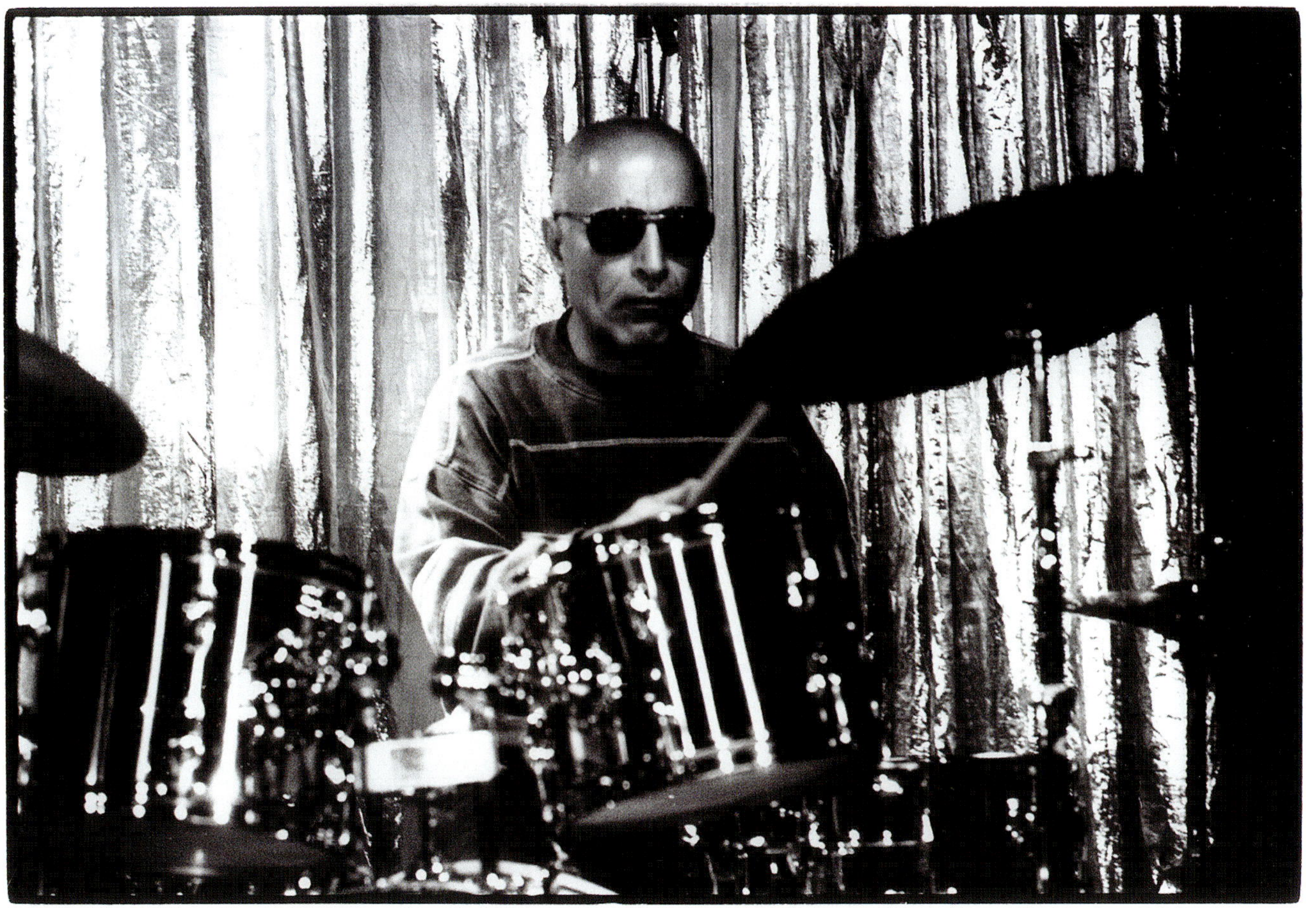

Paul Motian - Dalmine 1987

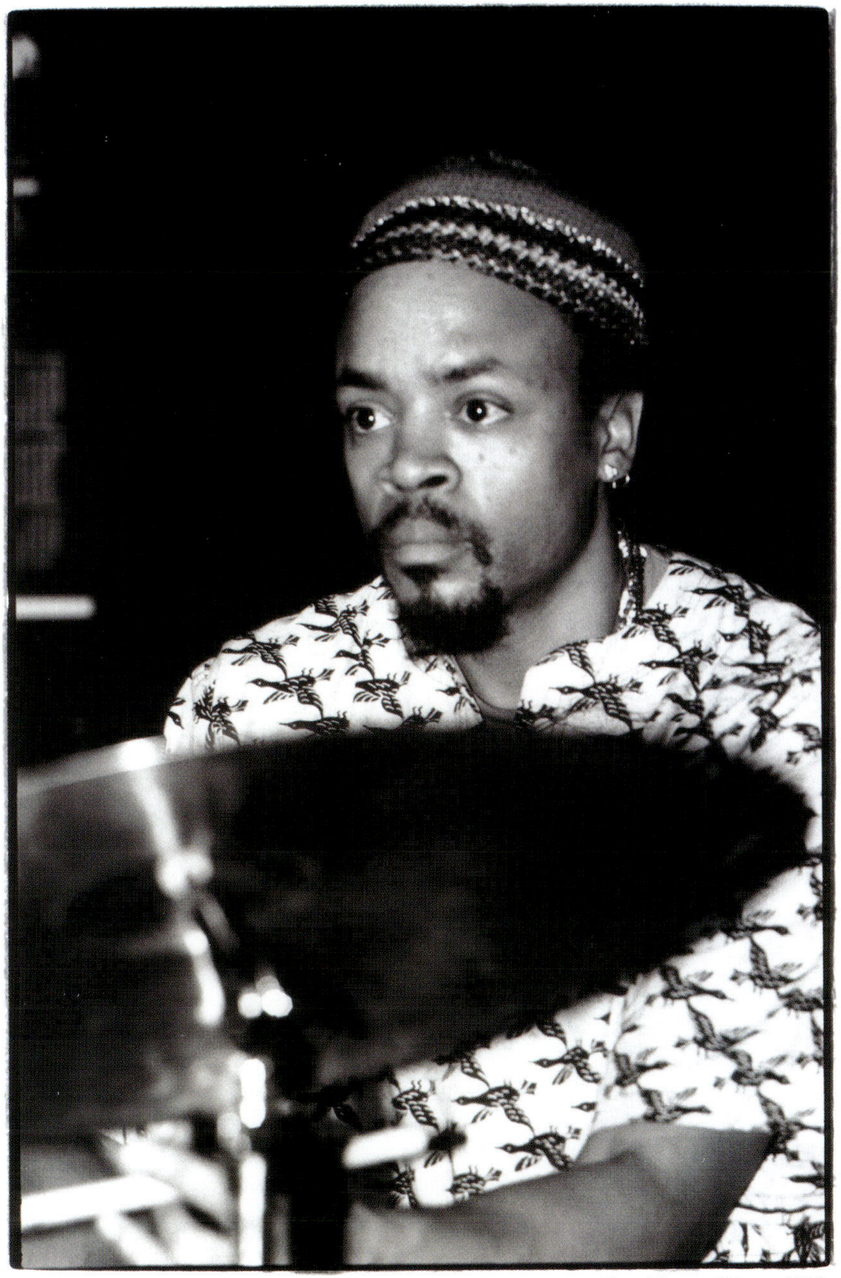

Don Moye - Milano 1989

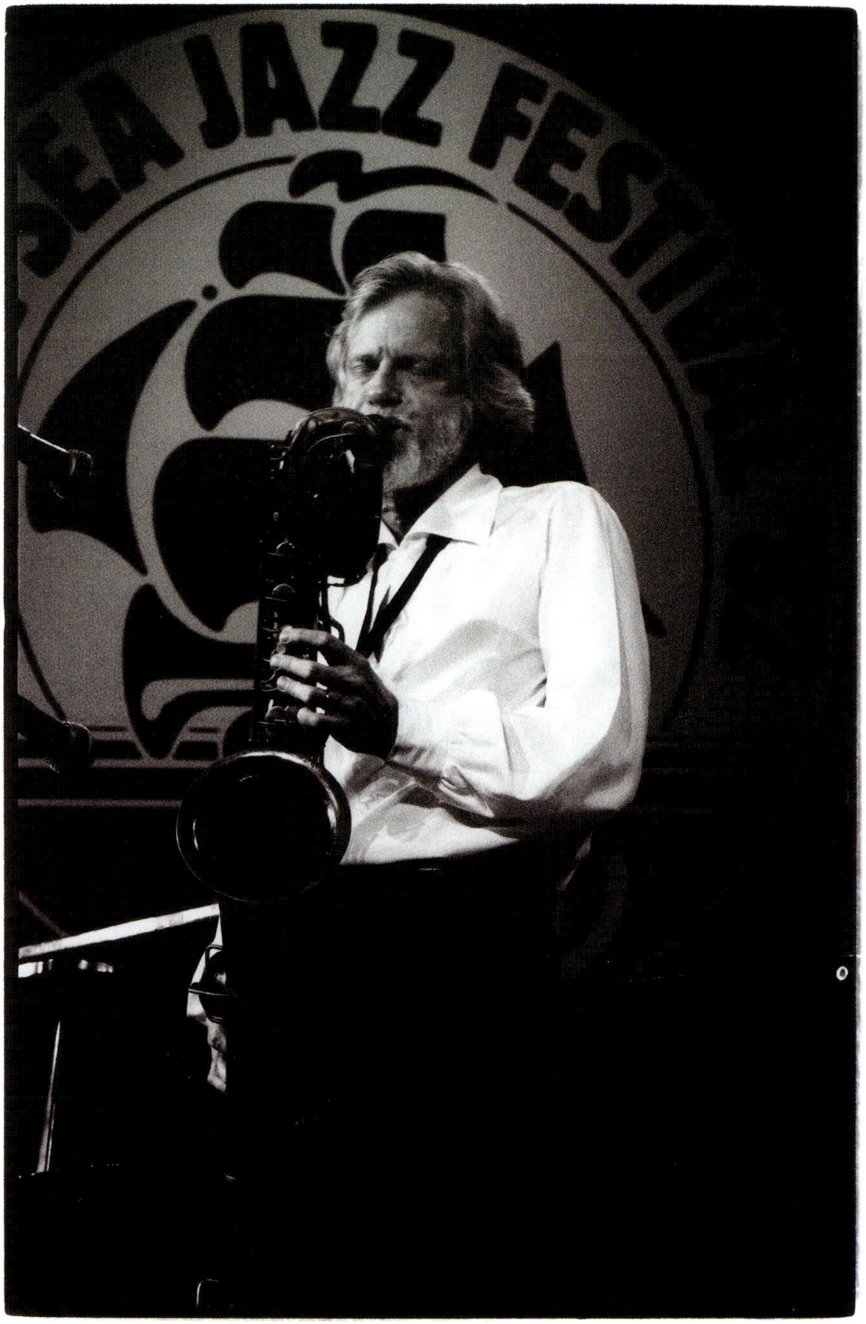

Gerry Mulligan - Aja 1982

Gerry Mulligan o dell'eleganza. Della signorilità musicale e non. Ho un ricordo di lui, un'immagine non fotografica, anche se mi sarebbe piaciuto scattarla. In un liberto dell'Aja, dove si rilasciavano anche pass per fotografi e giornalisti per il festival jazz, comparve lui con una bellissima vestaglia da camera. Evidentemente era alloggiato lì e si mise a chiacchierare amabilmente con alcuni giornalisti. Mi ha fatto venire in mente un signore d'altri tempi il biondo Gerry.

Gerry Mulligan... unbelievable music, elegance and style. I have a non-camera related picture of him, which I wish I had taken though. I was in Aja for the festival, when he showed up in a beautiful chamber robe by the booth where photo and press passes were issued. He obviously had a room there, and started chatting amicably with some journalists. A well mannered gentleman from the good old times, that's what blond Gerry reminded me of.

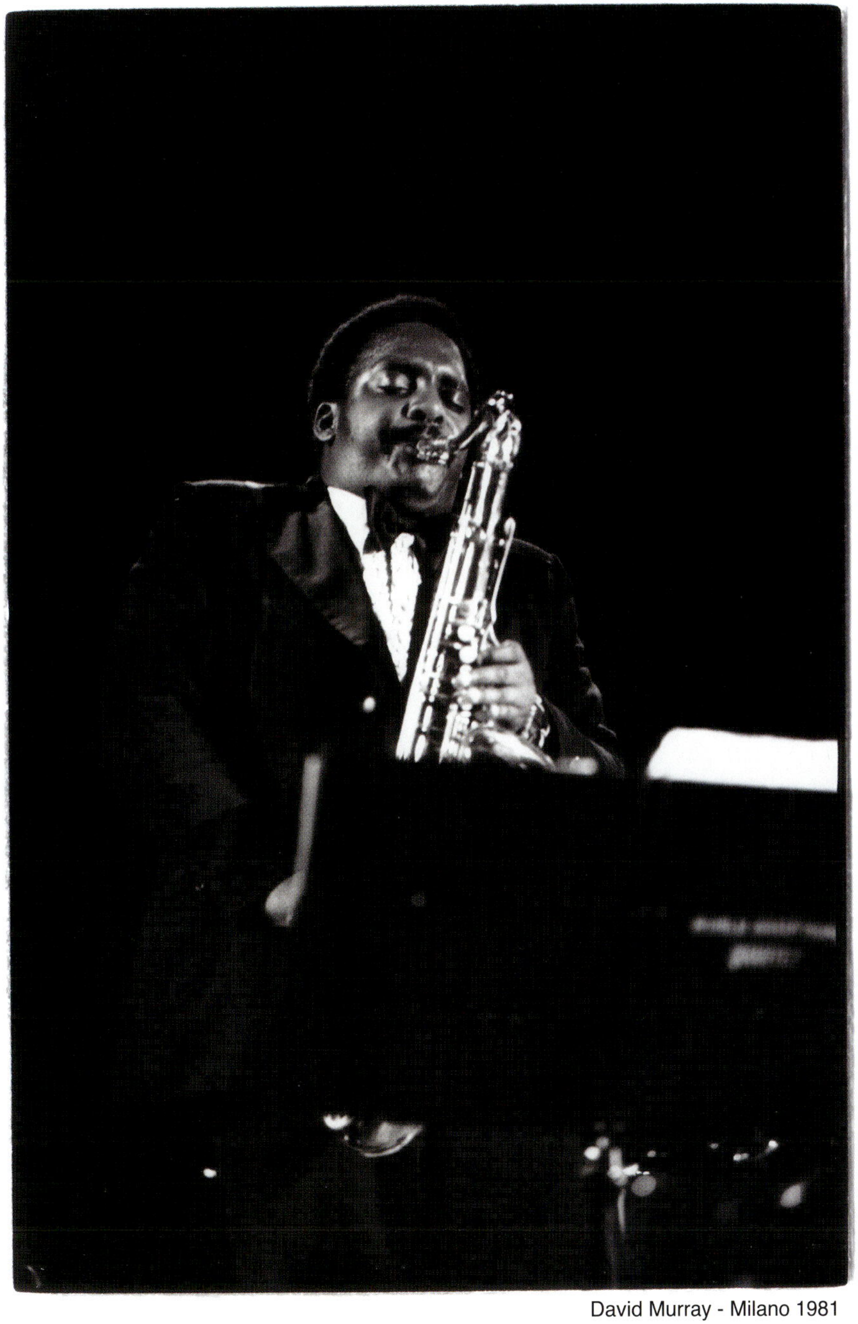

David Murray - Milano 1981

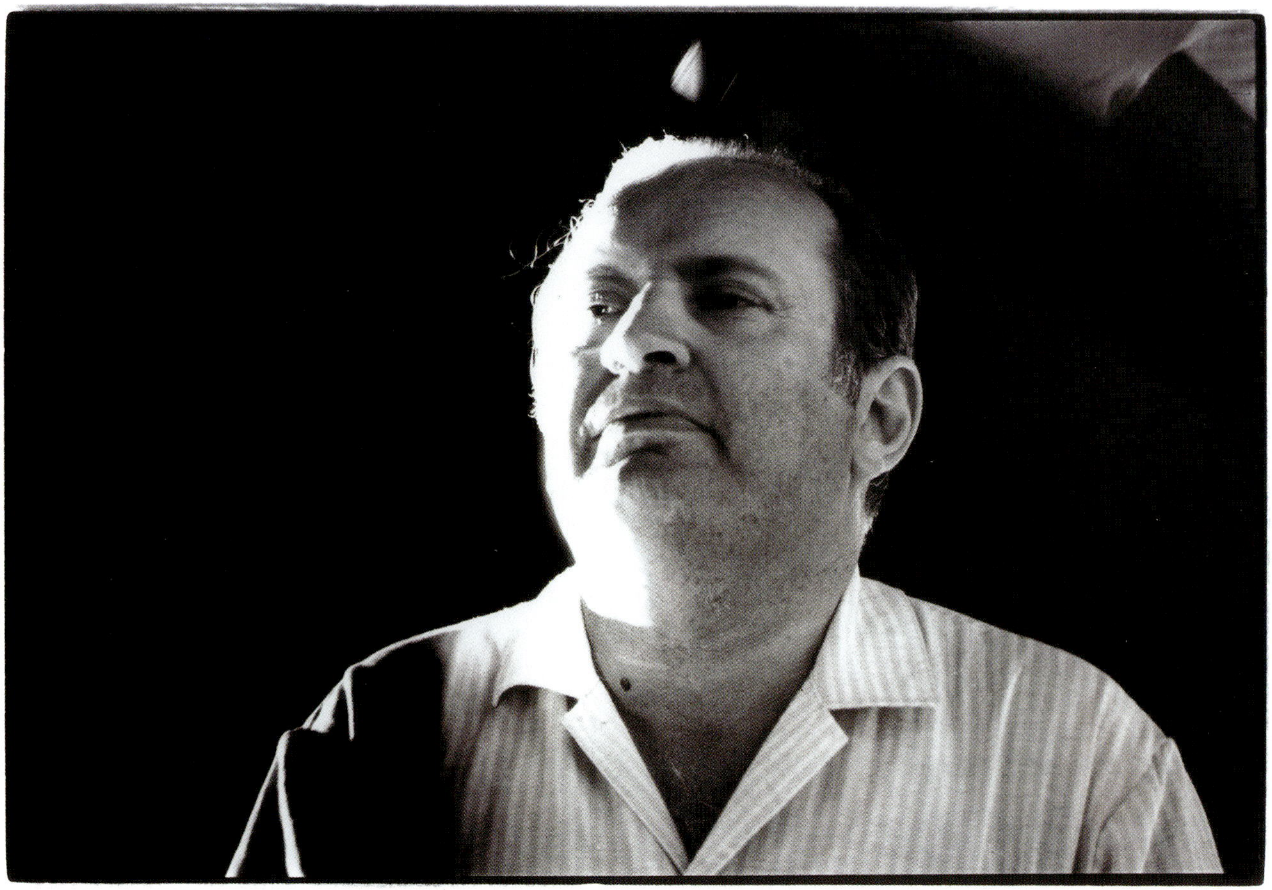

Romano Mussolini - Ischia 1981

N

Una delle cose che contraddistingue Noa è la professionalità. La vedo durante le prove pomeridiane in calzoncini corti, sembra una ragazza qualsiasi di quelle che puoi trovare dovunque. Sale sul palco e prova i suoni meticolosamente cercando di trovare quelli giusti, in simbiosi con i musicisti del suo gruppo. Dà suggerimenti al tecnico del mixer, prova e riprova sotto il sole per trovare quello che cerca, per dare al pubblico il meglio. E la cosa va avanti per una buona ora e mezza e io a osservarla, questa ragazza di origine yemenita-israeliana cresciuta nel Bronx e scusate se è poco. Questa ragazza è di grande temperamento e personalità. E alla fine si vedono i risultati di tanta fatica. Infatti il concerto serale mostra un'altra Noa, con i vestiti di scena, via i calzoncini a dare spazio ad una bellezza non percepita prima. E' affascinante vederla muoversi sul palcoscenico, suonare e cantare con energia e grande anima. Pat Metheny, il famoso chitarrista, l'ha prodotta nei dischi in studio e ha contribuito a lanciarla sulla scena mondiale ma, certamente, Noa sa reggersi benissimo da sola e sa affrontare i pericoli dello showbusinnes con intelligenza e grande determinazione. Alla prossima, Noa.

She's a remarkable professional. She looks like an ordinary everyday girl in her shorts during the afternoon rehearsals. Once on stage, she does a meticulous soundcheck so as to get in perfect sync with her musicians and the sound guy behind the mixer. It takes a good half hour to get it right. Half Yemenite and half Israeli, raised in the Bronx, that's quite something to explain her strong personality and commitment. It's showtime, the night comes down and her lovely figure is now enhanced by the stage clothes, something unnoticed earlier in the afternoon. It's a fascinating sight to see her move, sing and soulfully perform on the stage. Pat Metheny produced her studio albums and helped her in the music business. She is now ready to walk alone. See you next time Noa.

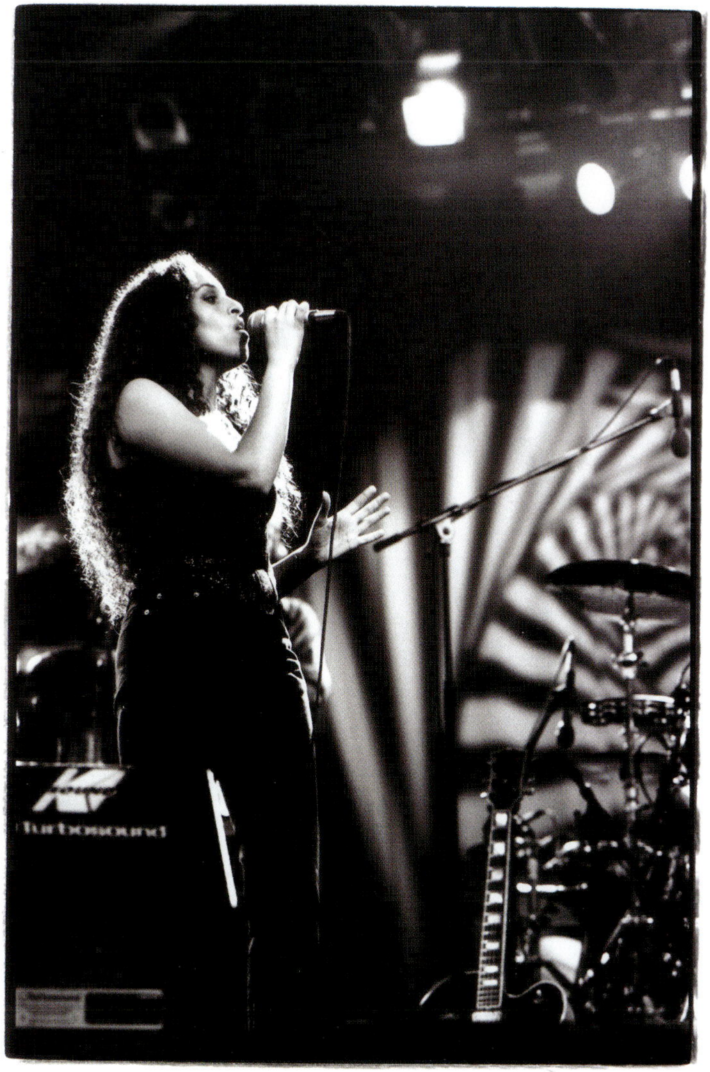

Noa - Lugano 1997

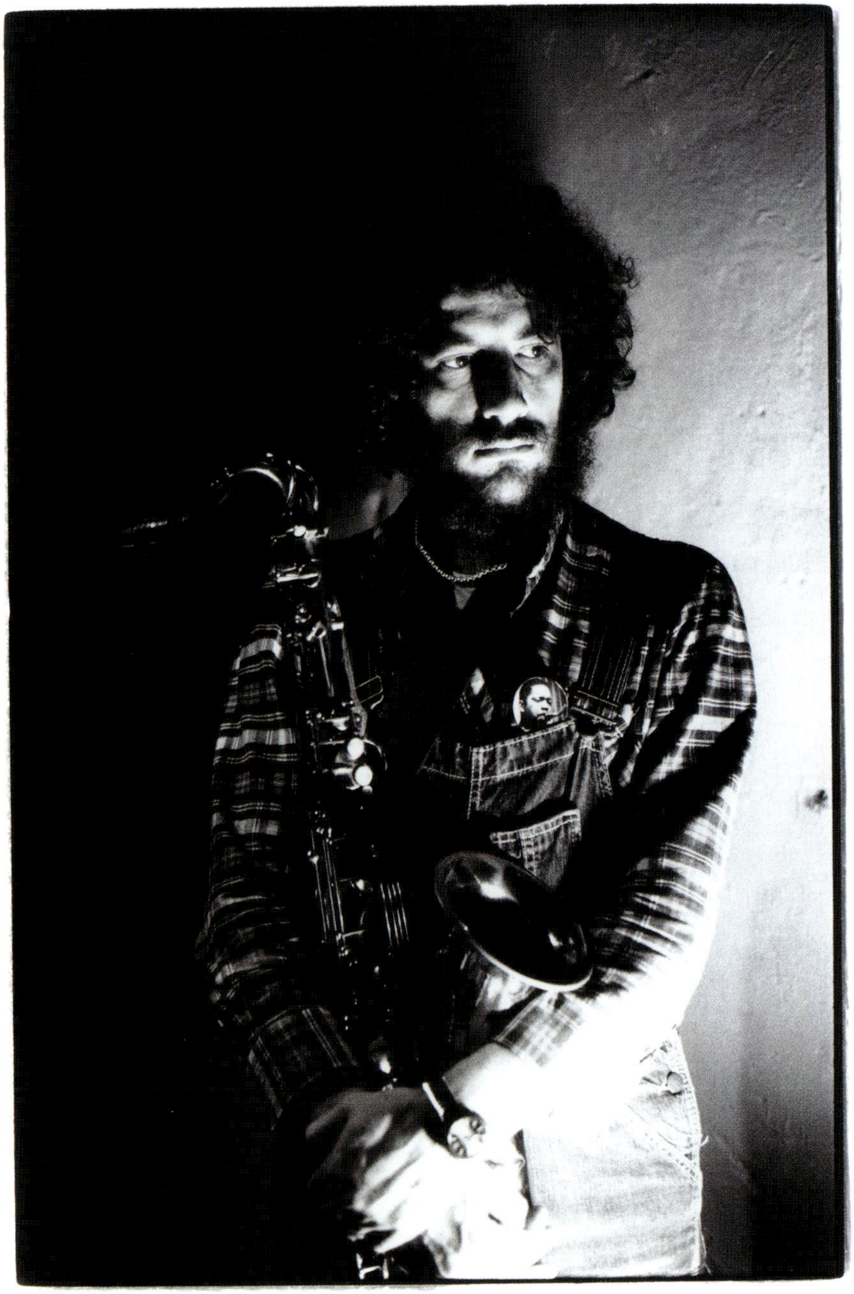

Larry Nocella - Milano 1980

Larry è un amico. E lui non lo sa, laggiù o lassù dov'è. O forse lo sa, lo sa quanto vogliamo bene a questo ragazzo venuto a Milano a cercare fortuna. E il talento ce l'aveva, eccome! Da vendere. In tanti hanno cercato di dargli una mano. Ma lui, Larry, ha voluto cercare, tentare, andare per la propria strada, la sua. E se n'è andato giovane, quarant'anni, e si è tolto e ci ha tolto tutto ciò che poteva esprimere. Con la sua sensibilità, furbizia, esperienza, arte.

Larry is a friend, he does not know it yet or maybe he does, wherever he might be now in Heaven. We love this guy who came over to Milan trying to find his way. How talented the guy was ! Many tried to help him out, Larry had his own vision though, was clever, sensitive, experienced and a true artist. In the end, life pulled a stunt on him and now he's gone. He was fourty with still so much to give.

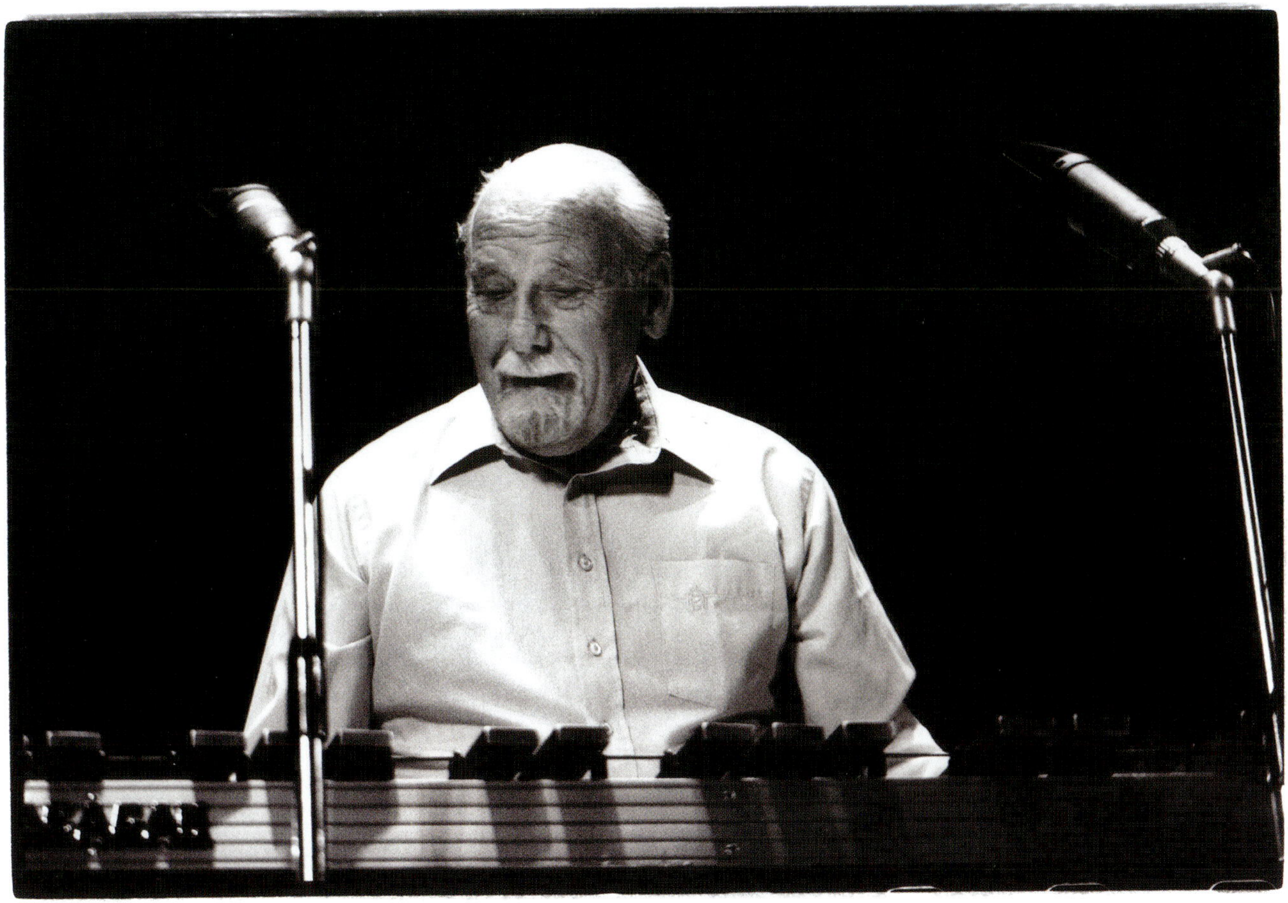

Red Norvo - Aja 1982

O

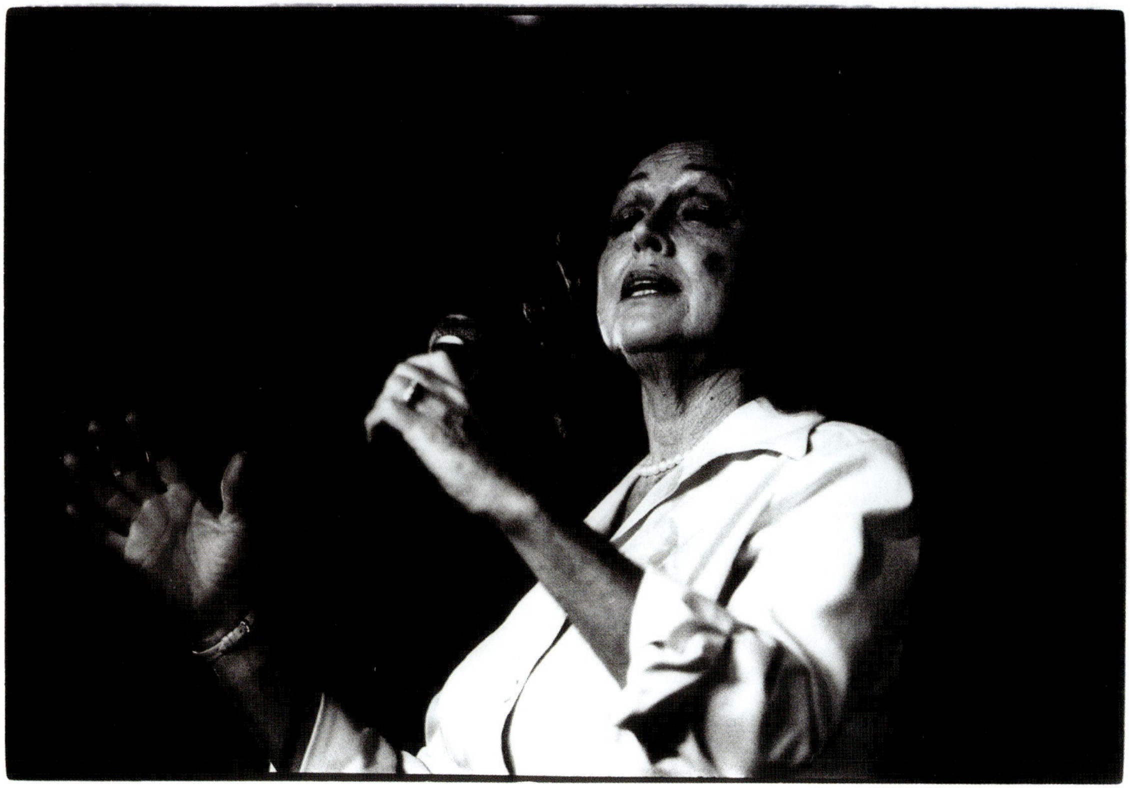

Anita O’Day - Aja 1982

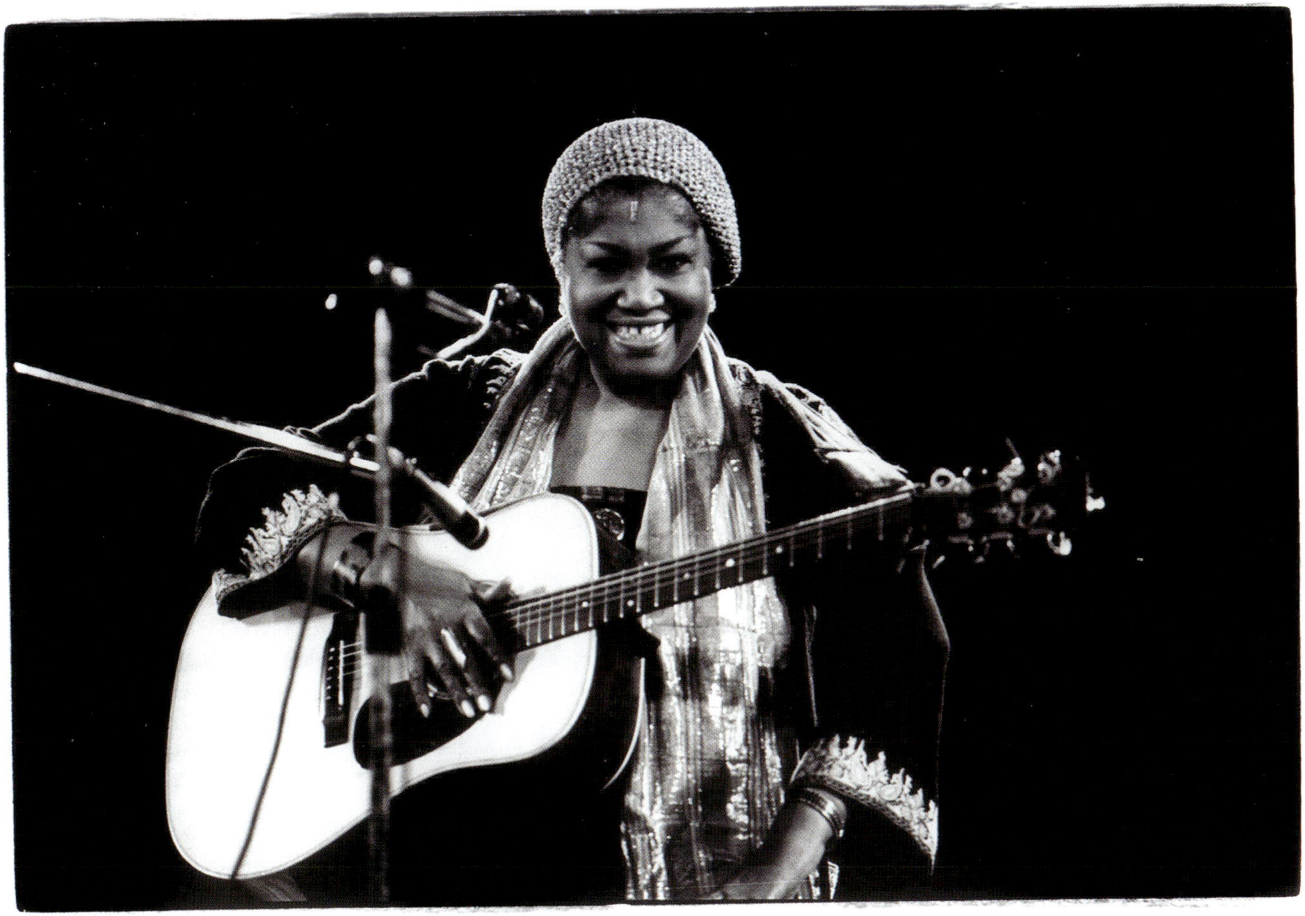

Odetta - Milano 1986

E' una bella persona Odetta. Suonava e cantava già quando Joan Baez e Bob Dylan muovevano i primi passi nel folk americano ed era una delle stelle del Newport Folk Festival. Un'artista vera che mai si è concessa alle lusinghe dello showbusiness. E questo l'ha pagato di persona. Come altri, come Jorma Kaukonen, J.J. Cale, Taj Mahal, Mick Taylor che negli anni '70, dopo qualche anno di militanza nei Rolling Stones, quelli del periodo d'oro, uscì dal gruppo tornando quasi nell'anonimato. E anche Odetta è di questa razza, dove la musica e l'arte vengono messe in primo piano e ti permettono di vivere, a volte solo di sopravvivere. Una bella voce calda quella di Odetta a raccontare la grande tradizione del folk americano, del gospel e del blues.

A very nice person. She had been singing and playing way before Joan Baez and Bob Dylan took their first steps into American folk, and she also used to be one of Newport Folk Festival's known stars. A true artist who never was attracted to flattery and glitzy show business. There was a price to pay for such a choice, and that took a toll on her like it did on Jorma Kaukonen, J.J. Cale, Taj Mahal or Mick Taylor when he left the Rolling Stones in their 70's heyday, going back to being almost a nobody. Odetta is that kind of person too, who would give music and art the same dignity, whether you can make a living or just survive with it. She has the warmest voice, the right tone to sing the great tradition of American folk, gospel and blues.

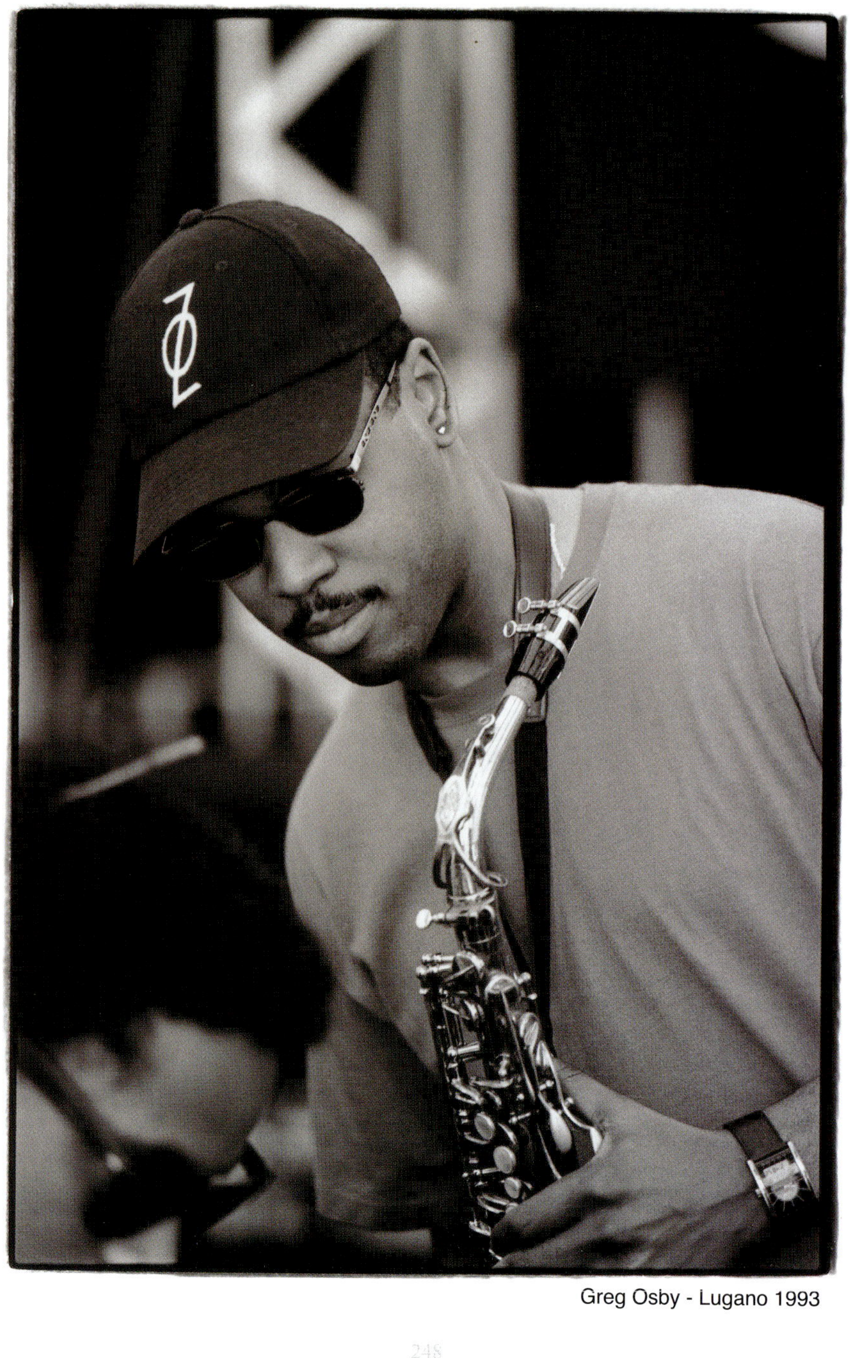

Greg Osby - Lugano 1993

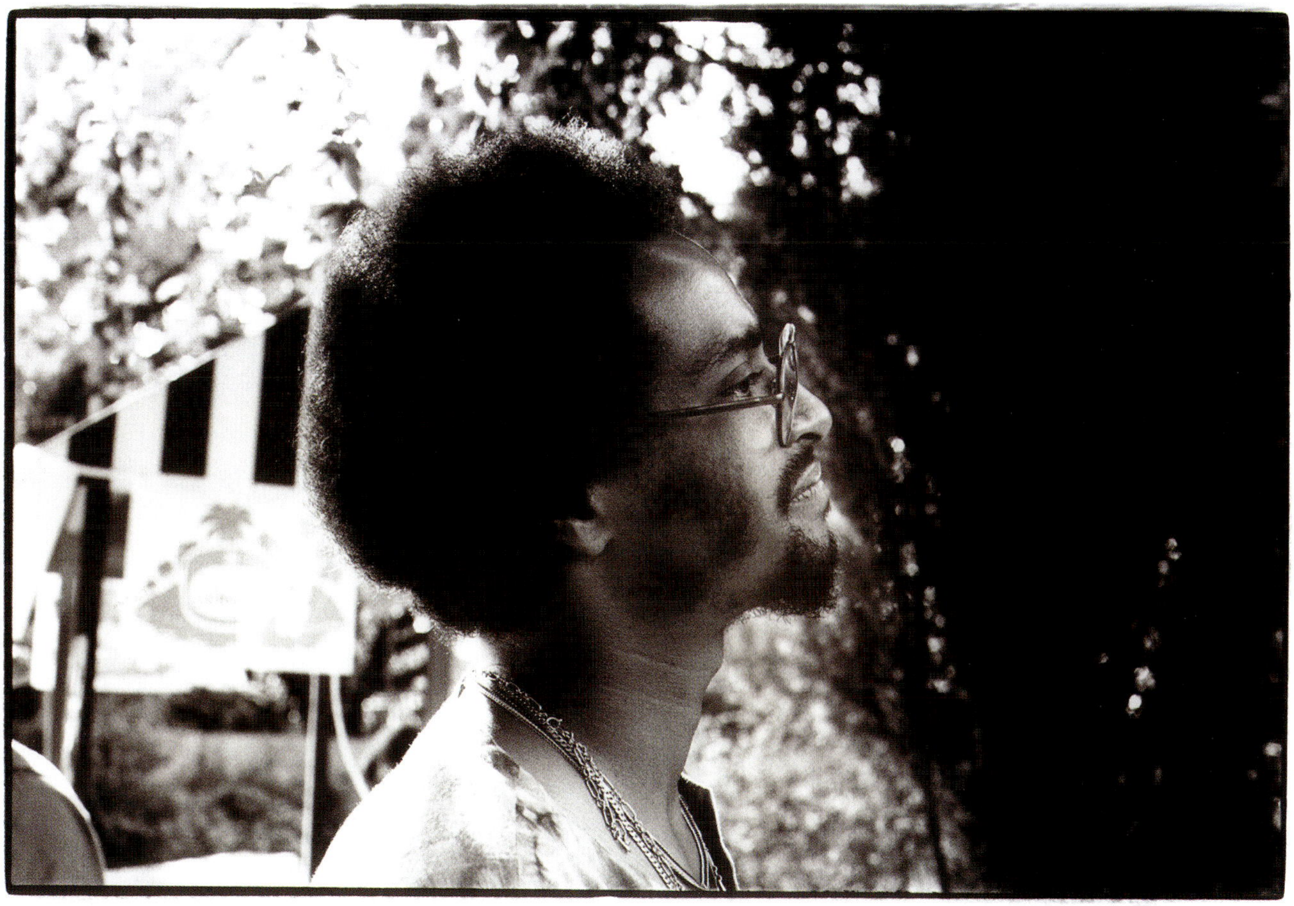

Jimmy Owens - Nizza 1981

P

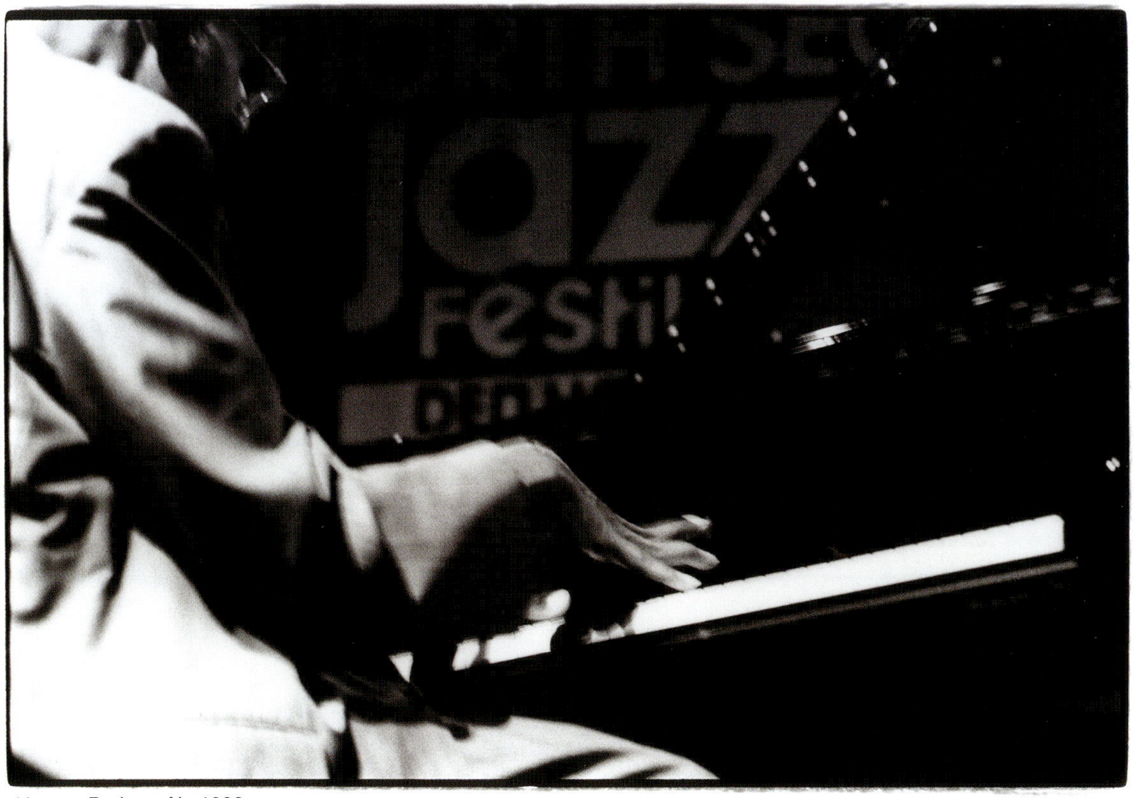

Horace Parlan - Aja 1999

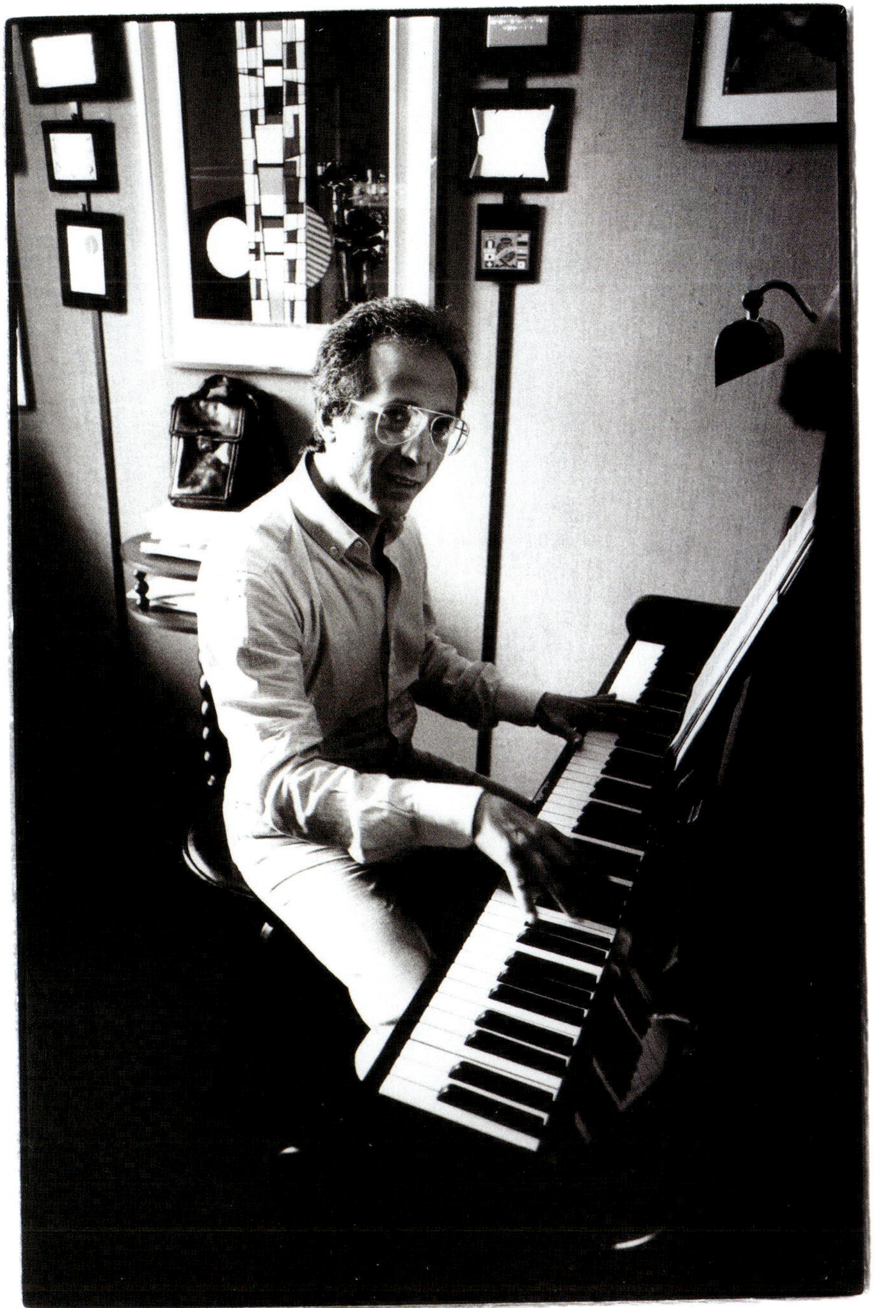

Sante Palumbo - Milano 1981

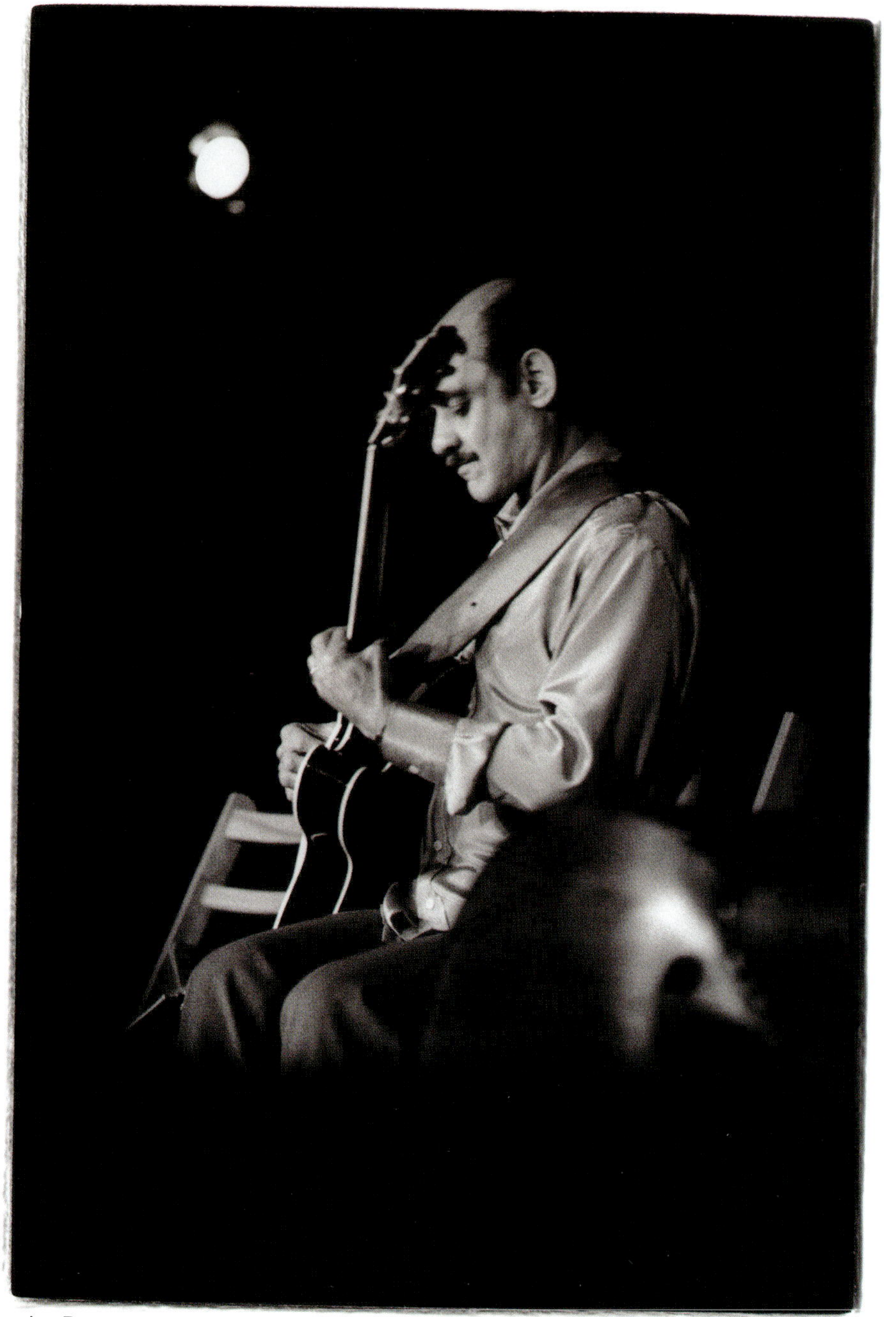

Joe Pass - Aja 1980

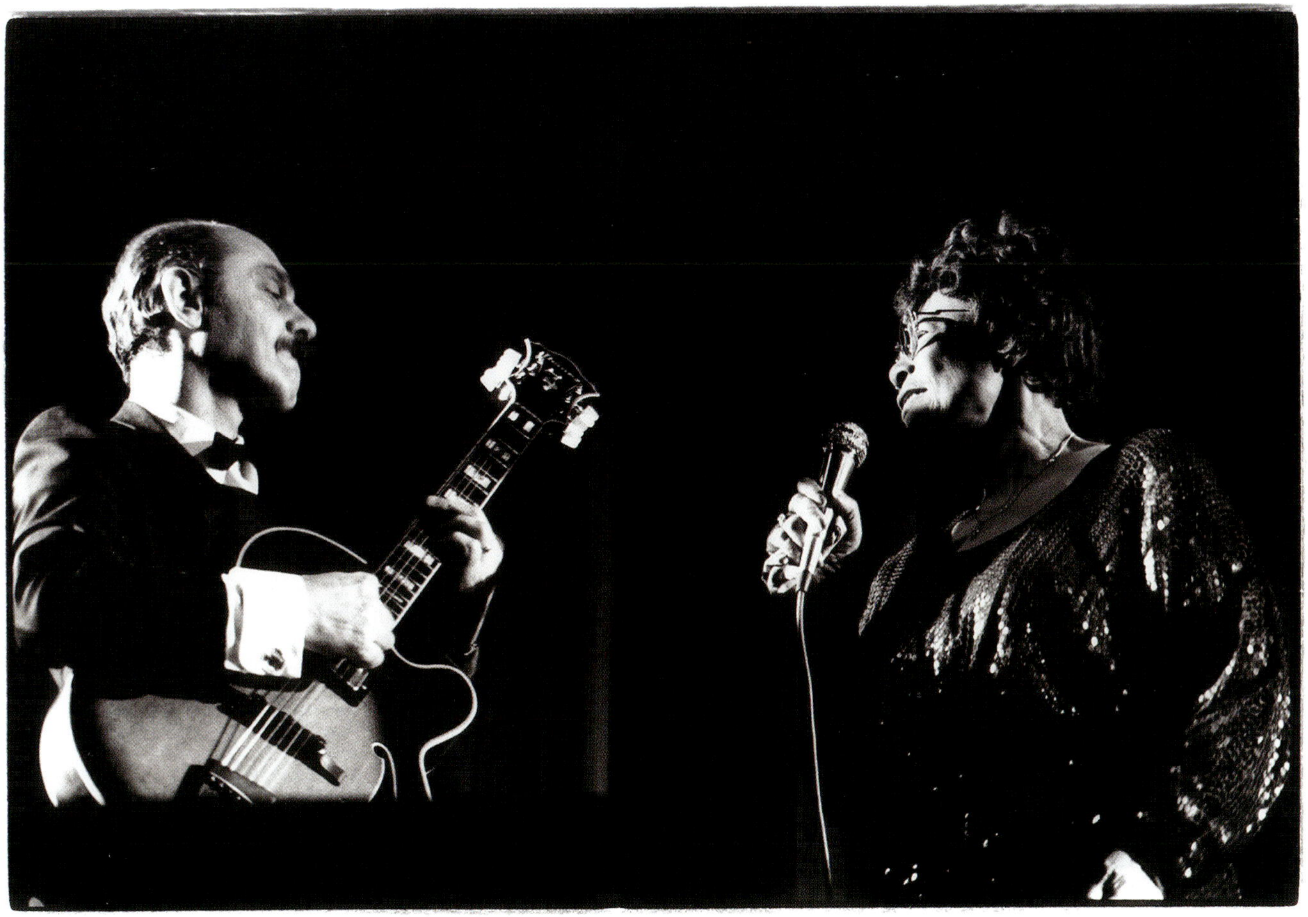

Joe Pass & Ella Fitzgerald - Milano 1984

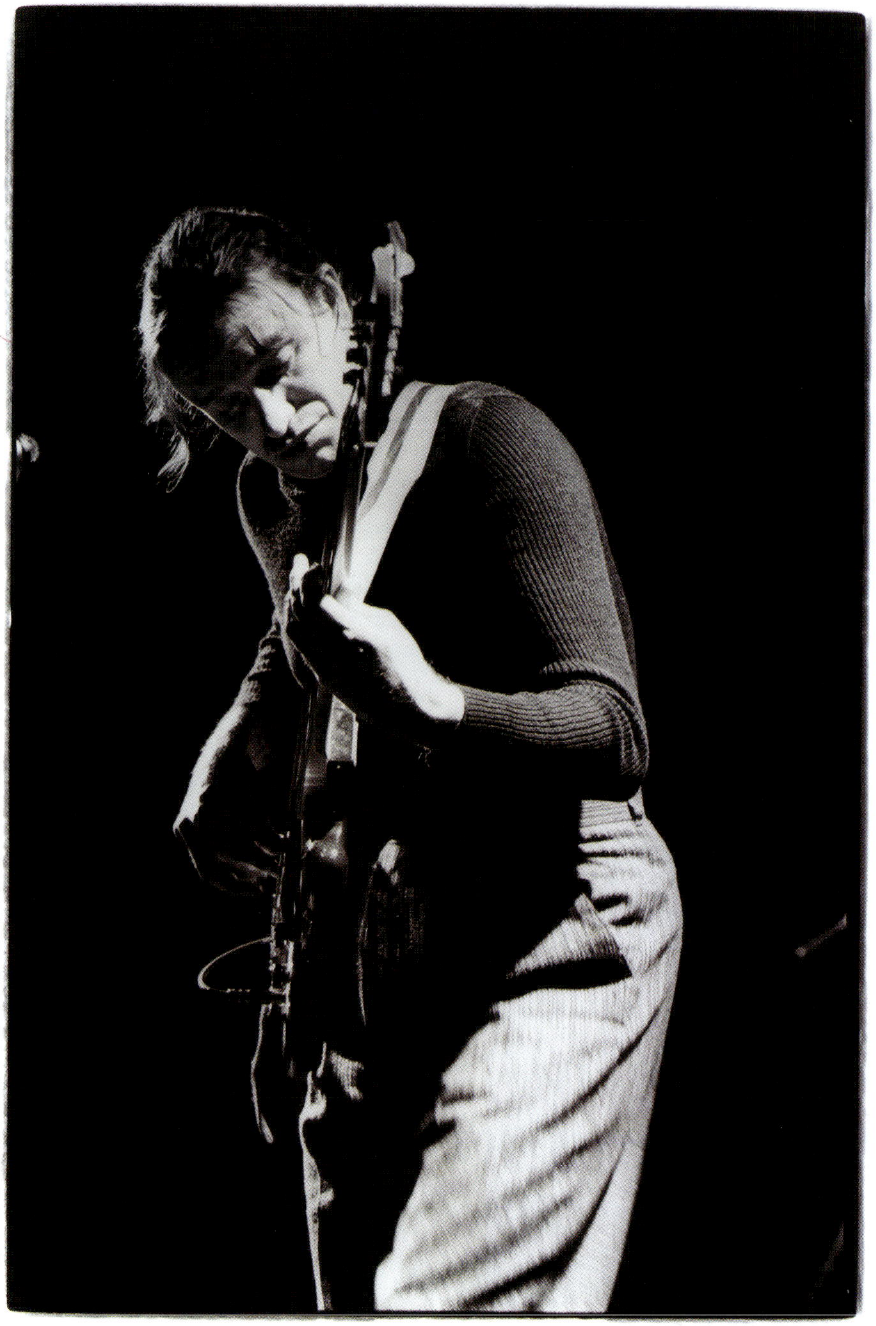

Jaco Pastorius - Milano 1986

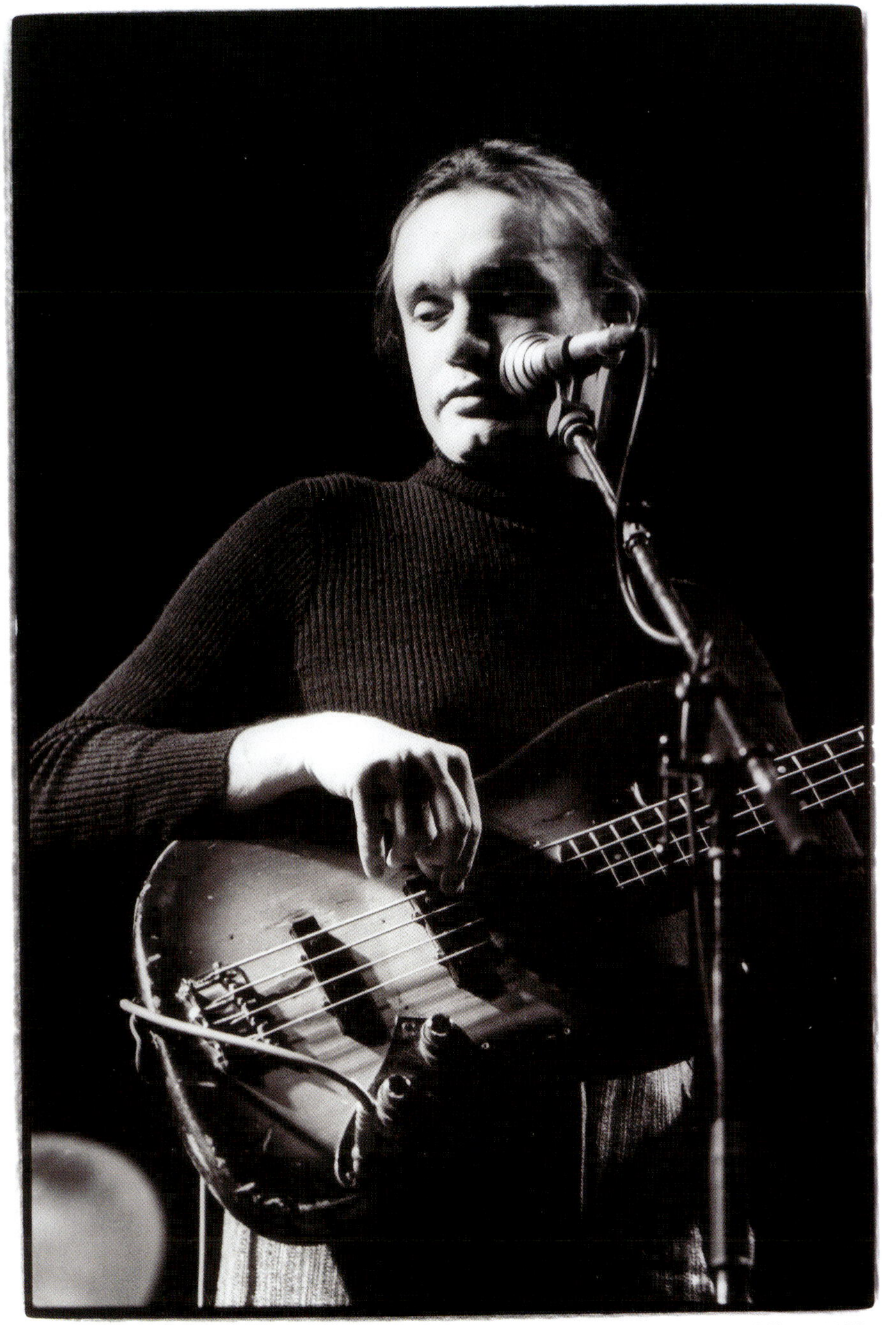

Jaco Pastorius - Milano 1986

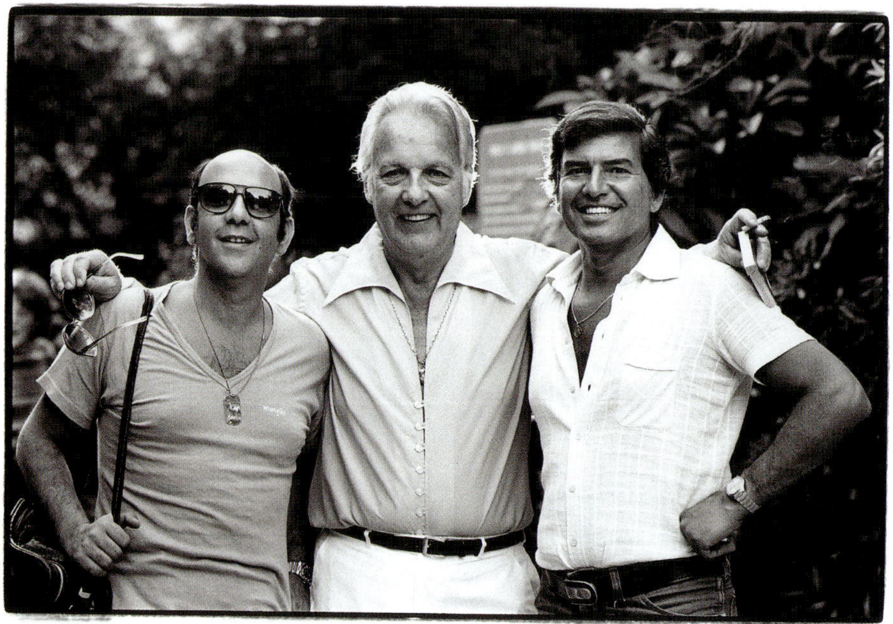

Lino Patruno, Bob Crosby, Giorgio Lombardi - Nizza 1981

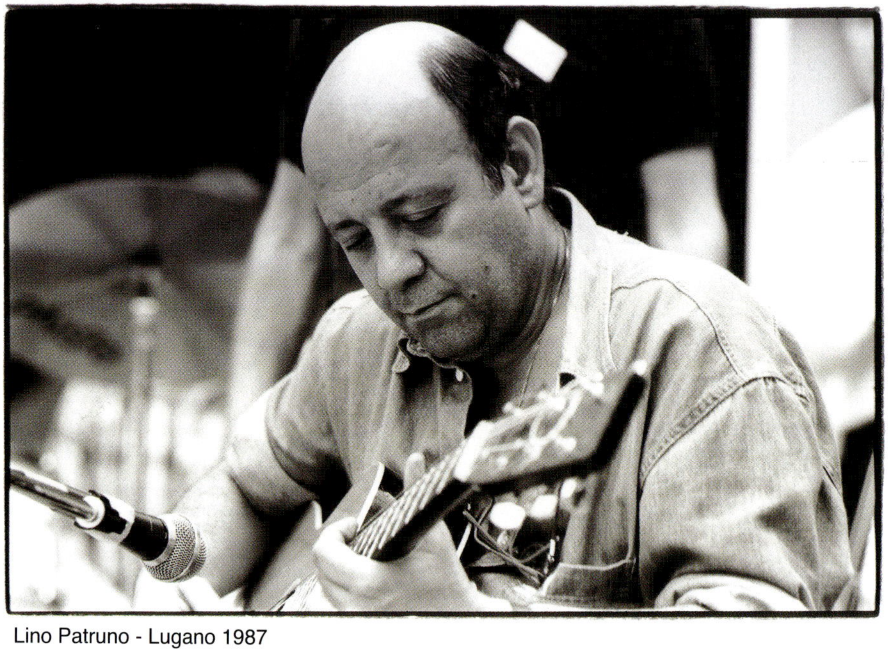

Lino Patruno - Lugano 1987

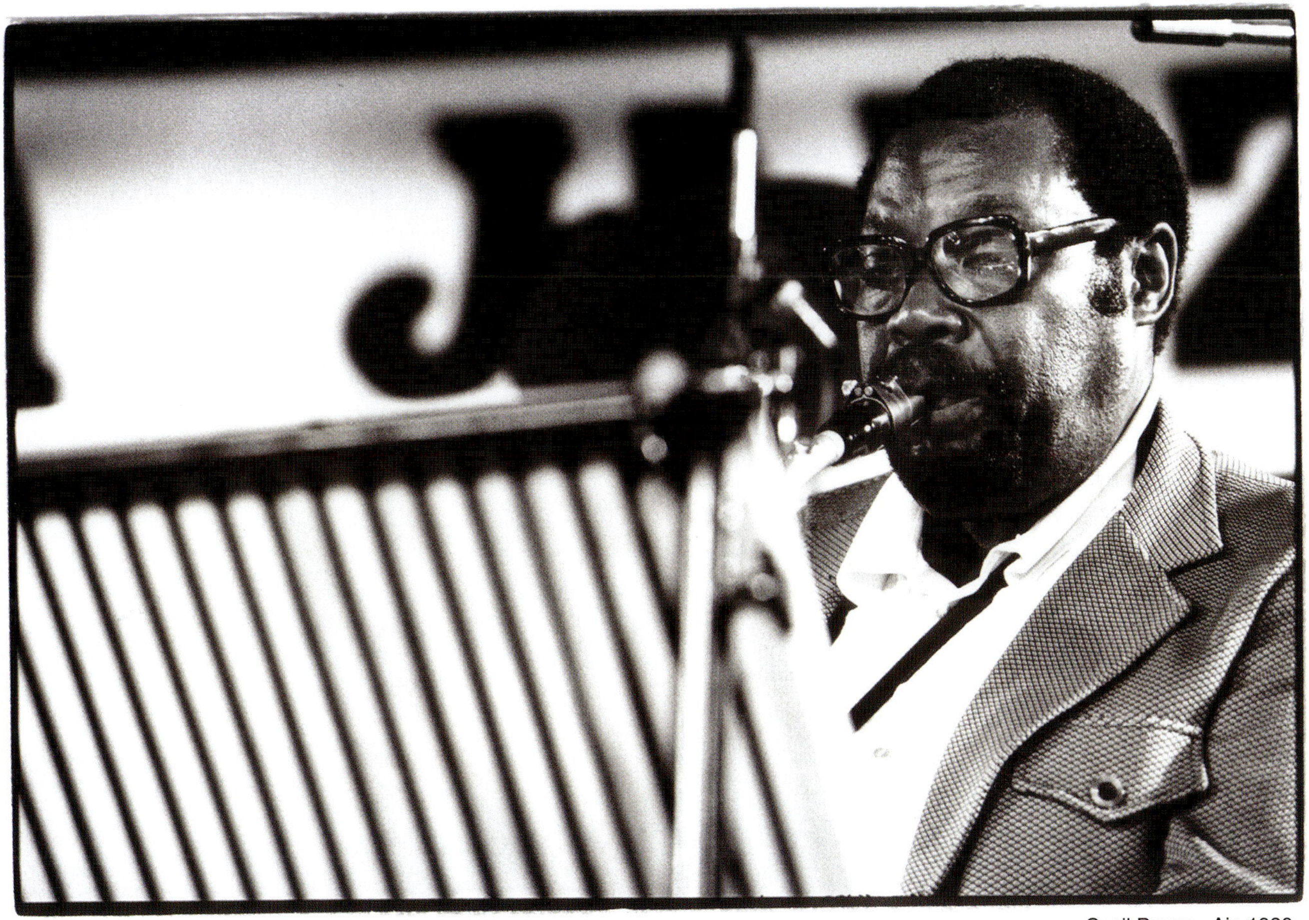

Cecil Payne - Aja 1980

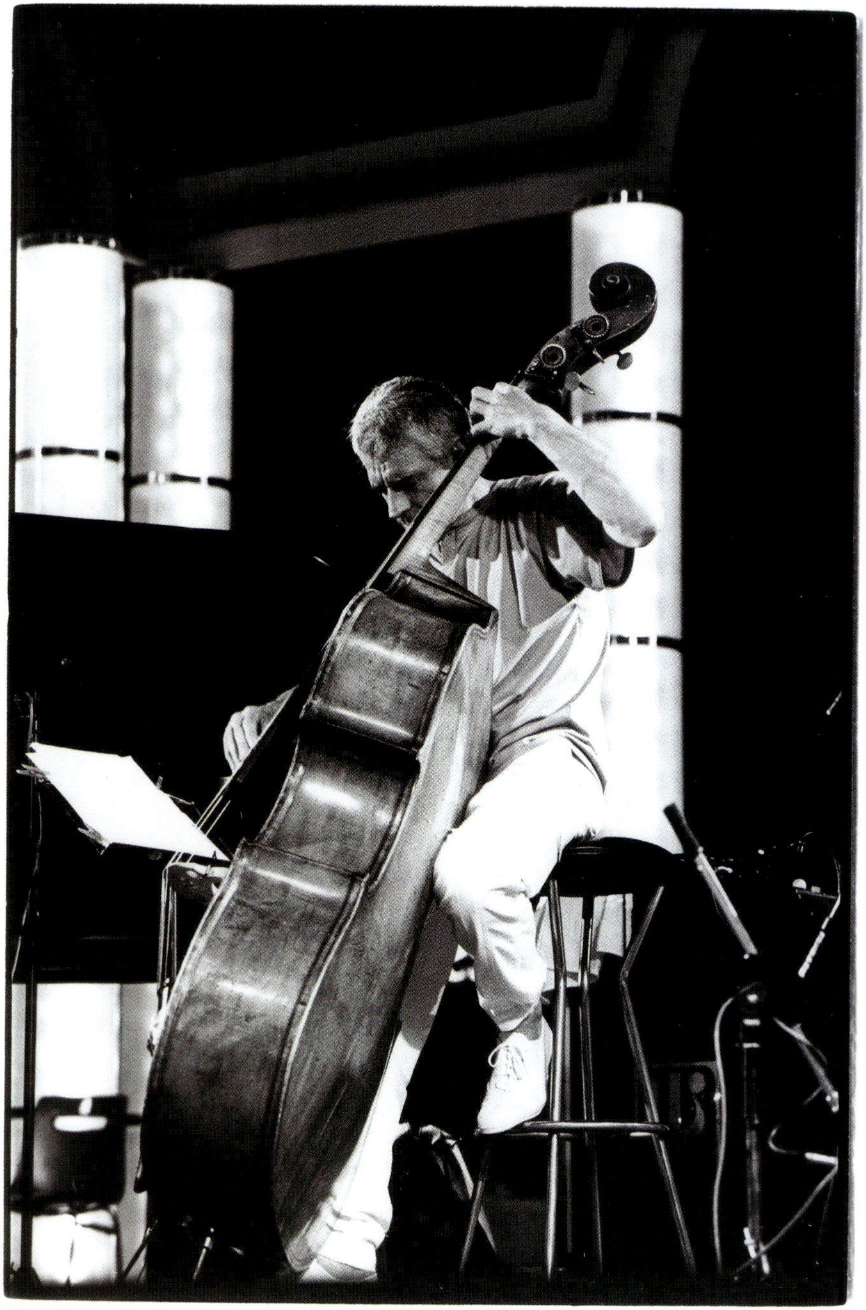

Gary Peacock - Lugano 1986

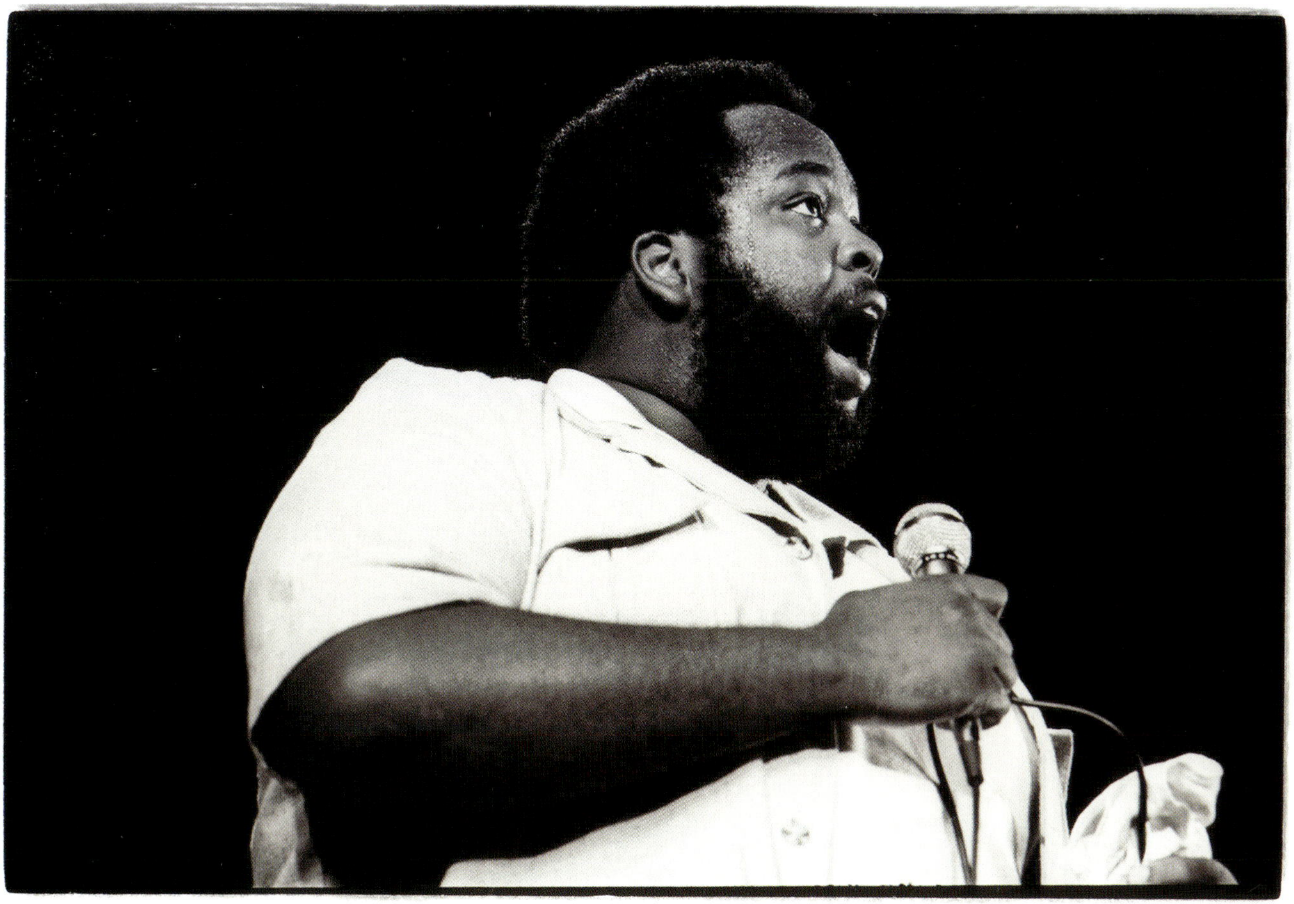

David Peaston - Milano 1981

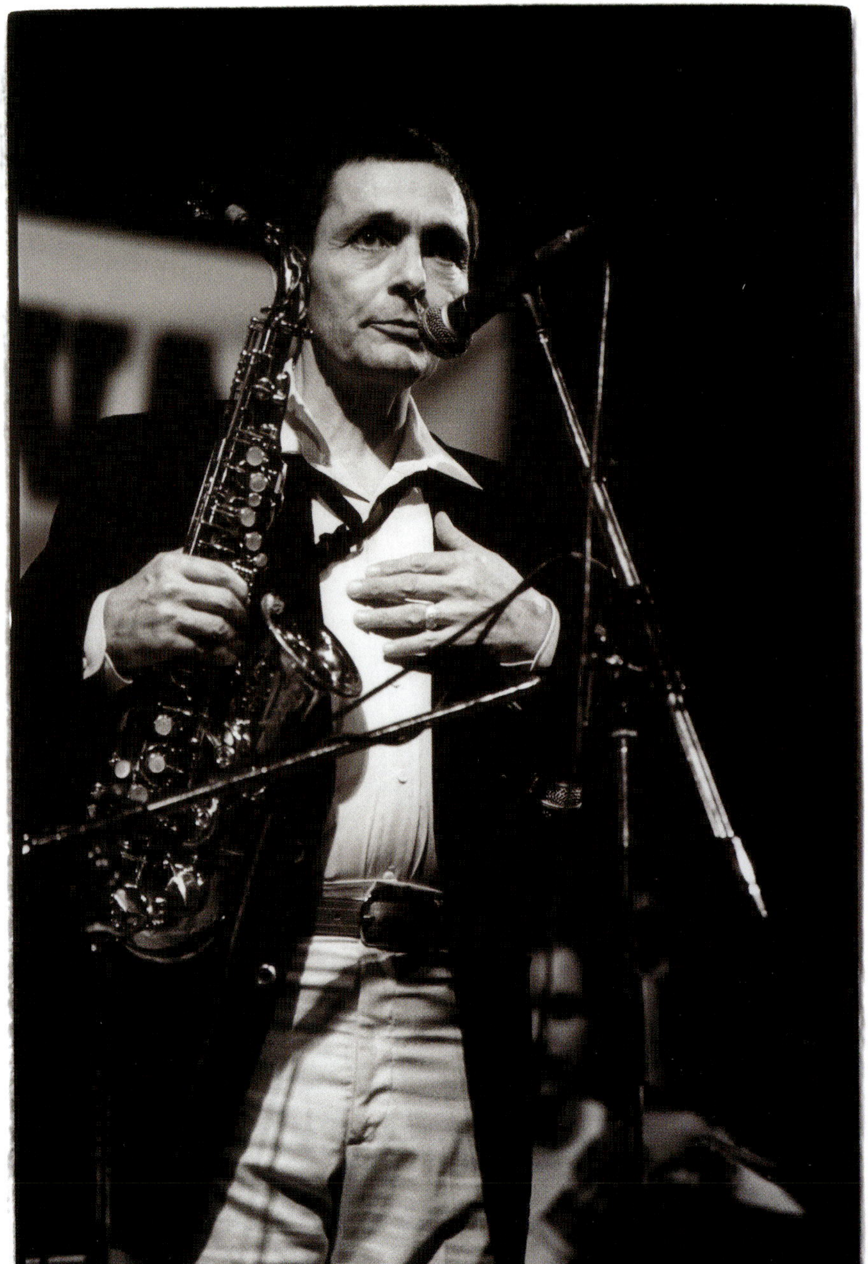

Art Pepper - Aja 1980

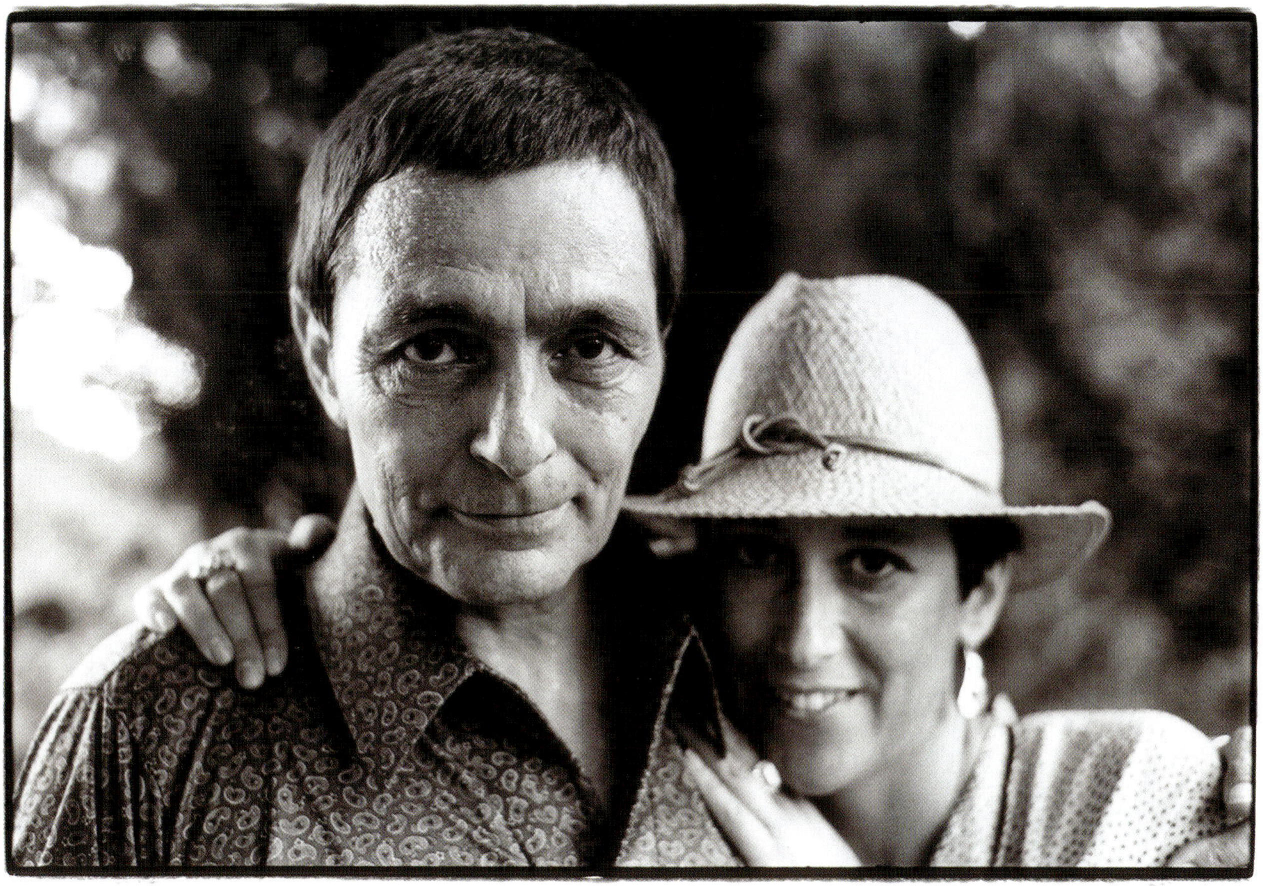

Art Pepper & Laurie Anderson - Nizza 1981

Si seccò, giustamente, Art Pepper, per tutte le foto che andavo scattando, sul palco, nel backstage a lui e a sua moglie Laurie Anderson. E me lo disse senza mezzi termini. Ma a me interessava troppo Art e quindi lo tampinai continuamente fino a realizzare un buon servizio. L'avevo conosciuto in Olanda nel 1980 dopo il suo rientro sulle scene in seguito ad un lungo periodo di inattività. Era loquace, sereno, ispirato e concentrato sulla propria musica. Poi lo rividi a Nizza nel 1981 e fu l'ultima volta.

He was fed up with me for all the snaps taken on and off stage and to his wife Laurie Anderson. He made his point clear with me, bluntly. On the other hand, I was so much into Art that I started breathing down his neck until I could get something good together. I had met him in Holland in 1980 after his comeback following a long hiatus. A loquacious, calm, inspired and focused type of guy. The next and last time I saw him was 1981 in Nice.

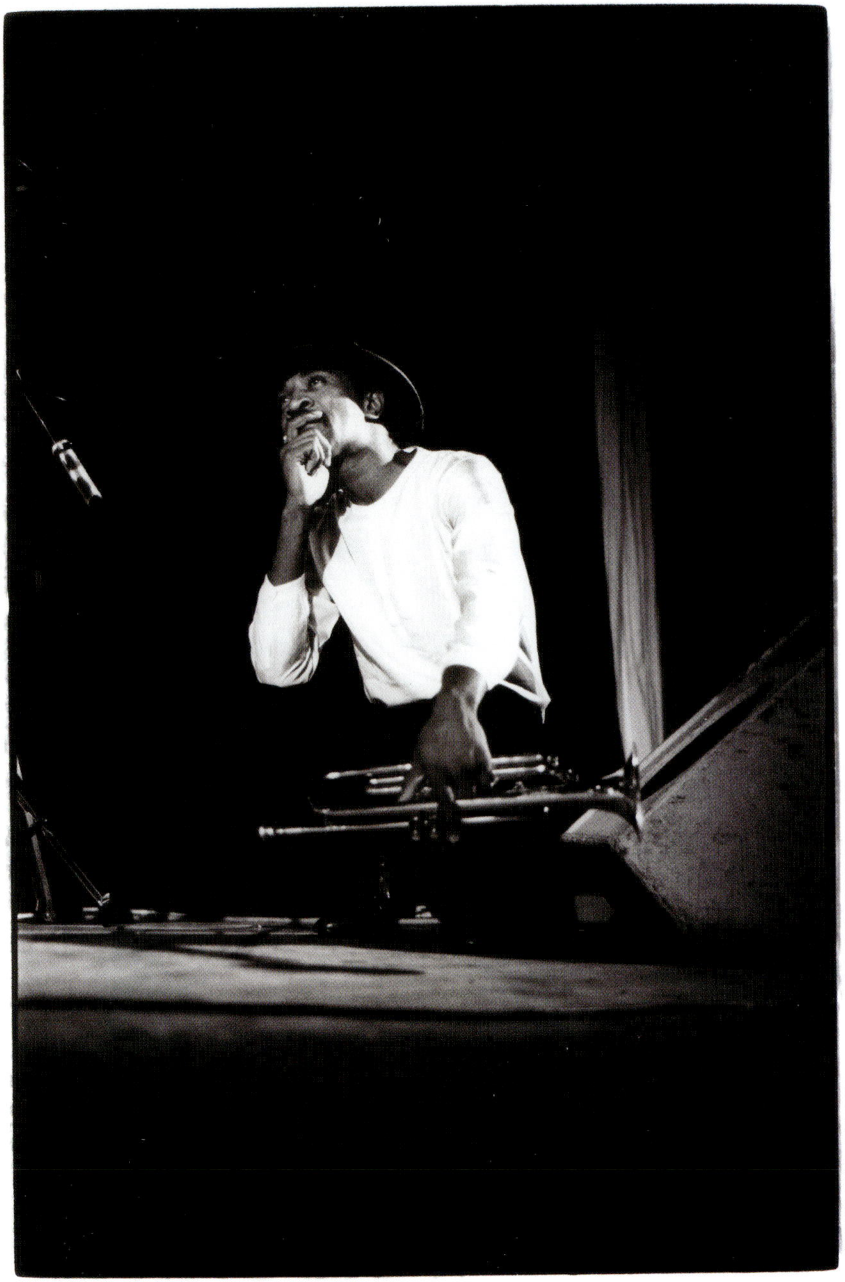

Marvin "Hannibal" Peterson - Milano 1981

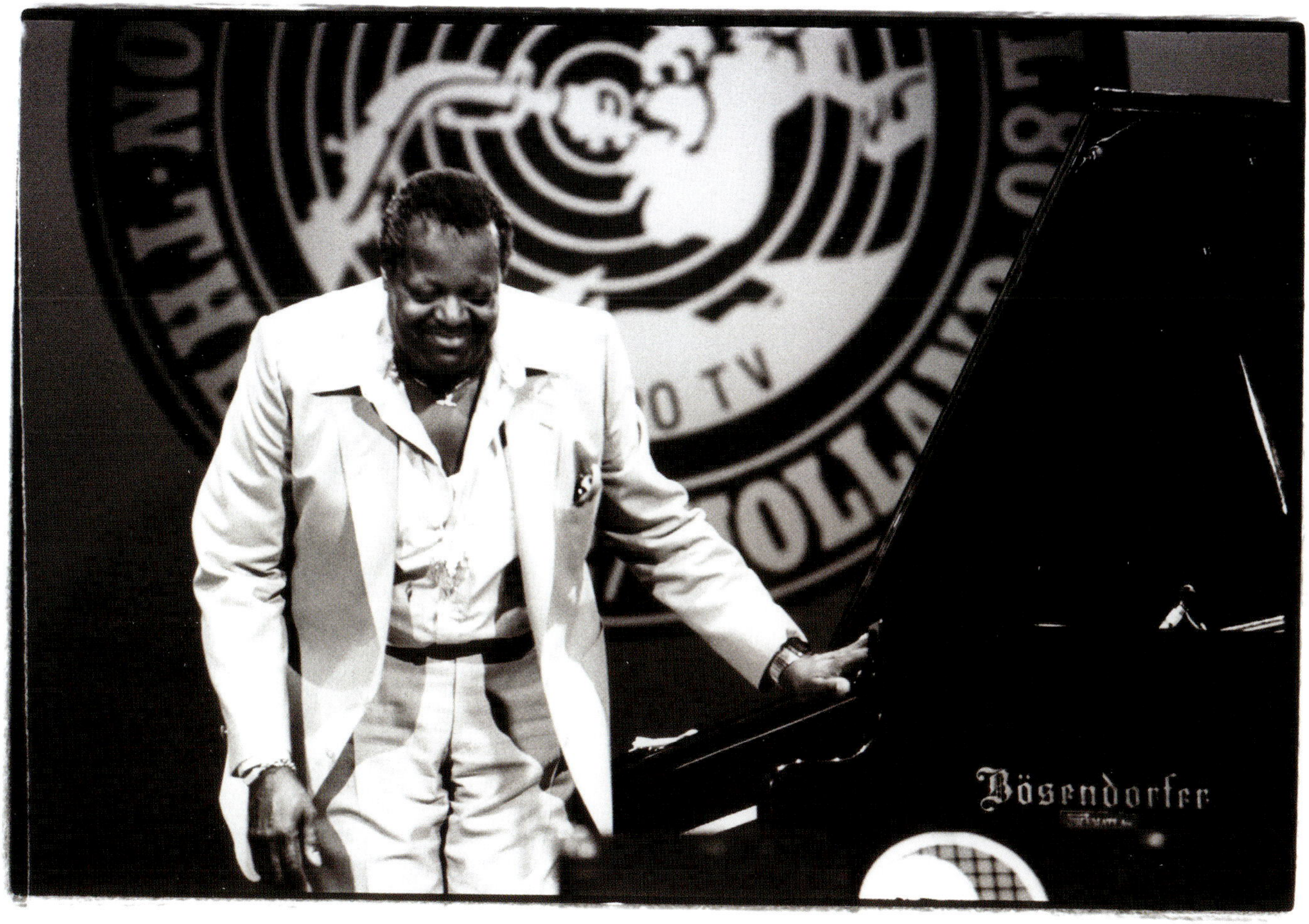

Oscar Peterson - Aja 1980

Oscar Peterson è la tradizione, è il naturale proseguimento dell'evolvere della tradizione. In lui, nella sua musica si fondono romanticismo, impressionismo, ragtime, swing, blues, la grande lezione di Duke Ellington. Oscar raccomandava ai giovani di studiare la storia del jazz e di assimilarla. Studiare Duke, Roy Eldridge, Dizzy Gillespie, Ella Fitzgerald, Milt Jackson e, soprattutto, auspicava una maggiore diffusione e creazione di jazz clubs, dove i giovani possano provare, riprovare, creare musica insieme, insomma dei laboratori di studio dove formarsi davanti ad un pubblico che possa criticare e giudicare il loro lavoro. C'è da sperare che il suo desiderio possa realizzarsi, pena, credo, il lento decadimento, la perdita della memoria e della storia del jazz.

Oscar Peterson epitomizes the natural evolution of tradition. Romanticism, impressionism, ragtime, swing, blues, Duke Ellington's legacy all blended together in his music. Oscar's advise to young players is to study jazz history and assimilate the concepts coming from the greats like Duke, Roy Eldridge, Dizzy Gillespie, Ella Fitzgerald, Milt Jackson. He's looking at the big picture, meaning a more widespread jazz culture, more clubs where to play and create like in some sort of labs with a real audience to confront and convince. Hope his wish will come true to avoid a slow decay of the great jazz memory.

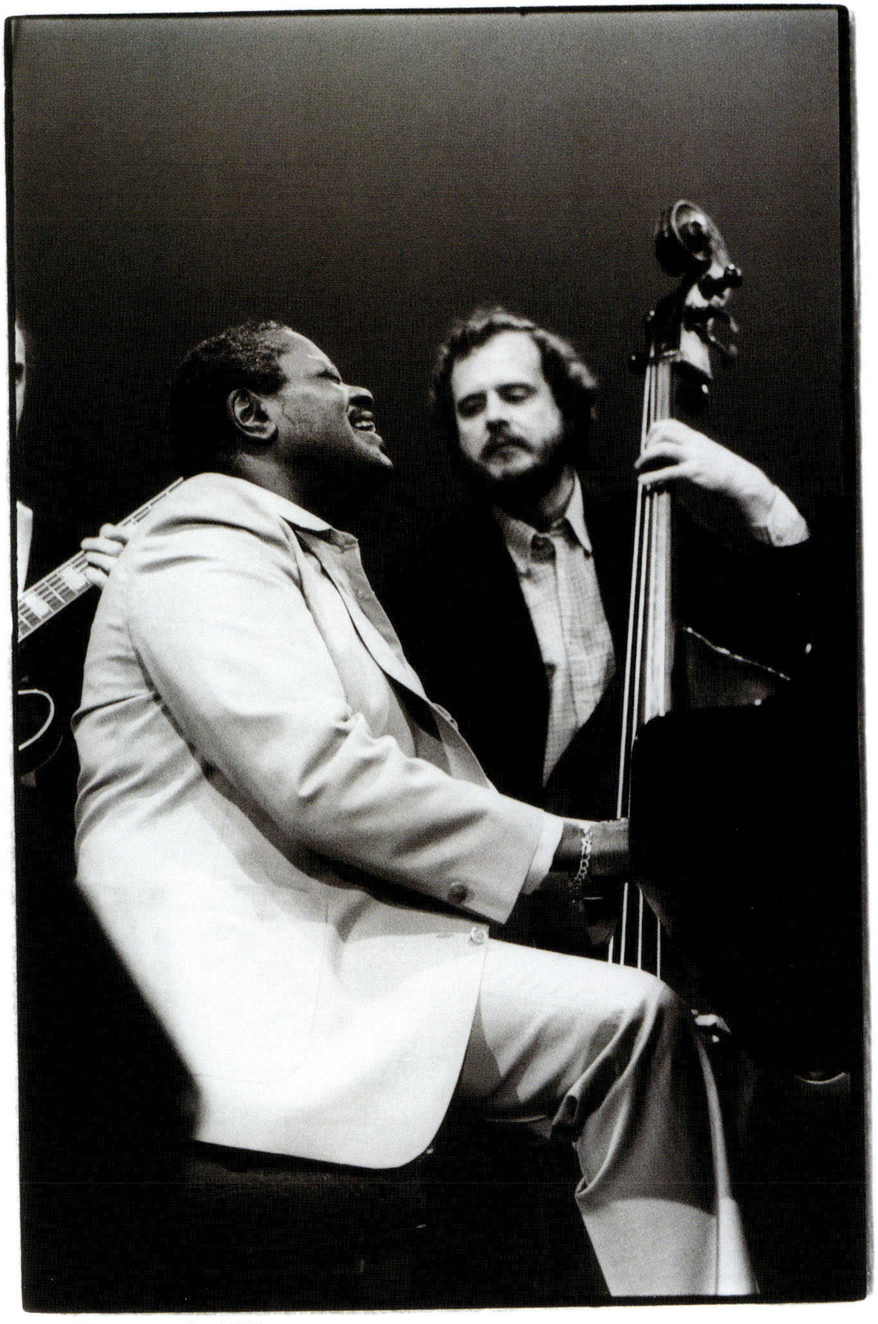

Oscar Peterson - Aja 1980

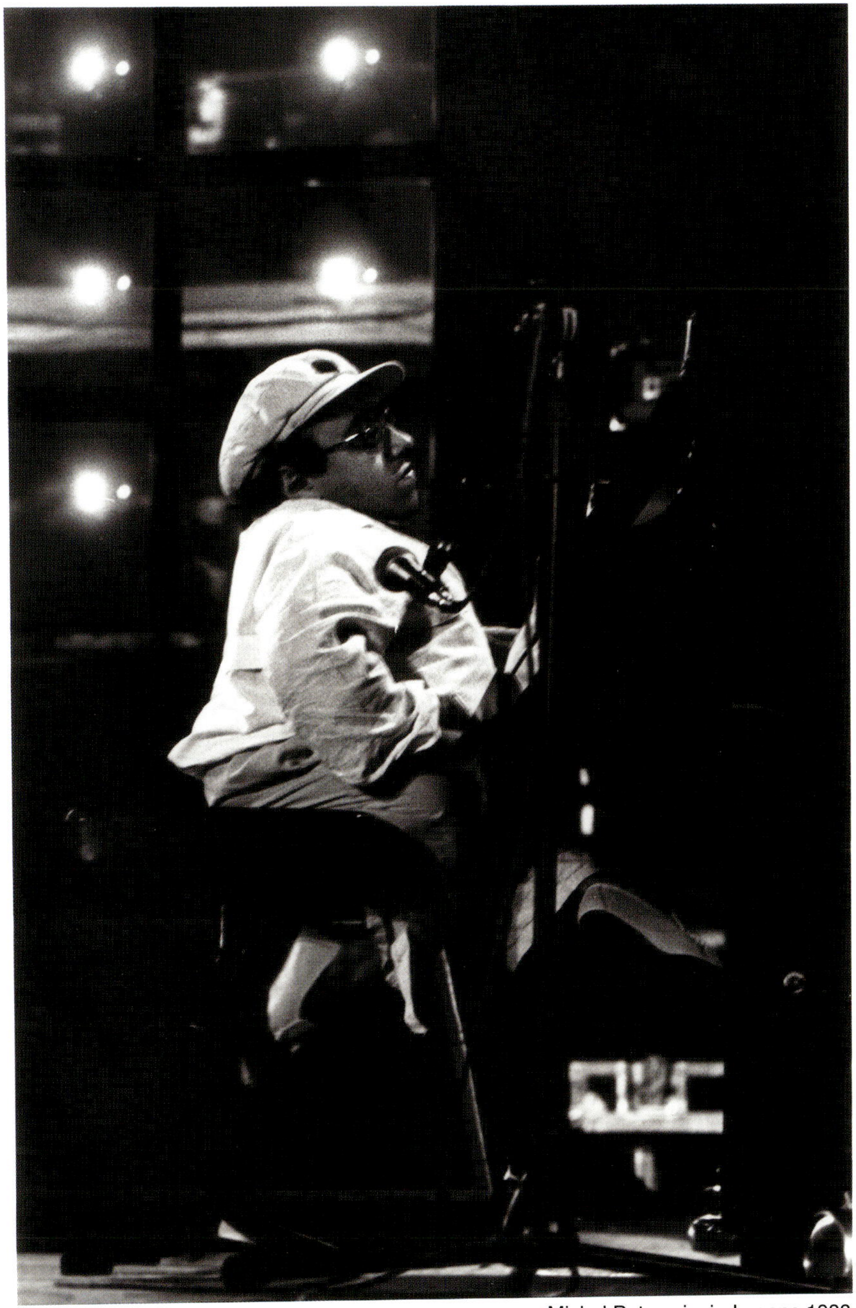

Michel Petrucciani - Lugano 1988

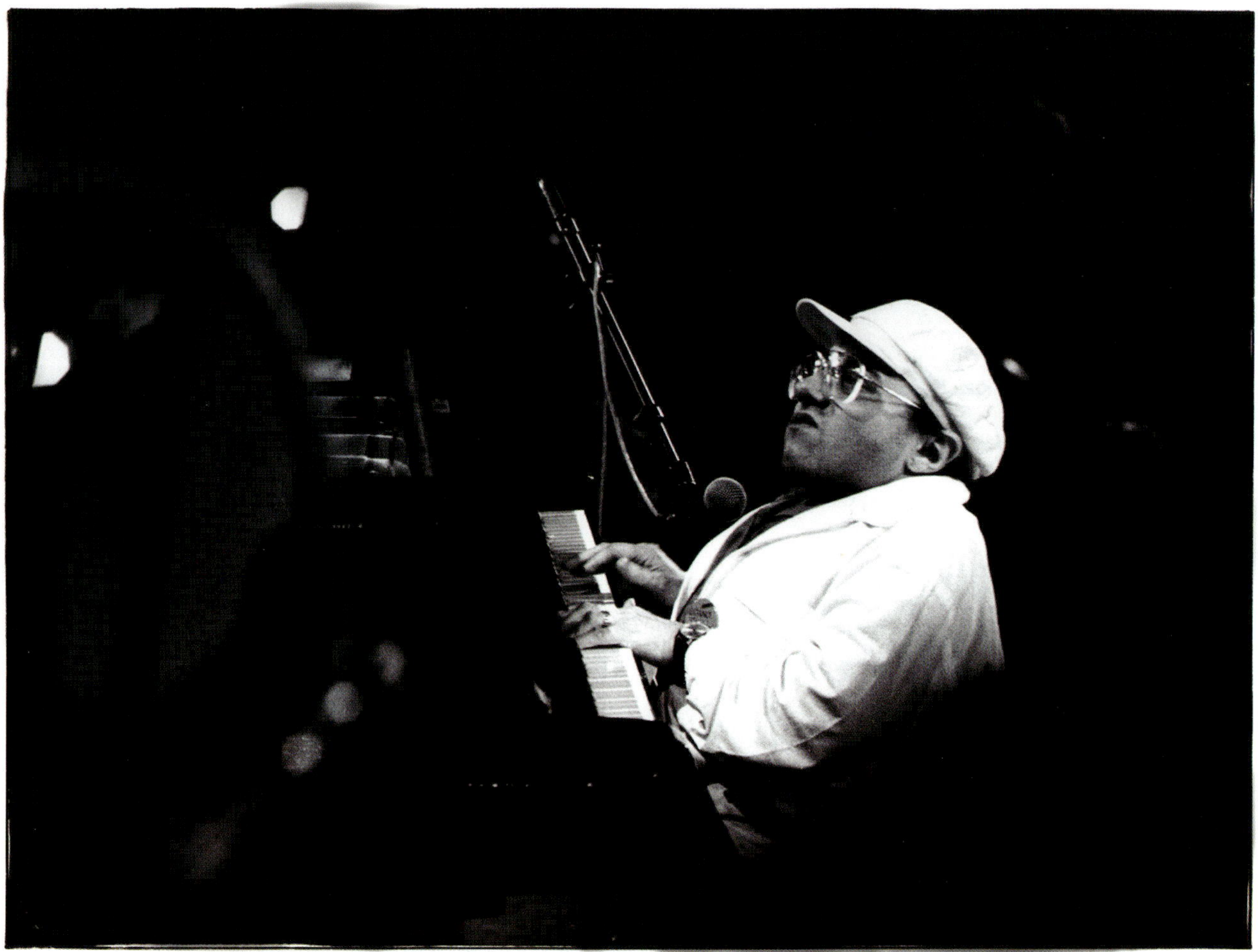
Michel Petrucciani - Lugano 1988

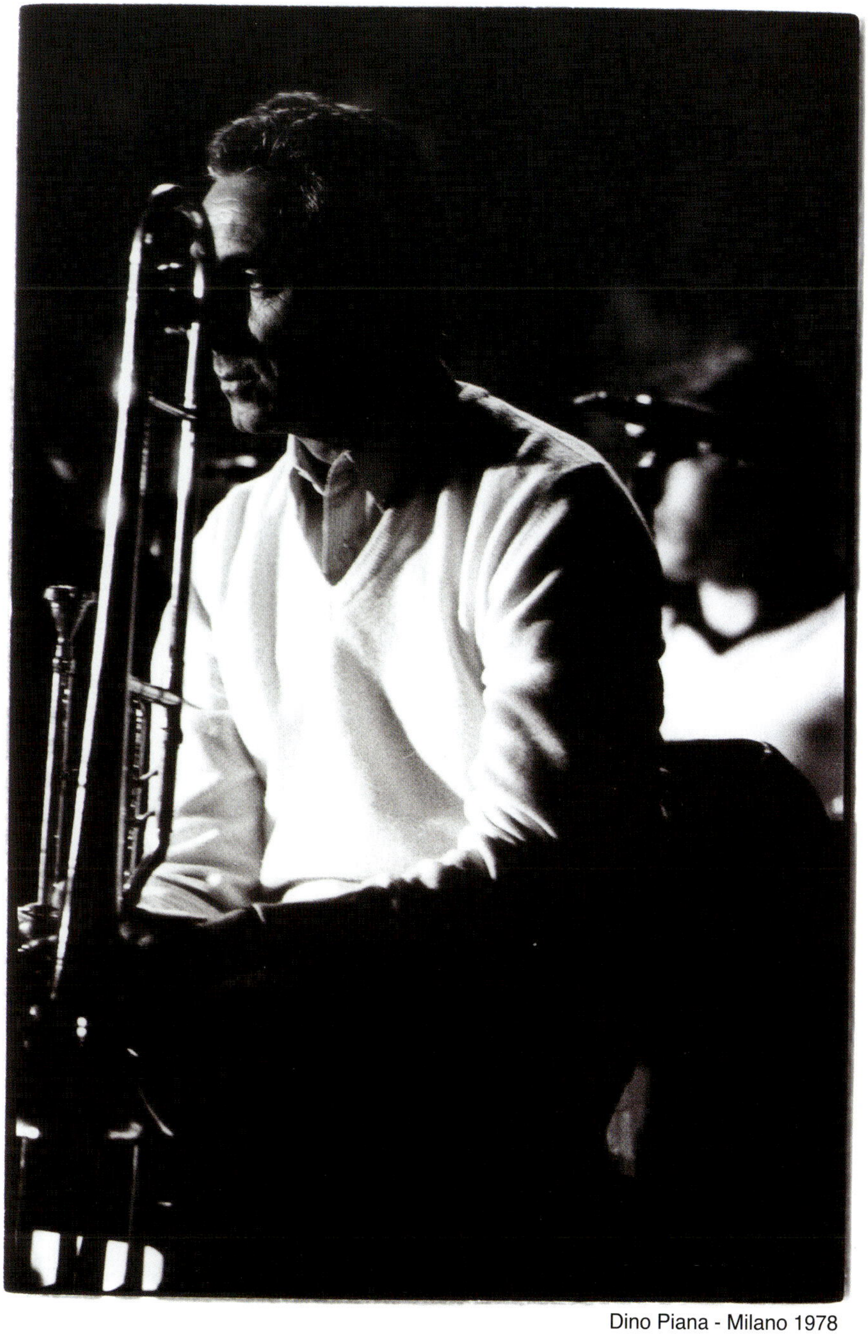

Dino Piana - Milano 1978

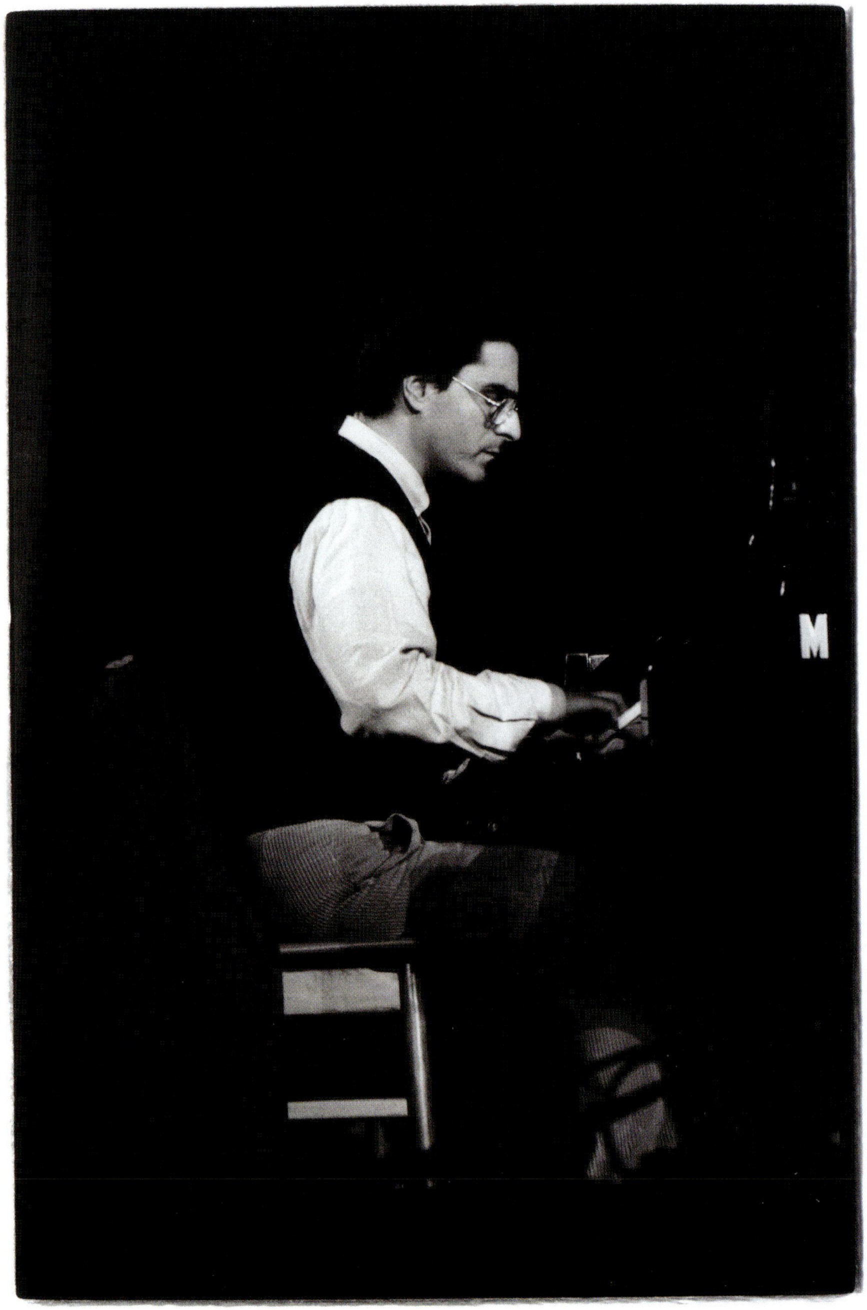

Enrico Pieranunzi - Milano 1981

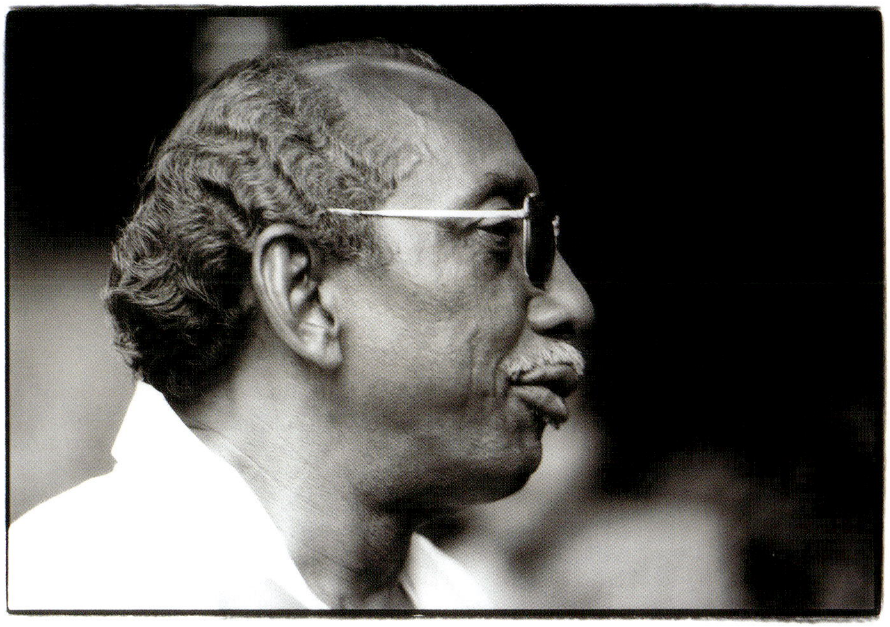
Nat Pierce - Nizza 1981

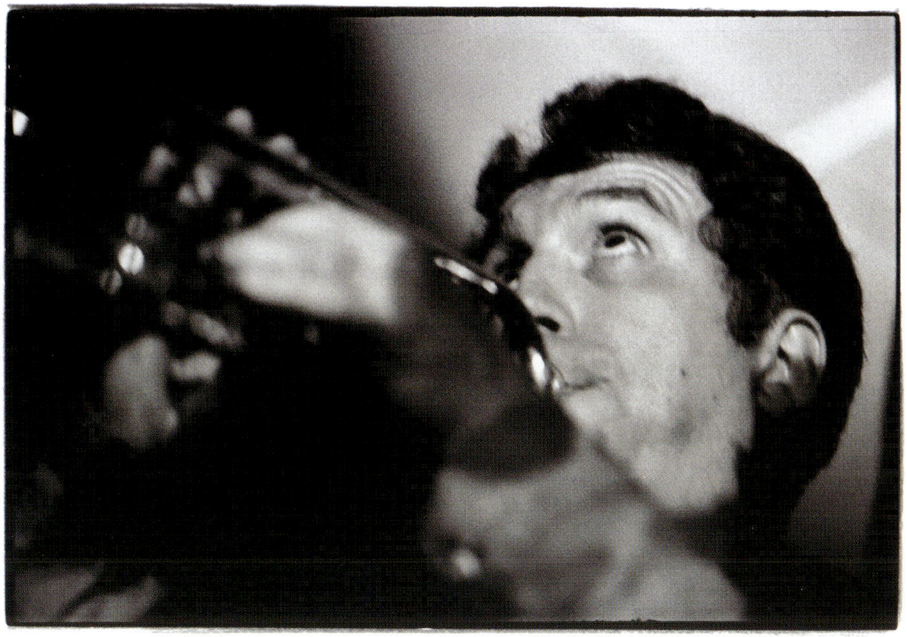
Valerie Ponomariev - Milano 1980

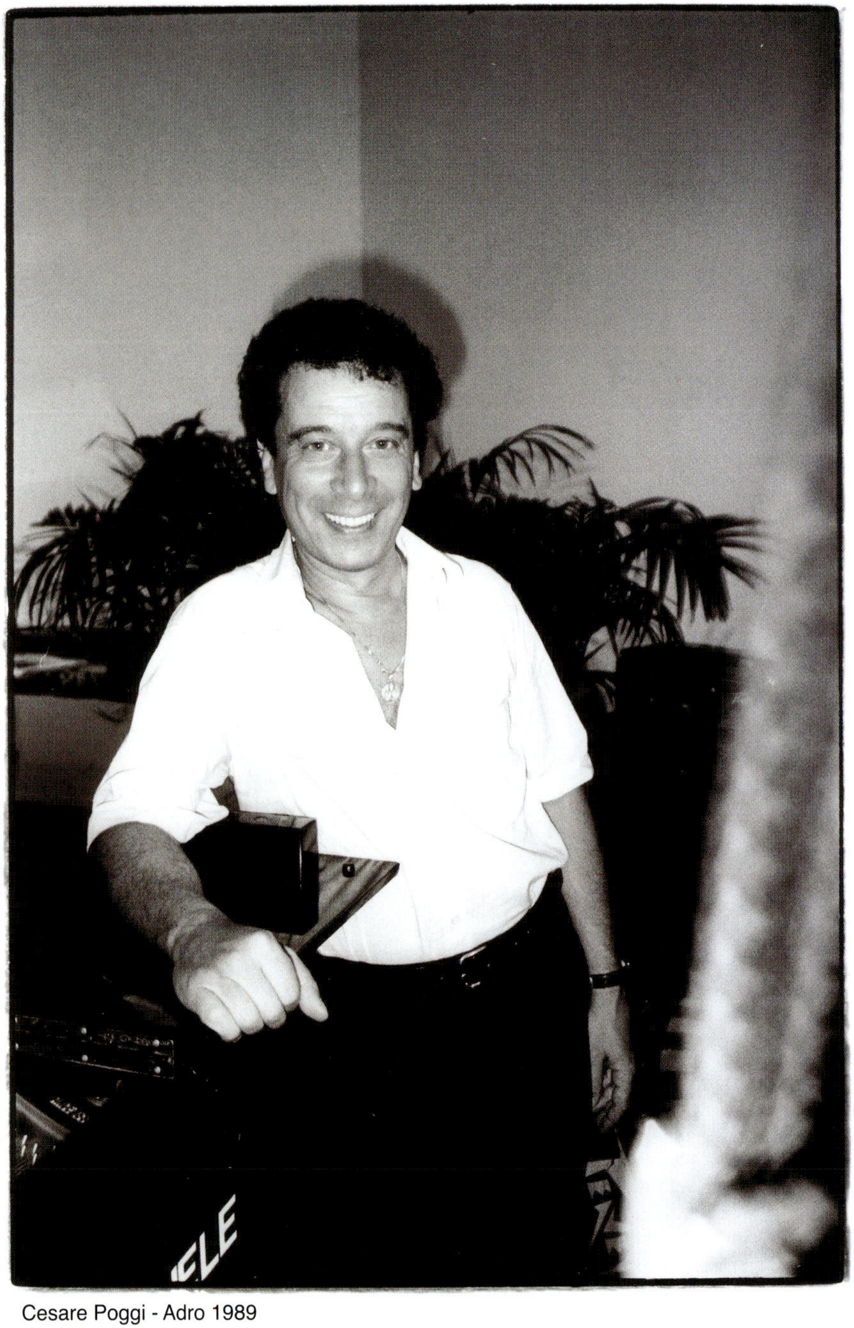

Cesare Poggi - Adro 1989

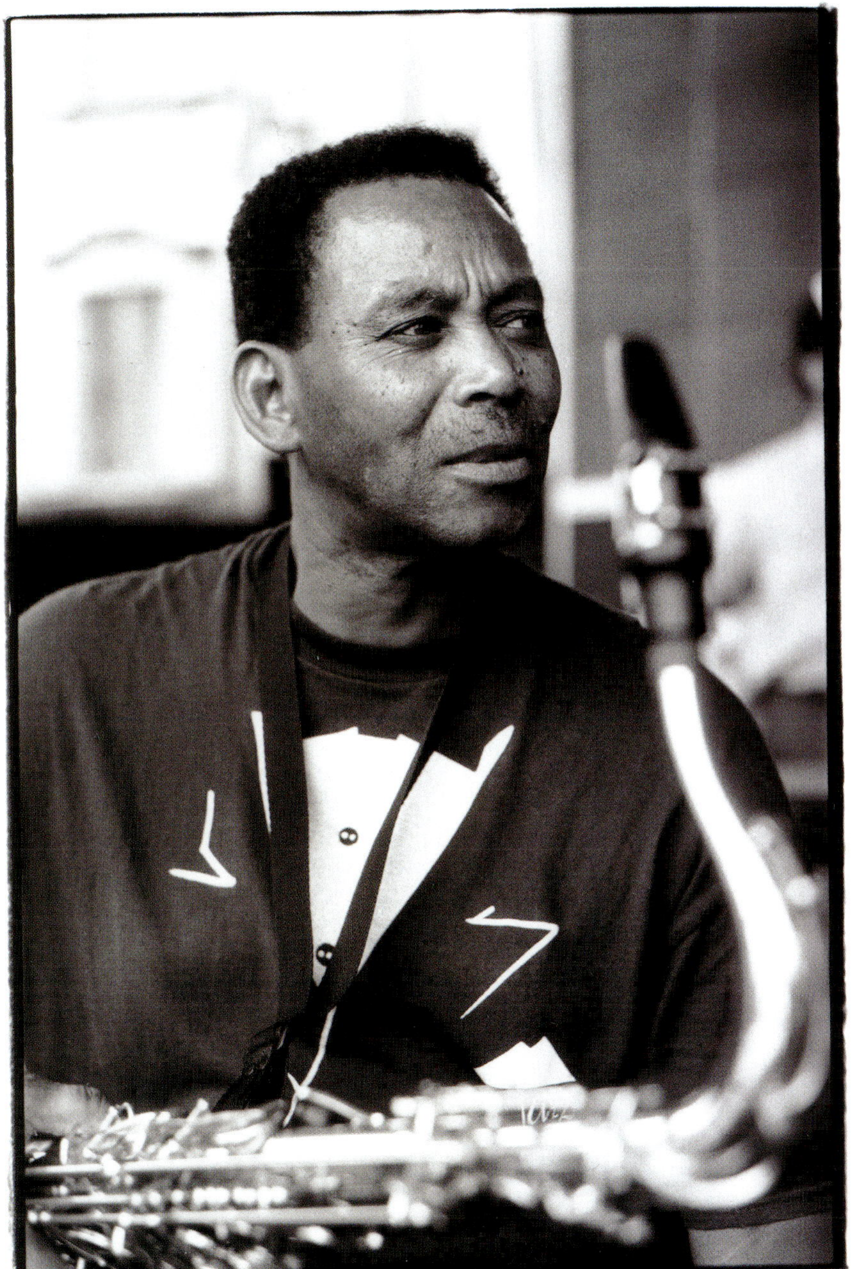

Odeon Pope - Lugano 1990

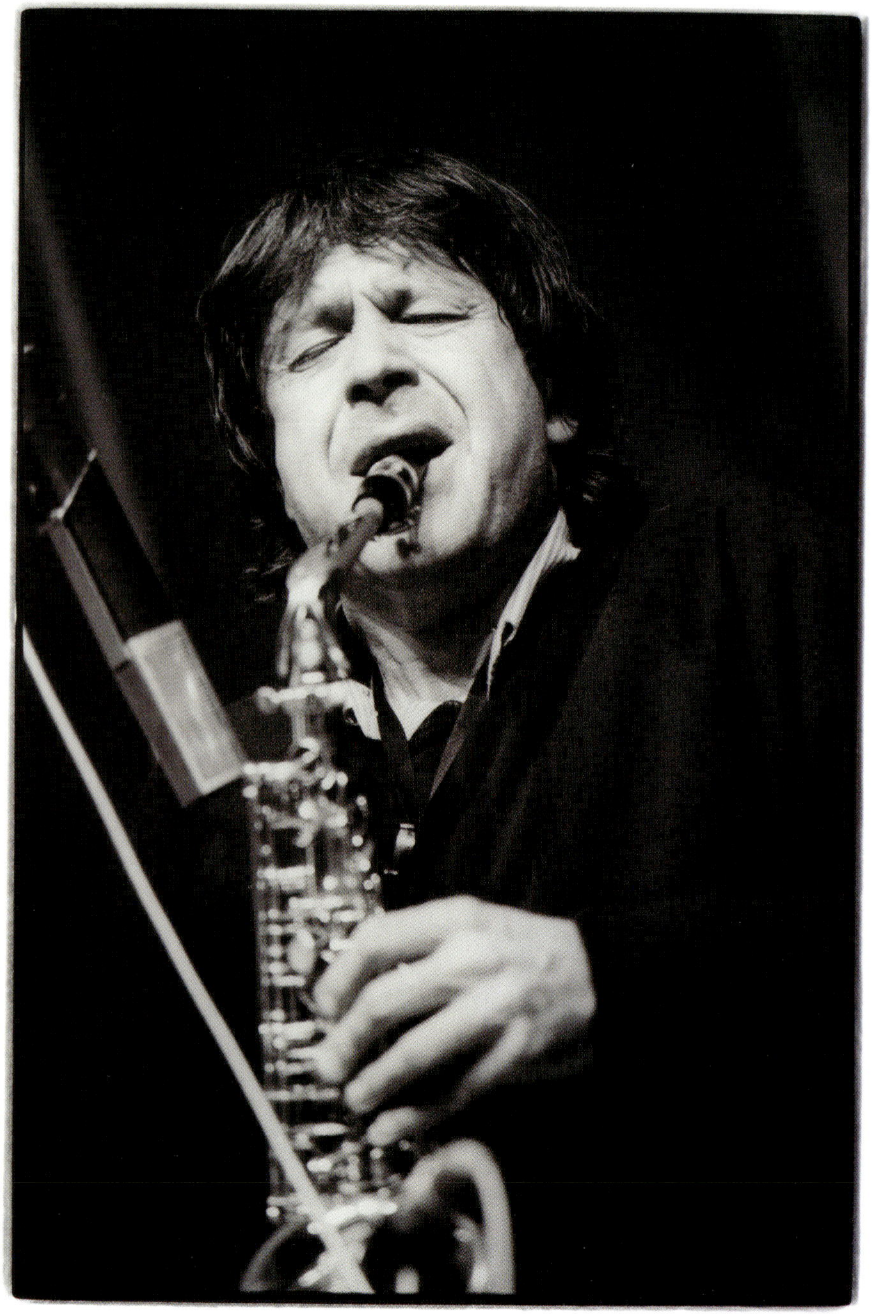

Michel Portal - Lovere 1979

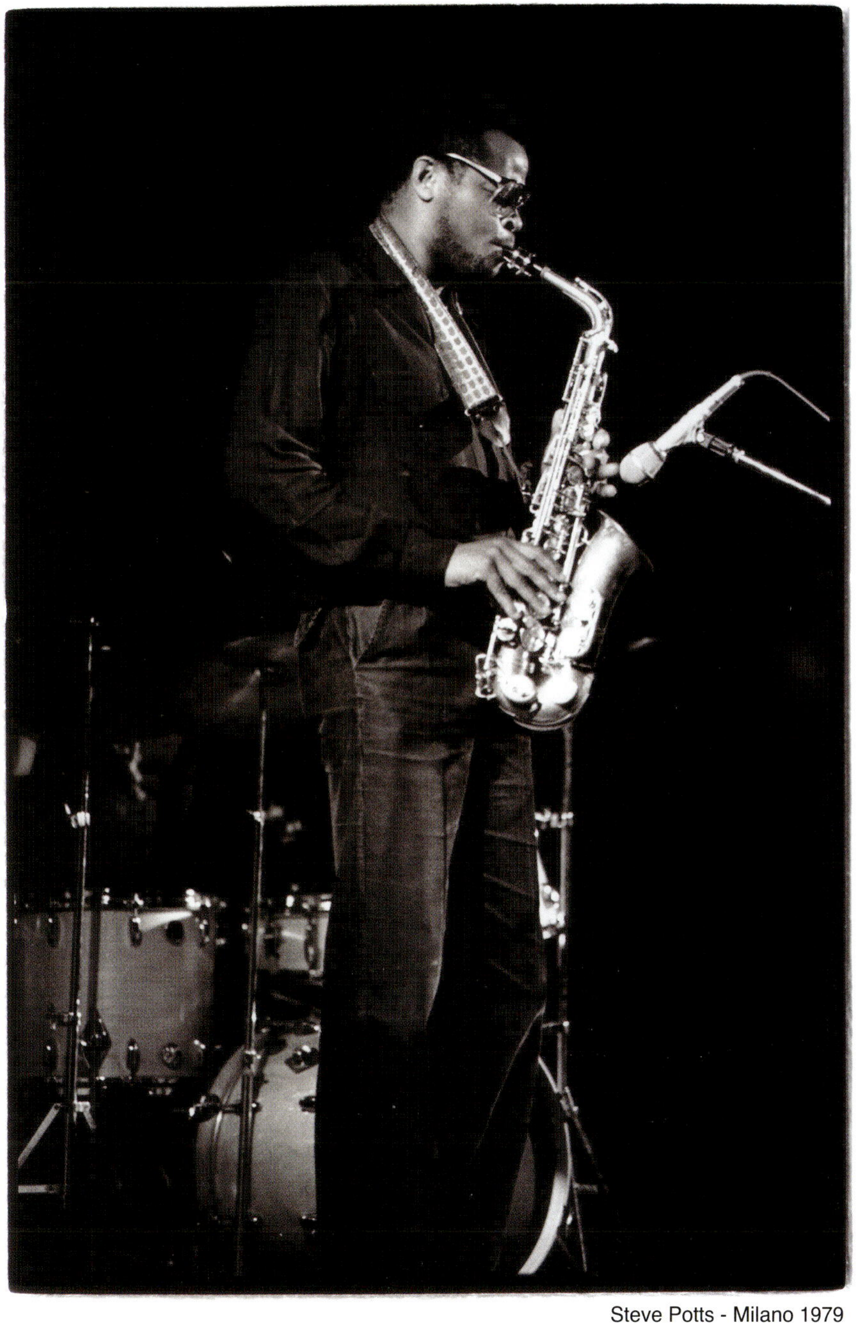

Steve Potts - Milano 1979

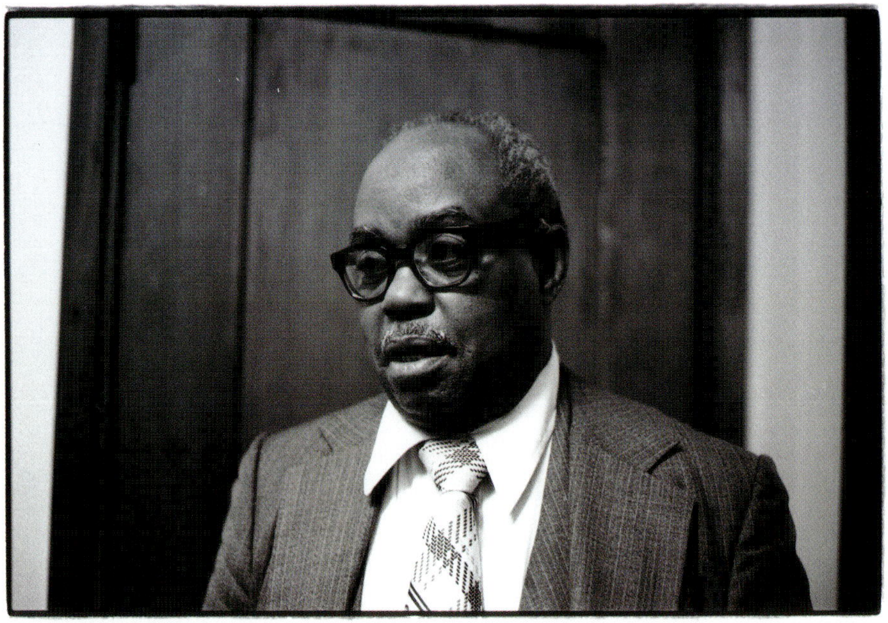

Sammy Price - Milano 1980

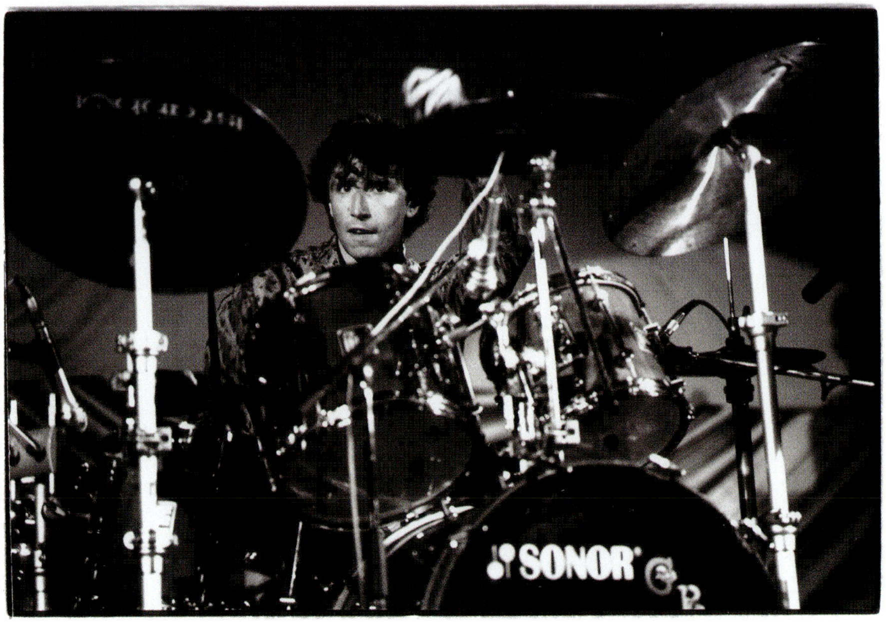

Giampiero Prina - Adro 1990

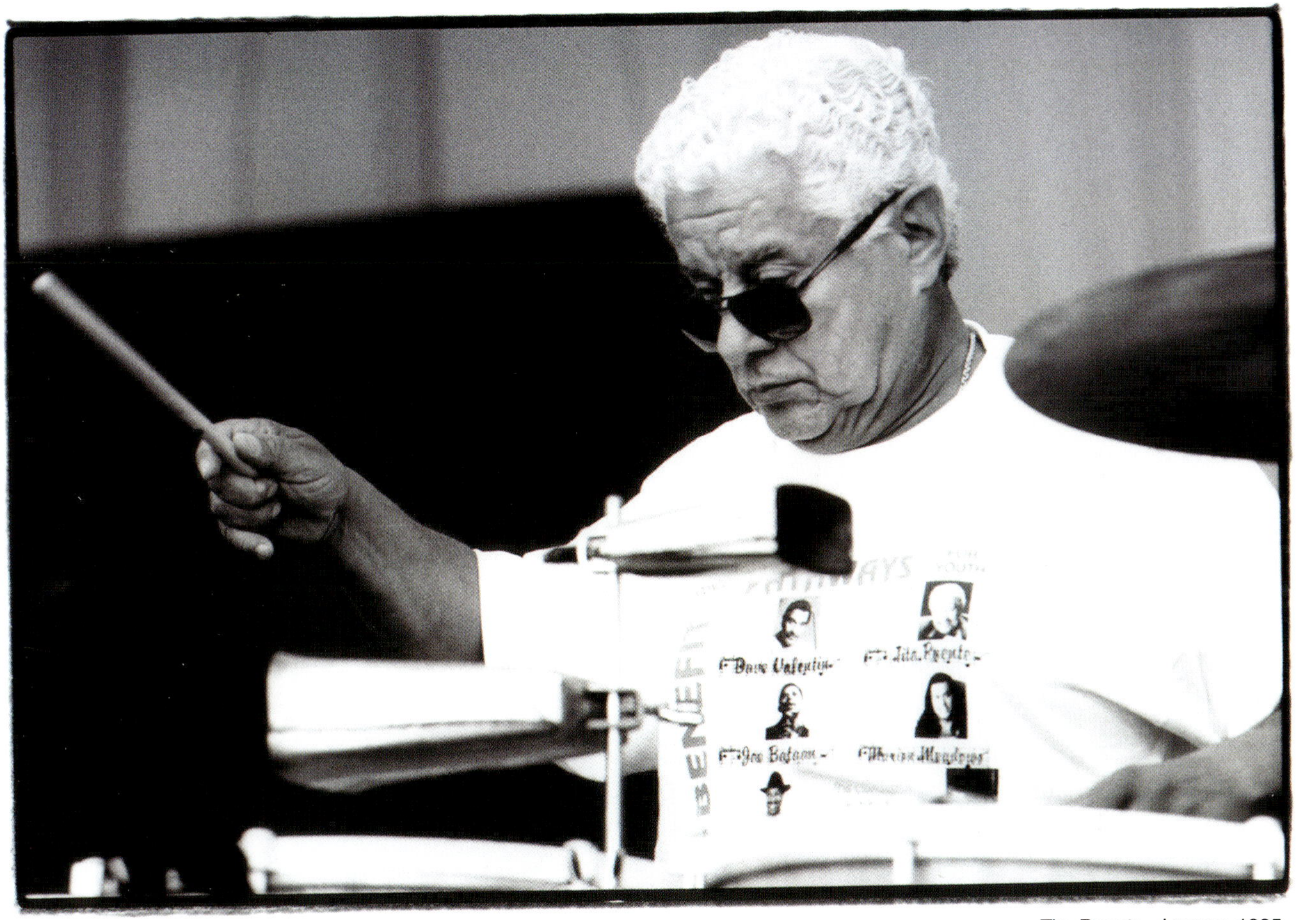

Tito Puente - Lugano 1995

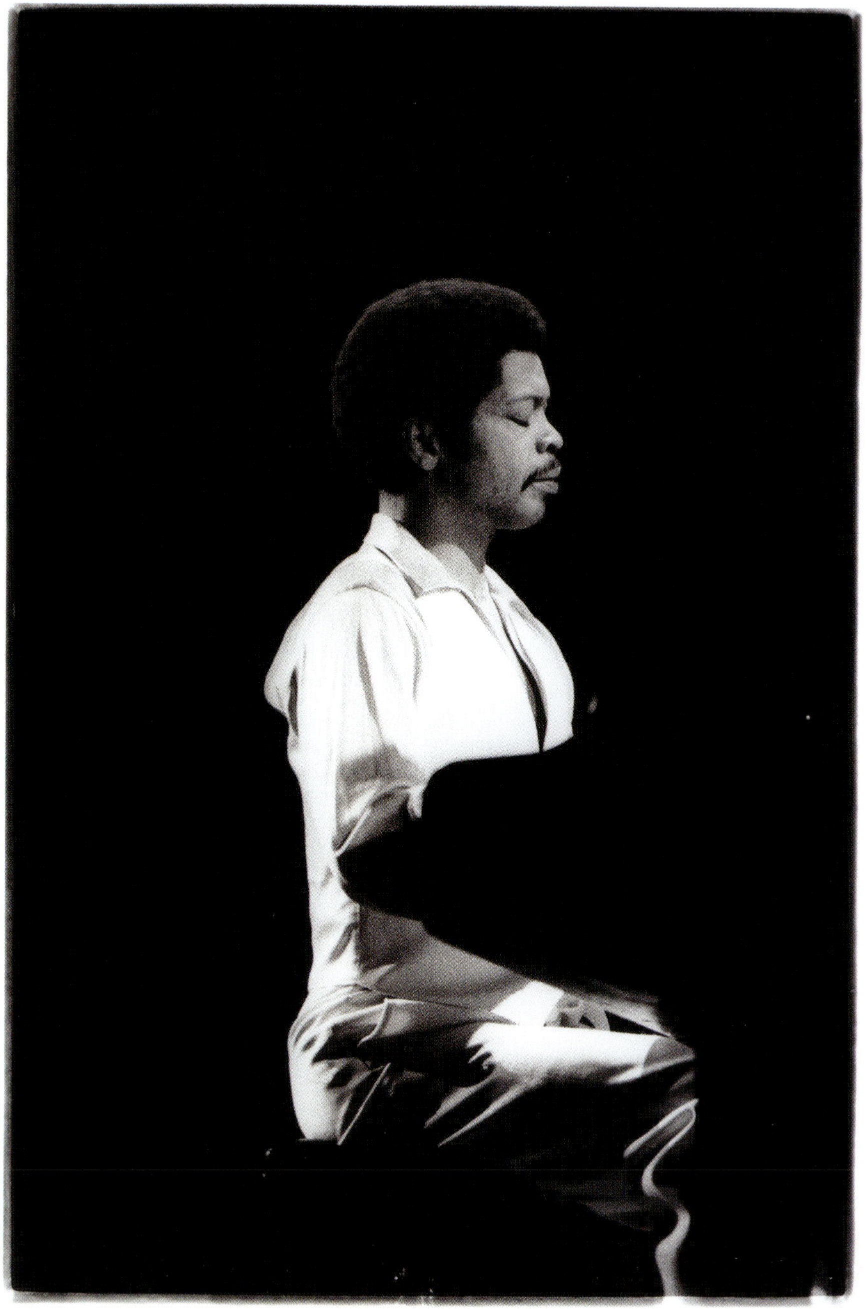
Don Pullen - Milano 1978

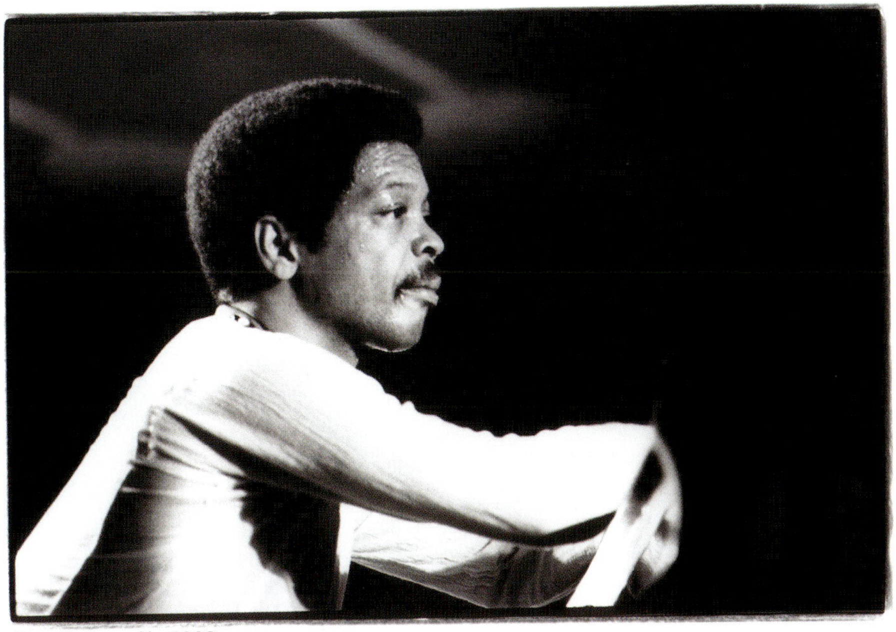

Don Pullen - Aja 1982

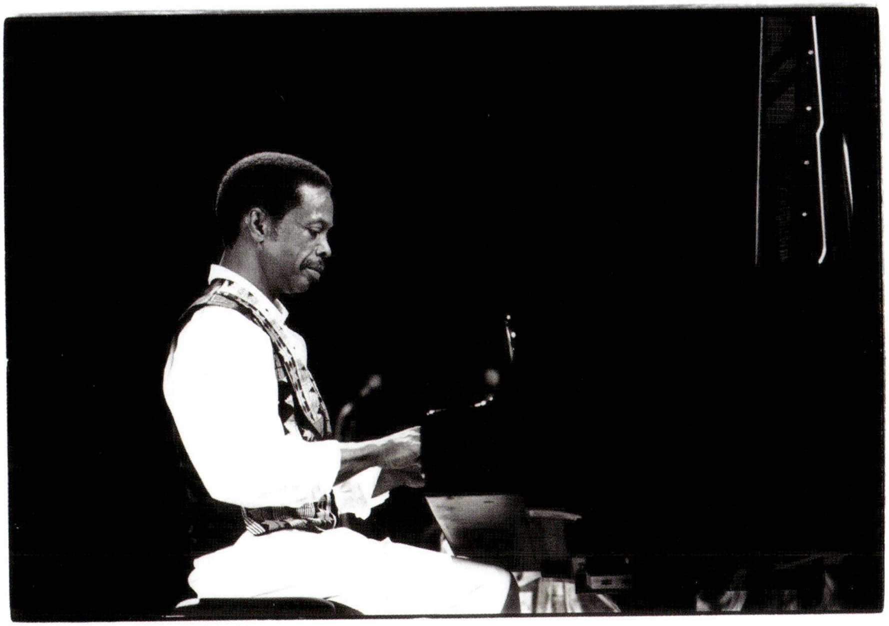

Don Pullen - Lugano 1992

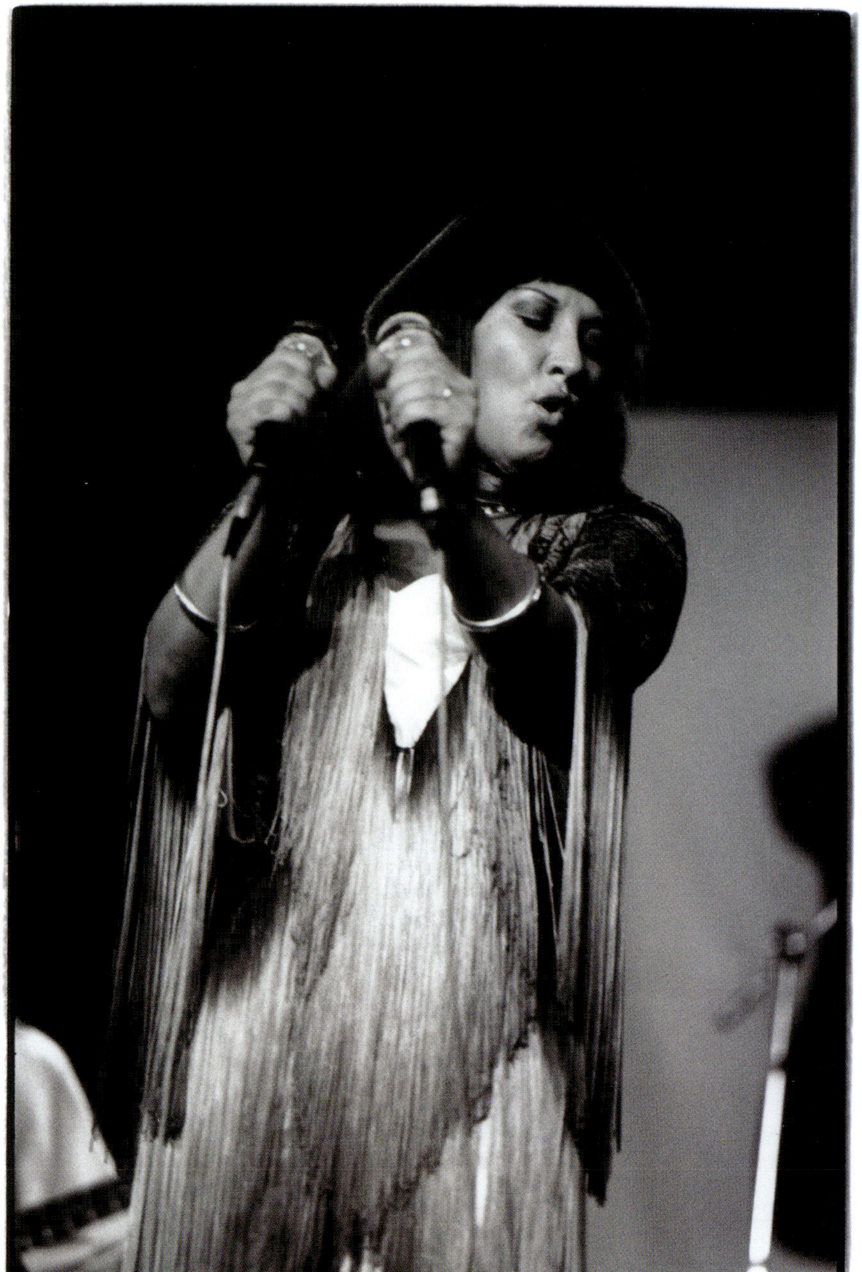

Flora Purim - Milano 1986

R

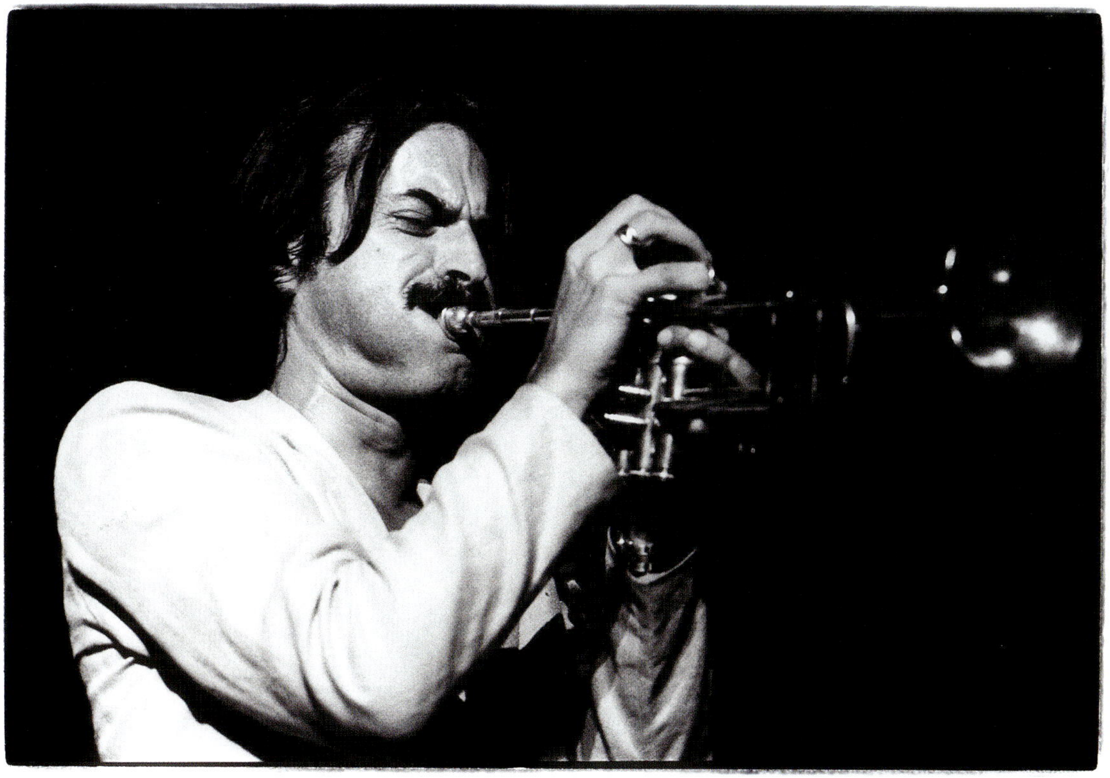

Enrico Rava - Soncino 1980

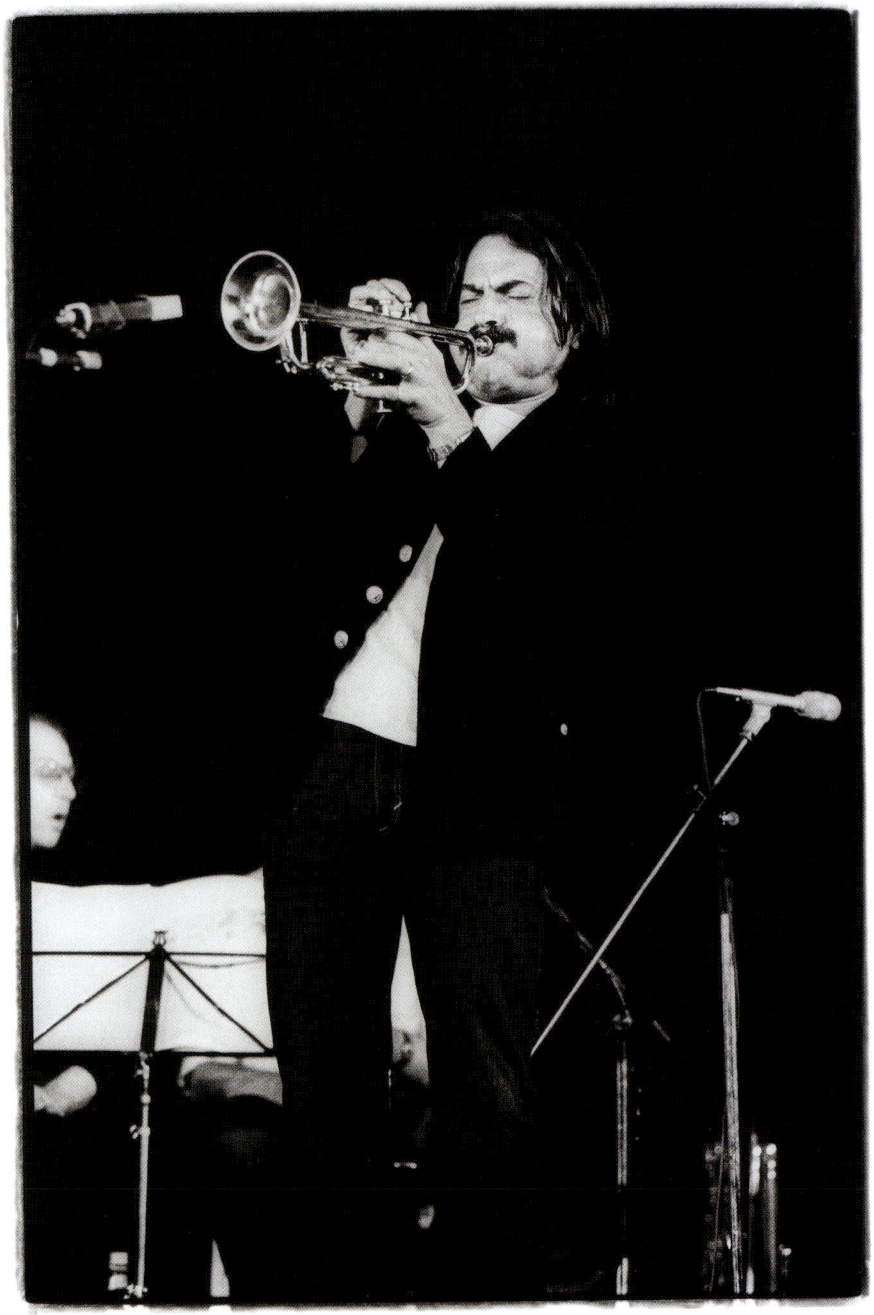

Enrico Rava - Milano 1979

E' di una calma olimpionica Enrico. Mi ricordo di un concerto da me organizzato in provincia di Brescia. Era estate e si svolgeva all'aperto. All'improvviso un temporale molto forte ci colse tutti all'inizio della serata. Con agitazione ci trasferimmo subito, musicisti, tecnici e pubblico in un'adiacente antica filanda; lì, dato lo spazio esiguo e la buona acustica Enrico Rava e i suoi musicisti suonarono quasi senza amplificazione a ridosso del pubblico stipato attorno a loro. Un bellissimo concerto suonato con feeling e dove il pathos era palpabile. Ed Enrico non perse mai la calma, sempre sereno, prima, durante e dopo il concerto.

That's quite a laid back guy. I was the local promoter for an outdoor concert around Brescia, Italy when a thundestorm came hurling down on us at the beginning of the show. We all rushed inside a nearby spinning mill. Not much room in there but the acoustics was somehow decent. Enrico Rava and his fellow musicians figured out the way to play with no amplification and face to face with the audience all jammed up around the stage. Amazing concert, great vibe and groove, it was tangible. Enrico never ever lost his temper even if under such big pressure.

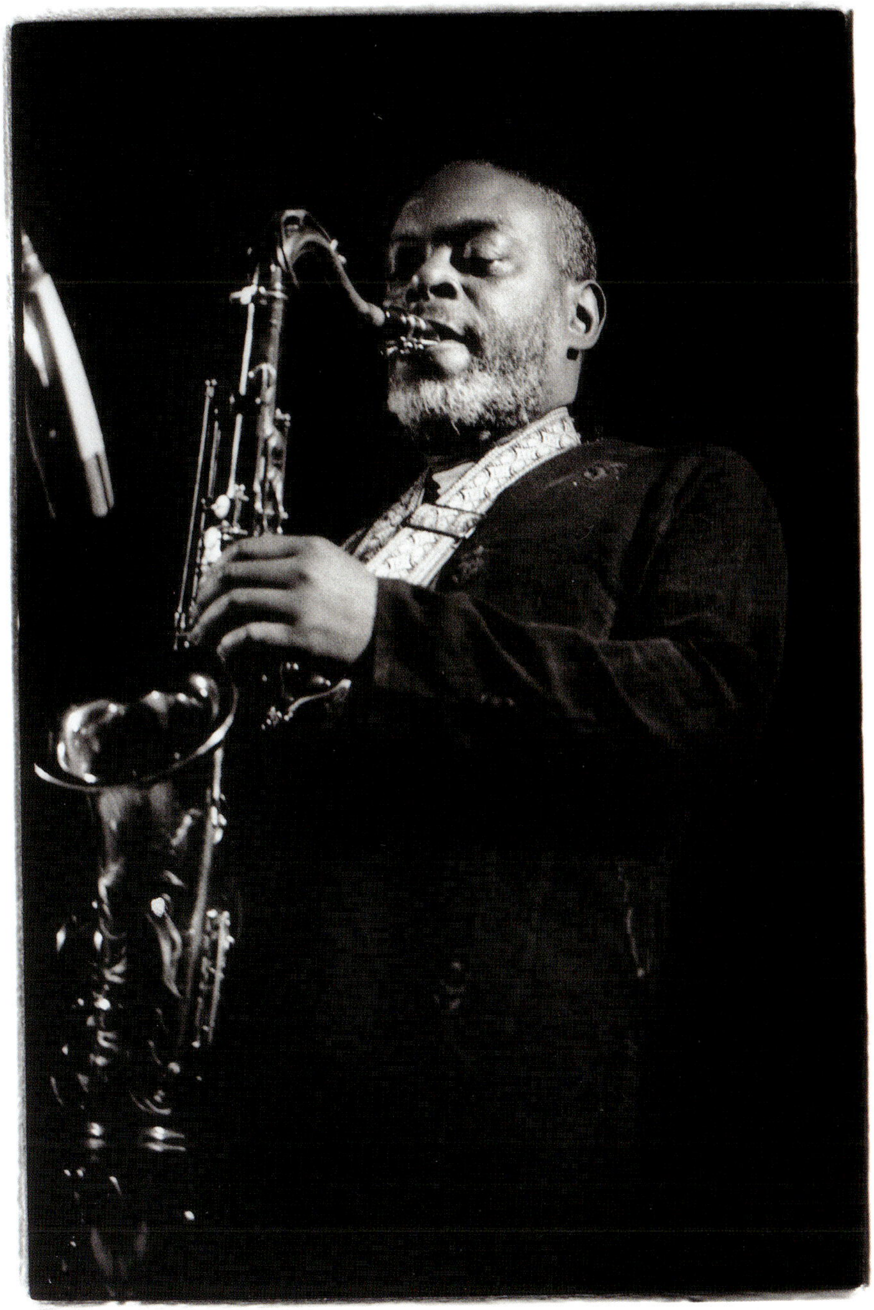

Dewey Redman - Milano 1980

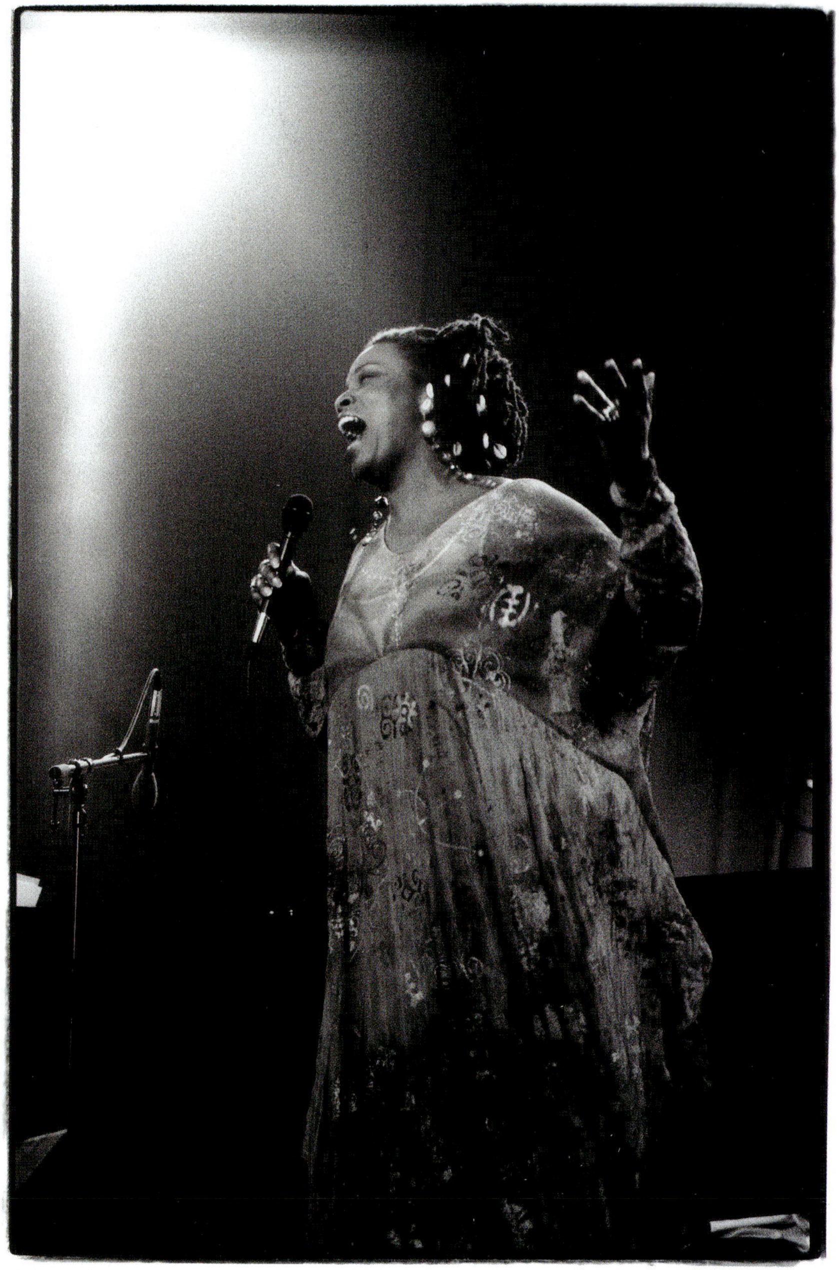
Dianne Reeves - Lugano 1995

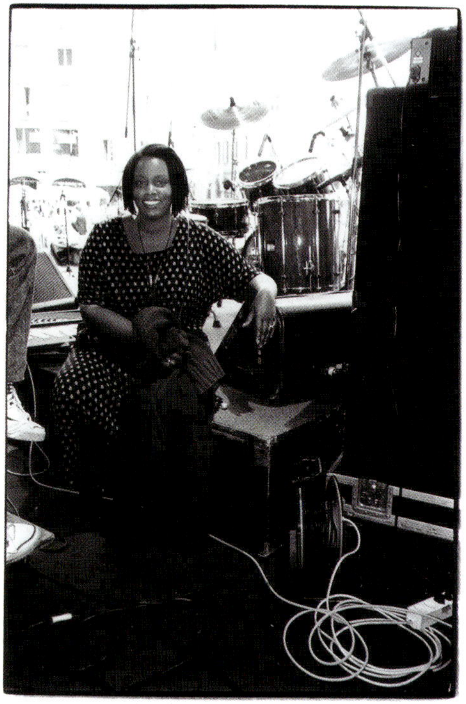
Dianne Reeves - Lugano 1992

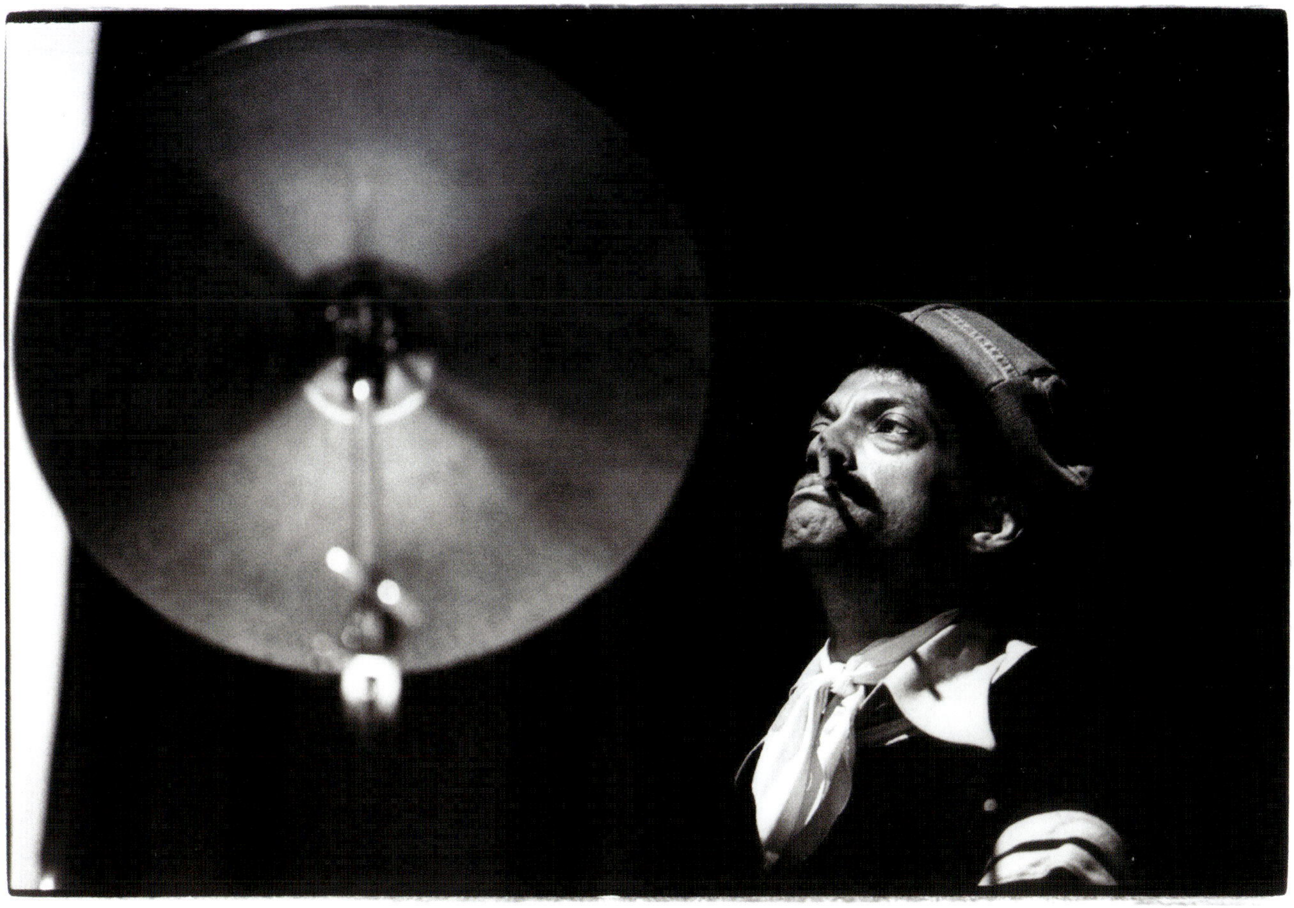

Dannie Richmond - Cusano Milanino 1980

Dannie Richmond era un tipo schietto, asciutto. Com'è noto ha legato la sua carriera musicale ed umana al grande Charles Mingus di cui è stato per anni il fedele drummer. Hanno anche litigato parecchio e spesso, e chissà chi aveva ragione. Ma intanto la vita è passata e Dannie ci ha lasciato tanti pezzi nei quali ha suonato con il suo amico Mingus, anche dopo la morte di Charles nel 1979, portando in giro per il mondo la Mingus Dynasty di cui era il leader. I primi concerti della band nei primi anni '80, poco dopo la morte di Mingus, mi sono sembrati sinceri e portatori del messaggio musicale del bassista. Poi non saprei.

Dannie Richmond was straight and outspoken. He was known for his human and musical bond with Charles Mingus as well as for being his faithful drummer for years. They used to fight a lot, yet Dannie carried on the legacy of the Mingus Dynasty long after Charles' death in 1979. The first shows of the early 80's, seemed genuine and willing to carry on the musical message of the recently demised bass player. Don't really know what happened later.

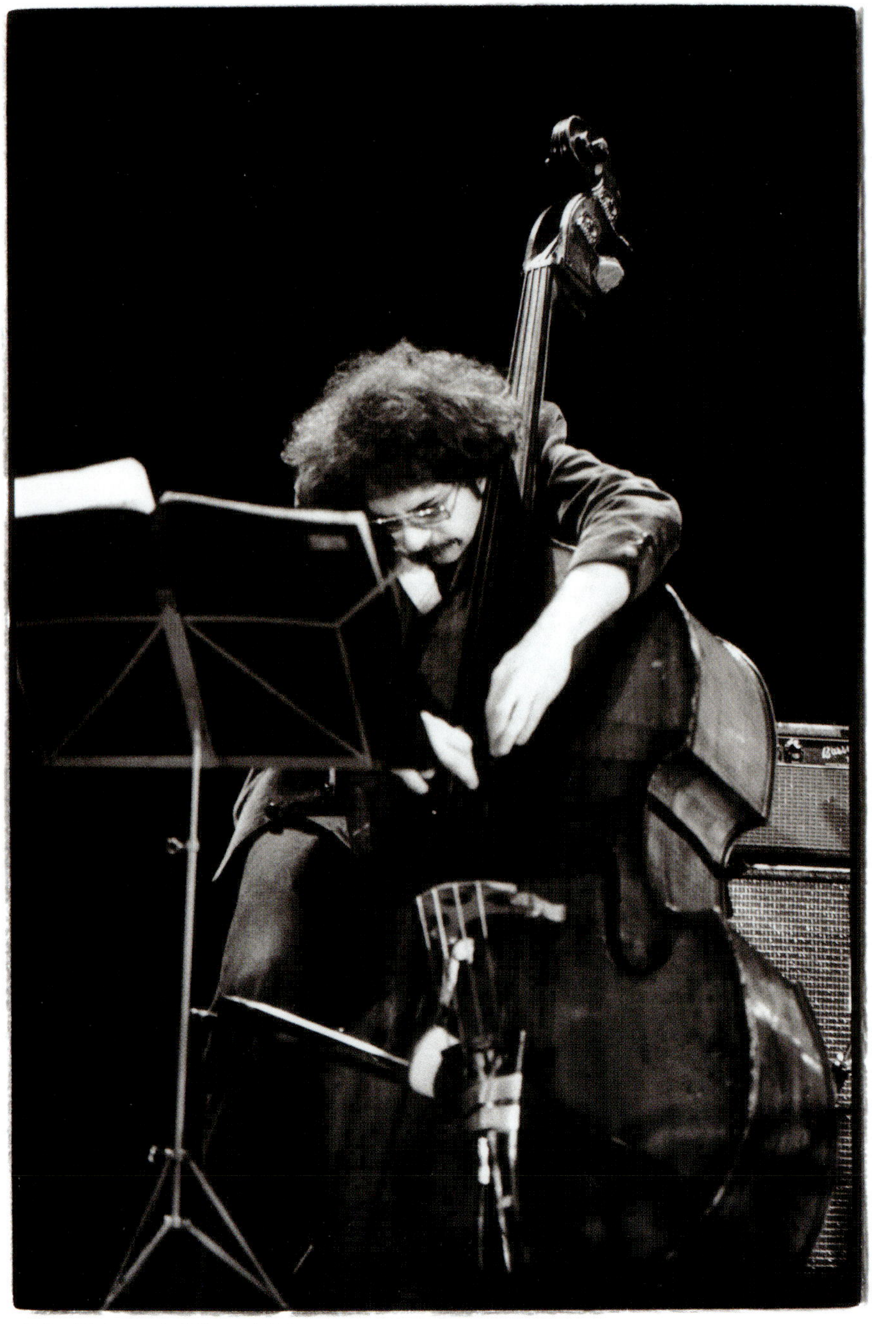

Mike Richmond - Milano 1979

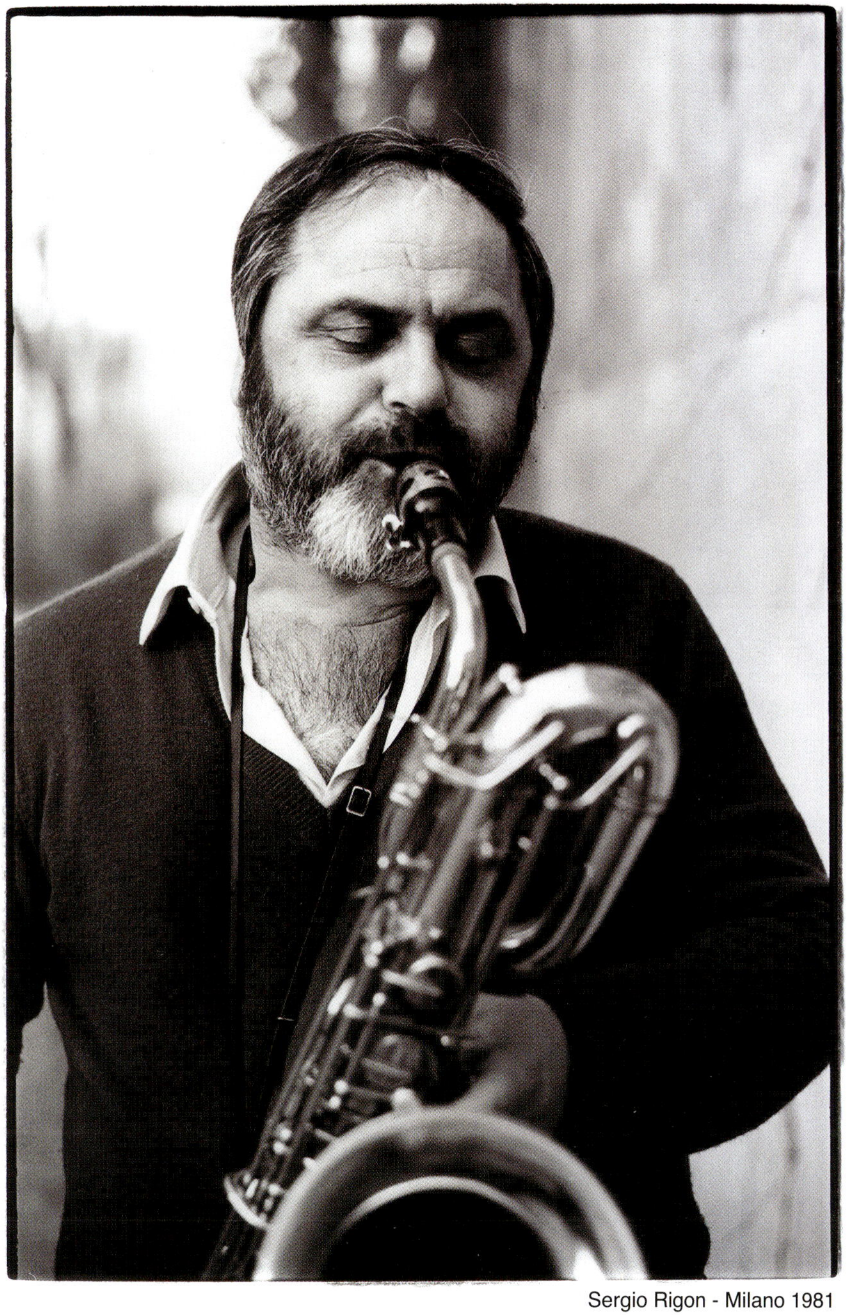

Sergio Rigon - Milano 1981

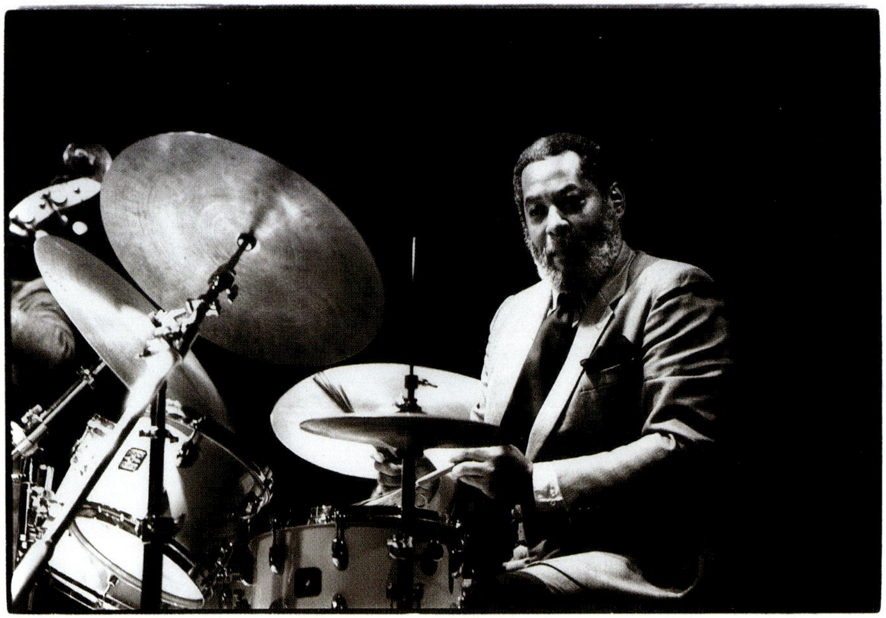

Ben Riley - Milano 1985

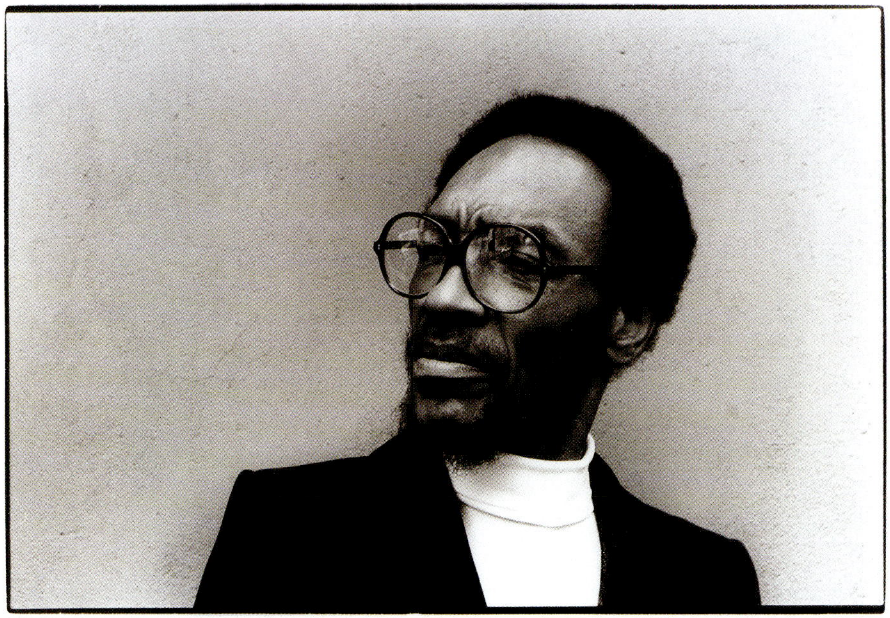

Sam Rivers - Milano 1978

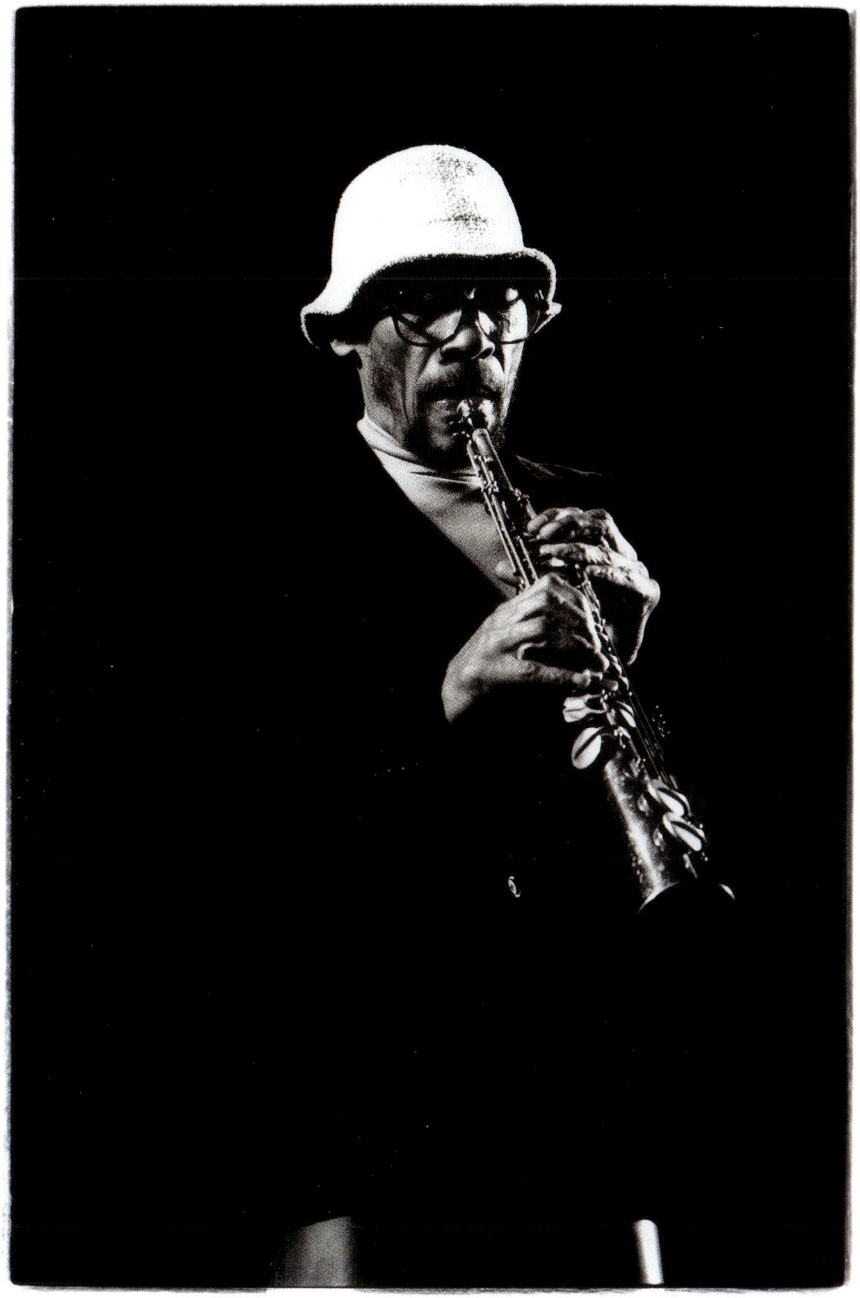

Sam Rivers - Milano 1982

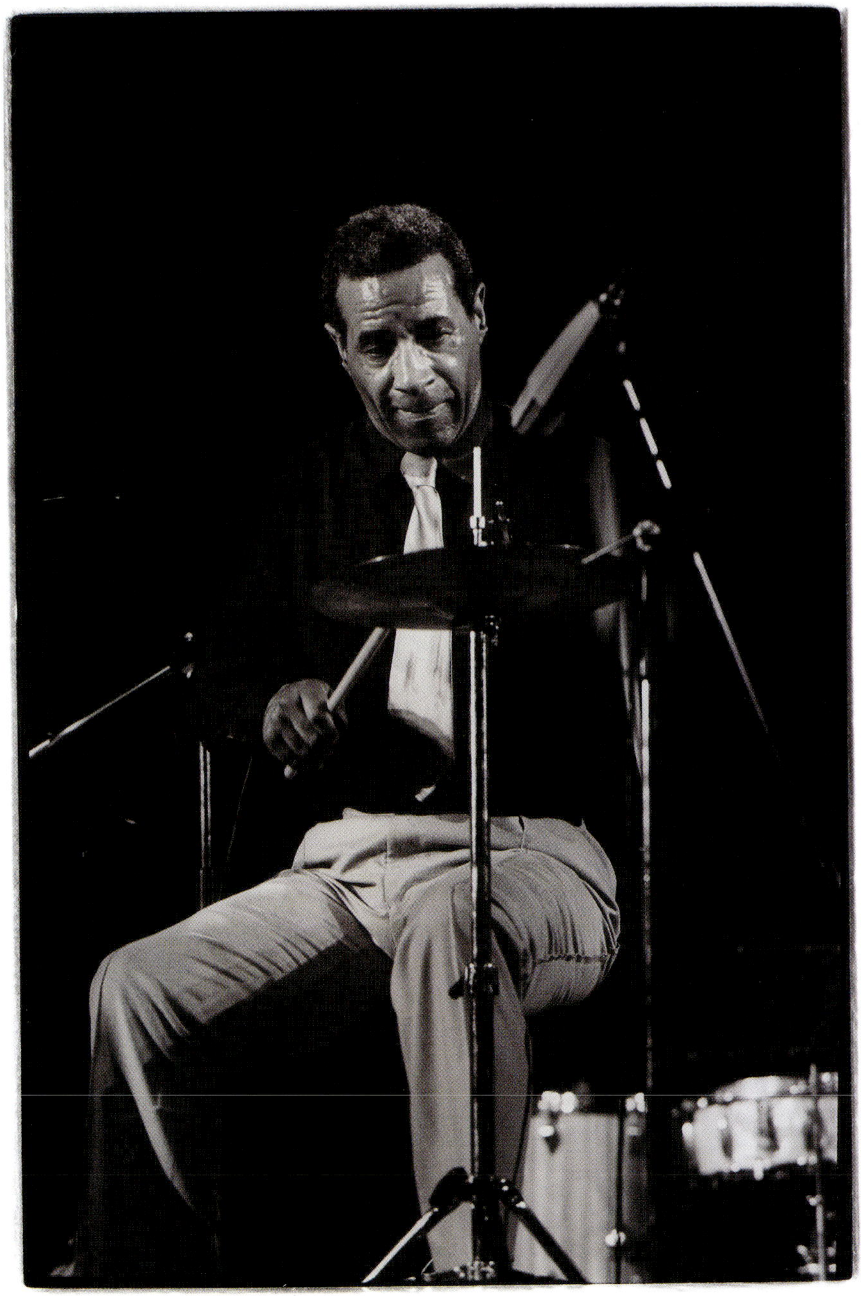

Max Roach - Milano 1981

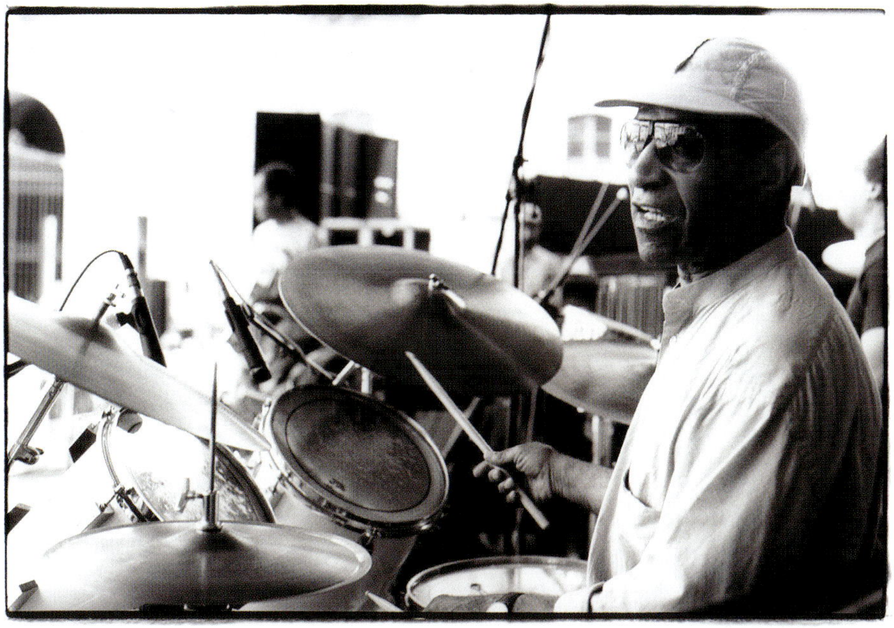

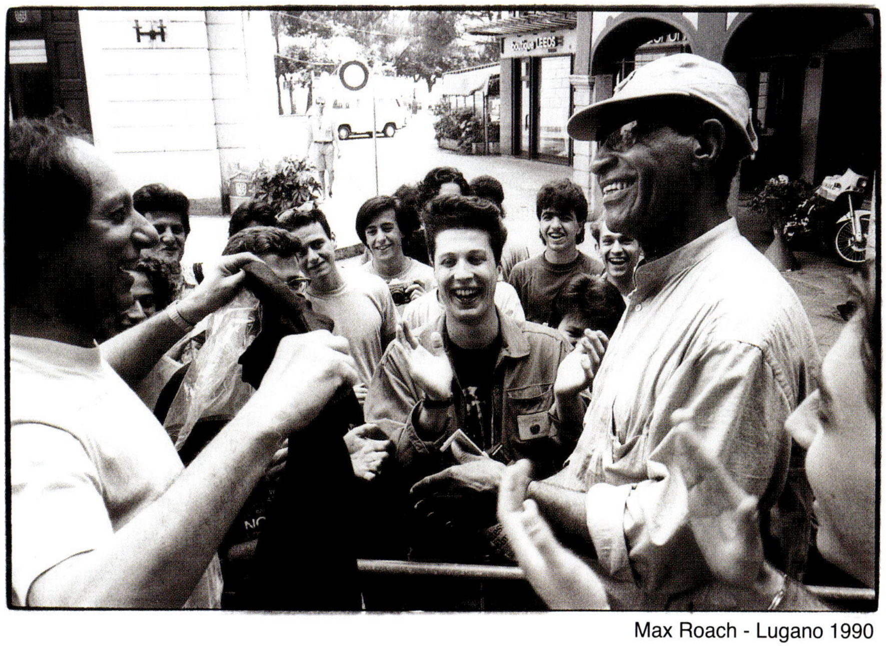

Max Roach - Lugano 1990

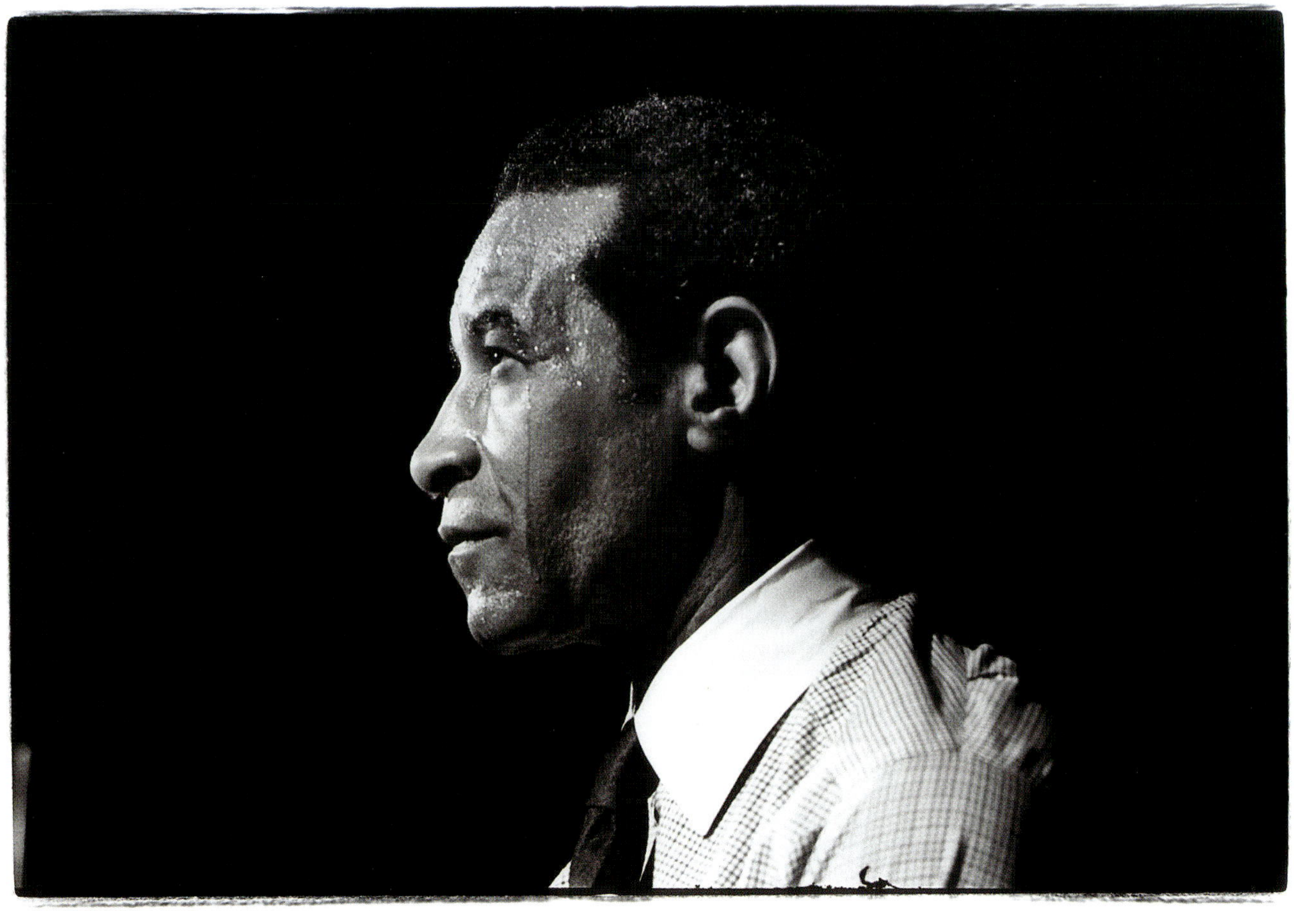

Max Roach - Milano 1980

Max Roach o del rigore, intellettuale e non. Comunque rigore, forza interiore, musicale ed umana. Mi ricordo le tante volte che ho avvicinato Max. Una volta gli ho perfino fatto omaggio di una maglietta con su scritto “To Max from Carlo” sotto ad una foto che ci ritraeva entrambi, roba da fans. Ma non me ne vergogno. La accettò con simpatia, Max.

Man of great intellectual, musical and humane strength. I've seen him many times and one of those I even gave him a shirt that read “To Max from Carlo” under a picture of us together, kind of fans' stuff. I don't mind it, and he accepted it nicely.

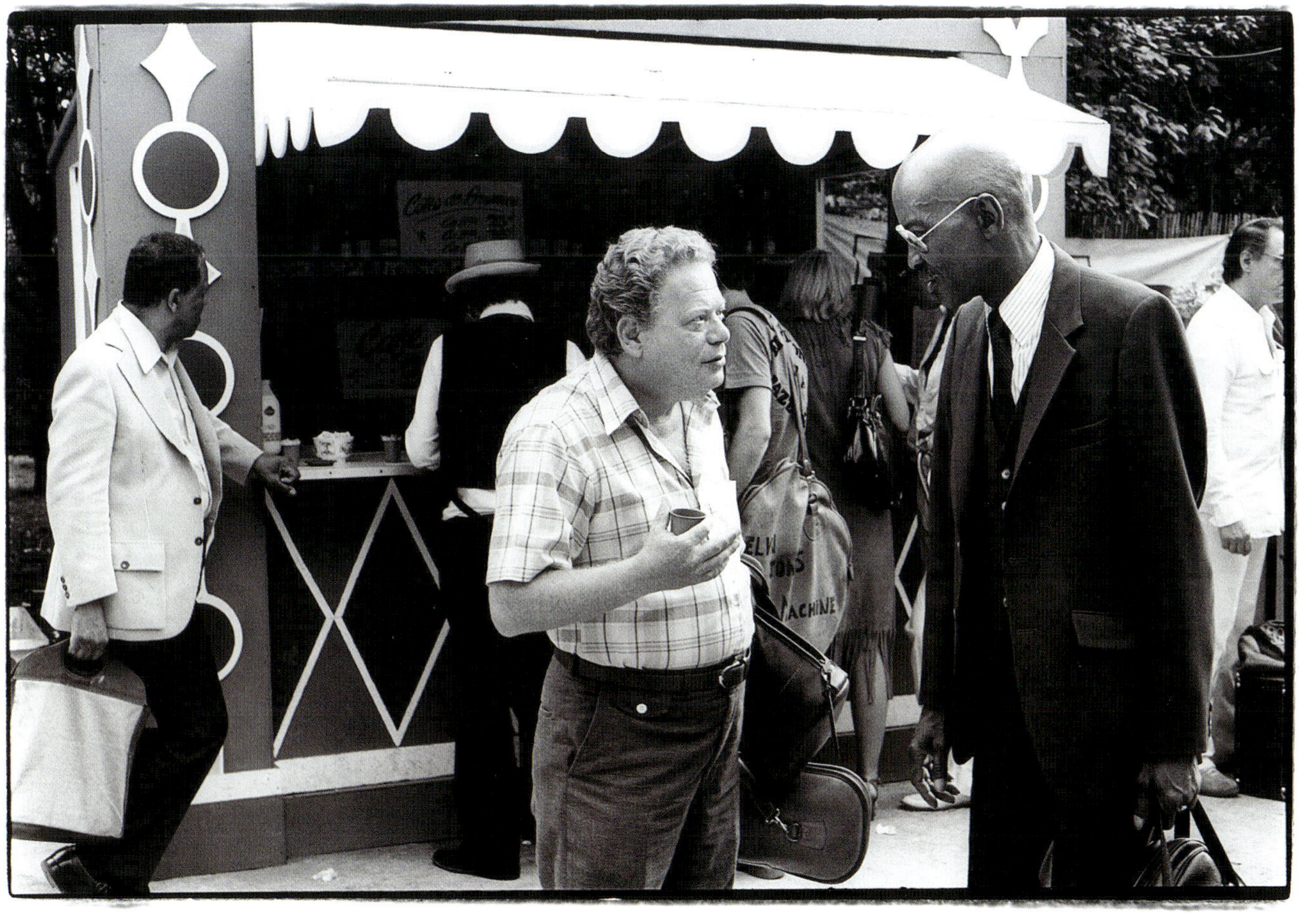

Red Rodney & Eddie Vinson - Nizza 1981

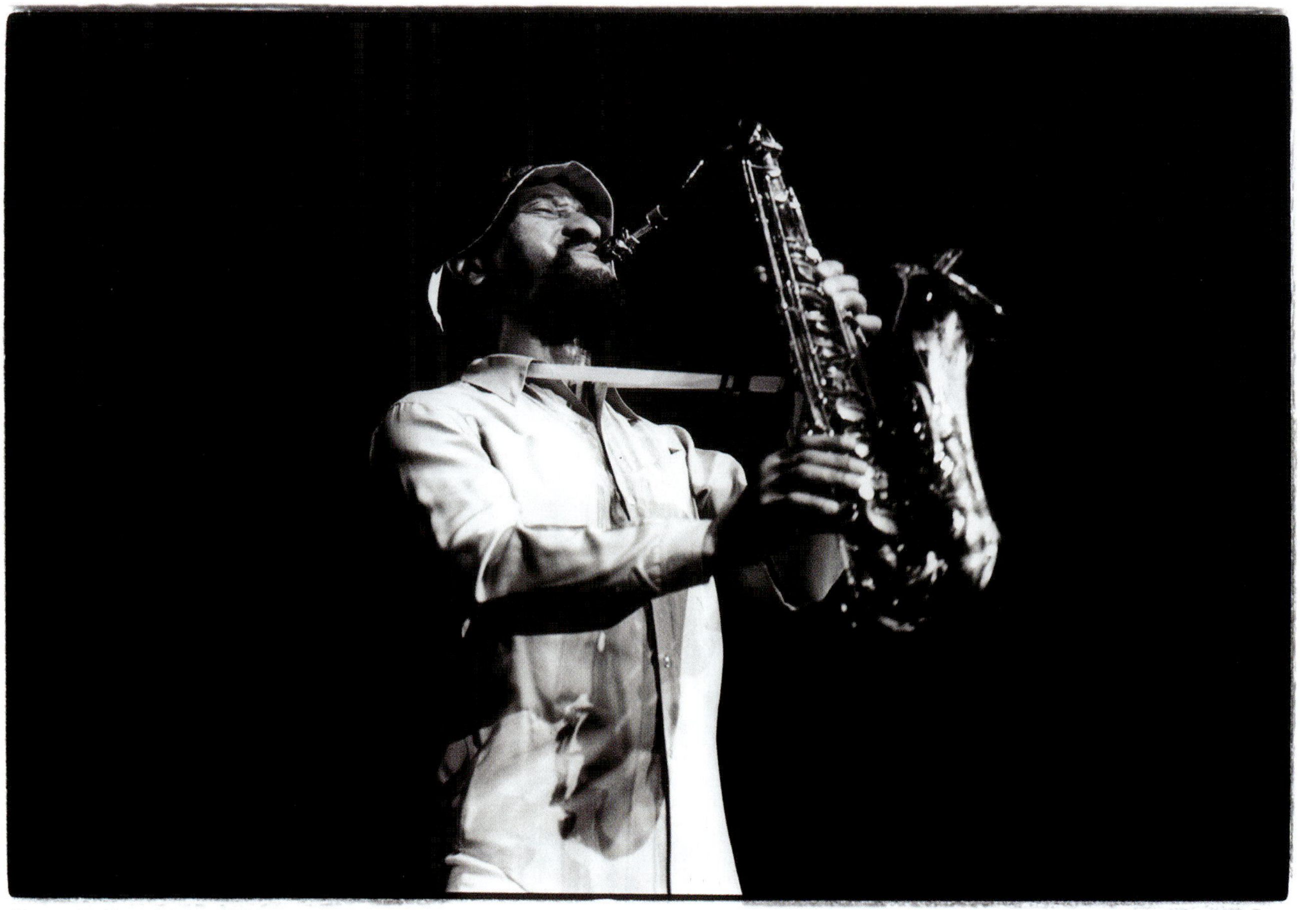

Sonny Rollins - Torino 1981

Sonny è uno degli ultimi grandi del jazz di un certo periodo, quello di Miles Davis, Dizzy Gillespie, Art Blakey, Charles Mingus, Thelonious Monk, Elvin Jones, Max Roach e molti altri. E più passano gli anni, i decenni, e più Sonny Rollins è sempre migliore, uno che ha ancora molto da dire. Dall'incisione di St. Thomas ne è passato di tempo ma Sonny è sempre a deliziarci le orecchie e la mente.

Sonny is one of the last jazz greats from that time period flourishing with artists like Miles Davis, Dizzy Gillespie, Art Blakey, Charles Mingus, Thelonious Monk, Elvin Jones, Max Roach and many others. The more years go by, decades, the better Sonny Rollins has become, still having a lot to say. It's been a long time since St.Thomas, but Sonny still is there to please our ears and mind.

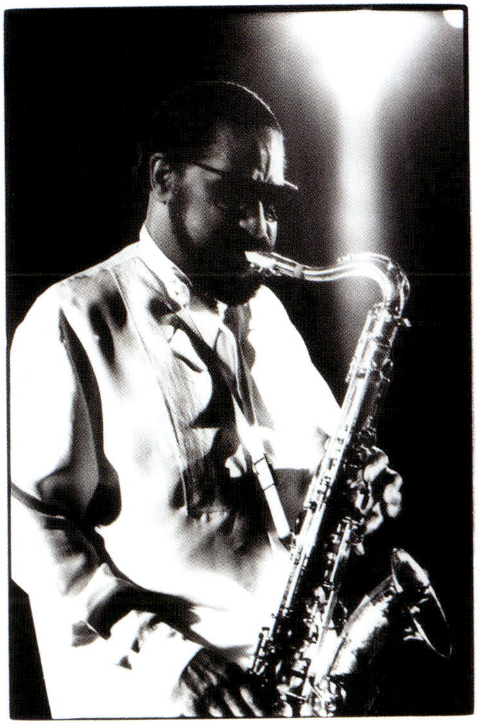

Sonny Rollins - Milano 1989

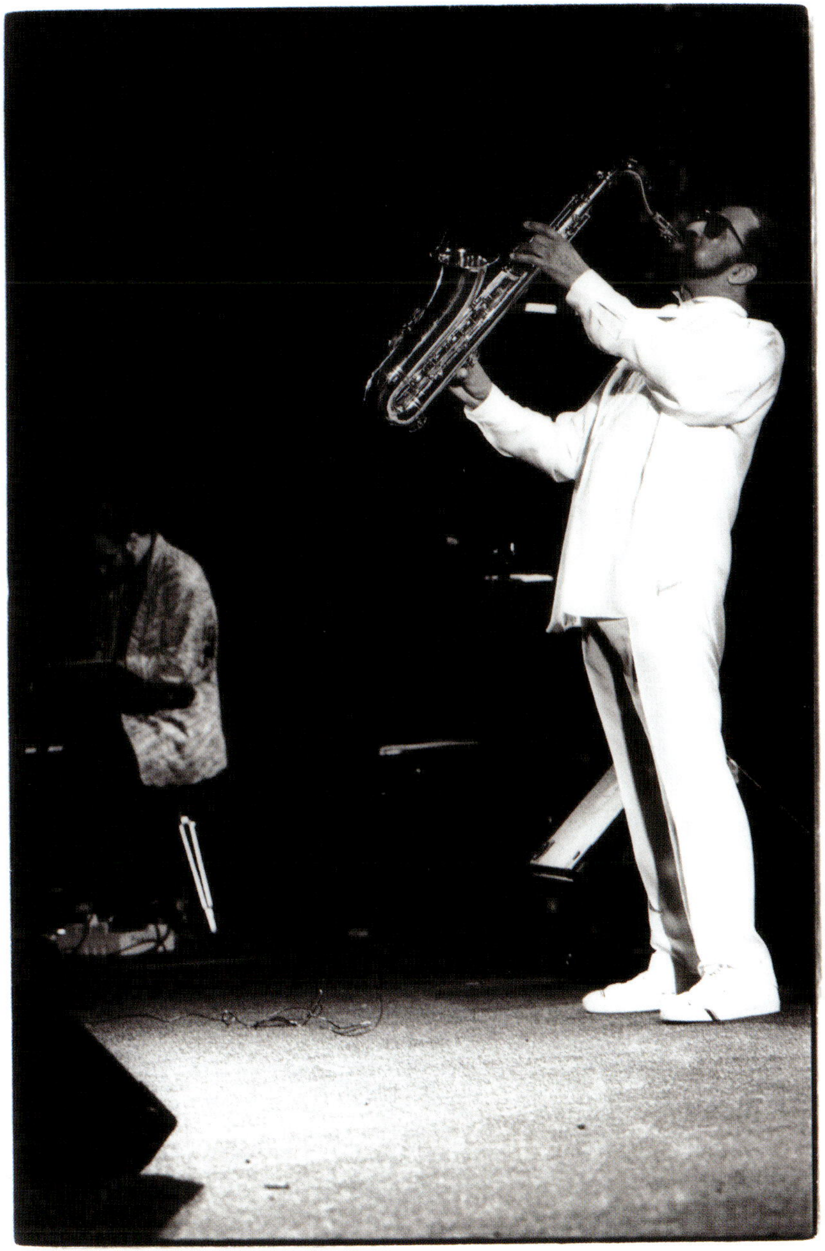

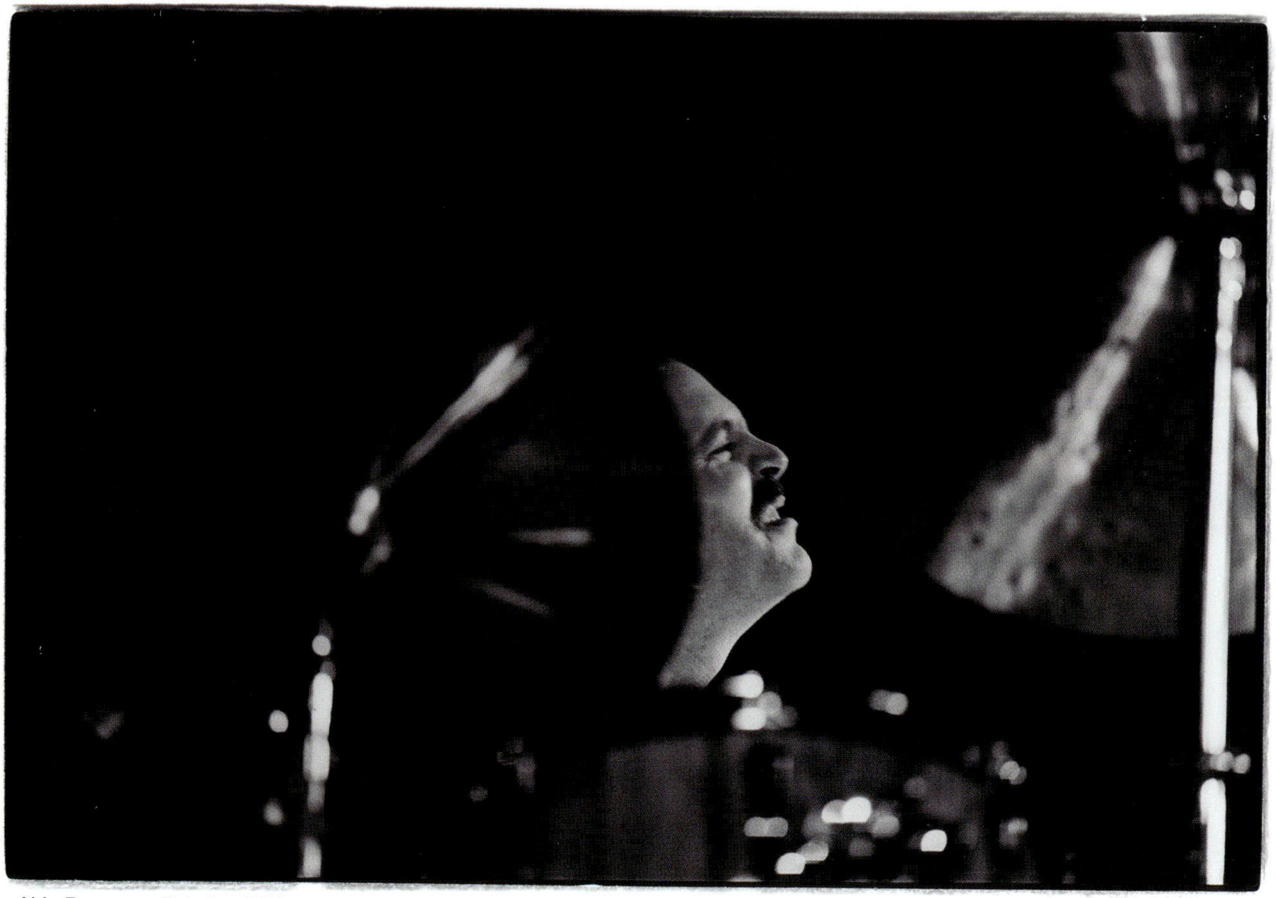

Aldo Romano - Dalmine 1980

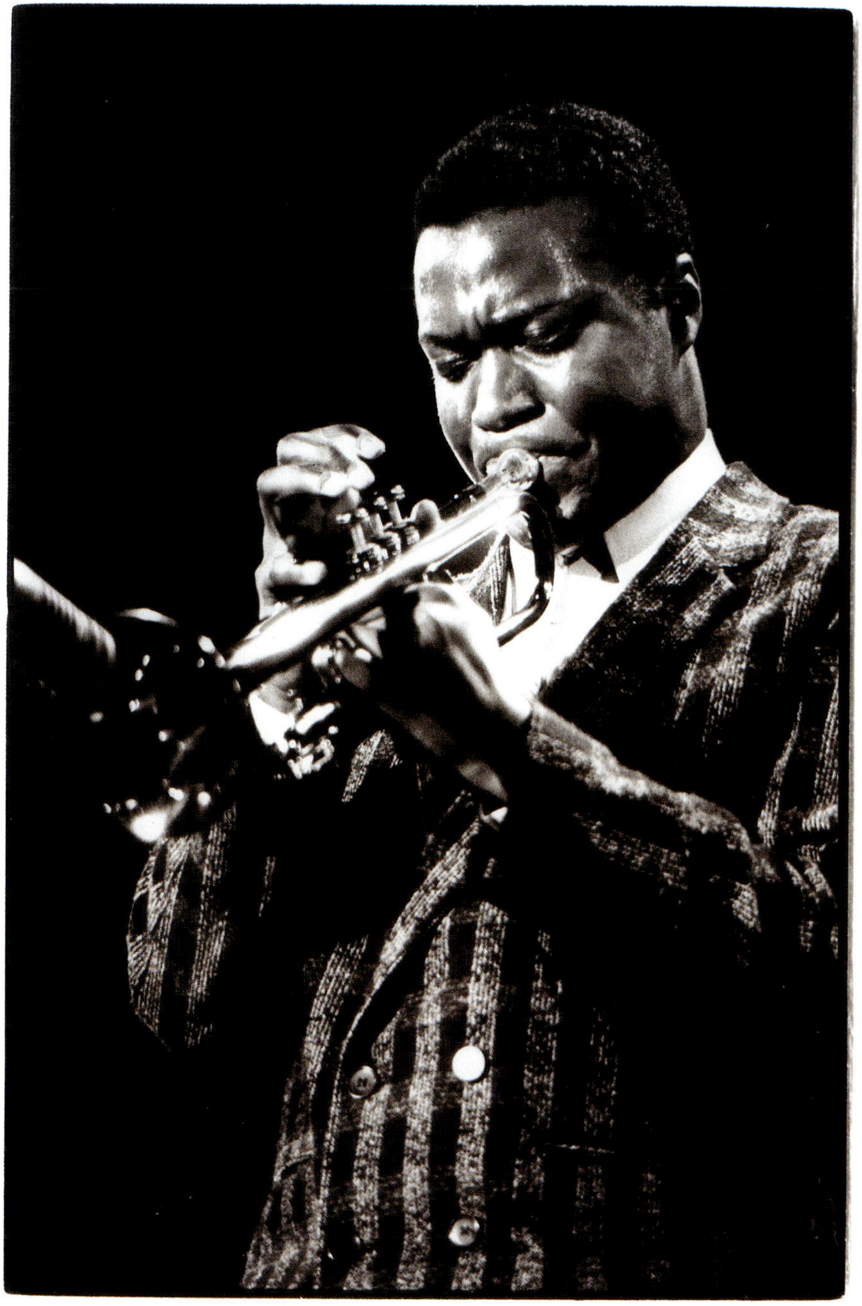

Wallace Roney - Lugano 1987

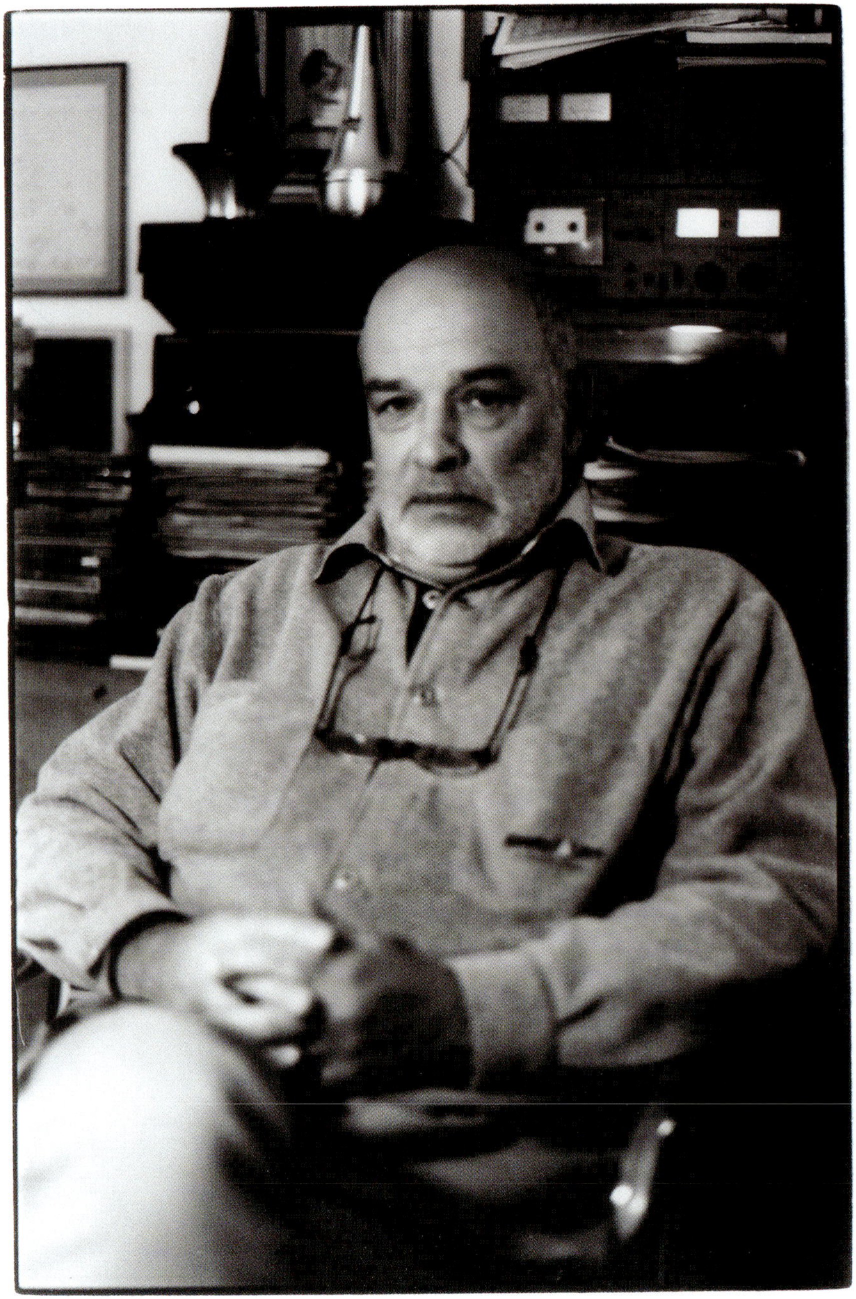

Marcello Rosa - Roma 2005

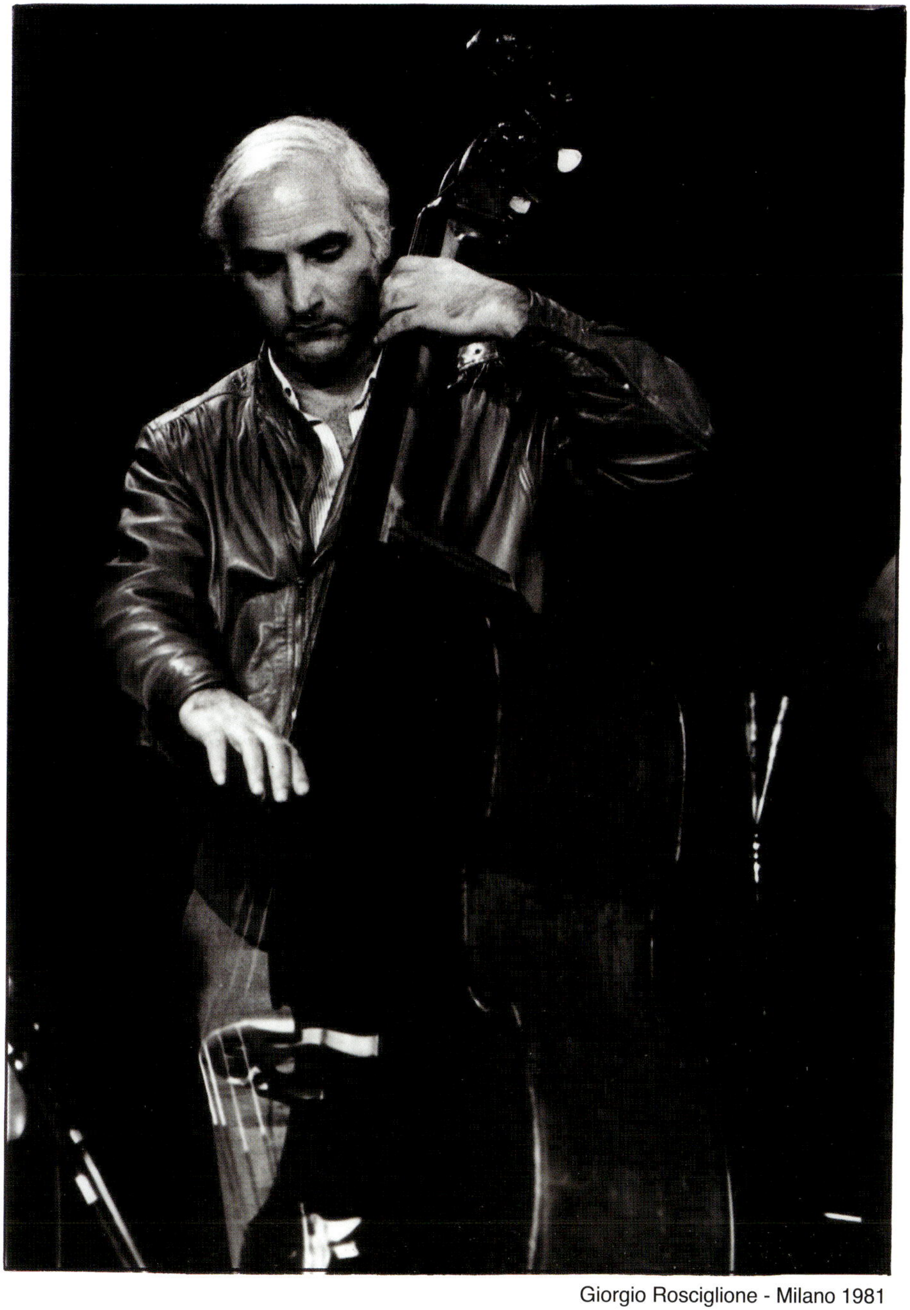

Giorgio Rosciglione - Milano 1981

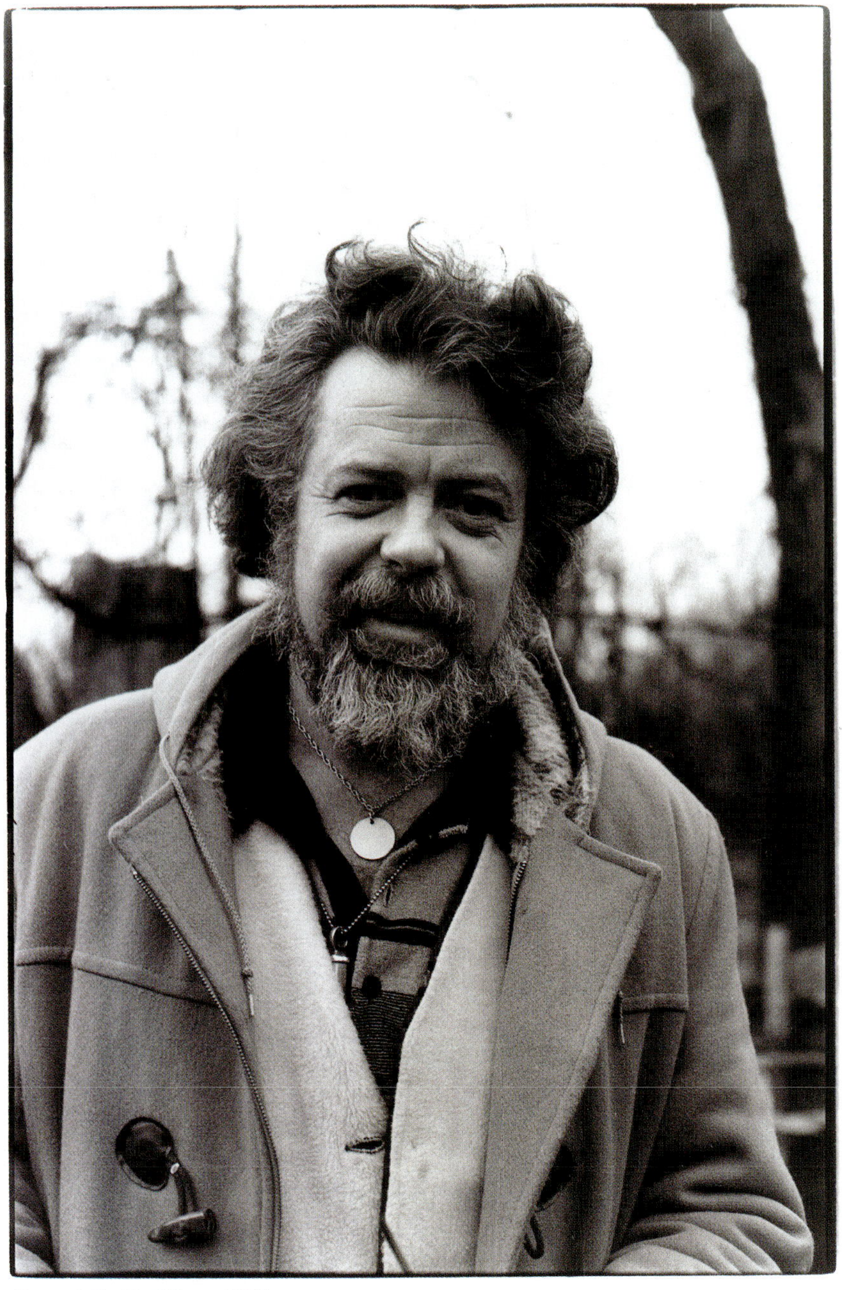
Roswell Rudd - Milano 1978

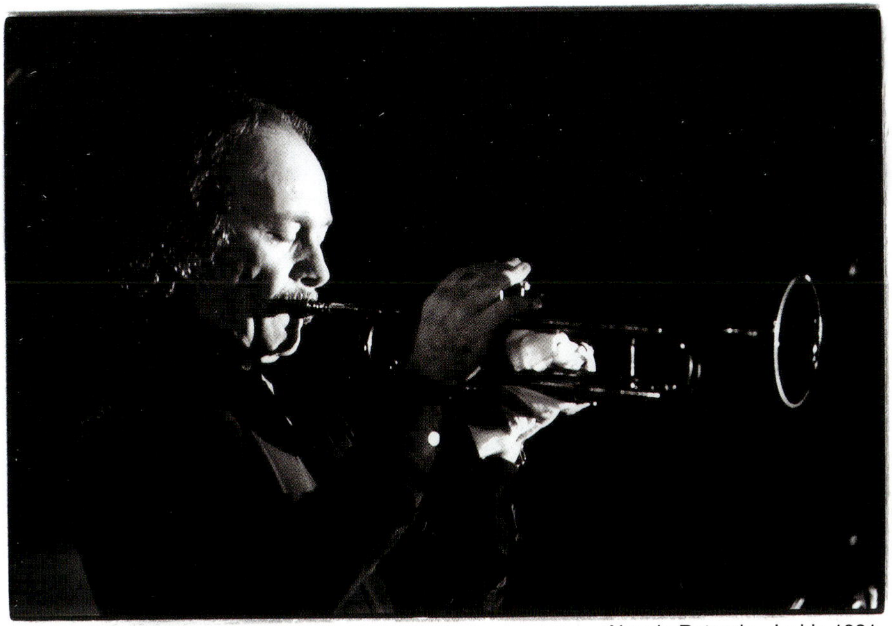

Nunzio Rotondo - Ischia 1981

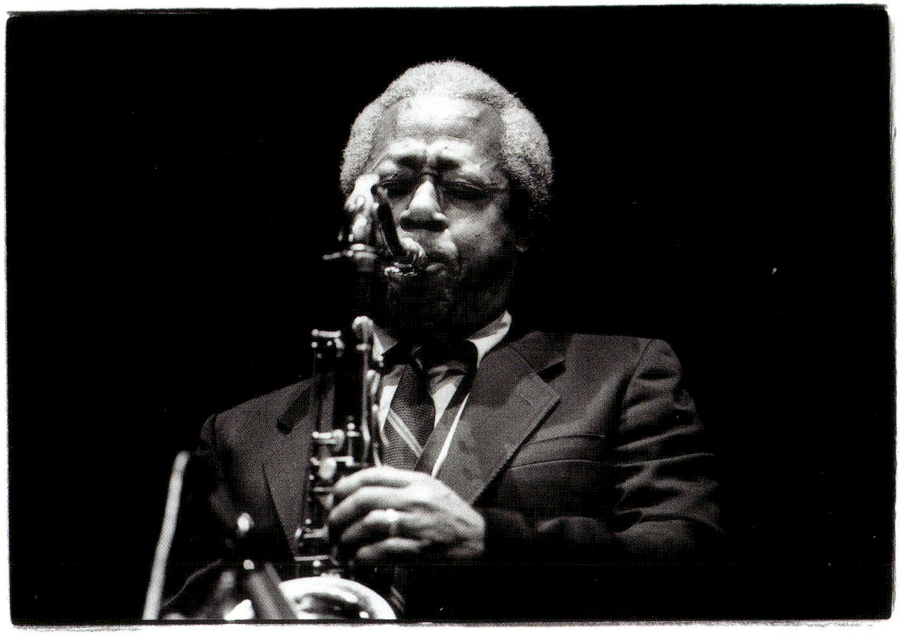

Charlie Rouse - Milano 1985

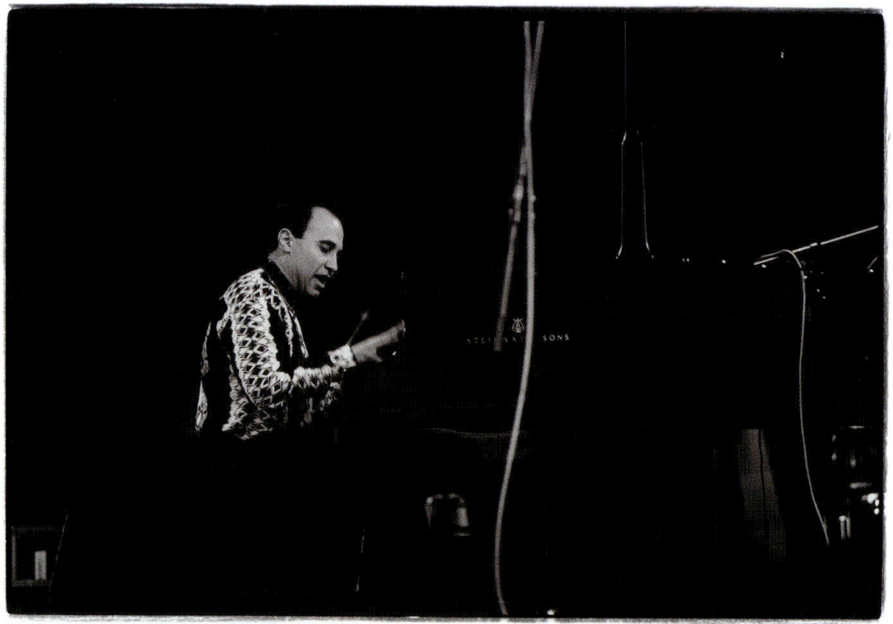

Gonzalo Rubalcaba - Lugano 1993

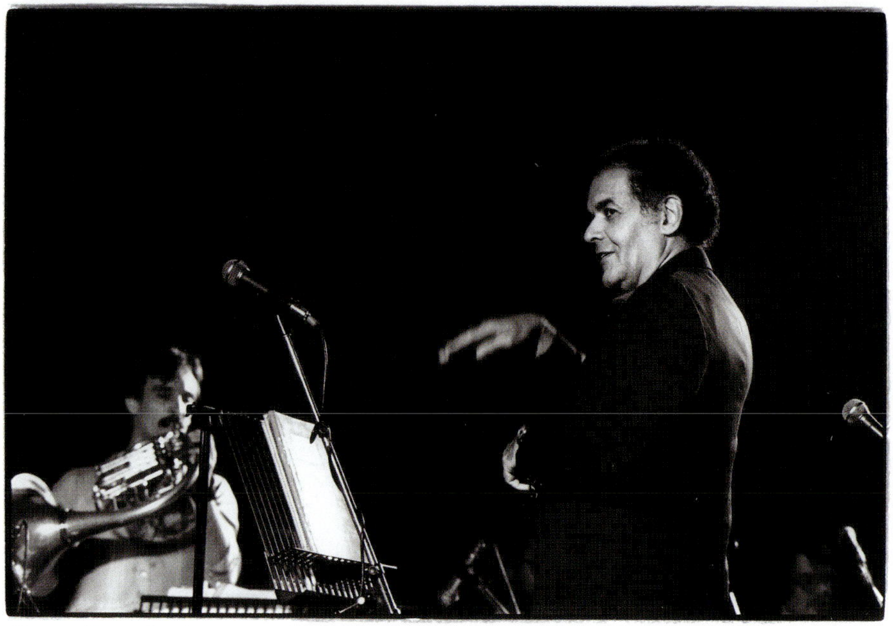

George Russell - Aja 1982

S

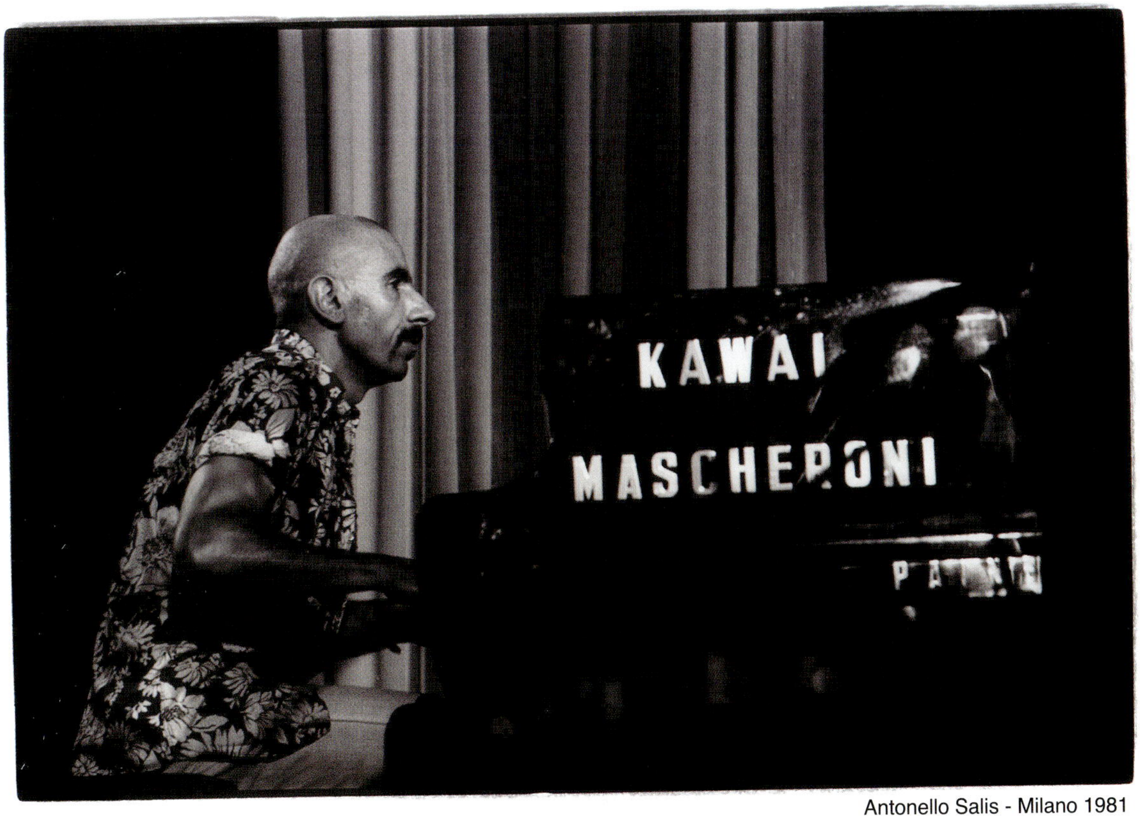

Antonello Salis - Milano 1981

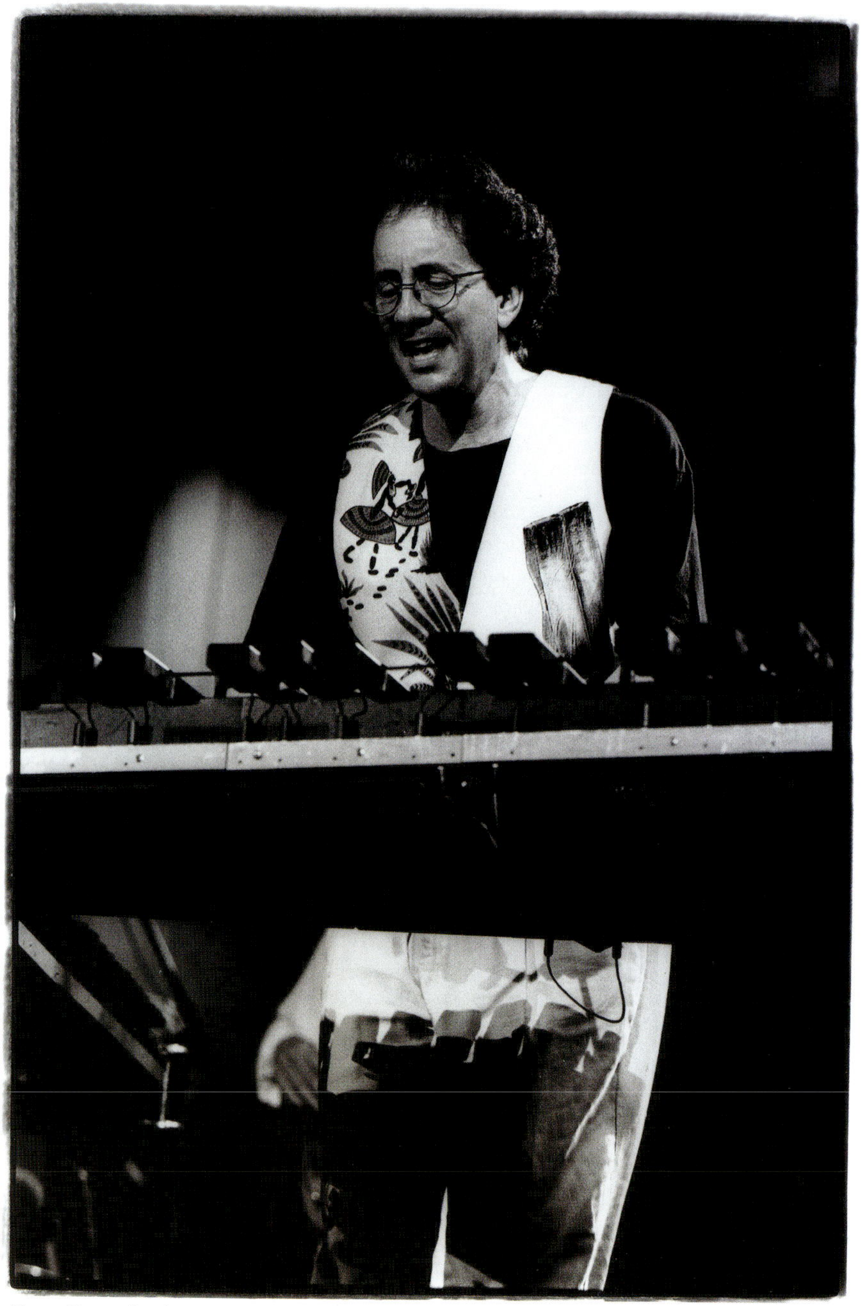

Dave Samuels - Lugano 1995

Mi piace da tanto tempo Pharoah. Sin dagli anni '70, con i suoi dischi per la IMPULSE, pieni di percussioni e del suo sax tenore dal suono pieno e dal colore personale. Suono che aveva già messo in evidenza nel gruppo di John Coltrane a metà degli anni '60. Sono molto affezionato a questa immagine, col suo barbone bianco da profeta. Molto fotogenico.

I've always liked Pharoah. Since the 70's, his records were coming out on IMPULSE, filled with percussions and his colorful tenor sax. His personal sound was so outstanding already back with John Coltrane's band in the mid 60's. I'm very fond of this image, the prophet-like white beard. Very photogenic.

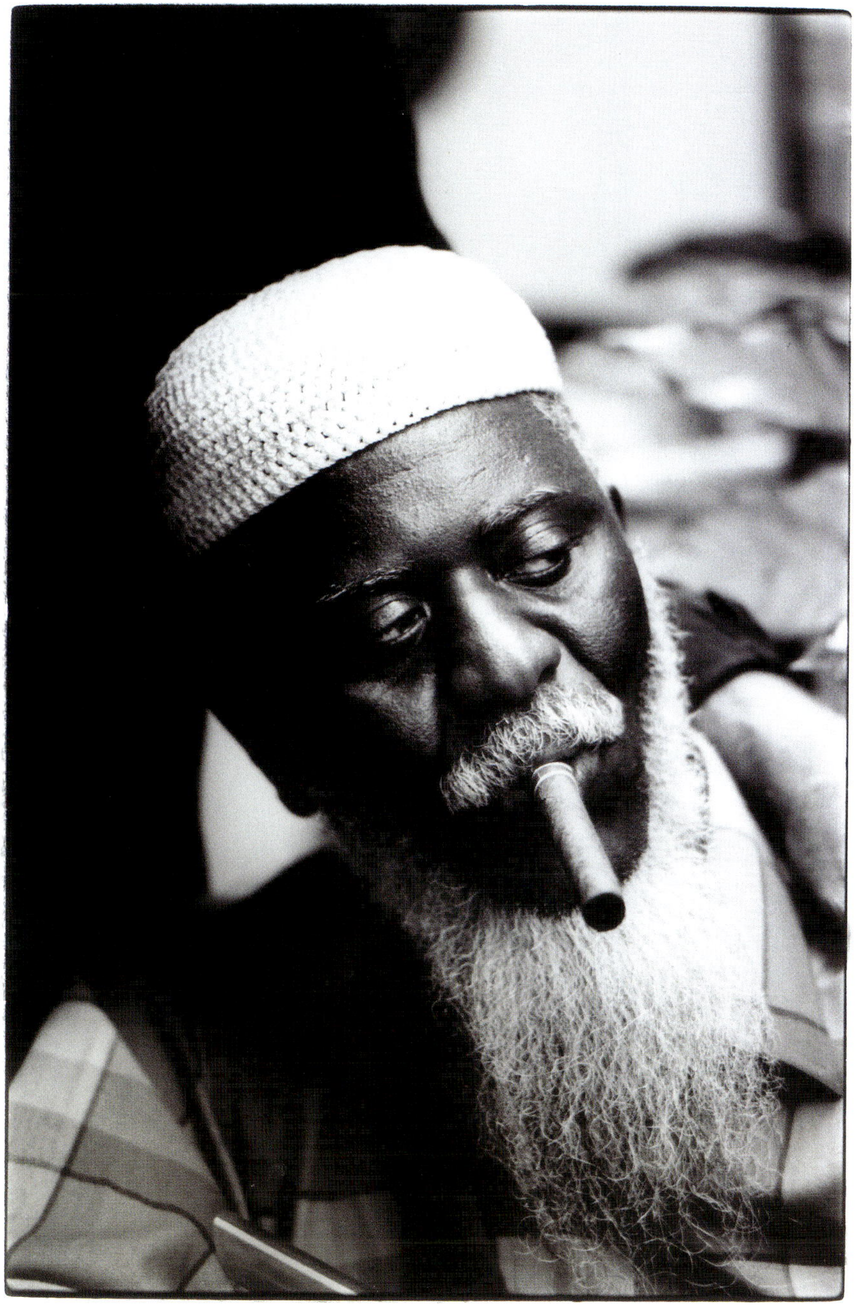

Pharoah Sanders - Lugano 1988

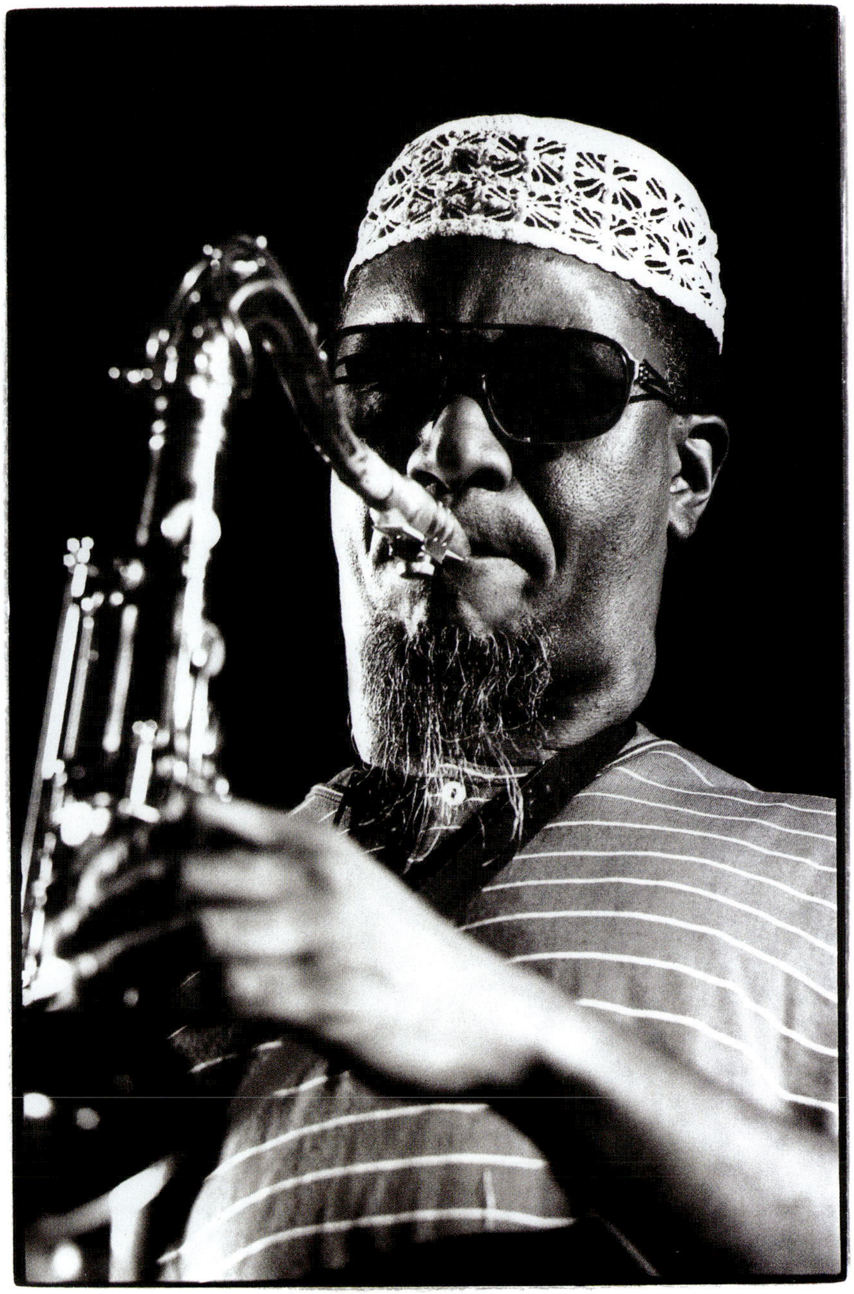

Pharoah Sanders - Aja 1980

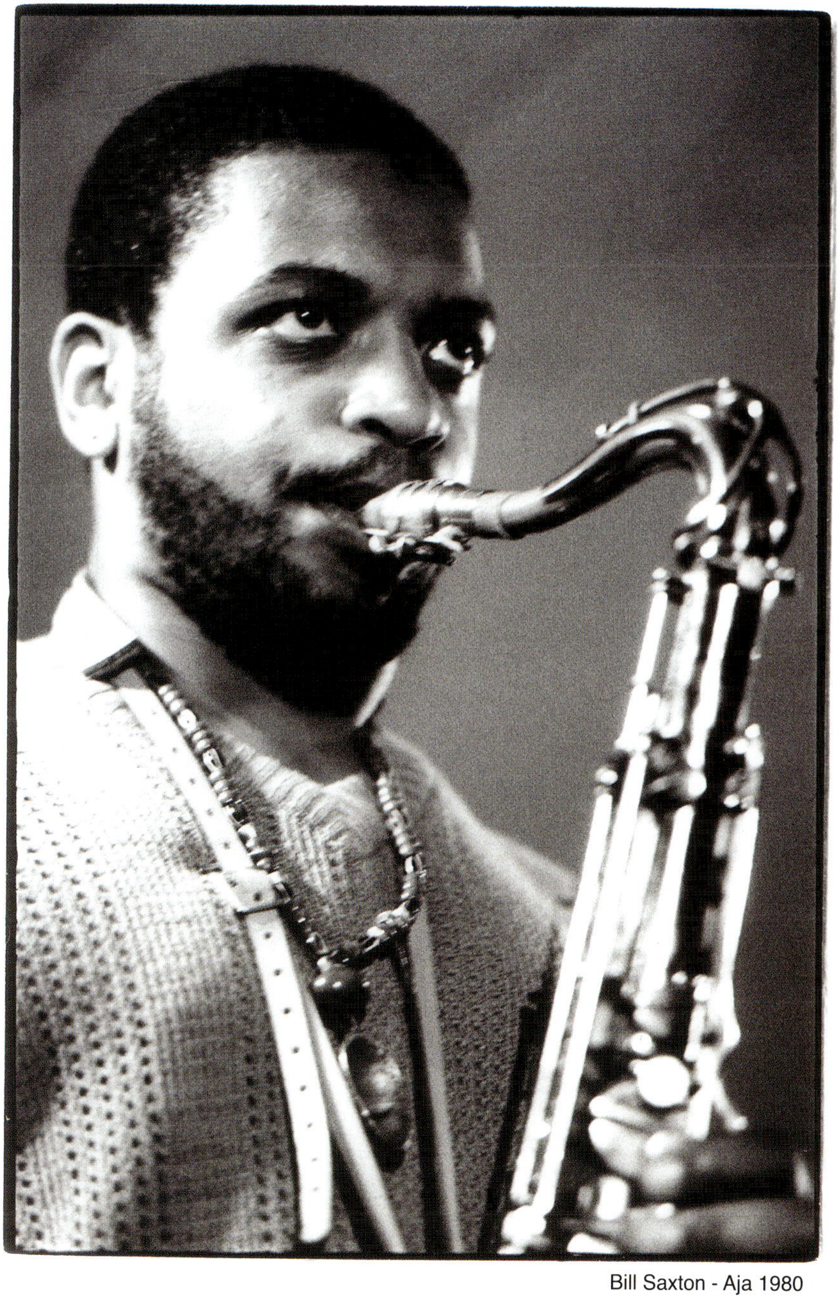

Bill Saxton - Aja 1980

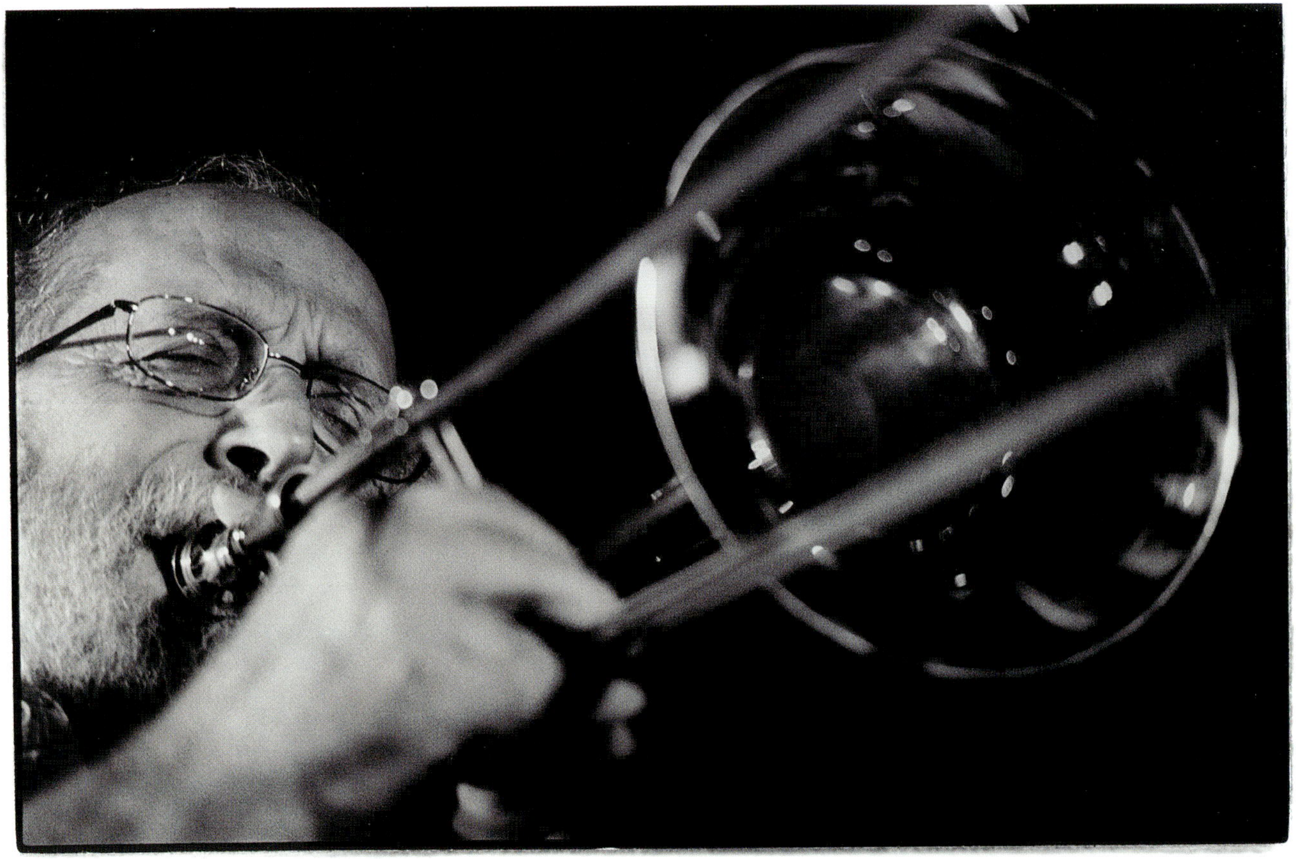

Giancarlo Schiaffini - Siena 2003

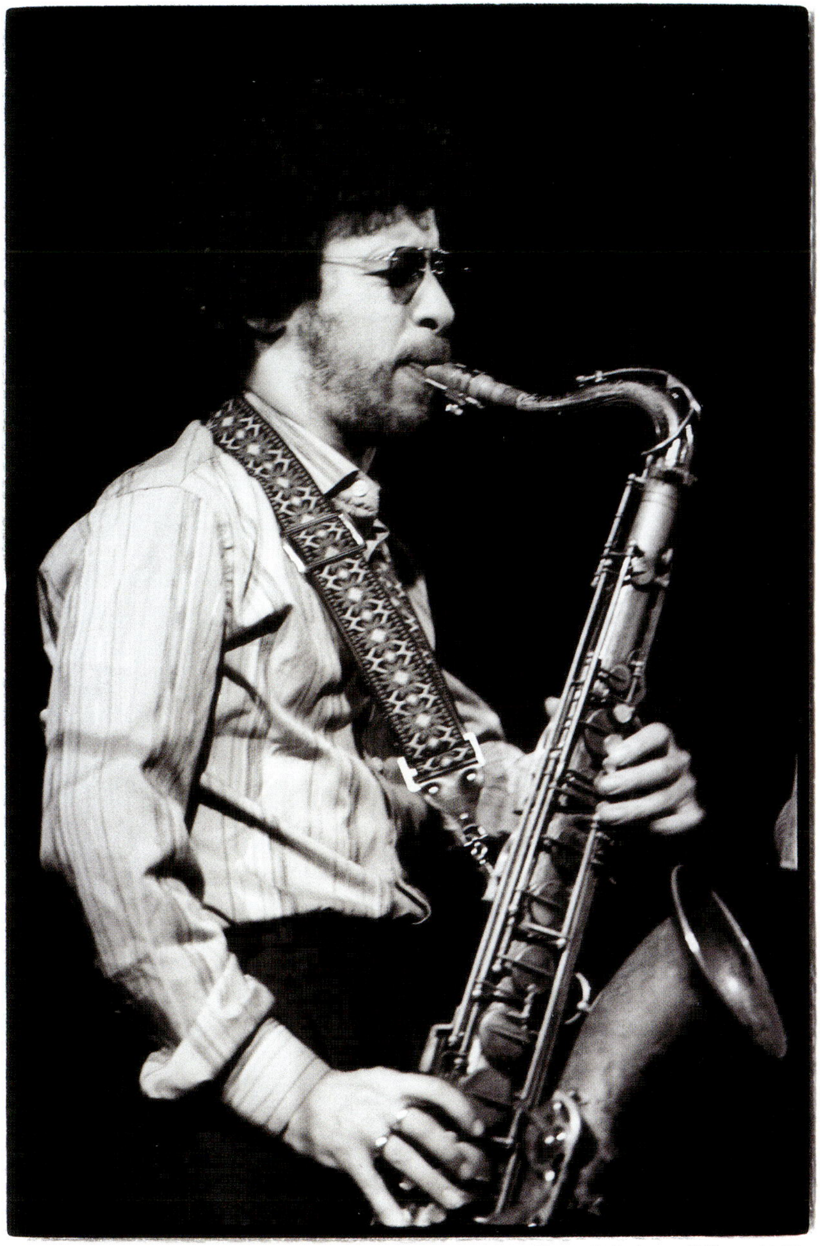

Dave Schnitter - Milano 1981

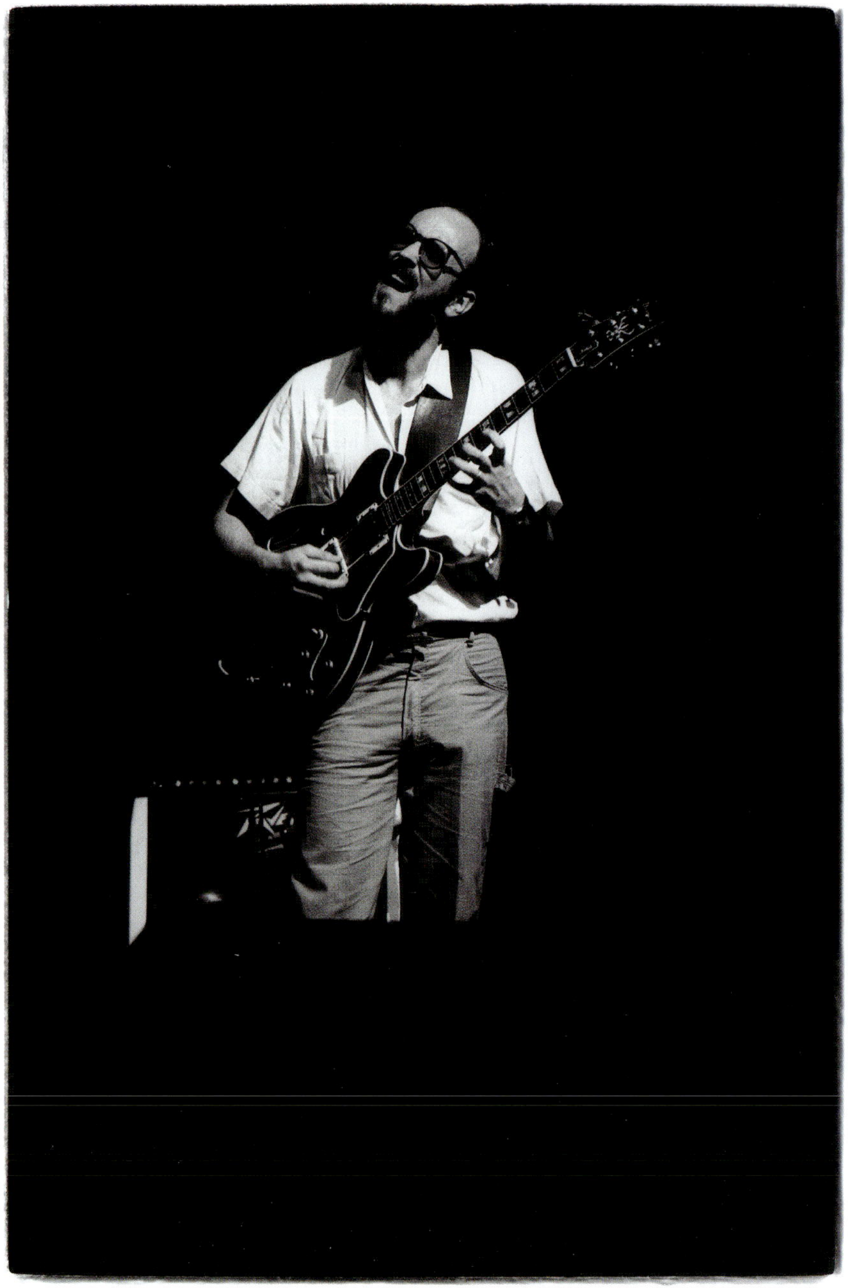

John Scofield - Aja 1980

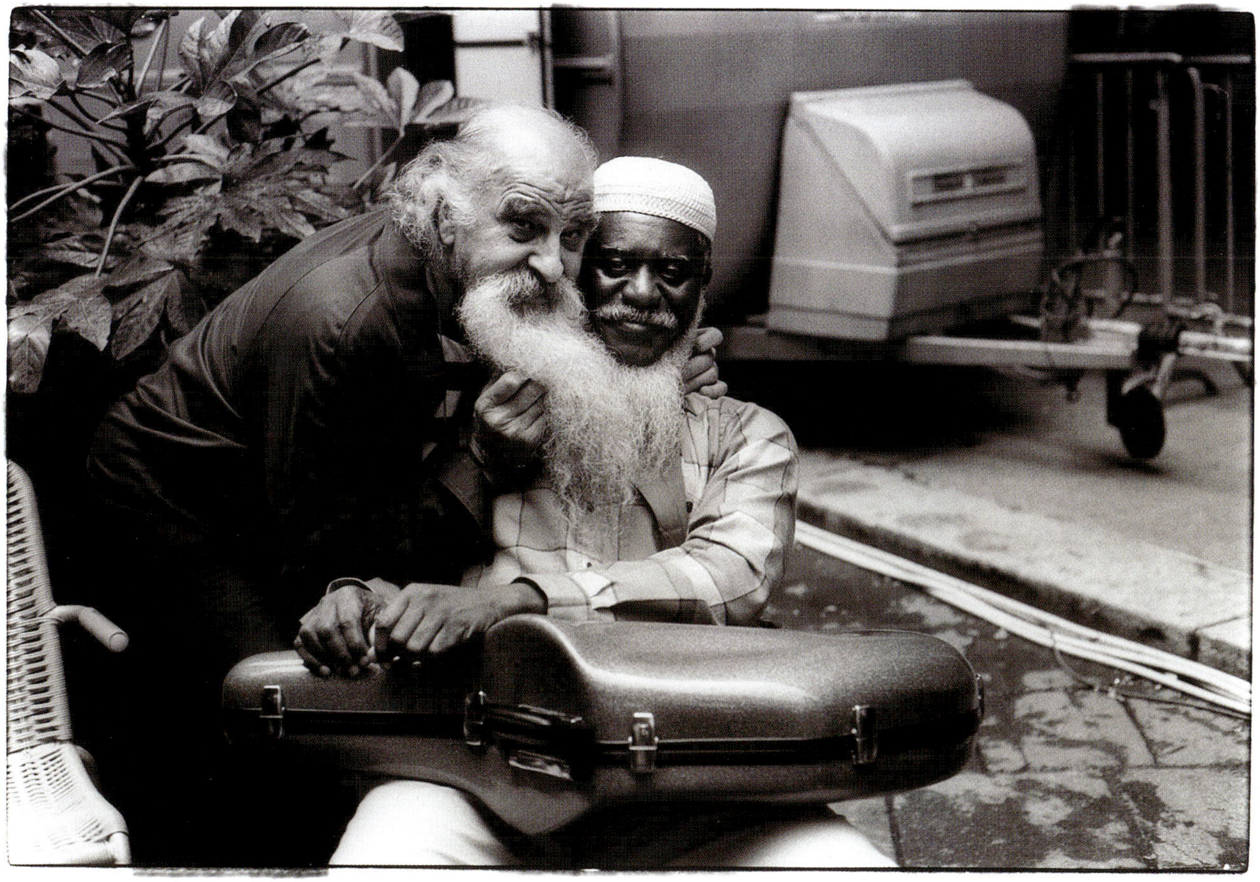

Tony Scott & Pharoah Sanders - Lugano 1988

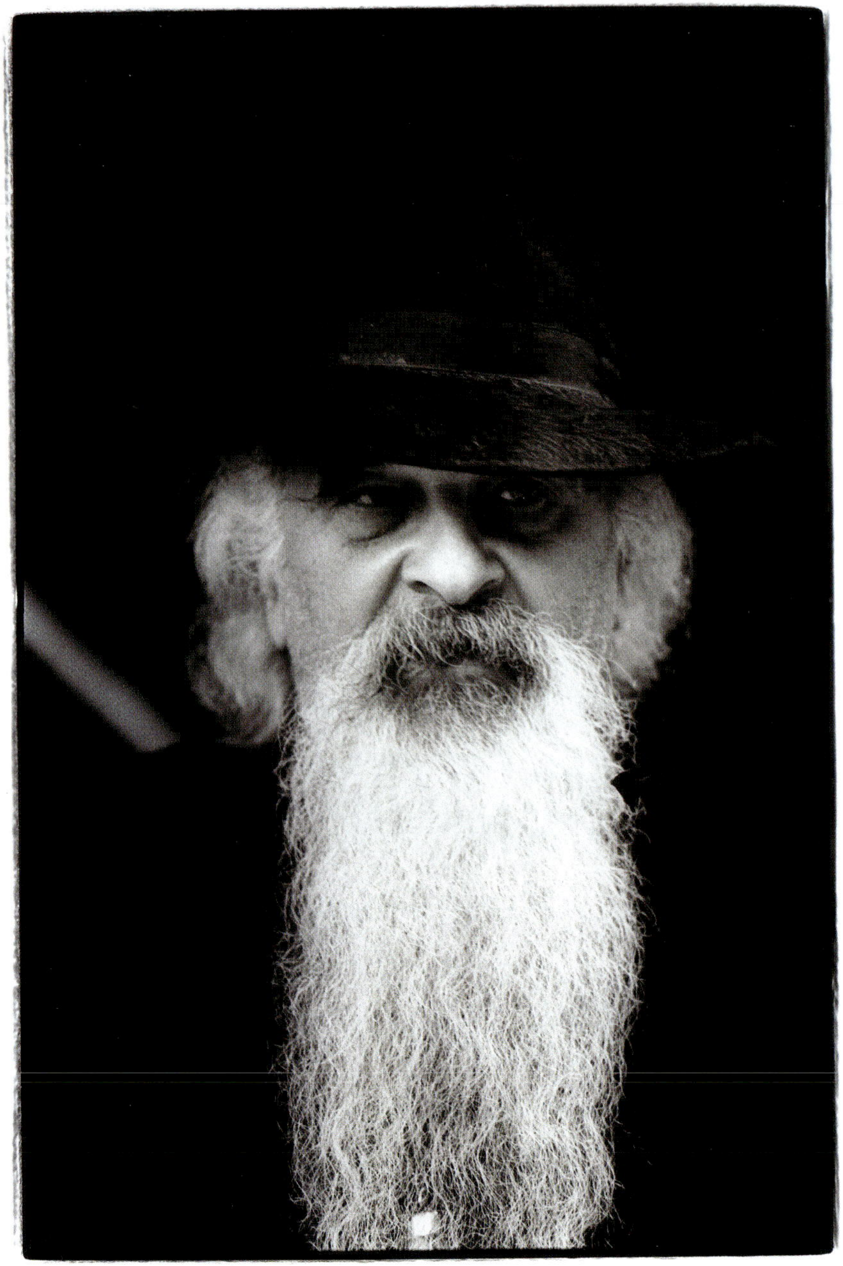

Tony Scott - Lugano 1988

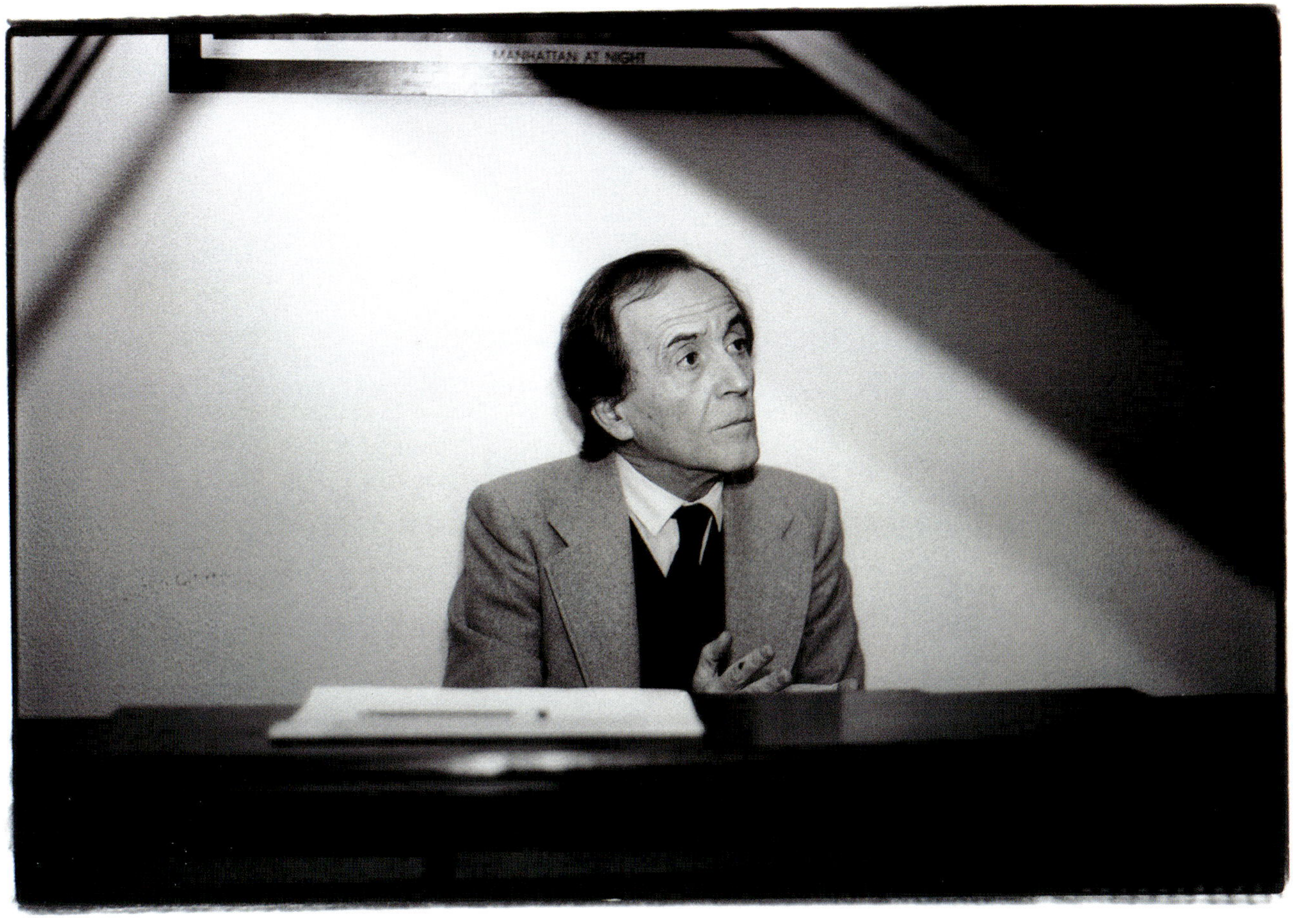

Renato Sellani - Milano 1989

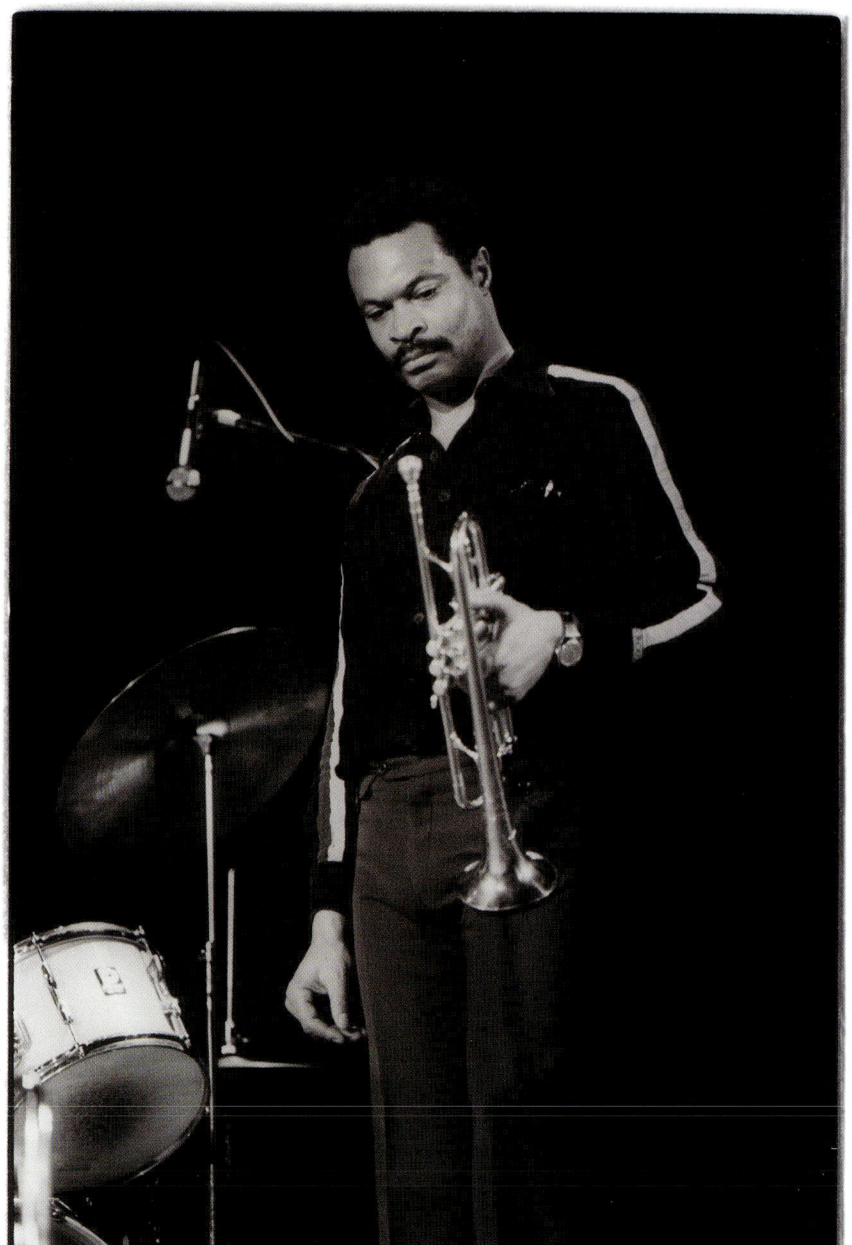

Woody Shaw - Milano 1980

Sono affezionato a questa immagine, colta in un momento di relax tra un set e l'altro alla Grande Parade du Jazz di Nizza del 1981. Dopo questo scatto mi guardò ma non mi rimproverò per averlo colto assorto nei suoi pensieri. Anzi mi sorrise come si sorride ad un ragazzino che ha appena combinato una marachella, perdonandolo.

I'm very fond of this image off a relaxing moment between a set change at the 1981 Grande Parade du Jazz in Nice, France. He noticed I took the picture while he was minding his own business, but it did not bother him much. He smiled at me like you'd do with a kid caught red handed.

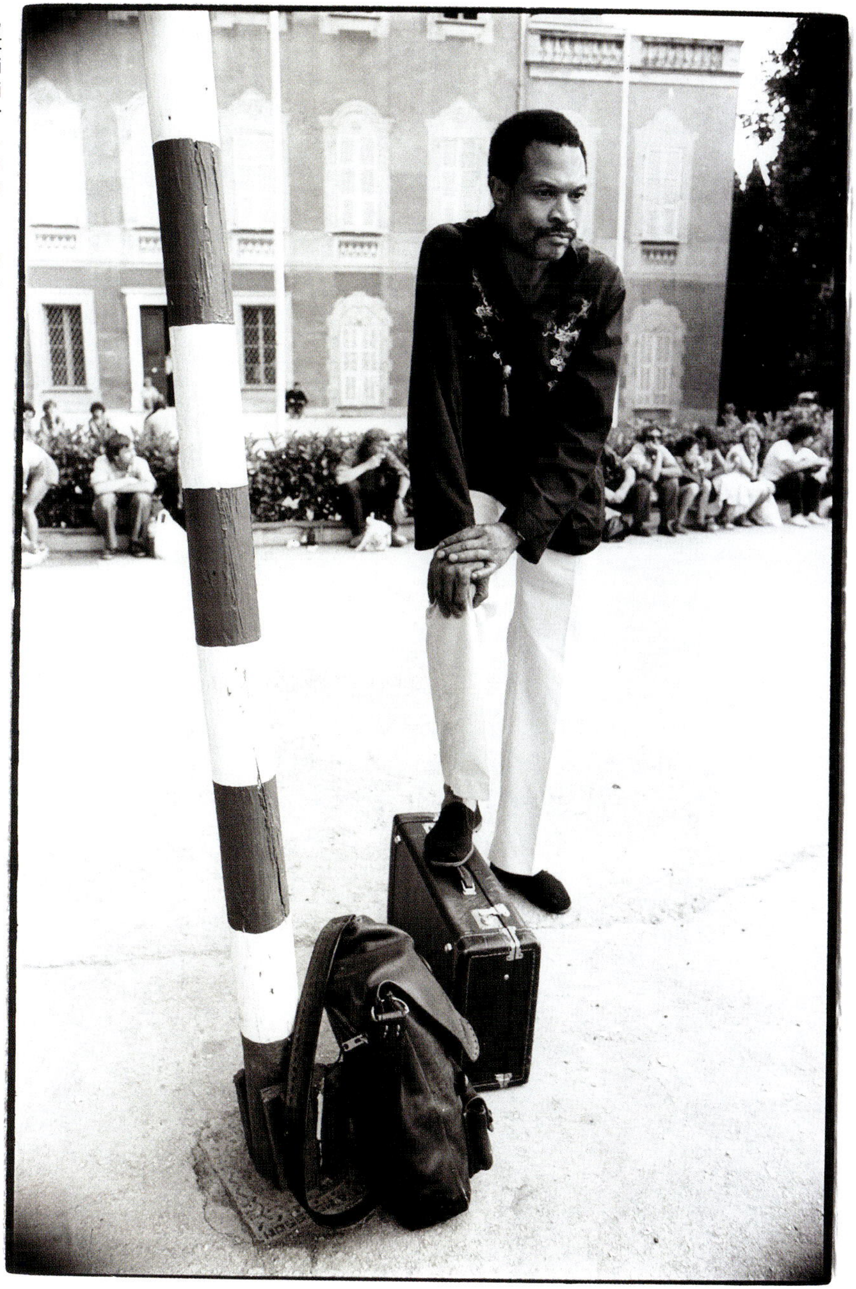

Woody Shaw - Nizza 1981

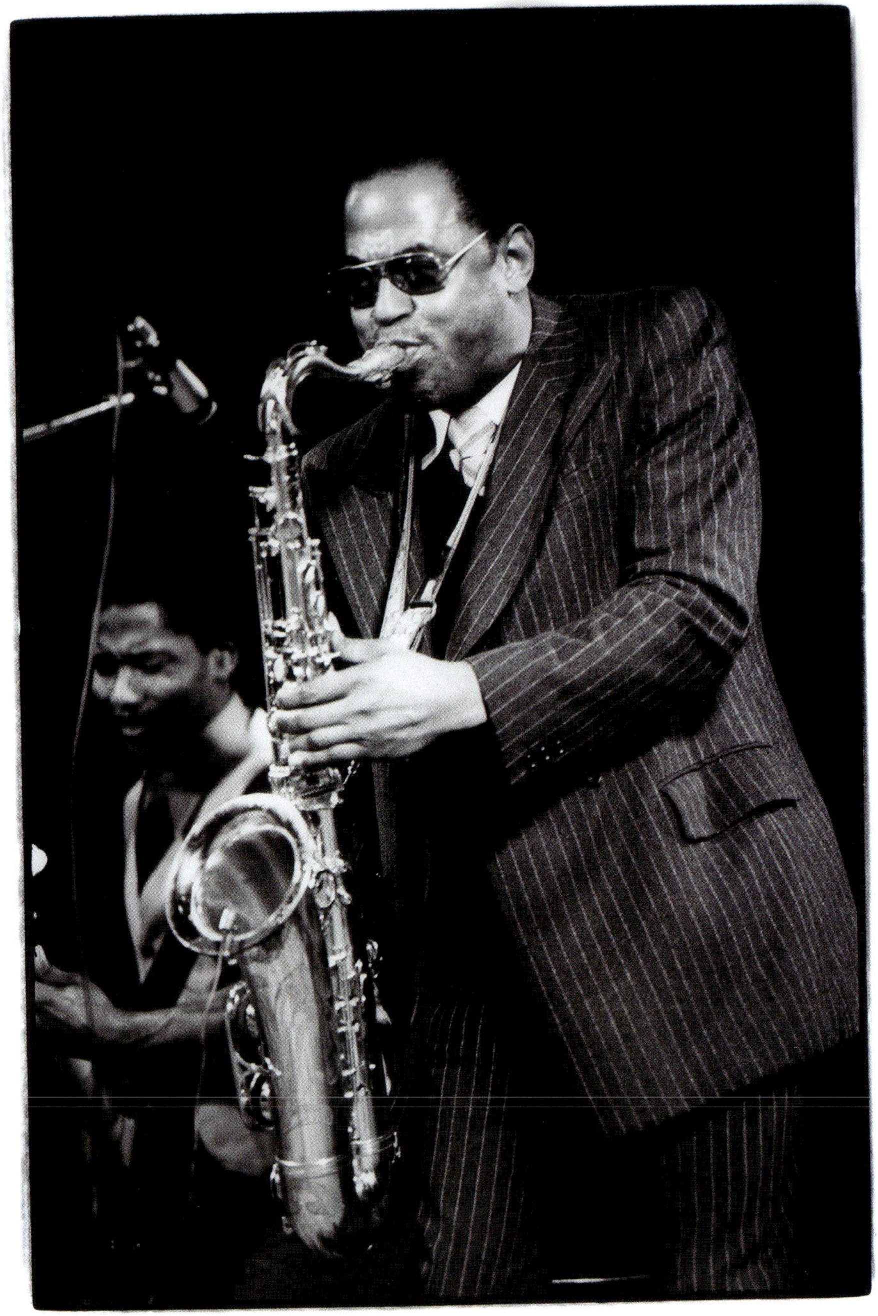

Archie Sheep - Milano 1980

Archie Shepp è stato molto coerente durante la sua vita artistica, abbracciando il free, creandolo, con i piedi per terra, legato alla realtà storica del momento. Momento in cui i neri d'America ricercavano e rivendicavano identità, spazio vitale e riconoscimento di razza, soprattutto negli anni '60 all'epoca di Malcom X e di Martin Luther King. E quando vuole suona ancora divinamente Archie, entrando nelle proprie radici afro americane, nella storia e nella tradizione del jazz che, come molti musicisti neri, conosce molto bene. E poi, ormai la cosiddetta avanguardia non è più tanto tale data la prospettiva storica che ci permette di guardare a questa musica dopo quasi mezzo secolo.

Archie Shepp acted coherently with his artistic life, embraced free jazz, molding it and living it in the historical moment of Malcom X and the Black Panthers and Martin Luther King's Civil Rights Movement of the 60's. Archie can still deliver the goods when it comes to performing, soaring through the great Afro-American jazz tradition he knows so well. In retrospect, after almost half a century, we can't refer to the so-called avant-garde as such anymore.

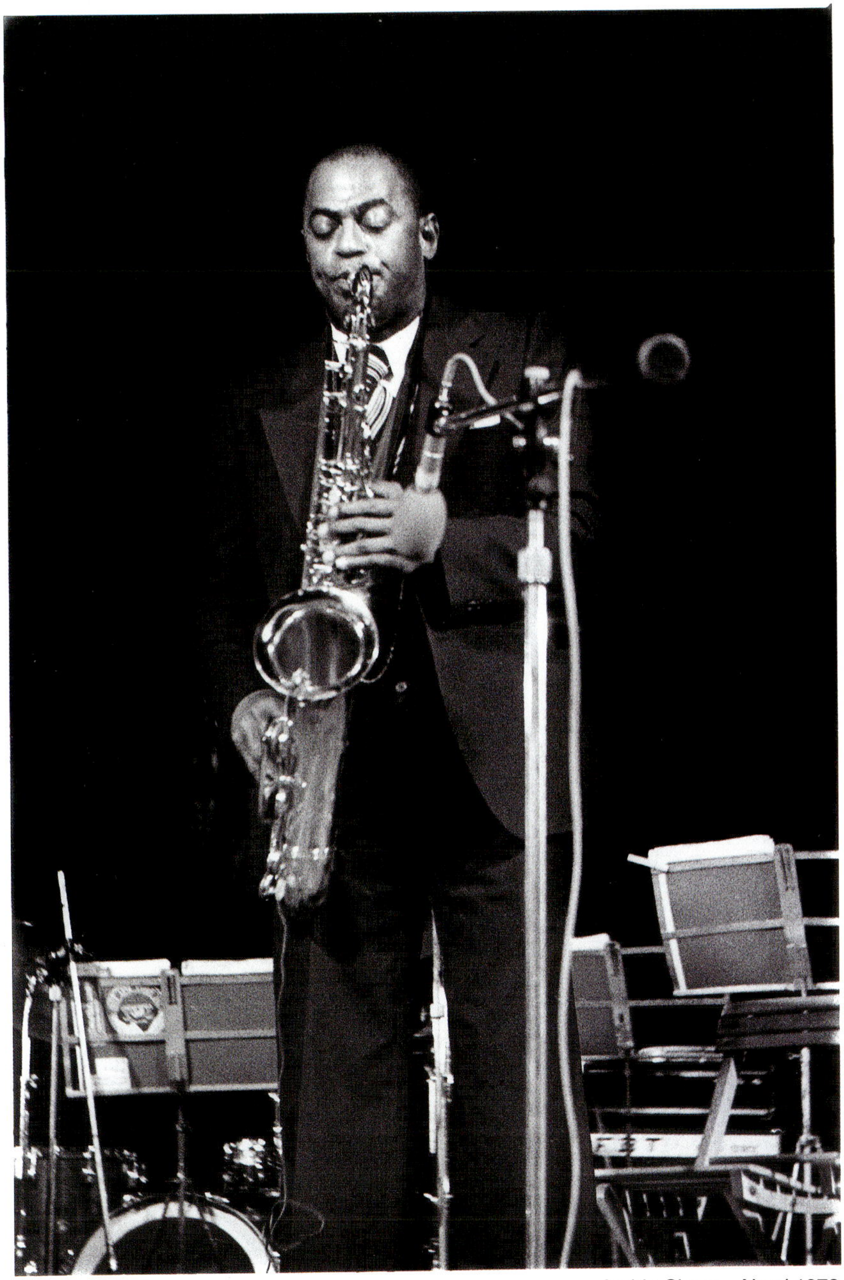

Archie Sheep - Nervi 1978

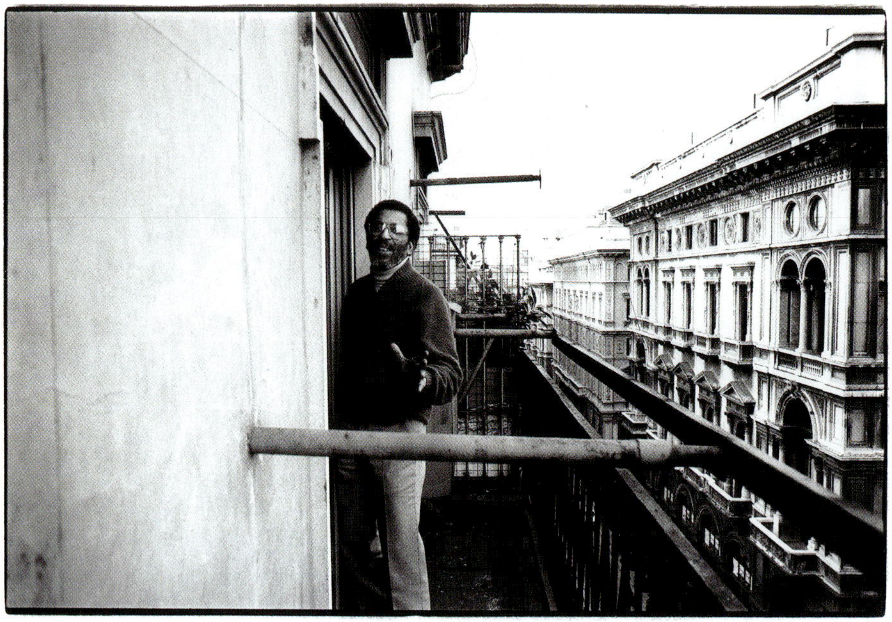

Sahib Shihab - Milano 1982

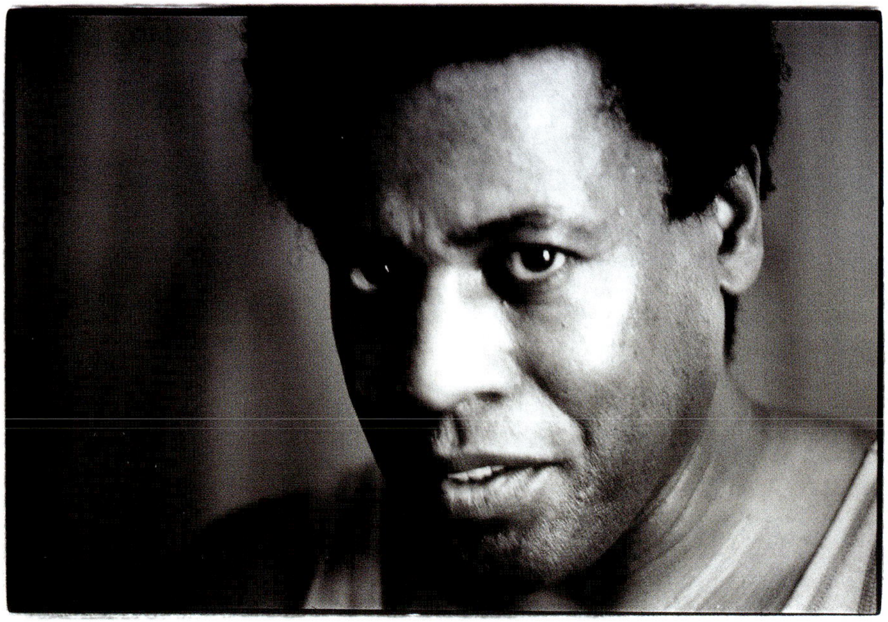

Wayne Shorter - Lugano 1987

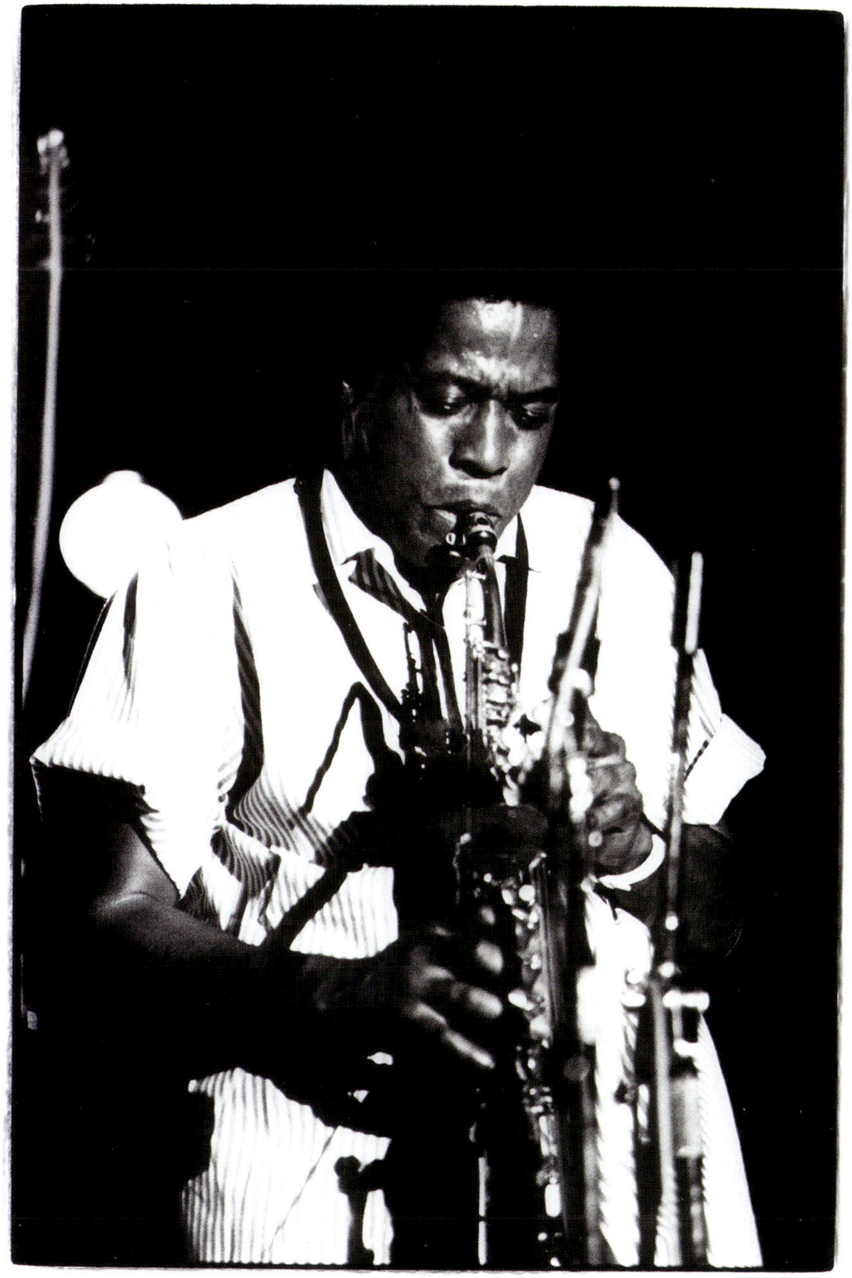

Wayne Shorter - Varese 1986

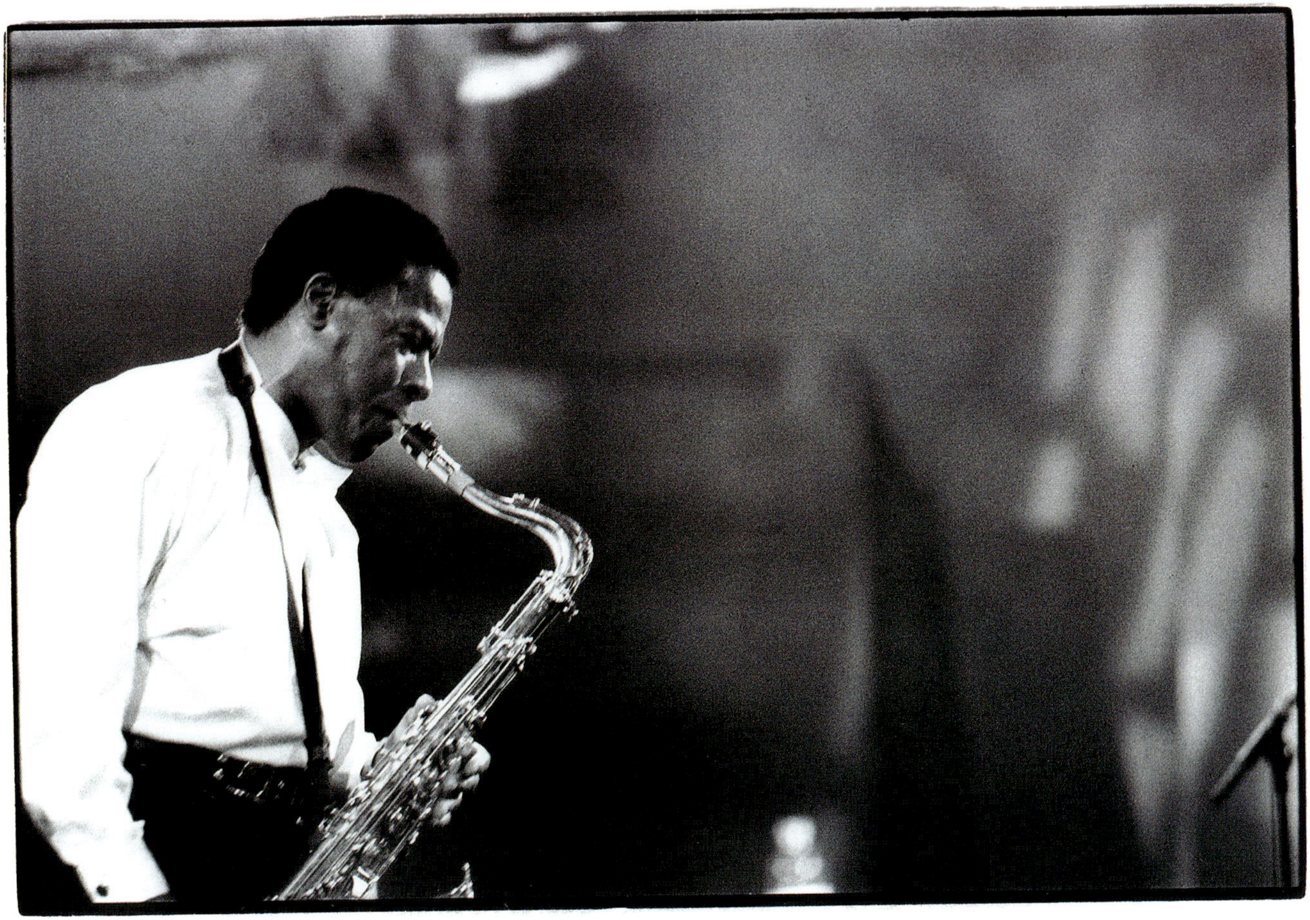
Wayne Shorter - Lugano 1996

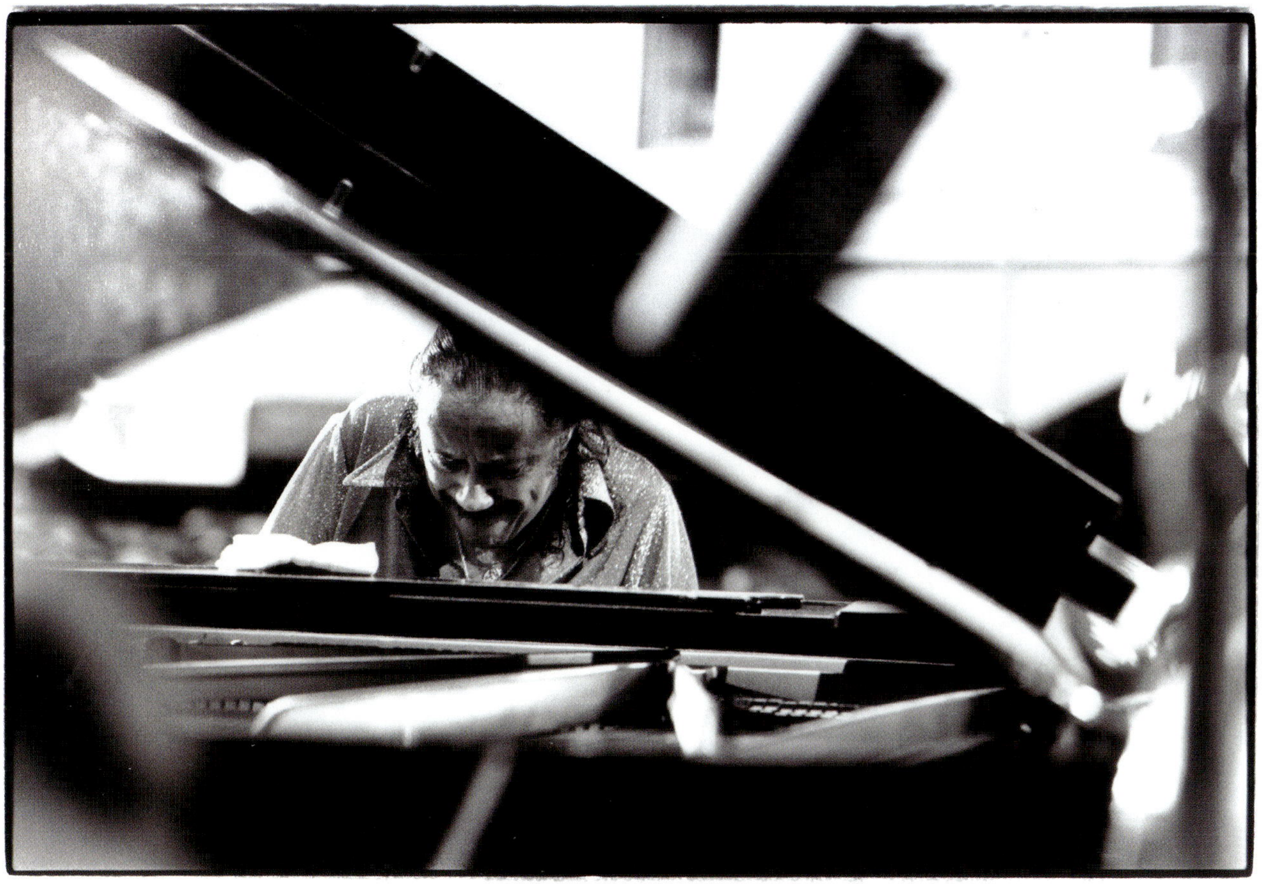

Horace Silver - Lugano 1988

Horace Silver è sempre rimasto fedele alla propria cifra stilistica. Creandola sin dagli anni ’50 nel grande filone dell’hard bop, seppur in modo meno irruente di Art Blakey e di altri. Ed è stato un modo di riappropiarsi delle radici, del blues, degli spirituals, di affermare la cultura afroamericana. E oltre ad essere uno splendido pianista è anche uno splendido compositore, uno che ci ha regalato pezzi come The Pracher, Senor Blues, Silver Blues e che ancora ci regala ottimi concerti.

Horace Silver always stayed true to his style created back in the 50's. He was part of the crowded hard bop scene, although less predominatly than Art Blakey and others. This way he was able to hold back on to the roots of the blues and the spirituals, so as to reassert the Afro-American culture. Besides being an incredible pianist, he is an amazing composer too with songs like The Pracher, Senor Blues, Silver Blues.

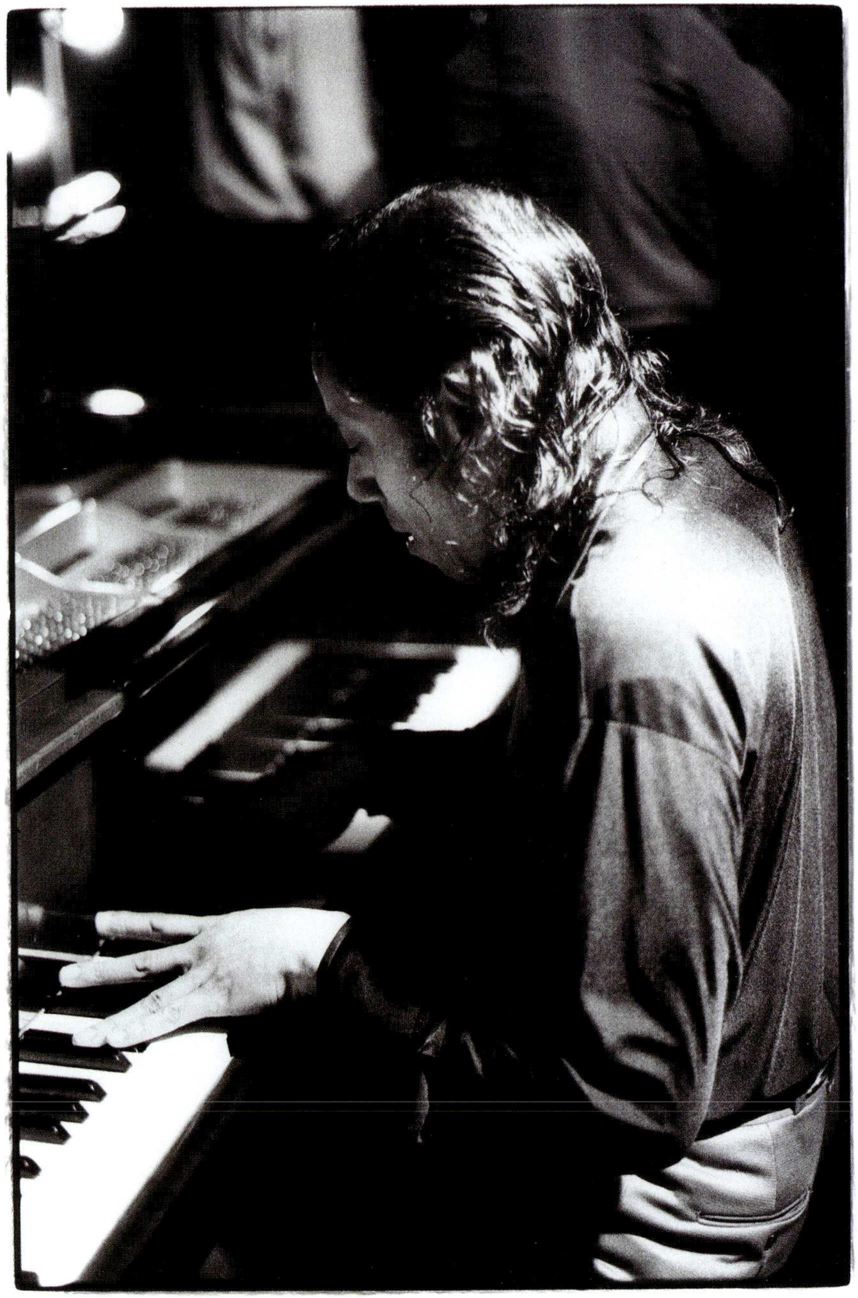

Horace Silver - Milano 1978

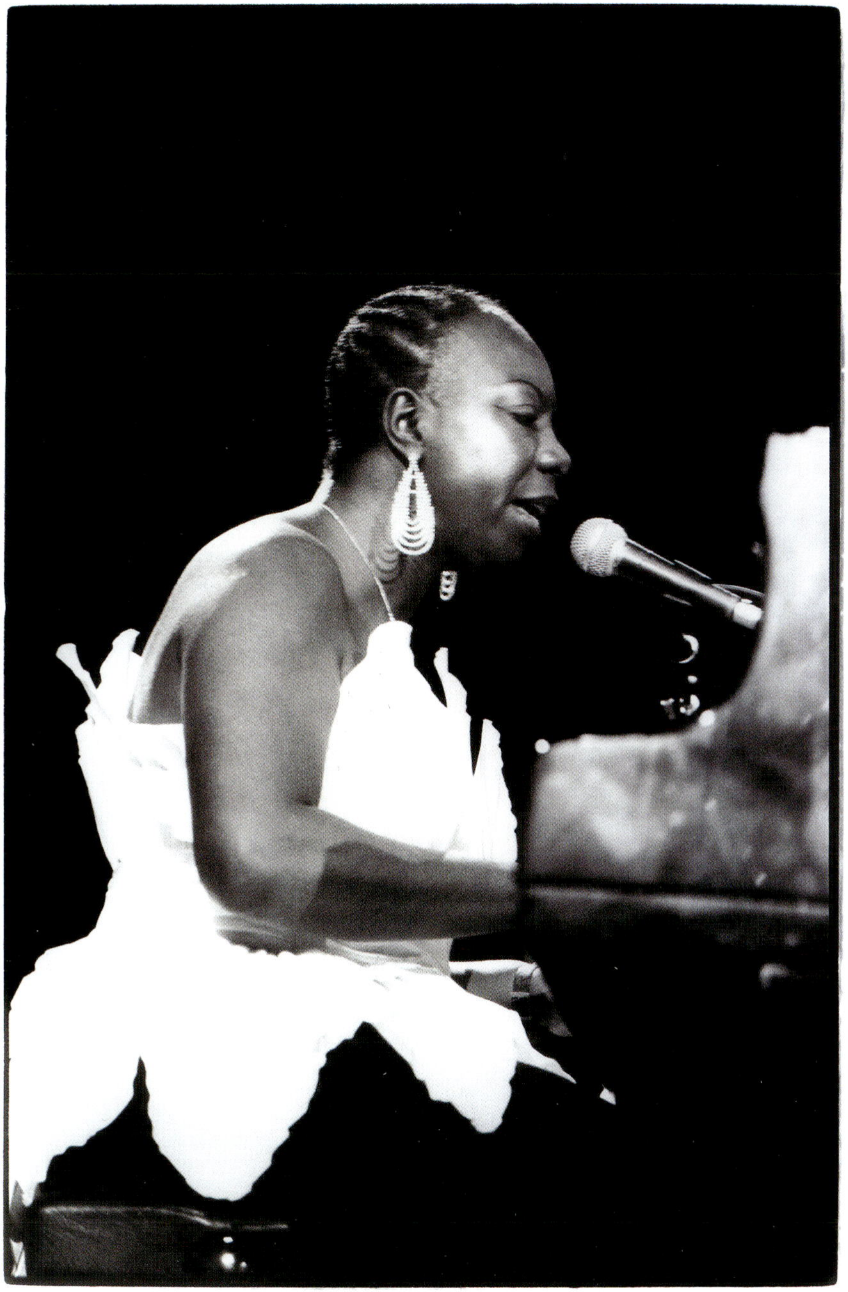

Nina Simone - Milano 1988

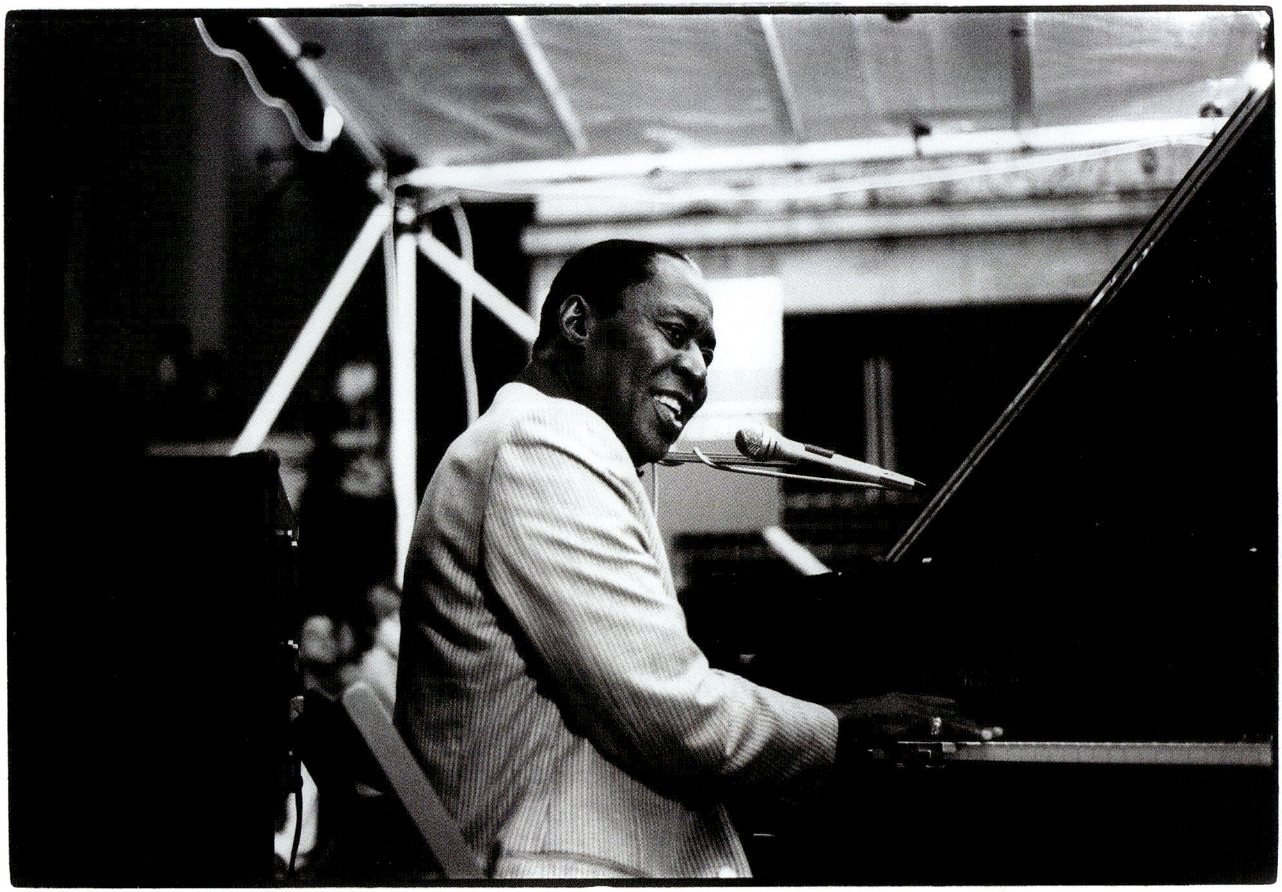

Memphis Slim - Lugano 1985

Ho visto Memphis Slim nel 1986 e nel 1987 a Lugano. A distanza di un anno vidi un altro uomo, magro, emaciato, eppure ancora lì davanti alla tastiera, in giro per il mondo nonostante un infarto l'avesse colpito nel 1985. Un denominatore comune dei musicisti di jazz e di blues, e ne ho visti e conosciuti tanti, è che non mollano mai e continuano a suonare e a cantare fino all'ultimo. Mi vengono in mente Muddy Waters, Lester Bowie, Betty Carter, Sun Ra, Art Blakey, Charles Mingus e tanti altri. Fa parte della loro vita suonare, è la loro vita e la bevono fino in fondo, fino all'ultima stilla. Di Memphis Slim bisogna ricordare brani come Alberta, Steppin' Out, Everyday I Have The Blues, Two Of A Kind, che fanno parte come lui della storia del blues.

I saw Memphis Slim back in Lugano 1986 and 1987. In 1985, only one year after his heart attack, the man was still out there although looking weary and pale. Such a common denominator for jazz and blues musicians, they never give up and just keep it going until the very end, I've seen many :Muddy Waters, Lester Bowie, Betty Carter, Sun Ra, Art Blakey, Charles Mingus and so many more. It's a lifestyle, and they take it all the way, till they drop. Memphis Slim's songs have made history: Alberta, Steppin' Out, Everyday I Have The Blues, Two Of A Kind, all milestones of the blues genre.

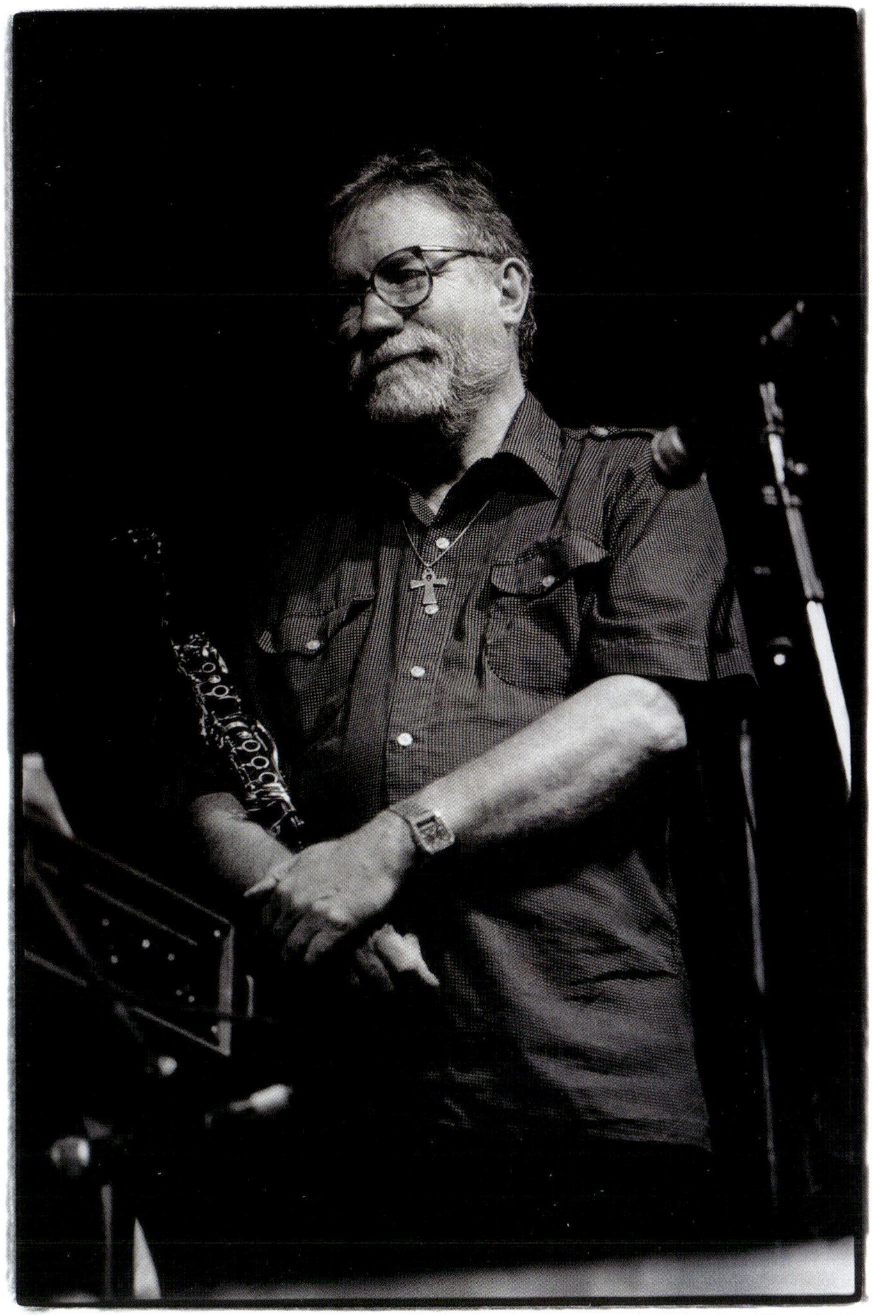

Bill Smith - Nizza 1984

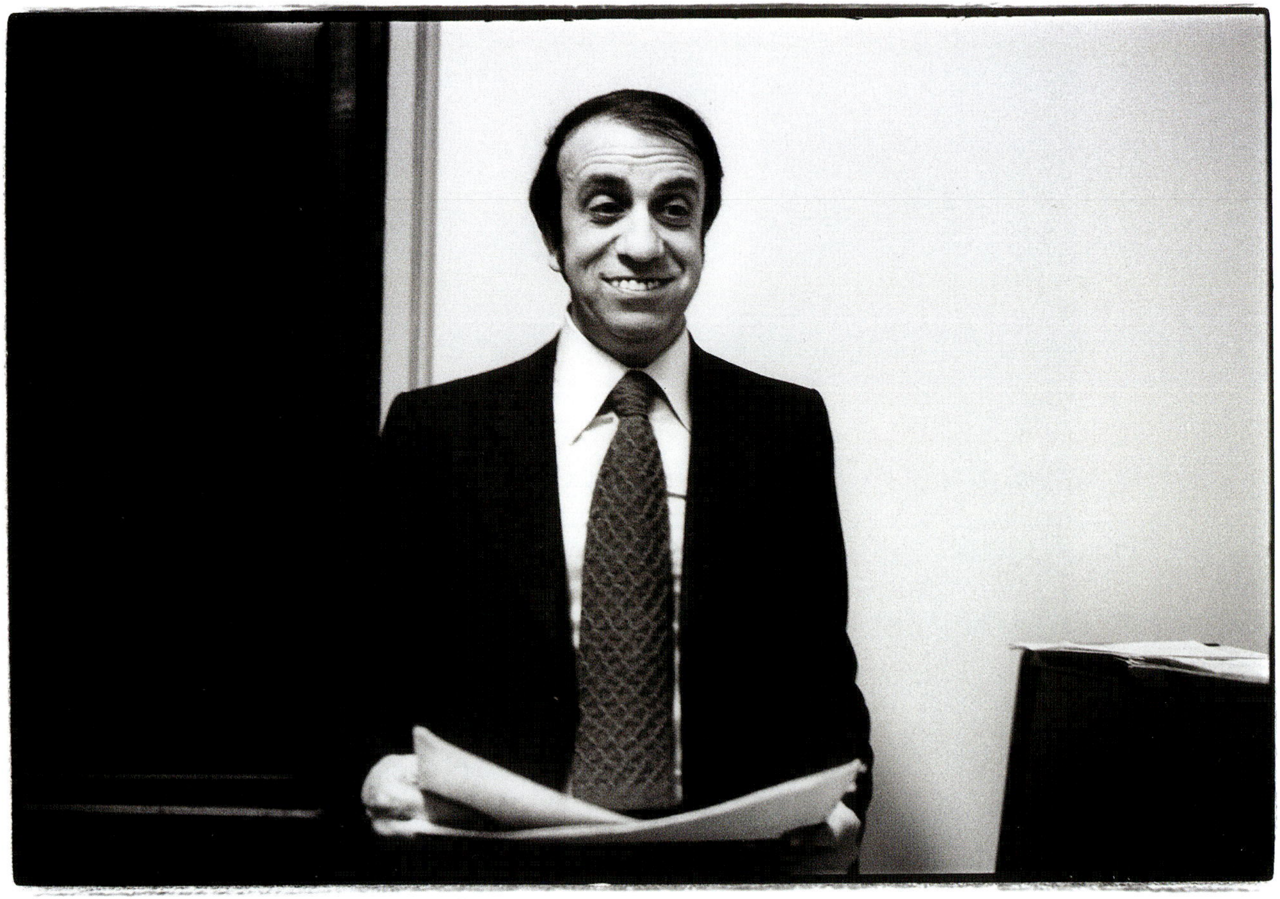

Martial Solal - Milano 1980

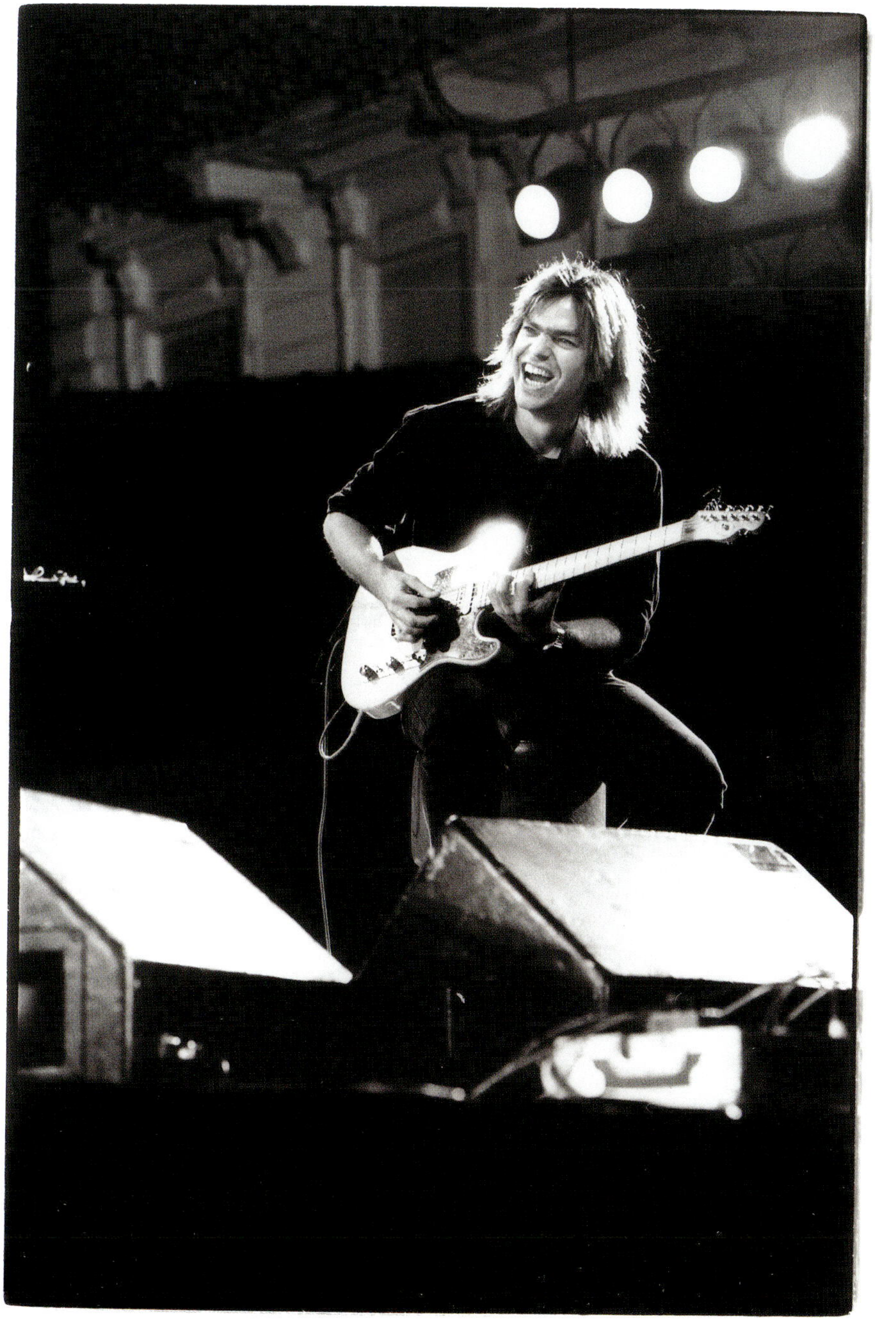

Mike Stern - Lugano 1989

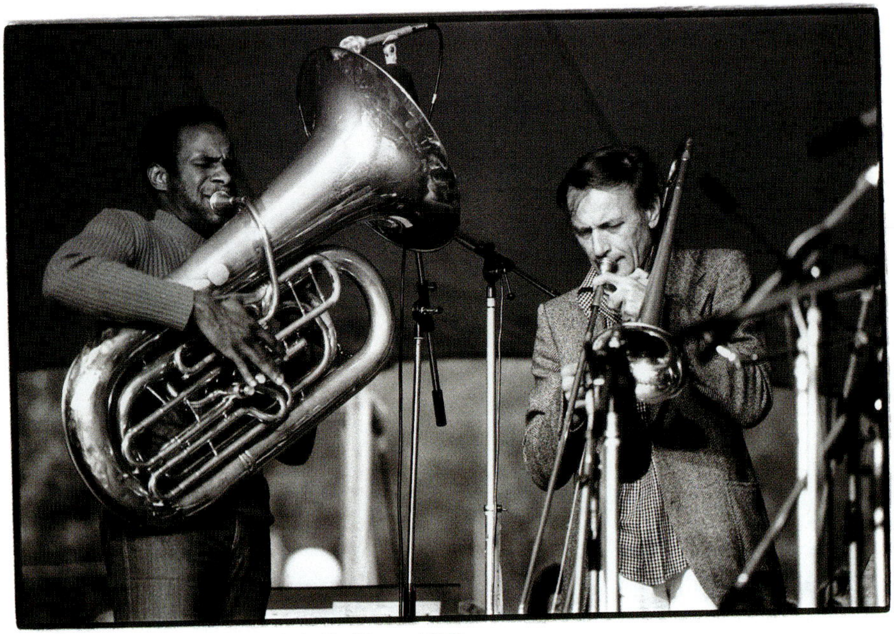

Bob Stewart & Albert Mangelsdorff - Moers 1979

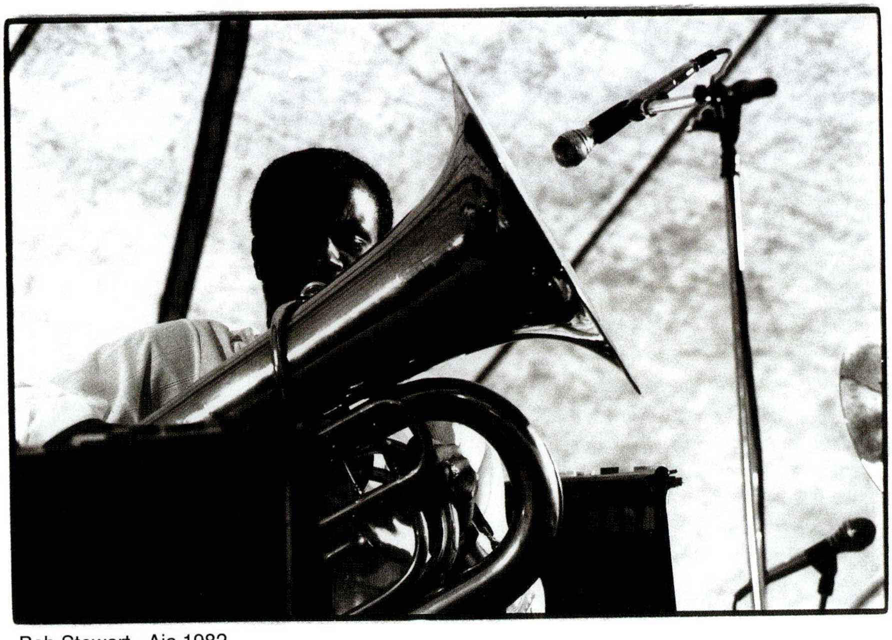

Bob Stewart - Aja 1982

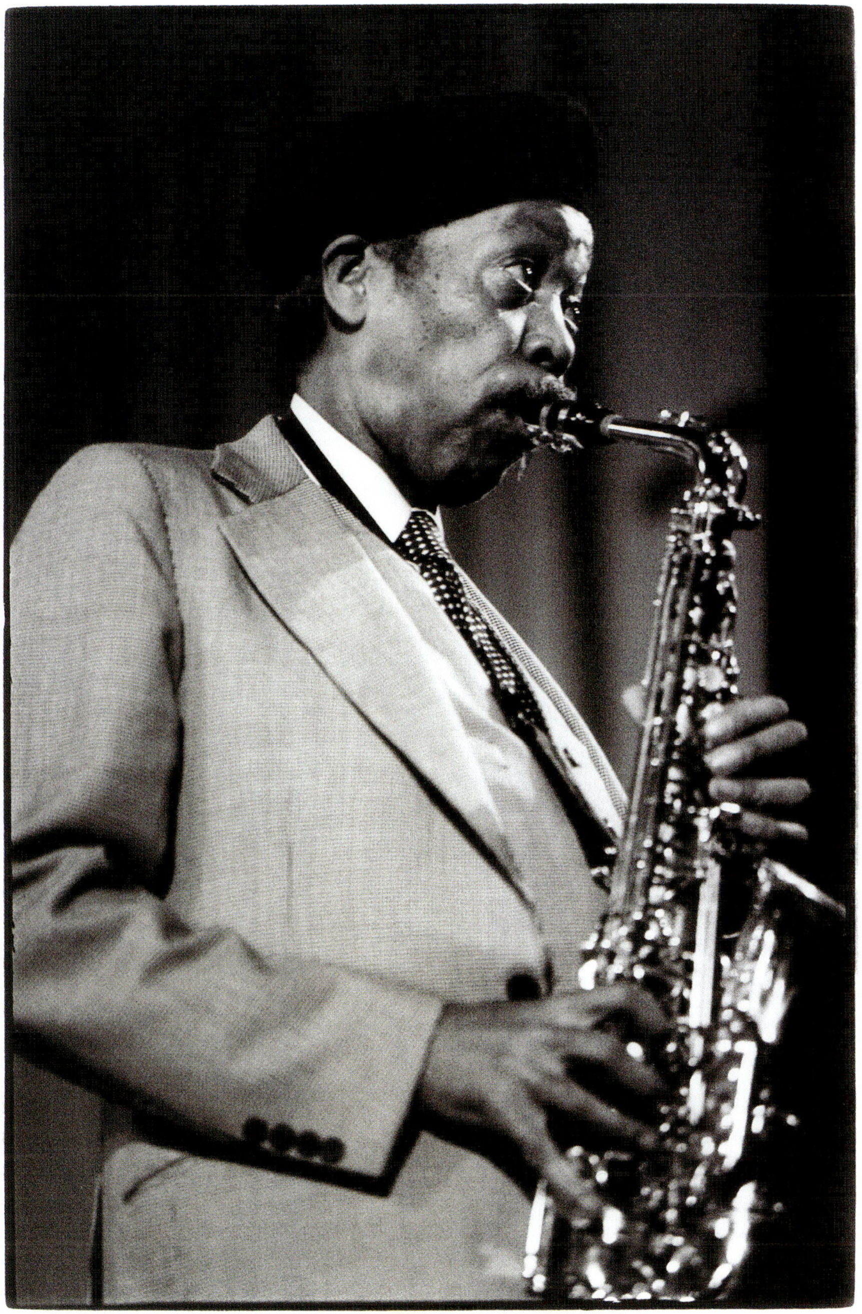

Sonny Stitt - Milano 1979

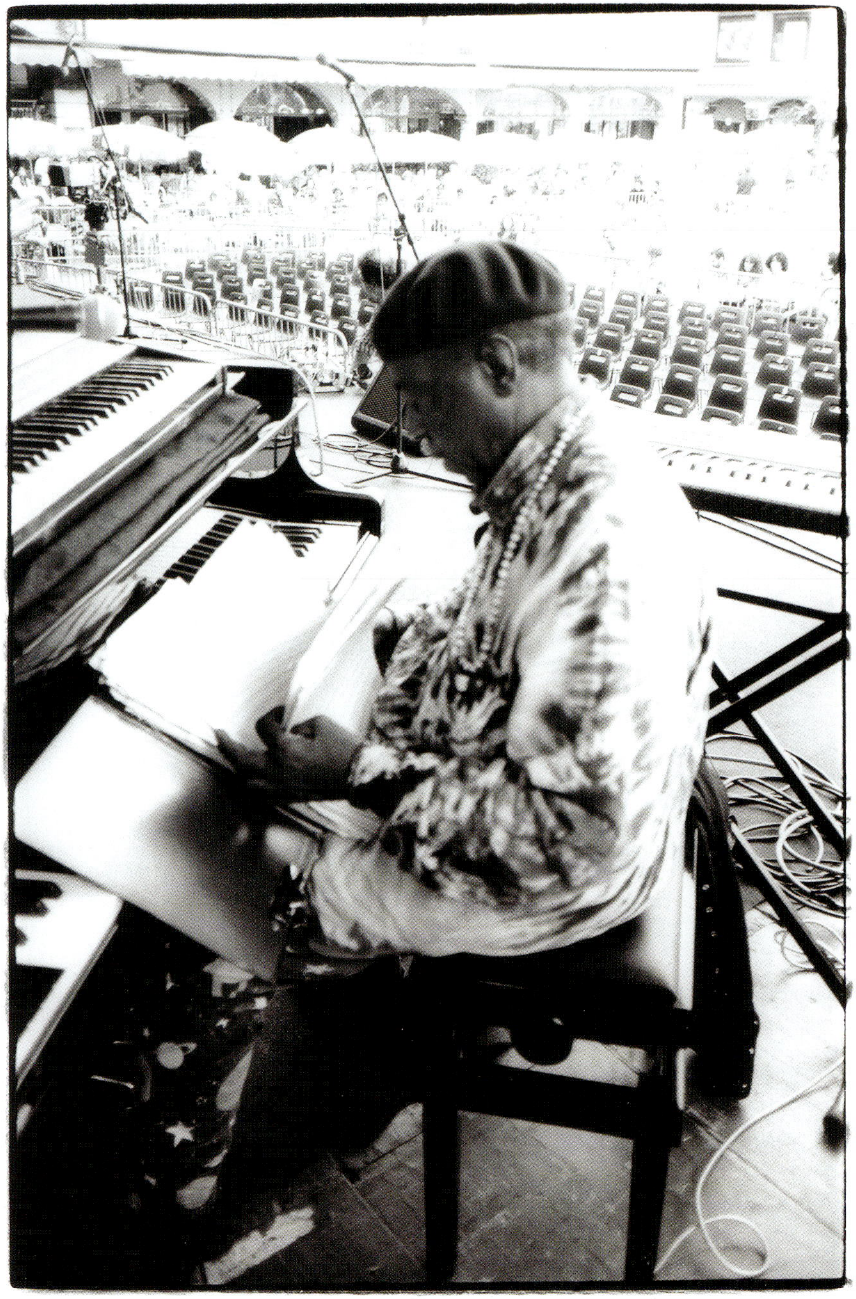

Sun Ra - Lugano 1990

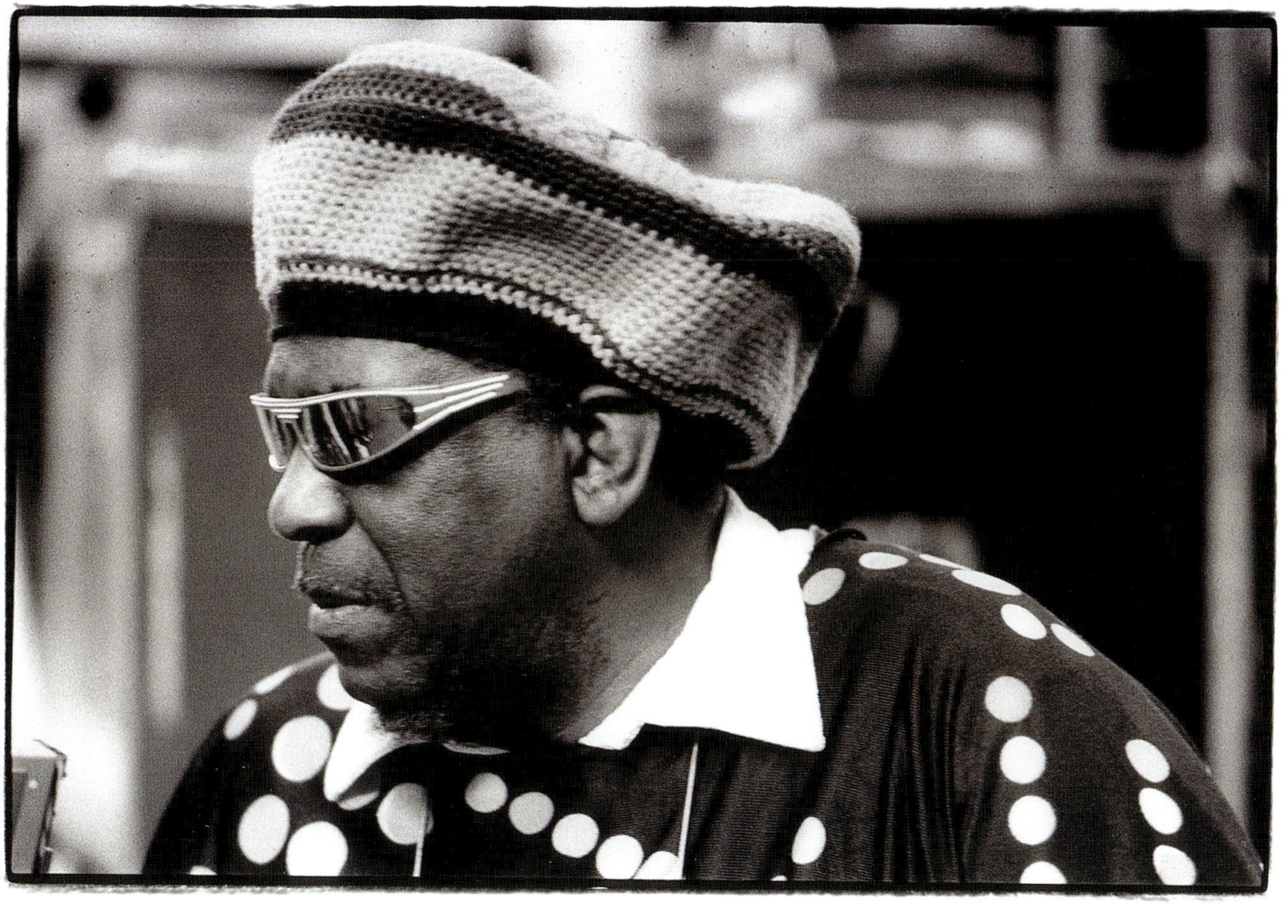

Sun Ra - Lugano 1985

Mi ha sempre suscitato impressioni contrastanti, come credo a molti, il pianista Herman “Sonny” Blount, in arte Sun Ra. Di rifiuto, per via di quel suo modo di porsi tutto mantelli, colori, balletti, fantascienza e di grande accettazione, quando lo sentii in un concerto per piano solo alla Fenice di Venezia, alla fine degli anni ’70. Erano le due facce di Sun Ra, una molto appariscente, seppur con i suoi contenuti e le profonde radici nel jazz anni ’30/’40, l’altra più intimista e rara a vedersi. Una volta ebbi l’occasione di parlare con lui e la sensazione fu quella di un uomo che credeva profondamente in ciò che faceva.

Pianist Herman “Sonny” Blount, known as Sun Ra provoked some controversial feelings and I was not the only one. On one hand, his flamboyant attitude made of cloaks, colors, dance and sci-fi was so annoying, while on the other, I was impressed when I saw him playing a piano concert at the Fenice theatre in Venezia, around the end of the 70's. Sun Ra had two faces, a glaring mask, although solidly rooted to the 30/40's jazz, and a second more intimate and rare one. Once I had the chance to talk to him, and he seemed to really believe in what his was doing.

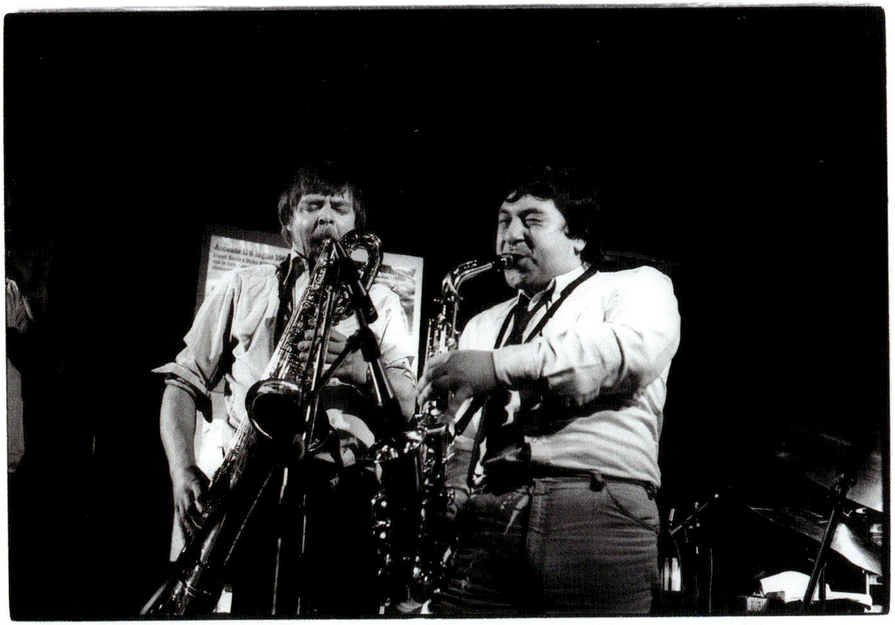

John Surman & Massimo Urbani - Milano 1980

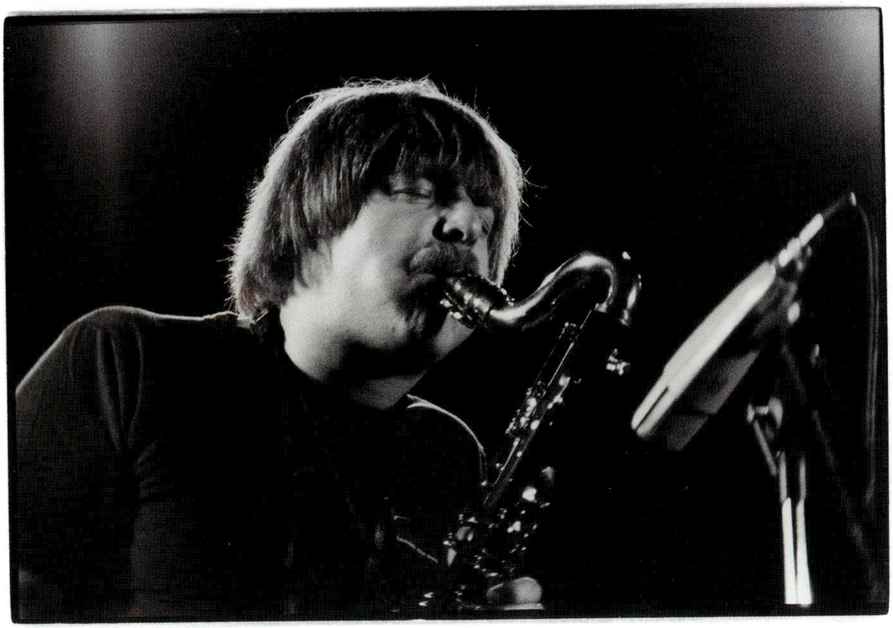

John Surman - Milano 1981

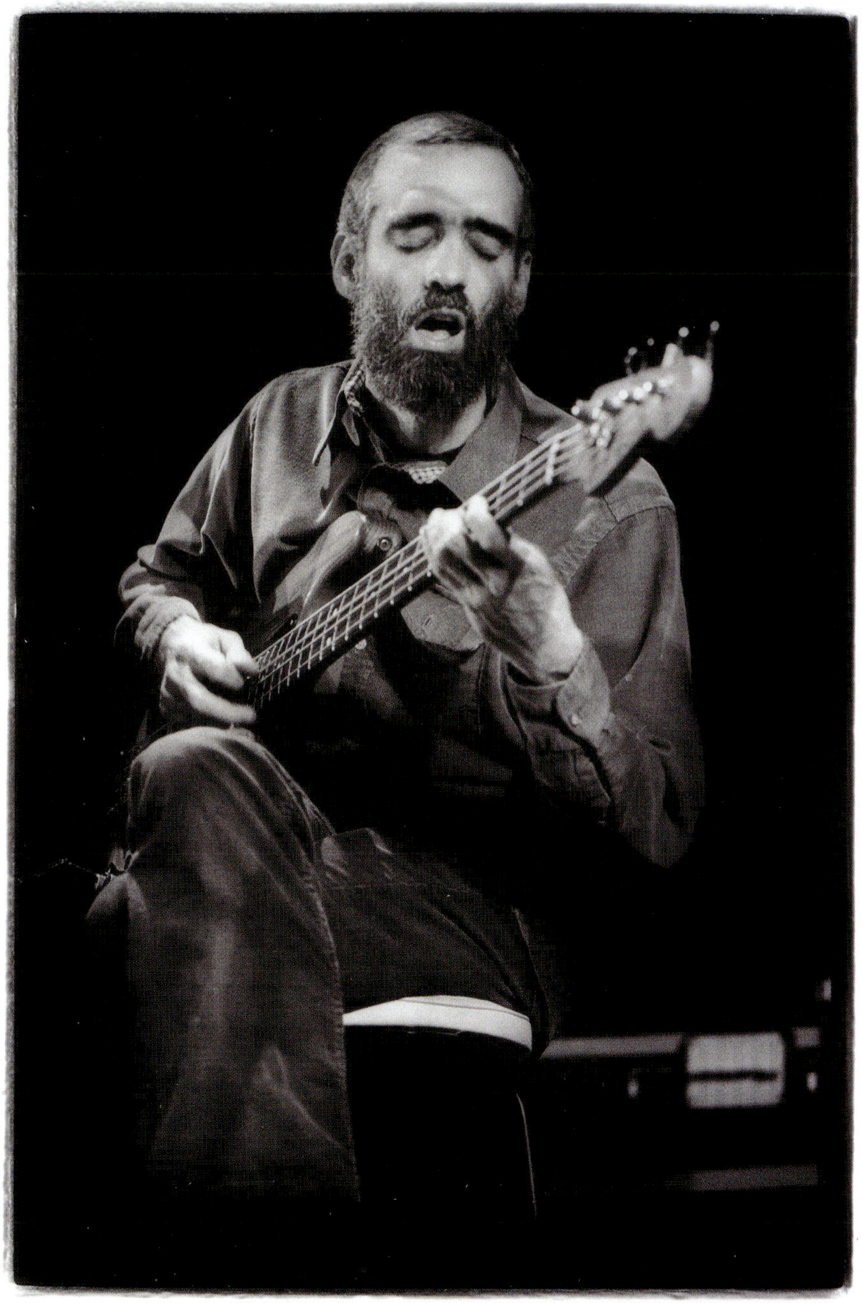

Steve Swallow - Milano 1981

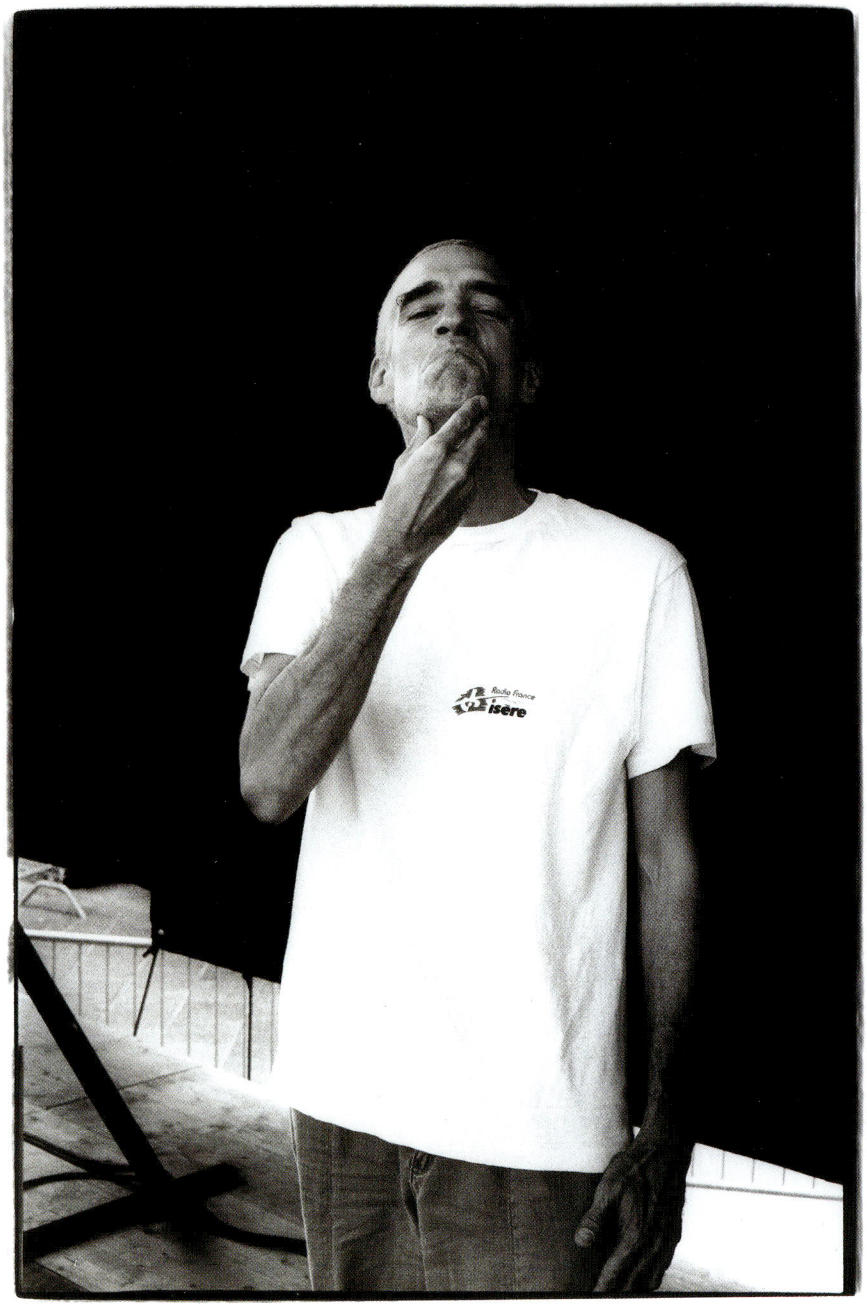

Steve Swallow - Lugano 1986

T

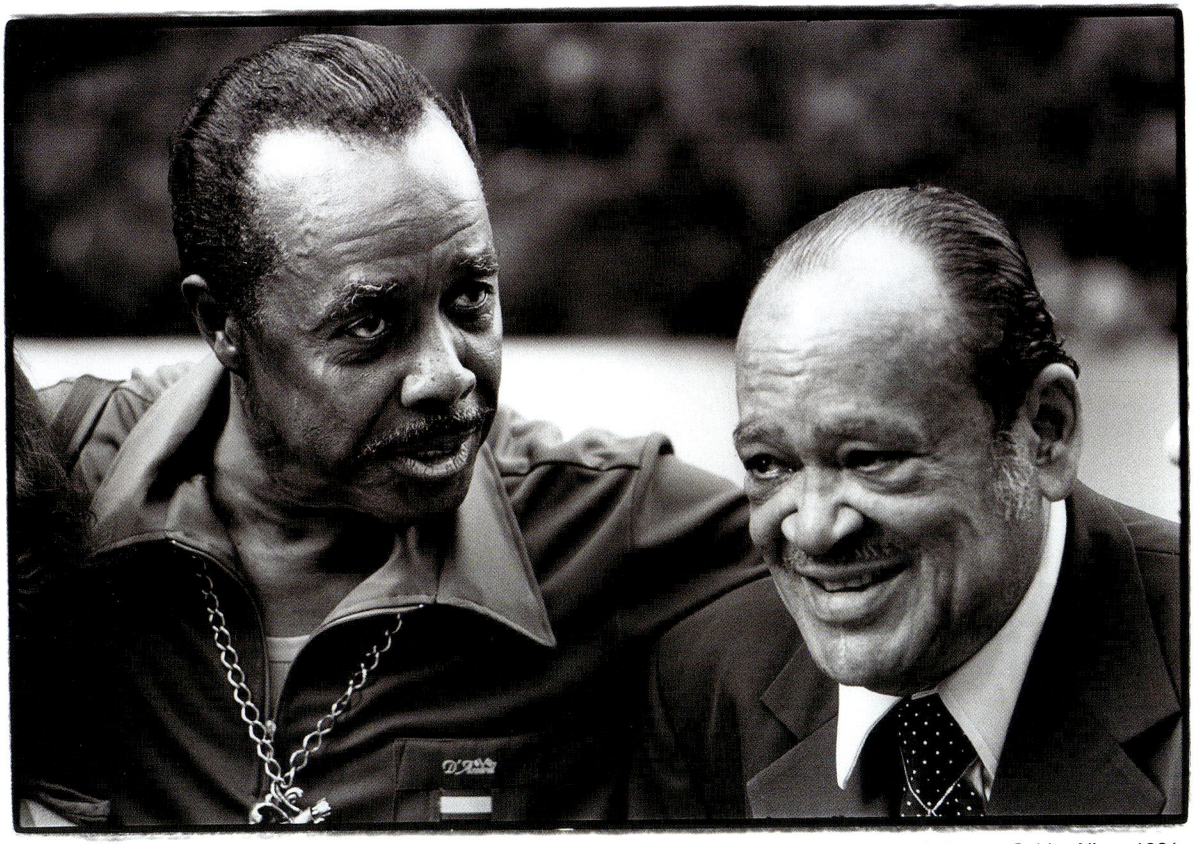

Buddy Tate & Arnette Cobb - Nizza 1981

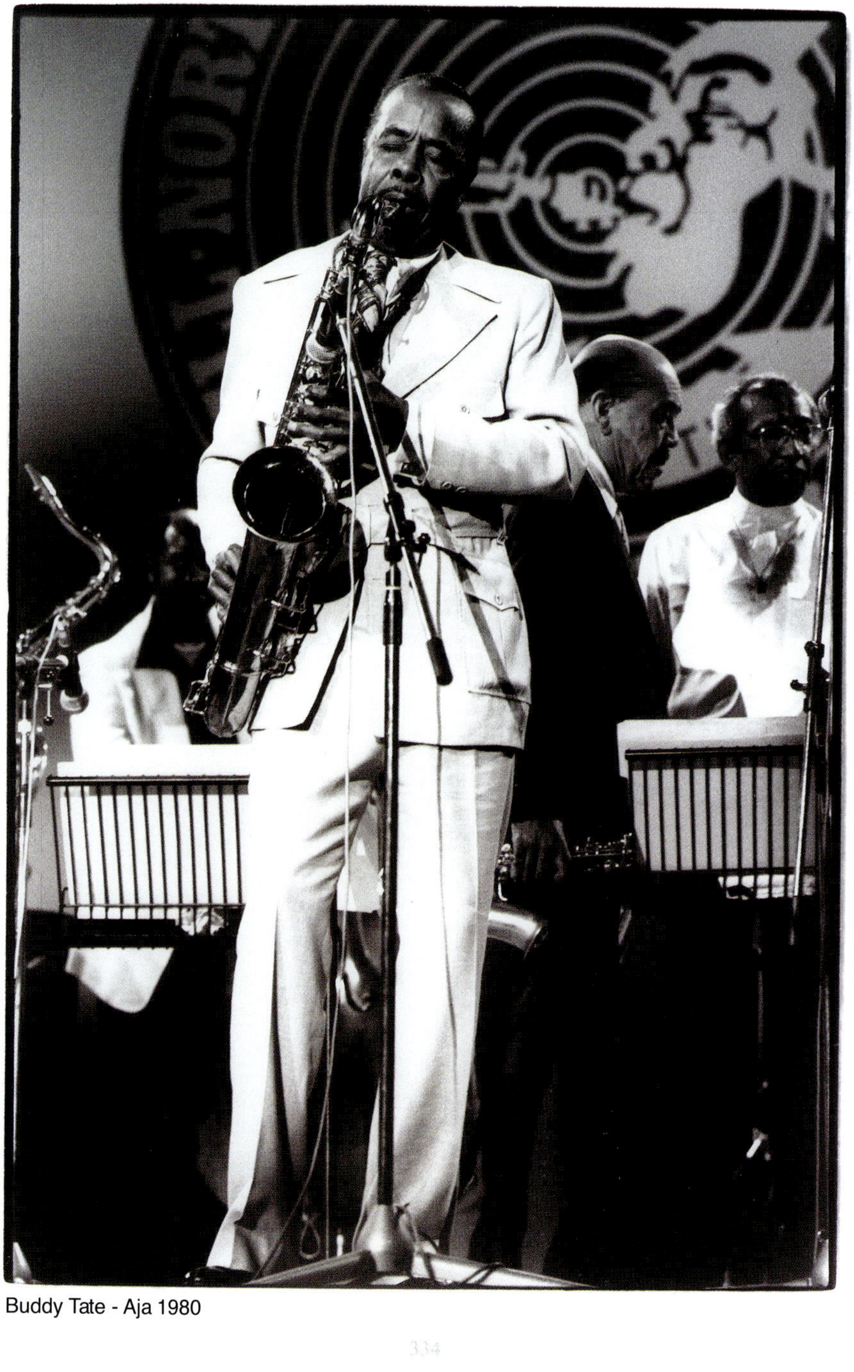

Buddy Tate - Aja 1980

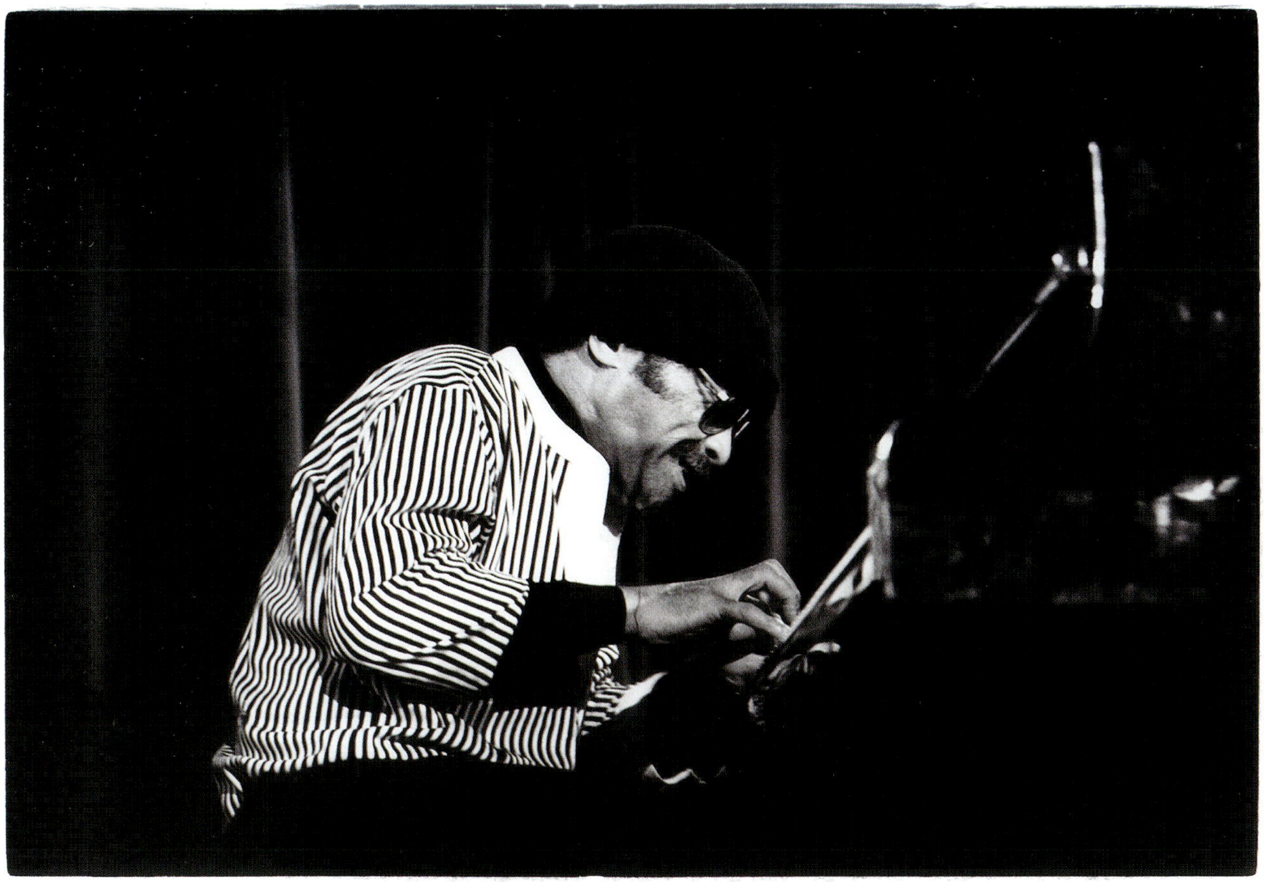

Cecil Taylor - Milano 1981

I primi concerti in Italia e in Europa in genere furono scioccanti per il pubblico. Questo pianista, quanto mai percussivo, che si esibiva in solo o in trio, con Jimmy Lyons al sax e Andrew Cyrille alla batteria, faceva uscire dalla sua tastiera un magma sonoro che aveva la forza di un vulcano che erutta lava incandescente che per raffreddarsi necessita di tempo. Così la musica, a mio modo di vedere, di Cecil Taylor. E necessitava e necessita ancor oggi avere cultura musicale di livello per comprendere ed apprezzare la cifra stilistica e la musica di Cecil, impregnata di black music ma anche di musica europea, si pensi a Schoenberg, Bartok, Webern, Prokofiev. E nel solco della musica personalissima che ha iniziato a creare quasi cinquant'anni fa Cecil continua a sviluppare la sua arte per chi ha la volontà di comprenderla ed apprezzarla.

His first Italian and European performances were mind-boggling to concert goers. This percussive pianist and his trio formed by Jimmy Lyons on the saxophone and Andrew Cyrille on the drums, was able to hammer on the keyboard and spew out a sonic magma that had the unstoppable power of a volcano erupting white hot lava that only time could cool down. So was his music, which still to this day, only a deep musical culture can be of help to comprehend and appreciate. A blend of Black and European influences like with Schoenberg, Bartok, Webern, Prokofiev. Fifty years of a very personal a style Cecil is still developing for the ones who dare.

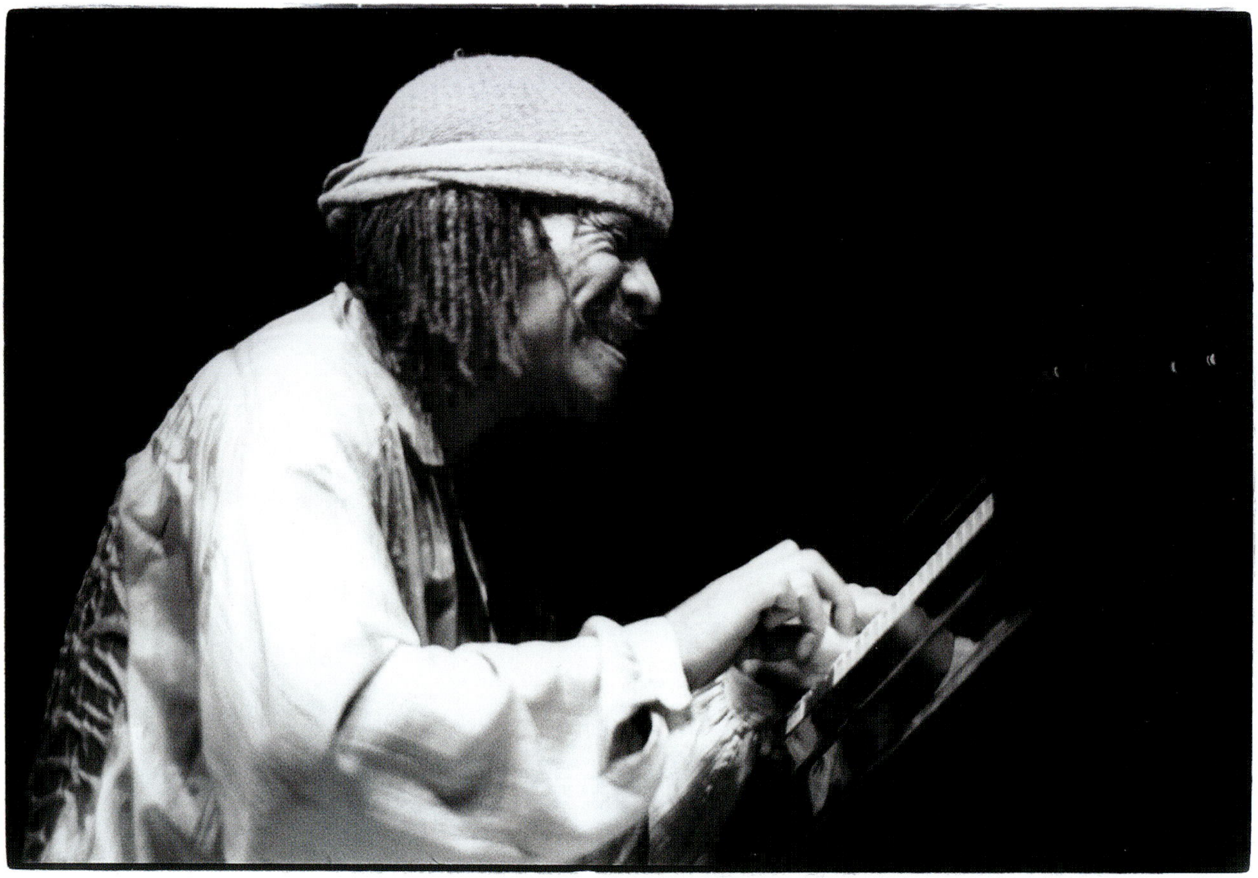
Cecil Taylor - Milano 1986

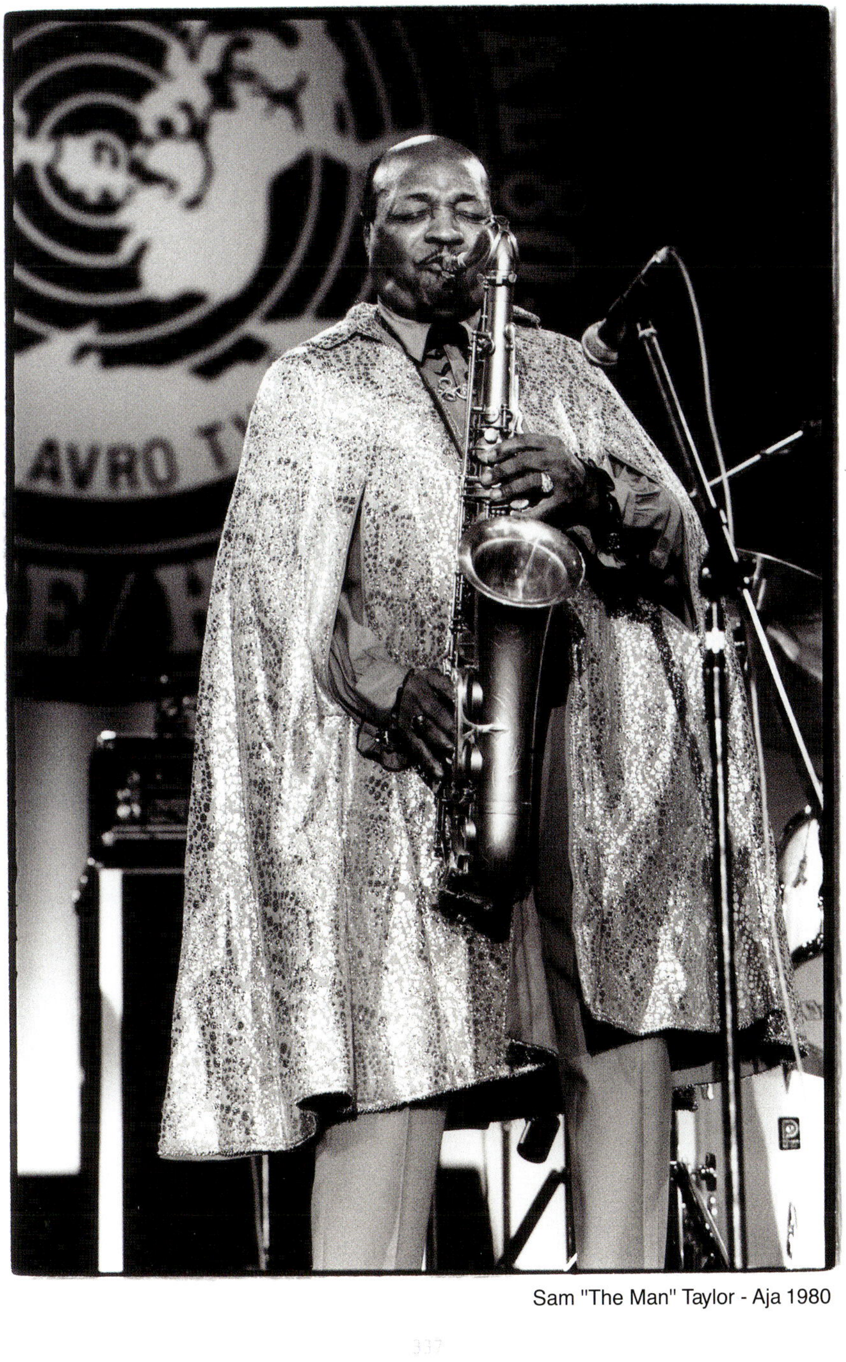

Sam "The Man" Taylor - Aja 1980

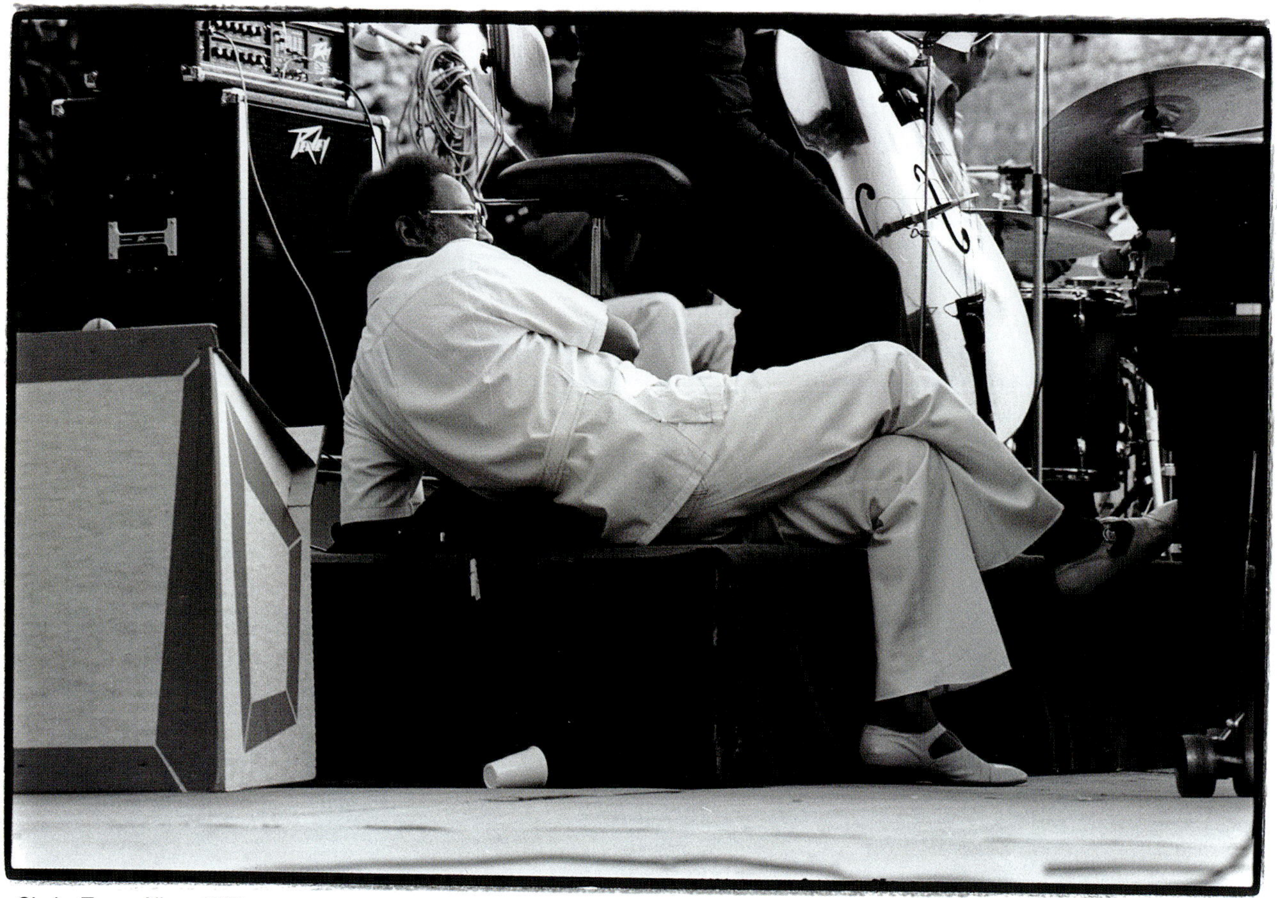

Clarke Terry - Nizza 1981

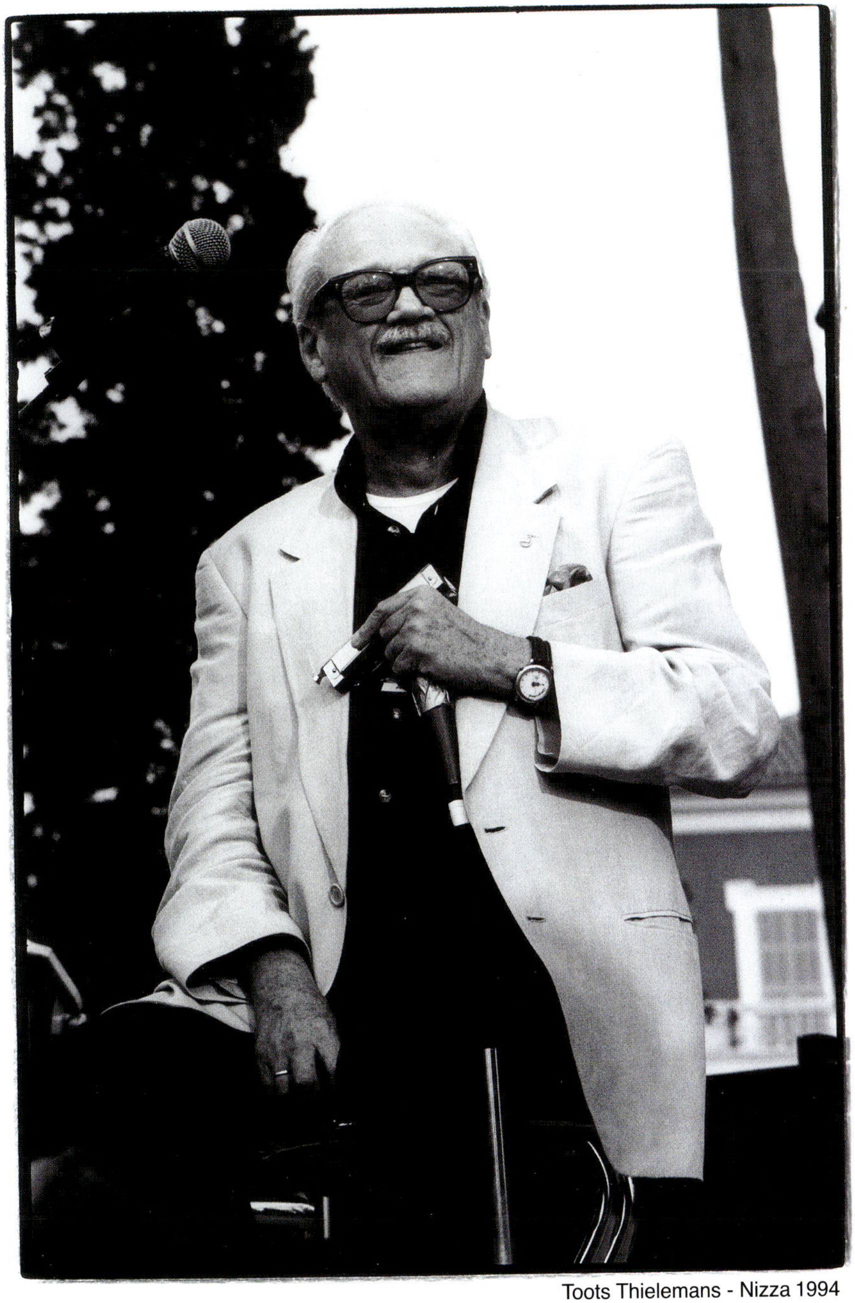

Toots Thielemans - Nizza 1994

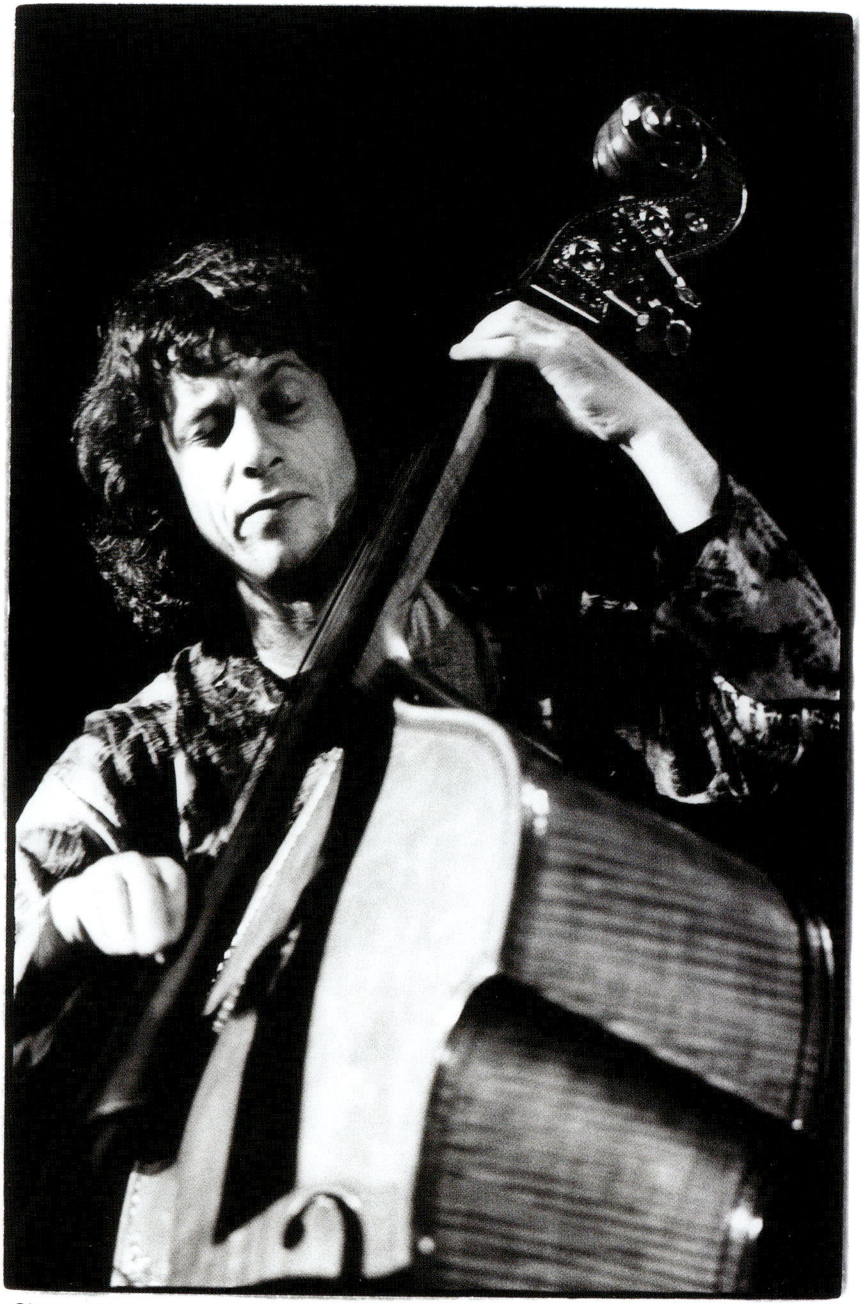

Giovanni Tommaso - Soncino 1980

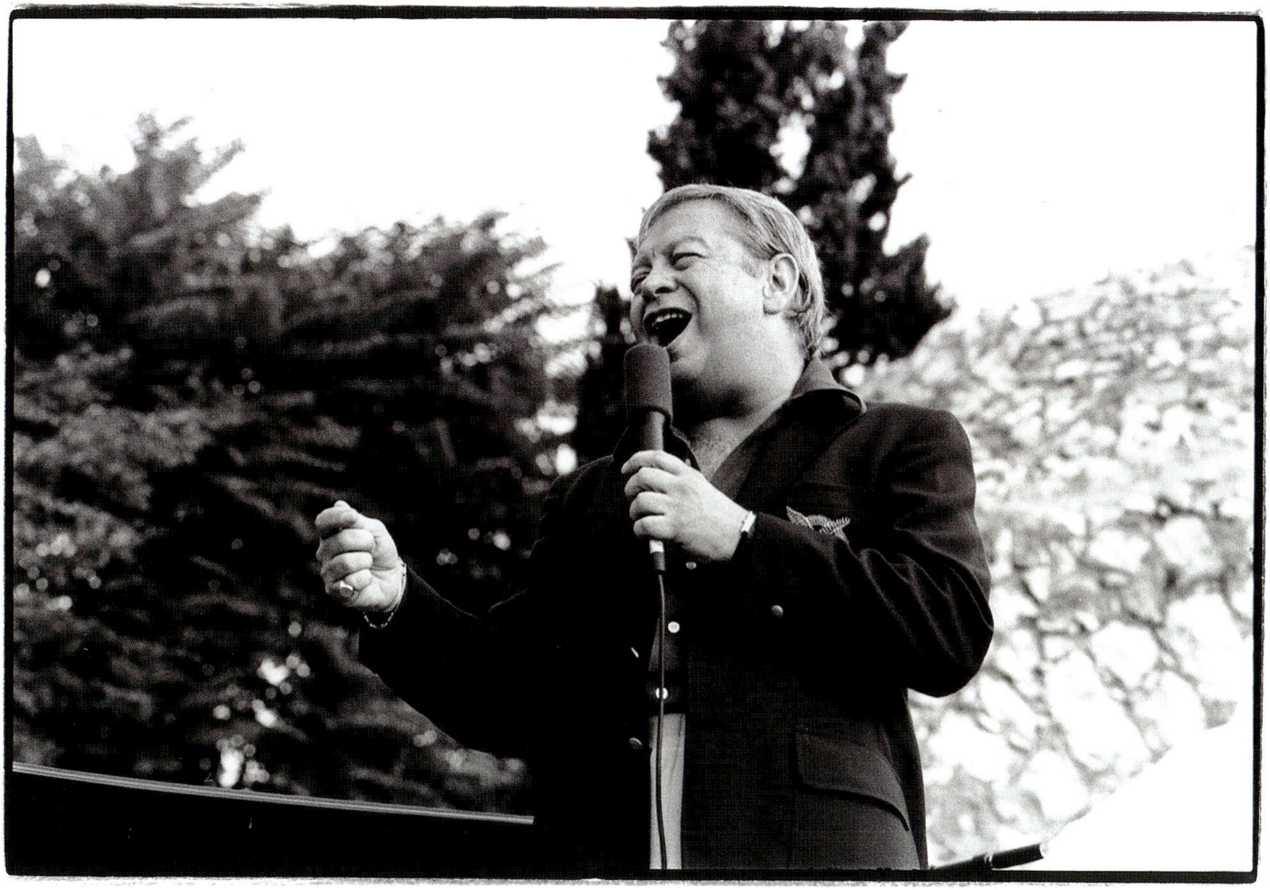

Mel Tormè - Nizza 1981

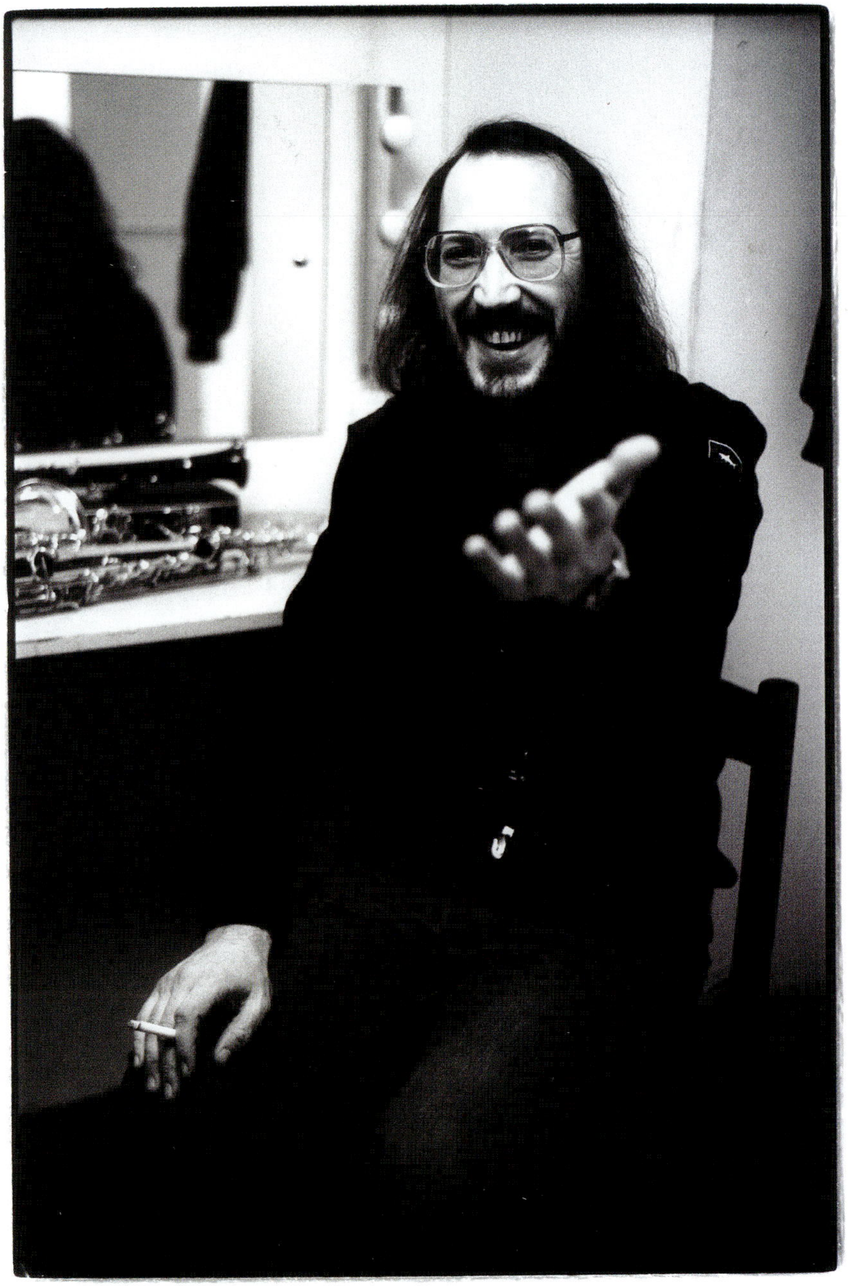

Gianluigi Trovesi - Milano 1982

Gianluigi è un bergamasco, di Nembro. Queste radici gli hanno dato la solidità, la forza del carattere per cercare di imporre le proprie idee, la propria musica. E c'è riuscito dopo un quarto di secolo di fatiche. Ormai è un big, in Italia e anche in Europa. Me lo ricordo agli inizi con il gruppo di Franco Cerri, erano i primi anni settanta. E poi ancora prorompere sulla scena con il suo album solo Baghèt, nome dialettale bergamasco della cornamusa. Era appena stato riconosciuto come musicista rivelazione dell'anno. E che rivelazione. Un musicista completo in grado di suonare sax soprano, alto, tenore, clarinetto basso, flauto dolce, sopranino, launeddas e quant'altro. Grande il nostro Gianluigi. Le poche volte che ci sentiamo e ci vediamo, a distanza di anni, mi chiama, sfottendomi, "maestro".

Gianluigi is from Nembro (Northern Italy). These roots gave him the firmness and power to implement his music and ideas. It also caused him a quarter of a century's worth of fatigue. He was well known in Italy as well as the rest of Europe. I remember him playing with Franco Cerri's band in the early 70's; he had his big break with the album Baghèt, the local dialect word for bagpipe. He was acknowledged as one of the most ground-breaking musicians of the year. He was as complete as he only could be with all kinds of saxophones, clarinets, launeddas and whatever else. Way to go Luigi. Those few times we saw or heard from each other over the years, he mockingly called me "maestro".

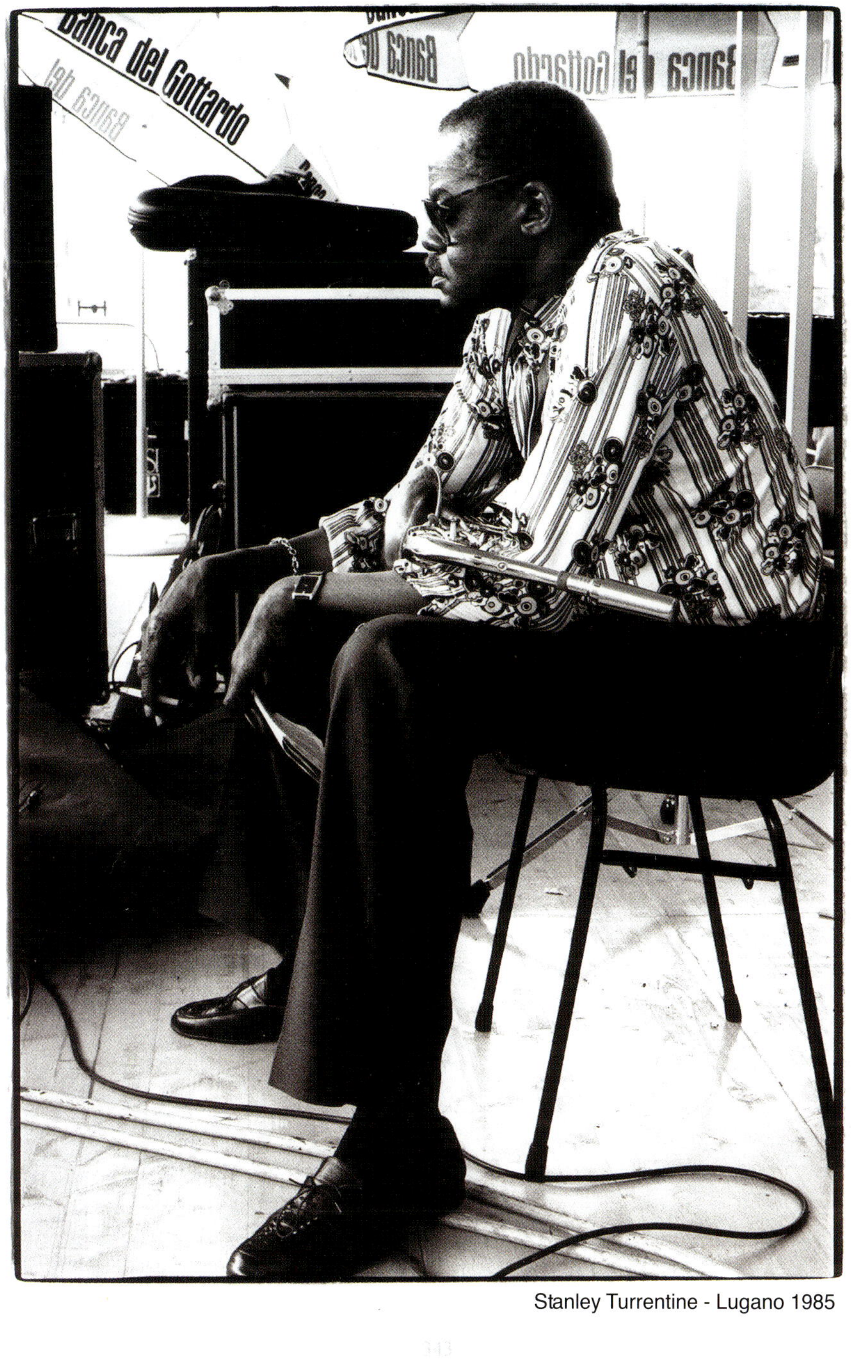

Stanley Turrentine - Lugano 1985

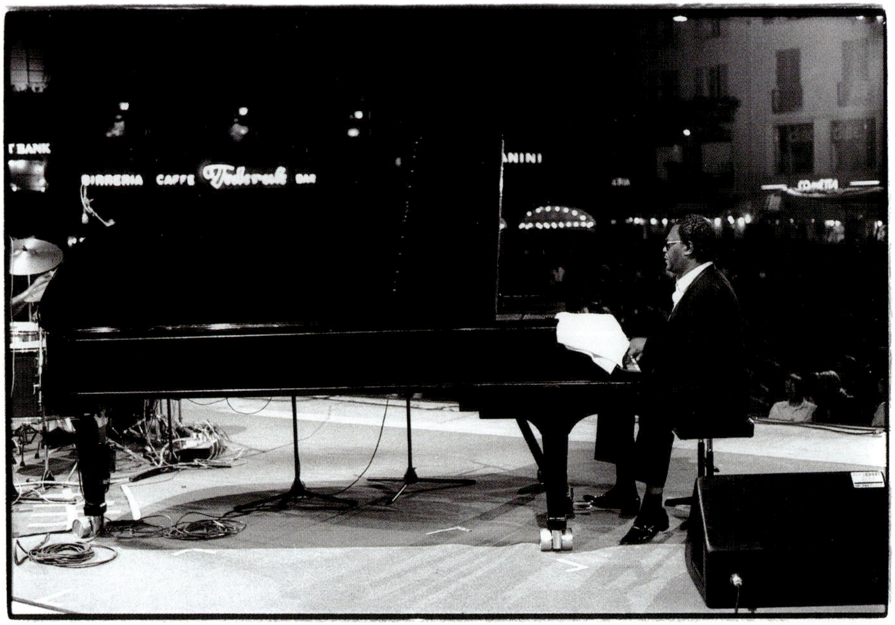

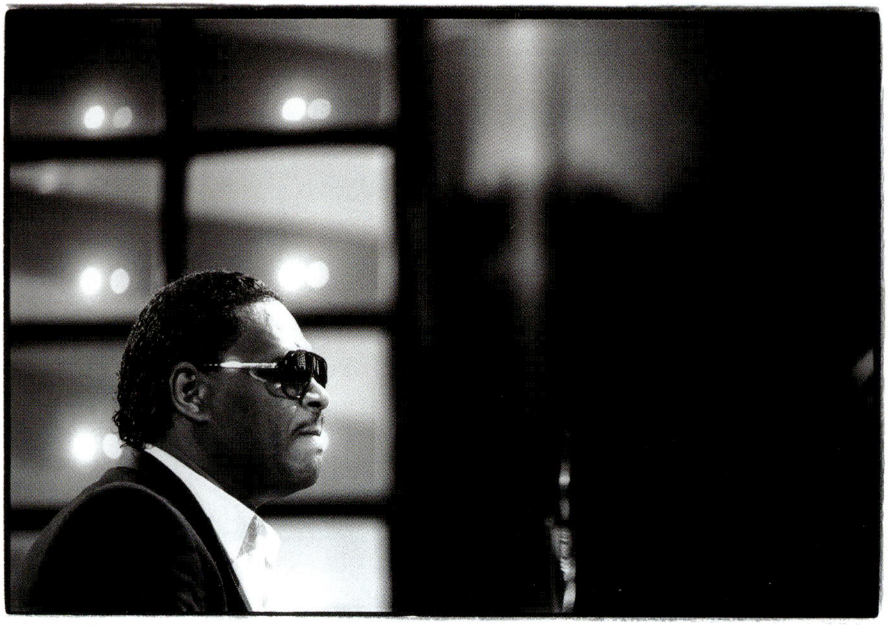

Mc Coy Tyner - Lugano 1988

U

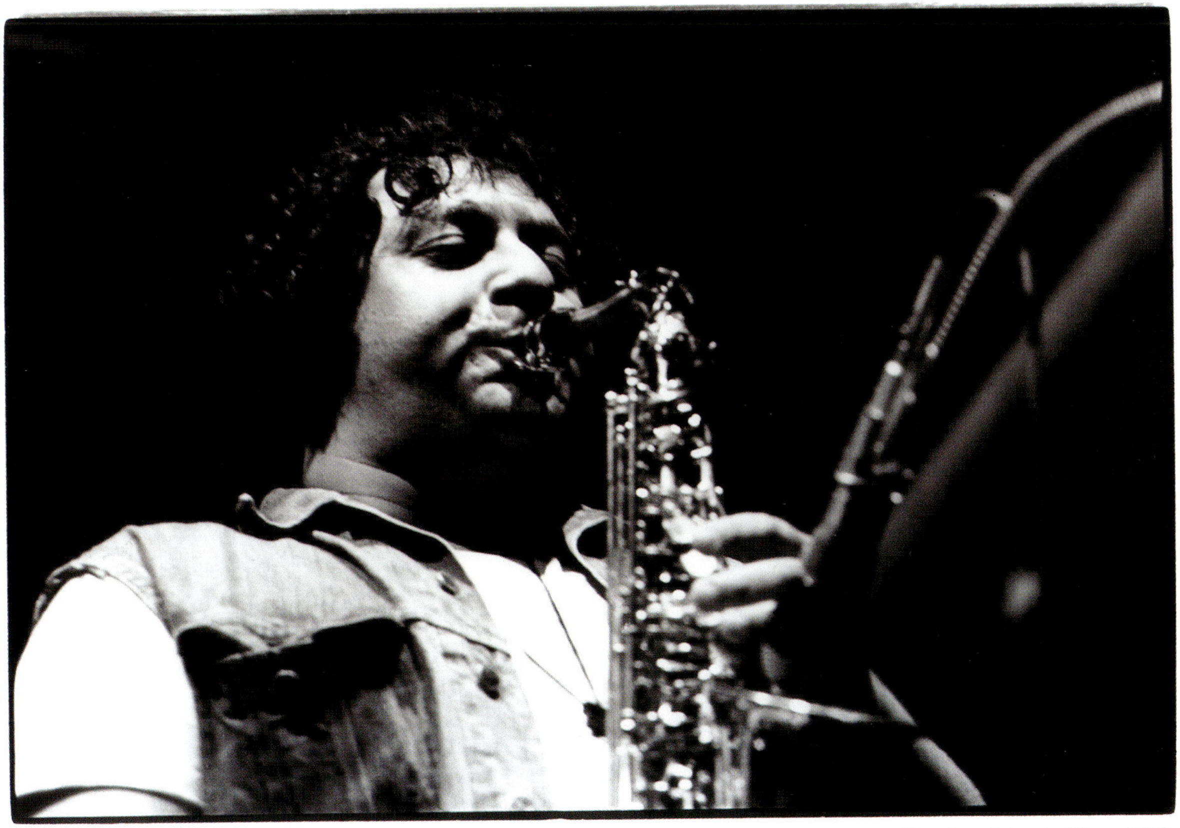

Massimo Urbani - Nizza 1984

Per tutti coloro a cui Massimo Urbani ha dato qualcosa, per i quali la sua dirompente vitalità ha significato qualcosa (tanto!), Massimo vive.

For all those people his outbreaking vitality has always meant something (many of us!), Massimo lives on.

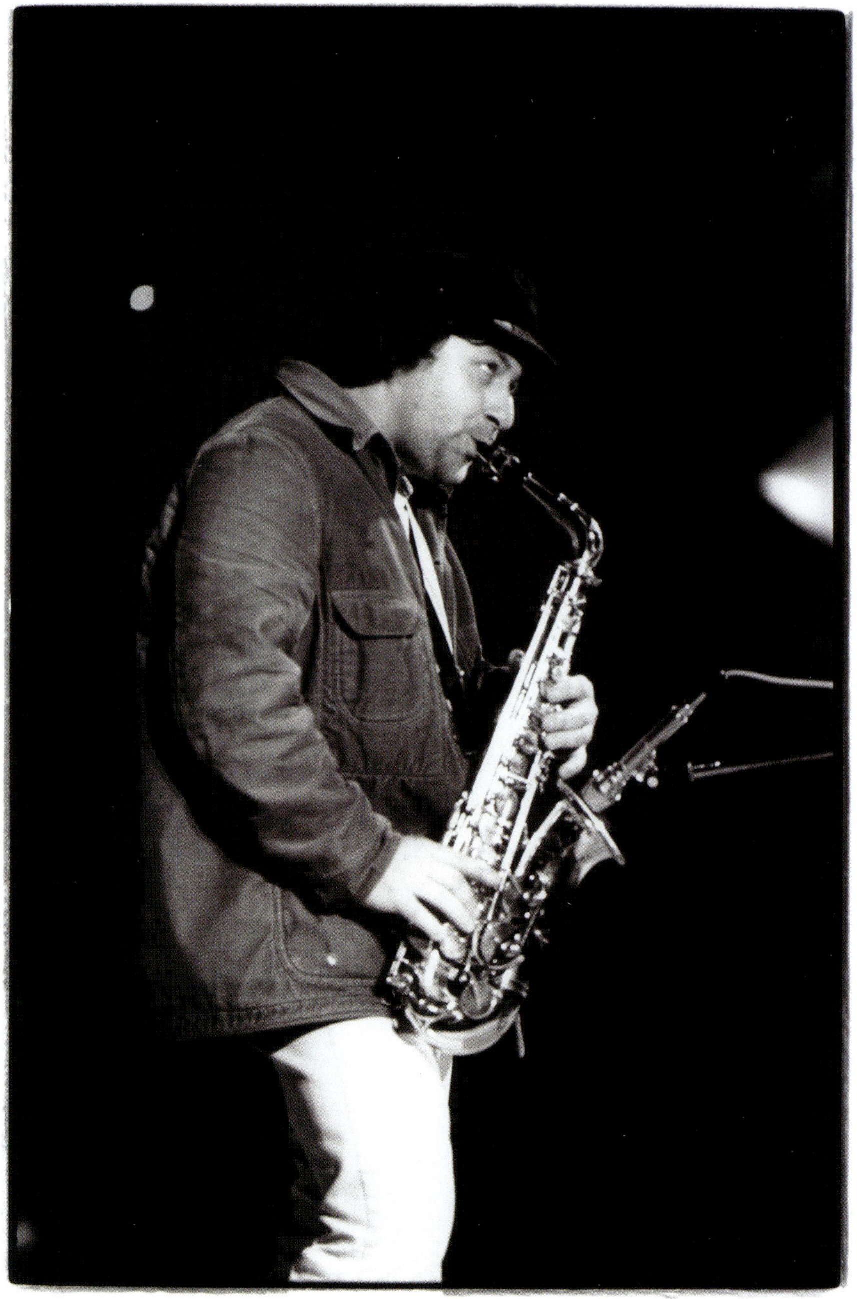

Massimo Urbani - Mantova 1981

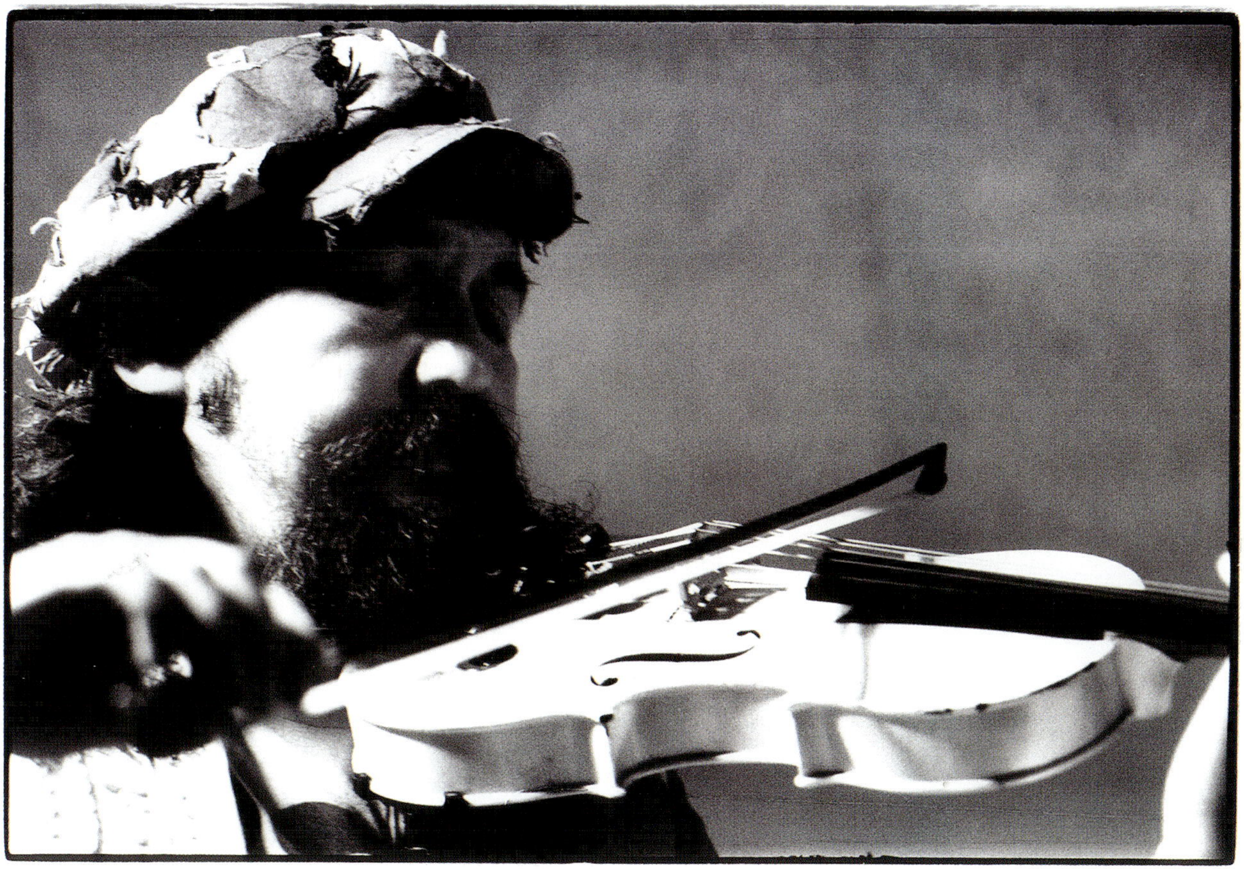

Michael Urbaniak - Aja 1980

V

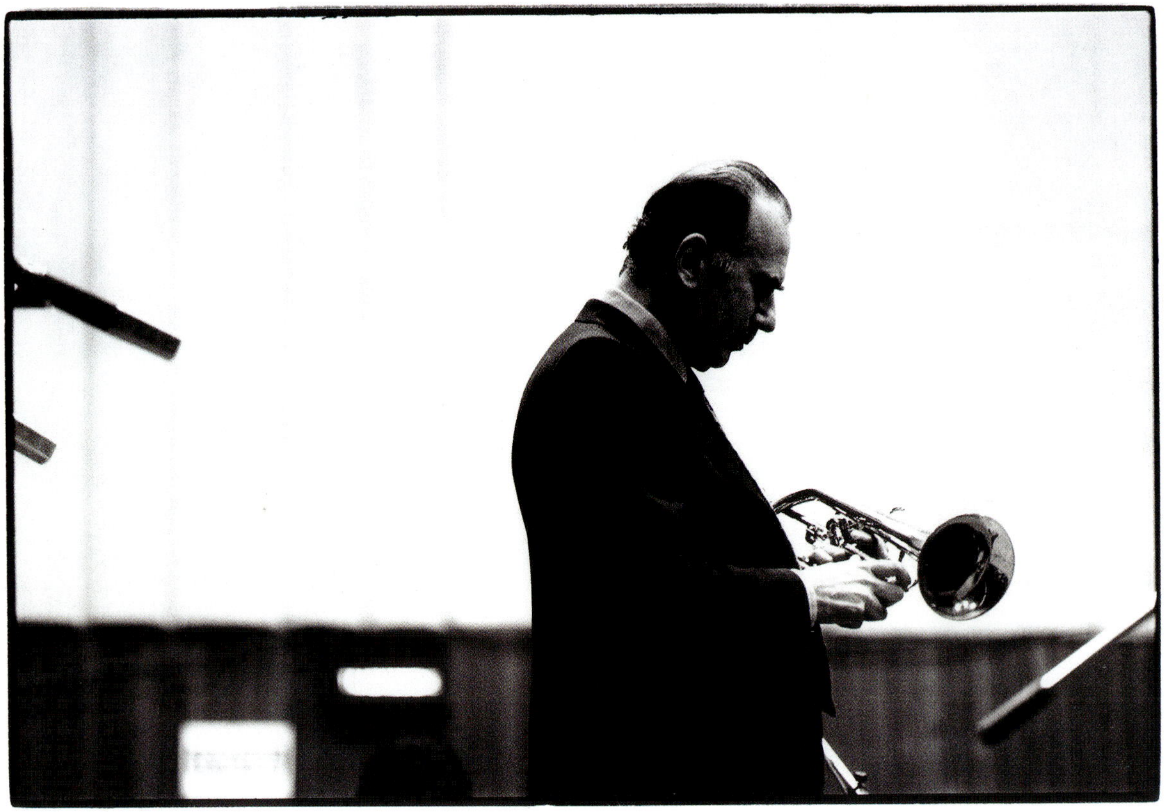

Oscar Valdambrini - Milano 1980

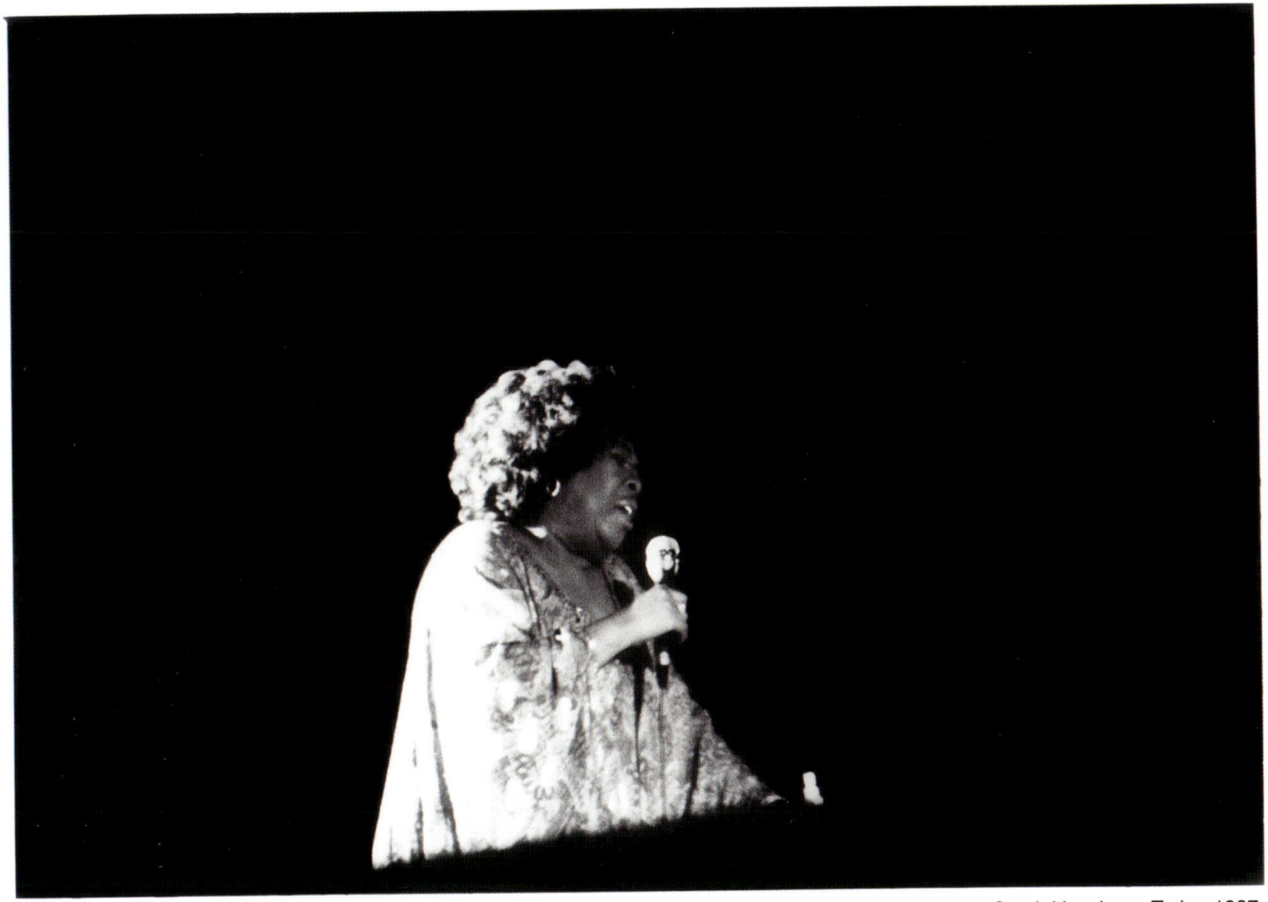

Sarah Vaughan - Torino 1987

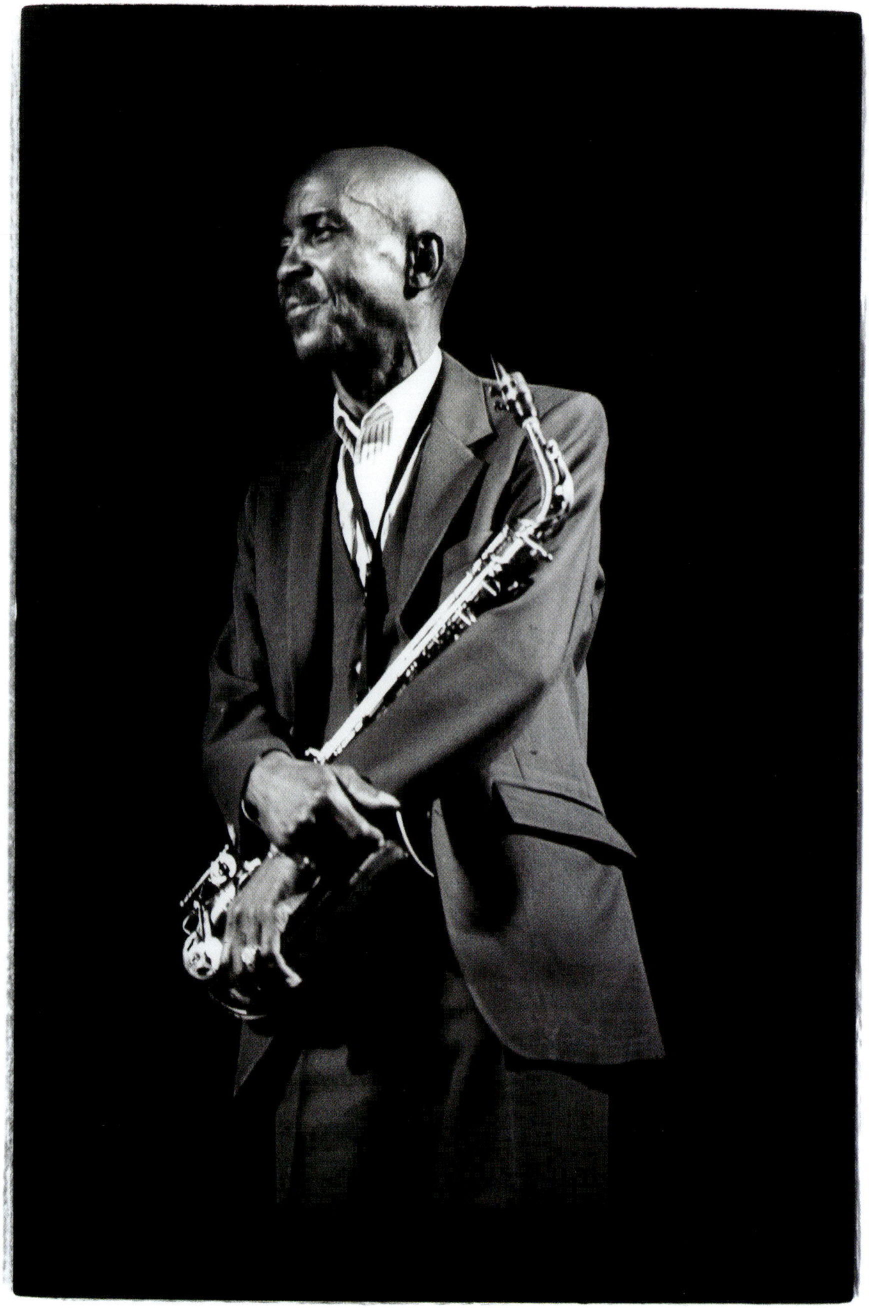

Eddie Vinson - Nizza 1981

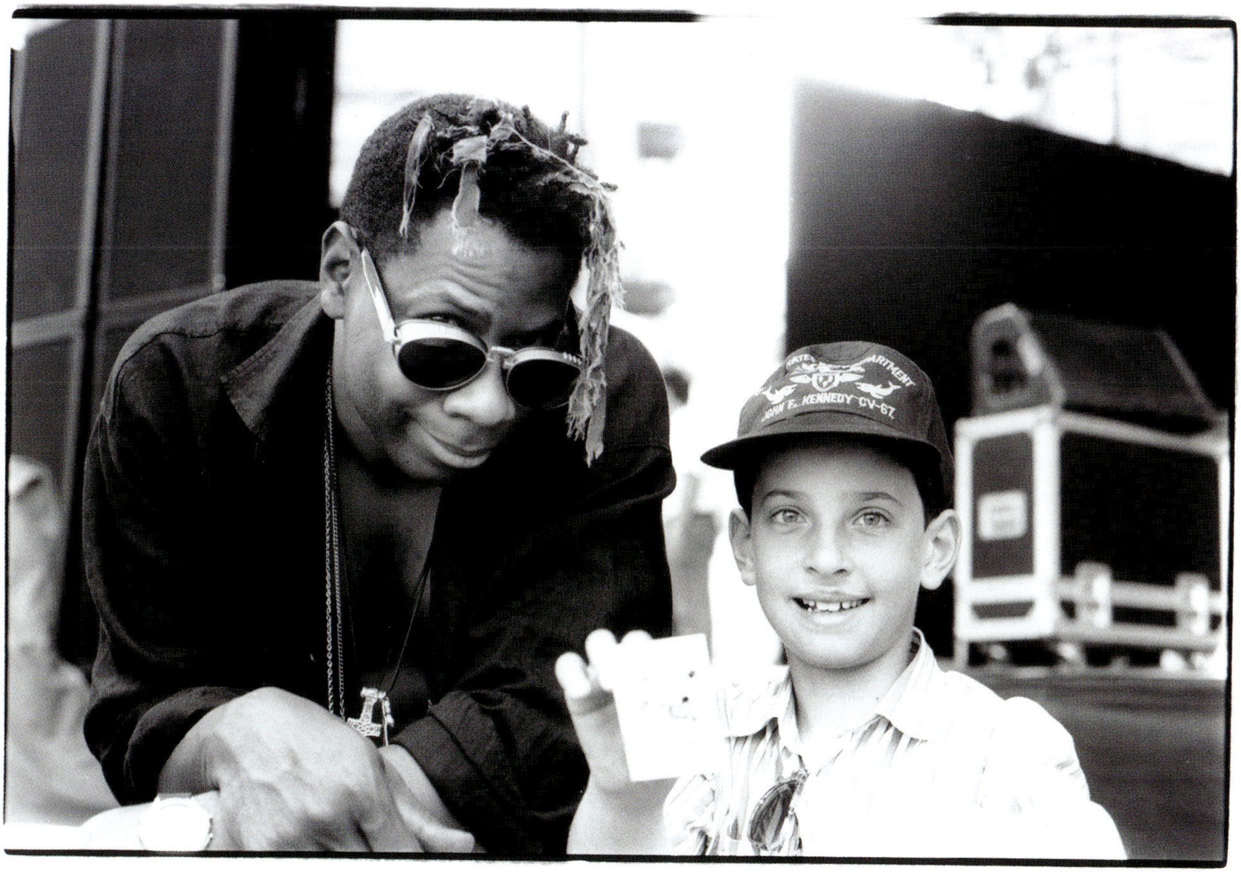

Vinx - Lugano 1992

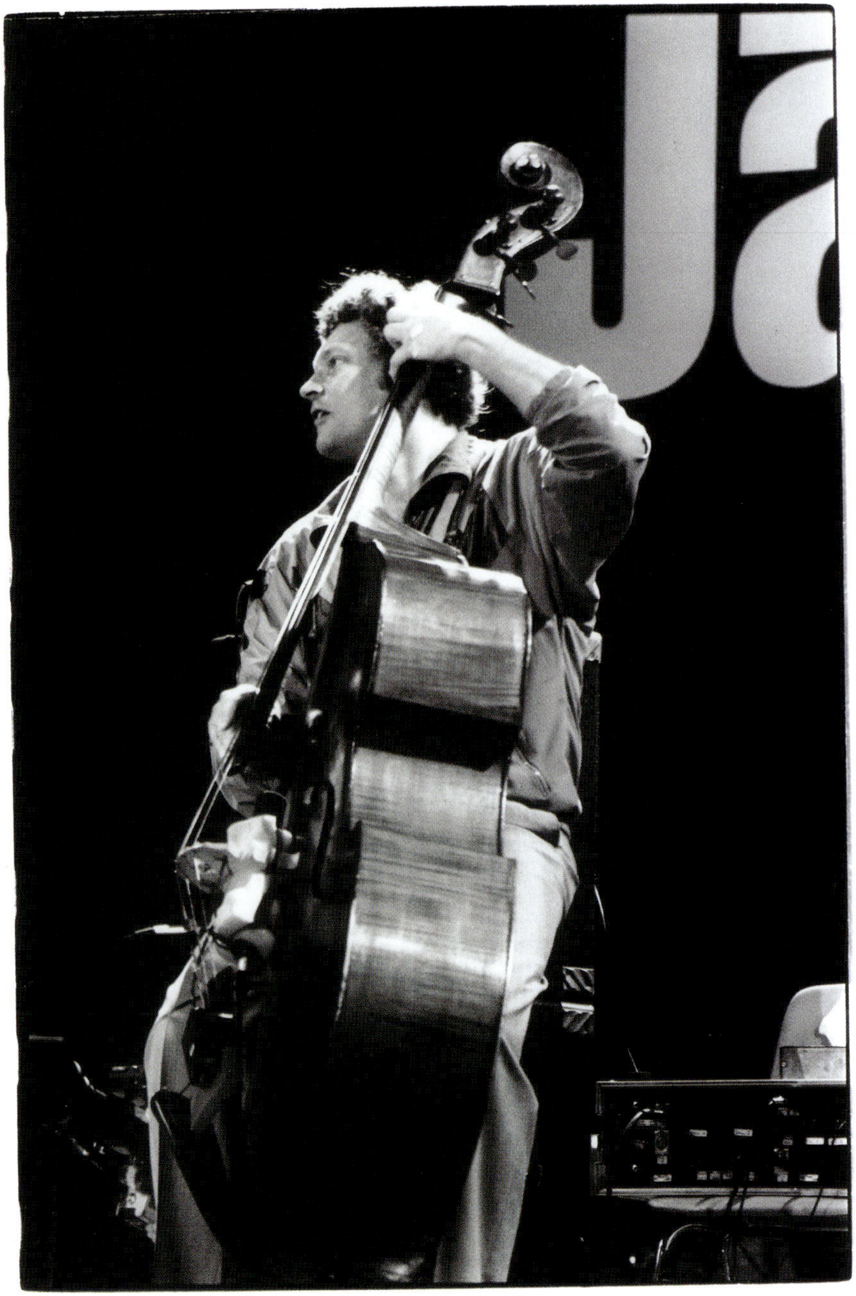

Miroslav Vitous - Lugano 1992

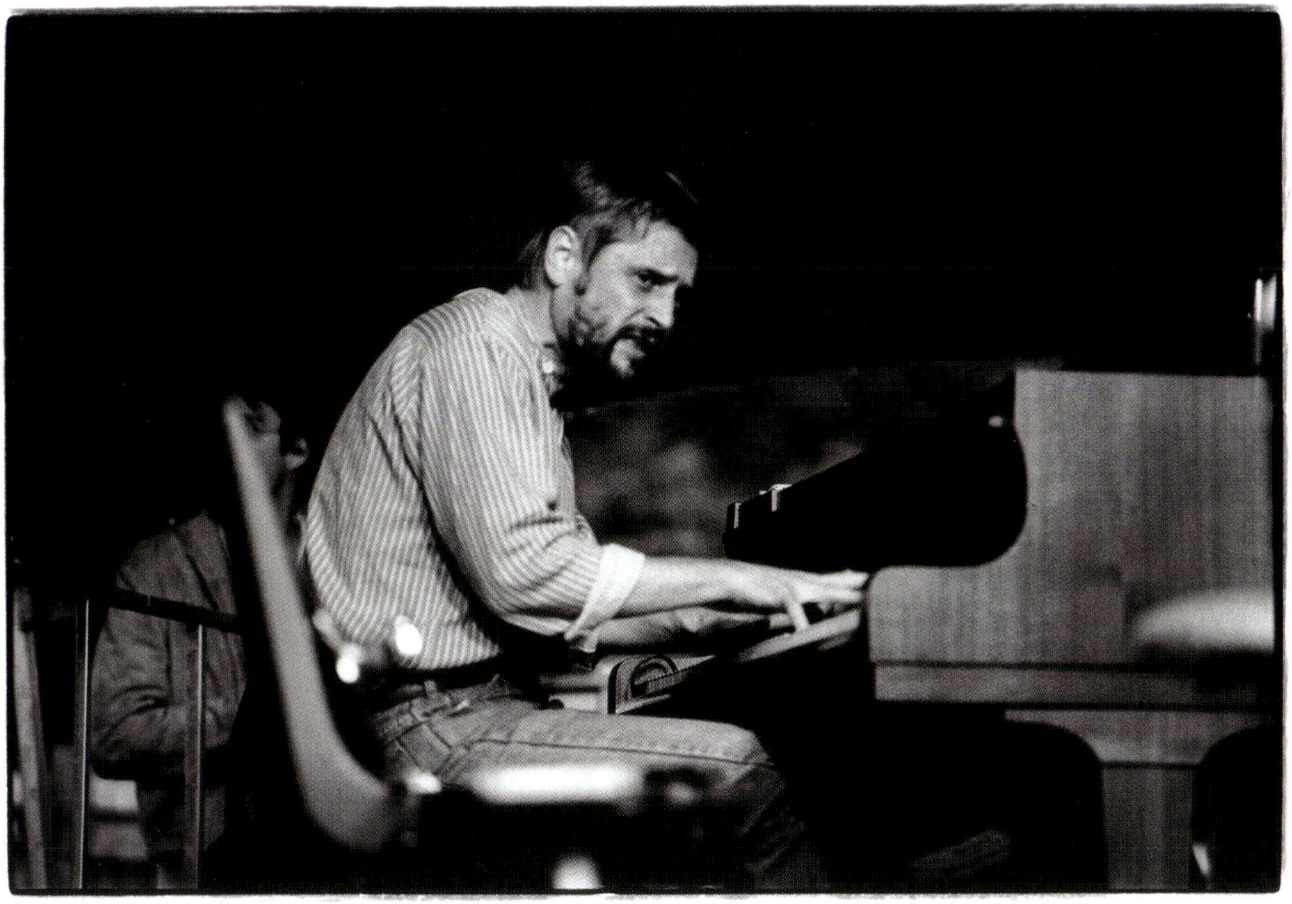

Alex Von Schlippenbach - Moers 1979

W

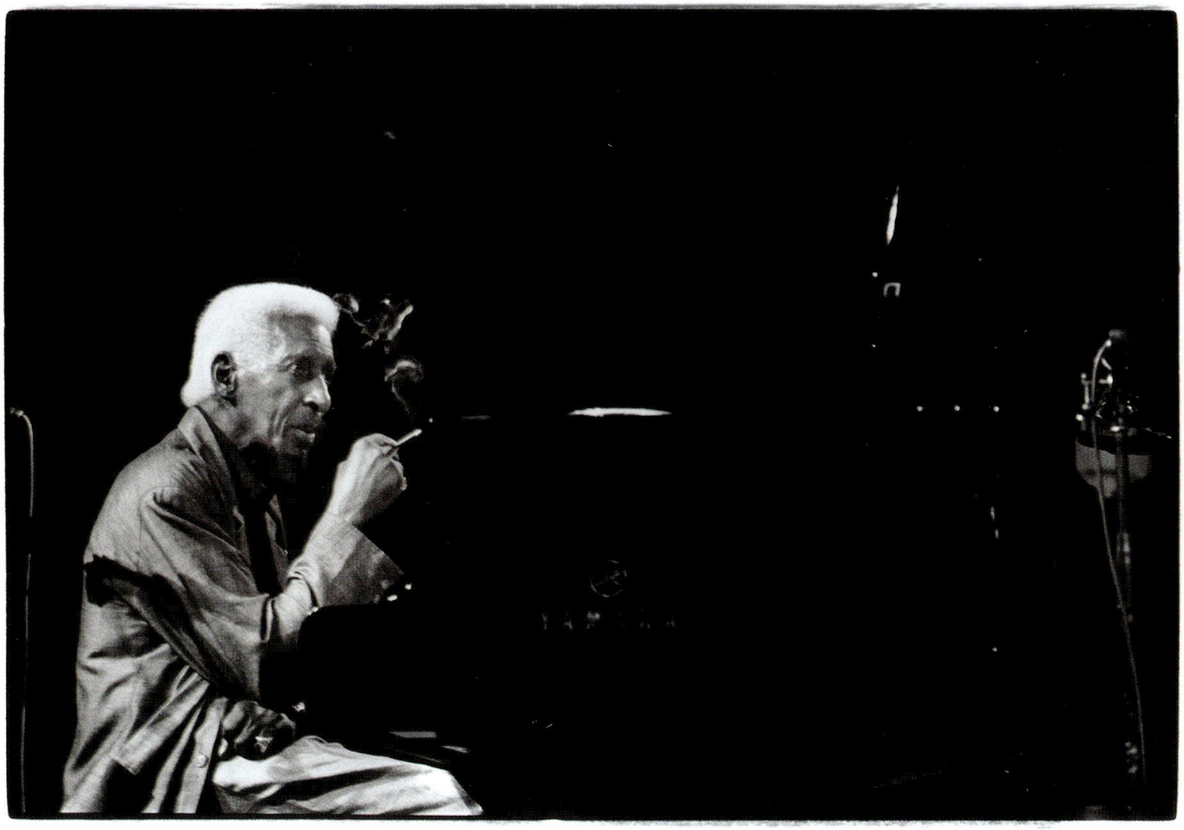

Mal Waldron - Aja 2001

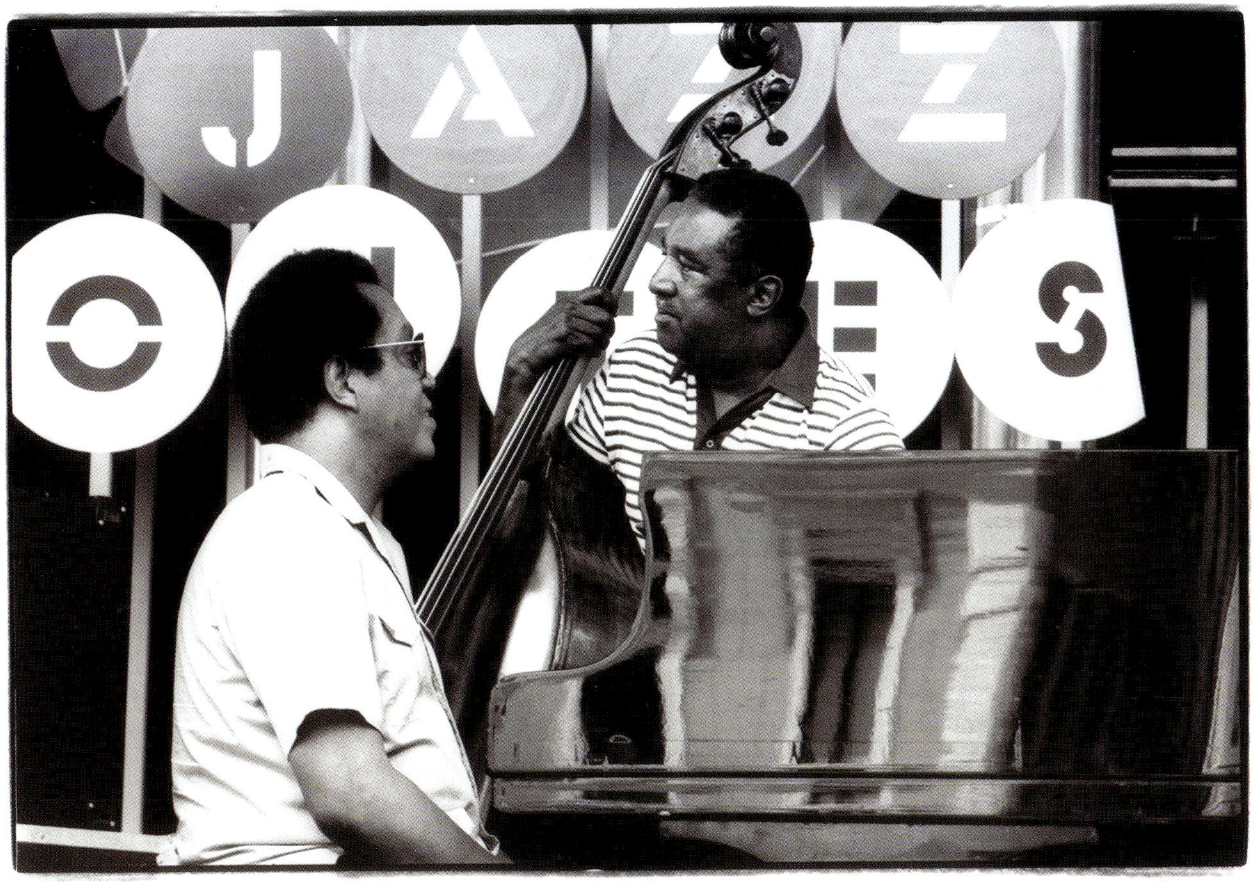

Cedar Walton & Ray Brown - Lugano 1986

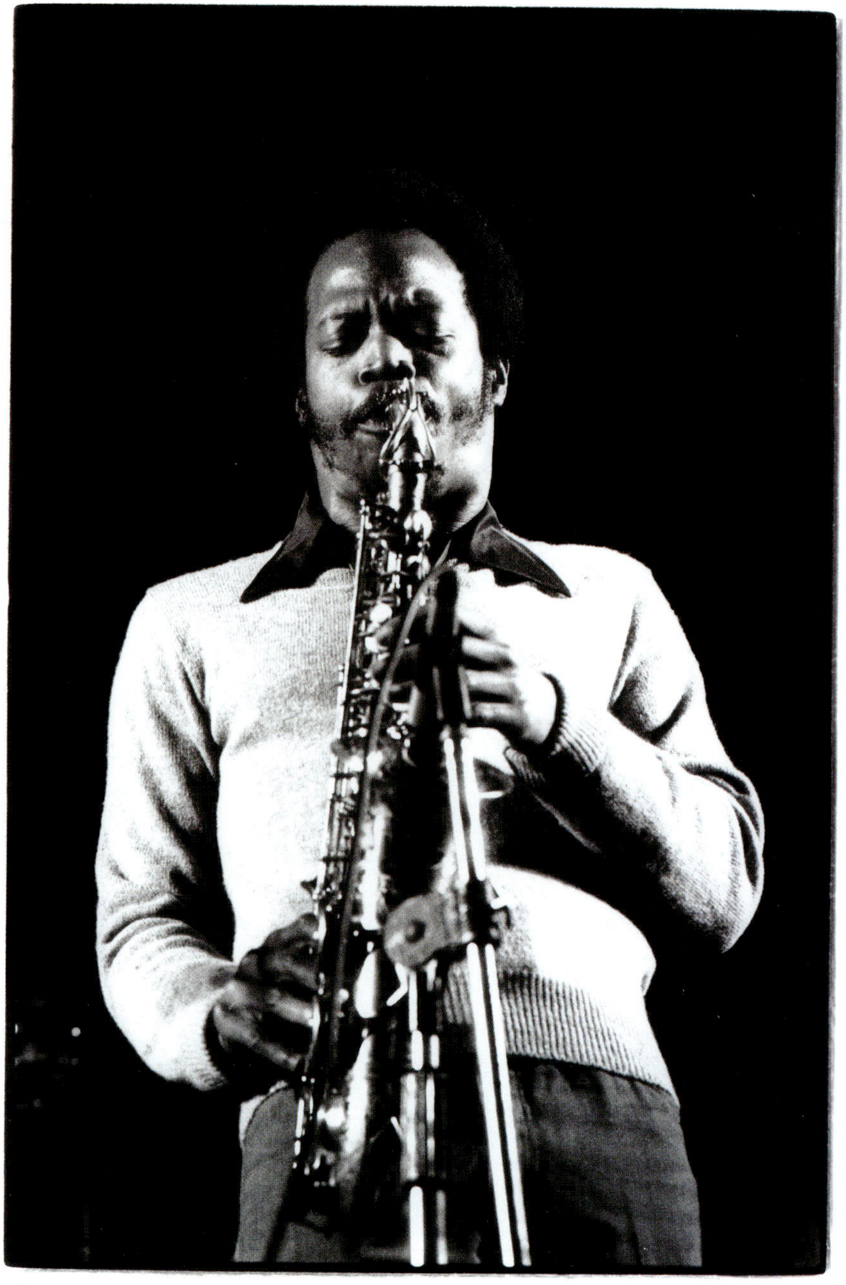

Carlos Ward - Milano 1980

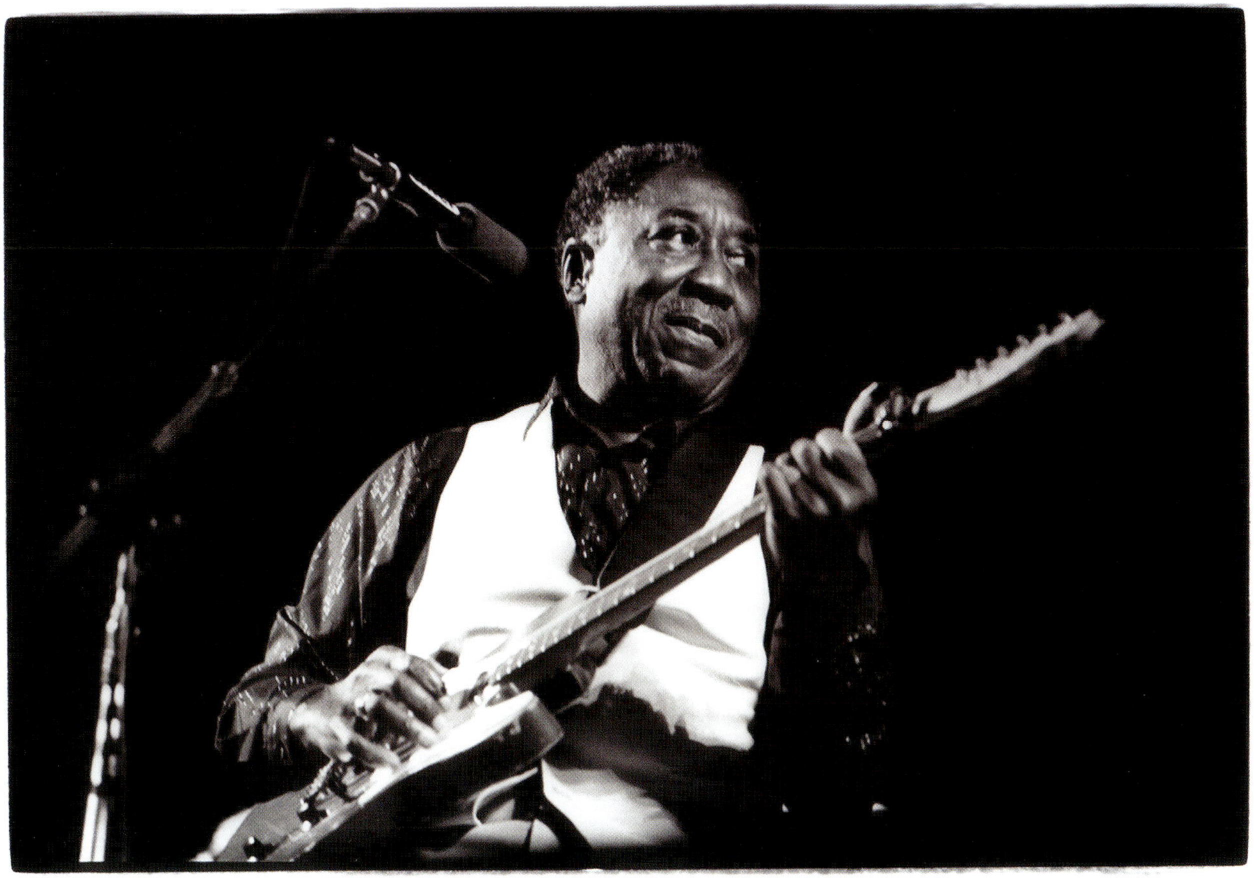

Muddy Waters - Nizza 1981

Sulla sua tomba, a Chicago, si legge “The mojo is gone, the master has won”, il mojo se n’è andato, il maestro ha vinto.

In Chicago, on his tombstone it reads: “The mojo is gone, the master has won”.

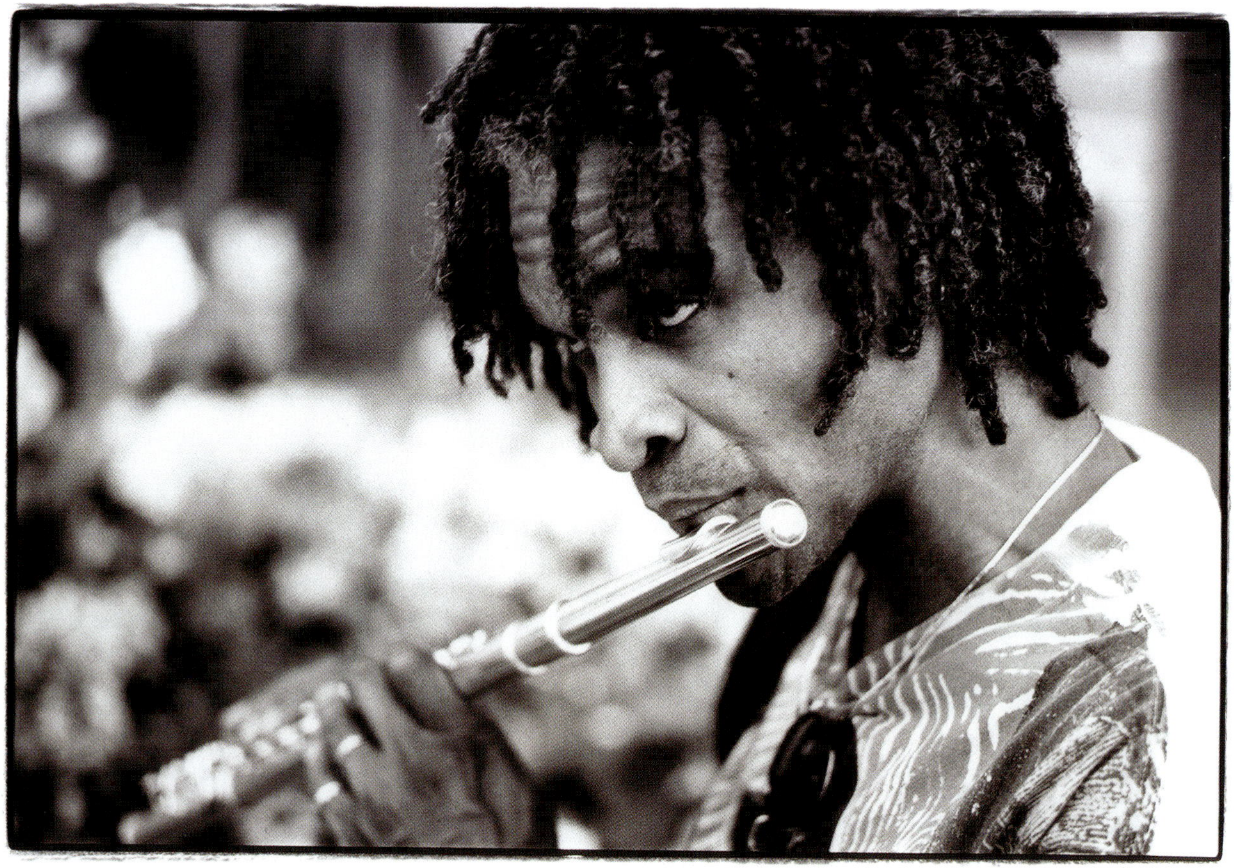

Bobby Watson - Lugano 1995

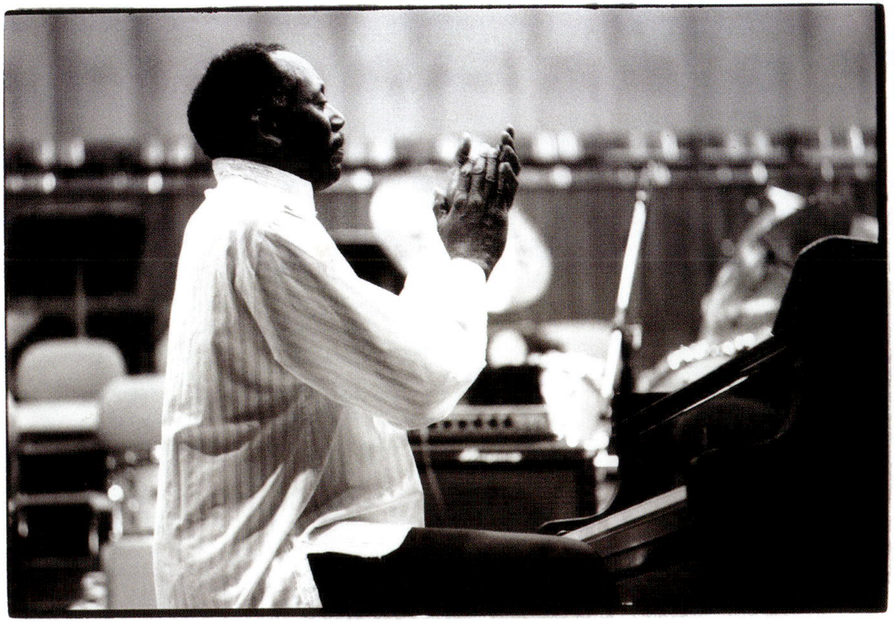

Randy Weston - Milano 1980

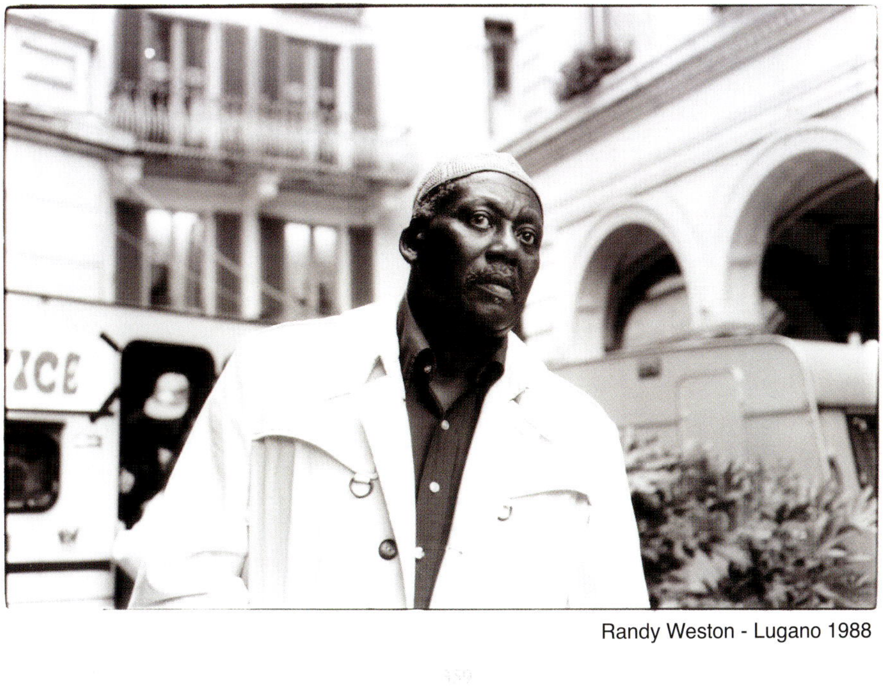

Randy Weston - Lugano 1988

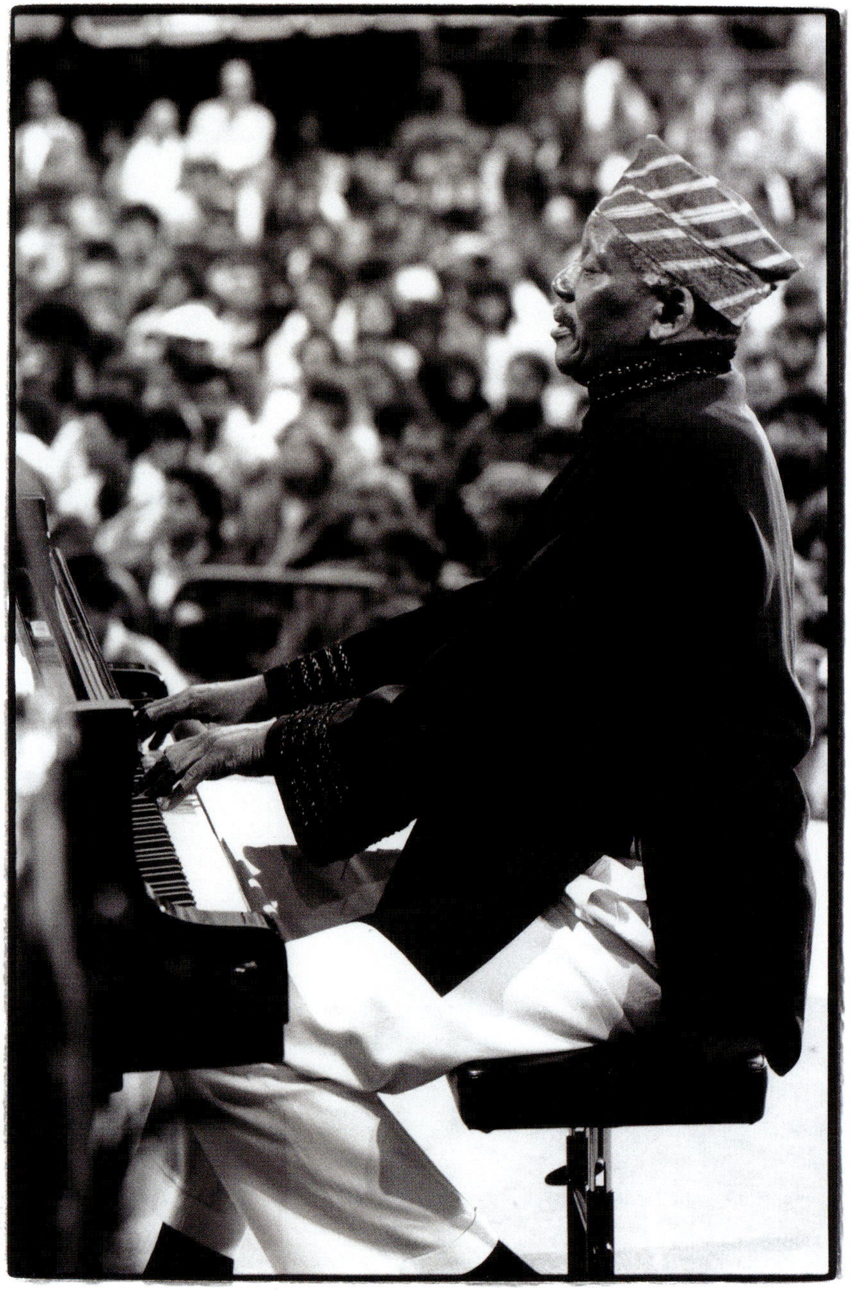

Randy Weston - Lugano 1988

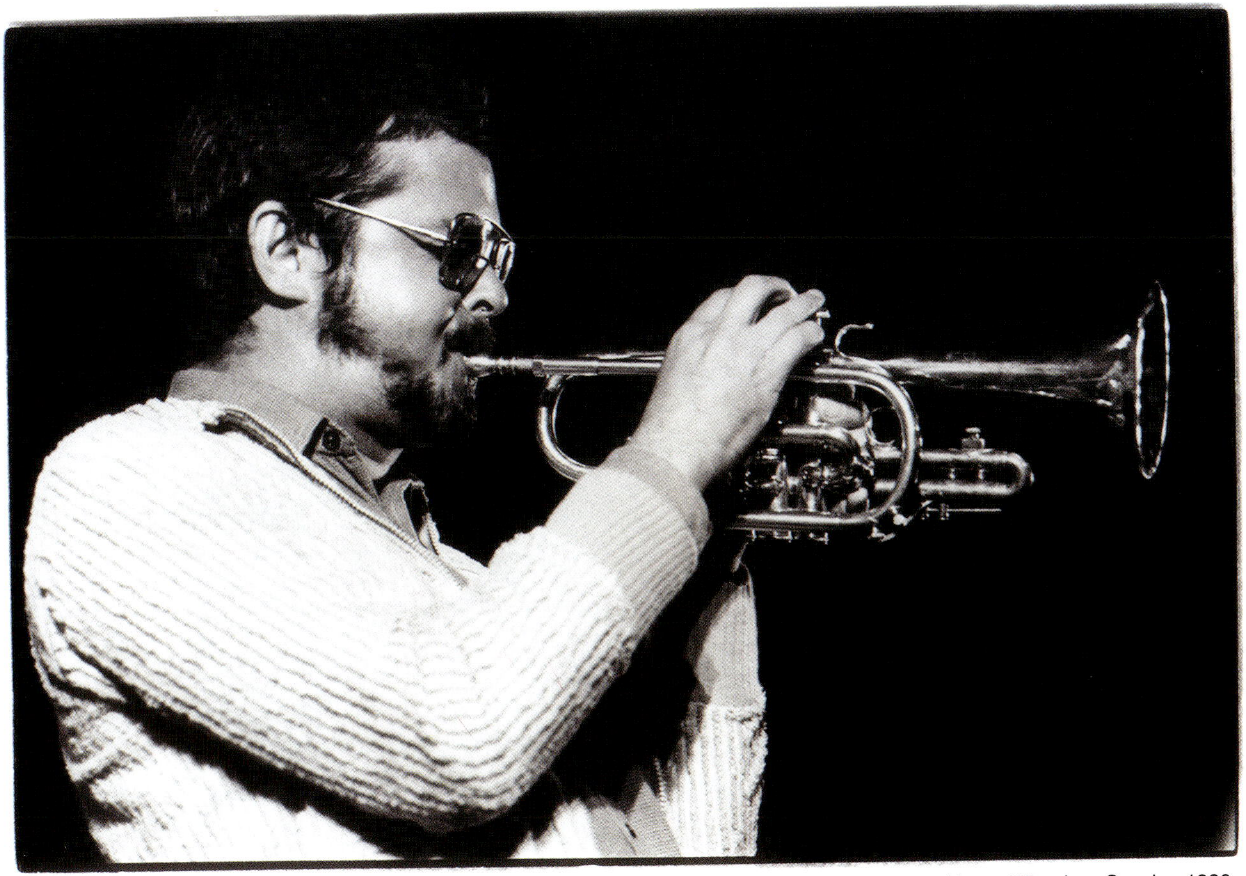

Kenny Wheeler - Soncino 1980

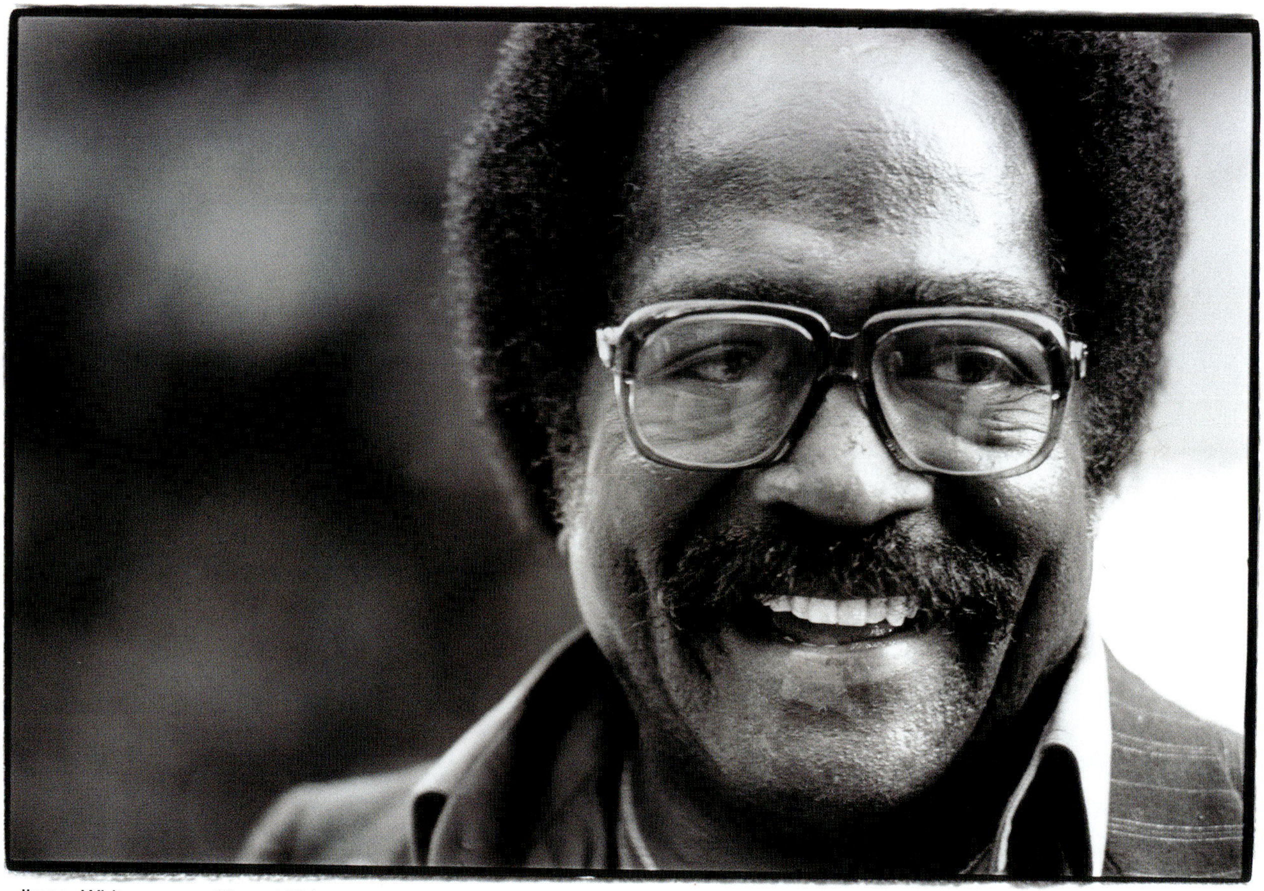
Jimmy Whiterspoon - Nizza 1981

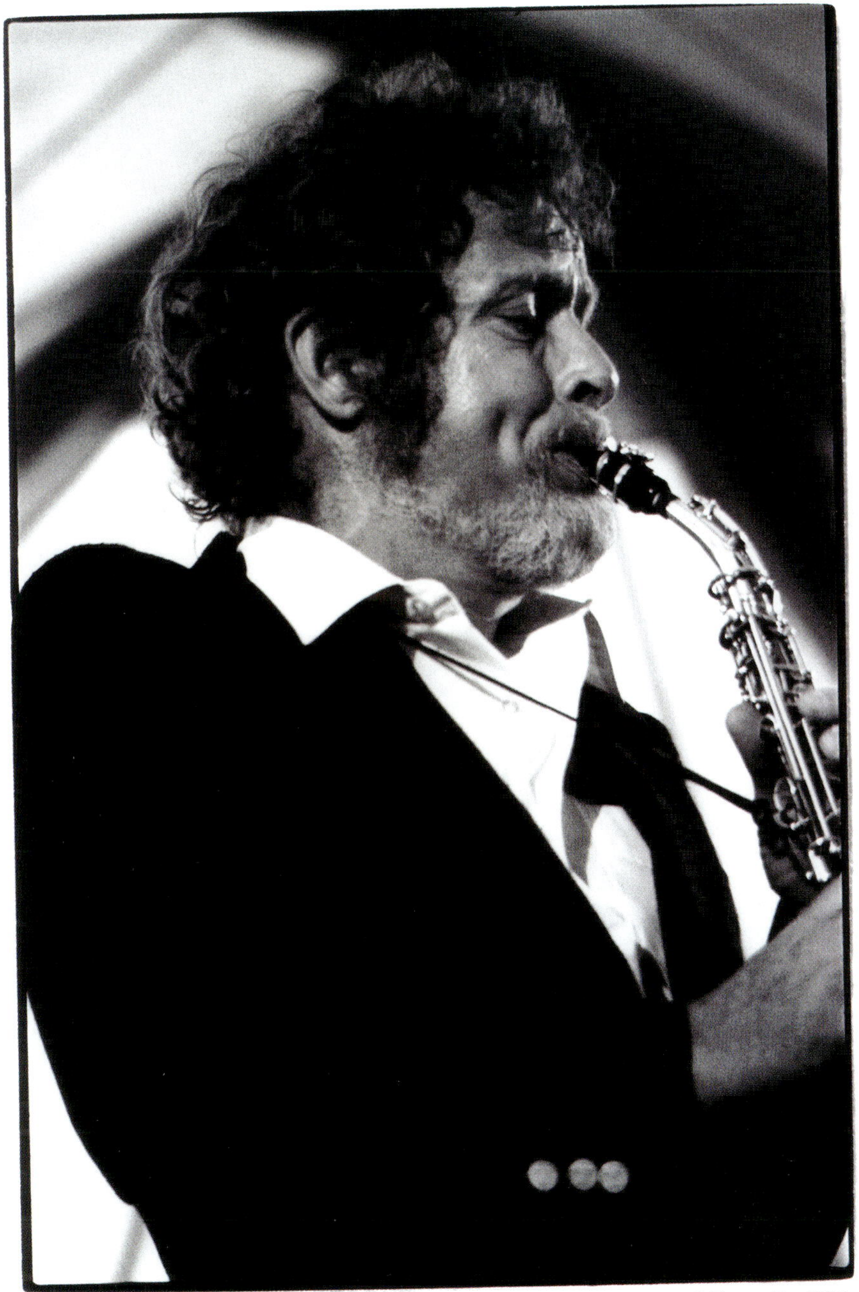

Bob Wilber - Aja 1982

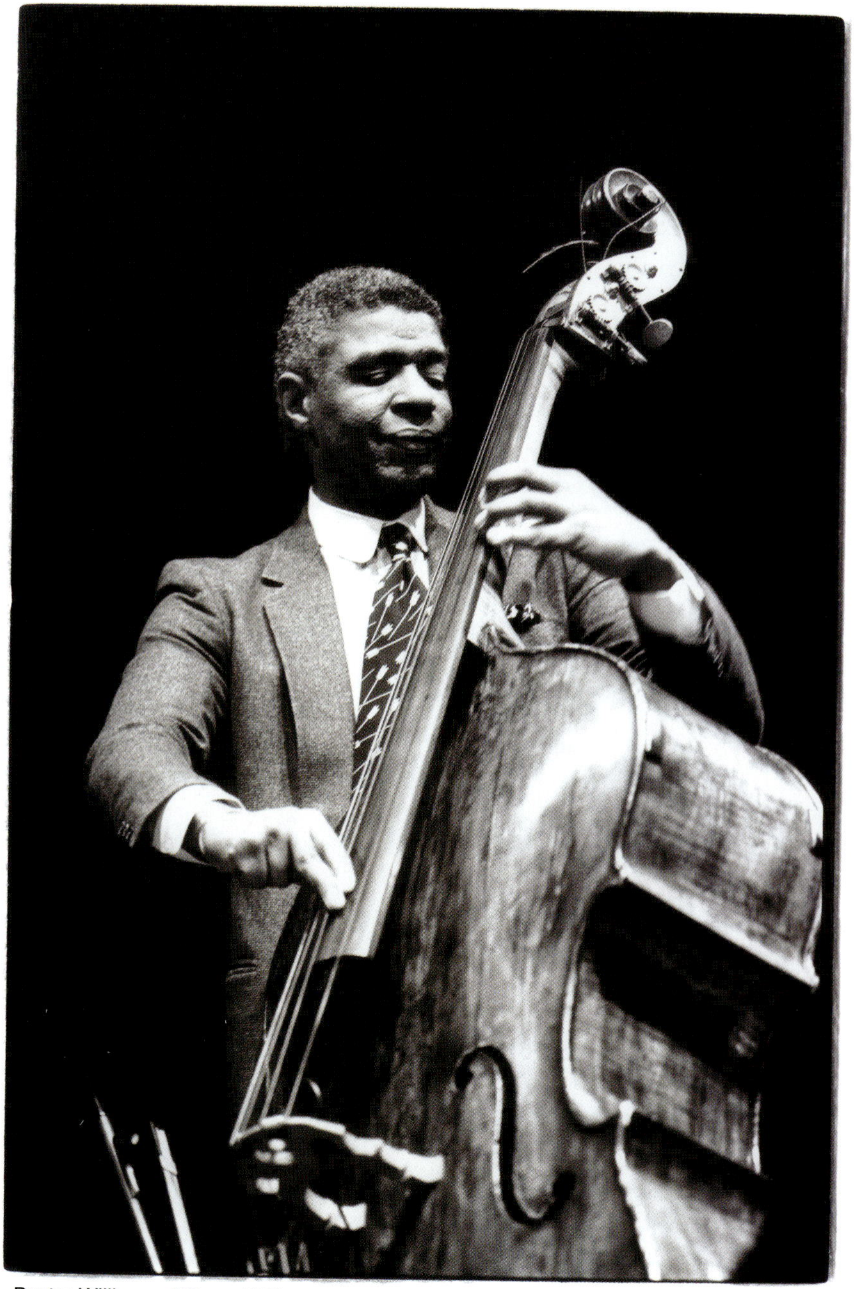

Buster Williams - Milano 1985

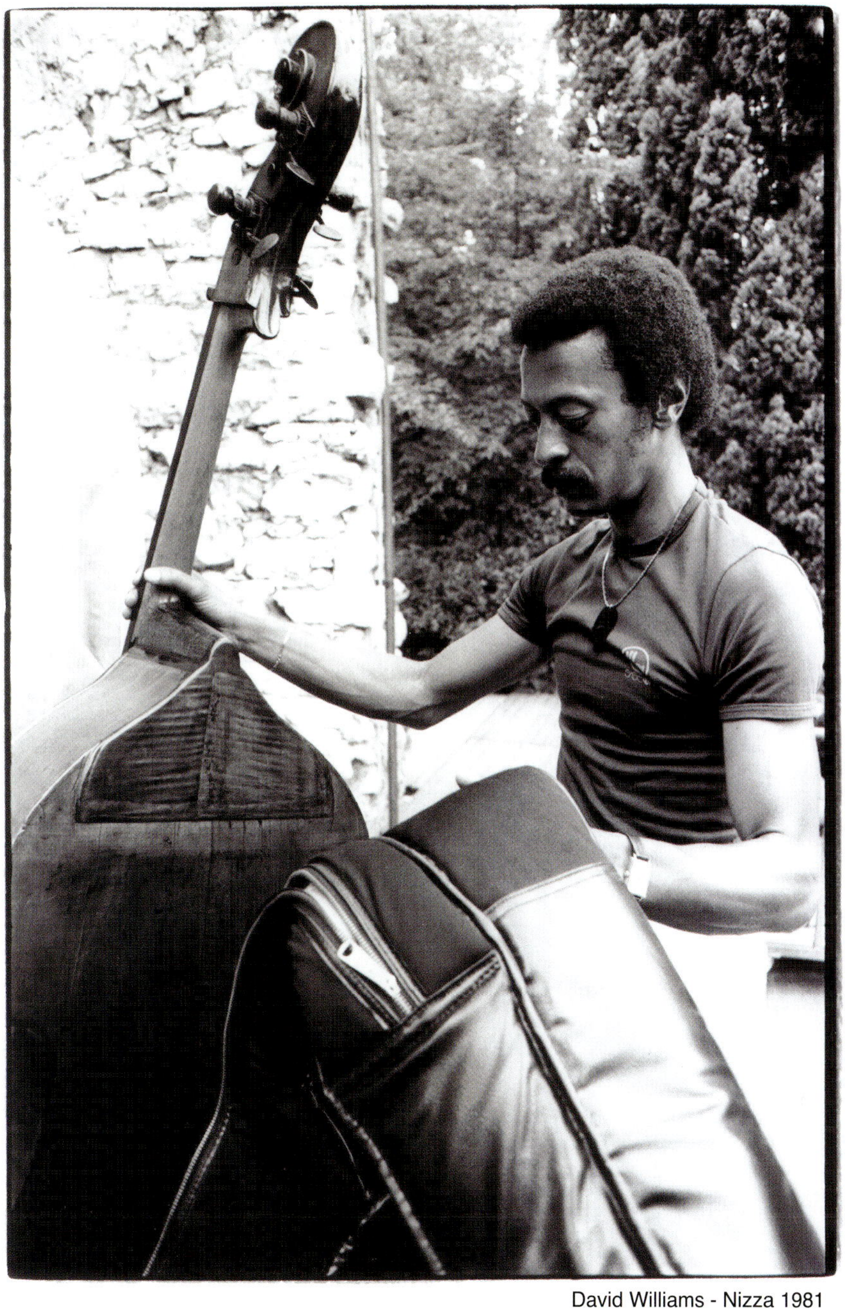

David Williams - Nizza 1981

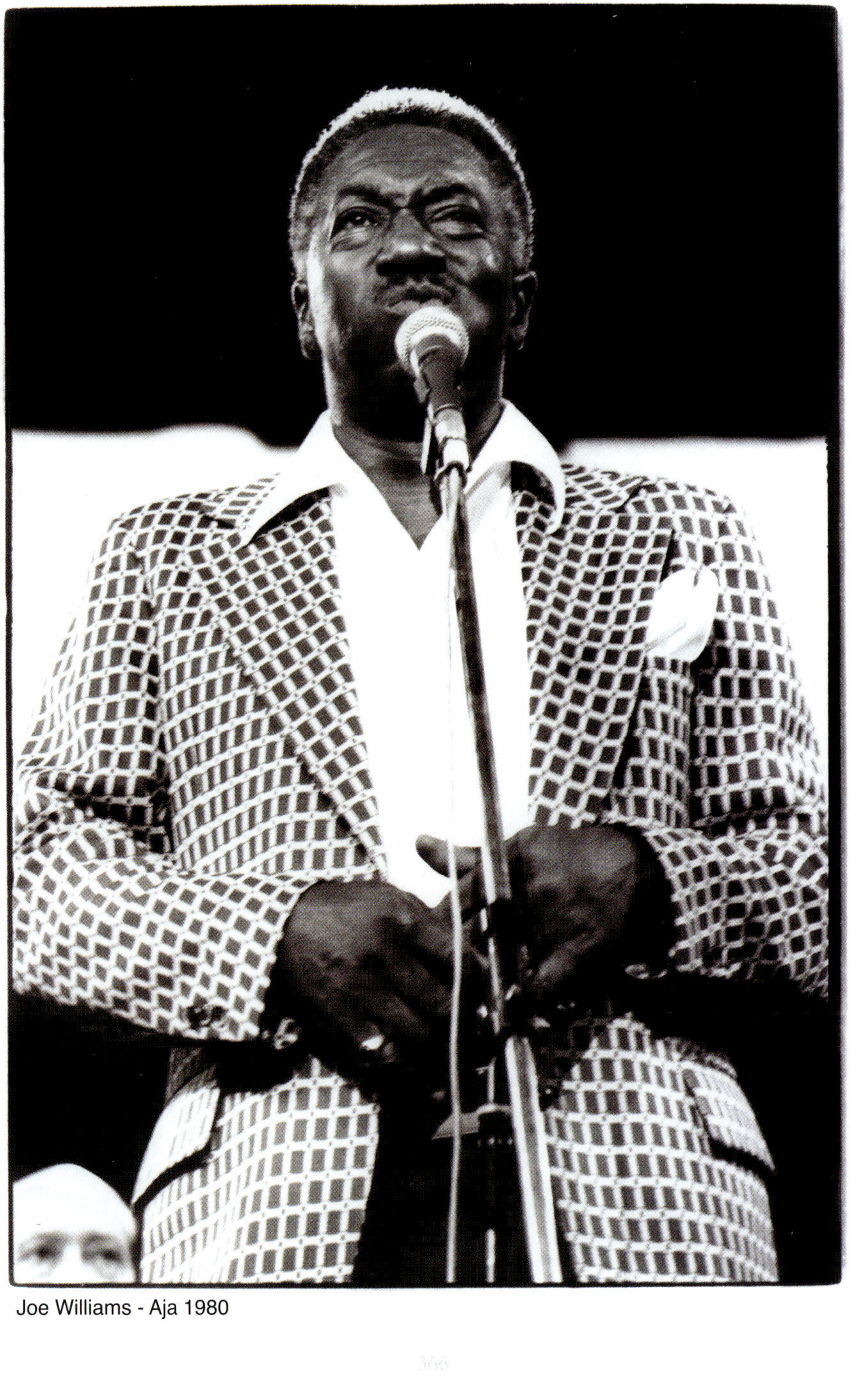

Joe Williams - Aja 1980

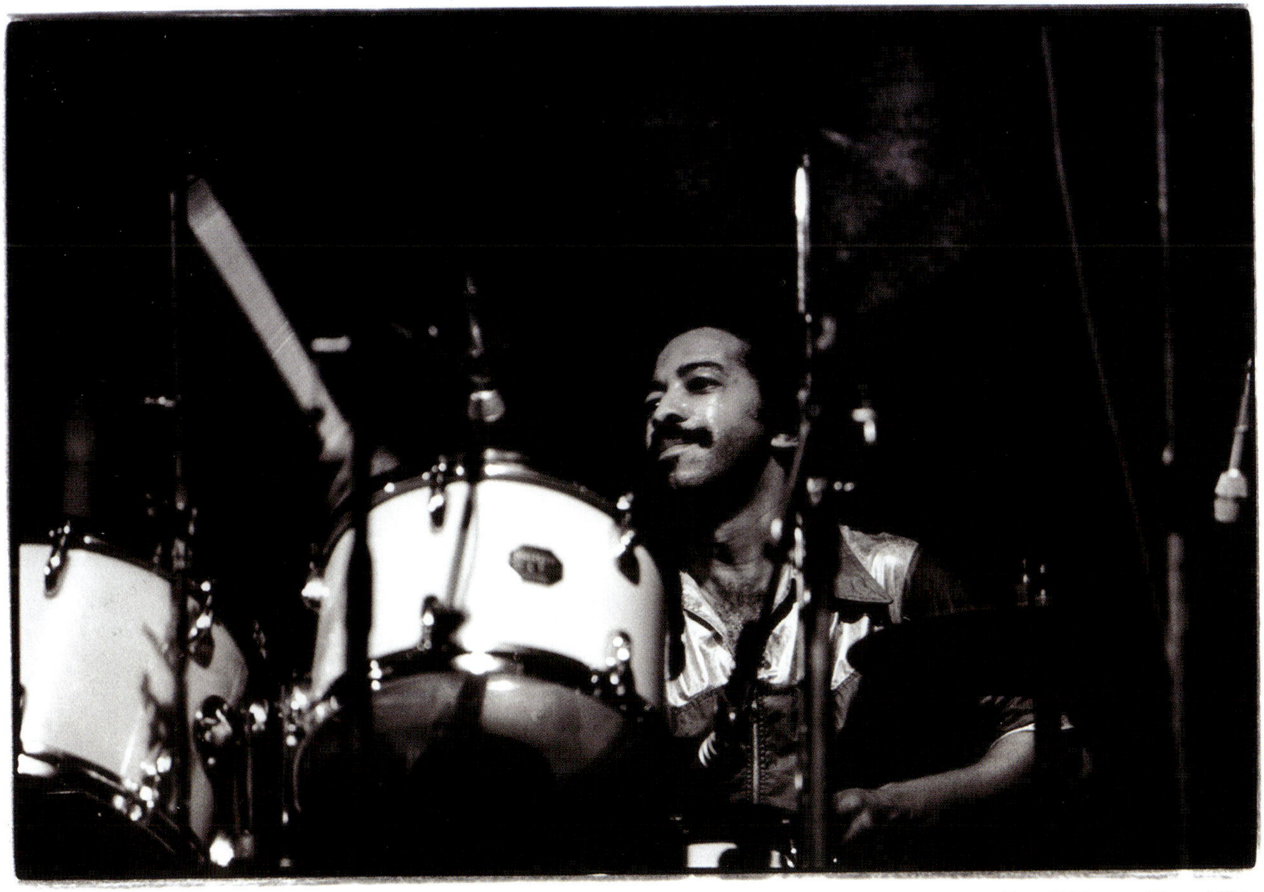

Tony Williams - Nizza 1981

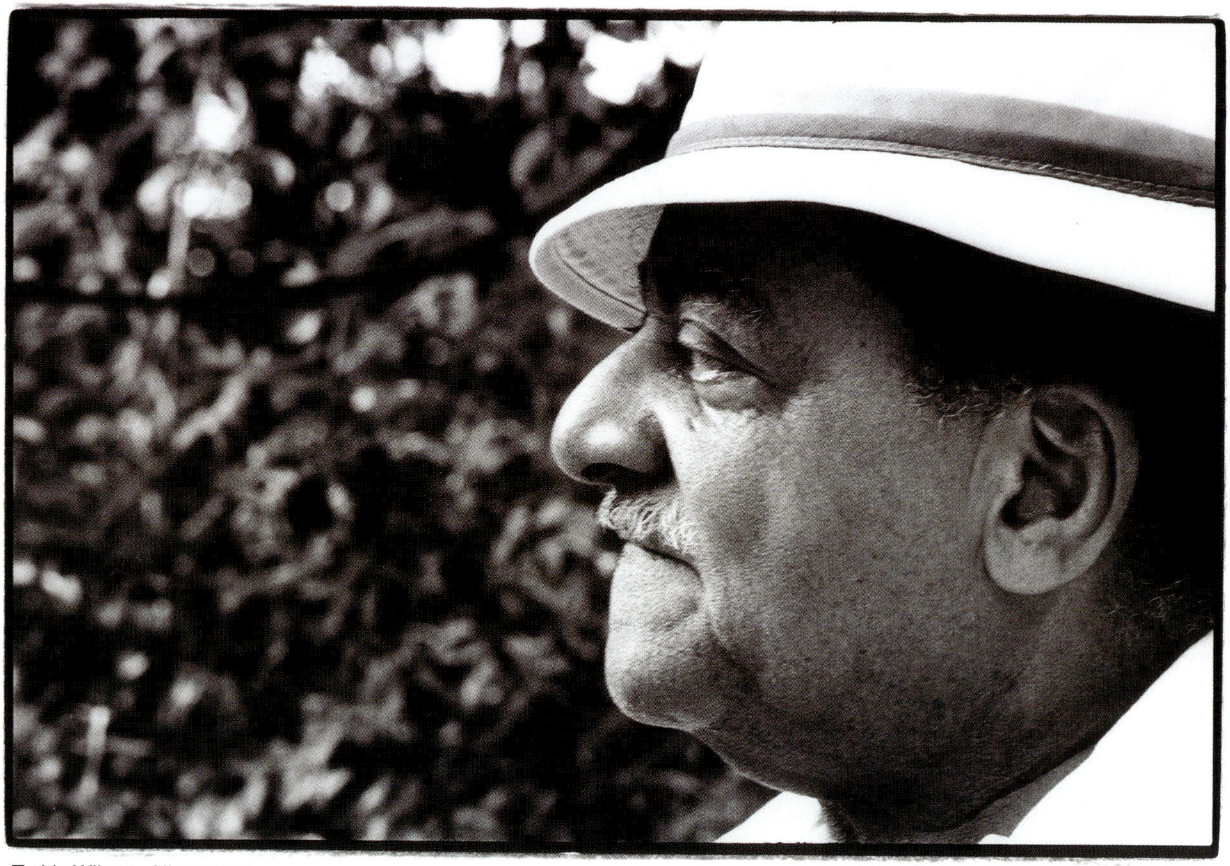

Teddy Wilson - Nizza 1981

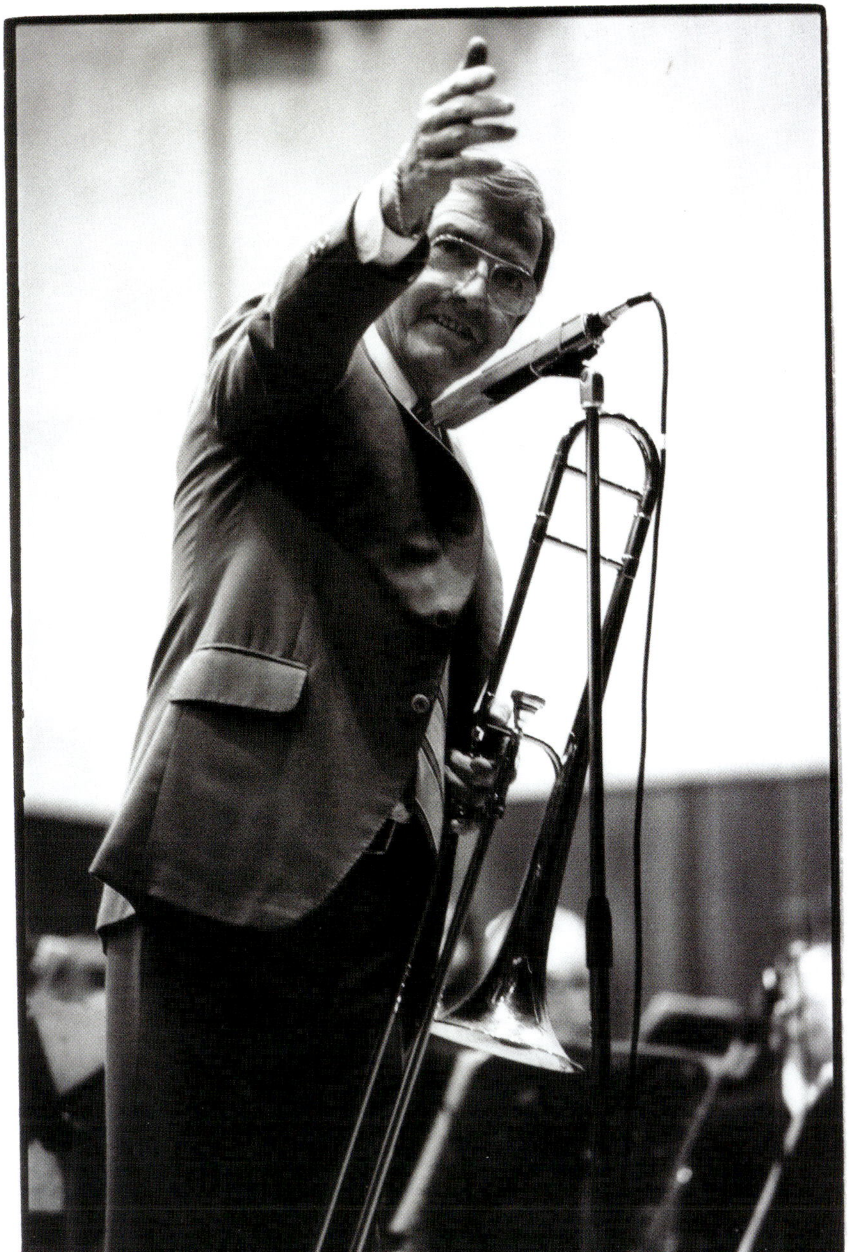

Kay Winding - Milano 1980

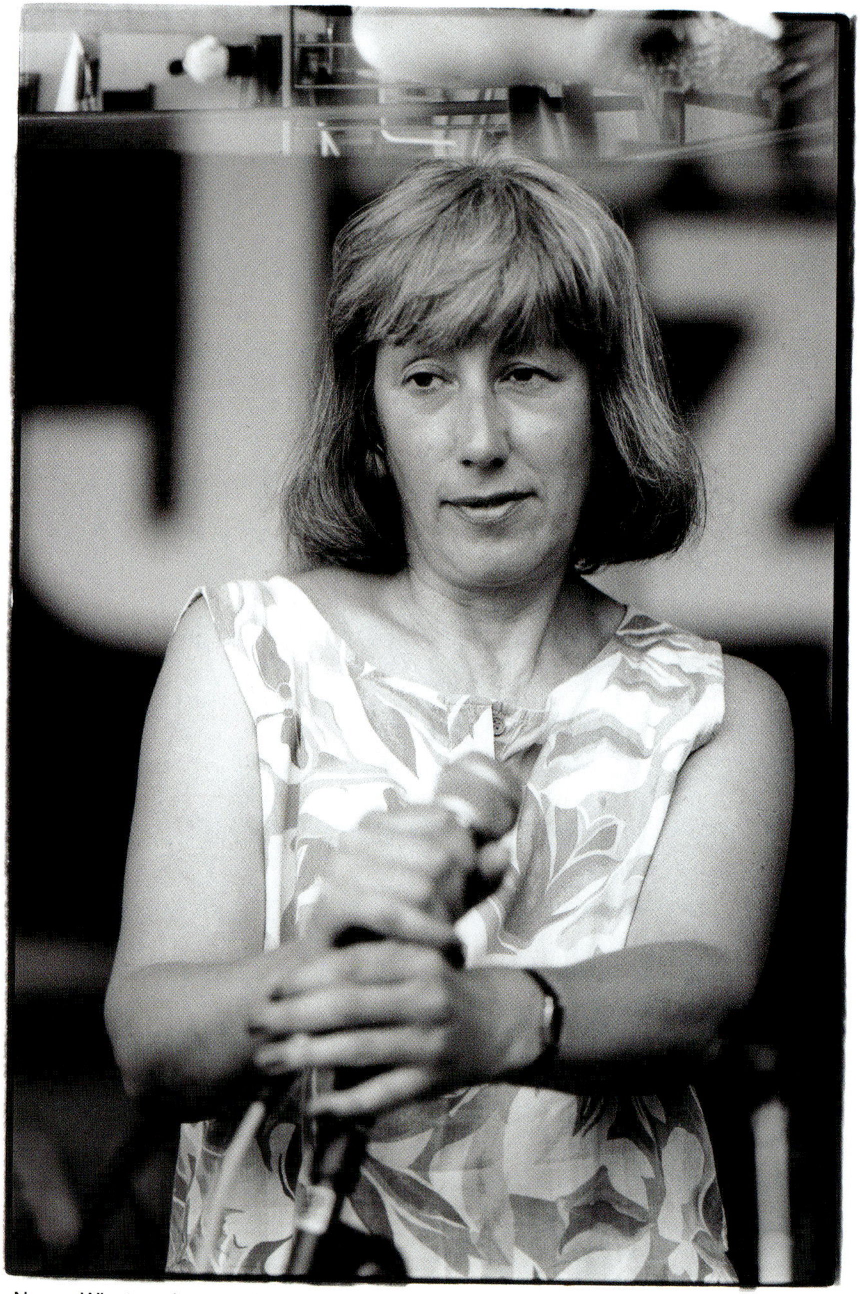

Norma Winston - Lugano 1991

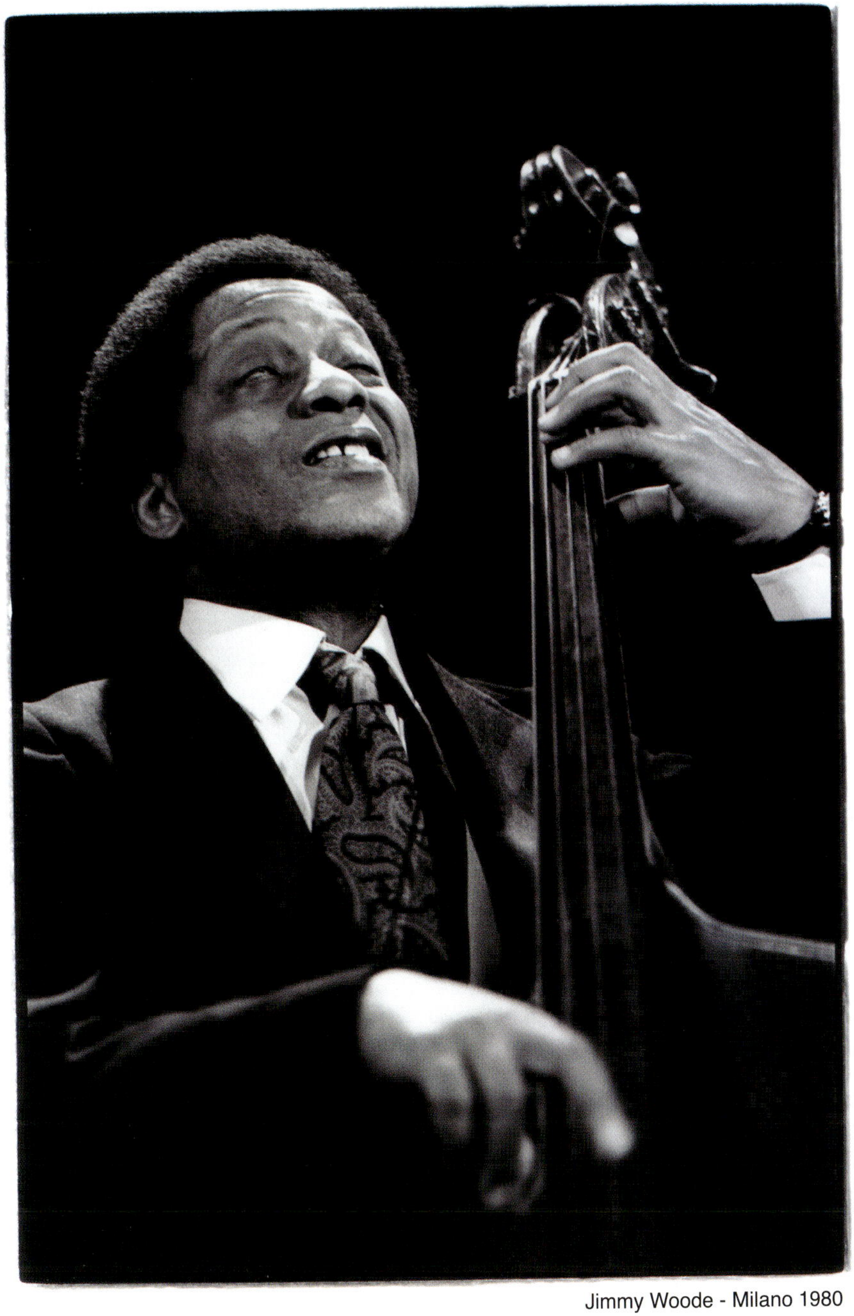

Jimmy Woode - Milano 1980

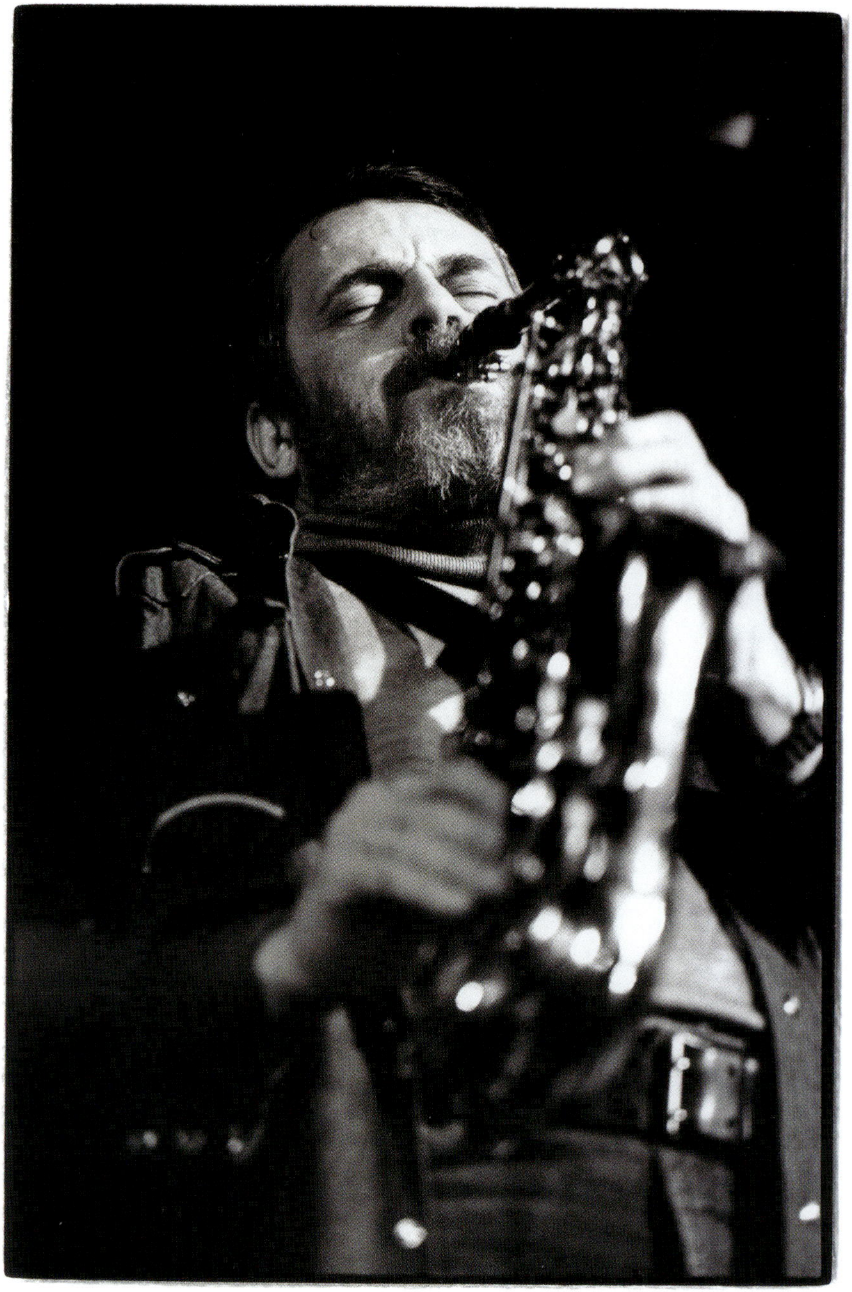

Phil Woods - Milano 1981

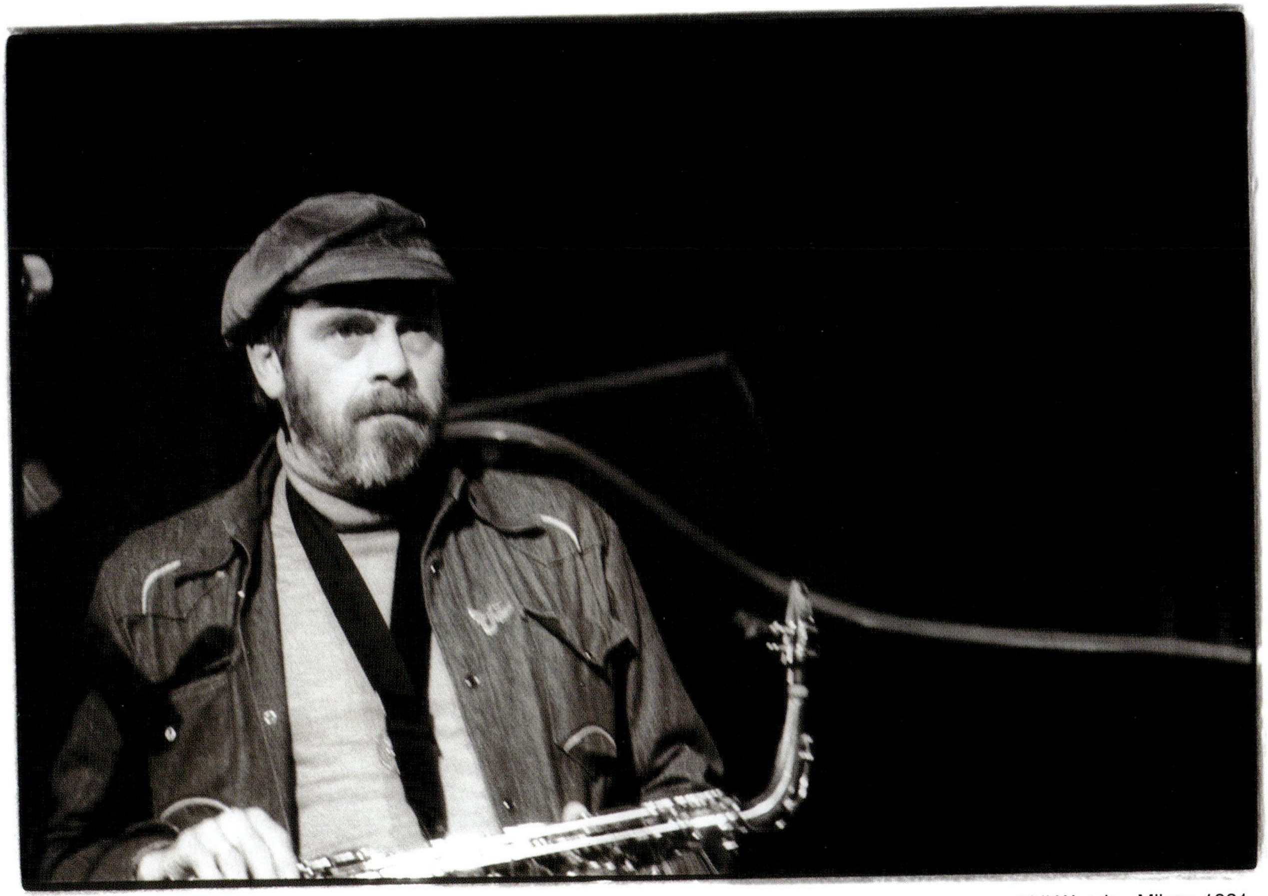

Phil Woods - Milano 1981

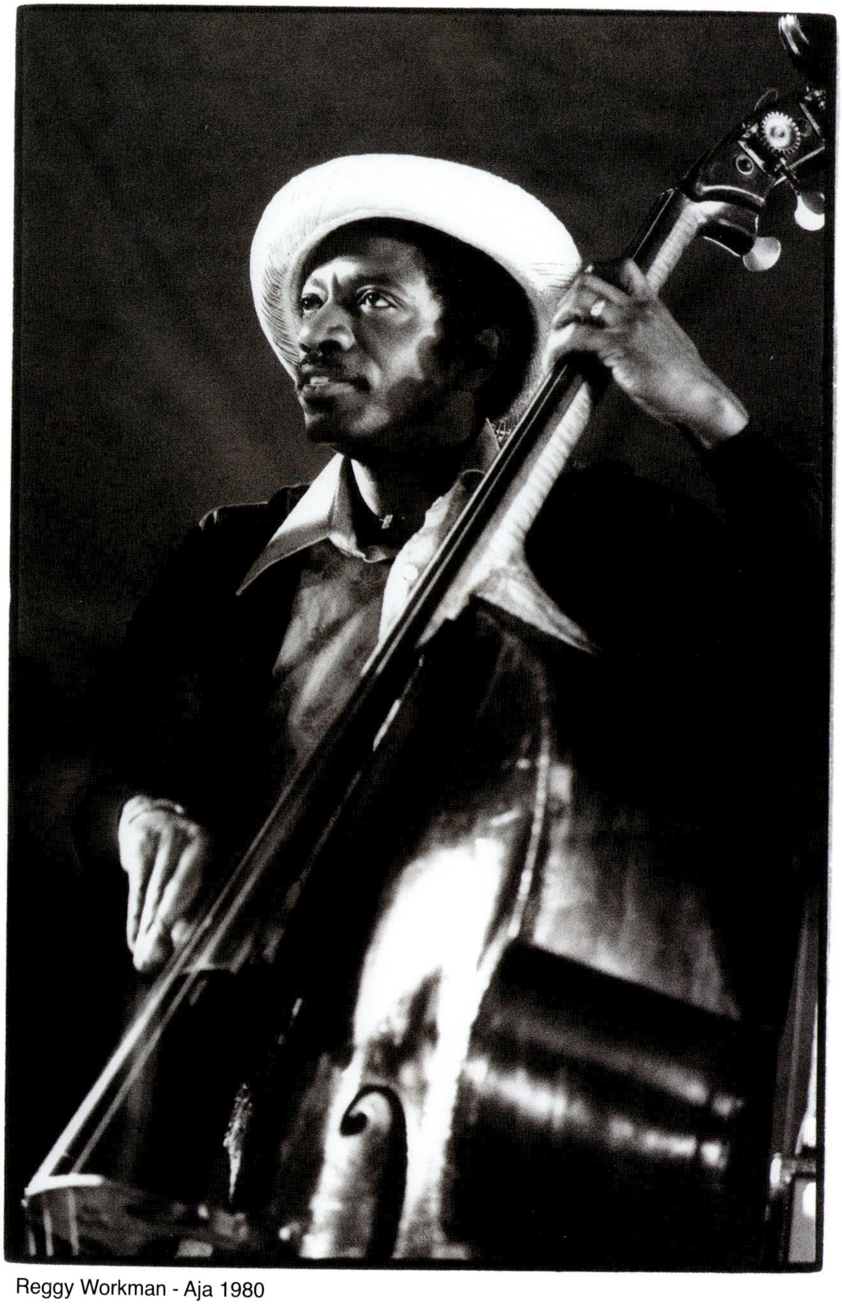

Reggy Workman - Aja 1980

Y

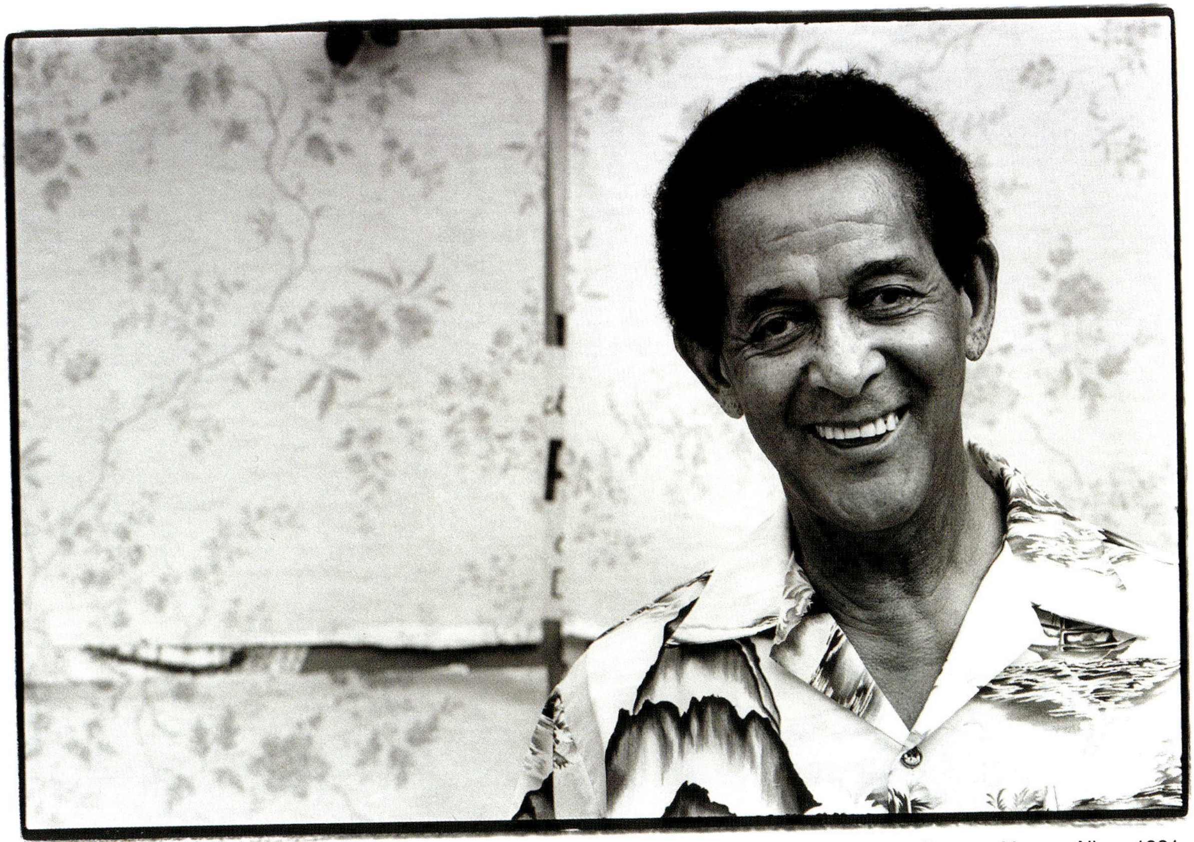

Trummy Young - Nizza 1981

Z

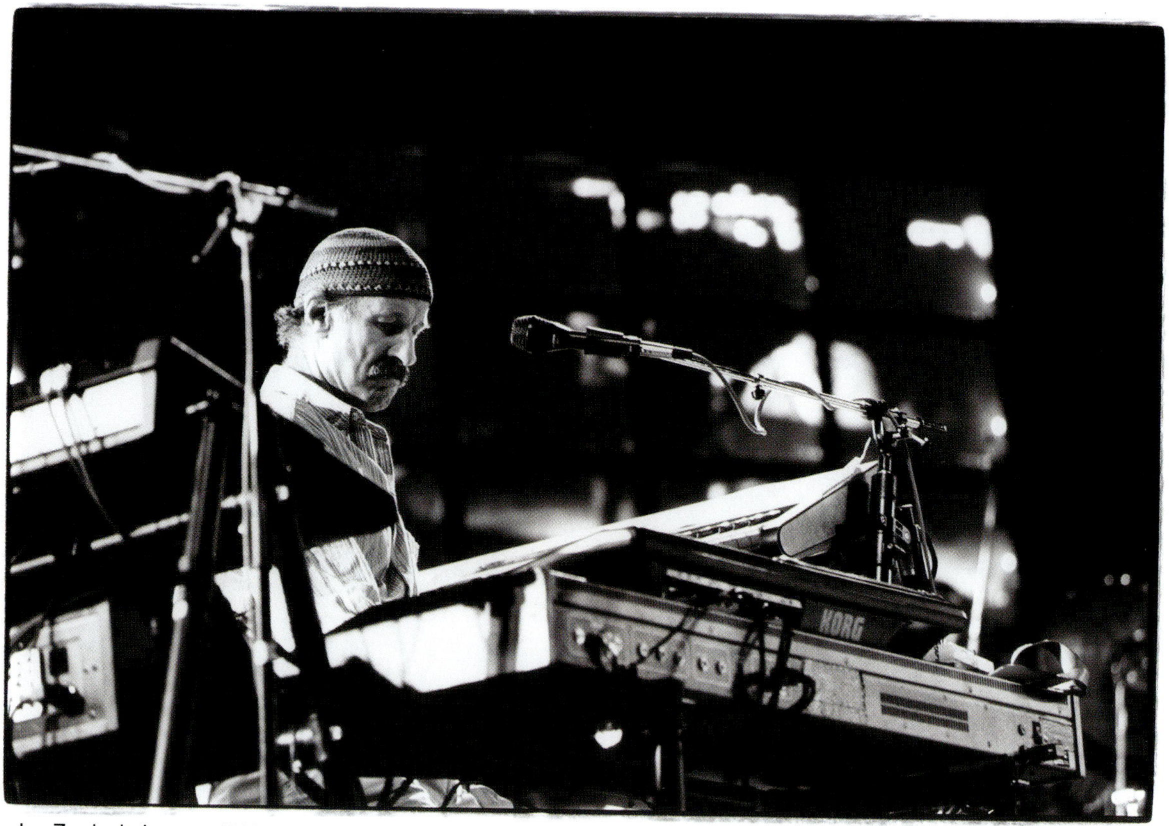

Joe Zawinul - Lugano 1989

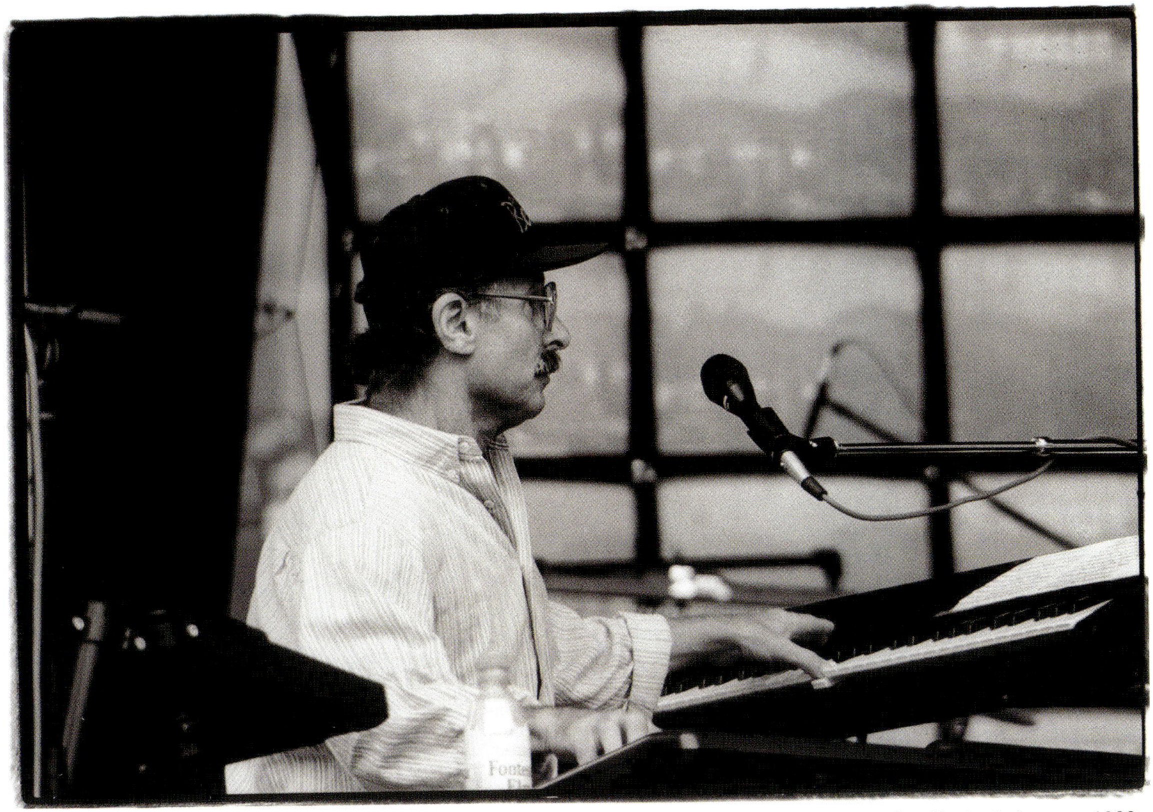

Joe Zawinul - Lugano 1989

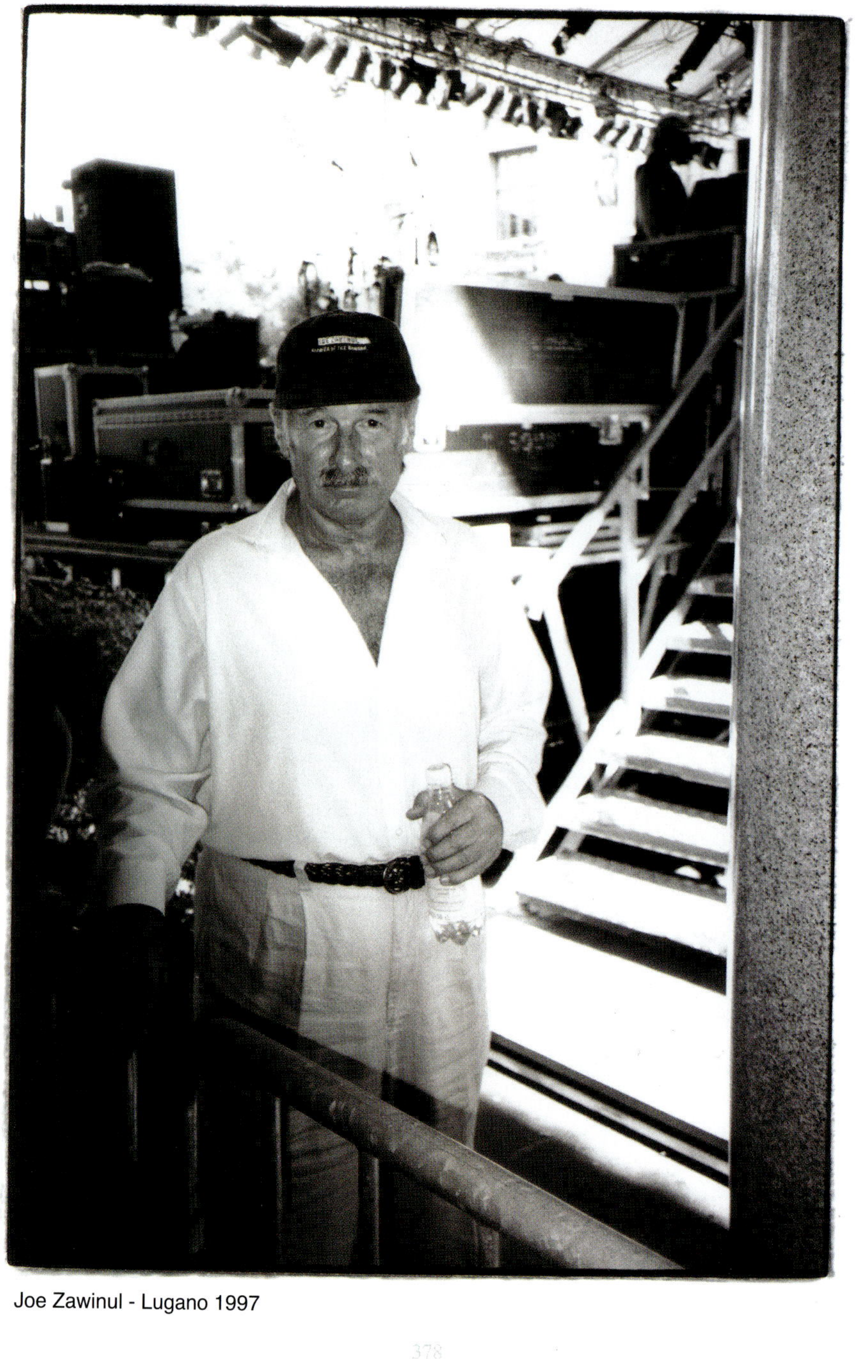

Joe Zawinul - Lugano 1997

Carlo Verri - percorso professionale

Nato a Milano nel 1952, a 18 anni si è avvicinato al mondo della fotografia, abbinando questa passione a quella per lo spettacolo in generale e per la musica in particolare. E' da trent'anni collaboratore della rivista Musica Jazz.
Il suo catalogo contiene nomi come **Miles Davis, Chet Baker, Art Blakey, Sonny Rollins, Bill Evans, Freddie Hubbard, Dizzy Gillespie, Art Pepper, Keith Jarrett, Herbie Hancock, Regina Carter, Benny Goodman, Bob Dylan, Frank Zappa, Carlos Santana, Neil Young, Miriam Makeba, Ravi Shankar, Astor Piazzolla** e altri 500 musicisti.
Nel tempo, i suoi interessi fotografici si sono orientati anche verso personaggi della cultura come **Eduardo De Filippo, Vittorio Gassman, Lindsay Kemp, Rudolph Nureiev, Margherita Hack, Dario Fo, Indro Montanelli, Moni Ovadia, Ettore Mo, Ferruccio Soleri** e molti altri.
Dal 1982 al 2007 ha partecipato alla realizzazione di numerosi volumi fotografici sul jazz. Ha, inoltre, realizzato copertine di dischi e ha pubblicato su quotidiani e magazine. Nel 1980 esordisce nell'attività espositiva con la mostra fotografica **Immagini del Jazz** a cui sono seguite **Photocolors by spectacle**, **Saxjazz**, **Jazz Voices**, **Pianojazz**, **Estival Jazz**, etc.
Per l'editore Alberto Maioli pubblica, nel 2002, i volumi Turchia: appunti e immagini, I colori del bianco e nero, con Franco Castagnola, e al di fuori dell'ambito fotografico, il racconto Sandro.
Nel 2003 realizza un proprio calendario Jazz 2004, in tiratura limitata, prodotto da Cinedelic Records.
Nel 2005 Siena Jazz pubblica Siena, un certo modo di vivere il Jazz, con immagini sue, di Elena Carminati e Aldo Venga.
Sempre nel 2005 fonda, con altri colleghi, un'agenzia fotografica (di cui è presidente) specializzata in foto di cultura e spettacolo (www.phocusagency.com).
Nel 2006 e nel 2007 Sotheby's ha battuto all'asta alcune sue foto di personaggi del mondo del jazz e dello spettacolo.
Oltre all'attività di fotografo "musicale" Verri da anni si occupa anche di foto di reportage. Volti di gente in giro per il mondo. Queste foto fanno parte di un catalogo che Verri va componendo seguendo l'istinto e il caso che gli fanno incontrare le persone fotografate, sino ad allora sconosciute e alle quali si accosta con rispetto e discrezione. Un collega, Aldo Venga, ha definito il suo lavoro di reportage, con un giudizio tipicamente fotografico, "uno sguardo onesto".

Per contatti: carlo_verri@hotmail.com

Carlo Verri - professional outlines

Born in Milan, Italy in 1952, at 18 he began to combine his passion for both photography and music. He's been collaborating with the Italian magazine Musica Jazz for over thirty years.
His catalogue encopasses names like **Miles Davis, Chet Baker, Art Blakey, Sonny Rollins, Bill Evans, Freddie Hubbard, Dizzy Gillespie, Art Pepper, Keith Jarrett, Herbie Hancock, Regina Carter, Benny Goodman, Bob Dylan, Frank Zappa, Carlos Santana, Neil Young, Miriam Makeba, Ravi Shankar, Astor Piazzolla** and another 500 more musicians.
Over time, his interests have broaden up to various leading names in culture like **Eduardo De Filippo, Vittorio Gassman, Lindsay Kemp, Rudolph Nureiev, Margherita Hack, Dario Fo, Indro Montanelli, Moni Ovadia, Ettore Mo, Ferruccio Soleri** and so many more.
Since 1982 to 2007 he's been working on many volumes of jazz photography, record cover artworks, and also contributed to several newspapers and magazines.
In 1980 his first photography exhibition **Immagini del Jazz** followed by **Photocolors by spectacle**, **Saxjazz**, **Jazz Voices**, **Pianojazz**, **Estival Jazz**, etc.
Published by editor Alberto Maioli in 2002: Turchia: appunti e immagini, I colori del bianco e nero, with Franco Castagnola, and outside the photogaphy world , a novel entitled Sandro.
In 2003, his first calendar Jazz 2004, on a limited editon produced by Cinedelic Records.
In 2005 Siena Jazz published Siena, un certo modo di vivere il Jazz, with some of his material along with other images by Elena Carminati and Aldo Venga. Still in 2005 with other colleagues, a new agency specialized in culture and entertainment was created (www.phocusagency.com).
In 2006 and 2007 Sotheby's auctioned many of his pictures from the jazz world.
Besides all that, Verri has been covering also reportage material. People's faces around the world, based upon his instict to randomly meet other unknown individuals, with the due respect and discretion. A colleague of his, Aldo Venga, defined his work with a typical snapshot comment “an honest sight ”.

Contact: carlo_verri@hotmail.com

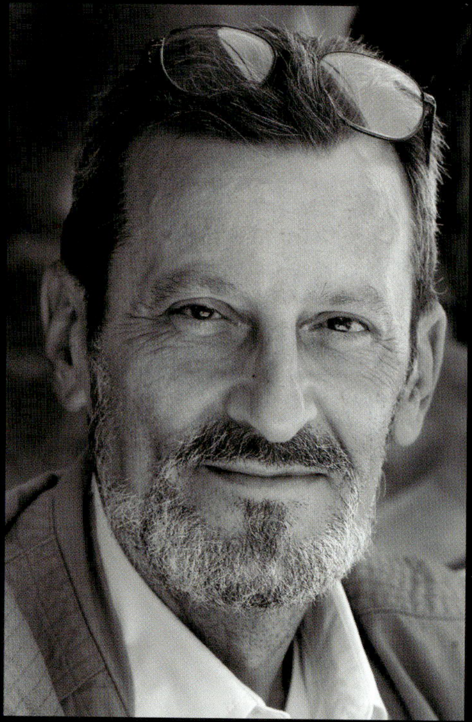

Photo by Alberto Reina - 2005